ESTUDOS DE HOMENAGEM
AO PROFESSOR DOUTOR
ARTUR ANSELMO

APOIOS

Fundação Calouste Gulbenkian

Fundação Eng. António de Almeida

Fundação Luso-Americana

FUNDAÇÃO
LUSO-AMERICANA

Câmara Municipal de Viana do Castelo

Câmara Municipal de Monção

Instituto Superior de Ciências Policiais e Segurança Interna

ESTUDOS DE HOMENAGEM AO PROFESSOR DOUTOR ARTUR ANSELMO

Coordenação:
Manuel Monteiro Guedes Valente
Maria Teresa Payan Martins

ESTUDOS DE HOMENAGEM
AO PROFESSOR DOUTOR ARTUR ANSELMO

COORDENAÇÃO
MANUEL MONTEIRO GUEDES VALENTE
MARIA TERESA PAYAN MARTINS

EDITOR
EDIÇÕES ALMEDINA, SA
Av. Fernão Magalhães, n.º 584, 5.º Andar
3000-174 Coimbra
Tel.: 239 851 904
Fax: 239 851 901
www.almedina.net
editora@almedina.net

PRÉ-IMPRESSÃO | IMPRESSÃO | ACABAMENTO
G.C. GRÁFICA DE COIMBRA, LDA.
Palheira – Assafarge
3001-453 Coimbra
producao@graficadecoimbra.pt

Maio, 2008

DEPÓSITO LEGAL
277114/08

Os dados e as opiniões inseridos na presente publicação
são da exclusiva responsabilidade do(s) seu(s) autor(es).

Toda a reprodução desta obra, por fotocópia ou outro qualquer
processo, sem prévia autorização escrita do Editor, é ilícita
e passível de procedimento judicial contra o infractor.

Biblioteca Nacional de Portugal - Catalogação na Publicação

Estudos de homenagem ao Professor Doutor Artur Anselmo / coord.
Manuel Monteiro Guedes Valente, Maria Teresa Payan Martins.
- (Estudos de homenagem)
ISBN 978-972-40-3522-2

I – VALENTE, Manuel Monteiro Guedes
II – MARTINS, Maria Teresa Esteves Payan
CDU 821.134.3Anselmo, Artur.09(042)

ARTUR ANSELMO

Curriculum Vitae

Professor e escritor, de seu nome completo ARTUR ANSELMO DE OLIVEIRA SOARES, nasceu em Valadares (Monção) em 27 de Abril de 1940. Seus pais foram Ruy Varela de Oliveira Soares, alto-alentejano, falecido muito novo em Angola, onde desempenhava as funções de comandante da P.S.P. de Benguela, e Aurora Anselmo Gonçalves de Castro, alto--minhota de origem brasileira pelo lado materno, cujo pai, advogado em Monção, foi o primeiro a usar o nome de ARTUR ANSELMO, antropónimo, a partir de então, frequente na família.

Estudou até aos 12 anos num colégio particular, de religiosas franciscanas, em Valença do Minho, ingressando depois no Liceu Nacional de Viana do Castelo. Aos 15 anos, entrou no Liceu de Alexandre Herculano, no Porto, aqui concluindo o ensino secundário. Após uma passagem de dois anos pela Universidade de Coimbra, onde cursou Direito, matriculou-se na Faculdade de Letras da Universidade de Lisboa, licenciando--se em Filologia Românica com elevada classificação.

Ligado desde muito novo à vida literária portuguesa, fundou e dirigiu os cadernos de cultura *Cidadela* (1959-1960) e secretariou a redacção da revista *Tempo Presente* (1960-1961). Começou a trabalhar em 1960 na Editorial Verbo, empresa de que foi nomeado director em 1966 e na qual se manteria até 1975. Crítico literário, autor de vários livros de ensaios, fez também jornalismo e dirigiu o semanário de informação *Observador*, que se publicou de Fevereiro de 1971 a Fevereiro de 1974. Durante doze anos (1962-1974) foi comentador internacional na Televisão Portuguesa.

Fez estudos de pós-graduação na Universidade Federal do Rio de Janeiro, onde obteve, em 1977, o título de Mestre em Comunicação. A partir de 1976 foi professor da Universidade Federal de Minas Gerais (Belo Horizonte), em cuja Faculdade de Letras regeu cadeiras de Cul-

8 Estudos de Homenagem ao Professor Doutor Artur Anselmo

tura e Literatura Portuguesas. Em Outubro de 1977, no seguimento de concurso, foi colocado em Paris, como bolseiro do Instituto Nacional de Investigação Científica, a fim de se doutorar na Sorbonne. Aqui, sob a direcção dos professores Paul Teyssier, Henri-Jean Martin e José de Pina Martins, levou a cabo uma tese de doutoramento intitulada *Les Origines de l'Imprimerie au Portugal*, consagrada aos livros portugueses impressos no século XV (em hebraico, em latim e em português), que defendeu, em Fevereiro de 1980, com a mais alta classificação.

De regresso a Portugal em 1982, após estudos avançados em Munique e Berlim, ingressou no corpo docente da Universidade Nova de Lisboa, colaborando igualmente com outras instituições universitárias, tais como a Universidade Católica Portuguesa, o IADE – Instituto Superior de Artes Visuais, Design e Marketing – e a Escola Superior de Polícia, hoje Instituto Superior de Ciências Policiais e Segurança Interna.

Pelo seu trabalho nesta última instituição, onde lecciona desde 1984 (ano da fundação da Escola Superior de Polícia), foi louvado pelo Director Nacional da PSP, Superintendente-Chefe Mário Gonçalves Amaro, em 14 de Fevereiro de 2001:

*LOUVO o Professor Doutor **ARTUR ANSELMO DE OLIVEIRA SOARES**, pela preciosa colaboração que tem mantido com o Instituto Superior de Ciências Policiais e Segurança Interna da PSP, designadamente na docência das disciplinas de Técnicas de Comunicação e de Língua e Literatura Portuguesa, nas tarefas de valorização e enriquecimento do acervo bibliográfico daquele estabelecimento de ensino, no incentivo e apoio à participação dos cadetes-alunos nas actividades extra-curriculares de natureza cultural e social e no apoio aos alunos.*

Durante os dezasseis anos em que serve nesta Instituição, como docente, tem demonstrado toda a sua disponibilidade para as mais diversas iniciativas, de que se destaca o seu acompanhamento e apoio às visitas de estudo realizadas pelos alunos, ao Norte do País, e o seu decisivo contributo para o excelente desempenho dos cadetes que participaram na iniciativa "Jornadas do Mar", organizadas pela Escola Naval, em 1999 e 2000, contribuindo assim para o reforço da imagem e prestígio daquele Instituto.

Membro do Conselho Científico-Pedagógico, tem pautado a sua participação pela lealdade, bom-senso, através das suas intervenções, relativas ao ensino e vida académica daquele estabelecimento de ensino superior.

*Pelo empenho, competência e dedicação demonstrados nas activi-
dades que desenvolve naquele Instituto Superior e pela disponibilidade e
abertura na sua relação com os alunos e direcção do ISCPSI, é o
Professor Artur Anselmo digno de respeito e admiração de todos que
com ele privam e por isso merecedor do presente louvor, e os serviços
por si prestados considerados importantes e distintos.*

Na Universidade Nova de Lisboa, onde também se doutorou em 1986, foi sucessivamente professor auxiliar, agregado e associado. Actualmente (2008), é professor catedrático do IADE e do ISCPSI. Ao longo da sua carreira docente, tem leccionado disciplinas de Língua e Literatura Portuguesa, História da Cultura Portuguesa, História do Livro, Semiologia, Cultura Clássica Grega e Latina, além de coordenar e dirigir projectos de investigação, dissertações de mestrado e teses de doutoramento nas áreas científicas de Cultura Barroca e História do Livro.

Entre as funções que tem desempenhado, destacam-se as de Presidente do Instituto Português do Livro e da Leitura (1991-1992), Presidente da Comissão Científica do Departamento de Estudos Portugueses da Faculdade de Ciências Sociais e Humanas da Universidade Nova de Lisboa (1993-1994, 1997-1998, 1999-2000, 2002-2003, 2003-2004, 2004-2005), membro da Comissão de Avaliação Externa dos Cursos Superiores de Comunicação (1999), Presidente da Direcção do Sindicato dos Professores do Ensino Superior (2004-2007) e Presidente da Assembleia Geral do mesmo Sindicato (desde 2007). Presentemente, é Director do Instituto de Estudos Portugueses da U.N.L.

É sócio-correspondente da Academia Portuguesa da História, bem como sócio-efectivo da Academia das Ciências de Lisboa, eleito para a vice-presidência da Classe de Letras no ano académico de 2008.

Principais trabalhos de que é autor:

1. *Solicitação crítica; algumas fontes temporais de análise literária.* Lisboa, 1962. (Sep. da rev. *Tempo Presente* n.º 27.)

2. *As Grandes Polemicas Portuguesas* (direcção literária). Lisboa, Editorial Verbo, 2 vols., 1964-1967.

3. *Ponto Internacional.* [Selecção de crónicas para a TV.] Lisboa, Editorial Verbo, 1970.

4. *Um romance da cisão: "Os Tambores de S.Luís"*, de Josué Montello. Rio de Janeiro, Gráfica Olímpica Editora, 1977.

5. *Na pista do texto*. Lisboa, Edições do Templo, 1978. [Além do ensaio que dá título ao livro, contém os seguintes estudos: A ausência de livro (aproximações ao pensamento de Blanchot); Subversão do sujeito e dialéctica do desejo (o pensamento de Lacan e a poesia de Pessoa).]

6. *Dúvidas e acertos sobre o impressor Gherlinc e o "Tratado de Confissom"*. Paris, 1978. (Sep. dos *Arquivos do Centro Cultural Português*, vol. 13.) [Comentários críticos ao trabalho *Como e porque se imprimiu em Chaves o primeiro livro de língua portuguesa*, de J.T. Montalvão Machado.]

7. *Incunábulos portugueses em latim (1494-1500)*. Coimbra, 1979. (Sep. de *Humanitas*, vols. xxxi-xxxii.) [Analisa e descreve catalograficamente os nove livros quatrocentistas em latim impressos em Portugal, os quais recobrem as áreas temáticas da liturgia, da astronomia, da pedagogia e da literatura humanística.]

8. *Camões e a cultura portuguesa do século XVI*. Viana do Castelo, Câmara Municipal, 1980. [Estuda a problemática do estabelecimento do cânone lírico camoniano e procura explicar a solidez dos conhecimentos científicos de Luís de Camões à luz das influências humanísticas e do experimentalismo.]

9. *Origens da imprensa em Portugal*. Lisboa, Imprensa Nacional / Casa da Moeda, 1981. [Versão portuguesa da tese de doutoramento do autor na Universidade de Paris-Sorbonne. Contém os seguintes capítulos: Introdução; Situação historico-cultural; Fontes indirectas; Fontes directas (espécimes da tipografia hebraica, obras em português e obras em latim); Oficinas tipográficas do século XV (impressores judaicos, alemães e portugueses); Hipóteses sobre a localização da primeira tipografia; Problemática ideológica; Questões técnicas; Conclusões; Apêndice (registo catalográfico e descrição dos incunábulos).]

10. *Camões e a censura literária inquisitorial*. Braga, Barbosa & Xavier, 1982. [Contém os seguintes capítulos: A implantação da censura inquisitorial em Portugal; Os "Índices expurgatórios" impressos entre 1551 e 1624; O papel dos Jesuítas na censura pré-pombalina; Principais censores de Camões (Bartolomeu Ferreira, Manuel Coelho, outros censores do período filipino e censores desde a Restauração até à reforma pombalina de 1768); Balanço e conclusões; Apêndice (aprovações e licenças publicadas nas edições camonianas em português, anteriores à criação da Real Mesa Censória).]

11. *Les origines de l'Imprimerie au Portugal.* Paris, Jean Touzot, 1983. [Versão original francesa da tese editada anteriormente em português (n.º 9).]

12. *L'activité typographique de Valentim Fernandes au Portugal (1495-1518).* Paris, 1984. (Sep. dos *Arquivos do Centro Cultural Português*, vol.19.) [Inventariação e descrição de todos os documentos conhecidos que permitem reconstituir a biografia e a actividade profissional de Valentim Fernandes, desde a sua chegada ao Sul da Alemanha, onde se relacionou com o humanista Konrad Peutinger, até à sua fixação em Portugal, ao serviço da Coroa e dos interesses comerciais alemães.]

13. *Técnicas de Pesquisa.* Lisboa, Faculdade de Ciências Humanas da Universidade Católica Portuguesa, 1988, 2ª ed. em 1992. [Contém os seguintes capítulos: A investigação científica (requisitos prévios, condições para o exercício da actividade de investigação, o investigador na sociedade contemporânea, a investigação científica em Portugal); A investigação bibliográfica (noção, objecto e valor científico da Bibliografia, principais tipos de bibliografias, conspecto histórico da actividade bibliográfica em Portugal, instrumentos de investigação, noções gerais de catalogação); O acesso às fontes documentais (bibliotecas, arquivos, centros de documentação e colecções particulares).]

14. *História da Edição em Portugal. I – Das origens até 1536.* Porto, Lello & Irmão, 1991. [Contém os seguintes capítulos: O livro, essa mercadoria... espiritual; Pré-história do livro; O livro manuscrito medieval: do volume ao códice; Focos de irradiação cultural monástica em Portugal; A iluminura: ambiente e produção; Textos medievais portugueses e suas edições; O fundo lírico peninsular e a influência provençal; Aspectos da *Arte de Trovar* galaico-portuguesa; O legado em prosa: principais géneros; Crónicas e nobiliários; Hagiografias e obras moralísticas anónimas; Novelas de cavalaria: o *Amadis* e a *Demanda;* As crónicas de Fernão Lopes; As crónicas de Zurara; As obras dos Príncipes de Avis; A formação da Livraria Real e as primeiras bibliotecas; A invenção da imprensa de caracteres móveis; O aparecimento de papel na Europa; Valentim Fernandes ou a mediação na alteridade; A Casa Real Portuguesa e a edição tipográfica primitiva; Poesia palaciana: *O Cancioneiro Geral*; O Teatro: das origens ate Gil Vicente; O livro ao serviço do Humanismo; Documentário iconográfico.]

12 *Estudos de Homenagem ao Professor Doutor Artur Anselmo*

15. *Estudos de História do Livro*. Lisboa, Guimarães Editores, 1997. (Contém os seguintes estudos: Da edição à transgressão; Fronteiras da História do Livro; Da História Literária à História do Livro; Geografia da proto-imprensa cristã em Portugal; O impressor Johann Gherlinc e o *Breuiarium Bracharense* de 1494; No quinto centenário da chegada de Valentim Fernandes a Portugal; Tipografia e filologia: a edição da *Vita Christi* impressa em Lisboa (1495) por Valentim Fernandes; Em demanda do Oriente: a *Carta das Novas... do Preste João* (1521?); O pretenso erasmismo de Gil Vicente; O livreiro Luís Rodrigues, impressor de textos humanísticos; O livro português na época de D. João V; A fortuna editorial de Bocage; A edição romântica; Alfarrábios, alfarrabistas e bibliófilos; O comércio livreiro de obras em fascículos; Livros antigos da biblioteca de D. Manuel II; Um mestre português da História do Livro: José V. de Pina Martins; *In memoriam typographiae*.]

16. *Livros e Mentalidades*. Lisboa, Guimarães Editores, 2002. [Contém os seguintes estudos: A civilização escrita; Suportes materiais do livro clássico greco-latino; Em torno dos incunábulos ibéricos; Ícones hebraicos em viagem; A bordo da *Nave dos Loucos*, no meio dos livros; Os Descobrimentos, a Europa e a tipografia; Os impressores quinhentistas de Anchieta; Aspectos do mercado livreiro em Portugal nos séculos XVI e XVII, com um complemento iconográfico; A palavra recôndita na cultura portuguesa da Época Barroca; Sebastião de Carvalho, os Jesuítas e a tipografia; A gravura de madeira no século XIX: o *Panorama* e o *Archivo Pittoresco*; Os Nobres (António e Augusto) e os seus livros; Viagem em redor de duas utopias literárias.]

17. *Ler é maçada, estudar é nada*. Lisboa, Guimarães Editores, 2008. [Contém os seguintes capítulos: Entre Séneca e Pessoa; Na presidência do Instituto Português do Livro; A leitura em Portugal, hoje; O Estado e a Edição; Linhas-de-força da actividade eitorial e livreira nos séculos XVI, XVII e XVIII; Sobre o adágio erasmiano *Dulce bellum inexpertis; Vae uictis!* ou *Vae uictoribus?*; Em torno de uma ideia-feita: o "Reino Cadaveroso"; Iconografia de Bocage (pintura e calcogravura); Lucien Febvre, precursor da História do Livro; Henri-Jean Martin, pioneiro da História do Livro; Memórias de um bibliófilo; Para uma ecologia da Cultura; O futuro da Universidade; Opinião pública ou publicada?; Pensar o destinatário; Pesquisa e documentação; A Comunicação e a Diferença; Linguagem e Comunicação; Comunicação e Alienação; (In)formar hoje o amanhã; Zé Fernandes na Casa Electrónica].

«PEÇO ENCARECIDAMENTE AOS POLÍTICOS QUE OLHEM PARA A CULTURA»

Vivemos num país que se defronta com graves problemas estruturais a nível cultural. Temos de resolver quanto antes esses problemas, pela definição de uma política concertada de fomento da leitura e de difusão do livro. Portugal não tem quaisquer possibilidades de recuperar os atrasos que subsistem relativamente aos países mais desenvolvidos da Europa Comunitária, e não pode sequer considerar-se um país medianamente culto, se não adoptar soluções de conjunto para as suas deficiências estruturais.

Este assunto torna-se ainda mais grave se tivermos em conta que se trata da nação mais velha da Europa, a que tem a mais forte identidade cultural, estratificada ao longo de perto de nove séculos de vida autónoma independente.

O facto de se saber que os problemas desta natureza não são hierarquizados com a devida valia, no conjunto das medidas prioritárias a adoptar em Portugal, dá um tom ainda mais cinzento à situação.

No entanto, nós temos das melhores edições do mundo. Somos um país extremamente desenvolvido no plano editorial. Os sacrifícios que se pedem aos editores não são minimamente compensados, e todavia não há um único bom livro publicado no estrangeiro que, pouco depois, não seja traduzido em português. E as edições são de alta qualidade; não se faz melhor no mundo. Mas uma coisa é certa: o País não se apercebe do esforço que os editores estão a fazer.

Infelizmente, a cultura ainda é uma espécie de parente pobre dos orçamentos, como se fosse cortina de fumo do lado espectacular da política, em vez de ser a sua própria moldura. É preciso que a política compreenda que ela mesma é um fenómeno cultural, como o são, no mais amplo sentido da expressão, todas as manifestações da comunicação.

A visão da comunicação tem de deixar de ser parcelar, e passar a ser poligonal e abrangente, abarcando, em simultâneo, todos os meios de comunicação social. Não é correcto separar a imprensa da rádio, da televisão, do livro, do cartaz, do cinema. Os meios de comunicação social constituem uma unidade dentro da diversidade técnica que cada um deverá necessariamente possuir. Dentro dessa unidade em que se inserem, há que considerar, com grande humildade, a necessidade de integrarmos lacunas tradicionais do nosso desenvolvimento.

Fala-se muito em crescimento económico, mas esquece-se um dado básico das sociedades contemporâneas: não há desenvolvimento económico sem desenvolvimento cultural. Os países mais ricos são também os mais cultos.

É preciso que as pessoas entendam, do ponto de vista da dimensão prática do seu quotidiano e dos seus interesses imediatos, que a cultura lhes faz falta para progredirem economicamente e que não têm possibilidade de se implantarem no mundo de hoje se não forem cultas.

Como português consciente, o que me desagrada fortemente em todo este processo de desenvolvimento económico nacional, processo que eu acho indispensável para acompanharmos o comboio da Europa, é que este se esteja a fazer, muitas vezes, à margem das realidades culturais portuguesas.

É preciso que as pessoas se convençam de que o livro não é um objecto de luxo, mas um bem essencial à vida; que assistir a um espectáculo não é um luxo, mas uma necessidade vital do indivíduo; que uma biblioteca não é uma fonte de gasto inútil de dinheiro; que não se podem fazer contas aos gastos que uma orquestra implica. A política cultural, tal como a educacional, não é contabilizável. Claro que têm de existir restrições e ser estabelecidos parâmetros dentro dos quais esta política, aberta e liberal, possa funcionar. Mas isso é o mínimo que se pede à Administração Pública.

Processo cultural e processo económico têm de ser vistos como um todo. Peço, encarecidamente, aos políticos que olhem com olhos mais abertos para a cultura e para a educação, e que considerem o investimento realizado nestes vectores o mais rendível de todos, a longo prazo. E não me sinto com receio de ficar só, porque acredito, com um grande mestre, que é preferível em certas alturas da vida estarmos com a verdade, mesmo que corramos o risco de ficar sós.

Ora, a verdade é esta: não se pode dissociar a política educacional da cultural. Não é viável a realização de investimentos em bibliotecas se não se sensibilizarem as pessoas, desde a mais tenra idade, para a leitura de livros. Se as crianças não forem habituadas, desde muito cedo, a valorizarem os bens culturais, o investimento nessa vertente não é rendível.

Peço Encarecidamente aos Políticos que Olhem para a Cultura   15

Portugal é, entre os países do mundo desenvolvido, o que tem menos livrarias e menos pontos de venda de bens culturais. E que, infelizmente, aos poucos vão desaparecendo para dar lugar a outras actividades económicas.

É urgente que nos capacitemos de que temos a nossa própria identidade cultural, e de que essa só é dada pela comunicação que se estabelece entre as pessoas, tanto ao nível familiar como quotidiano e comercial.

Do ponto de vista institucional, existem lacunas legislativas que só poderão vir a ser colmatadas através do debate destes problemas por parte dos diversos agentes intervenientes no processo cultural. É nesta perspectiva que considero da maior urgência a realização de um grande debate sobre problemas culturais e do livro, em que todos os agentes possam livremente exprimir a sua opinião. Só depois virá a altura de o poder político entrar no processo e dinamizar as propostas consideradas mais pertinentes. Mas, para isso, é preciso que toda a sociedade mostre o que quer, é preciso que os Portugueses digam em que país querem viver, que tipo de vida cultural querem ter.

Infelizmente, não estou nada convencido de que os Portugueses tenham opinião formada quanto ao ambiente cultural em que querem viver, ou, se têm opinião, talvez ela esteja na estrutura profunda do seu inconsciente colectivo e não chegue a aflorar nas atitudes conscientes e subconscientes.

Considero que chegou o momento de debatermos os grandes problemas da cultura numa perspectiva de desenvolvimento económico integrado. Ora, o debate passa necessariamente pelo estabelecimento de prioridades, o que só pode ser feito tendo em conta a experiência dos agentes culturais. É muito importante que essas vozes, bastante activas nos seus meios mas passivas ao nível do Poder, possam manifestar-se. A cultura é algo que deve ser apresentado às populações como o que lhes falta para serem prósperas, avançadas, e não como o cãozinho de luxo que se tem de vez em quando, para se mostrar que não se é igual ao macaco. O grande problema português é um problema de educação, de civismo, de preparação das estruturas que irão mobilizar essa nova atitude cívica e cultural. Se formos capazes de começar a pensar, já não será nada mau.

(Depoimento recolhido por Marina Marques, in *Diário de Notícias – Suplemento Empresas*, Fevereiro de 1992, pp. 46-48.)

APRESENTAÇÃO

A *akadēmeia* científica cresce quando não esquece aqueles que lhe dedicaram o tempo que voara e lhe deram os materiais de sobrevivência ao ensinarem os que no futuro ocuparão os seus lugares e os espaços da sociedade inerentes à razão de ser dessa academia. O Instituto Superior de Ciências Policiais e Segurança Interna, anterior Escola Superior de Polícia, homenageia hoje um cidadão que lhe dedicou tempo para ensinar a saber fazer, a saber perguntar, a saber pensar e a saber tomar decisões a muitas dezenas de Oficiais da Polícia de Segurança Pública, que servem a comunidade nacional, europeia e internacional na área da segurança. Esse mestre é o Professor Doutor ARTUR ANSELMO DE OLIVEIRA SOARES.

O Professor Doutor ARTUR ANSELMO é um exemplo de dedicação à *akadēmeia* desde a sua criação, sendo que a afirmação deste Instituto deve-se ao seu árduo e contínuo trabalho na sala de aulas e nas viagens que promoveu para proporcionar um maior e melhor conhecimento do país histórico e cultural. O estudo universitário científico necessita de investigação localizada onde os fenómenos e os factos históricos e os eventos culturais se realizam. A abstracção científica ganha com a asserção prática do conhecimento. Foi este o legado que o nosso homenageado transmitiu aos seus alunos, colegas e quadro orgânico do Instituto.

A homenagem que fazemos é um tributo de todos quantos quiseram e puderam marcar a sua presença, sem esquecer que é apenas um marco da história desta *akadēmeia*. Como mensagem de gratidão e de apreço por um homem de conhecimento, de competência e de capacidade que foi uma voz da língua, da literatura e da cultura portuguesas, não deixa de modo algum de parte o apreço ao cidadão que se preocupou com os outros ao se ter dedicado vários anos, como Director, ao Centro Helen Keller.

Queremos, neste momento, agradecer a todos os autores que participam nesta obra de homenagem pela disponibilidade, que não deixaram fugir esta oportunidade para afirmar uma política de respeito e de gratidão que esta *akadēmeia* há já algum tempo vem cimentando para com aqueles que vem homenageando em livro ou em prémio escolar. Valorizar o trabalho do «outro» é valorizar o «nosso» trabalho. Lema que aos poucos se enraíza nesta comunidade científica e que pretendemos que cresça. A todos quantos são voz do nosso pensamento e desejam ser testemunhas destes momentos, queremos deixar o nosso muito obrigado.

As obras de homenagem necessitam de fundos económicos que nos foram proporcionados por várias instituições: Fundação Luso-Americana, Fundação Calouste Gulbenkian, Fundação Engenheiro Eugénio de Almeida, Câmara Municipal de Viana do Castelo e Câmara Municipal de Monção. O nosso grato reconhecimento aos patrocinadores desta obra é profundo e grande, porque sem eles seria impossível promover publicações de tão elevado valor. Igual grato reconhecimento deixamos à Livraria Almedina por suportar parte dos custos da edição desta obra, assim como a todos quantos connosco trabalharam na criação desta obra – Dra. Michele Soares, Agentes Ângela Santos e Teresa Antunes – que têm, também, sido braços deste Centro de Investigação.

Lisboa (ISCPSI), 25 de Março de 2008

MANUEL MONTEIRO GUEDES VALENTE

O Professor Doutor ARTUR ANSELMO DE OLIVEIRA SOARES é uma referência de entre os professores do Instituto Superior de Ciências Policiais e Segurança Interna. Professor da Disciplina de Língua e Literatura Portuguesa desde o início da Escola Superior de Polícia e de História da Cultura Portuguesa desde o ano lectivo de 1995/96, é uma personalidade académica insigne desta academia e um cidadão de cultura.

Licenciado em Filologia Românica pela Faculdade de Letras da Universidade de Lisboa com a classificação de "Bom com distinção", Mestre em Comunicação pela Universidade Federal do Rio de Janeiro com a classificação de "Excelente", por fim Doutorou-se em Estudos Portugueses e Brasileiros na Universidade de Paris-Sorbonne com a classificação de "Muito Bom". Do seu vasto currículo podemos realçar que foi Professor da Faculdade de Letras da Universidade Federal de Minas Gerais e da Faculdade de Ciências Humanas da Universidade Católica Portuguesa. Hoje, é Professor na Universidade Nova de Lisboa e em acumulação Professor no Instituto Superior de Ciências Policiais e Segurança Interna.

O Prof. Doutor ARTUR ANSELMO é um investigador, escritor e crítico literário respeitado e de reconhecido mérito, sem nos esquecermos de que fora comentador de televisão, director e crítico literário, Professor da disciplina de Técnicas de Comunicação. Sempre encarou a carreira académica com total disponibilidade e com grande iniciativa, sendo de destacar a organização de visitas culturais dos alunos que acompanha e a realização de eventos e trabalhos culturais promovidos pelos mesmos.

Membro do Conselho-Pedagógico, tem participado sempre com intervenções pautadas pela qualidade científica e pelo bom senso, contribuindo para a valorização das reuniões deste órgão colegial escolar. É um Professor muito estimado pelos seus pares e alunos, assim como muito respeitado e admirado por todos os que com ele privam.

Como Director do ISCPSI é para mim motivo de orgulho escrever e falar de tão distinto professor. É uma referência para os alunos que vêem nele um exemplo a seguir no amor à cultura e à população que servem.

A edição destes estudos de homenagem é uma prova de reconhecimento por todos serviços prestados à comunidade pelo Professor Doutor ARTUR ANSELMO ao longo da sua vida, embora de uma forma muito especial durante os anos em que tem servido o ISCPSI.

Ao Professor Doutor ARTUR ANSELMO deixo um agradecimento muito especial por todo o excelente trabalho realizado ao serviço deste estabelecimento de ensino superior universitário que dirijo, fazendo votos para que continue a realizar, ainda e no futuro, mais e melhores serviços em favor da cultura e língua portuguesa.

Lisboa (ISCPSI), 25 de Março de 2008

O Director
PAULO AUGUSTO GUIMARÃES MACHADO DA SILVA
Superintendente-Chefe

CIÊNCIAS SOCIAIS E HUMANAS

CENSORES CENSURADOS: O CASO DA TRADUÇÃO PORTUGUESA DO *PASTOR FIDO* DE GUARINI

MARIA TERESA PAYAN MARTINS
Professora do Instituto Superior de Ciências
Policiais e Segurança Interna

Em 21 de Junho de 1787, por carta de lei de Dona Maria, o Tribunal até então designado por Real Mesa Censória passou a denominar-se Real Mesa da Comissão Geral sobre o Exame e Censura de Livros[1].

A alteração legislativa não é uma mera modificação de nomenclatura: a Rainha, ao ordenar que se executassem as recomendações da bula *Romanorum Pontificum*, publicada em Roma em 29 de Novembro de 1780, conferia à Igreja o direito de se pronunciar em matéria de censura de livros, prerrogativa que Pombal lhe retirara ao instituir a Real Mesa Censória. De acordo com o artigo décimo da lei de 21 de Junho de 1787, era reconhecida aos Bispos "a jurisdição de condenar os livros maus em que se contivessem máximas erradas, reprovadas e contrárias ao que manda e ensina a Igreja". No entanto, como não era concedido aos Bispos "poder para permitirem ou proibirem que os livros se imprimissem e corressem e para estabelecerem penas temporais, mas sim e tão-somente para censurarem e declararem a doutrina", era da exclusiva competência da Real Mesa da Comissão Geral sobre o Exame e Censura de Livros a permissão, aprovação e proibição de livros, recomendando-se que "os Bispos nessa parte se não intrometessem".

---

[1] Carta de Lei onde se determina a Criação da Real Mesa da Comissão Geral sobre o Exame e Censura dos Livros. Lisboa, Régia Oficina Tipográfica, 1787. Importa notar que a maior parte da documentação proveniente da Real Mesa da Comissão Geral sobre o Exame e Censura dos Livros, depositada na Torre do Tombo, se encontra arquivada no núcleo documental da Real Mesa Censória.

A composição e as atribuições da Mesa da Comissão Geral são muito semelhantes às da Real Mesa Censória. De acordo com o artigo segundo daquele diploma-legal, a Mesa teria a seguinte composição: um Presidente, oito Deputados, um Secretário e os "mais oficiais precisos para a sua decência e expediente".

O cargo de Presidente seria desempenhado por um "Eclesiástico inteligente, sábio, de grande autoridade, zelo e virtude", que, logo após a sua nomeação, "seria obrigado a pôr em execução tudo quanto recomendava a bula *Romanorum Pontificum*". O Presidente teria "o primeiro lugar e assento no Tribunal e o direito de propor as coisas e negócios da sua inspecção". Presidiria, com voto de qualidade, a todas as conferências e era-lhe conferido o poder de "convocar os Ministros extraordinariamente nos dias e ocasiões em que a necessidade o pedisse".

Segundo o artigo quinto da lei da criação da Real Mesa da Comissão Geral sobre o Exame e Censura de Livros, os oito Deputados deveriam "ser todos de notória literatura e ilibados costumes, conhecida prudência e cheios de uma total imparcialidade, de um grande amor da Justiça, e de um ardentíssimo zelo do aumento da Religião e do bem da Pátria"; seriam de diferentes profissões e estados, "contanto que quatro deles fossem sempre Teólogos, tirados todos, de modo ordinário, dos Ministros do Conselho Régio e dos Tribunais Régios, e de ambas as Ordens do Clero Secular e Regular" e deveriam ser "Doutores, Lentes ou Opositores às cadeiras da Universidade de Coimbra, ou, pelo menos, terem exercido o Magistério nas suas respectivas Ordens".

O Secretário, de acordo com o artigo sexto da lei em referência, deveria ser "pessoa de muita probidade, inteligência e segredo".

O Tribunal, que reuniria em sessão ordinária à segunda-feira e à quinta-feira de tarde, teria como "principal ofício o exame e censura de livros, estampas e de todos os papéis que houverem de se imprimir, estampar e correr impressos, tanto dos que se achavam já introduzidos nestes Reinos e Domínios como dos que nele entrassem de novo, ou seja pelos portos de mar ou pelas raias secas, permitindo os que julgar bons e proibindo os nocivos ou suspeitosos, tanto à Religião como ao Estado".

Na vigência deste tribunal da censura intelectual, segundo pudemos verificar, os censores régios não apresentavam, em caso de proposta de aprovação, o seu parecer por escrito.

O parecer escrito ficava reservado para as obras cuja proposta de aprovação suscitava ao censor algumas hesitações e para os livros cuja proibição o censor propunha.

Em 26 de Maio de 1788, a Mesa da Comissão Geral pronunciou-se a favor da publicação de o *Pastor Fido*, de Guarini, traduzido por Tomé Joaquim Gonzaga, tendo o censor régio apresentado, por escrito, a sua censura:

> Esta obra, que no seu original se pode avaliar por uma das mais agradáveis, brilhantes e poéticas na ordem pastoril, não deixa contudo de ter seu encanto, por isso mesmo que a beleza das expressões amorosas se fazem as mais sensíveis e tocantes nos corações feridos de semelhantes paixões. E muito mais pela força do entusiasmo com que Guarini, na cena quarta, introduz a Amarilli, como blasfemando da Santa Lei que nos proíbe o irmos como qualquer bruto em desafogo das nossas paixões, quando assim nos instiga a natureza.
>
> Mas o tradutor salva esse ardor poético, explicando que a barbaridade da lei, de que fala Guarini, é a lei da Arcádia, que destinava para esposos duas almas quando ambas fugiam e aborreciam o consórcio, porque conclui sujeitando as paixões da natureza à Santa Lei da honestidade. Em o resto das expressões, além de terem a unção e fogo da poesia, todas são modestas e purificadas ainda da lânguida ternura que pode ofender a delicada sensibilidade de algum leitor, e por isso a julgo digna da licença que pede. Assim pareceu à Mesa. Conferência de 26 de Maio de 1788[2].

Assim, em 1789, a Régia Oficina Tipográfica deu à estampa, em Lisboa, "com licença da Real Mesa da Comissão Geral sobre o Exame e Censura dos Livros", *O Pastor Fiel: tragi-comédia pastoril do Cavalheiro Guarini, traduzida do italiano por Thomé Joaquim Gonzaga*. Seguindo o circuito legal, o livro foi "taxado em papel a trezentos e sessenta réis".

O tradutor – Tomé Joaquim Gonzaga [1738-1819] –, primo de Tomás António Gonzaga, tinha uma predilecção especial pelo teatro italiano. Dedicou-se, ao longo de mais de vinte anos consecutivos, à tradução portuguesa em verso das óperas italianas que se representavam no teatro São Carlos.

A versão portuguesa da obra de Guarini é antecedida por um texto de seis páginas, dirigido "Ao Leitor", onde Tomé Joaquim Gonzaga esclarece as razões que o animaram a "oferecer ao público a presente

---

[2] A.N.T.T., Real Mesa Censória, caixa 12 (1788).

tradução poética" e avança uma justificação para atenuar "os golpes de alguns críticos que afirmam ser a lição desta peça mais própria a corromper do que a purificar os costumes".

Realçando que "o tradutor, quanto lhe foi possível, em guardar uma escrupulosa fidelidade, não fez ao mesmo tempo uma tradução servil", e depois de lembrar que "alguns dos nossos melhores Poetas não duvidaram repreender o vício, fazendo-nos dele as mais vivas imagens e ilustrando-as com exemplos e contudo não ofenderam a delicadeza dos que criminaram Guarini pelo mesmo princípio", exprimiu a convicção de que "a grande Arte da Poesia não se limita a prescrever preceitos, é necessário também exemplificá-los".

E ciente da natureza libertina do texto que pretendia publicar, a abonação da autoridade era o caminho mais seguro para conseguir os seus intentos, pelo que concluiu, assim, o seu pensamento: "Não é criminado o nosso Camões, porque no canto IX de *Os Lusíadas* fez as mais provocantes pinturas a cuja vista se podem excitar nos corações dos Leitores sentimentos impuros e ofensivos da modéstia. Nada tão forte se encontra em todo o *Pastor Fiel*".

O
PASTOR FIEL
TRAGI-COMEDIA
PASTORIL
DO
CAVALHEIRO GUARINI,
TRADUZIDA DO ITALIANO
POR
THOME' JOAQUIM GONZAGA.

LISBOA
Na Regia Officina Typografica.
Anno M.DCC.LXXXIX.
Com licença da Real Meza da Commissão Geral sobre o Exame, e Censura dos Livros.

Portada da primeira edição
da tradução portuguesa
do *Pastor Fiel* de Guarini.

A semelhança de conteúdo entre o texto dirigido "Ao Leitor" e o parecer censório acima mencionado é notória. Nada nos autoriza, contudo, a lançar a ideia de que os censores régios não leram senão esta peça introdutória do *Pastor Fiel*.

Os critérios censórios adoptados pela Real Mesa da Comissão Geral suscitaram fortes críticas. A Rainha, face à aprovação da obra de Guarini, *Pastor Fido*, e de outros livros filosóficos, não pôde deixar de manifestar o seu desagrado e de tomar providências. Seabra da Silva, em carta dirigida ao Presidente da Mesa da Comissão Geral, o Principal Abranches, transmite o pensamento da Rainha do seguinte modo:

> A Sua Majestade pareceu muito extraordinário que o *Pastor Fido*, de Guarini, proibido no seu original e na sua pátria, obtivesse licença da Mesa para se estampar traduzido, e mal traduzido, em português. Ordena a mesma Senhora que a Mesa o faça recolher. E porquanto não parece justiça que o tradutor, pois que obteve licença, fique gravado com a despesa da impressão que agora se deve recolher, ordena que Vossa Excelência, havendo requerimento ou queixa do dito tradutor, o participe por esta Secretaria de Estado, particularmente com informação da importância da dita despesa para se dar providência. [...] Deus guarde a V. Ex.ª Paço, em 3 de Dezembro de 1789. – *José de Seabra da Silva*[3].

A desautorização pública da Real Mesa da Comissão Geral não se fez esperar. Embora a Rainha tivesse podido optar pela supressão discreta do *Pastor Fido*, mandou recolher a obra por edital, datado de 14 de Dezembro de 1789[4].

A ausência de critérios censórios atingiu tais proporções que a Rainha Dona Maria, através de Seabra da Silva, se viu obrigada a dirigir à Mesa severas admoestações. Em carta enviada no dia 3 de Dezembro de 1789[5], pode ler-se:

> A Sua Majestade tem sido presente, por repetidas queixas e representações, alguns inconvenientes que resultam do exercício

---

[3] A.N.T.T., Ministério do Reino, Real Mesa da Comissão, 3, 364, p. 44.

[4] Edital mandando recolher, entre outras obras, o livro *O Pastor Fiel* do Cavalheiro Guarino, traduzido do italiano por Thomé Joaquim Gonzaga. Lisboa, Régia Oficina Silviana, 1789.

[5] A.N.T.T., Ministério do Reino, Real Mesa da Comissão, 3, 364, pp. 53-54.

prático da censura confiada a esse Tribunal, em que Vossa Excelência preside. [...].

As queixas e representações se dirigem principalmente a dois artigos capitais da inspecção da Mesa. Primeiro – sobre a inadvertência ou descuido do Tribunal na franqueza ou frouxidão com que permite ou tolera o livre comércio das obras estampadas fora do Reino. Segundo – pelo contrário, no excessivo cuidado que o Tribunal ostenta na censura das obras, que aqui se pretendem imprimir, quando menos necessidade têm de censura, e no excesso de descuido com que deixa sem embaraço estampar e divulgar obras que ou não deveriam estampar ou não deviam sem censura.

Noutro passo da mesma carta, ao analisar as causas de uma actuação tão desastrosa, considera-se que "tantas desordens procedem originalmente da incerteza do Regimento" e endossam-se todas as responsabilidades à Real Mesa da Comissão Geral nos termos seguintes:

O primeiro Regimento da Mesa Censória, pela mudança do nome do Tribunal, se considera mudado e totalmente abolido principalmente no que nele é capital, como é a audiência das partes e a vista do Procurador da Coroa nas causas de maior importância. O segundo Regimento, se o há, ainda não foi presente, como devia ser, a Sua Majestade para ter força de lei e obrigar. A consequência, como Vossa Excelência vê, é mais do que absurda, isto é, considerar-se a actual Mesa Censória como um Tribunal sem Regimento nem Lei, servindo-lhe de norma o arbítrio dos Censores[6].

Depois de exortar a que o Presidente da Real Mesa da Comissão Geral "promovesse os meios óbvios e naturais de cessarem com tantos abusos, os clamores e queixas que chegam à real presença, depois de desacreditarem o tribunal", a carta termina lançando a ameaça da extinção do tribunal, "se assim parecer oportuno, necessário e útil".

Apesar da advertência régia, a actuação da Mesa da Comissão Geral ficou marcada pela inoperância. A Rainha Dona Maria tentou contornar o problema, reconhecendo ao Inquisidor-Geral o direito de se pronunciar em matéria censória. Pelo alvará de 22 de Agosto de 1791, a Rainha,

---

[6] A.N.T.T., *Ibidem*, p. 54.

depois de notar que não havia diferença "entre o erro proferido de viva voz, ou praticado, e a heresia, ou erro escrito, ou estampado, senão só a de haver neste maior maldade, e maior perigo", e de sublinhar que "no combate ao contágio dos livros perniciosos se fazia necessário não só o saudável auxílio de muitos cooperadores contra ele mas também outras providências", declarava que "o Bispo Inquisidor-Geral não tinha impedimento algum para proceder ou mandar proceder contra os que comprarem, venderem, lerem, tiverem ou conservarem os livros perniciosos como contra suspeitos na Santa Fé, pois que esta faculdade não só é consequência da sua comissão contra a herética pravidade, mas expressamente lhe é cometida na bula *Cum Officium*"[7].

Este alvará, que não pode deixar de ser considerado como um prenúncio da lei de 17 de Dezembro de 1794, consagra o restabelecimento do poder censório da Inquisição, o qual lhe havia sido retirado por Pombal, ao instituir a Real Mesa Censória.

Pela lei de 17 de Dezembro de 1794, a Rainha reconhece que "toda a vigilância, actividade e luzes dos Deputados não foram bastantes" para exercer a compressão ideológica pretendida e, perante a ameaça da "extraordinária e temível revolução literária e doutrinal que tem tão funestamente atentado contra as opiniões estabelecidas, propagando novos, inauditos e horrorosos princípios e sentimentos políticos, filosóficos, teológicos e jurídicos, derramados e disseminados para ruína da Religião, dos Impérios e das Sociedades", decide "abolir como inútil e ineficaz para os fins da sua erecção" o Tribunal da Real Mesa da Comissão Geral sobre o Exame e Censura dos Livros.

---

[7] Alvará de D. Maria onde se ordena que o Bispo Inquisidor-Geral destes Reinos exercite as faculdades que lhe são concedidas a respeito dos livros e escritos contra a Fé, Moral e Bons costumes. Lisboa, Régia Oficina Tipográfica, 1791.

O ÚLTIMO *DESASSOSSEGO* DE FERNANDO PESSOA

MIGUEL FARIA
Professor Universitário

"O direito a viver e a triunfar conquista-se hoje quase pelos mesmos processos por que se conquista o internamento num manicómio: a incapacidade de pensar, a amoralidade e a hiperexcitação".[1]

Momentos mais lúcidos e inspirados deram a Mensagem *e certos poemas; ocasiões de vivências mentais perturbadas determinaram estâncias medíocres de vulgaridade, e outras abstrusas. E deixemos no esquecimento muita coisa que, num acto, a nosso ver moralmente abusivo, lhe têm editado".*[2]

Temos por certo serem os alunos os melhores juízes do trabalho e excelência dos mestres. De pouco valem os títulos académicos e o currículo do professor se não conseguir entrar no coração e na mente dos seus discípulos, já pelas virtudes pedagógicas, nível e qualidade do ensino e sólida cultura, já pela honestidade profissional e conduta que lhes sirva de exemplo à formação do carácter, para deles fazer HOMENS – Responsáveis, Competentes e Livres.

O teor do convite que nos foi dirigido, – e que muito nos honra, – para participarmos no volume de Estudos de Homenagem ao Professor

---

[1] Fernando PESSOA – in *O Livro do Desassossego,* por Bernardo Soares. 2ª Parte Ed., Europa-América, pág. 90.

[2] SARAIVA, Mário – *O Caso Clínico de Fernando Pessoa*, Ed. Referendo, Lisboa, 1990, pág. 14.

Catedrático Artur Anselmo é bem a prova provada e o testemunho da consideração em que ele é tido no Instituto Superior onde, desde 1984, vem formando gerações sucessivas de Oficiais da nossa Polícia[3]. E essa será certamente a sua maior glória.

Justa é, pois, a homenagem ora prestada. A dúvida só nos surge quanto ao nível e ao mérito da nossa modesta participação.

1. Afirmámos, em tempos, que a "diversidade" é própria dos homens e que, até à consumação dos séculos, eles hão-de procurar atingir o inatingível: a olímpica "unidade" dos deuses[4].

Pela lei natural das coisas, na mente de cada um forma-se um pensamento próprio, o seu *logos,* que representará um "contrário", elemento constitutivo e necessário no universo das ideias. Assim pensava Heráclito[5].

Vem isto a propósito de um fenómeno, a que se tem dado o nome de HETERONÍMIA[6], o qual, ainda que raramente, assinala e se apossa de alguns autores, que escrevem encarnando outra personagem imaginária, diferente de si mesmo, cuja personalidade e dados identificativos criam e definem. Não se trata propriamente de pseudónimos portanto.

O caso mais típico e conhecido é o de Fernando António Nogueira Pessoa, geralmente abreviado para Fernando Pessoa, nascido em 1885

---

[3] Já desde 1964 que o homenageado tem o seu nome consagrado na Enciclopédia Luso-Brasileira de Cultura, – 2º Vol., Editorial Verbo, págs..492-493, onde se especifica: "Artur Anselmo de Oliveira Soares fundou e dirigiu, em 1959 e 1960, o movimento *Cidadela,* que exprimiu as ideias literárias e filosóficas de uma parte da sua geração, reunida a partir de 1962 no jornal *Combate.* Foi secretário da revista *Tempo Presente* – onde apareceu inicialmente o ensaio *Solicitação Crítica* (1961) – e é comentador de política internacional na TV. A actividade intelectual de A. A. obedece a uma constante preocupação informativa e selectiva; a sua obra de crítico literário, dirigida em perspectivas europeias e escrita com rigor estilístico, é um exemplo dessa característica estrutural. Profissionalmente, tem-se dedicado às técnicas editoriais e às artes gráficas". Isto, só por si, diz tudo.

[4] "Considerações sobre a Reacção à Ilicitude Criminal", – in *Estudos em homenagem ao Professor Doutor Pedro Soares Martinez,* Vol I, Almedina, pág. 692.

[5] Com menos erudição e mais simplicidade, o nosso povo define aquela realidade no ditado: "Cada cabeça sua sentença".

[6] Leve-se em conta que, gramaticalmente, a palavra significa formação do género por meio de palavras de raiz diferente: marido, mulher; cavalo, égua; etc. Cf. Aurélio Buarque de Holanda Ferreira: *Novo Dicionário da Língua Portuguesa,* dito "AURELIÃO", Editora Nova Fronteira, R. J. Pág. 721.

e falecido em 30 de Novembro de 1935. Alberto CAEIRO; Álvaro de CAMPOS; Ricardo REIS; Bernardo SOARES e outros mais, que a "arca inexaurível", – como lhe chama Joel SERRÃO –, certamente nos vai ainda fornecer, cada um com as características que o escritor lhe atribuiu, constituem os seus heterónimos.

Eduardo LOURENÇO vê na criação dos heterónimos a tradução, ao mesmo tempo, da "impotência radical de conceber e exprimir a Unidade e a tentativa de se aproximar dela sob formas e unidades diferentes"[7].

Mas o que se passará realmente com Fernando PESSOA que, de algum modo, possa explicar a sua heteronímia?

Deixaremos a resposta para o final. Por ora, apenas chamaremos a atenção para um estudo de Onésimo Teótonio ALMEIDA, apresentado no Encontro Internacional do Centenário, sob o título *Pessoa e Verdade (S)... ou a crítica do abuso de Leituras Herméticas,* em que dá realce ao seguinte texto de PESSOA: "...Todo o livro que leio, seja de prosa ou de verso, de pensamento ou de emoção, seja um estudo sobre a quarta dimensão ou um romance policial, é, no momento que o leio, a única coisa que tenho lido. Todos eles têm uma suprema importância que passa no dia seguinte. Esta resposta é absolutamente sincera. Se há nela, aparentemente, qualquer coisa de paradoxo, o paradoxo não é meu: sou eu". "Não evoluo, viajo... Vou mudando de personalidade, vou...enriquecendo-me na capacidade de criar personalidades novas, novos tipos e fingir que compreendo o mundo, ou antes, de fingir que se pode compreendê-lo". "Fumei a vida. Que incerto tudo quanto vi ou li"[8].

Atente-se ainda no poema: "Deus não tem unidade
Como a terei eu?"

Parece claro que no seu espírito se terá arreigado a convicção de a sua obra não lhe ter deixado mais do que a certeza de não atingir a *gnosis* por esta ser própria dos deuses. Ao homem é dado, pela natureza, o privilégio de, pelo raciocínio, pelo trabalho, ou pela graça, dela se ir abeirando sem nunca a atingir.

O mesmo Onésimo ALMEIDA situa Fernando PESSOA no limitado número dos seres humanos que Lawrence KOHLBEG coloca no sexto estádio de desenvolvimento moral. Contudo, PESSOA preocupou-se apenas

---

[7] *Encontro Internacional do Centenário de Fernando PESSOA*, Secretaria de Estado da Cultura. Lx, 1990, pág. 195.

[8] *Ibidem*, pág. 201 a 203.

34   *Estudos de Homenagem ao Professor Doutor Artur Anselmo*

em encontrar uma moral para si, preferindo "revestir esse edifício ético que, apesar dos esforços, não consegue erguer totalmente coerente".

As precedentes considerações permitem-nos agora adiantar uma explicação da escolha do termo *desassossego* para título deste trabalho, se levarmos em conta que Fernando PESSOA, através do seu semi-heterónimo Bernardo SOARES, escreveu uma das suas obras maiores: *O LIVRO DO DESASSOSSEGO*. Caracterizado pela fragmentação das formas e estruturas, "pode ser pensado como um texto síntese, uma espécie de grande mar para onde confluiriam os diversos conhecimentos sociológicos, comerciais, filosóficos, políticos, históricos e de ocultismo do seu autor. Apresenta-se como um diário onde são registados pequenos nadas de uma existência, imaginativos espirituais e ainda impressões sem nexo"[9]. Portanto, algo de completamente diferente do sentido utilizado na epígrafe, onde o termo *desassossego* se nos apresenta no seu sentido literal: inquietação, agitação, intranquilidade, impaciência, perturbação, etc. Resultou ele de uma incompreensão entre PESSOA e SALAZAR, em razão de declarações deste na cerimónia de 21 de Fevereiro de 1935, na atribuição do prémio "Antero de Quental", segunda categoria, pela sua obra poética *Mensagem*. O autor terá chegado até a escrever uma carta ao Presidente da República expondo-lhe as suas razões, como adiante veremos.

Fernando PESSOA veio a falecer em 30 de Novembro desse mesmo ano de 1935.

2. Para se poder entender e avaliar os factos e circunstâncias geradoras de um eventual *desassossego* para Fernando PESSOA, durante o seu último ano de vida, torna-se indispensável recapitular alguns dos seus escritos anteriores, pelo menos os mais representativos das suas posições históricas, sem deixar de levar em conta a sua auto-análise, citada em António Pina COELHO, *Os Fundamentos Filosóficos da Obra de Fernando Pessoa*, Vol. I, Ed. Verbo, pág. 63, e que terá sido escrita em 1/4/1927.

> *"Ninguém me melindra não concordando comigo;*
> *para uma criatura como eu, tão pouco firme em toda*
> *a espécie de opiniões, e tão mutável em todo o género*

---

[9] *Ibidem*, págs. 92 e 93. José Rodrigues de PAIVA: *O LIVRO DO DESASSOSSEGO*: Obra e Ficção.

de sentimentos, a discordância não tem aquele aspecto
de agravo que assume para os firmes e para
os dogmáticos, por isso em discordância comigo
habitualmente vivo".

Parece que, no seu último ano de vida, não foi bem assim.

Comecemos pelo *"INTERREGNO* – Defesa e justificação da ditadura em Portugal", cujas três justaposições resumiremos, utilizando ao máximo a prosa do autor[10].

Principia com "um primeiro aviso": as razões apresentadas não se aplicam às ditaduras em geral, nem implicam qualquer defesa dos actos em particular da presente Ditadura Militar – "Não há outro caminho para a salvação e renascimento do País senão a Ditadura Militar, seja esta ou seja outra".

"Escravos da mentalidade estrangeira uns; escravos da falta de mentalidade própria todos; – nenhuns portugueses, políticos ou não políticos, têm podido falar nacionalmente ou simplesmente a este país. Não o quer a atenção dos sub-portugueses que constituem a maioria activa da Nação; mas a atenção dos outros, dos que têm um cérebro que pode ainda vir a pertencer-lhes. Nem a pedimos, – exigímo-la".

Eis a primeira justificação: metade do país é monárquica, a outra metade é republicana[11]. São estes os factos. "Mas quando um país está assim organicamente metade oposta a metade, está criado o estado de guerra civil – de guerra civil pelo menos latente –. Ora, num estado de guerra, civil ou outra, é a Força Armada que assume a expressão do Poder. Assume-a, ordinariamente, em subordinação a um poder político constituído, a um regímen. No nosso caso, porém, o que falta é um regímen. Tem pois a Força Armada de ser ela o regímen. Tem que assumir por si só todo o poder".

A segunda justificação: Tratando-se de um Estado de Transição, em que a Nação tem de continuar a viver, os governantes terão de limitar a sua acção ao mínimo indispensável. "Ora o mínimo, o indispensável

---

[10] Recorremos à publicação do Núcleo de Acção Nacional, de 1928. *Na obra em prosa de Fernando Pessoa* – Páginas de Pensamento Político – 2 (1925 – 1935), Introdução, Organização e Notas de António Quadros. Inicia-se com um texto encimado com a afirmação de Pessoa: "Toda a Revolução é essencialmente inútil". Págs. 38 a 41.

[11] A república tinha sido implantada, por uma revolução, em 5 de Outubro de 1910.

social, é a ordem pública, sem a qual as mais simples actividades sociais, individuais ou colectivas, nem sequer podem existir.

Os governantes naturalmente indicados por um Estado de Transição são aqueles cuja função social seja particularmente a manutenção da ordem. Se uma nação fosse uma aldeia, bastaria a polícia; como é uma nação, tem que ser a Força Armada inteira".

A terceira justificação vai PESSOA enraizá-la na desnacionalização que explodiu no constitucionalismo, atingindo as esferas superiores da Nação. Surgiu a contra-reacção com a república e, com esta, o estrangeiramento completo. Reconhece que "toda a situação governante em Portugal, depois da queda da monarquia absoluta, é substancialmente uma fraude e a fraude pune-a a lei; porém, quando a fraude se apodera da lei, tem que puni-la a simples Força, que é o fundamento da lei, porque é o fundamento do seu cumprimento. Nisto se funda o instinto que promove as nossas constantes revoluções. Têm-nos elas tornado desprezíveis perante a civilização, porque a civilização é uma besta. As nossas revoluções são, contudo, e em certo modo, um bom sintoma... de que temos consciência da fraude como fraude; e o princípio da verdade está no conhecimento do erro. Se, porém, rejeitamos a fraude como fundamento de qualquer coisa, temos de apelar para a força para governar o país, a solução está em apelar clara e definitivamente para a força, em apelar para aquela força que possa ser consentânea com a tradição e a consecução da vida social. Temos de apelar para uma força que possua um carácter social, tradicional, e que por isso não seja ocasional e desintegrante. Há só uma força com esse carácter: é a Força Armada".

Tal é a terceira justificação da Ditadura Militar.

Fernando PESSOA deixou-nos, em seguida, um segundo aviso, onde se propõe explicar os fins imediatos e mediatos do opúsculo.

Destacamos o considerar ele que "se amanhã a Ditadura Militar cair não cairá com ela a justificação dela. O ser necessária uma coisa não implica nem que exista nem que, existindo, subsista; implica tão-somente que é necessária"[12].

Depois refere que "não há hoje quem, no nosso país ou em outro, tenha alma e mente, ainda que combinando-se, para compor um opúsculo como este". Disto se orgulha e especifica: "É este o Primeiro Sinal, vindo, como foi prometido, na *Hora* que se prometera".

---

[12] Cf. supra *Páginas de Pensamento Político.* – 2. Not. António QUADROS, pág. 58.

O Último Desassossego *de Fernando Pessoa* 37

Indica o autor a data de Janeiro de 1928 da sua feitura, coincidentemente, um ano após a data em que, na *Mensagem,* o último dos poemas – *NEVOEIRO,* termina com a exortação: "É a Hora!" e a saudação *Valete Fratres.*

3. O estado de espírito de Fernando Pessoa para com a reacção ditatorial monárquica de João Franco, seguida da república democrática a partir de 1910, está impetuosamente retratado na famosa frase: "Um discurso de Afonso Costa é exactamente um discurso de João Franco"; "entre os dois venha o diabo e escolha". Ou seja: a mudança da monarquia para a república, revolucionariamente imposta, nada de bom trouxera para a Nação. A fugaz e esperançosa passagem pelo Poder de Sidónio tinha-se desfeito pela tragédia e Portugal continuava no nevoeiro.

A fé centrava-se agora na Ditadura Nacional, instalada por uma revolução armada, como todas as alterações dos regimes pós-liberais.

Vemos então Pessoa rejubilar. O período entre 28 de Maio de 1926 e 27 de Abril de 1928, até à implantação no poder do Prof. Salazar, é talvez dos mais perigosos para a Nação dos que ela tem tido ao longo da sua vida. Não por este ou aquele elemento externo ou visível, mas pela grande confusão e permanência, sob forma diferente, da anarquia que o 28 de Maio viera para extinguir sem saber como.

O pior evitou-se logo de início, com a entrega ao general Carmona da chefia da Nação. O seu grande prestígio mantinha, ao menos, a seu lado a maior parte da Força Armada. Ainda assim, com violentas interrupções, como o sete de Fevereiro, "se manteve a ordem na rua, por pouco que ela se manteve nos espíritos". No resto era a confusão: "a Revolução Nacional continuava sem ideias, pois não eram suas as dos integralistas – as únicas com sistema de coerência, mas de um grupo reduzido e, com razão ou sem ela detestado ou por monárquicos, ou por católicos, ou por anti-democráticos, pela grande maioria da Nação. A vinda de Salazar trouxe, enfim, o Chefe da Acção Nacional".

Gradualmente se sentiu a sua chefia. Foi primeiro um prestígio de pasmo, pela diferença entre ele e todas as espécies de chefes políticos que o povo conhecera; um prestígio psicológico, sim, antes de mais nada, porque o que primeiro se descobriu de Salazar, à parte o seu carácter ascético, e que era ao contrário dos restantes chefes políticos, um homem de ciência, de trabalho e de poucas palavras e, ao contrário dos portugueses vulgares, incapazes de pensar claramente e de querer firmemente, um espírito excepcionalmente claro, omnimodamente forte.

Veio depois o prestígio administrativo, do financeiro, – prestígio que o povo, incapaz de criticar ou perceber uma obra financeira, – imediatamente aceitou por virtude do prestígio já dado. Por fim, mais tarde, atraindo já classes cultas que ficaram um pouco retraídas, veio o prestígio do chefe político, do organizador da Constituição e do Regime Corporativo. Neste campo, Fernando Pessoa é determinante: "Muito embora se não concorde com um e outro, as classes para quem por ambos Salazar se prestigiou são classes que não ligam necessariamente a administração à concordância. Por mim falo que dessa classe sou"[13]. E esclarece: "É evidente que por povo entendo a massa geral da Nação, – a que não está enquadrada num partido político subservientemente. Desde que alguém entre para um partido político, deixa de ser povo para ser político" [14].

4. Para melhor se aquilatar o que foi e a causa do *desassossego* em 1935, é de grande interesse recordar como Pessoa via o prestígio de Salazar.

Diz ele textualmente que "não deriva da sua obra financeira, tanto porque, sendo essa obra uma obra de especialidade, o público não tem competência nem a pretende ter, para a compreender, como porque o acolhimento calorosamente favorável, que essa obra teve, denotava já um prestígio anterior. O prestígio de Salazar nasceu vagamente da sugestão do seu prestígio universitário e particular, mas firmou-se junto do público, logo desde as suas primeiras frases como ministro e as suas primeiras acções como administrador. Por um fenómeno psíquico simples de compreender. Todo o prestígio consiste na posse, pelo prestigiado, de qualidades que o prestigiador não tem e se sente incapaz de ter. O povo português é essencialmente descontínuo na vontade e retórico na expressão: não há coisa portuguesa que seja levada avante com firmeza e persistência. Logo desde o princípio, Salazar marcou, e depois acentuou, uma firmeza de propósito e uma continuidade de execução de um plano; logo desde o princípio falou claro, sóbrio, rígido sem retórica nem vago. O seu prestígio reside nesta formidável impressão de diferença do vulgo português". E continua discorrendo como, no meio de um povo de incoerentes, de verbosos, de maledicentes por impotência e espirituosos por

---

[13] Cf, Obra em prosa de Fernando Pessoa – *Páginas de Pensamento político* – 2, 1925-1935. Org. e notas de António Quadros. Europa – América, págs. 65 e 66.

[14] *Ibidem*, pág. 66.

O Último Desassossego *de Fernando Pessoa*

falta de assunto intelectual, se impôs. "Depois dos Afonsos Costas, dos Cunhas Leais, de toda a eloquência parlamentar sem ontem nem amanhã na inteligência nem na vontade, a sua simplicidade dura e fria pareceu qualquer coisa de brônzeo e de fundamental. Se o é deveras e se a obra completa o que a intenção formou, são já assuntos de especialidade e sobre os quais nem o público, que deles não sabe, nem eu que sei tanto como o público, poderemos falar com razão e proveito". E termina assinalando "deste prestígio resultar o contraste com Afonso Costa. Quando este apresentou o seu *superavit,* foi recebido à gargalhada pelo público, e os seus próprios partidários tiveram de fazer esforços sobre si mesmo para ter fé na obra, como a tinham no homem. Quando Salazar apresentou o *superavit* todo o grande público imediatamente aceitou. Não foi o *superavit* comum aos dois, que provocou o prestígio: o prestígio de um, o não prestígio do outro, eram anteriores ao espectáculo financeiro"[15].

5. E tudo parecia correr, – se não no melhor dos mundos, – pelo menos na santa paz da normalidade, até mesmo da esperança.

Em Dezembro de 1934 apareceu a *Mensagem* que, no ano seguinte, foi galardoada com o prémio da "Segunda categoria" do Secretariado da Propaganda Nacional, intitulado "Antero de Quental", aumentado e valorizado pela intervenção pessoal do seu velho amigo e camarada dos tempos de Orpheu, António Ferro.

Logo em 30 de Janeiro 1935 pensa publicar, antes do mês de Outubro, o seu primeiro grande livro.

Na noite de 21 de Fevereiro seguinte, teve lugar na sede do Secretariado da Propaganda Nacional a sessão solene da cerimónia de entrega dos Prémios Literários – 1934, instituídos e atribuídos por aquele departamento do Estado, dirigido por António Ferro, grande jornalista e indefectível apoiante do Estado Novo.

A assistência era constituída por grande número de personalidades do Governo, do Corpo Diplomático, das Forças Armadas, da política, gente da cultura no campo das artes, das letras, da pintura, da música, do teatro etc. A cerimónia, presidida pelo chefe do Governo, começou cerca das 23 horas e prolongou-se pela madrugada, sempre com o brilho e o

---

[15] *Ibidem,* págs. 67 e 68.

40   *Estudos de Homenagem ao Professor Doutor Artur Anselmo*

dinamismo que António FERRO tão bem sabia preparar e fazer executar. A este coube proferir o primeiro discurso da noite, que subordinou ao tema "A Política do Espírito".

Tratava-se de um assunto sobre o qual o orador havia doutrinariamente discorrido em artigo de fundo publicado no "Diário de Notícias ", de 21 de Novembro de 1932, que subordinou ao título POLÍTICA DO ESPÍRITO. Pela sua importância e colocação histórica, vale a pena dar uma ideia geral sobre o tema, que analisava e reflectia um movimento de natureza cultural florescente na Europa do tempo. Lançado por Paul VALERY, que se virara do estudo das matemáticas para o gosto da criação artística, procurava estabelecer a "unidade criadora do espírito" e proclamar uma "ética intelectual" nas várias manifestações da cultura[16].

António FERRO começou por lembrar a raiz da sua "Política do Espírito", buscando-a no vol. IV da *Correspondência de Napoleão Bonaparte,* em que se via que o imperador se empenhava em transformar a estética, pouco a pouco, em "negócio do Estado". Dizia ele que "as ciências que encaminham o espírito humano, as artes que embelezam a vida e transmitem as grandes acções à posteridade devem ser honradas especialmente nos governos livres". Por governos livres entendia-se os que se proclamavam arautos da liberdade individual consagrada na Declaração dos Direitos do Homem e do Cidadão e que ele, pela força das armas, ia impondo na Europa e tentava, então, implantar a leste com a trágica campanha da Rússia. Recordou o facto curioso de Napoleão, em plena campanha da Rússia, ter escrito a FOUCHÉ para o informar sobre o estado de dois grandes teatros de Paris, seus reportórios e situação financeira e chamava a atenção para a cultura nestes termos: "a literatura precisa de ser encorajada; proponha-me medidas para dar um empurrão nos seus vários ramos".

O articulista realçava também o interesse do "Duce" em apoiar a cultura de forma a animar e seduzir a juventude da nova Itália, empenhando-se desde o início do seu governo na criação da Academia Italiana, "por onde passam todas as correntes do pensamento humano, desde a arqueologia ao futurismo". Referiu também que a política do chefe do governo português dava uma armadura intelectual e espiritual ao regime,

---

[16] Membro da Academia Francesa e professor no *Collège de France,* foi um dos maiores e mais respeitados intelectuais da sua época.

ao contrário de Primo de RIVERA que, em Espanha, nunca tomou a sério os escritores, nunca os cultivou, sendo essa, com certeza, uma das principais razões da sua queda.

Lembrou ainda que a França devia o seu prestígio exterior, a sua hegemonia latina, aos seus escritores e aos seus artistas, bem como "ao abraço carinhoso com que Paris recebia todos os operários do espírito humano, – os poetas". A própria Rússia, apesar das suas tendências materialistas, compreendeu maravilhosamente o papel da literatura e da arte ao serviço das ideias comunistas, tirando óptimos dividendos políticos dos seus escritores, artistas e realizadores de cinema.

Parafraseando VALERY, sustentou António FERRO que "um povo que não vê, que não lê, que não ouve, que não vibra, que não sai da sua vida material, torna-se um povo inútil". É a Beleza – desde a Beleza moral à Beleza plástica – que deve constituir a aspiração suprema dos homens, e é a literatura e a arte que constituem os dois grandes órgãos dessa aspiração, órgãos esses que precisam duma afinação constante, que os mantenham nos seus tubos para a essência e a finalidade da Criação. E lamenta-se: "como se pode compreender que Portugal seja um dos raros países do mundo onde não frutifique um teatro de vanguarda, onde se faça arte sem pensar na bilheteira? Como se compreende que o teatro de S. Carlos, de tão gloriosas tradições, esteja fechado para a música há tantos anos? Não haja concertos sinfónicos em Lisboa?"

E para finalizar reclama que o Estado faça uma política do Espírito, inteligente e constante, dando-lhe altura, significação e eternidade. Tal será uma arma indispensável para o nosso ressurgimento. "O Espírito, afinal, também é matéria, uma preciosa matéria, a matéria-prima da alma dos homens e da alma dos povos".

Na sessão solene da *Festa dos Prémios Literários – 1934,* António FERRO aproveitou habilmente a oportunidade de conferencista principal para impregnar o espírito da distinta e poderosa assistência com a sua POLÍTICA DO ESPÍRITO.

Começou por recordar o seu artigo de fundo no "Diário de Notícias" de 21 de Novembro de 1932 afirmando: "Limitámo-nos então a defender a política do Espírito no que ela representa como defesa material da inteligência, da literatura e da arte, de todas as manifestações espirituais que nos libertam do realismo (não digo da realidade), que nos facilitam a evasão do quotidiano. Mas essa face da política do Espírito, pela qual nos batemos ontem e nos continuamos a bater hoje, é o que nela se contém de mais objectivo, de concreto, isto é, mais terreno. Política do Espírito não é nem o pode ser efectivamente, se a expressão quer ser digna de si própria, a simples e legítima elaboração dum programa de assistência aos artistas e escritores, um simples e necessário estímulo às realizações materiais da arte, isto é, às corporizações do espírito.

E afirma: "Não se trata apenas de fomentar o desenvolvimento da literatura, da arte e da ciência, acarinhar os artistas e os pensadores, fazendo-os viver numa atmosfera em que lhes seja fácil criar. Ela é também a que se opõe fundamental e estruturalmente à política da matéria. Estabelece e organiza o combate contra tudo o que suja o espírito, faz o necessário para evitar certas pinturas *viciosas* que prejudicam a beleza, a felicidade da beleza, como certos crimes e taras ofendem a humanidade, a felicidade do homem. Defender a política do Espírito é combater sistematicamente a obra da vida ou a obra da arte, de tudo o que é feio, grosseiro, bestial, de tudo o que é maléfico, doentio, por simples volúpia ou satanismo" E continua: "POLÍTICA DO ESPÍRITO é aquela que proclama, precisamente, a independência do ESPÍRITO, que o liberta da escravidão do materialismo tirânico, insinuante, que pretende constantemente suborná-lo, embriagá-lo. MARITAIN o exprimiu, com alto poder de síntese, no seu estudo sobre *liberdade intelectual*: o cientismo impõe à inteligência a própria lei do materialismo, isto é, só é inteligível o que é verificável materialmente, o que se reduz integralmente a uma realidade inferior".

Resumindo: "a Política do Espírito é a que procura proteger todos os criadores da Beleza, não só estimulando-os a produzir obras de arte, como preparando-lhes aquela atmosfera moral em que o Espírito seja Espírito, seja a vitória do Espírito".

FERRO analisa, depois, o que chamou a "inquietação da Ordem". Há quem proclame a apologia da inquietação humana como única fonte possível da literatura e da arte. Admite essa realidade, se se distinguir aquela que procura instintivamente a ordem, daquela que se compraz na desordem; a inquietação construtiva e a inquietação diabólica, nihilista.

A primeira, não só é necessária como é igual à própria arte. É uma inquietação legítima, necessária e profunda. A esta opõe-se a inquietação da desordem, a inquietação do mal que se conhece e se mascara com falsas razões intelectuais ou com princípios duma nova moral, como se a moral fosse uma criação dos homens.

Sabemos que as formas exteriores da Moral podem sofrer alterações de civilização para civilização, de terra para terra. Mas os alicerces são

O *Último* Desassossego *de Fernando Pessoa* 43

sempre os mesmos. A nossa guerra é contra essa inquietação que se sabe doentia e que produz uma literatura e uma arte conscientemente mórbidas. O que nós atacamos é a renascença duma literatura sádica, masoquista e indesejável onde o talento perde os seus direitos. "A arte pela arte só pode gerar monstros". Defendemos, acima de tudo a inquietação da "Ordem contra a inquietação da Desordem". Consagramos a liberdade e a imaginação como elementos essenciais da Política do Espírito. Se nos recordarmos das grandes obras de imaginação que a Humanidade tem produzido – no teatro, na poesia, ou no romance – verificaremos que, elas são profundamente inquietas, mas não viciosas, nem conscientemente imorais ou cinicamente amorais.

O documento terminou com o conferente fazendo a sua *defesa,* que classificou de EVOLUÇÃO. E fê-lo com grande dignidade e mestria, como veremos.

6. De facto, António Ferro tinha afirmado que o Secretariado da Propaganda Nacional era um órgão da Presidência do Conselho de ministros, pelo que teria de se conformar com a política do Presidente. Entre companheiros de trabalho, ditos da oposição, comentava-se e criticava-se a mudança[17].

António Ferro resolveu então "explicar-se" afirmando: "Quero responder agora, na primeira pessoa (só digo *eu* quando me dizem *tu*) àqueles que me estão ouvindo cá dentro e, sobretudo, lá fora lembrando-se, com ironia, de certas obras dos primeiros anos da minha carreira literária que podem contradizer singularmente as minhas ideias e os meus sentimentos de hoje.

Contrapondo o protagonista de *Trovarsi,* – a celebre peça de Pirandelo, – concluiu que, sentindo-se perseguido por duas matilhas, também não estava decidido a abandonar a própria alma, sem o direito de se

---

[17] Tempos antes, António Ferro tinha defendido: "uma literatura condicionada, restrita, com etiquetas, enfileirada em pelotões, de continência é uma literatura pobre acanhada e antinacionalista, mesmo quando se diz nacionalista. Uma literatura é uma literatura, no sentido amplo da palavra, com cabeça, tronco e membros, quando não quer ser isto nem aquilo, quando tem o colorido dum mapa. Cada região cada cor". E ainda: "O escritor é um profissional da verdade, da sua verdade, mesmo quando essa verdade parece mentira". Cunha, Teresa Sobral, *Fernando Pessoa em 1935* – Da ditadura e do ditador em dois documentos inéditos. *Colóquio Letras,* n.º 100, Novembro – Dezembro 1987, pág. 124.

inquietar, de evolucionar, não acabando por se transformar num bonzo, numa estátua, num busto inexpressivo de academia. E proclamava: "Contrariemos a passividade, o fatalismo, a derrota...", reinvindiquemos e defendamos o direito à evolução quando ela é sincera e honesta, quando o passado, com que procuraram vexar-nos, chega a ser uma calúnia!. "Sejamos corajosos e altivos perante a ofensiva das sombras. Quando pretenderem barrar-nos o caminho, lançando-nos ao rosto pedras mortas de outras idades, saibamos responder com aprumo e serenidade: *Esse fui eu mas não sou eu!*"

No encerramento da cerimónia falou o presidente do Conselho de Ministros, que começou por dizer: "A vida traz surpresas assim: presidir e falar eu em festa que, para premiar literatos e artistas, parece devia ser exclusivamente de literatos e artistas". E continuou:

Foi criado o Secretariado da Propaganda Nacional que tem animado, dentro das suas forças e da modéstia do seu começo de acção, a actividade dos nossos escritores. Por outros sectores temos incitado e acarinhado os artistas portugueses. Uma e outra coisa se fez na convicção de que literatura e arte constituem o mais alto expoente das civilizações. Para presidir a esta cerimónia é talvez pouco, dado, ainda, que muitos duvidarão maliciosamente de que nestes tempos de crise se convertam tão facilmente em Mecenas os ministros das finanças.

Para falar, talvez ainda menos motivos existam, a não ser que se conte como tal, haver sempre em festas desta índole, alguma coisa para dizer. Entre o silêncio e o discurso, rompi a hesitação, vindo ler algumas passagens do Prefácio agora escrito para a colecção dos meus discursos. De entre todas, escolhi aquelas que pudessem exactamente convencer de que, neste momento, não devia falar nem estar calado.

Os princípios morais e patrióticos que estão na base deste movimento reformador impõem à actividade mental e às produções da inteligência e sensibilidade dos portugueses certas limitações, e suponho deverem mesmo traçar-lhe algumas directrizes.

Que ideia fazem das suas responsabilidades os espíritos de primeira ordem do actual momento português, os que, por terem recebido maior parte na distribuição dos dons divinos, estão naturalmente constituídos em guia e exemplo dos demais?

Vejo com desusada insistência desculparem alguns seus repetidos malefícios com a apregoada sinceridade das suas convicções literárias, artísticas ou morais. Basta isso? Atrevo-me a negá-lo por várias razões e, sobretudo, porque, além de responsáveis pelo que produzem contra a sua consciência, o escritor e o artista são ainda responsáveis pelos desvios da sua própria inteligência e pela má formação da sua vontade. Ser sincero é muito pouco; reconheçamos a obrigação de ser verdadeiro e justo.

Quando BOURGET *pôs em* Le disciple *a tese da responsabilidade do escritor pelos efeitos da sua obra na inteligência e na moral dos seus admiradores ou sequazes, parece ter-se operado um movimento de espanto sobretudo nos que tendiam a formar da literatura da arte mundos àparte, bastando-se a si próprios, tendo em si mesmos a sua finalidade e a sua razão de ser, e não viam nelas manifestações humanas, integradas na vida, e susceptíveis de a embelezar, de a melhorar, de ajudar o homem na conquista dos seus fins superiores. Estes desconheciam as profundas realidades humanas, perderam a rota das grandes certezas morais, criaram o amoralismo e a arte pela arte, como frutos lindos de ver-se mas inaproveitáveis ou nocivos. Na melhor das hipóteses desperdiçou-se o génio, em prejuízo da humanidade.*

A tese da responsabilidade pode continuar a discutir-se teoricamente, abstractamente; mas aos homens que sentem sobre os ombros o peso da direcção dos povos ensinou-lhes a história, quando não a observação própria, coincidir a decadência com certas manifestações mórbidas da inteligência e das vontades, com a pretensa emancipação do jugo de regras superiores, impostas ao homem e oriundas da sua natureza e dos seus fins. Para elevar, robustecer, engrandecer as nações é preciso alimentar na alma colectiva as grandes certezas e contrapor às tendências de dissolução propósitos fortes, nobres exemplos, costumes morigerados.

É impossível nesta concepção da vida e da sociedade a indiferença pela formação mental e moral do escritor ou do artista, e pelo carácter da sua obra; é impossível valer socialmente tanto o que edifica como o que destrói, o que educa como o que desmoraliza, os criadores de energias cívicas ou morais e os sonhadores nostálgicos do abatimento e da decadência.

A literatura é o espelho das diferentes épocas; mas se tão fielmente as reflectem é que ajudaram a criá-las. Neste momento histórico, em que determinados objectivos foram propostos à vontade nacional, não há remédio senão levar às últimas consequências as bases ideológicas sobre as quais se constrói o novo Portugal. Cremos que existe a Verdade, a Justiça, o Belo e o Bem; cremos que pelo seu culto os indivíduos e os povos se elevam, enobrecem, dignificam; cremos que ao alto sacerdócio

46 Estudos de Homenagem ao Professor Doutor Artur Anselmo

de buscar e transmitir a Verdade, criar a Beleza, tornar respeitada a Virtude, é inerente à responsabilidade pelas devastações acumuladas nas almas e até pela inutilidade social da obra produzida.

E, se por se generalizar tal estado de consciência se vier a escrever menos... Mas virá algum mal ao mundo de se escrever, menos, se se escrever e sobretudo se se ler melhor? Relembro a frase de Séneca: «em estantes altas até ao teto, adornam o aposento do preguiçoso todos os arrazoados e crónicas».

7. E foi a partir de então, destas palavras transcritas do Vol I dos *Discursos e Notas Políticas,* na abertura a que deu o título *Para Servir de Prefácio,* que se terá desencadeado, no espírito de Fernando Pessoa, a crise no seu último ano de vida a que demos a denominação de DESASSOSSEGO, aproveitando, sob o aspecto lexicológico, o título duma das suas principais obras literárias.

De facto, repare-se que a transcrição lida pelo último orador na Festa dos Prémios Literários – 1934, – que incidiu apenas sobre uma parte do texto a que tinha sido dado o título "Para Servir de Prefácio", do Vol. I, da primeira edição dos *Discursos e Notas Políticas* –, não terá sido muito feliz. Isto porque existia uma certa desagregação, tanto nos temas como na sequência do texto: *Para Servir de Prefácio,* que não comportava *Pedaços de prosa que foram ditos,* – discursos e notas –, mas simples prosa, de reflexões à maneira de ensaios sobre oratória, – de que ele não se considerava um modelo –, a eloquência, a espontaneidade, a capacidade de síntese, – que admitia possuir –, a dialéctica, os imperativos categóricos e morais que admitia deverem ser orientadores dos homens de cultura, da literatura e das artes em geral. Quer dizer: prefácio e texto da obra tinham, como deviam ter quando trabalhados por um grande prosador, categorias e alcances diferentes.

Há que levar em consideração que se acabava de sair de uma ditadura que durara sete anos e que, na generalidade, tinha recebido o aplauso da maior parte da população, farta como estava da incompetência política e financeira herdada da primeira República. Como vimos, o próprio Fernando Pessoa lhe consagrou O *INTERREGNO* – Defesa e Justificação da Ditadura Militar em Portugal.

A Nação estava também escudada, havia dois anos, numa Constituição que, aprovada por larga maioria em plebiscito, legitimava o Estado Novo, o que, evidentemente, conferia plena autoridade à nova classe política. A cerimónia da Festa dos Prémios Literários – 1934, bem apoiada pelo prestígio e acção de António FERRO, era uma ocasião magnífica para o chefe do Governo definir as coordenadas da Moral e da Estética que queria ver nortear a cultura oficial do novo regime. E fê-lo em termos incisivos, diríamos mesmo musculados, como era seu timbre, valendo-se da natural capacidade de trabalhar a língua portuguesa.

Neste último aspecto, será oportuno lembrar o testemunho da autoridade insuspeita do prof. António José SARAIVA ao afirmar: "quem lê os seus *Discursos e Notas* fica subjugado pela limpidez e concisão do estilo, a mais perfeita e cativante prosa doutrinária que existe em língua portuguesa, atravessada por um ritmo afectivo poderoso. Por esse lado, a prosa de Salazar merece um lugar de relevo na História da Literatura Portuguesa (e só considerações políticas até agora a têm arredado do lugar que lhe compete). É uma prosa que guarda a lucidez da grande prosa do século XVII, e donde é banida toda a nebulosidade, toda a distracção, toda a frouxidão, tudo o que frequentemente torna obscura ou despropositadamente ofuscante a prosa dos nossos doutrinadores. Essa prosa vem das melhores fontes do século XVII, o século lúcido entre todos, o século de Pascal. Do mesmo século herdou Salazar a sua utopia política. A sua utopia política foi o que se chama o "despotismo esclarecido" de que é exemplo em Portugal o reinado de D. José, com o ministro Pombal"[18].

Terá sido a forma e o teor da parte do preâmbulo referido que perturbaram Fernando PESSOA criando no seu espírito um desassossego avassalador que o levou a redigir missivas a quem entendeu, inclusivamente ao presidente da República.

É destas que nos ocuparemos agora.

8. Em 30 de Outubro de 1935, – um mês antes de falecer –, PESSOA escreveu um rascunho de carta a Adolfo Casais MONTEIRO, onde refere: *"Desde o discurso que o Salazar fez em 21 de Fevereiro deste ano, na distribuição de prémios no Secretariado da Propaganda Nacional, ficamos sabendo, todos nós que escrevemos, que estava substituída a regra restritiva da Censura, «não se pode dizer isto ou aquilo», pela regra soviética do poder, «tem que se dizer aquilo ou isto». Em palavras mais claras, tudo quanto escrevemos, não só não tem que contrariar os princípios (cuja natureza ignoro) do Estado Novo (cuja definição*

---

[18] Cf. O SALAZARISMO, in Expresso – Revista, de 22 de Abril de 1989, pág. 15 – R.

48 *Estudos de Homenagem ao Professor Doutor Artur Anselmo*

desconheço), mas tem que ser subordinado às directrizes traçadas pelos orientadores do citado Estado Novo. Isto quer dizer, suponho, que não poderá haver legitimamente manifestação literária em Portugal que não inclua qualquer referência ao equilíbrio orçamental, à composição corporativa (também não sei o que seja) da sociedade portuguesa e as outras engrenagens da mesma espécie".

Esta carta, incompleta, não chegou a ser enviada[19].

Em missiva inacabada a Marques MATIAS, era patente o desassossego que o atingia: *"...Certas circunstâncias externas a que não consigo ser insensível, me abatem e me perturbam. Tenho estado velho por causa do Estado Novo. Todas estas coisas se não privam de tempo material com que possa escrever, todavia me reduzem o tempo mental com que possa pensar em escrever"*[20].

Em 1935 PESSOA resolveu mesmo dirigir-se ao Presidente da República, nos termos que se reproduzem: *"É V. Ex.ª a única entidade, hoje existente neste país, cuja autoridade pode ser considerada legítima. Foi V. Ex.ª eleito como homem, o que é definido e concreto; não como constituição, o que é indefinido e abstracto. De V. Ex.ª depende, de direito e, parece, de facto, tudo quanto de governo ou governação, neste país exista. Perante V. Ex.ª pois formulo este protesto, que é dirigida quanto à maneira como, nestes últimos tempos, tem sido encaminhada – por descaminho – a direcção da vida pública.*

Dirijo-me a V. Ex.ª na minha qualidade de cidadão português, que V. Ex.ª também é. Não me sirvo para fazê-lo dos títulos, para o caso ou inúteis ou desnecessários, de ser eu o poeta que escreveu porque escreveu o livro nacionalista «Mensagem» ou o templário que escreveu, por ser seu dever escrevê-lo, o artigo «Associações secretas», publicado no D.L.. V. Ex.ª nada tem a ver com poetas, nem, salvo numa concepção especial, cuja natureza, porque V. Ex.ª a sabe, não indico, com templários ou outros quaisquer membros das Ordens (Maiores) Secretas.

Entro imediatamente no assunto.

Estabelecida a ditadura em Portugal, percorreu ela, até hoje, três fases. A primeira foi a de simples defesa própria e de expectativa; vai de

---

[19] Obra em prosa – *Páginas do Pensamento Político – 2* (1925 – 1935). Notas de António QUADROS, Ed., Europa América, págs. 80 e 81.

[20] Este documento, bem como a carta ao Presidente CARMONA que se lhe segue e ainda a referência ao documento do espólio de F. PESSOA (92 V –73 – 96), foram apresentados por Teresa Sobral CUNHA. *Ibidem* – Supra, pg. 43, nota 17.

28 de Maio de 1926 ao advento, no Ministério das Finanças, em 27 de Abril de 1928, do prof. Oliveira Salazar. A segunda foi a da consolidação da ditadura, obtida pela acção enérgica, paciente e cuidadosa que o Prof. Salazar exerceu no cargo em que foi investido. Essa acção, caracterizada ostensivamente pelo equilíbrio dos orçamentos e por outros efeitos análogos ou similares (cujas contrapartidas, económicas, sociais ou morais, não pretendo discutir por não ser perito em matéria económica, e por ser complexo e confuso tudo quanto é social ou moral), deveu em grande parte o seu êxito a um fenómeno alheio ao assunto – ao voluntário e agradável apagamento, por o que parecia ser trabalho e modéstia, do seu principal executor.

Morto, porém, el-rei D. Manuel, e liberto portanto o prof. Salazar de qualquer obscuro compromisso monárquico, tomado porventura somente para consigo mesmo, entramos na terceira fase da Ditadura, que abre com o discurso da sala do Risco e só Deus sabe como e quando acabará[21].

A primeira fase da Ditadura era por assim dizer doutrinalmente negativa. A Ditadura era só ditadura: era essencialmente uma ausência de regime, porventura necessária, uma suspensão da vida constitucional, um interregno, um estado de sítio civil. Na segunda fase, não havendo ainda mudança doutrinal, isto é, não havendo ainda uma fórmula política que alguns pretendessem impor, havia já testado duas coisas positivas – um método e um homem, uma aritmética e um aritmético. Do método não cuido, pois não cuido do que não entendo. Do homem, como era então, não tenho que cuidar: estava consubstanciado com o método. O que importa é a terceira fase da Ditadura, pela simples razão que é a em que estamos, e só o presente é que está aqui.

---

[21] Há aqui uma certa confusão. Na verdade, D. MANUEL II morreu em 1932 e o discurso da Sala do Risco data de 28 de Maio de 1930. Logo, se foi com a morte do Rei que se quebrou o suposto compromisso, é evidente que a terceira fase da Ditadura só se poderia abrir depois daquela data (da morte do Rei) e não antes. Mas há um pormenor a considerar: Em 27 de Abril de 1935, sete meses antes da morte de PESSOA, num dos salões da Câmara Municipal de Lisboa, SALAZAR evocou os cinco anos que haviam passado já desde o convívio da sala do risco. Esta recordação recente terá, possivelmente, agravado a desorientação que, infelizmente, se havia apossado da sua memória na altura da redacção do rascunho da carta ao presidente da Republica, que, aliás, não chegou a ser expedida. Até porque SALAZAR só assumiu a chefia do governo em Julho de 1932. Cf. *Discursos,* volume I, 1928-1934, 5ª edição pág. 45 e *Discursos e Notas Políticas*, II, 1935-1937, págs. 22 e 23.

Essa terceira fase da Ditadura, Senhor Presidente, começou por afirmar-se no integralismo monárquico disfarçado de Estado Novo. Continuou afirmando-se no integralismo, já nem disfarçado, do Estado Corporativo, e acaba com afundar-se nos últimos arrancos do Prof. Salazar, e nomeadamente na segunda parte do prefácio, aos seus discursos por integralmente integral, isto é, francamente inimigo de duas coisas: da dignidade do homem e da liberdade do Estado.

Com efeito, na citada segunda parte do citado prefácio, parte essa de que o principal e essencial político foi dito ou tido numa reunião pública, da entrega dos Prémios, no S. de P. N., diz-se aos escritores que têm eles que obedecer a certas directrizes. Até aqui a Ditadura não tinha tido o impudor de, renegando toda a verdadeira política do espírito – isto é, o de pôr o espírito acima da política – vir intimar quem pensa a que pense pela cabeça do Estado, que a não tem, ou de vir intimar a quem trabalha a que trabalhe livremente como lhe mandam".

9. Quanto ao documento do espólio F. PESSOA (92 V – 73 – 96), escrito em língua francesa, consiste ele numa longa diatribe arrasadora, a tocar as raias da descompostura e incivilidade, contra a figura de SALAZAR e do Estado Novo.

Apesar do excesso, tem para nós o interesse de se referir a *"quelques uns de ses partisans tel le Dr. Manuel Anselmo dans sa conférence du...au..."*.

Tratava-se do Dr. Manuel ANSELMO, de seu nome completo Manuel Anselmo Gonçalves de Castro, tio do nosso homenageado, Prof. Artur ANSELMO.

Formou-se em Direito pela Universidade de Coimbra, exerceu a advocacia e foi cônsul em Pernambuco, Vigo, Oslo e Estocolmo. Mais tarde desempenhou as funções de observador permanente junto da UNESCO, em Paris, com a categoria de ministro plenipotenciário. Homem de grande inteligência e frontalidade que, de algum modo, marcou o seu tempo como crítico literário e ensaísta político. Polemista temido e audaz, mas respeitado, com grande capacidade de trabalho esteve muito bem implantado na sociedade portuguesa.

A sua obra é vasta, de um carácter bem marcado e ideias firmes. Nunca se eximiu aos confrontos que a vida lhe reservou.

De inteligência viva e reacções rápidas foi um dos fieis do Estado Novo.

O *Último* Desassossego *de Fernando Pessoa* 51

Em 1933 escreveu sobre o *Mutualismo como Doutrina Social* e no ano de 1934 deu-nos a obra *Soluções Críticas,* onde lavra umas "*notas sobre a atitude lírica de António Botto*", começando por afirmar: "procurar em António Botto um conceito literário novo, parece-me difícil e inútil". Colocou-se assim em franco antagonismo com Fernando PESSOA que, em 1922 escrevera: *António Botto e o Ideal Estético em Portugal, in Textos de Crítica e Intervenção,* da Ática, págs 119 a 133, e para quem o poeta das *Canções* "é o único português, dos que conhecidamente escreveu, a quem a designação de esteta se pode aplicar sem dissonâncias", complementando com a afirmação de que a sua poesia era "uma das revelações mais raras e perfeitas de ideal estético". Foi um confronto que teve grande repercussão na intelectualidade jovem do tempo.

Manuel ANSELMO publicou também em 1935 a *Gramática Política.* Iniciou a sua opção política em Coimbra, na Renovação Democrática, mas acabou por dar a sua adesão à União Nacional em discurso que pronunciou no Comando da Polícia em Viana do Castelo, em 23 de Dezembro de 1933. Nessa altura, alguns camaradas levantaram a questão de ter aderido sem primeiro se desligar formalmente da Renovação Democrática, ao que ele respondeu, sob palavra de honra, e por escrito, não corresponder à verdade. Termina esse texto com esta frase: "*Aqui fica a minha última explicação, – que deixo apenas, para enxotar garotos...*".

Esta atitude e linguagem era bem ao seu estilo.

A data que Fernando PESSOA deixou em branco, no escrito acima referido e redigido em língua francesa, foi a 23 de Janeiro de 1934, numa conferência pronunciada no teatro de S. Carlos, em sessão solene presidida pelo ministro do Interior, tendo feito a apresentação do conferencista, o Dr. Albino dos REIS, mais tarde presidente da Assembleia Nacional. O texto respectivo, – escrito "com nervos, com sinceridade, em menos de duas noites", que depois converteu numa das suas principais obras, sob o título *As Ideias Sociais e Filosóficas do Estado Novo,* foi dedicado ao seu patrono, o jornalista António FERRO.

Na sua análise começa por referir terem existido três períodos da História: o *feudal,* – eclesiástico e imperialista; o *democrático,* – liberal e imperialista; e o *violentista:* – o que começava a amanhecer. Este, dominado por uma concepção ideal do indivíduo e que só aceita como limites a consciência das necessidades nacionais e a lição das tradições. Será necessariamente autoritário. Tal é o Estado Novo. Autoritário mas não tirânico. A função legislativa apresenta-se como um direito de Representação Nacional.

Reconhece, com KELSEN, que "sem liberdade não há Democracia" e, historicamente, "a luta pela democracia foi uma luta pela liberdade política, tendo em vista conquistar, para o povo, uma decisiva participação nas funções legislativas e executivas do Estado". Admite que "a burguesia foi uma resultante fatal do preconceito democrático da igualdade dos cidadãos, – que os nivela perante a lei mas os abandona, na vida, às desigualdades económicas, permitindo o enriquecimento de uns e a proletarização de outros. E isso originou a formação de grupos fortes tutelando um Estado fraco, e o aparecimento lógico de uma concepção de vida egoísta. Partia-se do princípio de que o Estado era um mal necessário e que devia circunscrever-se àquilo a que a linguagem dos filósofos havia apelidado de mínimo ético".

Mas a concepção filosófica do Estado Novo é outra, bem diferente, "porque é violentista e anti-individualista. A sua força é, acima de tudo, uma força espiritual que nos resume as transcendências da vida moral e intelectual dos homens e para estes se dirige. É força – porque representa uma vontade ética substancial que é independente da Nação e não pretende justificar-se na consciência activa dos cidadãos. É força – porque, além de criar o Direito, desenvolve a seu bel-prazer a fisionomia da Nação. Por isso o Estado Novo é, sem medo, violentista, embora sem violentismo. Depurado pelas tradições nacionais e pelo conhecimento directo das realidades, nunca pode ser arbitrário". E esclarece: "o violentismo não é o uso e abuso da tirania, não é a truculência arvorada em sistema ou processo de mandar, não é a tortura como lei penal. O violentismo é, apenas, a fórmula moderna e expressiva da autoridade directamente aplicada, da *acção directa* na execução das reformas necessárias, a abolição dos intermediários inúteis". SALAZAR disse: "nenhum de nós afirmará em Portugal a omnipotência do Estado em face da massa humana, simples matéria prima das grandes realizações políticas. Nenhum de nós se lembrará de considerá-lo fonte da moral e da justiça...Nenhum de nós ousaria proclamar a Força mãe de todos os direitos, sem respeito pela consciência individual, pelas legítimas liberdades dos cidadãos, pelos fins que se impõem à pessoa humana". – São princípios a que, em verdade, podemos chamar de *intangíveis*, que foram a definição estrutural da República tal como ela deve ser, e constitui o verdadeiro e sagrado património da civilização e da nossa melhor tradição política, – desde que, nos primórdios da Nação, foi o povo, livre e em armas, que ditou o princípio da responsabilidade que foi o Rei e instaurou as Cortes Gerais e a Casa dos 24 com o privilégio do voto".

Um Estado Forte implica uma Nação organizada com uma hierarquia de interesses, disciplina económica e política.

O Estado Novo propõe-se dar equilíbrio à Produção e ao Consumo. Por isso ordena a sindicalização das profissões e a agremiação dos produtores. Para salvaguardar a ordem pública e cumprir a justiça social é legítimo e necessário que as liberdades sejam asseguradas às profissões organizadas, para que haja sincronismo entre o Estado e os Sindicatos nacionais, a fim de manter a defesa do abuso do poder. O Estatuto do Trabalho Nacional e a legislação que criou os sindicatos, grémios e casas do povo promoverão e garantirão a reconciliação das classes sob o signo da prosperidade económica e das profissões. Será a fase corporativa do regime.

Foi muito bem entendida e aplaudida a sua afirmação de que via no Estado Novo o sistema capaz de hierarquizar os indivíduos, as famílias, os sindicatos, as corporações e a própria estrutura do Estado. E defendia ser "essa hierarquização que formará uma verdadeira *elite* de trabalhadores, de industriais, de produtores e até de consumidores".

Esta seria a estrutura que garantiria ser o Estado Novo *anti-burguês* e *anti-plutocrata,* o que garantiria aos operários a dignificação moral e material e à sociedade em geral os benefícios mutualistas e de previdência social. O justo salário compatível com a dignidade, mediante contratos colectivos de trabalho seriam a via prática para tal desiderato.

É seu o esquema: "O Estado Novo garante à Nação organizada o bem-estar material, o alento moral e as possibilidades intelectuais necessárias à sua realização. Por isso é um Estado forte, um Estado violentista embora não totalitário pois respeita as liberdades individuais e a afirmação corporativa".

Teve grande impacto no público uma asserção de grande efeito oratório: "Um país que mendiga às outras nações uma concepção política ou uma tradição jurídica não pode ser uma Nação, porque uma Nação é já de si um conceito jurídico e político.

Em 1935 Manuel ANSELMO firmava-se já como um elemento combativo de grande quilate na doutrinação e defesa da Nova Ordem política subsumida na denominação de Estado Novo. Assim se compreende a referência que PESSOA fez ao trazê-lo a capítulo no documento em questão.

Após o falecimento de Fernando PESSOA, Manuel ANSELMO continuou no exercício de uma advocacia bem sucedida e a produzir trabalho de grande valia e oportunidade sob a forma de ensaios doutrinários e de análise no campo filosófico, político e administrativo, no intuito

54 Estudos de Homenagem ao Professor Doutor Artur Anselmo

manifesto de contribuir para o aprimoramento teórico e prático dos princípios informativos do Estado Novo a que clara e devotamente aderira. Das suas publicações destacamos: *Meridianos Críticos*, (3 séries de 1945, 1950 e 1960); *Cadernos de Manuel Anselmo*, (6 tomos de 1951, 1960 e 1961); *Discursos a Portugal*, de 1961 e vários outros trabalhos avulsos na imprensa. Mas, o que maior estrondo na sociedade portuguesa de então, principalmente entre as correntes da chamada oposição e os católicos ditos progressistas, foi o seu opúsculo *Sobre a Declaração de Voto de Sua Excelência Reverendíssima o Senhor Bispo do Porto*, de 1958, ed. do autor, que tem a cota S.C. 18921 P, da BNL. A sua consulta é indispensável para quem pretender inteirar-se com honestidade e isenção sobre aquele evento de tão grande importância na vida política portuguesa da época. Igualmente será imprescindível compulsar a obra de PACHECO DE ANDRADE. *O Bispo Controverso* – Dom António Ferreira Gomes – Percurso de um Homem Livre, de 2002 e cuja cota da BNL é R 22141 V. Tem a particularidade de nos dar a conhecer cartas de apoio ao Bispo enviadas por outros prelados e ministros da Igreja. De interesse não menos reduzido há ainda uma grande entrevista a D. EURICO DIAS NOGUEIRA, Primaz de Braga, publicada pela editorial Notícias, com o titulo *Memórias do Arcebispo*, de 2003. Vem a capítulo por, de pags. 50 a 55, se ver claramente a luta aberta que, a partir de 1958, se instalou entre o sector dito "progressista" católico e o Estado. Na verdade, é o capelão da Universidade de Coimbra e assistente eclesiástico do Centro Académico de Democracia Cristã, – de tão velha tradição e luta nos termos conturbados da perseguição aos cristãos na 1ª república, e de que SALAZAR fora um dos mais representativos dirigentes –, que nos recorda; "de facto, quiseram trazer o bispo do Porto ao Centro Académico de Democracia Cristã, de que eu era assistente eclesiástico, para fazer uma conferência. Não interessava o assunto, importante era a presença dele". E a conferência fez-se. Nem sequer foi clandestina, "pois foi anunciada e veio nos jornais. Até a PIDE esteve presente, enviaram agentes de Lisboa para não serem conhecidos". Lembra ainda o Arcebispo: "Mais tarde, houve um outro caso curioso: o conhecido publicista doutor Manuel Anselmo publicou um livro que era um ataque frontal à posição do bispo do Porto, contra o autor. Recebemos cartas de apoio e de protesto." – *A carta censória do Bispo do Porto foi escrita no dia 13 de Julho de 1958*; mas a posição do Governo só surgiu no dia 6 de Dezembro seguinte, em discurso do presidente do Conselho de ministros que se exprimiu nestes termos: "Mas as paixões que foram desencadeadas no

O *Último* Desassossego *de Fernando Pessoa*

último período eleitoral devemos reconhecer que ameaçaram abrir brechas nesta frente, da qual se retiraram até alguns dos que sempre estiveram connosco. Essa frente uns tantos, poucos, monárquicos a quiseram romper; alguns católicos se jactam de a haver rompido e com tal desenvoltura que lograram o aplauso não só de liberais com quem se irmanaram pela sua pretensão partidária como dos comunistas que diríamos estarem no polo oposto aos princípios e interesses da Igreja. Este último facto considero-o da maior gravidade, não pela perda de elementos que individualmente se afastem da frente nacional, mas pela perturbação lançada nas consciências, até agora transquilas, acerca da legitimidade das suas posições religiosas e políticas. Hoje pelo menos não me ocuparei do assunto: ele oferece tão graves implicações no que respeita à Concordata e mesmo em relação ao futuro entre o Estado e a Igreja que tenho entendido para público completo silêncio. Conhecemos a doutrina da Igreja e não duvidamos de que as autoridades competentes, repetindo-as aliás as vezes que forem necessárias, as farão seguir com inteira fidelidade nos organismos onde se têm verificado desvios. Ser-me-ia sumamente penoso, a mim que alguma coisa contribuí para a pacificação religiosa e a liberdade da Igreja em Portugal e para o regime de prestigioso carinho de que a mesma tem sido cercada nos últimos trinta anos, ter de apresentar reparos, e, em nome de um poder igualmente legítimo na sua esfera de acção, dizer quais os limites que de todos os modos se fariam respeitar a bem do interesse nacional" (*Discursos e Notas Políticas*, V, Coimbra Editora, págs. 516-517).

10. Vimos o efeito devastador que provocou no espírito de Fernando Pessoa a leitura, em plena sessão dos Prémios Literários – 1934, de 21 de Fevereiro de 1935, de parte do Prefácio dos *Discursos,* Vol. I, feito pelo autor, então chefe do Governo. O desassossego, o azedume incontido e o despeito agigantaram-se-lhe no espírito a ponto de escrever a esmo minutas de cartas nunca enviadas a amigos, ao próprio presidente da República e a alinhavar comentários escarninhos contra Salazar e o Estado Novo, colocando-se no campo contrário às referências responsáveis anteriores, que tinham merecido os seus maiores encómios

Como era habitual, todos esses escritos foram parar à "arca inexaurível", onde investigadores diversos os foram desencantar para os dar à estampa.

Tanto a minuta da carta a Casais Monteiro como a do desabafo que destinaria a Carmona, ambas escritas em 1935, são prova do desassossego em que o seu autor se encontrava. Esta última, pelas faltas de rigor que nela se contêm, demonstra o descontrolo que o dominava.

O escrito em francês, que mereceu a classificação de "violentamente anti-salazarista e contra o Estado Novo", por parte de João MEDINA, traduz o seu estado de espírito à beira da incongruência, designadamente com a desconcertante Conclusão.

Porquê isto então?

Uma primeira resposta podemos encontrá-la nele mesmo, quando escreve: *"Não posso deixar de escrever. Escrever é como a droga que repugno e tomo, o vício que desprezo e em que vivo"*. E avisa: *"não acrediteis que eu escrevo para publicar, nem para escrever, nem para fazer arte mesmo. Escrevo porque esse é o fim, o requinte supremo, o requinte temperamentalmente ilógico...da minha cultura de estados de alma"*. Mário SARAIVA esclarece: "escrevia para si e para o segredo de uma arca fechada. Porém, violaram-lhe o segredo!"[22].

A questão dos heterónimos de Fernando PESSOA foi cuidadosamente analisada por ele, Mário SARAIVA, na citada obra *O Caso Clínico de Fernando Pessoa.*

Em carta de 13 de Janeiro de 1935, – exactamente um mês antes do seu passamento no hospital de S. Luís –, escrita a Adolfo Casais MON-TEIRO, em que lhe respondia à pergunta deste sobre a génese dos seus heterónimos, o poeta esclarecia que eram fruto da histeria que o ator-mentava. Considerava-se um histeroneurasténico, cujos sintomas eram a sua tendência orgânica para a despersonalização e para a simulação. Esses fenómenos não se manifestavam na sua vida prática exterior e de contacto com os outros, materializam-se nele próprio. Faziam explosão para dentro e vivia-os a sós consigo próprio. Quer dizer: tratava-se de desdobramentos de personalidade.

Em vários dos seus escritos se encontram confissões nesse sentido: "Não sei quem sou, que alma tenho. Quando falo com sinceridade não sei com que sinceridade falo". "Sinto crenças que não tenho. Enlevam-me ânsias que repudio. A minha perpétua atenção sobre mim perpetuamente me aponta traições de alma a um carácter que talvez eu não tenha, nem

---

[22] *Ibidem*, O autor afirma que "Se para a posteridade têm deixado Fernando Pessoa como o autor apenas do que ele publicou, ficaria na história da literatura como um autor prestigiado, – o poeta inspirado da M*ensagem*, e tê-lo-iam poupado à devassa sem escrú-pulos que desnudou a sua personalidade fraca e doente, carregada de inferioridades". Cf. pág. 16.

ela julga que eu tenho. Sinto-me múltiplo sou como um quarto com inúmeros espelhos fantásticos que torcem para reflexões falsas uma única anterior realidade que não está em nenhuma e está em todas. Como o panteísta se sente árvore e até flor, eu sinto-me vários seres sinto-me viver vidas alheias em mim, incompletamente, como se o meu ser participasse de todos os homens, incompletamente de cada, por uma suma de não-eus sintetizados num eu postiço".

No "*Prefácio Geral*" ás suas sonhadas obras diz Fernando PESSOA: "O autor humano destes livros não conhece em si próprio personalidade nenhuma. Quando acaso sente uma personalidade emergir dentro de si, cedo vê que é um ente diferente do que ele é, embora parecido".

Esta ideia de desdobramento repete-a ao afirmar: "Cada um de nós é vários, é muitos, é uma prolexidade de si mesmos. Crio personalidades constantemente. Quantos sou? Quem é eu? O que é este intervalo que há entre mim e mim?"

Para a generalidade das pessoas não será fácil entender a complexidade que deve atingir quem se encontra dentro da órbita do "desdobramento da personalidade". Ele refere que encontrava na confusão vulgar das suas gavetas literárias papeis escritos às vezes com dezenas de anos. Muitos deles lhe pareciam de um estranho, – "houve quem os escrevesse e fui eu. Sinto-os eu, mas foi como em outra vida, de que houvesse agora despertado como de um sono alheio. Criei em mim várias personalidades; crio personalidades constantemente; cada sonho meu é imediatamente, logo ao aparecer sonhado, encarnado numa outra pessoa que passa a sonhá-lo e eu não. Encontro trechos que me não lembro de ter escrito, – o que é pouco para pasmar –, mas que nem me lembro de poder ter escrito, – o que me apavora. Certas frases são de outra mentalidade. É como se encontrasse um retrato antigo, sem dúvida meu, com uma estatura diferente, com umas feições incógnitas – mas indiscutivelmente meu, pavorosamente eu".

Mário SARAIVA conclui que é nesta "instabilidade por temperamento" que devemos filiar as criações heteronómicas, que são a outra face da despersonalização. É à luz dos conhecimentos da clínica mental que se explicam as míticas transfigurações que ensombram e iludem, numa falsa ultra-humanidade, quem não possui preparação para penetrar numa psique anómala".

Ao analisar o *Diário Íntimo* do poeta, Mário SARAIVA descortina traços de egofilia, e realça: "toda a constituição do meu espírito é de hesitação e de dúvida. Nada é ou pode ser positivo para mim; todas as

58 Estudos de Homenagem ao Professor Doutor Artur Anselmo

coisas oscilam em meu redor, e eu com elas, uma incerteza para mim próprio. Tudo para mim é incoerência e mudança. Todo o meu carácter consiste no ódio, no horror de, na incapacidade para actos decisivos, para pensamentos definidos, que tolhe fisicamente e totalmente todo o meu ser. Nunca tive uma resolução nascida do meu autodomínio, nunca uma expressão da minha vontade consciente. Os meus escritos ficaram sempre inacabados: sempre se intrometeram novos pensamentos. Mas eu sofro – juro que até aos próprios limites da loucura – como se tudo pudesse fazer e contudo fosse incapaz por deficiência de vontade. O sofrimento é horrível. Leva-me constantemente, tenho de o dizer, até às portas da loucura".

Mário Saraiva tem por certo que "Fernando Pessoa conserva a consciência do seu perturbado estado mental"[23].

11. De 5 a 7 de Dezembro de 1988, por ocasião do primeiro Centenário do nascimento de Fernando Pessoa, teve lugar em Lisboa, nas instalações da Fundação Gulbenkian, um encontro internacional, em que foram apresentadas teses pelos congressistas, dos quatro cantos da terra, alusivas à obra e à personalidade do poeta da Mensagem[24].

O mercado livreiro estava inundado de estudos e trabalhos sobre as obras de Fernando Pessoa, a ponto de se falar muito, – "nos inventores de Pessoa", – qual deles o mais perspicaz e devotado.

Naturalmente que as tendências de apreciação, dada a diversidade e pluralidade da obra de Pessoa, têm sido objecto do assenhoramento e apropriação dos vários sectores sociais e principalmente políticos. Os investigadores são muitos e o material da "arca" dá para todos os gostos: os homens do Estado Novo ficam satisfeitos com as justificações e apoio de Pessoa à Ditadura Nacional e aos louvores ao ministro que recompôs as finanças, estabeleceu a ordem e a autoridade no país; e os pensadores das democracias modernas deliram com escritos que exaltem as teses e procedimentos conformes às suas doutrinas.

---

[23] *Ibidem,* especialmente págs. 32 a 41 e 88.

[24] As teses distribuíram-se por cinco temas: linguística e crítica textual; a prosa de ficção; pensamento filosófico, estético, ético e político; religião e esoterismo; a cultura contemporânea, esta sub-dividida em três alíneas: Fernando Pessoa e a cultura do seu tempo; Fernando Pessoa e as mitologias do século XX; e o imaginário cultural do nosso tempo e Fernando Pessoa. As actas do Encontro foram reunidas num volume e apresentadas por Eduardo Lourenço em 17 de Abril de 1989 e constituem um preciosíssimo acervo de investigação e juízos sobre o nosso complexo homem de letras.

O *Último* Desassossego *de Fernando Pessoa*

Tudo se tem confinado, porém, ao aspecto político-literário.

Simplesmente, o trabalho de estudo e investigação de Mário SARAIVA, – *O Caso Clínico de Fernando* PESSOA, – publicado em 1990, veio acalmar ânimos triunfalistas e lançou luz sobre o poeta, no aspecto psíquico e mental, relacionando-o de causa-efeito, com a produção literária, sua estrutura e significado.

A morbidez psíquica da fragmentação de personalidade, a ciclotimia, a paranóia mítica, a aberração da sexualidade e da afectividade, alucinações, fobias, obsessões e tudo o mais que se traduza em componentes específicas do seu quadro clínico foi analisado e avaliado. Dissociação psíquica inata, que lhe provocava desencontros consigo próprio e instabilidade de espírito; esquizofrenia que no escritor o desdobra em vários escritores – heterónimos[25] –, hebefrenismo, que o puxou para o romantismo, o filosofismo e até misticismo[26]; enfim uma complexa e díspar panóplia de características de natureza psíquica que lhe imprimira a particularidade que ele foi.

Assim sendo, não é de estranhar o desassossego que lhe provocou ouvir da boca do homem que ele tanto admirava e elogiara, traçar-lhe a rota, dizer-lhe o que devia fazer e evitar, para se situar dentro do espírito da cultura que entendia dever ser seguida pelos escritores e artistas no seu consulado.

Era evidente que nunca o choque que o galardoado com o prémio "Antero de Quental" da literatura poderia afectar minimamente a personalidade forte do imperturbável e austero governante que sabia muito bem o que queria e para onde ia[27], o qual, ainda em vida, era apodado de "ditador", epítome que manteve – e até se ampliou – para depois da sua morte, embora, curiosamente, haja sido ele quem pôs fim à DITADURA NACIONAL de 1926, com a Constituição de 1933[28].

Caprichos do destino!

---

[25] O que ele próprio reconhece em auto-análise ao afirmar "...o autor destas linhas – não sei bem se o autor destes livros – nunca teve uma só personalidade"...foi *"médium de figuras que ele próprio criou". Ibidem* pág. 117 e 118.

[26] Os hebefrénicos sentem-se atraídos por ideias pseudo científicas e pseudo filosóficas e capazes de grandes descobrimentos e invenções.

[27] O Programa cultural do seu governo, como hoje se diria.

[28] Cf. n/. "Considerações sobre a Contracultura e a Perversão dos Direitos do Homem" in *Estudos de Homenagem ao Professor Doutor Germano Marques da Silva*, págs. 168(31) e 169(32). Almedina.

PARTOS MONSTRUOSOS DA SOCIEDADE DO SÉCULO XVII

MARIA NATÁLIA FERREIRA
*Docente no Instituto Superior de Ciências
Policias e Segurança Interna*

No nosso percurso, um encontro é, muitas vezes, decisivo e disso nem sempre temos absoluta consciência quando o vivemos. É preciso que, num momento de tranquila análise, possamos saber quando e como fizemos as grandes opções que nos re-criaram.

Hoje, partilhando a experiência, registo a importância capital que, na minha vida, tem tido o Professor Doutor Artur Anselmo, por muitos aspectos, de que ressalto, necessariamente, os horizontes que me desvendou e de que aqui deixo um pálido testemunho: o meu interesse pelas *Monstruosidades do Tempo e da Fortuna*, obra que espero poder reeditar num futuro próximo.

A leitura de *Monstruosidades do Tempo e da Fortuna* é essencial para quem queira conhecer o século XVII português e muito útil para todos os que se interessam pela forma moral da nossa sociedade. A sua actualidade poderá, até, chocar-nos, mas, como nos lembra Miguel Torga, um dia é necessário entrarmos na *Câmara Escura* e encararmos «o negativo da fotografia». O caminho do que fomos ao que somos não é aquilo a que chamamos evolução?

As *Monstruosidades do Tempo e da Fortuna*, de Frei Alexandre da Paixão[1], são uma espécie de registo-memória de factos históricos e de

---

[1] A autoria é ainda hoje discutida, mas sobre o assunto não nos debruçaremos agora.

62 Estudos de Homenagem ao Professor Doutor Artur Anselmo

faits-divers da sociedade seiscentista, ocorridos entre 1662 e 8 de Março de 1680. A narrativa cobre, pois, uma época política conturbada que corresponde aos últimos dias da regência de D. Luísa de Gusmão, ao curto reinado de D. Afonso VI, à ascensão de D. Pedro II e seu casamento com D. Maria Francisca de Sabóia, ao nascimento da herdeira do trono, e conclui de forma abrupta, no dia 8 de Março de 1680, com o assassinato de Pedro Furtado de Mendonça, se não levarmos em conta o «etc.» com que o autor encerra o texto.

O autor constrói o seu texto a partir de uma estrutura que poderíamos aproximar do género jornalístico a que estamos hoje habituados em certa imprensa. Os acontecimentos ora se interligam, ora se justapõem, umas vezes são objecto de tratamento alargado, outras vezes não ultrapassam a referência ligeira. A escrita, apesar de floreada à maneira barroca, pejada de metáforas e comparações, é de acessível leitura e muito agradável.

A selecção dos factos é dominada por motivos partidários, como tem sido frequentemente afirmado[2] – e em nossa opinião de outra forma não poderia ser –, mas agora importam-nos esses factos no que eles ou as suas motivações deveriam ter significado, servindo como «exemplo do desengano», porque, como diz o próprio autor:

> «Não são diferentes as idades, porque as alterem os tempos; são diferentes as idades, porque as desiguala a fortuna. Fado lhe chamou a antiguidade cega. Providência divina a confessa a filosofia ilustrada: pois é de fé, que tudo pela vontade de Deus se governa; dela se aparta a malícia dos mortais, livre para obrar pelas leis da vontade como rebelde aos ditames da razão: devia esta ser senhora; e pervertida a ordem da natureza, a fazem os homens escrava, seguindo o que querem, e não o que devem; e vêm a ser as obras dos mortais monstruosas, como partos adulterados.» [p. 1][3]

---

[2] Maria de Lourdes Belchior considera, por exemplo, que «é flagrante a parcialidade do autor anónimo, inimigo do Conde de Castelo-Melhor e defensor do Regente, depois Rei D. Pedro» (Maria de Lourdes Belchior in "Monstruosidades do tempo e da fortuna", *Dicionário da Literatura*, vol. II, pág. 663).

[3] Todas as referências bibliográficas se referem à edição *Monstruosidades do tempo e da Fortuna – Diário de factos mais interessantes que succederam no reino de 1662 a 1680, até hoje attribuido infundadamente ao benedictino fr. Alexandre da Paixão*, por J. A. da Graça Barreto, Lisboa, Typografia da Viuva Sousa Neves – Editora, 1888, embora com actualizações ortográficas que visam facilitar a leitura das citações.

Embora nem todos os acontecimentos possam ser inequivocamente atestados, mais do que a certeza do seu ocorrer importa a percepção que o homem deles teve. Para a História ficam as imagens. Por isso, das várias «obras monstruosas» de seiscentos, recolhamos algumas cuja leitura, proactiva como terá que ser sempre qualquer leitura que aproveite, nos possa revelar quem fomos e o que queremos ser.

Não sendo possível, pela natureza deste trabalho, fazer referência a todos os aspectos que Frei Alexandre da Paixão aborda na sua obra, importa esclarecer que a selecção incidirá sobre os aspectos que se correlacionam, de certa forma, com aquilo que poderemos designar como a «área criminal».

O Portugal de seiscentos atravessa uma das suas maiores crises, com a guerra travada contra a Espanha para garantir a independência nacional e com a divisão interna que opõe partidários do infeliz rei D. Afonso VI e os partidários de D. Pedro (II).

O poder não está verdadeiramente consolidado e o sentimento geral é que por qualquer brecha se pode entrar e conseguir um quinhão. A concussão, o tráfico de influências, a apropriação ilícita e outros modos de manter poder e riqueza são, a avaliar pelos casos narrados na obra, práticas frequentes.

Em inúmeras passagens denuncia o autor a natural tendência dos titulares dos cargos públicos para desbaratarem o erário nacional. Umas vezes fazem-no para seu proveito imediato, como é o caso do Conde de Castelo Melhor:

> «Propôs-se em Conselho de Estado que se citasse o Conde de Castelo Melhor por carta de éditos, para que dentro de trinta dias viesse a dar contas de como, e em que havia dispendido o dinheiro que lhe achavam carregado, sob pena de que puxaria por sua fazenda, tomando-se-lhe contas à revelia. [...] e seria fácil, porque os gastos secretos podiam ser sem conto, e não têm conta.» [p. 49]

Outras vezes fazem-no para manter oleada a roda das conivências, tanto mais necessárias quanto delas depende a sobrevivência política de cada um:

> «Ordenou S. A., aconselhado dos que querem dar de comer a seus aliados (com pretexto de se conservarem os cabos da milícia),

que deles se fizesse uma companhia de 130 cavalos para sua guarda; estes se escolheram de todas as fronteiras, e se ajuntaram os da Beira, Trás-os-Montes, e Minho em Coimbra a 24 de Julho» [pp. 49/50]

Até mesmo a Igreja se deixa corromper, como o autor das *Monstruosidades do Tempo e da Fortuna* revela, a propósito de algumas nomeações para os Bispados das Conquistas, ao afirmar que «se têm dilatado sem chegarem, não sei se por falta de dinheiro, se por incúria do Embaixador; querem dizer alguns que por falta dos Eleitos, que não puderam acudir com as alvíssaras para o despacho das Bulas.» [pág. 162]

Apesar da profunda depressão económica, o povo vê a fazenda pública exaurir-se com gastos excessivos, muitos deles realizados para a construção da imagem do governo ou em obras desnecessárias ou adiáveis:

«Logo que S. A. foi com a Princesa para Alcântara, se tratou de que se lhe preparasse quarto em Palácio, e visto ocupar parte dele S. M., se assentou que se fizesse um passadiço das casas do Marquês de Castelo Rodrigo (aposento de S. A.) até Palácio, [...] obra, que não deixava de ser custosa, e a muitos pareceu escusado o dispêndio.» [p. 45][4]

Às vezes, move os gastos a oportunidade de os poderosos conseguirem, à sombra do esplendor das festas promovidas, umas verbas extraordinárias, como é o caso narrado sobre o Embaixador de Roma:

«Avisou o Marquês Embaixador de Roma o luzimento, e grandeza, com que dera a obediência ao novo Pontífice, fazendo entrada em público em 19 de Maio. [...] Não podemos deixar de crer, que o Embaixador faria a sua função como Embaixador de Portugal, sendo pessoa tão discreta e rica, mas com os encarecimentos e excessos se descobriu o intento, que foi encarecer os gastos, para cobrar com avanço os custos de 300:000 cruzados, que pedia, e remeteram-se-lhe logo.» [p. 143]

---

[4] Como diz o autor, também nestes casos é arriscado ser sensato, e o exemplo está em D. Rodrigo de Meneses que defendeu que tal era escusado e foi obrigado a desterrar-se em Cascais.

Curiosamente, todos os governantes são zelosos na defesa do orçamento, quando têm que despender alguma verba que afecte o seu próprio estado:

> «S. A. Pediu para os gastos do casamento da Princesa um milhão por uma vez, e que os três Braços do Reino conferissem entre si o modo mais suave para se cobrar este dinheiro. Alguns dias se passaram sem tomar pé nesta matéria, porque todos queriam contribuir, sem que o dar passasse por sua casa.» [p. 318]

Para além da má gestão, outras são as queixas dos portugueses. Não se coíbem os poderosos de exercer pressão sobre o povo, auferindo ilicitamente proventos que, não fora o cargo que exercem, nunca alcançariam:

> «Ao mesmo tempo que o Valido publicava exaustos os bens da Coroa, consumidas as rendas do Reino, comprava toda quanta fazenda havia, obrigando aos donos as vendas, ou com promessas, ou com ameaços, ou em dar por elas excessivos preços: sem estas diligências tomava as terras da Coroa, e se despachava nelas: levantou edifícios, e gastou tanta fazenda em uma e outra cousa, que só em hum ano se afirma dependeu 70:000 cruzados em seus úteis.» [pág. 10]

As leis servem os interesses dos governantes, como é o caso dos monopólios económicos, encarados como uma das estratégias do poder, de modo a que fique «tudo nas mãos dos Ministros, e de quem leva os ordenados» [pág. 297].

A ambição desmedida não olha a meios e essa atitude gera a permanente desconfiança do povo sobre os negócios em que os funcionários do Estado se envolvem:

> «Com estas notícias crescia a murmuração, dizendo-se com publicidade que os Ministros tinham recebido muito dinheiro das mãos dos Cristãos-novos, e que não haviam de permitir que o negócio tornasse atrás...» [p. 216]

Os poderosos criam múltiplos expedientes para o exercício dos seus abusos, expedientes que lhes permitam recuar se o assunto não correr bem. O caso da Marquesa de Távora é um dos melhores exemplos do modo como funciona o esquema do testa-de-ferro. O Marquês de Távora, assim que se vê «com o governo da Câmara, e com o favor do Príncipe» [p. 189], decide anexar à sua quinta de Arroios os terrenos baldios do Campo Pequeno, onde o povo tem o pasto dos seus animais; mas «Entendeu o povo que não havia de consentir na lesão» e, quando, por decisão da Marquesa, se começam as obras para valar o Campo, dirigem-se os populares para o Paço. D. Pedro II é obrigado a intervir, chama o Marquês que lhe afirma desconhecer o facto e que isso é decisão da sua mulher. Para o provar, manda arrasar o que havia sido fossado e castiga os que tinham colaborado na empreitada. Assim fica resolvida a questão que lhe poderia ter acarretado algum incómodo, frustrada que foi a tentativa de anexação.

Os interesses privados sobrepõem-se aos interesses públicos, mesmo quando falamos dos mais altos dignitários da nação.

O próprio regente rejeita qualquer forma de obtenção da quantia necessária para a restituição do dote da Rainha D. Maria Francisca Isabel por querer com ela casar:

> «Mas logo mostrou o sucesso, que o arrastava mais o gosto próprio, que a impossibilidade: porque dizendo-lhe Luís de Mendonça Furtado (este foi fiel vassalo e zeloso do credito do príncipe) que se só topava no que dizia, fácil era de remediar a necessidade, que dentro de três dias daria 9:000 cruzados para se pagar o dote, fazendo-lhe consignação deles em dez anos. Eficaz era o remédio, mas não se aproveitou dele o Príncipe, porque só o casar-se era o remédio do seu achaque.» [págs. 42/3]

Numa altura em que se põe a questão de abandonar ou não as hostilidades militares, Portugal, em luta com Castela e ligado à França por uma aliança política, podendo desempenhar, segundo o autor das *Monstruosidades do Tempo e da Fortuna*, o extraordinário papel de árbitro internacional [pág. 196], fica refém de vários jogos de interesses, entre os quais se contam os de alguns portugueses, que encontram na guerra o meio do seu enriquecimento:

> «Tumultuava a Corte nas parcialidades de Castela e França, estes persuadindo a guerra, aqueles apelidando a paz. Todos os que haviam militado, saudosos do roubo, aconselhavam a guerra, não lhe faltando razões para apadrinhar sua opinião.» [pág. 194]

A aliança política com a França é ela, também, na óptica do autor, resultado de interesses mais privados do que públicos:

«Pactuaram-se alianças entre este Reino com o de França contra o parecer dos votos mais advertidos, concluindo-as mais a conveniência do Conde, que do Reino.» [p. 11]

Neste tabuleiro dos interesses privados cada qual tende a mudar as peças do xadrez de modo a obter o seu próprio lucro e por isso cada um infringe à sua medida; são os crimes do «atravessamento» de alimentos [p. 179], da exportação ilegal de divisas [p. 208], do contrabando [p. 302], etc.

Dominada pelos interesses particulares e pela corrupção, a governação é, muitas vezes, incompetente. Nos postos mais elevados estão, não aqueles que têm mérito, mas aqueles que têm partidários. Por isso, o seu empenho é claramente insuficiente; a propósito de um ataque dos Mouros a que se segue a fuga das nossas naus, ironiza o autor que «Notável fortuna é a das nossas armadas, que nunca se encontram com o inimigo» [pág. 56], acrescentando logo de imediato que não sabe se «a diligência é sua, se nossa» [pág. 56].

A competição é desenfreada e, por esse motivo, os nobres e os eclesiásticos se travam frequentemente de razões. Lutam pela sua imagem e agarram-se às questões protocolares, nem que para tal tenham que disputar o lugar à espada. São vários os casos narrados de discussão das preeminências de que destacamos o conflito entre o Núncio e o Arcebispo de Lisboa [p. 170].

As intrigas políticas não excluem meios, recorre-se às armas mais torpes, desde o boato, passando pela infâmia até ao assassinato.

Quando se pretende desviar as atenções do povo sobre os factos importantes, lançam-se «pataratas», no dizer do autor: «e durou esta patarata muitos dias, até que o tempo desenganou que havia sido ardil dos que, por divertirem de si a murmuração do povo, lhe puseram este alvo, a que atirasse sua ociosidade nas conversações» [p. 52].

Outras vezes, levantam-se as calúnias necessárias para derrubar os adversários; aquando das nomeações dos Bispos, à míngua de outros argumentos, tudo vale; buscam-se decretos antigos e, quando faltam estes, lançam-se calúnias sobre as pessoas:

«Martim Afonso, que tinha saído da Corte, foi chamado a ela, desenganado o Príncipe de que falsamente o caluniaram, dizendo-lhe que o dito Martim Afonso tinha em sua própria casa quatro filhos com escândalo público, sendo o certo que são sobrinhos seus, filhos de seu irmão.» [p. 57]

Quando o caso é de maior envergadura, não bastam as desmoralizações e Frei Alexandre da Paixão narra vários episódios de execução de que o caso mais notório é a morte do Conde de Sande [p. 28], ou a queima de arquivo de dois criados:

«[…] amanheceram dous homens mortos na praia de S. Paulo, sem ferida, nem pisadura, só na garganta sinais de garrote. Conheceram-se por criados de certos Senhores, e se dizia que forma mortos para não revelarem segredos que se lhes haviam feito. Ninguém quer ver a testemunha que pode acusar seu delito, e muito menos quando se considera cúmplice no crime; e nada tanto teme a consideração, como o descobrir-se segredo que revelou a confiança.» [p. 77]

A generalização dos abusos pode favorecer os interesses particulares de alguns, por isso nem sempre são atalhados como convém. Muitas vezes, a criação de um clima de desordem e de desregramento tem a intenção de gerar no povo a vontade de um salvador:

«Consultava-se na Corte o remédio para se atalharem os abusos, assim do vestir, como os de atravessar os mantimentos, e pôr em subido preço as cousas usuais: não se tomava pé em nada, porque muitos dos que votavam no remédio eram parciais na ruína; e tenho para mim que queriam os que aspiravam aos lugares da Câmara dar a entender ao povo que melhorava de governo; persuadiam que não se conseguiam os efeitos da reformação, porque eram pacíficas as becas, e que necessitavam das espadas nas mãos dos vereadores qualificados […]» [p. 179]

A par de uma criminalidade que hoje designamos de criminalidade de colarinho branco, a obra mostra-nos um sem-número de outros crimes (ou os mesmos com outras motivações).

Encontramos casos de roubo, de homicídio na forma tentada [p. 20], de homicídio por envenenamento [p. 298] ou com uso de arma (por exemplo, o caso de António Soares: «dando-lhe na rua com um bacamarte, que lhe não deixou vida», pp. 144/5, ou o de António de Sousa

Partos Monstruosos da Sociedade do Século XVII   69

Meneses que matou a sua própria mulher, p. 302), de violação [p. 148], de atentado ao pudor, pedofilia [pp. 147], de sedução [p. 107, p. 124], de adultério, de ofensas corporais com arma [p. 26 e p. 79, por exemplo], etc.

A delinquência comum não é, em si, uma prática que possa relacionar-se directamente com um momento político, apesar de em épocas de intranquilidade e de intriga política grassarem mais facilmente os marginais. Não é, por isso, a criminalidade uma atitude que nos deva merecer um olhar especial, a não ser pelo facto de, tantas vezes, os delinquentes encontrarem protecção por parte de quem, apesar de não os apoiar moralmente, os socorre para dos factos delituosos poder tirar proveito ou para retirar dividendos do ambiente de medo que esses crimes geram.

Também nesta época, a delinquência é, por vezes, posta ao serviço de objectivos políticos, como no caso do assalto que sofreu Rui Fernandes, e que o autor narra da seguinte forma:

> «Foi o tempo mostrando o que convinha ao sossego d'el-Rei e bem do Reino, e achando-se que necessitava de tirar da Corte alguns sujeitos, deram aviso a Simão de Vasconcelos, Salvador Correia, Lourenço de Sousa, Rui Fernandes, António de Mendonça, ao Conde de Vale de Reis e a outros entremetidos, que lhes convinha saírem-se da Cidade se queriam viver. Nenhum se persuadia o quanto lhe importava; uma noite o entenderam todos, sabendo como se deu uma assaltada a Rui Fernandes e a Salvador Correia, este escapando com ardil, aquele pagando com avanço, porque ficou malferido, e moído, e ficara morto se não viera tão armado: muitos dias de cama lhe custou o desengano, e sem dúvida o medo lhes fez tomar o conselho.» [p. 20]

Mais grave ainda é o facto de, algumas vezes, o crime ser cometido por quem deveria castigá-lo. A corrupção dos guardas e dos carcereiros é denunciada em alguns episódios, revelando quer a negligência da guarda, quer o auxílio do funcionário à evasão; de entre os referidos casos, destacam-se a fuga de D. João de Castro, anti-herói que deu origem a uma autêntica literatura picaresca, ou a de D. Francisco de Lima, cuja evasão é possível pelo auxílio do funcionário prisional:

> «D. Francisco de Lima, que S. A. tinha preso por queixas que dele vieram da Índia (e tinha lá mandado devassar de seus

70   *Estudos de Homenagem ao Professor Doutor Artur Anselmo*

procedimentos), vendo que se chegava o tempo de virem naus, e nelas culpas, corrompeu as guardas, e fugiu do Castelo, tendo posto em salvo muita fazenda» [pág. 201]

Outro dos aspectos da maior relevância é a criminalidade praticada pelos soldados. Em tempos de guerra, os militares, escudados pela força que detêm, exorbitam facilmente, transformando-se em delinquentes:

«Destinaram-se para a guarda d'el-Rei aqueles soldados de pé e de cavalo, que pareceram mais convenientes, o número o que bastava para o giro e para a alternativa. Como se viram favorecidos da confiança, perderam o medo ao castigo, e começaram a vexar os vizinhos com roubos, com agravos e com desprezos; mal sofridos da desordenada licença, se valeram das armas, e em uma pendência mataram um e feriram outros.» [p. 283]

Por vezes, são as próprias chefias que favorecem os actos delituosos dos soldados; a falta de controlo dos seus subordinados ou mesmo a má direcção conduzem a situações que, embora não legitimem, explicam os crimes cometidos. O facto dos homens estarem armados, gozando por isso mesmo de um poder acrescido, pode determinar a barbárie de que nos dá conta a obra:

«Fernão de Sousa Coutinho, General da Artilharia, mandou algumas tropas de Cavalaria a reconduzir os soldados; e como saíam famintos e queixosos, obraram tais tiranias pelos povos, que nem Turcos as cometeriam com maior insolência. [pág. 47]

Outras vezes, são os próprios comandantes que cometem os desmandos:

«Em este mês de Abril, por queixas que da Província do Minho chegaram novas a S. A. das extorsões que António Luís de Sousa, filho do Marquês das Minas, por si e por seus oficiais executava em os paisanos.» [p. 140]

Perante uma sociedade tão amplamente corrupta, o autor de *Monstruosidades do Tempo e da Fortuna* não se limita ao registo, mas assume uma atitude morigeradora; anota os desregramentos, mas sobre eles se pronuncia, criticando-os e apontando caminhos de virtude. Por isso, a reflexão sobre a Lei e a Justiça é um dos mais importantes vectores da obra e, pela sua grande modernidade, a impor uma leitura muito atenta.

Frei Alexandre da Paixão afirma categoricamente que nem sempre a solução dos desmandos está na criação de novas leis, mas na observância daquelas que existem: «As leis não valem mais por novas, senão por observadas» [p. 52]. Reconhece, todavia, o autor que a lei se aplica facilmente ao delinquente menor, mas dificilmente ao poderoso: são as leis teias de aranha em que se prendem moscas, e nunca aí ficam aves; porque as aves rompem a rede, que são fracas para elas, e as moscas aí ficam aprisionadas, porque são fracas para a lei. [p. 52]

Sobre a aplicação da lei, o autor é peremptório: uma Justiça lenta destrói o efeito exemplar da aplicação das penas. Para que a lei seja eficaz é necessário que a sua aplicação se faça em tempo útil:

> «o rigor da pressa é o que mais emenda, porque como acha com sangue fresco o escândalo, atemoriza com a aclamação do castigo, e com a aprovação do rigor». [p. 148]

Outra das importantes reflexões sobre a Justiça incide sobre o cuidado que se deve ter na publicitação dos casos criminais, para que se não aumente o dano dos queixosos (hoje acrescentaria, talvez, uma outra razão: para que se não dê protagonismo ao delinquente, transformando-o num herói). A propósito de um assalto a «uma senhora de qualidade», afirma o autor: «Não nomeio os ofendidos, porque não fiquem de pior partido que os agressores.» [p. 100]

Todas as obras são fruto de uma opção e Frei Alexandre da Paixão decidiu denunciar as monstruosidades de uma sociedade que desejava ver corrigida.

Por isso, ao longo da sua narração expande opiniões e conselhos que, apesar do seu partidarismo político – que considero relativo –, em muitos aspectos poderiam bem ser sólidos pilares dos nossos tempos, mostrando-nos o quanto é útil a sua permanente leitura.

"LER" A POLÍTICA

CRISTINA MONTALVÃO SARMENTO[*]
Professora da Universidade Nova de Lisboa
Professora do Instituto Superior de Ciências Policiais e Segurança

Toda a estrutura convencional de um trabalho de pesquisa que se pretenda com rigor implica o debate do método. O método não é uma questão de mero academismo na medida em que as conclusões se encontram organicamente ligadas aos processos aplicados[1]. Deste modo a metodologia ocupa um lugar próprio, anterior a toda a construção, de molde a evitar fragilidades que ponham em causa a racionalidade do processo de investigação.

A ciência política é a disciplina que estuda o poder segundo o método científico. Tal significa que se pretende um corpo de conhecimentos sistematizados numa disciplina com características empíricas na posse de uma metodologia e com um objecto próprio[2]. As proposições enunciadas são tidas por correctas e são geralmente aceites por todos sem grande discussão. Mesmo que se afaste a ciência política de uma lógica demonstrativa o enunciado nem por isso se torna falso[3].

---

[*] Doutora em Ciência Política, especialidade de Teoria Política. Departamento de Estudos Políticos e Centro de História da Cultura da UNL. Docente do ISCPSI. O título deste texto visa homenagear o Prof. Doutor Artur Anselmo com quem tive a honra de colaborar em ambas as instituições.

[1] Cfra António Marques Bessa, *Quem Governa? Uma Análise Histórico-Política do Tema da Elite,* Lisboa, Instituto Superior de Ciências Sociais e Políticas, 1993, p. 11.

[2] Vd António Marques Bessa e Jaime Nogueira Pinto, *Introdução à Política,* Lisboa, Ed. do Templo, 1977, p. 105 e segs. Vd a posição de Norberto Bobbio salientada por Adelino Maltez em *Sobre a Ciência Política,* Lisboa, ISCSP, p. 97.

[3] Vd no mesmo sentido José Adelino Maltez, Op. Cit., em "Sustentar uma Plataforma Matriz", p. 18.

Teorias e Práticas

Uma das questões particulares que mais controvérsia suscita é a ideia sobre a colaboração que deve existir entre investigação e teoria. As concepções predominantes sobre esta relação dividem-se.

O ponto de vista que postulava um processo regular que ia dos factos às teorias gerais, tem vindo a ser substituído pela imagem mais sofisticada que considera que uma hipótese, derivada de uma teoria geral, deve ser testada por um exame minucioso dos factos particulares: a teoria é então contrariada pelos factos e substituída por outra que seja mais adequada, ou a hipótese e a correspondente teoria são confirmadas e o problema está resolvido. Há variações e complicações deste esquema mas todos consideram a relação entre teoria e os factos como um processo metódico de verdade.

Esta imagem de crescimento científico tem sido abalada pela constatação de que esse crescimento é na maioria das vezes desordenado estando repleto de coisas que se conheciam e se ignoraram, de outras que emergiram inesperadamente e finalmente, de outras que quando foram descobertas não se integravam bem naquilo que se pensava e só muito depois foram integradas no conhecimento[4]. O que tem originado uma renovada discussão sobre o lugar do método.

Todavia, estas posições não retiram a importância da teoria no progresso da nossa compreensão. Para maximizar o valor das teorias estas devem perder o seu carácter de produto acabado devendo ser utilizadas e postas em prática a partir de uma sensibilidade osmótica que implica a capacidade de aceitação e rejeição confiando no discernimento incons-

---

[4] Vd os que advogam um discurso radical em relação a rigorosas metodologias, v.g., Paul K. Feyerabend, *Contra o Método,* Lisboa, Relógio D´ Água, 1993. Ver também as posições particulares de Jacob Bronoswki, *A Responsabilidade do Cientista e outros Escritos,* Lisboa, Publicações. D. Quixote, 1992, em que afirma que "a heresia intelectual é de facto a força vital da nossa civilização", p. 39. Ou ainda as insuspeitas posições de Sir Karl Popper, "A ciência normal e os seus perigos", *A Crítica e o Desenvolvimento,* S. Paulo, Ed. Cultrix, 1974, p. 65. Do mesmo renomeado autor, cfra em "Acerca da Inexistência do Método Científico", *Realismo e o Objectivo da Ciência,* Lisboa, Publicações D. Quixote, 1987. Também Ralf Darendorf afirma que se impõe "a recusa do dogma pela aceitação de uma perspectiva desorganizada, contraditória, incómoda, mas orgulhosa e estimulante de horizontes abertos.", *A Revolução na Europa,* Lisboa, Gradiva, 1993, p. 33.

ciente[5]. A teoria antecede a investigação [6] mas produz apenas resultados depois de ter sido assimilada à percepção dos acontecimentos concretos e particulares funcionando como ponto de comparação. Só nestas condições a teoria enriquece a investigação das situações específicas e só então a teoria poderá ser enriquecida por essa mesma investigação.

Importa salientar que as dificuldades da ciência política são as mesmas que surgem no desenvolvimento da sociologia, antropologia ou da economia. Por um lado o seu objecto evolui no tempo e por outro ocupa-se do comportamento humano. Um dos procedimentos fundamentais das ciências naturais está vedado à ciência política, nomeadamente, a experimentação. Não se pode voltar ao passado para conduzir experiências.

A esta dificuldade, a ciência política tem que responder com a história e o exame dos factos políticos contemporâneos. Por isso, se torna imperioso o estudo do ambiente histórico do sistema político, como salienta Maltez[7]. O recurso à história esclarece muitas questões e permite compreender o presente. Não sendo porém uma reflexão histórica sobre o passado, mas estudo do presente, entendemos que somente numa perspectiva histórica os fenómenos políticos adquirem a sua verdadeira dimensão. Apenas deste modo será possível discernir a dialéctica que os anima.

Política e História

Todos pensamos historicamente. A nossa consciência política não pode deixar de ser histórica. Como Tucídides procurou e encontrou a ordem e a unidade nesse conjunto desmesurado a que chamamos guerra do Peloponeso, também nós interrogamos o nosso século com a esperança de captar as forças profundas que o agitam – seja a lei que governa o aparente tumulto, sejam as constantes da natureza individual e colectiva – e que

---

[5] Neste sentido E. Shils, *Centro e Periferia*, Lisboa, Presença, 1991, p. 195.

[6] Cfra Carlos Diogo Moreira, *Planeamento e Estratégias da Investigação Social*, Lisboa, ISCSP, 1994, p. 19.

[7] José Adelino Maltez, *Ciência Política*, Relatório contendo o programa, conteúdo e métodos da disciplina de ciência política, ex. pol., Lisboa, ISCSP, 1993, p. 42 em que afirma: "quanto mais teórica é a abordagem científica, mais necessidade tem a mesma de referir-se à realidade histórica"; Vd a obra de António Marques Bessa que coloca a tónica na necessidade do conhecimento histórico, *Quem Governa?*. Op. Cit., passim.

76 Estudos de Homenagem ao Professor Doutor Artur Anselmo

tornam inteligíveis essas guerras monstruosas e inúteis, essas revoluções que se viram contra regimes que afirmam princípios opostos empregando as mesmas palavras [8].

A experiência impõe-nos a necessidade de atribuir importância e significado à sorte cambiante das armas e das leis, das cidades e dos regimes, às alternâncias de guerras e revoluções, de grandeza e degradação, em que meditam, através dos séculos, filósofos e analistas.

A reflexão e análise, necessariamente implicam considerar, que tudo o que existe, tem passado. É a consciência do momento histórico que permite aos cultores da ciência política procurar em cada circunstância e tempo, o encontro entre ciência e política.

Depois dos gregos, fundadores das primeiras categorias políticas, deixámos de nos poder esquivar a uma certa historicidade da política, ou pelo menos, à memória da própria experiência de tais categorias. A história fornece o arquivo, o laboratório, o simulador e o banco de provas à ciência política[9].

A história é um dos meios mais eficazes para pôr a realidade à distância e para produzir um efeito de idealização. A problemática da definição da história, enquanto *pesquisa da realidade histórica* e não como realidade histórica propriamente dita levanta as suas próprias questões[10].

Mas, como afirma Bloch, se a história só pudesse justificar-se pela sua sedução – pois que o espectáculo das actividades humanas, é acima de qualquer outro, de natureza a seduzir a imaginação dos homens – e pela sua antiguidade, haveria sempre que questionar o privilégio da auto-inteligibilidade sem o passado. Seria esquecer a força da inércia própria das criações sociais[11].

---

[8] Raymond Aron, *Dimensiones de la Consciencia Historica*, México, Fondo de Cultura Económica, 1992, pp. 38-40.

[9] Cfra a utilização destes termos em F. Lucas Pires, *Introdução à Ciência Política*, Porto, Universidade Católica do Porto, 1998, p.24.

[10] A história como ciência autónoma levanta as suas próprias questões. Vd para uma síntese escolar, Amado Mendes, *A História como Ciência, Fontes, Metodologia e Teorização*, Coimbra, Coimbra Editora, 1993. Para uma compilação de textos sobre Teoria da História, Patrick Gardiner, *Teorias da História*, Lisboa, Fundação Calouste Gulbenkian, 1995. Como um clássico nestas matérias, E.H. Carr, *O Que é a História? Palestras proferidas na Universidade de Cambridge, Janeiro-Março de 1961*, Lisboa, Gradiva, s.d..

[11] Cfra Marc Bloch, *Introdução à História*, Lisboa, P. Europa-América, s.d.. Não nos referimos aqui à famosa obra de Francis Fukuyama, *O Fim da História e o Último*

"Ler" a Política

Como bem lembrou recentemente Adriano Moreira[12], estaremos num outro patamar da evolução da ciência política em que se multiplicam as mudanças estruturais que parecem catalogáveis como efeitos não queridos das artes da política e demonstrativos da disfunção do Estado.

A mundialização da sociedade civil, a criação de solidariedades e dependências horizontais[13], a internacionalização dos centros científicos, de centros de intervenção política e a importância crescente das Organizações Não Governamentais apelam para a imagem de uma crescente globalidade em diálogo com os Príncipes que cada vez mais não controlam os instrumentos de decisão final impositivos. Os interesses comuns mundializados que escapam a qualquer entidade gestora suscitam políticas, sem poder político de referência.

De acordo com esta perspectiva, "não há sociedade política *sine imperio*, todo o poder político está originariamente repartido pelos círculos da sociabilidade, infra – estatais, estatais ou supra-estatais, ou, dito por outras palavras, que estão abaixo, ao lado ou por cima do Estado[14]. O enquadramento global que conjuga a dimensão particular com a universal encontra-se no homem fazedor da história.

Contudo, a esta importância da historicidade para a compreensão do homem no tempo tem que ser somada outra via que aponte para as possibilidades que derivam do modo singular de ser de cada novo intérprete no seu tempo. Esta pode ser encontrada na *hermenêutica* pela descoberta da imbricação entre o sujeito e o mundo.

Política e Hermenêutica

O termo, hermenêutica, é imediatamente desconhecido para a maior parte das pessoas cultas e ao mesmo tempo potencialmente significativo

---

Homem, pois não se dirige a uma tese sobre a história mas sim a uma tese sobre o sentido e o destino do homem.

[12] Cfra Adriano Moreira, *A Redefinição do Objecto da Ciência Política*, I Seminário Internacional de Ciência Política, Palácio de Valenças, Sintra, Julho de 1995, ex. polic., p. 4.

[13] Cfra Idem, ibidem, p. 4. O autor faz referência ao facto destas dependências horizontais escaparem ao modelo das lealdades verticais do Estado.

[14] Cra Adelino Maltez, "A Procura da República Universal", in *Estudos em Homenagem ao Professor Adriano Moreira*, Vol. I, ISCSP, 1995, p. 223.

78 Estudos de Homenagem ao Professor Doutor Artur Anselmo

para uma série de disciplinas relacionadas com a interpretação de textos. Martin Heidegger discute o carácter persistentemente hermenêutico do seu próprio pensamento. A própria filosofia, afirma Heidegger, é (ou devia ser) "hermenêutica"[15]. Como todo o conceito, a *hermenêutica*, é uma acumulação de sentido, portadora de história que se revela na polissemia do termo. Poderíamos classificar, pese embora a imprecisão cronológica e apenas por conforto metodológico, algumas linhas de orientação diferenciadas de que resulta a unidade de sentido.

Modernamente[16] a *hermenêutica* surge como teoria de exegese bíblica e emerge como um movimento dominante da teologia protestante europeia e a defende como o ponto central dos actuais problemas teológicos. No entanto a tendência geral da hermenêutica bíblica era a de procura de princípios ou de um sistema que sirva de guia à leitura. O advento do racionalismo transformou gradualmente a concepção de uma hermenêutica estritamente bíblica para uma hermenêutica considerada como um conjunto de regras gerais da exegese filológica. Como metodologia filológica geral foi especialmente pujante no séc. XVIII.

A hermenêutica irá assumir-se como uma ciência de toda a compreensão linguística com o projecto de Schleiermacher de dar à hermenêutica uma base universal e sistemática, definindo-se como o estudo da sua própria compreensão. Wilhem Dilthey, biógrafo de Schleiermacher, verá na hermenêutica uma base metodológica das *Geisteswissenschaften*, ciências das expressões essenciais da vida humana[17].

Como uma fenomenologia da existência e da compreensão existencial a hermenêutica, cobriria as concepções hermenêuticas de Heidegger e de Gadamer. Fenomenologia porque como orientação do pensamento europeu, submeteu as concepções realistas da percepção e da interpretação

---

[15] Citado por Palmer, R., *Hermeneutics – Interpretation Theory in Schleiermacher, Dilthey, Heidegger and Gadamer* (1969), Trad. Port. de Maria Luísa Ribeiro Ferreira, *Hermenêutica,* Lisboa, Ed.70, s.d., p. 15.

[16] Estamos apenas a referir o significado moderno. As raízes da palavra hermenêutica residem no verbo grego *hermeneuein*, usualmente traduzido por "interpretar", e no substantivo *hermeneia*, "interpretação". Estas nas suas várias formas aparecem inúmeras vezes na antiguidade na maior parte dos escritos antigos, nomeadamente em Aristóteles que no *Organon* considerou que o tema merecia um tratamento autónomo no *Peri Hermeneias*. Veja-se a exploração desta temática em "Hermeneuein e Hermeneia: o Significado Moderno do seu Antigo Uso" em Palmer, R., *Hermeneutic, op. cit.,* p. 23-41.

[17] Ver Dilthey, W., *Introduction aux Sciences Humaines* (1883), Paris, PUF, 1942.

a uma crítica radical. Existencial porque a hermenêutica se refere à explicação fenomenológica da própria existência humana. Martin Heidegger[18], ao tratar do problema ontológico, voltou-se para o método fenomenológico do seu mentor Edmund Husserl e empreendeu um estudo fenomenológico da presença quotidiana do homem no mundo. A hermenêutica heideggeriana apresenta uma ontologia da compreensão. Hans-Georg Gadamer[19] num trabalho sistemático fornece-nos um relato histórico da hermenêutica englobando a perspectiva de Heidegger e reflectindo sobre ela num esforço de relacionar a hermenêutica com a estética e a filosofia do conhecimento histórico.

Finalmente, a hermenêutica pode ser vista como um sistema de interpretação simultaneamente recolectivo e inoclástico, utilizado pelo homem para alcançar o significado subjacente aos mitos e aos símbolos. Esta visão "cultural" sugeriria imperfeitamente a riqueza das aplicações que Ricoeur[20] faz da hermenêutica.

Deste modo a hermenêutica emerge de um novo encontro da filosofia com a sua história. Antes separadas pela justificação da sua pertinência como saber científico que o positivismo científico do séc. XIX impusera e se manifestou no *Manifesto* do Círculo de Viena[21] que proporá à filosofia a tarefa de clarificar problemas enunciados através de um método preciso – o da *análise lógica* de Russell[22] base da filosofia analítica, – será contra esta orientação que se desenvolve a tematização da historicidade de Husserl, como tentativa de determinar uma história essencial que permita explicar a génese da consciência humana. Esta importância da historicidade será retomada por Heidegger que afastando-se de

---

[18] De M. Heidegger, o seu estudo, *L'Être et le Temps* (1927), Paris, Gallimard, 1964, é hoje reconhecido como a sua obra-prima e chave de compreensão adequada do seu pensamento. Com proveito vimos, "La fin de la philosophie et la tâche de la pensée" (1968), in *Questions – IV*, Paris, Gallimard, 1976.

[19] Fazemos referência à obra de H.G. Gadamer, *Verité et Métode,* (1960), Paris, Seuil, 1976.

[20] De Paul Ricoeur veja-se, v.g., *Le conflit des interpretations,* Paris, Seuil, 1969.

[21] Referimo-nos à proposta de Carnap, Hahn e Neurath. Vide "La Conception scientifique du monde" (1929) in Soulez, A. (org.) *Manifeste du Cercle de Vienne et autres écrits,* Paris, Puf, 1985. Para uma contextualização consultámos, Carilho, M., *O que é a filosofia?*, Lisboa, Difusão Cultural, 1994, p. 23.

[22] Na obra *An Inquiry into Meaning and Truth,* Londres, Allen and Unwin, 1940 que citamos a título de mera informação.

Husserl faz dela um elemento central da subjectividade do sujeito histórico fundada na finitude da temporalidade.

Na união entre sujeito e o mundo radica uma hermenêutica que ao sublinhar o facto de o sujeito ser sempre histórico, insiste no seu condicionamento pela história das interpretações que faz. Desta inspiração hermenêutica heideggeriana, Gadamer insistirá na historicidade da própria compreensão, procurando mostrar como ela é constitutiva da experiência hermenêutica e da sua abertura.

A originalidade de Gadamer parece surgir de, a partir desta posição, trocar Heidegger por Dilthey. Abandonando a questão do Ser e retomando as reflexões de Dilthey sobre a cientificidade, quando este propôs a divisão do campo científico em dois tipos, o das ciências da natureza e o das ciências do espírito, mostrando que estas, as *Geistewissenchaten*, têm uma especificidade que revela da dinâmica do mundo da cultura e da vida, que é irredutível ao paradigma das *Naturwissenchaften*. Não foi esta a opção de Gadamer que viu na divisão uma armadilha montada pelas próprias ciências naturais que assim forneceriam o paradigma face ao qual os outros saberes teriam sempre de se afirmar preferindo propor outro tipo de compreensão dessa cientificidade. Esta deve romper com a valorização da própria ideia de método que está no centro da concepção científica da racionalidade, e substituí-la pelos exemplos que o mundo da vida fornece nas suas actividades correntes.

Podemos admitir, como afirma Palmer, que *a experiência hermenêutica deve ser conduzida pelo texto*[23], porque o texto não se identifica totalmente com um parceiro em diálogo porque temos que o ajudar a falar, necessidade que acarreta a dificuldade peculiar: a necessidade de sentir a exigência objectiva do texto, naquilo que ele tem de plenamente outro, sem fazer dele um mero objecto para a nossa subjectividade. Temos que perceber a tarefa da interpretação, não essencialmente como análise – pois transformaria o texto em objecto – mas como "compreensão". É o processo de decifração, esta compreensão do significado de uma obra, o ponto central da hermenêutica. Deste modo o texto não é um objecto que compreendemos através da conceptualização ou da análise mas um encontro histórico que apela à experiência pessoal de quem está no mundo. É neste sentido que a compreensão é simultaneamente um encontro histórico e ontológico.

---

[23] Palmer, *Hermeneutics, Op Cit*, p. 245.

O sentido do texto só pode emergir quando entramos no círculo mágico do seu horizonte. Como pode um texto ser compreendido, quando a condição para a sua compreensão é já ter percebido de que é que o texto fala? A resposta parece surgir de uma compreensão parcial que é usada para compreendermos cada vez mais, tal como ao manusear as peças de um "puzzle" adivinhamos o que dele falta.

Nesta orientação, o significado tem a ver com o contexto; o processo explicativo fornece o palco da compreensão. Processa-se dentro de um horizonte de significados e intenções já aceites. À medida que consideramos as duas orientações da interpretação (dizer e explicar), a complexidade do processo interpretativo e o modo como ele se baseia na compreensão começam a aparecer.

O modo de pensar tecnológico moderno e a vontade de poder que está na sua base leva-nos a pensar em termos de "domínio do tema" e de "ataque" ao assunto. A separação da forma e do conteúdo não é válida na medida em que é produto do pensamento reflexivo posterior ao encontro hermenêutico e leva ao afastamento da unidade e globalidade de sentido. Pelo contrário, somos participantes da questão que está por detrás do texto.

Na contextualização dá-se a junção do que está envolvido no facto de compreender um texto e o que é a própria compreensão no seu sentido mais fundante e existencial em que o texto possui o intérprete gerando novo sentido e captando o movimento que se manifesta na intuição da historicidade da existência em que justapomos o mundo limpo e nítido dos conceitos científicos para o mundo da ambiguidade e do sofrimento do quotidiano, da experiência vivida.

Porque nos movemos num mundo historicamente formado da nossa compreensão quando encontramos uma obra, ela apresenta-nos um outro mundo. É um mundo que não é descontínuo com o mundo do leitor; pelo contrário, experimentá-lo sinceramente é aprofundar a nossa auto compreensão tornando-se uma parte da nossa história, da nossa cultura, uma parte da corrente de compreensão que a tradição nos legou e na qual vivemos. A leitura política depende da experiência hermenêutica do mundo de cada sujeito histórico.

Política e Literatura

Tradicionalmente, fomos afastando os rigores da ciência da emoção da literatura. Hoje, esta questão está ultrapassada[24]. A ficção literária – seja narrativa, lírica ou poética – caracteriza-se pelo superior rendimento que tira dos recursos linguísticos capazes de despertar reacções psíquicas menos conscientes. No entanto, entre o uso vulgar e o uso literário não pode fazer-se uma distinção nítida[25].

Por muito que o estilo se individualize, não pode deixar-se de aludir à experiência humana colectiva pois nenhuma obra se comunicaria se a maior parte das suas expressões não tivesse significados que já vêm do uso corrente. Do mesmo modo, qualquer obra apresenta uma forma autónoma mas a sua matéria é uma dada experiência social.

Constituindo cada obra uma estrutura relativamente autónoma – comparável a um organismo vivo no seu meio físico – a determinação dos seus fins ou intenções levanta problemas que apenas é possível formular provisoriamente, por aproximações sucessivas.

Nestes termos, na literatura como na cultura em geral, pode sempre distinguir-se uma ideologia, ou seja um conjunto de preconceitos historicamente determinados, uma visão geral e discutível da realidade e das aspirações humanas. Porque a autenticidade das vivências é a cada passo afectada por estes preconceitos ideológicos, contra estes se tem de precaver a crítica e a história por meio de uma disciplina racional na análise da obra literária. Se a produção literária se articula em torno do ideologema ela também se gera num processo de intertextualidade, que envolve o texto da sociedade e da história[26].

Para cada comunidade cultural os vários sistemas semióticos – portanto também o literário – integram-se num metasistema que vem a ser o sistema social da mesma comunidade, pelo que a dimensão contextual é a abertura do texto literário à historicidade do homem e do mundo.

---

[24] Veja por exemplo, o último número da *Revue Française d'Histoire des Idées Politiques*, dedicada a *Poésie et Politique*, n.º 26, 2º Semestre, 2007, Paris, Éditions Picard, 2007.

[25] Cfr a António José Saraiva e Óscar Lopes, *História da Literatura Portuguesa*, 7ª ed., Porto, Porto Ed., s. d. |1ª ed. 1955|, p. 8.

[26] José Carlos Seabra Pereira, "Prazer do Texto, Poder do Contexto" in *Leituras de Roland Barthes*, Comunicações apresentadas ao Colóquio Barthes, Faculdade de Letras de Lisboa, 18 e 19 de Março de 1982, Lisboa, Publicações D. Quixote, 1982, pp. 205-219.

No entanto podemos apelar à intertextualidade, como foi convocada por Barthes, defendo a significância contra a lei do contexto. O texto pode ser encarado como tecido de "significantes"[27]. O texto, escrita na qual se inscreve a significância com a sua infinidade dinâmica, ganha um funcionamento trans-linguístico e a prática significante do texto inscreve--se, como prática transformadora, na articulação do processo social.

Em consequência o método de leitura, a partir da descoberta da sua intertextualidade torna-se um aliado da análise das relações entre a obra e a história geral.

A produtividade textual eminentemente dinâmica reveste-se de um significado especial quando está em causa o texto propriamente dito e com o universo de linguagens que o enquadra. Neste caso, a dialéctica da intertextualidade exerce-se pela confrontação de linguagens de alcance diverso, num espaço muito amplo a que Barthes chamou " logosfera", quando frisou que "a literatura não é um objecto intemporal, um valor intemporal, mas um conjunto de práticas e de valores situados numa dada sociedade"[28].

Donde decorre que, pode surgir o desejo de centrar as práticas literárias, de forma estática, no contexto social em que se manifestam, de acordo com um qualquer postulado sociológico dos fenómenos culturais; para além disso o que delas deve perceber-se é uma implícita proposta de leitura ideológica do discurso literário que, não descurando a sua especificidade de prática estética, seja capaz de apreender na teia dessa especificidade, a insinuação de sistemas para-literários.

Ora um desses sistemas é o ideológico, entendido como código capaz de expressar discursivamente os princípios axiológicos que informam determinada ideologia, subordinando a sua produtividade a estratégias de manifestação e articulação sintácticas sintonizadas com a condição estético-verbal do discurso literário em que se enquadra.

Isto significa que o discurso ideológico, combinado com o – e insinuado no – discurso literário, decorre um código próprio que não abdica da sua especificidade por ter de se ajustar às estratégias discursivas próprias da linguagem literária.

---

[27] Roland Barthes, *Lição,* Lisboa, Ed. 70, 1979, p. 18.

[28] Carlos Reis, "Roland Barthes: Intertextualidade e Discurso da Ideologia" in *Leituras de Roland Barthes,* Op. Cit., p. 52.

84 *Estudos de Homenagem ao Professor Doutor Artur Anselmo*

A penetração do domínio da ideologia atinge-se num espaço de confrontação intertextual cuja pertinência é avalizada pela descoberta da matriz comum cujas coordenadas axiológicas e histórico-sociais ultrapassam o sujeito da enunciação.

Com fundamento nesta difusa vinculação comunitária em que cada texto "conhecendo o conhecido, o transforma e varia"[29] redescobre-se a fase criativa de memória social. Assim como afirmou Barthes, "é sob pressão da história e da tradição que se estabelecem as escritas de um escritor determinado"[30]. No entanto essas mesmas "escritas" serão em última análise condicionadas pela interpretação.

A partir da escrita o sentido verbal do texto não mais coincide com o sentido mental ou a intenção do texto. A necessidade de adivinhar o sentido de um texto, a necessidade de construir um sentido verbal é construir o texto como um todo e nesta medida a interpretação passa sobretudo pela apropriação, por fazer seu o que é alheio[31]. A política não vive sem estes elementos de interpretação do mundo de cada sujeito de enunciação.

"Ler" a Política

Se ao problema da evolução temporal da política se responde com o exame da história, com a hermenêutica descobrimos a contextualização do sujeito no seu mundo e podemos recorrer à literatura para encontrar o sistema ideológico, aperfeiçoando a capacidade de «ler» a política. Já o mesmo não se passa com as características da acção humana.

Na verdade o comportamento humano obedece a impulsos não raramente irracionais e imprevisíveis. Em especial, o comportamento político ressente-se de várias características do ser humano que estão longe de ser acções totalmente compreensíveis. Ainda que se admita que o homem

---

[29] Idem, ibidem, p. 56.

[30] R. Barthes, *Le Degré Zéro de L´Écriture, suivi de Nouveaux Essais Critiques.* Paris, Ed. du Seuil, 1972, p. 16. Existe tradução portuguesa, referente à primeira parte mas com outro ensaio incluído, *O Grau Zero da Escrita, seguido de Elementos de Semiologia,* Lisboa, Ed. 70, 1973.

[31] Referimo-nos ao sentido de interpretação desenvolvido por Paul Ricour em *Teoria da Interpretação. O Discurso e o Excesso de Significação,* Lisboa, Ed. 70, s.d. |1976| Passim.

trabalha em direcção a um fim que deseja e quer obter – como ser teleológico – não é menos certo que nesse comportamento influem em grau bastante elevado os elementos ideológicos e os elementos simbólicos. O comportamento observado é a resultante de um conjunto de forças psicológicas, genéticas, ideológicas e culturais, que estão longe de ser perfeitamente entendidas.

No entanto, num certo sentido, a ciência política assemelha-se a outras ciências aplicadas, tais como a medicina ou a engenharia. Cada uma destas ciências aplicadas aproveita a um grande número de ciências fundamentais no que toca a factos e métodos para enfrentar as suas próprias tarefas. Os engenheiros usam a física, a matemática, a química e outras disciplinas para construir pontes que resistam, e máquinas que funcionem com segurança. Os médicos e cirurgiões socorrem-se da biologia, da química, da física, da anatomia, da fisiologia, da psicologia e muitos outros campos do conhecimento no sentido de manter as pessoas vivas e saudáveis. De igual maneira, os cientistas políticos podem e devem acudir a todas a ciências do comportamento humano[32] como a sociologia, a psicologia, a psicanálise, a economia, a antropologia, a história, o direito, a literatura ou as teorias da comunicação, para ajudar as pessoas a viver em paz, livres e capazes de cooperar, manejar os seus conflitos e tomar as decisões comuns. Desta indagação se alimenta a Ciência da Política.

Lisboa, Novembro de 2007

---

[32] Vd Franscisco Lucas Pires, *Introdução à Política*, Porto, UCP, 1998. Em especial, p. 19-30.

ISLÃO: LEGADO DE ABRAÃO

PEDRO JOSÉ LOPES CLEMENTE
Doutor em Ciência Política
Professor do Instituto Superior de Ciências
Policiais e Segurança Interna

"Os bons vi sempre passar
No mundo graves tormentos
E para mais me espantar
Os maus vi sempre nadar
Em mar de contentamentos."
Luís de Camões[1]

SUMÁRIO: **I.** O Deus de Abraão; **II.** A fé no Deus único; **III.** Os livros sagrados; **IV.** O fundamentalismo islâmico; **V.** O flagelo do terror; **VI.** A outra face; **VII.** Da miragem do ódio ao sonho do bem; **VIII.** O paradoxo da tolerância; **IX.** A via da paz; **X.** Razão e fé; **XI.** Ciência, religião e violência; **XII.** O confisco de Deus; **XIII.** Oxalá.

I. O Deus de Abraão

Um dia, 1850 antes de Cristo, Abraão, o *"pai de todos os crentes"*[2], circuncisos (judeus e muçulmanos) e incircuncisos (cristãos), escutou o

---

[1] Ao Desconcerto do Mundo.
[2] Carta aos Romanos (4, 11), Bíblia Sagrada, Difusora Bíblica, Lisboa, 2003.

"*único Deus verdadeiro*"[3], renegando os falsos ídolos: "*Deixa a tua terra, a tua família e a casa do teu pai, e vai para a terra que Eu te indicar.*"[4] Aos setenta e cinco anos, o patriarca Abraão obedeceu; partiu de Harran (Turquia) rumo a Canaã (Terra Santa).

Confiando na providência divina, Abraão dirigiu-se a Salém (terra de paz), futura Jerusalém, governada pelo rei Melquisedeque, "*sacerdote do Deus Altíssimo*"[5], e porta do céu para os crentes: "*numerosos povos e poderosas nações virão procurar o Senhor do universo em Jerusalém*"[6].

O Senhor fê-lo pai de "*inúmeros povos.*"[7] Aos descendentes de Abraão, o Altíssimo estendeu a salvação: "*todas as famílias da terra serão em ti abençoadas.*"[8]

Do Ocidente ao Oriente, os filhos de Abraão, sejam judeus e cristãos, sejam muçulmanos, sobem a Jerusalém: "*de Sião sairá a lei, e de Jerusalém a palavra do Senhor.*"[9] No juízo final, as almas hão-de ver "*descer do céu, de junto de Deus, a cidade santa, a nova Jerusalém*"[10].

Aos oitenta e seis anos, Abraão conheceu Agar, escrava egípcia da sua esposa Sara (e meia-irmã), a pedido desta, por ser estéril, consumando a tradição mesopotâmica, transcrita no Código de Hamurabi. Durante a fuga no deserto de Bercheba, por receio de Sara, a quem desdenhar ao reconhecer-se grávida, Agar teve uma visão: "*O anjo do Senhor disse-lhe ainda: «Estás grávida, vais ter um filho e dar-lhe-ás o nome de Ismael (...). Ele será como um onagro entre os homens; a sua mão erguer-se-á contra todos; a mão de todos erguer-se-á contra ele (...)».*"[11] Confortada, Agar voltou à tenda de Abraão.

Aos noventa e nove anos, Abraão ouviu do Senhor: "*Sara, tua mulher, dar-te-á um filho, a quem chamarás Isaac.*"[12] Assim, sucedeu.

Mais tarde, a pedido de Sara, e apesar do desgosto, Abraão mandou embora Agar e Ismael (Deus escuta), para preservar a paz doméstica:

---

[3] Evangelho segundo São João (17, 3).
[4] Génesis (12, 1).
[5] Génesis (14, 18).
[6] Zacarias (8, 22).
[7] Génesis (17, 4).
[8] Génesis (12, 3).
[9] Miqueias (4, 2).
[10] Apocalipse (21, 2).
[11] Génesis (16, 11-12).
[12] Génesis (17, 19).

"Mas Deus disse-lhe: «Não te preocupes (...) farei sair também uma nação do filho da escrava, porque também ele é teu filho»." A Agar, o anjo de Deus *"disse-lhe: «(...) farei nascer dele um grande povo»."*[13]

Ismael cresceu no deserto de Paran, situado a norte do Sinai; casou com uma egípcia e gerou doze filhos, ulteriores chefes de doze tribos, espalhadas pelo norte da Arábia: *"Instalou-se, assim, diante de todos os seus irmãos."*[14]

A promessa a Abraão ter-se-ia cumprido com o advento do profeta Maomé (571-632) na Arábia: *"o Profeta gentio que poderão encontrar assinalado na Tora"*[15]. Segundo a teologia islâmica, a Torá (Pentateuco), parte do Antigo Testamento, predizia a vinda de Maomé (Muhammad ben Abdullah ben Abdul Muthib ben Háxime), descendente de Ismael[16], nascido em Meca, e fundador da fé muçulmana: *"O Senhor, teu Deus, suscitará em teu favor um profeta saído das tuas fileiras, um dos teus irmãos, como eu: é a ele que escutarás."*[17]

Nesse anúncio do profeta *"Moisés"*[18] aos hebreus, o apóstolo Pedro anteviu, porém, o advento de *"Jesus, o profeta de Nazaré"*[19], nascido em *"Belém-Efrata"* [20], na Judeia, a 24 de Novembro de 6 (antes de Cristo). Mais tarde, Jesus disse em Jerusalém que Moisés *"escreveu a meu respeito."*[21]

O Alcorão anuncia o profeta Maomé como o enviado de Deus ao povo árabe: *"tu pregas a um povo que nunca recebeu profetas antes de ti."*[22] Até ao advento de Jesus, os profetas – de Moisés a João Baptista – pregaram só à casa de Israel: *"És enviado não um povo de linguagem incompreensível (...) que tu não entenderias; esses ouvir-te-iam, se a eles te enviasse."*[23]

---

[13] Génesis (21, 12-13 e 17-18).

[14] Génesis (25, 18).

[15] Sura do Limbo (VII, 156), Alcorão, tradução de José Pedro Machado, Junta de Investigações Científicas do Ultramar, Lisboa, 1979.

[16] Sura da Família de Amrão (III, 61), Alcorão.

[17] Deuteronómio (18, 15).

[18] Actos dos Apóstolos (3, 22).

[19] Evangelho segundo São Mateus (21, 11).

[20] Miqueias (5, 1).

[21] Evangelho segundo São João (5, 46).

[22] Sura da Narrativa (XXVIII, 46), Alcorão.

[23] Ezequiel (3, 5-6).

Segundo Ana Catarina Emmerich (1774-1824)[24], Jesus Cristo partiu, no ano 30, *"para visitar as terras de Ur, pátria de Abraão, seguindo de lá pela Arábia a caminho do Egipto"*. A Menzor, um dos três reis magos, Jesus anunciou *"que, depois de voltar para junto de seu Pai, lhes enviaria um discípulo"*. No ano 39, o apóstolo Paulo passou também pela Arábia – *"parti para a Arábia e voltei outra vez a Damasco."*[25]

Enfim, o Deus de Abraão, Ismael e Isaac, jamais emana da natureza; transcende a fenomenologia cósmica – é um ser puro, a primeira causa não causada: *"The God of the psalmists and the prophets was not in nature. He transcended nature (...) The dominant tenet of Hebrew thought is the absolute transcendence of God. Yahweh is not in nature."*[26]

Ao longo da vida, Abraão manteve-se *"fiel à voz de Deus e à missão que Ele lhe tinha confiado."* Modelo de fé, Abraão *"é um homem pacífico e generoso. Não quer lutas nem rivalidades. Para construir a paz não teme sequer ficar prejudicado"*[27]. O sobrinho Lot recebeu a melhor terra (o vale do Jordão), ficando Abraão na montanha, para evitar as lutas entre os pastores dos rebanhos.

Tanto tempo depois, a espada separa os descendentes de Ismael e de Isaac, ambos filhos de Abraão. Porquê?

II. A fé no Deus único

A fé no mesmo Deus une os judeus, os cristãos e os muçulmanos: *"eu sou Deus e não há outro"*[28].

O islamismo professa o mesmo monoteísmo do judaísmo e do cristianismo: *"O Nosso Deus, que é o vosso Deus, é único"*[29]. O monoteísmo abraâmico exprime a universalidade do Deus único: *"a minha casa é casa de oração, e assim será para todos os povos"*[30].

---

[24] Vida Pública de Jesus – Ano III, Paulus Editora, Lisboa, 2007, pp. 120 e 137.

[25] Carta aos Gálatas (1, 17).

[26] Henri Frankfort et al., Before Philosophy, Pelican Philosophy Books – A198, Penguin Books, London, 1954, pp. 237 e 241.

[27] Januário dos Santos, Abraão – Pai dos Crentes, Editorial Missões, Cucujães, 1990, pp. 5 e 20.

[28] Isaías (46, 9).

[29] Sura da Aranha (XXIX, 45), Alcorão.

[30] Isaías (56, 7).

Nas mesquitas reúnem-se os que adoram Deus, sob o nome de Alá, à imagem dos judeus nas sinagogas e dos cristãos nas igrejas: *"do Oriente e do Ocidente muitos virão sentar-se à mesa com Abraão, Isaac e Jacob no reino dos céus"*[31]. O Alcorão aceita o monoteísmo judaico--cristão: *"Cremos em Deus, no que nos foi revelado e no que foi revelado a Abraão, Ismael, Isaac, Jacob e às tribos, no que foi dado a Moisés e a Jesus, no que foi dado aos profetas pelo seu Senhor. Não fazemos diferenças entre eles."*[32]

Ninguém pode ferir a fé judaica, cristã ou muçulmana, sob pena de desfigurar a raiz teologal do monoteísmo: *"Eis como os Vossos inimigos (...) conspiram contra os Vossos protegidos. Disseram: Vinde e extermine-mo-los de entre os povos, não se volte a mencionar o nome de Israel."*[33] Quer algum crente fazer aquilo que Deus nunca quis?

Embora contenha apelos violentos contra os não-muçulmanos, o Alcorão reconhece também o mérito da fé judaica e, sobretudo, da cristã: *"entre os que receberam o Livro, alguns há de ânimo recto; (...) estes estão entre os bons."*[34] Todavia, o extremismo islâmico prefere ignorar o caminho recto, prescrito no Alcorão, e apostar no ódio contra os não--muçulmanos: *"Se Deus quisesse, teria feito de todos vós um só povo, mas não fez para vos experimentar com o que vos revelou. Procurai ultrapassar-vos uns aos outros nas boas acções. Todos voltareis para junto de Deus"*[35].

O Alcorão consagra a supremacia da fé islâmica, pois Alá *"enviou o Seu apóstolo com a Direcção e a religião da verdade para a elevar acima de todas as outras"*[36]. Mas, o Alcorão prevê a sobrevivência do cristianismo até ao dia do juízo final: *"colocarei os que Te seguiram acima deles, até ao Dia da Ressurreição. Voltareis para junto de Mim".*[37]

O judaísmo é a raiz do monoteísmo, aonde se enxertam a fé cristã e a muçulmana, porque *"a salvação vem dos judeus."*[38] Tanto judeus,

---

[31] Evangelho segundo São Mateus (8, 11).
[32] Sura da Vaca (II, 130), Alcorão.
[33] Salmos (83, 3-5).
[34] Sura da Família de Amrão (III, 109-110), Alcorão.
[35] Sura da Mesa (V, 53), Alcorão.
[36] Sura do Arrependimento (IX, 33), Alcorão.
[37] Sura da Família de Amrão (III, 48), Alcorão.
[38] Evangelho segundo São João (4, 22).

como cristãos e muçulmanos, são coirmãos, pois "*Deus não faz acepção de pessoas.*"[39]

No Antigo e no Novo Testamento (Bíblia) consta o que Deus disse de si, primeiro pelos profetas e depois por Jesus (Jeachua – Deus salva), o "*Messias*"[40] anunciado: "*da nuvem fez-se ouvir uma voz: «Este é o meu Filho muito amado. Ouvi-o.*"[41] Antes, a samaritana reconheceu que "*o Messias (que se chama Cristo) está para vir, e que, quando vier, tudo nos dará a conhecer*"; então, "*Jesus disse-lhe: «Sou Eu, que falo contigo».*"[42]

Prometido a Israel, Jesus, o "*Emmanuel*"[43] (Deus connosco), trouxe a Boa-Nova à humanidade: "*Ainda tenho outras ovelhas que não são deste aprisco e também tenho de as conduzir*"[44]. Jesus anunciou ao povo judeu o advento dos crentes gentios: "*O Reino de Deus ser-vos-á tirado e será confiado a um povo que produzirá os seus frutos.*"[45]

A auto-revelação de Deus é património do Antigo e do Novo Testamento, a qual "*foi, de facto, no islamismo, posta de parte.*" No Alcorão há um processo de redução da revelação divina, ou seja, o afastamento daquilo que Deus disse de si próprio no Antigo e no Novo Testamento. O Deus do Alcorão recebe os mais belos nomes, "*mas, ao fim ao cabo, é um Deus fora do mundo, um Deus que é apenas Majestade, nunca um Emanuel, Deus-connosco.*"[46]

No Islão, "*Só Deus é Deus e nenhum outro existe além d´Ele*"[47]. Para o muçulmano, "*o acento está todo no crer*". No fundo, "*A religião islâmica é a religião do Absoluto*"[48].

Os muçulmanos consideram o Alcorão a revelação final do monoteísmo: "*Para Deus a verdadeira religião é o Islão*". Quanto aos Homens, "*Se o professam, seguem o caminho direito; se, pelo contrário,*"

---

[39] Actos dos Apóstolos (10, 34).

[40] Actos dos Apóstolos (2, 36).

[41] Evangelho segundo São Marcos (9, 7).

[42] Evangelho segundo São João (4, 25-26).

[43] Evangelho segundo São Mateus (1, 23).

[44] Evangelho segundo São Lucas (10, 16).

[45] Evangelho segundo São Mateus (21, 43).

[46] João Paulo II, Atravessar o Limiar da Esperança, Planeta – Edições Temas da Actualidade, Lisboa, 2004, p. 88.

[47] Sura da Vaca (II, 256), Alcorão.

[48] Joaquim Carreira das Neves, Guerra Santa, in Religião e Violência, José Jacinto Ferreira de Farias et al., Paulus Editora, Lisboa, 2002, p. 111.

voltam costas, só te resta pregar."[49] Contudo, os extremistas islâmicos preferem matar a pregar: *"Deus chama para a Morada da Paz quem quer"*[50].

O Deus revelado aos filhos de Abraão – *"Abbá"*[51] – é só um e o mesmo: *"Quem não está comigo está contra mim"*[52].

III. Os livros sagrados

A palavra de Deus sujeita-se ao condicionamento próprio da palavra humana, sem deixar de ser a palavra divina; nunca há um ditado mecânico. Com as suas faculdades, o hagiógrafo põe por escrito a revelação divina: *"Ali, sobre as pedras, escreveu Josué uma cópia da lei que Moisés tinha escrito diante dos filhos de Israel."*[53]

No Antigo Testamento, Deus falou aos Homens pela boca dos profetas: *"jamais uma profecia foi proferida pela vontade de um homem."*[54]

Jesus anunciou oralmente a Boa-Nova em aramaico. A única vez que escreveu, ninguém conheceu o significado: *"Jesus, inclinando-se para o chão, pôs-se a escrever com o dedo na terra."*[55] A partir do ano 48, a sua mensagem começou a ser registada por escrito, com a compilação do primeiro Evangelho pelo discípulo João Marcos.

A ortodoxia muçulmana considera o Alcorão um livro incriado, e descido do céu, ou melhor, uma obra de Deus, fora do alcance da razão humana: *"Se o autor deste não fosse Deus, encontrariam nele muitas contradições"*[56] Para a teologia islâmica, o Alcorão representa a palavra literal de Deus – *"junto d'Ele está a Mãe do Livro"*[57] –, revelada ao profeta Maomé, ao longo de 22 anos, e recitada aos primeiros crentes: *"a recites aos homens a pouco a pouco."*[58]

---

[49] Sura da Família de Amrão (III, 17 e 19), Alcorão.
[50] Sura de Jonas (X, 26), Alcorão.
[51] Evangelho segundo São Marcos (14, 36).
[52] Evangelho segundo São Lucas (11, 23).
[53] Josué (8, 32).
[54] Segunda Carta de São Pedro (1, 21).
[55] Evangelho segundo São João (8, 6).
[56] Sura das Mulheres (IV, 84), Alcorão.
[57] Sura do Trovão (XIII, 39), Alcorão.
[58] Sura da Viagem Nocturna (XVII, 107), Alcorão.

Pilar da fé islâmica, o dogma do Alcorão incriado baseia-se na personificação da palavra de Deus – o Verbo – num livro, ou seja, na enlibração do Verbo. Essa proclamação instaura o equivalente islâmico da encarnação cristã – a incarnação do Verbo em Jesus: *"E o Verbo fez-se homem"* [59].

Tanto a Bíblia, como Alcorão, são livros criados, cuja autoria pertence a Deus e a redacção ao hagiógrafo: *"As coisas ocultas pertencem ao Senhor, nosso Deus, mas aquilo que Ele revelou é para nós"* [60].

Os livros sagrados contêm marcas da redacção humana, jamais passíveis de serem atribuídas a Deus. No Novo Testamento aparecem duas genealogias diferentes para Jesus Cristo, cruzando-se ambas em Abraão, uma conta 42 gerações e a outra 77. [61] No Alcorão existe também uma incongruência histórica, porquanto Maria, mãe de Jesus, é considerada filha de Amrão, pai de Moisés, confundindo-a com outra Maria, *"a profetisa, irmã de Aarão"* [62] e de *"Moisés"* [63], filha de Ameram e da sua mulher Jocbed: *"E Maria, a filha de Amrão, que guardou a sua virgindade."* [64]

A leitura autêntica do Alcorão liga-se à auto-revelação de Deus na Bíblia, inserida no contexto histórico do nascimento do Islão: *"O céu e a terra passarão, mas as minhas palavras não passarão."* [65] Aliás, o Alcorão replica parte da Bíblia, como seja a entrega ao profeta Moisés das tábuas com os doze mandamentos. Moisés relata na Torá: *"O Senhor entregou-me as duas tábuas de pedra escritas com o seu dedo divino"* [66]. O Alcorão diz também: *"Escrevemos para ele, em tábuas, mandamentos sobre todas as coisas"* [67].

Na verdade, o Alcorão enraíza-se na Bíblia: *"confirma o que existia antes dele e explica as Escrituras"* [68]. O texto corânico partilha certo património do Deus revelado no Antigo e no Novo Testamento: *"Crede em Deus, no Seu apóstolo e no Livro que Ele revelou e no Livro que Ele revelou antes"* [69].

---

[59] Evangelho segundo São João (1, 14).
[60] Deuteronómio (29, 29).
[61] Evangelho segundo São Lucas (3, 23-38); Evangelho segundo São Mateus (1, 1-16).
[62] Êxodo (15, 20).
[63] Números (26, 59).
[64] Sura da Proibição (LXVI, 12), Alcorão.
[65] Evangelho segundo São Marcos (13, 31).
[66] Deuteronómio (9, 10).
[67] Sura do Limbo (VII, 142), Alcorão.
[68] Sura de Jonas (X, 38), Alcorão.
[69] Sura das Mulheres (IV, 135), Alcorão.

Contudo, o Alcorão realça a adulteração das escrituras sagradas pelos judeus e cristãos: *"Entre os Judeus há quem altere a significação das palavras do Livro"*[70]. A teologia islâmica considera inválida a parte da Bíblia que não concorda com as recitações do Alcorão: *"Mas os maus substituíram por outras as palavras que Nós lhes revelámos."*[71]

O Novo Testamento anuncia a segunda vinda de Jesus no final dos tempos – a parusia gloriosa: *"Esse Jesus, que vos foi arrebatado para o Céu, virá da mesma maneira"*[72]. Segundo o Alcorão, *"isso é uma indicação da Hora."*[73] Após a proclamação do Evangelho *"em todo o mundo, (...) então virá o fim."*[74]

O Alcorão evoca também a ascensão e o segundo advento de Jesus, embora negue a sua crucificação e a ulterior ressurreição: *"não O mataram, mas Deus chamou-O para junto de Si (...) Ninguém haverá entre a gente do Livro que não creia n'Ele antes da sua morte e, no Dia da Ressurreição, será uma testemunha contra eles."*[75]

Resta saber se haverá fé no fim dos tempos: *"Mas, quando o Filho do Homem voltar, encontrará fé sobre a terra?"*[76]

Segundo a exegese islâmica, o Alcorão não abrange toda a prédica de Maomé; para Ubay Ibn Kab, secretário do profeta em Medina, haveria, inicialmente, mais duas suras, reveladas a Maomé. O Novo Testamento não relata também toda a obra e vida de Jesus: *"Há ainda outras coisas que Jesus fez."*[77]

Preservado na memória de alguns companheiros, após a morte do profeta, em 632, o texto corânico recebeu a primeira compilação em 634, ordenada por Hazrat Abu Bakr (573-634), sucessor de Maomé e primeiro califa, a qual foi redigida por Zayd ibn Thabit (611-665), para evitar a perda da mensagem, com o desaparecimento dos primeiros seguidores. Contudo, várias versões continuaram a coexistir, incluindo a de Ali ibn Abi Talib (599-661), genro e primo do profeta e guia do Islão xiita.

---

[70] Sura das Mulheres (IV, 48), Alcorão.
[71] Sura do Limbo (VII, 162), Alcorão.
[72] Actos dos Apóstolos (1, 11).
[73] Sura dos Ornamentos (XLIII, 61), Alcorão.
[74] Evangelho segundo São Mateus (24, 14).
[75] Sura das Mulheres (IV, 156-157), Alcorão.
[76] Evangelho segundo São Lucas (18, 8).
[77] Evangelho segundo São João (21, 25).

Para unir os muçulmanos em torno de uma única recitação e evitar as deturpações e as heresias, o terceiro califa, Uthman ibn Affan (580-656), ordenou, em 644, a fixação num único texto da mensagem revelada a Maomé, destruindo as restantes versões; nascia, assim, o actual Alcorão: *"Nós devemos reuni-la e recitá-la!"*[78] Já em vida, o profeta fora acusado de adulterar a revelação pelos seus adversários pagãos: *"Se substituímos um versículo por outro dizem: «És um falsário!» A maior parte deles nada sabe."*[79]

Os livros sagrados dos filhos de Abraão receberam a inspiração divina: *"Toda a Escritura é divinamente inspirada"*[80], logo *"os homens santos falaram em nome de Deus."*[81]

A fé expressa nos livros sagrados abre-se à razão, porque Deus favorece a sabedoria: *"Aquele que me achar, encontrará a vida e alcançará o favor do Senhor."*[82]

Enfim, o legado do Deus de Abraão estimula o diálogo entre as civilizações, porquanto *"todas as coisas que se afirmam de Deus não podem, devido à suprema simplicidade de Deus, diferir realmente, ainda que, por razões diferentes, atribuamos a Deus nomes sempre diferentes."*[83]

IV. O fundamentalismo islâmico

O Ocidente confronta-se com um paradoxo: *"a maioria da humanidade é religiosa ou crente e o poder político efectivo obedece a uma matriz agnóstica ou ateia."*[84]

O Estado laico triunfou no Ocidente, porém, o Estado teocrático subsiste no mundo muçulmano, como no Irão: *"A concepção que dirige o Islão é a de uma sociedade teocrática, na qual o Estado não tem valor senão como servidor da religião revelada."*[85]

---

[78] Sura da Ressurreição (LXXV, 17), Alcorão.

[79] Sura da Abelha (XVI, 103), Alcorão.

[80] 2.ª Carta a Timóteo (3, 16).

[81] 2.ª Carta de São Pedro (1, 21).

[82] Provérbios (8, 36).

[83] Nicolau de Cusa, A Visão de Deus, 2.ª edição, Edição Fundação Calouste Gulbenkian, Lisboa, 1998, p. 141.

[84] António de Sousa Lara, O Terrorismo e a Ideologia do Ocidente, Edições Almedina, Coimbra, 2007, p. 71.

[85] René David, Os Grandes Sistemas de Direito Contemporâneo, Livraria Martins Fontes, São Paulo, 1996, p. 409.

Com a rebelião árabe contra a ocupação turca, em 1916 e, mais incisivamente, com o triunfo da revolução islâmica no Irão, em 1979, fomentada pela prédica do Ayatollah Ruhollah Musavi Khomeini (1902-1989), contra a ocidentalização do país, o Islão passou de religião a ideologia, sem admitir a heterodoxia. Movido pela fé, o Ayatollah Khomeini escreveu: *"Recomendo, com ênfase, que não prestem atenção às sirenes da propaganda dos opositores do Islão"*[86]. O Islão xiita impera no Irão, desde 1501.

Transformada em ideologia de massas, a religião islâmica serve de alavanca transnacional à conquista do Ocidente, considerado decadente e materialista: *"Si l'islam n'a peur de rien, tout le monde a peur de l'islam."*[87] Agora, o radicalismo islâmico propaga o sonho da reconquista da Andaluzia, incluindo o Algarve.

A centralidade do Ocidente perde força e o legado greco-cristão corre risco numa Europa esquecida das suas raízes e em islamização progressiva. A Eurábia desponta no horizonte, já visível na Bósnia e no Kosovo, heranças da conquista otomana dos Balcãs. À Europa só resta a alternativa da refundação.

O fluxo migratório *"não controlado pode, igualmente, descaracterizar uma identidade nacional e, passados poucas gerações,"* mercê da maior taxa de natalidade e da inexistência de integração cultural dos recém-chegados, mudar *"quase completamente o seu carácter nacional."*[88] Isso sucedeu no Kosovo, com a substituição da cultura sérvia (e cristã) pela albanesa (e muçulmana), após a conquista otomana em 1389.

Depois da conquista de Constantinopla, em 1453, pelos turcos otomanos, chefiados pelo sultão Maomé II (1432-1481), o próximo alvo será a queda de Roma, símbolo espiritual do Ocidente: *"Os Bizantinos foram vencidos."*[89] Os extremistas muçulmanos evocam *"un hadith de Mahomet qui affirme que les villes chrétiennes converties en premier à l'islam*

---

[86] Apud Helder Santos Costa, Da Pérsia Moderna ao Irão de Pahlavi, Instituto Superior de Ciências Sociais e Políticas, Lisboa, 2005, p. 256.

[87] Osama bin Laden, apud Alexandre Del Valle, Le totalitarisme islamiste à l'assaut des démocraties, Éditions des Syrtes, Paris, 2002, p. 16.

[88] José Manuel Freire Nogueira, O Papel Geopolítico da Demografia, Revista Segurança e Defesa, n.º 2, Fevereiro de 2007, Loures, p. 51.

[89] Sura dos Bizantinos (XXX, 1), Alcorão.

98   *Estudos de Homenagem ao Professor Doutor Artur Anselmo*

seraient «d´abord Constantinople, ensuite Rome»." Para tanto, os fanáticos erguem a espada contra o Ocidente: *"Les guerriers d´Allah aiment
plus encore la mort que les Occidentaux ne la redoutent."*[90]

O fundamentalismo islâmico caracteriza-se: pelo totalitarismo – a
submissão da vida social às prescrições corânicas; pela leitura literal (e
fragmentária) dos preceitos corânicos – aplicação à letra do texto corânico, sem contextualização; pela coacção social sobre os crentes e os
infiéis. Ainda hoje, nalguns países islâmicos, o apóstata da fé islâmica é
punido com a pena de morte: *"São os sectários do velho islamismo feroz:
são fanáticos irreconciliáveis."*[91]

Para os movimentos islamitas, como o Hamas na Palestina, o Islão
é uma cartilha política – o discurso político apresenta-se num envelope
religioso. Os islamitas privilegiam a acção política, capaz da transformação radical da sociedade numa direcção islâmica.

A ideologia do fundamentalismo islâmico surge como *"uma
reacção novíssima contra o laicismo, contra a ocidentalização"*, jamais
representando o retorno à ortodoxia, pois, isso significaria *"uma reas-
sunção da tolerância. Ao invés o fundamentalismo pretende ser uma
terceira via redutora, maniqueísta e exclusivista."*

O islamismo político explora uma ideologia de ressentimento contra
o Ocidente, símbolo da secularização e da injustiça: *"Constitui uma fuga
do real e do racional. Mas como todos os demais fundamentalismos
assenta numa desilusão militante e aguerrida, contra a qual é inútil
esgrimir a lógica, insuficiente conter com granadas e inabafável deitan-
do-lhe dinheiro para cima."* [92]

A solução assenta na educação da juventude, subtraindo-a à ignorância, para evitar a manipulação das mentes pelos radicais islâmicos,
mais interessados no poder terreno do que na obra divina. Para tanto,
basta lembrar que *"Uma vez, Adolf Hitler exclamou alegremente: «Que
sorte para os governantes que o povo não pense!»"*[93]

---

[90] Osama bin Laden, op. cit., p. 14.

[91] Eça de Queiroz, O Egipto – Notas de Viagem, Livros de Verão, O Independente,
Lisboa, 2001, p. 82.

[92] António de Sousa Lara, Ciência Política – Estudo da Ordem e da Subversão,
Instituto Superior de Ciências Sociais e Políticas, Lisboa, 2004, pp. 625 e 626.

[93] Ronald Wright, Breve História do Progresso, Publicações Dom Quixote, Lisboa,
2006, p. 103.

Entretanto, contra o terrorismo islâmico, amante da morte, o Estado democrático deve promover a segurança comunitária e fomentar a inclusão social das minorias muçulmanas, pois *"o declínio do Estado não é um prelúdio da utopia, mas sim do desastre."* [94]

A persistência do conflito Israel-Palestiniano tem alimentado o furor bélico do extremismo islâmico, adverso à paz dos bravos: *"Defender as terras do Islão face à invasão dos infiéis (Israel) tornou-se a palavra de ordem no seio dos palestinianos."*[95]

Na senda da guerra, os extremistas islâmicos distorcem a ideia de *jihad*, a qual consiste, sobretudo, no esforço de elevação espiritual e só, residualmente, na guerra defensiva: *"O terrorismo, o assassínio deliberado de civis, é proibido no Alcorão"*[96]. Segundo o texto corânico, *"combatei, no caminho de Alá, aqueles que vos atacam, e não ultrapassai os limites."*[97]

Na génese, o terrorismo é uma batalha ideológica a vencer pelo Ocidente, sem desrespeitar a fé islâmica. Obviamente, nem todos os terroristas são muçulmanos e nem sequer a maioria dos muçulmanos apoia o extremismo islâmico.

V. O flagelo do terror

A História registou o facto e os Homens receberam a lição amarga.

No dia 21 de Dezembro de 1988, pelas 19.02 horas, uma bomba rebentou durante o voo do Boeing 747-121, pertencente à ex-companhia americana PanAm, sobre Lockerbie (Escócia). Ocorrido a 31 mil pés de altitude, este acto terrorista causou 259 mortos, entre os passageiros (243) e a tripulação (16), de 30 nacionalidades diferentes, além da morte de 11 residentes de Lockerbie, causada pela queda de destroços sobre 21 edifícios. O destino do voo 103 era New York (Estados Unidos da América).

---

[94] Francis Fukuyama, A construção de Estados – Governação e ordem mundial no século XXI, Gradiva, Lisboa, 2006, p. 128.

[95] Helder Santos Costa, O Martírio no Islão, Instituto Superior de Ciências Sociais e Políticas, Lisboa, 2003, p. 45.

[96] Rohan Gunaratna, No Interior da AL-Quaeda – Rede Global, Relógio D´Água Editora, Lisboa, 2004, p. 174.

[97] Sura da Vaca (II, 190), Alcorão.

Segundo as investigações da Air Accident Investigation Branch, a bomba tinha uma dimensão reduzida. O explosivo (Semetex) fora colocado no interior de duas pilhas, inseridas num leitor de cassetes, o qual, por sua vez, fora arrumado numa mala; aquando da explosão, esta estava acondicionada num contentor de carga, colocado na parte dianteira do avião. As investigações imputaram a autoria material a dois líbios...

Posteriormente, a imprensa revelou que as companhias aéreas tinham sido avisadas de antemão. A Federal Aviation Administration enviara uma série de boletins de segurança às companhias de aviação. A falha evidenciou a recepção, em média, de 300 ameaças, por ano, pelas companhias de aviação, logo, se estas publicitassem as ameaças conhecidas, as viagens aéreas ficariam paralisadas e dar-se-ia aos terroristas a capacidade de perturbarem o sistema aeronáutico, mediante o preço de um telefonema.

Desde então, houve um enorme investimento em medidas securitárias, incluindo a revista minuciosa de passageiros, por vigilantes das empresas de segurança privada,[98] libertando as forças policiais para a intervenção mais selectiva: *"divergência entre a oferta do Estado e a procura da sociedade é irreconciliável, no sentido em que a sociedade procura no Estado é o que este já não pode oferecer."* [99]

Nada impediu, no dia de 11 de Setembro de 2001, o atentado terrorista contra as torres gémeas de World Trade Center, na cidade de New York, perpetrado com dois aviões civis, desviados por fundamentalistas islâmicos da Al-Quaeda, o qual provocou 2.479 vítimas inocentes, incluindo muçulmanos.

Outros atentados foram perpetrados contra os descrentes ocidentais, inspirados na prédica de Osama bin Laden, patrono da Al-Quaeda e expatriado saudita.

A cidade de Madrid (Espanha) acordou, no dia 11 de Março de 2004, sob o choque de atentados à bomba contra quatro comboios suburbanos, os quais provocaram 192 mortos e 2.050 feridos, entre os passageiros.

---

[98] Art.º 6º, n.º 6, do Decreto-Lei n.º 35/2004, de 21 de Fevereiro; n.º 3 do Despacho Conjunto n.º 312/2004, de 11 de Maio, Diário da República n.º 120, II – série, de 22/05//2004.

[99] Joaquim Aguiar, Fim das Ilusões Ilusões do Fim (1985-2005), Aletheia Editores, 2005, Lisboa, p. 125.

Islão: Legado de Abraão

A rede de transportes públicos de Londres (Inglaterra) sofreu também, no dia 7 de Julho de 2005, quatro ataques terroristas, perpetrados por quatro homens-bomba, os quais causaram 53 mortos entre os passageiros; três deles ocorreram no metropolitano e o quarto num autocarro.

Fundado em 1988, o movimento Al-Quaeda teve, inicialmente, o objectivo de derrubar os regimes muçulmanos corruptos e eliminar a influência cultural do Ocidente nos territórios islâmicos, inspirando-se em Taqi Ibn Taymiyyah (1263-1328). A longo prazo, a Al-Quaeda pretende *"criar uma sociedade islâmica transnacional dirigida por um califado restaurado."*[100] O califado fora abolido, em 1924, por Mustafá Kemal Ataturk (1881-1938), pai da Turquia moderna e secular.

Para erguerem a comunidade islâmica universal, os líderes da Al-Quaeda promovem a guerra santa (*jihad* menor). Todavia, os extremistas esquecem que a *jihad* maior é o esforço espiritual do crente rumo a Deus – a *jihad* denota essencialmente a ascese. O quarto califa, Ali ibn Abi Talib, pregou aos crentes: *"O melhor jihâd é aquele pelo qual alguém luta contra as suas paixões selvagens"*[101].

Adeptos da teocracia tirânica, os terroristas islâmicos propagam o ódio bélico, em nome de Deus, o Misericordioso, contra o mundo judaico--cristão: *"nesse caso matai-os, pois essa deve ser a recompensa para os infiéis."*[102]

Manipulando o texto corânico, os terroristas islâmicos proclamam--se a espada de Deus: *"Matai os que não crêem em Deus (...) e aqueles de entre os homens do Livro que não professam a crença da verdade, até que paguem o tributo, todos sem excepção, e fiquem humilhados."*[103] Entre as vítimas inocentes do terror islâmico, contam-se muitos muçulmanos: *"Não deve um crente matar outro crente, a não ser que o faça por engano."*[104]

Aos olhos do mundo, *"O terrorismo assume-se a ele próprio como flagelo de Deus, mediador de uma justiça transcendente"*[105]. O terrorista

---

[100] Peter Stilwell, Notas para o entendimento de algum extremismo religioso, in Religião e Violência, op. cit., p. 32.

[101] Apud Helder Santos Costa, op. cit., p. 50.

[102] Sura da Vaca (II, 187), Alcorão.

[103] Sura do Arrependimento (IX, 29), Alcorão.

[104] Sura das Mulheres (IV, 94), Alcorão.

[105] Peter Stilwell, Terrorismo e Tradição Bíblica, in Terrorismo, Coordenação de Adriano Moreira, Livraria Almedina, Coimbra, 2004, p. 155.

102   *Estudos de Homenagem ao Professor Doutor Artur Anselmo*

islâmico considera-se o soldado de Deus: *"combatei-os para que Deus os castigue por vossas mãos"*[106] Mais, ele acha-se o eleito do céu, porque *"Deus dá lugar mais elevado aos que combatem com sacrifício dos seus bens e das suas pessoas contra os que ficam quietos em suas casa."*[107]

Nisso nada há de novo. Jesus Cristo alertou os seus discípulos: *"há-de chegar mesmo a hora em que quem vos matar julgará que presta um serviço a Deus!"*[108]

VI. A outra face

O extremismo não é a única face do islão; coexiste outra face no Alcorão, recitada, nos primórdios, pelo profeta Maomé, em Meca: *"Não pode haver qualquer coação em matéria religiosa; o verdadeiro caminho distingue-se bem do erro"*[109].

Os extremistas islâmicos consideram que uma parte do Alcorão revelada em Meca está revogada pela revelação ulterior em Medina, na medida em que evocam o princípio da ab-rogação, segundo o qual Deus reviu a revelação anterior, substituindo-a por outra: *"Sempre que suprimirmos ou fizermos esquecer um versículo, poremos em seu lugar outro melhor ou igual. Não sabes que Deus é todo poderoso?"*[110] Isso permite a supressão de contradições no Alcorão.

O Alcorão contém passagens elogiosas sobre os cristãos, juntamente com sentenças terríveis contra estes e os judeus: *"os mais violentos inimigos dos crentes são os judeus e os que associam outros deuses a Deus."*[111] A doutrina islâmica discute a validade de umas e de outras, o que gera perplexidade na comunidade muçulmana, sobretudo no relacionamento com o povo judeu.

No Alcorão coexistem versículos imutáveis (e de significado estrito) com versículos de sentido impreciso (ou conotativo) e de entendimento difícil ou circunstancial. Estes são interpretados, pelo extremismo islâ-

---

[106] Sura do Arrependimento (IX, 14), Alcorão.
[107] Sura das Mulheres (IV, 97), Alcorão.
[108] Evangelho segundo São João (16, 2).
[109] Sura da Vaca (II, 257), Alcorão.
[110] Sura da Vaca (II, 100), Alcorão.
[111] Sura da Mesa (V, 85), Alcorão.

mico, de forma fracturante e descontextualizada, mesmo tendenciosa: *"há versículos claros, que são a matriz do Livro, e outros ambíguos, mas aqueles cujos corações erram seguem o que é ambíguo, por desejo do cisma e por desejo da falsa interpretação, mas ninguém conhece a verdadeira interpretação deles, excepto Deus"*[112].

Os ismaelitas, um ramo xiita, distinguem, no Alcorão, entre os conteúdos que, por um lado, são eternamente válidos e que, por outro, se referem a algo temporalmente condicionado. Assim, os ismaelitas consideram somente os conteúdos eternamente válidos como universalmente obrigatórios: o Alcorão defende também altos valores éticos: *"não assassinareis porque Deus o proibiu"*[113].

Embora significativa, a referência à paz é rara no Alcorão: *"Se procurarem a paz, cessem então as hostilidades, excepto contra os que praticarem o mal."*[114]

Quase nunca se evoca o amor no Alcorão. O amor pressupõe a obediência absoluta a Deus e ao profeta Maomé, para obter o perdão dos pecados – *"Se amais a Deus, seguide-me; (...) sabei que Deus não ama os infiéis."*[115] A afectividade restringe-se à família muçulmana – *"Arrancaremos todos os ódios dos seus peitos: serão como irmãos"*[116]. Contudo, o afecto dos crentes pode estender-se aos cristãos: *"os próximos pelo amor dos crentes são os que dizem: «Na verdade, nós somos cristãos.»"*[117]

Mais ainda, no Alcorão prescreve-se apenas a mútua protecção dos muçulmanos; o auxílio advém só da graça divina e do socorro dos restantes muçulmanos: *"Ó crentes! Não tomeis como protectores os judeus nem os cristãos; eles são protectores uns dos outros. (...) Só Deus é o vosso protector, como o são o Profeta e os crentes"*[118].

Certamente, o Alcorão recita palavras de Deus em prol do reconhecimento mútuo: *"Nós criámo-vos de um macho e de uma fêmea e de vós fizemos raças, tribos para que vos reconheçais uns aos outros."*[119]

---

[112] Sura da Família de Amrão (III, 5), Alcorão.
[113] Sura do Gado (VI, 152), Alcorão.
[114] Sura da Vaca (II, 193), Alcorão.
[115] Sura da Família de Amrão (III, 29), Alcorão.
[116] Sura do Héjere (XV, 47), Alcorão.
[117] Sura da Mesa (V, 85), Alcorão.
[118] Sura da Mesa (V, 56 e 60), Alcorão.
[119] Sura do Aposento (XLIX, 13), Alcorão.

104   *Estudos de Homenagem ao Professor Doutor Artur Anselmo*

A diversidade humana é inerente ao projecto divino. Para o sufi Abdullahi Ahmed An-Na´im, a sobreposição de identidades religiosas no mundo e a cooperação entre os povos *"integram-se perfeitamente na visão do mundo muçulmano."*[120]

Olhando para o mesmo Deus dos judeus, dos cristãos e dos muçulmanos, o cardeal Albini Luciani (1912-1978), futuro Papa João Paulo I, escreveu: *"Somos uma única barca cheia de povos, hoje já próximos uns dos outros no espaço e nos costumes, mas num mar muito agitado."*[121] No ano 30, Jesus de Nazaré, manifestação singular de Deus, proclamou a virtude da paz: *"Bem-aventurados os pacificadores, porque serão chamados filhos de Deus."*[122]

Quem é o Homem, um ser finito, para se achar senhor do fundamento – da verdade absoluta? Ninguém possui o absoluto! Só Deus é o senhor do absoluto!

Felizmente, a esperança ilumina a cidade humana; o futuro pertence aos netos de Abraão. Entretanto, o Dragão continua a espalhar o terror entre as Nações...

VII. Da miragem do ódio ao sonho do bem

O quinto mandamento de Deus acusa os assassinos: *"Não matarás"*[123]. O Homem é um lobo para o seu semelhante – *homo homini lúpus*: *"As trevas cercam-me, as paredes escondem-me, ninguém me vê. A quem temerei?"*[124] No ser humano habitam o *Eros* (a pulsão da vida) e o *Thanato* (a pulsão da morte):

Só a prática do bem eleva o Homem. Perturbadoramente, os adeptos do terror dizem-se praticantes do bem, fazendo, porém, o mal. O bem nunca pode ser fonte do mal: *"Não é permitido fazer o mal para que daí resulte um bem."*[125]

---

[120] Peter Stilwell, Notas para o entendimento de algum extremismo religioso, op. cit., p. 34.

[121] Albini Luciani, Ilustríssimos Senhores – Cartas do Patriarca de Veneza, Editora Cidade Nova, Lisboa, 1978, p. 19.

[122] Evangelho segundo São Mateus (5, 9).

[123] Livro do Êxodo (20, 13).

[124] Ben Shira (23, 18).

[125] Papa João Paulo II, Catecismo da Igreja Católica, Gráfica Coimbra, Coimbra, 1993, p. 390.

A Revolução Francesa (1789) pretendia erguer uma sociedade fraterna, extinguindo a injustiça, só que criou situações de indignidade humana. O controlo da opinião pública francesa gerou o genocídio de meio milhão de camponeses da Vendeia, ordenado pela Comissão de Salvação Pública, em 1793: *"É preciso que a Vendeia seja aniquilada porque ousou duvidar dos benefícios da Liberdade."*[126] A civilização de justiça e liberdade jamais se constrói com ódio e violência; edifica-se com amor e solidariedade.

Causou sensação, no final do século XIX, o sucedido com um anarquista, que lançou uma bomba para a plateia de um teatro repleto de gente, enquanto gritava: *"todos somos culpados!"*[127] Mas, quem?

Esse é o argumento de defesa dos terroristas, perante a acusação de matarem inocentes, porque praticam injustiças superiores às que pretendem combater. Conquanto acertem no mal corrosivo da sociedade, os terroristas não descobrem o diagnóstico da sua causa primordial: *"a raiz de todos os males sociais não está nas estruturas em si, mas no coração do Homem"*[128]. Do egoísmo e da soberba provêem o ódio e a injustiça humana. Só a promoção do bem-comum pode curar as disfunções sociais.

Na ânsia de ultrapassar o dualismo entre o bem e o mal, Friedrich Nietzsche (1844-1900) proclamou, em 1886: *"Deus está morto, nós matámo-lo..."*[129] Todavia, para além do bem e do mal, vive a miragem da libertação absoluta e, sobretudo, o império do mais forte. O resultado tem sido dor e sangue, ao longo da história humana.

A loucura humana ultrapassa sempre a imoralidade.

A ideologia de Adolf Hitler (1889-1945), um *"medium de Satán"*[130], gerou o holocausto de 6 milhões de judeus (shoah), entre 1942 e 1945. No campo de concentração de Auschwitz (Polónia), os nazis assassinaram 1.200.000 pessoas. Com a aniquilação do povo judeu, os nazis

---

[126] Turreau, apud Vladimir Vlokoff, Pequena História da Desinformação – Do Cavalo de Tróia à Internet, Notícias Editorial, Lisboa, 2000, p. 57.

[127] José António Veloso, A Doutrina Social da Igreja – corpo doutrinal actualizado, Separata da revista «Theologica», Vols. XXIV-XXVI, Fasc. I – IV, Braga, 1992, p. 5.

[128] Papa João Paulo II, Instrução «Libertatis Conscientiae» (75), apud José António Veloso, op. cit., p. 6.

[129] Hervé Rousseau, O Pensamento Cristão, Estúdios Cor, Lisboa, 1974, p. 93.

[130] Georges Huber, O meu anjo caminhará à tua frente, Editora Rei dos Livros e Edições Prumo, Lisboa, 1990, p. 131.

"*pretendiam matar aquele Deus que chamou Abraão*" e, assim, arrancar a raiz da "*fé cristã*"[131], substituindo-a pelo paganismo germânico.

Infelizmente, o totalitarismo islâmico aparenta algumas semelhanças com o nazismo, porque exibe o mesmo ódio pela democracia liberal e partilha o anti-semitismo absoluto e a legitimação da violência: "*Les ressemblances entre l'islamisme et le national-socialisme sont frappantes.*"

Aliás, o sentimento anti-semítico e a defesa da Palestina contra a colonização judaica levaram o mufti de Jerusalém, Muhammad Amin al-Husseini (1895-1974), apoiar a erradicação do povo judeu nos Balcãs, aquando do seu encontro com o chanceler alemão Adolf Hitler, em Berlim, no dia 28 de Novembro de 1941: "*L'histoire de la Seconde Guerre mondiale témoigne d'une réele collaboration entre les précurseurs du totalitarisme vert et les forces de l'Axe.*"[132]

Jamais o filho deve sofrer pela iniquidade do pai, pois a retribuição é pessoal: "*O que pecou é que morrerá: o filho não carregará com a falta de seu pai*"[133]. Ainda hoje, a juventude palestina luta pelo direito à pátria livre.

Frente aos fornos crematórios de Birkenau, símbolo do ódio, o coração humano eleva um grito insistente ao céu: "*Onde estava Deus naqueles dias? Por que silenciou? Como pôde tolerar este excesso de destruição, este triunfo do mal?*" O lamento dos Homens em extrema tribulação perscruta a Deus: "*Acordai, Senhor, porque dormis (...). Levanta-te! Vem em nosso auxílio, salva-nos, pela tua bondade!*"[134]

O ódio só fomenta a destruição. Jamais a evocação do nome de Deus justifica a "*violência cega contra as pessoas inocentes*".

No fundo, o ódio nada constrói; só corrói a condição humana: "*a violência não cria a paz*". Mas, a memória humana é curta: "*a vida é um sonho do qual jamais acordamos*"[135].

---

[131] Papa Bento XVI, Discurso do Santo Padre durante a Visita ao Campo de Concentração de Auschwitz–Birkenau (28/05/2006). Internet: http://www.vatican.va (consultado: 08/05/2007).

[132] Alexandre Del Valle, op. cit., pp. 92 e 93.

[133] Ezequiel (18, 20).

[134] Salmos (44, 24 e 27).

[135] Sophia de Mello Breyner Andreson, Histórias da Terra e do Mar, 21.ª edição, Texto Editora, Lisboa, 2002, p. 117.

VIII. O paradoxo da tolerância

Segundo o paradoxo da tolerância, enunciado por Karl Popper[136] (1902-1993), *"a tolerância ilimitada é coveira da própria tolerância"*. Quando a sociedade tolera a intolerância, o resultado é a destruição da tolerância.

Democracia nunca equivale a tolerância total: ao Estado cabe proteger a colectividade da devastação cega: a diversidade jamais afasta a universalidade: os livros sagrados dos filhos de Abraão partilham valores, capazes de promover a paz e a dignidade humana.

Herdeira do fundamentalismo laico, certa miopia europeia aceita o anti-cristianismo, como a última intolerância permissível, um resquício da Revolução Francesa (1789), inexistente na Revolução Americana (1787). Essa intelectualidade perde, porém, o juízo crítico, perante a prática inumana do terrorismo.

Ao passar além do bem e do mal, como propunha Nietzsche, o Homem abandona as referências espirituais e aproxima-se, de forma suicidária, da besta apocalíptica. O Homem jamais pode ignorar a árvore do conhecimento do bem e do mal, porquanto, segundo Sócrates (384--322 a.C.), *"os perversos fazem sempre mal àqueles que os contactam de perto e as pessoas honestas fazem-lhe sempre bem"*[137].

Agora, a intolerância do extremismo islâmico propaga o falso profetismo do mundo novo: *"o próprio Satanás, se disfarça em anjo de luz."*[138] Resta ver se o livro do martírio vai continuar aberto...

A fé sobreviveu à queda do comunismo soviético. Há-de ainda sobreviver ao terrorismo islâmico, pois o legado do Deus de Abraão guia a humanidade.

No Alcorão existe uma plêiade de verdades, inspiradas na revelação da palavra de Deus ao profeta Maomé pelo arcanjo Gabriel, a partir de 609.

Dentre as luzes de verdade, recitadas no Alcorão, citam-se quatro. A primeira tem a ver com o apelo à paz entre os crentes muçulmanos – *"Ó crentes! Entrai todos na paz e não seguireis o rasto de Satanás que*

---

[136] Apud António dos Reis Rodrigues, O Homem e a Ordem Social e Política, Principa, Cascais, 2001, p. 127.

[137] Apud Platão, Apologia de Sócrates, Diálogos III, Publicações Europa-América, Sintra, 1982, p. 27.

[138] 2.ª Carta aos Coríntios (11, 14).

é vosso inimigo."[139] A segunda reporta-se à imaculada concepção da Virgem Maria, um dogma católico também: *"Deus escolheu-te, Maria; fez--te pura e escolheu-te de entre todas as mulheres."* A terceira confirma a incarnação do Verbo de Deus no ventre da Virgem Maria e o reconhecimento de Jesus como o Messias, ambos, igualmente, dogmas católicos: *"Maria, Deus anuncia-Te o Seu Verbo, cujo nome será o Messias, Jesus, filho de Maria, considerado neste mundo e no outro um dos familiares de Deus."*[140] A quarta reconhece ser Jesus *"a palavra da Verdade"*[141], também um pilar da fé cristã: *"Disse-lhe Jesus: «Eu sou o Caminho, a Verdade e a Vida.»"*[142]

Seis séculos antes, o arcanjo Gabriel anunciara a Maria, uma virgem de Nazaré (Galileia), a maternidade de Jesus, *"Filho do Altíssimo"*[143]; também o profeta Maomé recita o prodígio divino: *"Certamente o Messias, Jesus, filho de Maria, é o Enviado de Deus e o Seu Verbo que Ele insuflou em Maria."*[144]

Se procurar, o Homem descobre a verdade: *"vence antes o mal com o bem."*[145] Afinal, na *"Terra há apenas uma raça: a raça dos filhos de Deus."*[146]

IX. A via da paz

Desde a génese, o Homem assassina o seu semelhante; Deus denuncia a perversidade do fratricídio: *"Que fizeste? A voz do teu irmão clama da terra por Mim."*[147] Do sangue derramado serão pedidas contas: *"A quem derramar o sangue do homem, pela mão do homem, será derramado o seu"*[148]. A morte do inocente ofende o Criador: *"Não causarás a morte do inocente e do justo, porque jamais Eu absolverei o culpado."*[149]

---

[139] Sura da Vaca (II, 204), Alcorão.
[140] Sura da Família de Amrão (III, 37 e 40), Alcorão.
[141] Sura de Maria (XIX, 35), Alcorão.
[142] Evangelho segundo São João (14, 6).
[143] Evangelho segundo São Lucas (1, 32).
[144] Sura das Mulheres (IV, 169), Alcorão.
[145] Carta aos Romanos (12, 21).
[146] Josemaría Escrivá, Cristo que Passa – Homilias, 3.ª edição, Editora Reis dos Livros, Lisboa, 1983, p. 38.
[147] Génesis (4, 10).
[148] Génesis (9, 6).
[149] Êxodo (23, 7).

Islão: Legado de Abraão

O combate escatológico recebe traços universais e apocalípticos: *"Miguel e os seus anjos declararam guerra contra o Dragão"*[150].

O judaísmo é a religião do povo eleito, descendente de Isaac, filho de Abraão, confinado, inicialmente, à terra prometida e, hoje, disperso pelo mundo.

O Antigo Testamento contém incentivos à violência para proteger Israel: *"Declarai-lhe guerra!"*[151] Certas expressões do Pentateuco mostram Deus como o primeiro combatente: *"O Senhor combaterá por vós."*[152] Outras expressões exibem Deus como um guerreiro valente: *"O Senhor é quem dirige as batalhas; Javé é o seu nome!"*[153] A execução da vontade de Deus move o zelota: *"a guerra não é vossa, mas de Deus."*[154]

A par do apelo à guerra, o rei Salomão (972-931 a. C.) reconheceu haver também um tempo para a paz: *"Todas as coisas têm o seu tempo,"* há *"tempo para a guerra, e tempo para a paz."*[155]

Por contraste, o cristianismo surge como uma religião universal, cujo fundador, Jesus Cristo, predicou um novo paradigma de fé: *"Amai os vossos inimigos"*[156]. Jesus de Nazaré, um judeu da Galileia, espalhou a revolução do amor, abolindo a lei do talião – *"olho por olho"*[157] –, com o perdão *"até setenta vezes sete."*[158] O cristianismo não contém qualquer potencial para a violência: *"Jesus nada tem a ver com a sacralização da guerra."*[159]

Jesus recusou a espada para se defender na hora da prisão, pelo que ao apóstolo Pedro *"disse-lhe: «Mete a tua espada na bainha, pois todos quantos se servirem da espada, à espada morrerão."*[160] Jesus segue outra via: *"O combate que Jesus pede é o combate interior contra as misérias e pecados humanos que partem do interior do homem"*[161].

---

[150] Apocalipse (12, 7).
[151] Jeremias (6, 4)
[152] Êxodo (14, 14).
[153] Êxodo (15, 3).
[154] 2 Crónicas (20, 15).
[155] Ecclesiastes (3, 1 e 8).
[156] Evangelho segundo São Mateus (5, 44).
[157] Êxodo (21, 23).
[158] Evangelho segundo São Mateus (18, 22).
[159] Joaquim Carreira das Neves, op. cit., p. 111.
[160] Evangelho segundo São Mateus (26, 52).
[161] Joaquim Carreira das Neves, op. cit., p. 108.

Quem mata o seu irmão, afasta-se de Deus: o terrorista jamais cumpre um desígnio divino: *"Vós sois filhos de um pai que é o diabo e quereis cumprir os desejos de vosso pai. Ele foi assassino desde o princípio"*[162].

O paradigma da fé cristã difere do Antigo Testamento e do Alcorão: *"Ele próprio será a paz."*[163] Porém, compreendendo a fragilidade humana, Jesus Cristo anunciou aos seus discípulos: *"não vim trazer a paz, mas a espada."*[164]

Por certo, o recurso à legítima defesa tem sido considerado moralmente aceitável pela tradição cristã, para conservar a própria vida ou a de outrem, através de uso do meio menos lesivo: *"foi confiado às autoridades legítimas o direito de repelir pelas armas os agressores da cidade. (...) os processos não sangrentos devem preferir-se, por serem proporcionados"*[165].

No oposto ao cristianismo surge o islamismo, também uma religião universal, com sentenças incentivadoras do combate ao serviço de Deus. O muçulmano deve converter, a bem ou a mal, todo o descrente, animista ou politeísta.

O texto corânico contém muitas alusões à guerra santa, não por causa da conquista da terra prometida (como no judaísmo), mas para expansão da fé islâmica: *"O Alcorão parte do princípio que só os crentes islâmicos são os verdadeiros crentes"*, por isso, há que mover a guerra *"contra os não-crentes, mormente os animistas e politeístas. O mundo fica dividido em dois campos: o dos muçulmanos (os crentes) e o dos não-muçulmanos (os descrentes ou infiéis)."*[166] Literalmente, o Alcorão alude à guerra santa e define o campo dos crentes: *"Os crentes são apenas os que creram em Deus e no seu Profeta, pois já não duvidam, e que combatem fortemente, com os seus bens e as suas pessoas na senda de Deus."*[167]

A violência desempenhou um papel no Islão que nunca teve no cristianismo, salvo na I.ª Cruzada à Terra Santa (1089-1099), destinada a libertar o Santo Sepulcro em Jerusalém, mandado destruir, em 1009, pelo

---

[162] Evangelho segundo São João (8, 44).
[163] Miqueias (5, 4).
[164] Evangelho segundo São Mateus (10, 34).
[165] Papa João Paulo II, Catecismo da Igreja Católica, op. cit., p. 484.
[166] Joaquim Carreira das Neves, op. cit., p. 111.
[167] Sura dos Aposentes (XLIX, 15), Alcorão.

Islão: Legado de Abraão

califa Al-Hakim (985-1021). Com efeito, o profeta Maomé foi um chefe guerreiro e o proselitismo muçulmano fez-se, inicialmente, pela força das armas. Segundo um dito (*hadith*) do profeta Maomé, recolhido por Al-Mutttaki[168] (1474-1567), *"le paradis est l'ombre des épées."*

Face à hostilidade dos habitantes pagãos de Meca, no ano de 622, Maomé buscou refúgio em Medina, cumprindo-se a profecia de Isaías: *"Habitantes de Tema, levai a água àqueles que têm sede, e daí pão aos fugitivos, porque fogem diante da espada"*[169]. A partir daí, Maomé expandiu a sua religião, através da espada, entrando, em 630, na cidade de Meca, quase sem resistência. Rapidamente, a Arábia ficou islamizada e fechada à fé cristã, cumprindo-se, assim, outro dito, atribuído a Maomé, por Al-Mutttaki[170]: *"Chasse les juifs et les chrétiens de la péninsule arabique."*

Quanto a Maomé, os biógrafos têm dificuldade em emitir um juízo equânime sobre a sua personalidade. Certamente, ele foi *"um homem extraordinário. O seu carácter mostra ter reunido dois elementos que, em certa medida, parecem excluir-se: um entusiasmo que nada podia abater e um sentido das realidades friamente calculista."* À imagem do rei David (1012 a.C.) de Israel, *"compreender-se-á fàcilmente que nunca tenha ocorrido aos crentes pôr em dúvida a missão do profeta com o pretexto de que ele não escapava aos defeitos comuns ao seu povo."*[171]

Na visão de Maomé, *"a sua pregação não surgira da sua própria vontade, mas que exercia um mandato confiado pelo seu senhor celeste, não foi apenas o ponto de partida da sua actividade: foi para ele um ponto de fé absoluto e inabalável. Essa fé não o impediu nunca de utilizar, para a realização do seu ideal, os pequenos meios que ele empregava com sagacidade e jeito de subtil diplomata."*[172] Era um homem do seu tempo, como os demais profetas bíblicos.

Enfim, as raízes da violência estão mais presentes numas religiões do que noutras, todavia, *"nem os árabes são bárbaros nem os ocidentais estão apodrecidos. (...) O mal está em tratar a religião islâmica como*

---

[168] Paroles attribuées au prophète, apud Gérard Chaliand, Antologie Mondiale de la Stratégie, Éditions Robert Laffont, Paris, 1990, p. 464.

[169] Isaías (21, 14).

[170] Op. cit., p. 463.

[171] Chantepie de la Saussaye, História das Religiões, 3.ª edição, Editorial Inquérito, Lisboa, 1966, pp. 325 e 326.

[172] Op. cit., p. 314.

inimiga da civilização e os muçulmanos como selvagens (...). O mal está em considerar o Ocidente como o "grande Satã", que tem de ser derrubado e extirpado."[173]

Ninguém pode julgar Deus, por critérios humanos: a paz de Deus ultrapassa a paz precária das conveniências humanas: *"Deixo-vos a paz, a Minha paz vos dou. Não vo-la dou como o mundo a dá."*[174]

X. Razão e fé

O Altíssimo é um Deus de razão: *"Eu sou o Senhor."*[175] Pela razão, o Homem pode conhecer a Deus e, pela revelação, Deus dá-se a conhecer ao Homem.

A fé é a irmã gémea da razão: crer para entender e entender para crer: *"antes de Abraão existir. Eu sou!"*[176]

O Deus revelado estimula a cognição do transcendente. À pergunta sobre o seu nome, Deus *"disse então a Moisés: «Responderás o seguinte: – Eu sou Aquele que sou»."*[177]

Na lição proferida na Universidade de Ratisbona (Alemanha), em 12 de Setembro de 2006, o Papa Bento XVI citou o imperador bizantino Manuel II (1350-1425), o paleólogo, a propósito da relação entre a religião e a violência: *"Mostra-me também o que trouxe de novo Maomé, e encontrarás apenas coisas más e desumanas tais como a sua norma de propagar, através da espada, a fé que ele pregava"*[178]. Na nota acrescentada ao discurso, o Papa Bento XVI realçou *"que esta frase não exprime a minha posição pessoal face ao Alcorão, pelo qual nutro o respeito que se deve ao livro sagrado duma grande religião. (...) pretendia unicamente evidenciar a relação essencial entre fé e razão."*

---

[173] João César das Neves, O perigo do falso paralelo, Jornal Diário de Notícias, de 21/08/2006, Lisboa, p. 8.

[174] Evangelho segundo São João (14, 27).

[175] Êxodo (6, 2).

[176] Evangelho segundo São João (8, 58).

[177] Êxodo (3, 14).

[178] Apud Papa Bento XVI, Fé, Razão e Universidade. Recordações e Reflexões, Discurso na Universidade de Regensburg e notas acrescentadas pelo Papa (12 de Setembro de 2006). As citações sem nota de rodapé derivam desse discurso. Internet: http://www.zenit.org/portuguese/visualizza.phtml?sid=97502 (consultado: 08/05/2007).

Islão: Legado de Abraão 113

Segundo um dito do profeta Maomé, recolhido por Al-Muttaki[179], a luta só faz sentido em prol da difusão da fé aos prosélitos: *"Celui qui combat pour que la parole de Dieu l'emporte est sur la voie de Dieu."* Mas, a paz é preferível à guerra, segundo outro dito de Maomé, recolhido por Al-Bokhari (810-870)[180] *"Ô musulmans, ne souhaitez pas la rencontre de l'ennemi; demandez à Dieu la paix. Mais lorsque vous rencontrez l'ennemi, soyez endurants et sachez que le paradis est à l'ombre des sabres."*

Mesmo na guerra, nem tudo é permitido, segundo Maomé: *"Ne tue ni le jeune enfant ni le vieillard ni la femme."*[181] Embora admita a guerra, o Alcorão condiciona o esforço bélico ao princípio da legítima defesa proporcional: *"Combatei na via de Deus contra quem vos faça guerra, sem praticar injustiça"*[182].

Decerto, o Islão não se reduz à visão do imperador Manuel II. Nos tempos modernos, o Papa João Paulo II (1920-2005)[183] elogiou a fidelidade dos muçulmanos à oração: *"A imagem do crente em Alá que, sem olhar ao tempo e ao lugar, cai de joelhos e se imerge na oração, permanece um modelo para os confessores do verdadeiro Deus, em especial para aqueles cristãos que, desertando das suas maravilhosas catedrais, rezam pouco, ou não rezam nada."*

Para o imperador Manuel II, a difusão da fé pela violência mostra-se irrazoável, porque *"Deus não se compraz com o sangue"*. Por outras palavras, o proselitismo, mediante a violência, é irracional, logo contrário à vontade divina. A fé propõe-se, não se impõe.

O imperador Manuel II disse que *"não agir segundo a razão (...) é contrário à natureza de Deus. A fé é fruto da alma, não do corpo."* Sem o menor desmerecimento pela fé muçulmana, o Papa Bento XVI afirmou: *"A violência está em contraste com a natureza de Deus e a natureza da alma."*

Contra a conversão forçada, a argumentação decisiva, segundo o Papa Bento XVI, *"está aqui: não agir segundo a razão é contrário à natureza de Deus."* Isso parece evidente no Ocidente, marcado pela

---

[179] Op. cit., p. 461.
[180] L'effort du jihâd, apud Gérard Chaliand, op. cit., p. 464.
[181] Al-Mutttaki, op. cit., p. 463.
[182] Sura da Vaca (II, 186).
[183] Atravessar o Limiar da Esperança, op. cit., pp. 88-89.

filosofia grega, porém, tal não sucede no mundo islâmico, porque, na *"doutrina muçulmana, ao contrário, Deus é absolutamente transcendente."* Segundo a teologia muçulmana tradicional, a vontade de Deus nunca está condicionada a qualquer categoria, incluindo a razoabilidade, o que, elevado ao extremo, permite declarar que *"Deus nem sequer estaria vinculado à sua própria palavra".*

Na perspectiva islâmica, a vontade divina não se relaciona necessariamente com a razão: *"Deus cancela ou confirma o que entende"*[184]. Ao invés, no cristianismo, Deus apresenta-se humanizado, logo, a vontade divina é cognoscível: Deus age com logos (razão e palavra): *"No princípio já existia o Verbo, e o Verbo estava com Deus, e o Verbo era Deus."*[185]

No Ocidente domina a razão positiva, porém, a razão pura nunca pode ser surda ao divino, auto-limitando a sua vastidão; nem a fé deve excluir o racional. Sem dúvida, a fé no Deus de Abraão expressa-se na esfera cognoscível.

A razão proporciona ao crente o conhecimento dos desígnios divinos: *"O Deus, no qual nós cremos, é um Deus da razão mas de uma razão que certamente não é uma matemática neutral do universo, mas que é uma coisa só com o amor, com o bem."*

Outrora, René Descartes (1596-1650) separou o pensar do existir: *"Cogito, ergo sum"* – Penso, logo existo. Dessa forma, cortou com São Tomás de Aquino (1227-1274), para quem a existência moldava o pensamento. Hoje, redescobre-se o tomismo.

Crescendo nos séculos XIX e XX, a mentalidade positivista encontra-se em retirada, perante o regresso à metafísica, através da antropologia integral, capaz de reconhecer o valor da linguagem simbólica. Esse movimento foi capitaneado pelos filósofos Paul Ricoeur (1913-2005) e Émmanuel Lévinas (1906-1995).

O Homem contemporâneo redescobre o sagrado. Insatisfeito com a verdade empírica – *nihil est in intellectu, quod prius non fuerit in sensu* –, o Homem demanda a verdade transempírica ou extra-sensorial: *"Ninguém jamais viu a Deus"*, senão Jesus Cristo *"que O deu a conhecer."*[186]

---

[184] Sura do Trovão (XIII, 39), Alcorão.
[185] Evangelho segundo São João (1, 1).
[186] Evangelho segundo São João (1, 18).

Na verdade, o Homem não se reduz à equação matemática. A abordagem da fé escapa ao silogismo, ou melhor, ao raciocínio lógico-geométrico, por conseguinte, a análise da fé deve recorrer à racionalidade subjectiva, para apreender a essência dos valores espirituais da humanidade.

A razão nunca se alheou do Islão: *"Houve sempre livres-pensadores no Islame."*[187] Contudo, o califa Al-Mutawakkil (821-861) impôs a dogmática ortodoxa, proibindo a discussão de certas questões religiosas, como a origem do Alcorão e a predestinação, pelo que perseguiu o mutazilismo, uma escola teológica islâmica, adepta do pensamento racionalista, fundada por Wasil ibn Ata, em 748, na cidade de Basra (Iraque). Desde então, a análise racional do Alcorão confina-se a certas escolas teológicas, sem influência nos crentes, salvo nalgumas franjas islâmicas que mantêm vivo o pensamento mutazilista, especialmente os Zaiditas, um ramo xiita moderado, incrustado no Iémen.

O renascimento do Islão advirá do retorno ao pensamento racionalista, existente nos primórdios do islamismo: *"Só a Deus pertence o argumento peremptório."*[188] Muhammad Abduh (1849-1905) defendia o regresso à tradição do profeta Maomé e à interpretação do texto corânico, através do uso da razão (*ijtihad*), capaz de abrir as portas da reflexão individual, as quais foram fechadas pelo místico sunita Abu Hamid Ghazali (1058-1111), que considerava a razão humana incapaz de compreender a natureza de Deus. Embora restrito aos clérigos, o xiismo manteve aberto o espaço da *ijtihad*.

O Espírito sopra aos Homens como quer e onde quer...

XI. Ciência, religião e violência

A religião é compatível com a ciência, mas inconciliável com a violência. Disse-o Bento XVI na Universidade de Ratisbona, incendiando o mundo islâmico: *"O fanatismo é mais velho do que o Islão"*[189].

A violência jamais suporta a fé: *"Deus é amor."*[190] E a crença cega na ciência nunca mata a fé, por ser incapaz de solucionar certos enigmas da existência humana.

---

[187] Chantepie de la Saussaye, op. cit., p. 348.
[188] Sura do Gado (VI, 150), Alcorão.
[189] Amos Oz, Contra o Fanatismo, Asa Editores, Porto, 2007, p. 9.
[190] Primeira Carta de João (4, 8).

116 *Estudos de Homenagem ao Professor Doutor Artur Anselmo*

O avanço da ciência confirma certas passagens da Bíblia, como a origem comum da humanidade, simbolizada em Adão e Eva, o casal primordial: *"Adão pôs à sua mulher o nome de Eva, porque ela seria a mãe de todos os viventes."*[191] Segundo o ADN[192] mitocondrial, todos os grupos humanos derivam da mesma população-mãe.

Na Europa há uma dicotomia profunda entre o profano e o sagrado (quase relegado para a esfera privada). Contudo, ainda hoje, a religião marca o quotidiano europeu: o domingo (dia da ressurreição de Jesus) continua a ser o tempo de descanso predilecto dos trabalhadores, para desassossego do capitalismo selvagem.

No início de terceiro milénio, o terrorismo islâmico desperta a Europa para a questão religiosa, a contra-gosto da corrente laica do Estado. A Europa é não só neta de Atenas e filha da Bastilha, mas também neta de Jerusalém e filha de Roma.

O bombista muçulmano acredita alcançar o sétimo céu, se morrer como mártir, assassinando os ímpios. Ele sacrifica a sua vida efémera em troca da admissão directa no paraíso, por matar os infiéis – mata, matando-se –, senão comete só suicídio, proibido pelo Alcorão: *"não deveis destruir as vossas pessoas"*[193].

Ao invés, muitos cristãos perderam as suas vidas para salvar terceiros: o franciscano Maximiliano Kolbe (1894-1941) tomou o lugar de um judeu condenado à morte pelos nazis, no campo de concentração de Auschwitz – um mártir da caridade.

Ao cristianismo não pertence *"outra violência senão a dos mártires, a violência do que morre, não do que mata. (...) O mártir usa a violência de não se dobrar."*[194]

Quem faz a guerra, quer vencer e, assim, alcançar a paz gloriosa: *"a paz é o fim desejado da guerra. Efectivamente, todo o homem procura a paz, mesmo fazendo a guerra".* O perturbador da paz apenas deseja mudá-la a seu gosto.

O Homem busca a paz – do corpo, da alma e da cidade. E *"a paz de todas as coisas é a tranquilidade da ordem."*[195]

---

[191] Génesis (3, 20).

[192] Ácido Desoxirribonucleico.

[193] Sura das Mulheres (IV, 33), Alcorão.

[194] José Luís Martín Descalzo, Vida e Mistério de Jesus de Nazaré, Vol. II – A Mensagem, Editorial Missões, Cucujães, 1994, p. 68.

[195] Santo Agostinho, A Cidade de Deus, Volume III, Edição da Fundação Calouste Gulbenkian, Lisboa, 1996, p. 1915.

XII. O confisco de Deus

O extremismo islâmico confisca Deus para efectuar o combate político anti-ocidental.

Diferentemente do terrorismo tradicional europeu (do basco e corso ao irlandês), o terrorismo islâmico contém a marca de cataclismo, porquanto o suicídio ritual se incorpora no plano subversivo: *"para os integristas terroristas os ataques são um estádio final das suas próprias vidas"*[196]. Cada terrorista islâmico considera-se um mártir da fé professada, baseando-se na interpretação arbitrária de um único verseto corânico – *"Não pensai daqueles, que foram mortos na causa de Deus, como mortos. Pelo contrário, eles estão vivos na presença do seu Senhor."*[197]

Para tanto, os islamitas adeptos do terrorismo dispõem de recursos financeiros avultados, bem longe do terrorismo praticado por combatentes pobres de mãos nuas; só o ataque de 11 de Setembro de 2001 custou mais de 500.000 dólares (americanos).

A lógica suicidária dos islamitas vive prisioneira do *"pensamento místico-axiomático de cultura da morte, obsessiva e obstinadamente fechada em si própria, com total desprezo por outros seres"*, sobretudo os infiéis, ignorando os valores centrais da religião professada. O holocausto *"é o seu objectivo último"*.[198]

O fundamentalismo islâmico pratica a intolerância activa e militante, pondo a força ao serviço da fé, num contexto teocrático. A essência do fanatismo reside na vontade de mudar os outros à força. Bin Laden não odeia só o Ocidente: *"No final, o Ocidente deve ser convertido. A paz só prevalecerá quando o mundo se tiver convertido, não já ao Islão, mas à forma mais rígida, feroz e fundamentalista do Islão."*[199]

A tolerância implica o reconhecimento da liberdade da pessoa, por isso, a fé não pode ser imposta a ninguém, contra a sua vontade, pela força física. Segundo a formulação do filósofo John Locke (1632-1704), na Carta sobre a Tolerância (1689), a tolerância é uma essência do cristianismo.

---

[196] Adelino Torres, Terrorismo – o apocalipse da Razão?, in Terrorismo, op. cit., p. 68.

[197] Sura da Família de Amrão (III, 170), Alcorão.

[198] Adelino Torres, op. cit., pp. 74 e 75.

[199] Amos Oz, op. cit., p.23.

118 Estudos de Homenagem ao Professor Doutor Artur Anselmo

A tolerância pressupõe a pluralidade e a democracia, ambas odiadas pelo extremismo, redutor e totalitário. A identidade do eu de cada pessoa constitui-se na relação com o outro: *"a identidade é uma «co-identidade», o existir é sempre um co-existir».*[200] A eliminação do outro desvaloriza o sujeito cognitivo: nunca há identidade sem diferença.

XIII. Oxalá

O sagrado molda o profano: *"Não roubarás."*[201]

A religião marca o Homem, porque *"a religião é a maior rebeldia do homem, que não tolera viver como um animal, (...) não sossega, enquanto não conhece o Criador"*[202]. E a condição humana transparece nas escrituras sagradas, visível na nobreza de José, filho de Jacob, e na baixeza de Judas Iscariotes.

No Ocidente secularizado, *"A religião não é inimiga da democracia."*[203] Aliás, o cristianismo promove a dignidade humana. Com Deus, o mundo é melhor; prova-o Madre Teresa de Calcutá (1919-1997).

A deriva fundamentalista há-de ser ultrapassada, pela renovação espiritual: *"a verdade libertar-vos-á"*[204].

Oxalá, os extremistas islâmicos oiçam São Francisco de Assis (1181-1226) e busquem outro sentido de vida: *"Senhor, fazei de mim um instrumento da vossa paz: onde há ódio, que leve o Amor"*. Nunca é tarde, para ninguém...

Non multa, sed multum.

Bussaco, 04 de Fevereiro de 2008.

---

[200] Michel Renaud, O bem comum, Educar hoje – Enciclopédia dos Pais, Vol. VI – Viver a Cidadania, Lexicultural, Lisboa, 2001, p. 65.

[201] Deuteronómio (5, 19).

[202] Josemaría Escrivá, Amigos de Deus, Editora Rei dos Livros, Lisboa, 1993, pp. 63-64.

[203] Alvin Toffler, Os Novos Poderes, Edições Livros do Brasil, Lisboa, 1991, p. 416.

[204] Evangelho segundo São João (8, 32).

MARKETING DA IMAGEM
E PODER DA INSIGNIFICÂNCIA

ARTUR DA ROCHA MACHADO
Doutor em Ciências Sociais/Ciência Política
Professor no ISCPSI e no ISLA

Introdução

A comunicação transformou-se nos tempos correntes num poderoso instrumento de influência, ao pressionar as condutas dos públicos, com recurso, porventura abusivo, à explosão da tecnologia *audiovisual*. Este, era o retoque que lhe faltava para dissipar e ultrapassar as barreiras com que a comunicação se debatia.

A análise do comportamento dos povos, confirma que o que os influenciou no passado continua a influenciá-los no presente, comprovando que não é a racionalidade nem a verdade do discurso que os move, mas as promessas, porventura ilusórias que, criando cenários confortáveis e de bem-estar, aliviam as frustrações do quotidiano. A este fenómeno se referira Gustave Le Bon ao reconhecer que os homens nunca admiraram quem lhes falou a verdade, mas quem lhes prometeu a felicidade[1]. Por estranho que pareça, este comportamento vingou no passado e continua a prevalecer no presente, passando ao lado da evolução intelectual e cultural dos povos, provando assim que as fragilidades humanas subsistem e continuam permeáveis às mais diversas pressões e explorações. Os públicos continuam, portanto, a manter-se influenciáveis e dependentes de discursos utópicos e demagógicos.

---

[1] Cfr. Le Bom, Gustav – *Psicologia das Multidões*, Publicações Europa-América, s/d, pág. 69.

120   *Estudos de Homenagem ao Professor Doutor Artur Anselmo*

Influenciar e obter reconhecimento é um desejo histórico do ser humano. No passado, foi usada a estatuária como meio de difundir e perpetuar a imagem dos poderosos. No presente, o audiovisual desempenha esse papel. O que está em causa é a obtenção do reconhecimento, ou seja, o poder pessoal.

Com efeito, a *comunicação audiovisual* obtém o seu grande sucesso ao chegar a todos e a toda a parte. A imagem passou a ser a mensagem. O belo, o lúdico e a capacidade de representação substituíram a verdade. A forma sobrepôs-se definitivamente ao conteúdo, pois não é o valor objectivo dos cidadãos, nem as provas por eles dadas que granjeiam o reconhecimento, mas a sua visibilidade e qualidade de representação. O espectáculo venceu na vida social e política. A insignificância, como refere Cornelius Castoríadis[2], conquistou o Poder social. Destes aspectos se ocupam as páginas seguintes.

1. Da imagem e da ascensão da insignificância

A imagem foi, ao longo da história da humanidade, o veículo privilegiado para difundir e dar a conhecer certas personalidades que, por diferentes razões, se evidenciaram, como o comprova a estatuária. Nos tempos presentes, o procedimento não só não se alterou como beneficiou da evolução das tecnologias audiovisuais, transformando-as no mais poderoso agente de influência da conduta social.

A imagem tende a ser tudo e a influenciar decisivamente os comportamentos individuais e colectivos. A sua acção estendeu-se a todos os campos da actividade, ofuscando os métodos mais tradicionais de comunicação humana. E também o marketing servindo-se da imagem e do seu impacto na conduta humana, entrou na vida privada e mesmo na área política, onde tem vindo a assumir um papel cada vez mais decisivo na forma e na estratégia de obtenção e exercício do Poder[3] sobretudo porque este deixou de ser uma mera herança consolidada, para ser objecto de

---

[2] Castoriadis, Cornelius – *A Ascensão da Insignificância*, Lisboa, Editorial Bizâncio, 1998.

[3] Cfr. Moreira, Adriano – *Ciência Política*, obra citada, págs. 186 e 187, o regime democrático torna o acesso ao voto um direito de todos os cidadãos, independentemente de quaisquer outras exigências.

Marketing da Imagem e Poder da Insignificância 121

conquista por aqueles que o desejem obter e exercer. Esta nova realidade não só despertou desejos naturais, como pôs à prova as capacidades, habilidades e arte dos candidatos para influenciar os públicos votantes e, consequentemente, as suas decisões. Assim, a conquista do poder passou a depender sobretudo da sensibilidade, da compreensão das frustrações, das necessidades e das expectativas dos cidadãos. Na atenção a estas características radica a eficácia e o sucesso dos candidatos. Definir estratégias capazes de atrair e persuadir os públicos de modo a obter a sua confiança e adesão, é tarefa maior. A arte de *comunicar* passou a ser determinante quer na eficiência, quer no alcance da mensagem. Mensagem e imagem convivem na construção da harmonia e beleza capazes de despertar o interesse e cativar a adesão dos públicos. E assim, o comunicador transformou-se num actor, dependendo da sua prestação o sucesso ou o fracasso.

O marketing, servindo-se da imagem, redefiniu a estratégia da mensagem conjugando forma, cor e movimento. Neste aspecto, as tecnologias audiovisuais deram o contributo que faltava ao difundirem-na por todos e por toda a parte, fazendo crer que só existe o que ela mostra. Os públicos renderam-se ao seu encanto.

As virtudes da imagem revelam-se numa dupla dimensão. Por um lado, transmite harmonia e beleza (qualidades que sempre impressionaram mesmo os mais insensíveis) e, por outro lado, deu a conhecer a personagem real, permitindo a avaliação directa face às expectativas e qualidades requeridas pelos diferentes públicos.

A importância da imagem reside sobretudo na universalidade da sua compreensão, o que explica que, para o mundo de hoje, pareça só existir o que ela oferece, apesar de se reconhecer que muitas vezes oculta o essencial, a verdade,[4] para projectar o que é desejado que o seja.[5]

---

[4] Cfr. Arendt, Hannah – *Verdade e Política*, Lisboa, Relógio D'Água Editores, 1995, pág. 9. O tipo de pensamento expresso pela autora é claramente evidenciador do divórcio que existe entre a verdade e a política. E mais, afirma também que a mentira faz parte integral, quer da cultura do homem político, quer da cultura do homem de Estado.

[5] Cfr. Popper, Karl & Condry, John – *A Televisão um Perigo para a Democracia*, Lisboa, Gradiva Publicações Lda, 1995, pág. 38 e seguintes, é sublinhada a influência da televisão nos comportamentos humanos (crianças ou adultos), independentemente do valor e da qualidade dos programas apresentados.

A conquista do poder adquiriu novos contornos, relevando a maior aproximação e visibilidade dos candidatos junto dos públicos e uma maior capacidade de manipulação das fragilidades, das emoções e das frustrações humanas. Decisivamente, a forma subalternizou o conteúdo. A insignificância impôs-se como projecto social de poder.

2. O poder e as paixões

A arquitectura de cada sociedade contém no seu interior diferentes estruturas hierárquicas de poder[6]. Umas são visíveis, conscientes e racionais. Outras são implícitas, inconscientes e, porventura, informais. Estas, contudo, desempenham um papel essencial na estabilidade social. Qualquer dessas estruturas se suporta no desempenho de papéis que cada um conhece e a que deve responder com eficiência, assegurando a estabilidade do poder instituído[7].

Sabe-se que o poder emerge em qualquer contexto organizado e estável e que se afirma com clareza para prevenir desvios e preservar a unidade, recorrendo se necessário, a mecanismos de controlo directos ou implícitos, integrados em sistemas estandardizados e rotineiros. O poder é essencial pelo papel que desempenha, quer na regulação dos sistemas formais, quer na preservação do seu equilíbrio. Trata-se de uma realidade que põe em realce a integração da pessoa, definindo os parâmetros que condicionam a sua forma de ser e agir e que assegura a sua identidade, definindo o respectivo estatuto.

A participação no poder social corresponde a uma das exigências básicas da natureza humana (a ambição e o reconhecimento). Daí a tendência para a afirmação e a liderança serem consideradas intrínsecas e enformadoras das personalidades individuais. Porém, por mais afirmativa que seja a personalidade do indivíduo, a sua manifestação não deixa de reflectir o condicionamento imposto pelas circunstâncias de cada

---

[6] Cfr. Ansart, Pierre – *Les Cliniciens des Passions Politiques*, obra citada, pág. 293. Em sociedade, as relações estabelecidas supõem intrinsecamente uma orientação para o poder, facto que está na origem da hostilidade interna.

[7] Cfr. Fernandes, António Teixeira – *Os Fenómenos Políticos, Sociologia do Poder*, Lisboa, Edições Afrontamento, 1988, pág. 23.

momento e de cada ambiente, mesmo reconhecendo-se que o poder não suporta ser partilhado[8].

A ambição e o desejo de poder convivem com o próprio homem e têm expressão visível nas paixões e nas ilusões. A contenção e repressão destas visam essencialmente a domesticação da «natureza amoral dos instintos»[9], incentivando o progresso e prevenindo a barbárie. Por essa razão, Sigmund Freud considerou a repressão um acto plausível, por satisfazer uma condição essencial da evolução ao contrariar o conserva-dorismo natural dos instintos.[10] Aliás, sem ela, tanto a cultura como o desenvolvimento da sociedade seriam limitados e a própria transição do egoísmo para o altruísmo seria prejudicada. Este é, portanto, um fenó-meno que atravessa transversalmente as sociedades humanas[11], influen-ciando os pequenos poderes individuais, ao forçar o relacionamento e a cooperação entre os homens. Os instintos egoístas vêm, assim, controlada a sua agressividade, prestes a despertar e a manifestar-se. Salienta-se, porém, que é esta mesma agressividade que está na base das grandes realizações humanas, fazendo com que o homem se empenhe no trabalho que lhe dá prazer e que satisfaça as suas necessidades. E assim, neste empreendimento aparentemente sem retorno, começa a eternizar o seu próprio culto e a cooperar para obter o prazer.[12]

Apesar dos múltiplos obstáculos com que se deparou, o homem não sucumbiu, nem deixou de buscar as finalidades inscritas nos seus sis-temas estruturais, porventura instintivos. As emoções e as paixões sempre se revestiram de carácter mais ou menos afectivo ou violento para a realização dos diferentes projectos que abarcou, assumindo, por vezes, configurações mórbidas ou paranóicas com consequências trágicas.

---

[8] Cfr. Grawitz, Madeleine & Leca, Jean – *Traité de Science Politique, L'Action Politique*, obra citada, pág. 148 e 149.

[9] Marcuse, Herbert – *Psicanálise e Política, o fim da utopia*, obra citada, pág. 22.

[10] Cfr. Marcuse, Herbert – *Psicanálise e Política, o fim da utopia*, obra citada, pág. 22 e 23.

[11] Na concepção freudiana, segundo o *Dicionário de Psicologia* da Verbo, obra citada, 1984, pág. 334, este tipo de energia é designado por *libido*, ou seja, a força com que se manifesta o instinto sexual (entendendo-se como não genital). Nesta perspectiva, a *libido* designa todas as tendências que se ligam aos instintos de vida, qualquer que seja o seu objecto, como por exemplo, o amor dos homens, o amor das ideias ou o amor de si próprio.

[12] Cfr Marcuse, Herbert – *Psicanálise e Política, o fim da utopia*, obra citada, pág. 34.

Contudo, paixões e emoções são fenómenos humanos naturais e assim devem ser entendidos. A sua importância na vida e na administração das sociedades continua a ser vital. Filósofos, políticos e curiosos intelectuais reconheceram há muito o seu papel na vida das sociedades. De Confúcio (551-479 A.C.), de quem supostamente se conhecem apenas alguns escritos, emanam regras tendentes a prevenir a paz e a escolha de um governo dos homens justo, pois receava que as paixões, interesses, maldade e avareza conduzissem o Homem à desordem, voltando-o contra si próprio.[13] Entendia que os fenómenos psíquicos imoderados desequilibrariam a vontade e a moral, provocando a dicotomia ordem/desordem.[14] Considerava que a preservação das virtudes, da convivência, da ordem pública e da moral eram essenciais para a ritualização da vida societária. Deste modelo de organização e administração emergiria uma ordem pública e política oposta à tirania, em que a autodisciplina desempenhava o papel fundamental. Na mesma senda, também Platão (427-347 A.C.), no livro *A República,* se preocupara com o estudo das paixões políticas, atribuindo-lhes responsabilidade nas perturbações e nos dramas bélicos do seu tempo, nomeadamente em relação às guerras travadas pelos atenienses.[15] Por isso, preocupou-se com a elaboração de uma teoria de justiça, para o que analisou várias Constituições, que considerou menos aceitáveis. Constatou que o estado de guerra que perturbava muitas das repúblicas, se fundamentava directamente nas paixões e ambições do seu povo, sublinhando que a riqueza e o poder eram de particular importância nas sociedades e a base das paixões para obter esses "bens". Considerou as paixões, naturais e permanentes e com intensidade, capazes de cegar os homens e de os conduzir a grandes catástrofes. Por isso, considerou a acção política como a responsável pela permanente possibilidade de

---

[13] Cfr. Ansart, Pierre – *Les Cliniciens des Passions Politiques*, obra citada pág. 14 e 15. A filosofia e os ensinamentos e conhecimentos de Confúcio chegaram até ao presente, não pela via escrita de sua autoria, mas sim pela intervenção de outras personagens que se preocuparam em coligir e escrever tais ensinamentos.

[14] Cfr. Steininger, H. – *Nova Antropologia, o homem em sua existência biológica, social e cultural – Antropologia Filosófica I, A posição do homem no Confucionismo e no Taoísmo*, São Paulo, Editora Pedagógica e Universitária Ltda, 1977, pág. 145, a doutrina de Confúcio preservou a tese ancestral de que a organização da natureza e do próprio homem deveriam corresponder entre si, podendo influenciar-se mutuamente, pois em ambas existia uma organização hierárquica com códigos de comportamento bem definidos.

[15] Cfr. Ansart, Pierre – *Les Cliniciens des Passions Politiques*, obra citada, pág. 43.

tragédia[16], sugerindo a necessidade de erradicar ou controlar as paixões excessivas e doentias. Retomando o tema, Maquiavel (1469-1527), ao discorrer sobre o governo dos príncipes, no livro *O Príncipe*, transmitiu--lhes ensinamentos sobre as regras da governação. Considerou a acção política emergente das paixões. E realçou que a insatisfação do homem era uma situação permanente, sendo essa dependência do desejo de poder insaciável que o levava a mudar, de acordo com os seus impulsos imedia-tos.[17] A insatisfação e o desejo de novidade revelavam-se convergentes e com tal intensidade, que impeliam o Homem a adquirir os bens para preencher, pelo menos temporariamente, a sua ambição. Isto permitiu-lhe concluir que as paixões que moviam o homem eram individuais,[18] em-bora pudessem expressar-se como uma espécie de paixões colectivas.

Em termos gerais, Maquiavel deu ênfase às paixões políticas por ver nelas um poderoso motor da dinâmica social e de poder, sublinhando que foram elas que sempre marcaram a vida política, mesmo com o que ela teve de trágico.

Alexis Tocqueville (1805-1859), no livro *A Democracia na América* fez uma apologia do regime político dos Estados Unidos, realçando por um lado os sentimentos e as ideias do povo americano e por outro, a grandeza dos fundamentos do bom funcionamento da democracia. Des-lumbrado com o que observou, procurou compreender os mais profundos sentimentos e paixões que animavam o povo americano, tendo concluído que «as paixões políticas para serem compreendidas deviam ser relacio-nadas com o estado social, ou seja, com a organização sociopolítica»[19]. Admitiu que, embora as paixões políticas não determinassem o curso da história, poderiam exercer sobre ela alguma influência. Neste âmbito, identificou e caracterizou três paixões dominantes no sistema sociopolítico

---

[16] Cfr. Ansart, Pierre – *Les Cliniciens des Passions Politiques*, obra citada, pág. 67.

[17] Cfr. Machiavel, Nicolas – *Le Prince, in Œuvres complètes II*, Paris, Editions Gallimard, 1952, pág. 512, os desejos do Homem são, por natureza, insaciáveis.

[18] Apesar das paixões serem consideradas expressões afectivas individuais, Pierre Ansart no livro *Les Cliniciens des Passions Politiques*, obra citada, pág. 98, analisando o ponto de vista de Maquiavel, encontra aí a posição de que podem, também, ser assu-midas colectivamente, por exemplo, em manifestações colectivas de uma cidade inteira, como historicamente aconteceu na Roma antiga.

[19] Ansart, Pierre – *Les Cliniciens des Passions Politiques*, obra citada, pág. 182. Todavia, o autor admite que tanto os sentimentos como as paixões têm natureza diferente. Assim, tanto se relacionam com o regime aristocrático (desigualdade de condições), como com o regime democrático.

americano, que eram: a paixão pelo bem-estar e pela obtenção de bens materiais; a paixão pela igualdade; e a paixão pela liberdade. Sublinhou que a paixão pela igualdade se sobrepunha à paixão pela liberdade, apesar das suas causas serem históricas e muito profundas, sem contudo porem em causa a tendência natural do indivíduo. Ao debruçar-se sobre as paixões políticas, S. Freud (1856 -1939) fez uma interpretação original, considerando-as resultado de problemas individuais (frustrações) não resolvidos, ou mal resolvidos.[20] Esta abordagem acabou por valorizar o que poderia designar-se por inconsciente político constituído na sua essência por frustrações, conflitos e outros elementos psíquicos desejosos de se manifestar. Considerou a busca da identidade e da afirmação do *"eu" (moi)*, acontecimentos naturais e presentes em todos os indivíduos, qualquer que fosse a sua origem. Apontou como uma das formas mais banais e paradigmáticas da paixão pelo poder, a que era expressa na identificação que o subordinado desenvolve em relação ao chefe.[21] Tal identificação obedeceria a um processo psíquico eivado de jogos e de conflitos, em que ocorreriam rejeições e hostilidades e em que seriam visualizados inimigos reais, potenciais ou imaginados. Estes fenómenos psíquicos teriam sido muitas vezes aproveitados e exacerbados para instigar ódios e agressividades irracionais, facto que indirectamente contribuiria para reforçar o desejo de poder, de estabilidade e de superação de frustrações acumuladas.

3. A dinâmica e coabitação do poder com o saber

O poder e o saber são duas realidades da vida social que frequentemente entram em conflito. Apesar do saber ter sido desde sempre[22]

---

[20] Como ponto de referência e atitude preventiva, realça-se o facto de toda a teoria de Freud valorizar e realçar uma particular preocupação com as causas que justificam o comportamento humano, tal como ele é revelado. É por isso uma teoria de grande significado no plano da compreensão de comportamentos aparentemente sem causa.

[21] Não é de excluir que esta similitude visada pelo subordinado, seja a expressão inconsciente do desejo de amor, de poder, de protecção, ou seja, de preferência em relação a outros.

[22] Cfr, Santos, João de Almeida – *Os Intelectuais e o Poder*, Lisboa, Fenda Edições, 1999, págs. 11 a 15. Efectivamente, o saber intelectual sempre se apresentou como o verdadeiro motor da história e da mudança e progresso das sociedades, quer quando se encontre em harmonia com o Poder político vigente, quer quando se comporta hostilmente.

considerado uma das fontes de poder, este nem sempre lhe reconheceu tal papel na sociedade, como poderia esperar-se. A convivência do poder com o saber foi sempre ambígua e continua a não ser pacífica, pois aquele não gosta de ser contrariado. Por isso, persiste nos detentores do poder uma espécie de dislexia que os leva à ilusão de deterem também o saber. É um fenómeno corrente que, frequentemente, se serve da arrogância para ocultar a ignorância. Trata-se, na concepção de Alfred Adler, de um mecanismo defensivo ou fenómeno de regressão, que evidencia a tendência para um autoritarismo irracional.

Apesar dos jogos, suspeitas e cumplicidades que envolvem a relação do poder com o saber e vice-versa, este último continua a ser uma das fontes de poder, como sempre foi, impondo alguma reserva na relação que entre ambos existe.

Um olhar sobre os tempos mais recentes, prova que o saber tem vindo a assumir uma ênfase cada vez mais relevante, face à competição desenfreada que se instalou nas sociedades, em busca da vanguarda do progresso. Trata-se de uma fase nova da vida societária, caracterizada sobretudo por tender a subalternizar o esforço físico em proveito do esforço mental e do desenvolvimento intelectual.[23] Como consequência, desenharam-se novos cenários no mundo laboral e nas relações de poder, de que a própria economia se ressente.

O novo rumo do Poder não sobrevive sem o saber. A organização do conhecimento, para bem do seu próprio desenvolvimento, tende a valorizar um maior controlo dos diferentes centros de poder (saber), o que nem sempre se torna pacífico, pois teoricamente, não se vislumbra que o poder e o saber se empenhem pacificamente no mesmo processo. Isto só acontecerá se ocorrer a apropriação do saber pelo Poder. Esta é, aliás, uma tendência cada vez mais visível. De facto, face ao imperativo da competitividade global, o Poder tem-se empenhado no controlo do conhecimento, retirando-o ao seu criador (o cientista), para o usar como entende. E assim, assegura o controlo do saber.

---

[23] Cfr.Toffler, Alvin & Heidi – *Guerra e Antiguerra*, Edição «Livros do Brasil, 1994, pág. 16, 17 e 182.

4. Poder, banalização dos princípios e incongruência das práticas

Uma das mais paradigmáticas proezas do homem, consistiu em organizar-se politicamente e assegurar a convivência na polis. Tarefa complexa e incerta, que impôs directamente uma estrutura hierárquica de poder que chegou até ao presente.

A construção de normas de conduta, apesar de essencial, chocava com práticas tradicionais há muito consolidadas, sugerindo questões como: Quais as causas da formação de aglomerados populacionais? Que vantagens trarão aos homens? Que problemas poderiam advir da vida em comum? Como se manteria a ordem nessas colectividades? etc. As perguntas poderiam continuar. As respostas, porém, poderiam não ser fáceis. Com efeito, a realidade prova que os homens agem sempre por interesse. E assim, a ordem política, sendo uma invenção do homem enquanto animal racional que evoluiu, que se aperfeiçoou e que criou melhores condições de vida[24], não foge à regra. A melhoria da organização não se faz sem interesse. Por isso, a organização e o poder político que ela origina, servirá alguém (ou alguém se servirá dele), o que obriga a uma vigilância constante sobre o seu exercício, para prevenir o seu devir.[25] A lógica do exercício do poder assenta na ductilidade das consciências e na mobilidade dos projectos, procurando exercer-se de forma hábil e persuasiva, prefigurando uma espécie de contrato ameaçado, passível de ser denunciado a qualquer momento por vontade unilateral das partes (mandantes-mandatados), sem intervenção de instâncias de arbitragem. É por isso que o exercício do poder político requer dos seus detentores que pactuem com os conteúdos, com as imagens e com as supostas aspirações da colectividade, apaziguando-as e concertando, na medida do possível, os desvios emergentes. A velha ordem apoiada na imperatividade do divino e no espectro do carrasco que tanto vivia no imaginário como na realidade, soçobrou e diluiu-se. Como consequência, assiste-se à ameaça permanente do conflito de interesses sem grande esperança de encontrar consensos duradoiros.

---

[24] Cfr. Maltez, José Adelino – *Princípios de Ciência Política, Introdução à Teoria Política*, obra citada, pág. 33, a ordem política não resulta directamente do homem enquanto animal gregário, mas sim da sua capacidade de compreensão, da sua racionalidade, que lhe permitem pensar a forma de organização capaz de produzir bem estar e bem viver.

A distância hierárquica que medeia entre governantes e governados (mandantes e mandatados) é variável, embora tenda formalmente a estreitar-se. O enfraquecimento do Poder do Estado tem sido suprido pelo espectáculo e pelo marketing político que, conjuntamente, ameaçam a confiança nele depositada. Este cenário permite concluir que se passou da historicidade conservadora e fria, ao domínio espectacular da imagem e à atomização dos fenómenos políticos, que tendem a reflectir-se na própria qualidade substantiva da democracia.

A crescente aproximação e humanização do poder conduziu à sua dessacralização, gerando a banalização e o abuso generalizado que, em última instância, indiciará um estado de decadência, onde a corrupção não deixará de medrar. A ausência de valores respeitados, generalizará o "consentimento" e "tolerância", com inevitáveis reflexos na génese de comportamentos desviados e corrompidos que poderão atingir um número sempre crescente de actores.[26]

Sublinha-se que a incoerência, por vezes perversa dos comportamentos humanos, se transformou num fenómeno cada vez mais vulgar, embora com contornos mais sofisticados. Cada indivíduo tende a criar o seu mundo e a geri-lo de modo a defender a individualidade e a preservar a identidade. Porém, a mudança de padrões de conduta denuncia a degenerescência do sistema e facilita a corrupção, com repercussão na desagregação social.

5. A psicologia política e o poder dos *mas-media*

O cenário em que decorre o exercício do Poder tem assumido crescente complexidade, deixando por compreender certos comportamentos políticos. Foi neste contexto que a psicologia foi chamada a explicar tais

---

[25] Cfr. Mouffe, Chantal – *O Regresso do Político*, obra citada, pág. 185 a 188. Efectivamente, o autor debruça-se ao longo do livro sobre a panorâmica da vida das sociedades e sobre a forma como o poder é exercido em diferentes regimes políticos, inferindo daí a necessidade de uma reposição do poder no lugar que lhe compete para poder exercer o papel esperado.

[26] O tema do poder e da corrupção foi particularmente tratado por Adelino Maltez em conferência realizada aquando do *Forum 2000*, promovido pelo Instituto Superior de Ciências Sociais e Políticas, realizado em Julho de 2000, de que foi distribuído um texto policopiado subordinado ao título *"Da Falta de Autenticidade ao Processo de Compra do Poder"*.

130   *Estudos de Homenagem ao Professor Doutor Artur Anselmo*

comportamentos, que outras ciências não haviam conseguido fazer. Esta posição fundamentou a génese de uma nova área do saber que não tem parado de crescer – a psicologia política.

Debruçando-se há muito sobre o estudo do comportamento humano, a psicologia política interessou-se pelas diferentes manifestações quer no domínio do poder, quer das necessidades, considerando a dinâmica da acção humana orientada finalisticamente. Reconhecendo que muitas das necessidades não são satisfeitas e degeneram em frustrações, a acção política encontra aí matéria para manipular as massas e atingir os seus fins. O político sabe bem quanto é importante conhecer os sentimentos, as expectativas, as frustrações, a ambição e a cultura dos povos, para as explorar em seu proveito. Conhece a insatisfação e sabe que a ambição humana não pára de procurar o novo, o diferente, a afirmação e o reconhecimento individual. Por isso, conhecedor destas fraquezas humanas, explora-as em seu proveito para atingir os seus fins.

Neste aspecto, a democracia é o sistema político que mais permeável é ao abuso deste tipo de condições humanas. Os *mass-media* desempenham neste particular a tarefa de fazer chegar a todos e a toda a parte a mesma mensagem capaz de condicionar as condutas e uniformizando comportamentos. Este é, aliás, um fenómeno que tende a generalizar-se, massificando toda a vida colectiva.

O recurso às tecnologias audiovisuais é cada vez mais acentuado, dada a sua influência e eficácia na mudança de atitudes dos cidadãos. Cada vez mais se aceita que aquilo que a televisão dá não merece contestação, surgindo como verdade.

As potencialidades dos *mass-media* e a sua capacidade de influência dos públicos, permitem compreender porque são tão utilizados pelos políticos para se darem a conhecer, para difundirem os seus projectos e decisões e para persuadir os públicos. Hodiernamente é impossível o político não prestar atenção aos comportamentos humanos, sabendo que são eles as causas directas do que ocorre nas sociedades.[27]

O comportamento político do homem é função não só das suas características intrínsecas, mas também dos diferentes contributos sociais, sociopolíticos e mediáticos. Sublinha-se, porém, que a acção mediática é a mais visível e a que mais influencia a opinião dos públicos, sobretudo

---

[27] Cfr. Grawitz, M. & Leca, Jean – *Traité de Science Politique, L'Action Politique*, obra citada, pág. 2.

os mais frágeis e mais dependentes. Neste particular, há estudiosos que admitem que indivíduos com personalidades diferentes[28], quando submetidos a situações semelhantes, se comportarão da mesma maneira.[29]

Ao submeterem-se ao fascínio do audiovisual, as sociedades actuais não só abandonaram a reflexão intelectual, como perderam a autonomia. Tal dependência acabou por influenciar a mobilidade e volubilidade das massas, dada a sua incapacidade de criar e gerir o próprio destino. São, porém, estas massas que se transformam no sustentáculo do poder, submetendo-se às orientações que lhe forem sugeridas. O comportamento das massas é mais do que nunca dependente de respostas emotivas e não de acções racionalmente consentidas. É neste contexto que os *mass-media* desempenham um papel determinante na construção e desenvolvimento do poder, pela adesão e resposta que constroem. Assim, a intervenção dos *mass-media,* determina a conduta das massas segundo objectivos pré--determinados. Trata-se de uma estratégia que fora já adoptada por Hitler[30] (embora com meios incomparavelmente mais rudimentares), para quem o conhecimento das necessidades e das frustrações dos povos permitia uma acção dirigida, fazendo com que as vastas massas tivessem acesso ao mesmo conhecimento e, convivendo nos mesmos contextos, desenvolvessem interacções facilitadas, tornando-se facilmente manipuladas. Com efeito, a política racional, justa e coerente, cedeu perante um mundo cada vez mais dependente das emoções, das imagens, das promessas e sujeito a um crescente abandono da reflexão e do treino intelectual.[31]

---

[28] Efectivamente, o estudo da personalidade representa simplesmente uma parte, embora importante da psicologia que caracteriza a individualidade e a singularidade. Alguns autores, como por exemplo Greenstein utilizam a expressão psicologia política e psicologia da personalidade indistintamente, o que leva a inferir que consideram o comportamento manifestado pelo indivíduo como a expressão da sua própria personalidade, conforme Madeleine Grawitz e Jean Leca, obra citada, págs. 4 e 5.

[29] É importante do ponto vista da psicologia, considerar não o que efectivamente acontece como suporia o pensamento clássico *behaviorista*, mas sobretudo porque acontece, isto é, as causas que explicam os fenómenos, os acontecimentos objectivos.

[30] Cfr. Huxley, Aldous – *O regresso ao Admirável Mundo Novo*, obra citada, págs. 93 a 96. De facto, Hitler preocupou-se em conhecer os homens, as suas expectativas, os seus desejos e as suas frustrações porque sabia que reunindo esses conhecimentos estava em condições de os manipular a seu belo prazer.

[31] Cfr Miranda, José A. Bragança – *Prefácio* do livro *Moralidade e Política na Europa Moderna* de Michael Oakeshott, Lisboa, Edições Século XXI, Lda, pág. 13.

6. Do Poder à gestão da convivência em democracia

A essência da natureza humana, quer se considere o homem isoladamente, quer integrado em colectividades, não abdica da identidade substancialmente sustentada pela ambição e pelo poder. Trata-se de um fenómeno natural que, por via de regra, implica impor a alguém comportamentos que em circunstâncias normais não adoptaria, o que revela uma colisão de interesses em que apenas alguns poderão ser satisfeitos.

A preocupação com a serenidade e com a boa governação tem subjacente a necessidade de garantir um equilíbrio mínimo entre as diferentes forças, de modo que seja assegurada a justiça, a estabilidade e o normal funcionamento das diferentes estruturas de poder. Contudo, a contestação das diferentes formas de governo[32], tem sido uma prática comum. Cada uma delas configura um modelo específico de acção, não agradando globalmente por não corresponder às diferentes expectativas dos indivíduos. Apesar de o regime democrático ser aquele que, formalmente, mais favorece a liberdade individual e que maior possibilidade de manifestar opiniões permite, isso não impede a homogeneização e massificação. Estas, tendem a implantar-se em todos os domínios da actividade humana.

Assim, sujeito e vítima da organização, o homem moderno pouco pode fazer para se afirmar, submetendo-se ao mito do consumo e transformando-se numa espécie de vingança insólita de desapossado de si próprio.[33] De pouco vale a tentativa de se demarcar e afirmar emergindo da massa.

A vivência massificada, contudo, não inibe as tensões e os conflitos, cabendo ao poder político intervir para conciliar e gerir interesses contraditórios (reais, imaginários ou simbólicos) ou convergências parciais,

---

[32] Neste plano, aceitar-se-iam as formas de governo referidas por João Bettencourt da Câmara, no livro *Noites de San Casciano, Sobre a Melhor Forma de Governo*, obra citada, págs. 36 e 37.

[33] Cfr. De Jouvenel, Bertrand – *La Civilisation de Puissance*, Paris, Librairie Arthème Fayard, 1976, pág. 152, o homem constatou já que o poder de intervir na produção é nulo, pelo que só lhe resta vingar-se no poder de consumo e só por isso lhe dá tanta importância.

Marketing da Imagem e Poder da Insignificância 133

se necessário, através da coerção.[34] O campo onde se concentram e movimentam as vontades humanas transformou-se num potencial centro de conflitos. A sua regulação ou explosão depende essencialmente da capacidade de gestão de quem detém o poder político[35] e, por isso, dispõe do monopólio da coerção. É de sublinhar que a imagem do Poder político se repercute na estabilidade social, embora varie com a natureza do regime político. No caso das sociedades democráticas, a tendência é para esperar que os problemas e conflitos surgidos sejam resolvidos pelos próprios actores, reservando-se a intervenção do Estado apenas para os casos em que outra solução não exista.

7. Em busca do paradigma para o comportamento político

O império da imagem, a exploração de irracionalidades e frustrações, o desinteresse pela cultura e pela intelectualidade reflectem-se na decadência dos valores, abrindo uma profunda cicatriz no plano da autonomia, da independência e da identidade.

A ruptura do homem com as outras espécies, acelerada no momento em que ousou ultrapassar as restrições que limitavam as suas aspirações e desejos naturais, constituiu-se como uma terrível decisão que lhe custou a hostilidade externa, contra a qual teve de lutar para prosseguir.[36] Mas a evolução e o progresso são isso mesmo – rupturas. Por outro lado, a evolução supõe estabilidade e valores que permitam segurança, autonomia e confiança no devir. E o homem de hoje está cada vez mais afastado das referências naturais. É o homem do *"não lugar"*, que tem de criar o

---

[34] Cfr. Braud, Philippe – *Introdução à Ciência Política*, Lisboa, Editorial Notícias, 1984, págs. 12 e 13, se não existisse na sociedade global conflito de racionalidades, mas apenas se verificassem convergências e complementaridades, não havia necessidade de obrigar alguém a fazer fosse o que fosse, pelo que o poder de coerção era dispensado. Efectivamente como refere Moses I. Finley no livro *Política no Mundo Antigo*, Lisboa, Edições 70, pág. 121 e seguintes, os problemas e os conflitos sociais são realidades de todos os tempos passados, presentes e provavelmente futuros.

[35] Segundo Philippe Braud refere no livro *Introdução à Ciência Política*, obra citada, pág. 13, o poder é político desde que detenha o monopólio da coerção e o de ditar o Direito, seja exercendo-o directamente, seja por delegação.

[36] Cfr. Morin, Edgar – *O Paradigma Perdido, a natureza humana*, obra citada, pág. 20 e seguintes, a partir do momento em que o ser humano descolou do seio das espécies, iniciou uma caminhada imparável na senda da procura da *perfeição*.

seu mundo pessoal,[37] a sua reserva psíquica que assegure a unidade e o poder. O esbatimento dos paradigmas que marcaram sucessivas gerações, colide com a resistência à temporalidade e à estabilidade da organização social, da cultura e dos seus valores. A necessidade de paradigma para a vida continua indispensável, apesar de se tornar cada vez mais efémera, respondendo a cada ciclo da existência. Os valores que enformam a vida colectiva são menos reconhecidos, mas nem por isso deixam de existir, embora a sua avaliação seja por vezes feita com base em padrões desadequados.[38]

A procura de paradigma radica-se na aventura iniciada com a evolução intelectual e na necessidade de encontrar um estádio de equilíbrio, ainda que transitório.

O regresso do religioso[39] que, de quando em vez emerge, pode simplesmente significar a necessidade de recuperar valores esquecidos e encontrar um centro gravitacional.

Notas conclusivas

A actividade política tem ensaiado um novo rumo, escudando-se no poder e influência da imagem e transformando-a em mensagem. Duas ordens de razões terão contribuído para esta realidade. A primeira, prende-se com a necessidade de se dar a conhecer e ser reconhecido, para o que, contribuem de forma exemplar, o audiovisual e o marketing político. A segunda, prende-se com a ambição e o desejo de poder do ser humano que, subvertendo os princípios, cede à intriga, ao tráfico de influências e à corrupção, em função da ascensão pessoal e política.

Admite-se que a imagem do político seja frequentemente vendida como se de verdadeiro produto comercial se tratasse, independentemente da obra feita e do passado credível. Não é a qualidade que define a

---

[37] A filosofia do *"não lugar"*, pretende simplesmente caracterizar um dos fenómenos mais evidentes da vida social de hoje, em que o Homem já não conserva ou dispõe da necessidade de se manter estável e fixo num ponto geográfico, podendo agir ao sabor dos acontecimentos e assim elaborar a sua história.

[38] Cfr. Fougeyrollas, Pierre – *A Atracção do Futuro, Ensaio sobre a Significação do Presente*, Lisboa, Instituto Piaget, 1996, pág. 11.

[39] Cfr. Fougeyrollas, Pierre – *A Atracção do Futuro, Ensaio sobre a Significação do Presente*, obra citada, pág. 127.

selecção dos políticos, mas a ousadia e a capacidade lúdica. Por tudo isto, a acção política encontra-se numa encruzilhada com dificuldades para agir.

Bibliografia

AGUIAR, Joaquim e outros – *Saber e Poder*, Lisboa, Livros e Leituras, 1998.

ANSART, Pierre – *Les Cliniciens des Passions Politiques*.

BOURDIEU, Pierre – *Sobre a Televisão*, Oeiras, Editora Celta, 1997.

CASTORIADIS, Cornelius – *A Ascensão da Insignificância*, Lisboa, Editorial Bizâncio, 1998.

COUTINHO, Alexandre – *Como se Faz um Presidente*, Lisboa, Edições O JORNAL, 1990.

DORNA, Alexandre – *A Psicologia Política, O Líder Carismático e a personalidade democrática,* Lisboa, Livros Horizonte, 2007.

DRUCKER, Peter – *Sobre a Profissão de Gestão*, Lisboa, Publicações Dom Quixote, 1998.

FROMM, Erich – *Ter ou Ser*, Lisboa, Editorial Presença, 1999.

KAUFMANN, Pierre – *L'Inconscient du Politique,* Paris, Librairie Philosophique, 1988.

LIPOVETSKY, Gilles – *A Era do Vazio*, Lisboa, Relógio D'Agua Editores, 1989.

SARTORI, Giovanni – *Homo Videns, televisão e pós-pensamento*, Lisboa, Terramar Lda, 2000.

SCHWARTZENBERG, Roger-Gérard – *O Estado Espectáculo,* Brasil, Difel, 1978.

SILVA, José M R. – *Democracia ou Telecracia? Uma Nova Ideologia*, Lisboa, Chaves Ferreira, Publicações, S.A., 1999.

SUROWIECKI, James – *A Sabedoria das Multidões*, Porto, Edições ASA, 2007.

TORQUATO, Gaudêncio – *Poder-Cultura – Comunicação e Imagem*, São Paulo, Biblioteca Pioneira de Administração e Negócios, 1992.

A UNIVERSIDADE COMO INSTRUMENTO ESTRATÉGICO NA CONSOLIDAÇÃO E AFIRMAÇÃO DE PORTUGAL – DO PERÍODO DINISIANO A D. JOÃO III

MANUEL DOMINGOS ANTUNES DIAS
Docente no Instituto Superior de Ciências
Policiais e Segurança Interna

Ao Professor Artur Anselmo,
Com elevada consideração e gratidão pelos ensinamentos sabiamente legados e pela permanente disponibilidade patenteada na partilha do saber.

Introdução

Numa época em que assistimos à mudança do paradigma da Universidade e do conceito estratégico do Ensino Superior, abrangendo as redes pública, privada, militar e policial, releva, designadamente no que concerne a esta última, acentuar a sua natureza institucional, ou seja, a sua legitimidade, autoridade e autonomia, em detrimento de qualquer *inclinação* para a transformar numa lógica redutora e departamental.

É a partir da conjugação deste postulado com a necessidade, uma vez que o tempo presente, eivado de incerteza, assim o exige, de juízos de probabilidades e, essencialmente, de actos de inteligência, que emerge o nosso interesse e a consequente reflexão sobre o papel da Universidade, enquanto baluarte, vector ou instrumento estratégico, de natureza política, diplomática, social e cultural, no período que compreende a sua fundação e a consequente fixação definitiva em Coimbra.

O referido período baliza-se entre 1290 e 1537, contemplando os reinados de D. Dinis a D. João III. Neste contexto, estabelecemos como objectivos dar a conhecer o ambiente político, social, económico e cultural no período que compreende o século XIII ao século XVI; identificar os pontos nodais da acção estratégica do poder régio e da Igreja no que concerne à criação da Universidade em Portugal e evidenciar o pensamento estratégico dos monarcas relativamente à Universidade durante os reinados de D. Dinis a D. João III.

Propomo-nos analisar a realidade da época, nas vertentes política, económica, cultural e social, de forma a compreender a génese e as vicissitudes que caracterizaram, no período medievo e na Idade Moderna, a Universidade em Portugal.

Interessa, pois, caracterizar a conjuntura da época em análise, sobressaindo, entre outros, factores como a expansão urbana, o tráfego internacional, as pestes, as fomes e as alterações produzidas na maior ou menor centralização do poder e confrontá-la com a Universidade, dada a sua importância como veículo ou instrumento da emanação dos poderes e, consequentemente, de disseminação cultural, na medida em que não constituía um ente autónomo, como a conhecemos hoje.

Pelo exposto, formulamos a seguinte pergunta de partida: Será que a criação e os primeiros séculos de vida da Universidade constituíram um instrumento estratégico na consolidação e afirmação de Portugal?

A metodologia escolhida assenta na análise crítica dos elementos de investigação de cariz histórico sobre a fundação e fixação da Universidade. Trata-se, pois, da opção pela análise de natureza histórica. Neste sentido, optámos por desenvolver um estudo descritivo – teórico, mediante um discurso lógico e dedutivo, recorrendo à pesquisa e análise de bibliografia.

O objecto de estudo centra-se, por conseguinte, nos actores, meios e objectivos subjacentes à situação sociopolítica e estratégica dos períodos que medeiam o século XIII e o século XVI, tendo como linhas de força os marcos da história da Universidade, desde a sua fundação até à sua fixação definitiva em Coimbra. A periodização das fases que caracterizam a Universidade engloba a Idade Média e a Idade Moderna, salientando-se os tópicos referentes à sociedade da época e à concepção do poder, cujas manifestações captam os instrumentos político e cultural, numa dialéctica de interpretação, tendo como corolário a salvaguarda do interesse nacional.

Capítulo 1 – Do Portugal Medievo ao Renascimento

1. O pensamento político medievo. Caracterização

A época medieval caracteriza-se por "uma vivência social baseada na relação especial de poder a que se convencionou chamar relação feudal, com tradução política, consoante as perspectivas, no Estado Estamental e no Estado Patrimonial." O que distingue e autonomiza a "relação feudal é o momento pessoal, distinto da institucional, típico da relação política do Estado Moderno", levando à "coisificação do poder", com especial relevância no âmbito militar, uma vez que a relação se "funda numa troca de especiais serviços de natureza militar por uma particular protecção pessoal que chega a englobar o sustento de acordo com a posição social de cada membro" da hoste ou exército.[1]

Acresce que a sociedade é "profundamente desigual, estruturada em complexa teia de hierarquias, por sua vez ordenadas em classes ou estamentos [...]." Neste sentido, a relação feudal aparece associada à "particular lógica do poder medievo, fundado na conservação e não na mudança do *statu quo* social", levando à perpetuação do poder. A sociedade estamental ou de classes não visa a prossecução do interesse colectivo ou comum, na medida em que se apresenta fragilizada face ao poder do soberano, de cariz pessoal e patrimonial, e dos restantes poderes decorrentes da relação feudal.[2]

O poder é modelado como um "bem" ou "coisa, pertença de quem o detém, estritamente ligado à propriedade das terras onde é exercido." O poder régio integra o "património pessoal do monarca – Estado Patrimonial – e, enquanto tal, é susceptível de ser por ele doado, globalmente ou em parte, e dividido em herança", desencadeando a "multiplicidade de centros de poder" e a "pulverização do poder."[3] Os traços da estruturação política e social do período medieval são a existência de múltiplos centros de poder, a par da pulverização desse mesmo poder.

O pensamento político e cultural medievo é influenciado pelo costume, pelo consentimento livre e consensual do povo, de tradição

---

[1] Maria Garcia, *Da Justiça Administrativa em Portugal, Sua Origem e Evolução*, Lisboa, Universidade Católica Editora, 1994, p. 29.

[2] *Ibidem.*

[3] *Idem,* p. 30.

germânica, ou seja, pela "tradição não escrita da vida"[4], bem como pela concepção filosófica de matriz cristã e romana, através da difusão do direito nas universidades.

Salientam-se Santo Agostinho e S. Tomás de Aquino na defesa da "ideia de origem divina do poder", dado que "Deus criou o poder como uma necessidade social tendo por objectivo a pacificação, ordenação e conservação da sociedade."[5]

Para o homem medievo, o poder, quer espiritual quer temporal, é obra e criação de Deus. Assim, a doutrina de origem divina do poder leva ao aparecimento das teses contratualistas ou pactos de amor, levando à "aceitação do povo como intermediário do poder", dado que a "transmissão mediata do poder divino se faz através do povo." Neste sentido, a legitimidade do exercício do poder régio passa a não resultar somente de ser desenvolvido pelo titular legítimo nem de nele consentir a colectividade; resulta também da sua compatibilização com um conjunto de princípios de origem divina, a que se convencionou chamar direito natural de raiz cristã." Esta concepção de poder, de matriz cristã, aponta para um "poder régio de índole activa, dirigido à alteração social, movido por uma ideia de missão: promoção do bem comum,"[6] ganhando, deste modo, uma natureza política e jurídica.

Contudo e uma vez que o poder é também exercido arbitrariamente, surge a questão da legitimidade associada à justeza do exercício desse poder, cujo desenvolvimento maior coube a S. Tomás de Aquino, na sua obra *Suma Teológica*, ao defender o direito de resistência dos povos perante a tirania do poder. O exercício do poder pelo monarca pressupõe, pois, uma natureza limitada desse poder, em conformidade com o direito natural, obstando à violação dos direitos dos súbditos, como resulta do acto de outorga do poder, mediante o cerimonial eclesiástico da consagração régia, mediado pelo poder papal.

Ao monarca compete, igualmente, o dever de julgar rectamente, adoptando o papel de árbitro na resolução dos litígios, relevando a fidelidade e o espírito de lealdade das partes em conflito, sob pena de o "justiceiro" sobrepor o "misericordioso", dada a amplitude do poder e da actuação régia.

---

[4] Wieacker *apud* Maria Garcia, *op. cit.*, p. 32.
[5] Maria Garcia, *op. cit.*, p. 33.
[6] *Ibidem.*

A sociedade estamental caracteriza-se pela "desigualdade pactuada" e pela "hierarquização consensual", dispondo o poder régio de instrumentos políticos ou governamentais e jurídicos, cuja ambivalência traduz o "tópico essencial da filosofia cristã: a dualidade de Cristo, ao mesmo tempo deus e homem", isto é, o monarca é "humano" por natureza e divino "por graça."[7]

O poder, de matriz cristã, é "mantido intocado porque divino", cujo exercício em concreto "permite o desenvolvimento de quem o exerce perante aquele que o entrega: o Papa ou povo – teoria da mediação papal ou popular."[8]

Esta concepção cristã do poder permite que o papa ou a Igreja proceda à deposição de monarcas, funcionando como a última instância para afastar aqueles que agem de forma abusiva e contra o direito natural ou divino.

Aos monarcas interessa, por sua vez, o correcto exercício do poder, de forma a perpetuar esse mesmo poder, procurando a adesão e a "obediência da sociedade aos seus comandos." Emerge a figura do chanceler--mor, de entre os membros de aconselhamento do monarca, que "ausculta por diferentes meios o sentir da sociedade, em reuniões informais, que aos poucos se vão institucionalizando em inquirições gerais ou especiais [...]."[9]

No século XII, o pensamento político medieval é influenciado pelo direito romano, a partir da universidade de Bolonha, passando o direito a constituir um instrumento de poder – Código Justinianeu –, reflectindo--se no fortalecimento do poder do régio.

A par desta influência, a vida sociopolítica medieval exige do poder régio uma maior intervenção, de forma a "modificar os "maus" costumes da sociedade, de criar mecanismos que tornem a vida social mais segura – policiamento das estrada, de intervir por forma a instaurar uma vivência em comum mais justa – perdões, comutações de penas – de realizar projectos em que a colectividade se empenha – luta contra os infiéis." A utilização do direito, a par do costume, transforma aquele num "meio de capitalização e centralização da autoridade régia."[10]

---

[7] *Idem*, pp. 40 a 42.
[8] *Idem*, p. 45.
[9] *Idem*, p. 48.
[10] *Idem*, pp. 49 e 50.

O pensamento cristão distingue a *vis coactiva*, ou seja, a sanção, da *vis directiva*, a norma, permitindo "concluir estar o rei submetido à «vis directiva», enquanto momento da recta ratio que o transcende mas não à «vis coactiva», já que esta assenta na sua própria autoridade." Contudo, a predominância e a assimilação dos princípios jurídicos romanos, indissociáveis do poder régio, esbarram com as "circunstâncias locais e temporais, concretamente da vivência social de cada povo, das vicissitudes por que passa [...]." Neste sentido, os direitos individuais, entendidos como privilégios, "entrelaçam-se numa sociedade essencialmente dividida e hierarquizada, cindida entre grandes e pequenos grupos de indivíduos", razão pela qual a "ideia medieval de coincidência entre poder e direito reflecte e assenta no equilíbrio entre poder e liberdade – equilíbrio rei/reino [...]."[11]

O Portugal medievo caracteriza-se pela coesão política, cultural e religiosa em volta do monarca, fruto da pequenez, do isolamento do território e do esforço comum contra os mouros. A reconquista cristã originou a necessidade de coesão e unidade internas, à qual aderiu a colectividade, dotando-a de "características autonomizantes, a que nem sequer faltou a auréola do milagre para a sagrar – milagre de Ourique."[12]

Portugal é "um dos mais afortunados sobreviventes da história", relevando que, no século XIII, os "cristãos portugueses, com uma pequena ajuda de mercenários ingleses, travaram uma luta sangrenta contra os Muçulmanos, para virem a dominar a orla ocidental da Europa."[13]

A conquista do Algarve marca o começo do conflito plurissecular com Castela, na medida em que aquele "surto de expansão territorial" permitiu aos cristãos portugueses encher as "suas arcas através da velha prática do saque" e o "acesso permanente à costa atlântica", forçando, consequentemente, Castela a desenvolver o seu comércio externo através dos portos fluviais conquistados na Andaluzia, Sevilha e Córdova, em vez dos portos oceânicos de Lagos e Tavira, a que aspirava."[14]

O poder régio é, pois, marcado pela "ausência de sobressaltos", congregando à "sua volta o consentimento de uma unidade", ou seja, o povo que se "reconhece uno pela necessidade de protecção régia."[15]

---

[11] *Idem*, pp. 51 a 56.
[12] *Idem*, p. 58.
[13] David Birmingham, *História de Portugal, uma perspectiva mundial*, Lisboa, Terramar, 1998, p. 7.
[14] *Idem*, p. 27.
[15] M. Garcia, *op.cit.*, p. 58.

A unidade jurídica-política de Portugal é conseguida com D. Afonso III, o "primeiro monarca de um verdadeiro Estado português – já não um *primus inter pares*" mas um imperador do seu reino", que viu a sua tarefa "facilitada pela modéstia das casas senhoriais portuguesas", de harmonia com Mattoso.[16]

A fragilidade do exercício do poder sentida em França, devido aos conflitos estamentais e patrimoniais ou a resistência do povo ao monarca em Inglaterra não se fazem sentir em Portugal, uma vez que o "monarca português cedo chamou a si a exclusividade de certos direitos, como o da condução da guerra [...], o direito de cunhar moeda [...], em relação directa com os membros da colectividade que, por sua vez, têm o dever de honrar o rei e dizer bem dele, além de o ajudar na guerra."[17]

Refira-se que, após a conquista do Algarve, a "tradição militar de manter castelos fronteiriços, para proteger o reino, deixou de se dirigir aos inimigos muçulmanos, a sul, para visar os irmãos cristãos, a leste"[18], num esforço de fortalecimento das fortalezas fronteiriças, até 1640.

Portugal caracteriza-se, assim, pela "precoce unidade nacional", dificultando a "concepção do poder como bem privado do rei." Por outro lado, o poder régio, alicerçado na reconquista cristã, é "moderado e justo por essência e vocação." Importa, igualmente, referir que o rei é investido não pela cerimónia da consagração, mas pela "aclamação" ou "levantamento popular", conferindo "cariz pactício ao exercício do poder", como resulta da investidura de D. Afonso III, realizada sob condição de respeitar os "foros e as liberdades antigas dos povos." O carácter pactício do poder do monarca está, igualmente, patente na aclamação de D. João I, cuja "outorga do poder régio é acompanhada de exigências da colectividade ao novo rei, desde a formação de um conselho de cidadãos das principais cidades do reino, necessariamente ouvido quando o rei tem de tomar decisões que a todos respeitem, à proibição da declaração de guerra ou paz sem o consentimento do povo, passando pela convocação anual de Cortes."[19]

A consolidação do poder no século XIII é caracterizada pela acção do monarca em três frentes. Desde logo, contra a justiça privada, "geradora de insegurança", conforme se infere do reinado de D Dinis, ao

---

[16] J. Mattoso *apud* Maria Garcia, *op.cit.*, p. 59.
[17] *Ibidem.*
[18] David Birmingham, *op.cit.*, pp. 27 e 28.
[19] J. Mattoso *apud* M. Garcia, *op.cit.*, pp. 60 a 62.

144 Estudos de Homenagem ao Professor Doutor Artur Anselmo

proibir a justiça privada. Acresce que, posteriormente, no reinado de D. João I, este emite cartas de seguro e de segurança real, de forma a refutar a justiça privada. Por outro lado, contra a justiça dos senhores ou justiça senhorial, dado concorrer com a justiça régia, provocando conflitos. Por último, contra a justiça do clero ou eclesiástica, de forma a delimitar foros de competência, sob pena de invasão da justiça secular.

Da acção régia, conclui-se que relativamente ao "estamento popular o monarca combate a justiça privada, instaurando a paz real; relativamente ao estamento senhorial, detentor do direito de jurisdição, garante para si o direito de decisão última; com respeito ao estamento clerical, porque a jurisdição do direito canónico lhe escapa, impede usurpações dessa jurisdição"[20] face à jurisdição régia.

A acção centralizadora dos monarcas, desde o século XIII, compreende a resolução dos conflitos, a "manutenção da paz e a administração do território – policiamento, vigilância de fortificações, povoamento, distribuição de mantimentos, cobrança de impostos"[21], a par da necessidade de formular normas jurídicas.

É subjacente à actividade régia a "inserção regular da manutenção da paz e segurança na sociedade, bem como da administração geral no âmbito do poder régio impõe a criação de um sistema geral de impostos capaz de sustentar "o esforço em *continuum*" inerente àquela acção", exigindo também uma "ampla rede de comunicações susceptível de permitir ao monarca intervir em todo o território e com relativa facilidade."[22]

A configuração jurídico-política no período medievo em Portugal assenta, grandemente, nas Ordenações Afonsinas, constituindo a base da organização do Estado, tendo como corolário o garante da manutenção da paz e do equilíbrio social.

A realidade medieval portuguesa é marcada pelo "esforço de centralização do poder régio, à volta de uma ideia nacional, conjugado com um território fixo, dotado de continuidade temporal", em parte devido à inexistência do feudalismo enquanto vector pulverizador do poder, permitindo a "expansão do comércio", a "melhoria das vias de comunicação" e o "salto para a modernidade."[23]

---

[20] Maria Garcia, *op.cit.*, p. 68.
[22] *Ibidem.*
[22] *Ibidem.*
[23] *Idem*, pp. 142 e 161.

A Idade Moderna ou Antigo Regime caracteriza-se pela "formação dos Estados nacionais, em redor da unificação, centralização e fortalecimento do poder real." Adquire especial relevância o papel cada vez mais interveniente do rei na condução política e na promoção do bem-estar social, levando à teorização da ideia de Estado e de soberania, sustentáculo de "uma forma própria de agir do poder régio." A "vivência jurídica politica medieval capaz de gerar um direito natural consolidado nos valores sociais" dá lugar à "razão de Estado", uma "noção fluida, gerada à margem da moral, capaz de justificar todos os actos do poder régio ao sabor das conveniências do momento."[24]

Na época do Renascimento, emerge a figura de Nicolau Maquiavel (1469-1527) ao defender um governo forte, recorrendo à ideia de força como condição de manter os homens dentro de uma certa ordem, derivando esta do Estado. Refere que "um príncipe sábio deve cuidar de que os seus cidadãos, sempre e em todos os tipos de situação, tenham necessidade dele e do Estado. Assim, ser-lhe-ão sempre fiéis."[25]

Para este autor renascentista, as sanções religiosas e o poder coercivo de Estado balizam as condutas dos homens, inflectindo a vocação natural para a desordem e para o egoísmo.

Emergem, em especial, os interesses do Estado, a par dos interesses dos indivíduos, constituindo os primeiros a base da acção política ou vontade livre da pessoa do rei, dando, assim, origem ao "nacionalismo de um direito positivo que se eleva subjugado à nascente "razão" de Estado", contribuindo "para a cisão do mundo dos interesses dos membros da colectividade face ao mundo de interesses do Estado [...]." Durante a Idade Moderna ou Estado Moderno, a "vontade do monarca como fonte de direito é trave mestra", eliminando, por conseguinte, o "problema do arbítrio ou do abuso do poder, ao fechar o poder sobre si próprio."[26]

Assiste-se, neste período, à autonomia da política em relação à razão divina ou moral cristã, tendo esta influenciado a Idade Média, semente que originaria, posteriormente, o absolutismo.

Releva salientar a importância da nova mentalidade renascentista, trazida pelo signo do Humanismo. O pensamento renascentista vem por o enfoque na capacidade criadora do homem, atento o potencial deste em

---

[24] *Idem,* pp. 142 a 145.

[25] Maquiavel, *O Príncipe*, Queluz, Coisas de Ler Edições, 2003, p. 52.

[26] Maria Garcia, *op.cit.*, pp. 147, 151 e 156.

146 *Estudos de Homenagem ao Professor Doutor Artur Anselmo*

obter e desenvolver o conhecimento, nas mais diversas valências. O Renascimento[27] provoca uma mudança de atitude, de mentalidade, dado que o homem se inclina para o imanente em detrimento do transcendente. O ideal humano procura o conhecimento e a experiência subjacentes à natureza e ao próprio homem.

Para Mattoso, Portugal "identifica-se como "país" ao longo do século XIII, ganhando preeminência o poder real sobre os poderes sociais multipolarizados, evolução que, ressalvado o caso inglês, só ao longo do Renascimento se realizaria nos diferentes povos europeus."[28] Na mesma senda, alude Albuquerque ao referir a "limitação do poder régio pelo direito, ao longo do século XVI."[29]

A referida identificação nacional, ou seja, os "laços de compreensão e tolerância entre rei e reino" permitiu que a monarquia portuguesa se lança-se na "empresa dos descobrimentos, mantendo latente, em múltiplas instituições que enquadram o exercício do poder régio, o peso da legitimação social da sua função."[30]

Para Borges de Macedo, ao "longo da Idade Média, a monarquia portuguesa não atingiu os extremos de um poder fechado, despótico ou tirânico", não obstante o "caso de Alfarrobeira e os episódios sangrentos que envolveram D. João II." Ainda assim, o "poder político não viveu sob o fogo cruzado de ódios e lutas, conservando uma certa moderação e mantendo viva a unidade política e cultural nascida séculos atrás, capaz de motivar uma revolução vitoriosa pela independência, como aconteceu na Restauração. Rei e reino, unidos, combatem do mesmo lado a tirania dos reis castelhanos." Interessa frisar, quanto à unidade política e cultural, que os monarcas portugueses "nunca deixaram de sentir-se presos à doutrina política de fundo cristão medieval."[31]

Desta forma, a subordinação do rei à lei divina e natural impede o fechamento do poder sobre si, sob pena da desobediência legítima dos súbditos, conforme decorre, segundo Borges de Macedo, da tese "tomista da mediação popular, reformulada por Francisco Suárez, o grande doutrinador da Igreja do século XVI, doutorado em Évora e mestre da Universidade de Coimbra."[32]

---

[27] Séculos XV e XVI. Movimento influenciado pela cultura antiga.

[28] J. Mattoso *apud* Maria Garcia, *op.cit.*, p. 161.

[29] Albuquerque *apud* Maria Garcia, *op.cit.*, p. 162.

[30] *Idem*, p.162.

[31] Macedo *apud* Maria Garcia, *op.cit.*, p. 163.

[32] Macedo *apud* Maria Garcia, *op.cit.*, p. 164.

2. O pensamento económico e a actividade cultural

A caracterização da Universidade, enquanto instrumento estratégico no período em estudo, consubstancia, necessariamente, a análise da vertente económica, constituindo um factor indissociável daquela.

Neste sentido, convém, desde logo, mencionar que os povos bárbaros, aquando da invasão do Império Romano do Ocidente, se encontram num estádio pouco desenvolvido em termos económicos, dando origem à constituição de comunidades de aldeia, ao mesmo tempo que os chefes se apoderam dos "grandes domínios, das vilas romanas", formando uma "aristocracia fundiária."[33] Muitas das cidades romanas são destruídas e saqueadas, assistindo-se ao declínio da indústria e do comércio.

Assiste-se, também e inexoravelmente, a um recuo no que concerne à actividade cultural, dado o desaparecimento dos centros e meios intelectuais, como sejam as bibliotecas. Na Idade Média, a vida intelectual à assegurada pelos únicos letrados – os clérigos – e desenvolve-se no interior dos mosteiros, embora cingida a livros de teor religioso.

Atento o clima de insegurança, os camponeses procuram a protecção dos nobres, tornando-se servos destes, formando-se, assim, o "domínio ou o *mansus* da Idade Média." Acresce que as invasões normandas obrigam as populações a providenciar meios de defesa, através da construção de castelos, criando uma administração local e, consequentemente, a relação suserano/vassalo, ou seja, o sistema hierarquizado feudal. A par do desmembramento do poder, dada a relação feudal ou de benefício estabelecida, Santo Agostinho defende que a autoridade do rei é um "simples instrumento ao serviço da Igreja", na medida em que "não podia haver justiça no Estado se os membros do Estado não aderissem à fé cristã."[34]

O fim último do Estado é auxiliar a Igreja no combate aos hereges, emergindo o religioso como ponto de confluência entre uma sociedade obediente e a cristandade.

Contudo, os monarcas não descuram a prossecução dos seus interesses políticos e económicos, através do engrandecimento dos bens patrimoniais e, sempre que possível, dominam as "autoridades eclesiásticas e fazem delas instrumentos ao seu serviço."[35]

---

[33] Henri Denis, *História do Pensamento Económico*, Livros Horizonte, 6ª Edição, 1990, p. 83.

[34] *Idem*, pp. 83 a 85.

[35] *Ibidem.*

148 *Estudos de Homenagem ao Professor Doutor Artur Anselmo*

No século XI, há, no Ocidente, um rejuvenescimento comercial a par da renovação da vida urbana e do desenvolvimento cultural.

Em termos intelectuais, no século XII, emerge a influência aristotélica, em especial através da sua obra denominada *Política*, cujo pensamento desencadeia em alguns mestres das universidades europeias um espírito contrário ao pensamento cristão vigente, ao defender a felicidade social ou política, ou seja, uma adesão reflectida e espontânea do individuo ao Estado.

Para contrariar este pensamento, releva, no século XIII, S. Tomás de Aquino (1224-1274), com a obra *Suma Teológica*, através da qual aborda a realidade económica e política numa perspectiva diferente. Este autor recupera as ideias aristotélicas no que concerne ao comércio, embora defenda a licitude dos proventos para sustentação dos familiares e na ajuda aos necessitados, a propriedade privada, bem como reconhece o direito à indemnização daquele que empresta dinheiro e que não o vê pago ou restituído.

O século XIV é caracterizado por ser um período fértil em revoltas sociais e consequentes crises económicas. A "Europa [...] apresenta o triste espectáculo de uma civilização em crise – período de transição de uma economia de paz, para economia de guerra, repleta de temores e terrores, ameaças e restrições", levando às "explosões de desespero das classes populares eternamente sacrificadas"[36], ou seja, a rebeliões e insurreições, exemplo da Jacquerie nos meados do século, em França.

Nos séculos XIV e XV, assiste-se, na Europa, ao desenvolvimento comercial e industrial, dando origem a assalariados, mercadores e banqueiros.

Com o desenvolvimento comercial, surgem novas cidades, como Antuérpia, assim como se realizam progressos grandiosos na astronomia e na arte da navegação, cujo apogeu é protagonizado pelos Portugueses.

De harmonia com Denis, as "bases do grande comércio mundial capitalista foram lançadas nos séculos XV e XVI, sob o impulso das monarquias portuguesa e espanhola." Contudo e segundo o mesmo autor, aqueles monarcas ao reservarem a exclusividade da actividade comercial e consequentes benefícios, reprimiram nos respectivos países a "acumulação

---

[36] Manuel Nunes Dias, *O Capitalismo Monárquico Português (1415-1549), Contribuição Para o Estudo das Origens do Capitalismo Moderno*, Coimbra, Faculdade de Letras da Universidade de Coimbra, 1963, p. 11.

privada do capital, o desenvolvimento da actividade dos detentores de capitais", preparando o "declínio económico das suas nações."[37] Torna-se indubitável associar a este declínio o monopólio estatal do comércio, a inexistência de comércio privado, o desinvestimento na indústria e o colapso no desenvolvimento e produção agrícolas.

Com a chegada de grandes quantidades de ouro e prata à Europa, foi possível cunhar e colocar em circulação moeda, originando a desvalorização dos metais preciosos e a perda de poder de compra, dada a subida dos preços. Uma das classes mais atingidas com a alta dos preços foi parte da nobreza, cuja sustentação provinha das rendas das terras, pagas em dinheiro.

Para Denis, no século XVI, a "miséria no povo aumenta", acrescentando, contudo, que é neste período que o "poderio dos estados modernos se estabelece na Europa ocidental", graças ao desenvolvimento comercial, uma vez que "favoreceu também poderosamente a unificação das nações." Refere que a unidade da Inglaterra só ocorre "verdadeiramente sob o reinado de Henrique VII (1485-1509)", ao passo que a unidade de França se inicia com o reinado de Luís XI (1461-1483) e em Espanha, a unidade consegue-se em 1469, com o "casamento de Fernando de Aragão e de Isabel de Castela." O mesmo autor salienta a invenção do canhão, ocorrida no século XIV, como factor preponderante na unificação, para além do desenvolvimento comercial, atribuindo-lhe um "grande papel, pois permitiu aos reis forçar as defesas dos castelos feudais."[38]

Perante a abundância de matérias-primas, os monarcas conseguem canalizar recursos financeiros para o esforço de guerra, incluindo o pagamento a soldados, motivo pelo qual a guerra é o estado normal, salientando-se que a Europa, no período de 1494 a 1559, viveu em permanentes conflitos.

De harmonia com Denis, as "causas da guerra são cada vez mais frequentemente o ataque contra os monopólios comerciais, as tentativas feitas para mudar a política comercial de um outro estado ou para lhe roubar as suas possessões coloniais."[39]

Os contactos comerciais e o desenvolvimento económico na Europa originam, igualmente, uma nova mentalidade intelectual, através da

---

[37] Henri Denis, *op.cit.*, p. 133.
[38] Henri Denis, *op.cit.*, p. 91.
[39] *Idem*, p. 92.

150   *Estudos de Homenagem ao Professor Doutor Artur Anselmo*

redescoberta dos denominados clássicos como Cícero, Homero ou Platão. Com a conquista, em 1453, de Constantinopla, assiste-se ao fim do Império Romano do Oriente e, consequentemente, à fuga de inúmeros gregos para Itália.

O movimento Renascentista caracteriza-se não só por recuperar os antigos como também pelo espírito científico inovador, salientando-se, em 1440, a invenção da imprensa, a utilização do papel em substituição do pergaminho e o desenvolvimento da astrologia. Destacam-se como figuras maiores do Renascimento, entre outros, nomes como Leonardo da Vinci (1452-1519) e Erasmo de Roderdão (1466-1536).

Este movimento humanista, alicerçado em pensadores antigos, põe em crise o pensamento medieval que, por sua vez, assenta nas concepções aristotélica e tomista, adoptadas pela Igreja.

Para Erasmo, o príncipe legítimo tem obrigações acrescidas relativamente aos súbditos, devendo reger o seu governo pela lei, uma vez que o governo é exercido sobre homens livres. Acresce que a Igreja tolera a liberdade de pensamento dos humanistas, muitos dos quais "foram protegidos pelo Papado, que quer dar à corte Romana um brilhantismo superior."[40]

Contudo, está em marcha o movimento religioso reformista, nomeadamente com Lutero (1483-1546) na Alemanha e Calvino (1509--1564) na Suiça e França. Lutero condena o comércio enquanto potenciador de juros ilegítimos, põe em causa a venda das indulgências e a corrupção no seio da Igreja. Calvino, pelo contrário, defende a legitimidade da actividade comercial e dos juros, na justa medida, recuperando a concepção tomista.

Para Max Weber, a Reforma "fora um factor decisivo do ponto de vista do advento do modo de produção capitalista."[41]

No que à Universidade portuguesa diz respeito e após a caracterização geral supra, podemos referir que aquela, desde a data da sua criação até ao reinado de D. João III, sobrevive, economicamente, graças, em especial, aos privilégios e protecção dos sucessivos monarcas.

A precariedade económica da Universidade é minimizada pela acção régia, na medida em que lhe concedia instalações e através de "[...] tenças ou privilégios vários, aliviavam tantas vezes o ónus salarial dos

---

[40] Henri Denis, *op.cit.*, p. 94.
[41] Weber *apud* Henri Denis, *op.cit.*, p. 96.

lentes." Quanto aos escolares, deve-se, também, aos reis e a alguns particulares, nomeadamente eclesiásticos, a concessão de privilégios que os "favoreceram nas moradas e abastecimento, outorgaram-lhes bolsas, facilitaram-lhes os livros ou para eles fundarem colégios", contando os escolares clérigos com o "apoio certo e eficaz da estrutura eclesial." Acresce que a viabilização das débeis e parcas finanças da Universidade de deve à congregação de esforços e vontades dos monarcas e da Igreja, permitindo corroborar que o "manto de protecção régia salvou a Universidade do colapso", a par do "protectorado pontifício" ao conceder o "indispensável concurso de réditos eclesiásticos." [42]

A debilidade financeira da Universidade levou, de entre outros motivos, à sua refundação, operada por D. João III, fixando-a, definitivamente, na cidade de Coimbra, constituindo, a par do Mosteiro de Santa Cruz, os "pilares dessa Universidade reformada."[43]

A Universidade, na dependência da acção régia, vê-se, inevitavelmente, confrontada e afectada com a defeituosa gestão dos "dinheiros públicos", motivada, em parte, pela "brusca transição da raridade do ouro para a sua abundância" e pela consequente política económica-financeira [...] catastrófica", dado que desde "Afonso V a D. João III, as despesas a cargo do Tesouro"[44] aumentaram exponencialmente, levando à exaustão financeira.

3. As grandes opções estratégicas. Caracterização

Partilhando da "metodologia de «inversão»", ou seja, "do facto para o conceito"[45], interessa caracterizar, sinteticamente, as grandes opções estratégicas no período que medeia os séculos XIII a XVI, de forma a compreender a pensamento estratégico subjacente à Universidade.

A criação do Estudo Geral está, desde logo, associada à consecução do objectivo nacional de "individualização de Portugal como reino soberano", fruto da coesão nacional, da centralização do poder régio e das

---

[42] Maria Coelho, *As finanças, in História da Universidade em Portugal, I Volume, Tomo I*, Universidade de Coimbra, Fundação Calouste Gulbenkian, 1997, p. 67.

[43] *Ibidem.*

[44] Manuel Nunes Dias, *op.cit.*, p. 576.

[45] Vítor Viana, *A Evolução do Conceito Estratégico Nacional, Da Fundação ao Estado Novo*, Lisboa, IAEM, 1996, p. 10.

152   *Estudos de Homenagem ao Professor Doutor Artur Anselmo*

acções estratégicas politica, militar e diplomática, conducentes à "formação de uma entidade viável e politicamente independente."[46]

Após a celebração do Tratado de Alcanizes, datado de 1297, e até 1411, data da paz com o reino de Castela, "segue-se um período de consolidação da independência política de Portugal e afirmação da identidade nacional, em que o principal objectivo nacional é a defesa face a Castela"[47], obtida graças à combinação de estratégias diplomáticas, através de acordos e alianças, e militares, defensiva e ofensiva, a par do reforço e consolidação do poder interno, bem como do fomento e desenvolvimento, em particular, do comércio marítimo.

Salienta-se, neste período e no concerne ao conflito de 1383-85, que Portugal recebeu uma preciosa ajuda externa, por parte dos ingleses, permitindo derrotar Castela em Aljubarrota e celebrar o pacto de defesa mútuo mais antigo da Europa – o Tratado de Windsor, a par do casamento entre D. João I e D. Filipa de Lencastre. De harmonia com Maxwell, aquele tratado "levou Portugal a participar na primeira Guerra Mundial e serviu de justificação ao Portugal «neutral» para permitir aos Aliados o estabelecimento de bases militares nos Açores durante a Segunda Guerra Mundial."[48]

O Portugal do século XV consegue, ao invés das potências europeias da época, manter-se "quase sempre em paz" e quase neutral, graças ao génio "manobrador" dos Portugueses em sobreviver e explorar "com habilidade as ambições rivais de vizinhos mais poderosos", nomeadamente Castela e Aragão, não se envolvendo nos "conflitos como a Guerra dos Cem Anos, a Guerra das Rosas e no combate aos avanços dos Turcos Otomanos no Levante e nos Balcãs."[49]

O período balizado entre 1411 e 1542 é marcado, em particular, pela "acção estratégica ofensiva"[50] materializada na expansão portuguesa no norte de África, Guiné e Índia, ou seja, pela "expansão comercial", pelo "progresso tecnológico", pela "penetração, portuguesa na Ásia", fornecendo a "base para uma nova era de política global"[51], relevando, neste

---

[46] *Idem*, p. 29.

[47] *Idem*, p. 31.

[48] Kenneth Maxwell, *A Construção da Democracia em Portugal*, Lisboa, Editorial Presença, 1999, p. 23.

[49] *Idem*, pp. 22 e 23.

[50] Vítor Viana, *op.cit.*, p. 51.

[51] Samuel Huntington, *O Choque das Civilizações e a Mudança na ordem Mundial*, 2ª Edição, Lisboa, Gradiva, 2001, p. 56.

contexto, o papel do Príncipe Perfeito ao conceber uma "Grande Estratégia, com os seus meios e fins bem definidos."[52]

Para Viana, D. João II consegue concretizar uma "Estratégia Total, em que conjuga de forma coordenada, uma Estratégia Genética, uma extraordinária Estratégia de Informações ("política de sigilo") e, ainda, uma Estratégia diplomática"[53], garantindo o reforço da soberania nacional e a afirmação, além fronteiras, de Portugal ao deixar a "sua marca em todos os cantos do globo, graças à colonização, à emigração e ao comércio."[54]

Os Portugueses "criaram o primeiro Estado-nação moderno, cujas fronteiras se mantiveram inalteradas desde a queda do velho Reino do Ocidente muçulmano, no Algarve. Um século mais tarde, introduziram um novo conceito de colonização ultramarina nas ilhas do Atlântico. No século XVI, já haviam descoberto o caminho marítimo para a Ásia", fazendo de Portugal um precursor nos "empreendimentos marítimos" e na "busca de novas formas de organização social [...]."[55]

Os séculos XV e XVI constituem, segundo Maxwell, o "período áureo das descobertas portuguesas", tendo os navegadores e cartógrafos de Portugal contribuído grandemente para a "expansão do mundo até então conhecido pelos Europeus." Ao determinarem a "orientação dos ventos oceânicos predominantes e das correntes no oceano Atlântico e reconhecido que o mar podia ser usado para ligar continentes distantes", os portugueses são pioneiros no domínio desse conhecimento, permitindo à Europa aceder a "mundo maior."[56]

CAPÍTULO 2 – A CRIAÇÃO DO ESTUDO GERAL OU UNIVERSIDADE

1. O ambiente sociopolítico em Portugal. Particularidades

A fundação do Estudo Geral de Lisboa está intimamente ligada à acção dos prelados de Alcobaça, de Santa Cruz de Coimbra e de outras

---

[52] Vítor Viana, *op.cit.*, p. 63.
[53] *Ibidem.*
[54] David Birmingham, *op.cit.*, p. 7.
[55] *Idem*, pp. 7 e 8.
[56] Kenneth Maxwell, *op.cit.*, pp. 21 e 24.

igrejas portuguesas, que em 1288 solicitam a aprovação do Romano Pontífice no sentido de confirmar a anexação de rendas ao Estudo. Em 12 de Novembro de 1288, é dirigida uma petição, subscrita pelas várias entidades eclesiásticas, ao Papa Nicolau IV, de forma a criar o *Studium Generale*.

O período que antecede a aprovação em 9 de Agosto de 1290, através da Bula *De Statu Regni Portugalliae*, é marcado pelo clima de conflito entre D. Dinis (1279-1325) e o clero, bem como com a Santa Sé. A Universidade inicia a sua actividade antes da assinatura da concordata, ratificada pelo Papa em 1289, permitindo o levantamento do interdito que impendia sobre o reino, que ocorre a 30 de Junho de 1290.

Importa referir que o "conceito medieval de Universidade não coincide com o conceito moderno", uma vez a "*Universitas scholarum et magistrorum* era sinónimo do grémio constituído por mestres e estudantes, não exprimindo rigorosamente a fixação num local determinado."[57]

Para Mattoso, em 1288, o "movimento universitário europeu havia já completado a sua fase inicial, carismática e intensamente inovadora." Realça o mesmo autor a estabilidade das instituições que constituem as universidades europeias, cujos privilégios de que gozavam "havia sido definitivamente aceites por autoridades eclesiásticas e civis." Refere, igualmente, que os mestres e os estudantes "formavam uma corporação com privilégios de natureza fiscal [...], com um foro próprio [...], com rendimentos nem sempre muito abundantes, mas de facto assegurados por concessões papais, episcopais e régias." [58]

As universidades europeias são marcadas no século XIII, aquando da criação do Estudo Geral de Lisboa, pela pacificação entre os mestres seculares e os mendicantes, podendo os franciscanos e dominicanos obter graus em teologia e leccionarem na Universidade. Contudo, assiste-se neste período à emergência do conservadorismo teológico, de forma a combater as teses de Averrois, o aristotelismo e o tomismo, impulsionadores da independência intelectual e da fé na razão.

Para Mattoso, nos finais do século XIII, assiste-se na Europa ao fim da "fase em que a Universidade representara um dos mais prodigiosos

---

[57] Joaquim de Carvalho, *Obra Completa, II, História da Cultura*, Fundação Calouste Gulbenkian, 1982, p. 146.

[58] José Mattoso *A universidade portuguesa e as universidades europeias* e *A universidade e a sociedade, in História da Universidade em Portugal, I Volume, Tomo I*, Universidade de Coimbra, Fundação Calouste Gulbenkian, 1997, p. 5.

motores da renovação intelectual na Europa medieval", iniciando-se a fase em que a Universidade se "tornou um poderoso instrumento de reprodução social e mental da sociedade de então, mas sujeito a críticas e com um prestígio intelectual abalado." A conjuntura europeia leva à submissão dos mestres e dos lentes da universidade às autoridades eclesiásticas e régia, ganhando especial relevância o facto dos primeiros terem recuperado os seus direitos de controlo e de vigilância sobre os Estudos, assegurando a defesa da fé, a fidelidade doutrinal e que estes "não redundassem em viveiros de hereges ou inspiradores de doutrinas suspeitas." Segundo o mesmo autor, a "universidade portuguesa abre as suas portas justamente por estes anos de 1288-1290 em que se esmaga com a violência que as palavras do futuro Bonifácio VIII [...] o direito à discussão e o princípio da liberdade intelectual do ensino." [59]

Para Le Goff,[60] é no Sínodo de Paris, realizado 1290, que o Cardeal Gaetani, futuro Papa Bonifácio VIII, põe em crise o modo de vida dos mestres mendicantes, aos quais apelida de tolos e são proibidos de discutir os privilégios, em privado ou em público, dos religiosos. No entanto, várias universidades mantêm o seu prestígio, tornando-se autênticos modelos, casos de Paris e Bolonha. Havia por parte das autoridades papal, episcopal e régia interesse em "cultivar esse prestígio e mesmo em aperfeiçoar a formação intelectual dos clérigos, contando que eles fossem instrumentos dóceis da hierarquia e da ordem estabelecida."[61]

O Estudo Geral de Lisboa foi obra do poder político, ou seja, do poder régio, tendo sido dos primeiros a ser fundado pelo soberano, no caso concreto D. Dinis, ainda que com o apoio das autoridades eclesiásticas.

Fundar, na Idade Média, é sinónimo de dotar e privilegiar. Destacam-se como fundações pioneiras as universidades de Oxford, Paris, Bolonha, Montesina e Toulouse.

Os séculos XIV e XV foram, segundo Mattoso, "tempos de crise social em toda a Europa", vindo a reflectir-se em todas as instituições da época, mormente nos "sectores que mais podiam afectar a transmissão da cultura e do saber, ou seja, aqueles que envolviam o clero e a administração régia, principais clientes e promotores da cultura universitária."[62] Realça aquele autor como factores de perturbação as epidemias e as

---

[59] José Mattoso, *op.cit.*, pp. 7 e 9.
[60] Le Goff *apud* José Mattoso, *op.cit.*, p. 8.
[61] José Mattoso, *op.cit.*, p. 9.
[62] *Idem*, p. 305.

fomes, bem como a política respeitante à própria Universidade protagonizada pela Coroa portuguesa.

A fundação da Universidade coincide no reinado dinisiano com as inquirições realizadas em 1288-1289 e entre 1301 e 1307, colocando os senhores feudais em situação de conflito com o monarca.

Em 1308, a Universidade é transferida para Coimbra, obtendo D. Dinis a sua confirmação, através da Bula *Profectilus publicis*, do Papa Clemente V.

Ainda e no que ao respeita ao conflito, este gerou uma guerra civil que durou o período de 1319 a 1324. Para além do conflito armado com a nobreza, eclodiam também conflitos com o clero, originando enorme instabilidade, sem prejuízo dos privilégios concedidos à Universidade.

As opções estratégicas, de natureza política, de D. Dinis estão centradas na restrição dos poderes da nobreza e do clero e têm seguimento com D. Afonso IV, através das inquirições.

2. A estratégia político-diplomática de D. Dinis subjacente à fundação da Universidade

A criação do Estudo Geral ou Universidade por D. Dinis enquadra-se no "vastíssimo plano de organização, fomento e melhoramentos, permitindo que a universidade constituísse um pólo de difusão pela nação portuguesa do conhecimento, letras e ciências, e conferisse os graus científicos a quem se não satisfazia com o acanhado horizonte das escolas monásticas e das catedrais [...]."[63]

Não obstante a escola constituir um "factor basilar da vida intelectual e social de um povo", aquela "só alcançou uma significação precisa durante a Idade Média", com a criação do Estudo Geral, a par das escolas catedrais ou episcopais e das escolas monásticas",[64] onde impera o escolasticismo.

Releva, como elemento aglutinador, a adesão, em 1288, de alguns "varões eclesiásticos do reino, que de bom grado prometeram ceder das rendas das suas igrejas e mosteiros as taxas necessárias para pagamentos

---

[63] António de Vasconcelos, *Escritos Vários, Volume I*, Publicações do Arquivo da Universidade de Coimbra, 1987, p. 109.

[64] Joaquim de Carvalho, *op.cit.*, p. 143.

dos salários dos Mestres e Doutores do [...] Estudo Geral, o qual se combinou seria instalado na cidade de Lisboa." Contudo, as relações entre o monarca e o clero eram tensas, comprometendo as "negociações entabuladas entre os poderes eclesiástico e real."[65]

Neste particular, interessa mencionar que as relações tensas da "coroa com as classes privilegiadas – o clero e a nobreza [...]", remontam a D. Afonso III (1248-1279), pai de D. Dinis, ao pretender a "reorganização administrativa" do reino.[66]

A reorganização administrativa visava por termo à evasão aos impostos e à desobediência ao rei por parte dos proprietários nobres, dado que adquiriam terras à revelia da coroa. Neste sentido, D. Afonso III manda realizar, em 1258, as Inquirições gerais, permitindo aos inquiridores ir de terra em terra a averiguar, junto dos proprietários, as obrigações destes perante o fisco.

O clero, por sua vez, não admitia que o rei de Portugal se "arrogasse o direito de decidir unilateralmente em que condições podiam as igrejas adquirir bens", uma vez que constituía uma "interferência inadmissível na ordem canónica e até uma subversão da hierarquia existente entre os dois níveis (ou braços) do poder: o espiritual e o temporal." Em 1267, os bispos, que recusavam a devolução das terras, lançaram o "interdito sobre o Reino e a excomunhão sobre o Rei"[67], partindo para Viterbo, onde se encontrava o Papa, a quem deram a conhecer o conflito.

Perante a "severa denúncia dos prelados", o Rei respondeu, levando ao conhecimento do Papa que "estava a fazer preparativos para partir com os seus guerreiros para a Terra Santa, para, como cruzado, se bater com os inimigos da cristandade." Esta posição ou contra ofensiva político--diplomática por parte do monarca permitiu que o Papa declarasse suspensas as penas espirituais dos prelados e, simultaneamente, ganhar tempo para obter outros apoios internos. Assim e após o Rei ter obtido o apoio dos "homens-bons das cidades e vilas", subscrevendo estes uma exposição com a defesa da posição do monarca, o Papa Gregório X exige, em 1275, através da Bula *De Regno Portugaliae*, a "incondicional submissão do monarca às exigências do prelado", sob pena da anulação

---

[65] António de Vasconcelos, *op.cit.*, p. 109.

[66] José Hermano Saraiva, *A reorganização da monarquia, in História de Portugal, Volume 2*, Publicações Alfa, 1983, p. 15.

[67] *Idem*, pp. 15 e 16.

158   *Estudos de Homenagem ao Professor Doutor Artur Anselmo*

do dever de fidelidade ao rei e a sua consequente deposição. Em 1277, ano em que foi "anunciada a anulação dos vínculos vassálicos e a deposição do rei", o ambiente interno era caracterizado por tumultos graves.[68]

Perante um clima de conflituosidade, D. Afonso III decide, então, submeter-se, abrindo o caminho da sucessão a D. Dinis, a quem tinha entregue as responsabilidades do poder. No entanto, D. Dinis continuou a negociar no sentido da "intransigente defesa do direito do Reino em face das imposições da ordem canónica", uma vez que se mantinham em vigor as excomunhões e os interditos. Somente decorridos dez anos sobre a morte de D. Afonso III, ocorrida em 1279, se chega a um acordo – a Concordata dos 40 artigos – representando um "compromisso negociado entre dois poderosos soberanos, que regulamentavam litígios sem abdicar da sua soberania."[69]

Segundo Saraiva, a partir desta data, os "conflitos entre a coroa e o poder eclesiástico perderam em grande parte a anterior violência." Embora a Igreja nunca abdicasse da "imunidade dos seus bens, da jurisdição própria, da defesa contra intromissão do poder civil", acabou por acatar a autoridade real.[70]

A negociação entabulada com a Santa Sé permitiu salvaguardar a posição de D. Dinis, evitando este ser o interlocutor directo com a Santa Sé, tendo enviado a Roma o Arcebispo de Braga e os Bispos de Coimbra, Lamego e Silves, na tentativa de solucionar o conflito, junto do papa Nicolau IV.

A discórdia entre os poderes real e eclesiástico foi ultrapassada, como já se referiu, em 1289, dando, assim, capacidade ao Rei de tratar directamente com o Papa a criação do Estudo Geral.

Segundo Vasconcelos, D. Dinis funda "por sua própria autoridade" o "Estudo em Lisboa", participando ao Papa a "fundação que acabava de realizar", obtendo a respectiva aprovação e confirmação do Pontífice, redigindo este a Bula *"De statu regni Portugáliae."*[71]

Para Mota Veiga, a "Universidade foi fundada por influência e a pedido do clero português, pedido que foi benignamente aceite, já por el-rei D. Denis, já pelo Papa Nicolau IV", tendo que o clero português "[...] principalmente concorreu para a sustentação e conservação da

---

[68] *Idem*, pp. 17 e 18.
[69] *Idem*, p. 19.
[70] *Ibidem*.
[71] António de Vasconcelos, *op.cit.*, p. 111.

mesma Universidade, logo desde o seu princípio." De harmonia com Teófilo Braga, pertence a D. Dinis a "iniciativa da fundação da Universidade", depois de "apartados alguns impedimentos do grande letígio dos Bispos com o Rei sôbre as jurisdições." [72]

A criação do Estudo Geral surge, assim, associada à figura de D. Dinis, com o apoio das autoridades eclesiásticas, cujo papel nos permite destacar as opções estratégicas, internas e externas, através de instrumentos de natureza político diplomática, com vista ao reforço do poder régio e defesa dos interesses do Reino.

3. A transferência da Universidade de Lisboa para Coimbra. Etiologia

D. Dinis transfere a Universidade de Lisboa para Coimbra no ano de 1308, obtendo, para o efeito, a aprovação do Papa Clemente V.

A "26 de Fevereiro de 1308 são expedidas as bulas *Profectibus publicis* e *Porrecta nuper*; e, por virtude daquela, o Arcebispo de Braga D. Martins de Oliveira e o Bispo de Coimbra D. Estêvão Anes Brochardo devem ter logo procedido aos necessários inquéritos prescritos pelo pontífice, e verificadas as razões de conveniência, autorizariam a trasladação na primavera ou verão do mesmo ano." Releva que o "diploma régio solene da fundação da Universidade de Coimbra" foi "expedido de Lisboa" a 15 de Fevereiro de 1309, "munido do seelo do cauallo em fios de seda brancos e verdes e vermelhos." [73]

D. Dinis mandou, então, reconstruir as habitações e construir o edifício para a Universidade. De acordo com a "jurisprudência da época, era necessário que ele autorizasse a transferência, como havia autorizado a fundação; carecia além disso D. Denis da intervenção do Pontífice, não só para que à Universidade de Coimbra se mantivessem os privilégios canónicos concedidos à de Lisboa, mas também para que novas rendas eclesiásticas fossem atribuídas ao Estudo, a-fim-de poder ter o necessário desenvolvimento." As razões atinentes à transferência prendem-se com a agitação de Lisboa, tornando-se uma "cidade de muito movimento, com um tráfego comercial já então notável, frequentada de numerosos negociantes e vesitantes estranjeiros e nacionais [...]." [74]

---

[72] Veiga *apud* António de Vasconcelos, *op.cit.*, pp. 18 a 20.

[73] António de Vasconcelos, *op.cit.*, p. 89.

[74] *Idem*, pp. 79 e 88.

160 Estudos de Homenagem ao Professor Doutor Artur Anselmo

A cidade de Lisboa tornou-se, assim, num meio pouco tranquilo para os estudos e, consequentemente, propício à distracção dos estudantes. Entre os motivos subjacentes à dita transferência figuram, também, problemas de ordem pública.

Não se pode descurar os privilégios de que gozava a Universidade, desde a proibição de rendas excessivas por parte dos senhorios à isenção da jurisdição comum de que beneficiava o corpo universitário, ficando sob alçada do foro eclesiástico. Os estudantes gozavam, assim, de inúmeros privilégios concedidos pelo Rei e pelas bulas pontifícias.

Segundo Vasconcelos, os estudantes constituíam uma "classe privilegiada, e sobre tudo altamente protegida pelo Rei", tornando-se no seu protector e defensor, "disposto a dispensar-lhes graças e favores." Contudo e dados os inúmeros conflitos e escândalos, "constantes e graves", tornaram-se "odiosos aos olhos da população."

A escolha de Coimbra prende-se, por sua vez, com a tranquilidade da mesma, pelo facto de ser, segundo o mesmo autor, "pouco movimentada, a par da índole boa, pacífica e ordeira dos habitantes", permitindo conjugar a vida universitária sem grandes sobressaltos. Registe-se que Coimbra fora a residência, até D. Afonso III, "mais aturada dos monarcas", acentuando-se, a partir daí, o "decrescimento da população da *cêrca da almedina*, ou bairro compreendido entre as muralhas." Releva que o progenitor de D. Dinis concedera, em 1269, "grandes privilégios e isenções aos moradores de almedina", entre os quais não "serem obrigados a executar serviços, nem a servir na guerra, ainda que vencendo soldo, a não ser que o Rei fosse em pessoa", ficando "dispensados de quaisquer tributos, inclusive da *amíduva*, isto é, da contribuição de serviço braçal."[75]

4. A Universidade nos reinados de D. Afonso IV a D. Fernando

O papel de D. Afonso IV (1325-1357) centra-se, politicamente e à semelhança de D. Dinis, na oposição à nobreza, mas, em especial, na "restrição de poderes temporais da Igreja", através das inquirições. Segundo Mattoso, os conflitos armados entre o rei e o poder eclesiástico originaram um "ambiente tão agitado" que se deve ter "representado nas

---

[75] António de Vasconcelos, *op.cit.*, pp. 79 a 85.

relações entre o rei e a Universidade", referindo que a "falta de simpatia do rei pela Universidade é bem patente no diploma em que a transfere para Lisboa"[76], datado de 1338, uma vez que quer fazer morada em Coimbra, no local onde se situavam as pousadas dos escolares.

Para além da instabilidade política e social que caracteriza o reinado de D. Afonso IV, cresce a peste negra, cuja morbilidade afectou a cidade de Lisboa.

Em 1354, a Universidade regressa a Coimbra, onde se mantém até 1377.

Contudo e já no reinado de D. Pedro I (1357-1367), após atenuação dos conflitos com o clero, ressurge a peste, cujos surtos assolaram as populações em 1356 e no período de 1361 a 1363, a par da fome resultante de anos agrícolas improdutivos.

Quanto à Universidade, D. Pedro I confronta-se com as rendas inflacionadas pela burguesia de Coimbra, tendo, consequentemente, melhorado as condições de habitabilidade da Universidade e dos estudantes.

D. Fernando (1367-1383) concedeu vários privilégios à Universidade, não obstante o ambiente interno se caracterizar pela instabilidade social resultante de "revoltas e uniões populares, sobretudo de gente dos mesteres de Lisboa, Alenquer, Santarém, Abrantes, Tomar e Leiria"[77], no período de 1371 a 1373, seguido de perturbações que se alastram a Portel. Montemor-o-Velho e Tomar, em 1374, 1375 e 1379.

No reinado de D. Fernando, assiste-se a um "mal-estar difuso, causado, entre outros factores, pela desorganização decorrente das fomes e das pestes, a irregularidade dos abastecimentos às cidades, a alta dos preços, as disparidades dos salários, a carestia de mão-de-obra, a inoperância das medidas políticas [...]."[78] A política externa e as leviandades do monarca contribuíram para o agravamento do "drama económico--social do país."[79]

Acresce outro factor de grande perturbação, para além das guerras de Portugal com Castela, nos períodos de 1369-70, 1372-73 e 1381-82, que teve a ver com as dissenções na Corte. Salienta-se que Lisboa foi assolada pelas tropas castelhanas, tendo a armada da Castela ocupado e atacado aquela cidade, cujo cerco terminou em 1384, devido à peste.

---

[76] José Mattoso, *op.cit.*, p. 307.
[77] *Idem,* p. 309.
[78] *Ibidem.*
[79] Manuel Nunes Dias, *op.cit.*, p. 15.

Na opinião de Mattoso, a "agitação culminou com os perturbados anos da revolução de 1383 e das suas sequelas, até à batalha de Aljubarrota", cujas "violências e perturbações [...] agudizaram ainda mais o clima de crise."[80]

Para Birmingham, a "revolução de 1383 lançou os alicerces da sociedade moderna primitiva em Portugal", atendendo a que não "só os camponeses se revoltaram contra os barões como os burgueses se rebelaram contra a Coroa", abrindo "caminho para uma participação alargada na vida política."[81]

No mesmo sentido, refere Carvalho que a "problemática politica só surge com amplitude, profundidade e complexidade depois de Aljubarrota, ao dealbar do renascimento da cultura antiga e da nova era da nossa história", uma vez que no "inicio do século XV, Portugal gerou a mais profunda revolução da sua vida histórica: destruíram-se interesses fortemente enraizados, renovou-se a vida pública, a começar pela própria dinastia, ascenderam a posições dirigentes pessoas até então obscuras, a nação tomou consciência do seu destino."[82]

Em 1377, D. Fernando transfere a Universidade, de novo, para Lisboa, certamente na "esperança de que assim mais facilmente faria aquisição de mestres estranjeiros, que viessem erguê-la da grande decadência em que se achava", pois "tais mestres não se submetiam ao sacrifício de habitar numa terra pequena e falta de vida, como era Coimbra."[83]

A crise de 1383 deve, segundo Dias, inscrever-se no "drama económico-social europeu", constituindo um "fenómeno conexo"[84] com a Guerra dos Cem Anos, dada a política de blocos das duas potências de forças terrestres, França e Inglaterra, materializada na aliança com nações marítimas, Castela e Portugal, respectivamente.

---

[80] José Mattoso, *op.cit*, p. 310.
[81] David Birmingham, *op.cit.*, p. 30.
[82] Joaquim de Carvalho, *op.cit.*, p. 376.
[83] António de Vasconcelos, *op.cit.*, p. 113.
[84] Manuel Nunes Dias, *op.cit.*, p. 13.

Capítulo 3 – A Universidade no Período de 1385 a 1557

1. A estratégia cultural nos reinados de D. João I a D. Afonso V

Os membros da Universidade tomaram posição no conflito de 1383--1385, que culminou com o garante da integridade de Portugal, pedindo a protecção do Mestre de Avis, futuro D. João I (1385-1433). Em contrapartida, o monarca concede vários diplomas à Universidade, confirmando os privilégios, isenções e liberdades dados pelos monarcas anteriores, garantindo a continuidade daquela em Lisboa.

Na opinião de Vasconcelos, a Universidade ganha vigor no reinado de D. João I, fruto da simpatia e gratidão que as pessoas ligadas à Universidade granjearam junto do monarca, em virtude do apoio na "defesa da independência nacional" e dos "serviços ao país."[85]

Refira-se que D. João I dispensa os mestres de terem cavalo e armas para poderem gozar do privilégio de cavaleiros, tendo aumentado o rendimento da Universidade, ao pedir ao Papa, em 1411, a anexação de igrejas em cada diocese do reino.

Salienta-se, também neste período, a influência de João das Regras, doutor pela Universidade de Bolonha e membro do conselho régio, como defensor da Universidade, tendo sido nomeado no cargo de protector, " [...] exercido durante o século XV por figuras influentes da corte ou por familiares do rei."[86]

Para Mattoso, as "transformações sociais que se seguiram à revolução [...] não parecem ter sido desfavoráveis à Universidade", criando um "ambiente de renovação, de abertura de oportunidades a quem até então as não podia alcançar." Refere-se à possibilidade de outros estratos sociais acederem à Universidade, como os "mesteres, mercadores e letrados, os filhos segundos e membros colaterais das grandes famílias, os membros da aristocracia rural que conseguiram a nobilitação [...]"[87], dando à universidade o cunho de via de acesso à obtenção de privilégios aristocráticos.

---

[85] António de Vasconcelos, *op.cit.*, p. 114.
[86] José Mattoso, *op.cit.*, p. 311.
[87] *Ibidem.*

Contudo, no final do século XIV e inicio do século XV, as contradições sociais existentes geram um ambiente de conflito e, consequentemente, "condições negativas para a regularidade da transmissão de um saber especializado"[88], a par, novamente, das pestes, da fome e da guerra com Castela, embora sem a violência que atingiu com as invasões de 1384 e 1385.

Salienta-se que a defesa da causa nacional, aquando da crise, teve nas classes populares o seu suporte, embora dirigida e financiada pela burguesia, ambicionando esta a gestão dos negócios do Estado.

Até 1432, Portugal vive as graves consequências da fome e da peste, nomeadamente a escassez de mão-de-obra, assim como a oscilação da moeda e a especulação. Contudo, este ambiente interno conturbado não impediu que a dinastia de Avis desse continuidade à expansão e colonização, à semelhança do que acontecera nas ilhas atlânticas.

A unificação de Portugal ao norte de África constitui um objectivo estratégico vital, dado oferecer forte probabilidade de se tornar o celeiro do reino, a par da oportunidade da conquista de novos territórios e consequente acesso ao ouro africano, desiderato que reunia o consenso e agrado dos nobres e das ordens militares, tendo D. Henrique, em 1415, tomado Ceuta, simbolizando, desta forma, o "fim do olhar para dentro, que caracterizou a Idade Média europeia, e o início do olhar para fora, típico do período de expansão."[89]

Para Ceuta, tida como um dos "estratégicos termos das rotas transaarianas do ouro, da malagueta e dos demais artigos ricos do Sudão", convergiam Coroa, clero, povo, nobreza, mercadores e marinheiros portugueses, tendo a sua conquista simbolizado um "salto inédito na história", uma "significativa marcha para o futuro do mundo Ocidental" e o "ponto de partida para a integração da civilização europeia na civilização mundial."[90]

Para Carvalho, é com a dinastia de Avis que se coloca verdadeiramente o "problema do fundamento do poder político" numa dupla vertente: por um lado, as circunstâncias da ascensão de D. João I ao trono, defendendo uns a "tímida origem democrática, isto é, o consenso dos

---

[88] *Ibidem.*
[89] David Birmingham, *op.cit.*, p. 33.
[90] Manuel Nunes Dias, *op.cit.*, pp. 52 a 54.

povos" e outros a "procedência divina", por outro lado, irrompe o problema da guerra justa ou, na sua tradução popular, a legitimidade da expansão nacional."[91]

No século XV e ao invés da guerra defensiva, e justa do ponto de vista religioso, em que consistiu a conquista do território português aos mouros, coloca-se a questão da legitimidade de Portugal quanto às expedições e conquistas de Ceuta e Tânger, ou seja, seria legitimo "atacar o muçulmano no próprio lar?"[92]

A política expansionista de quatrocentos levanta um problema "perante a consciência moral e religiosa, e cujas vicissitudes e antagonismos [...]" ou "divergências, que laceravam a unidade da acção nacional [...]" se atenuam com a intervenção papal requerida por D. Duarte, ao permitir reputar a expansão como uma "missão colectiva que exaltava a consciência profunda da Nação, no ardor de unir espiritualmente os homens e os povos com os laços de religião."[93]

As conquistas desencadeiam a necessidade do "fluxo ininterrupto de cavaleiros e homens de armas que representavam um esforço de guerra considerável para um país demograficamente debilitado."[94]

No que concerne à Universidade, releva que, em 1431, o Infante D. Henrique, enquanto protector da Universidade, confere a esta maior dignidade ao oferecer um edifício, melhorando, assim, as suas condições. De harmonia com Mattoso, D. Duarte (1433-1438) limitou-se a confirmar os privilégios anteriormente concedidos, havendo "notícias de que se recusava a atribuir bolsas a quem queria estudar no estrangeiro", facto que considera estranho num rei que é considerado um dos mais invulgares expoentes do apoio político dado à cultura portuguesa."[95]

Durante a regência de D. Pedro, que terminou em 1446, com a subida de D. Afonso V ao trono, aquele manifestou interesse pela Universidade ao confirmar e conceder privilégios, bem como promove, em 1443, a fundação de "um novo Estudo Geral em Coimbra."[96]

O reinado de D. Afonso V (1446-1481) é marcado por um ambiente social pacificado, "apesar de marcado pela recuperação do poder da

---

[91] Joaquim de Carvalho, *op.cit.*, p. 377.

[92] *Ibidem.*

[93] *Idem*, p. 378.

[94] José Mattoso, *op.cit.*, p. 312.

[95] *Idem*, p. 313.

[96] *Ibidem.*

166 *Estudos de Homenagem ao Professor Doutor Artur Anselmo*

nobreza feudal e pelas campanhas de África, que custaram ao país muito sangue e muito dinheiro."[97]

Assiste-se a um grande desenvolvimento comercial, fruto dos produtos provenientes de África, em especial o ouro, que permite a cunhagem de moeda – os cruzados, em meados do século XV. A intensa actividade comercial atrai comerciantes estrangeiros, transformando a cidade de Lisboa num importante entreposto comercial.

Ao ambiente de crescimento e prosperidade está associado o possível "aumento da população durante a segunda metade do século XV"[98], fruto, certamente, da imigração negra para Portugal, embora se registem novos surtos de peste, fome e maus anos agrícolas.

D. Afonso V confirma os privilégios concedidos pelos anteriores monarcas e alarga esses privilégios, na medida em que isenta de impostos de importação os "livros vindos do estrangeiro", permite que os mestres e doutores enverguem "vestuário e ornamentos de seda, tal como os cavaleiros, o privilégio de poderem cavalgar em besta muar: tudo evidentes sinais do aumento do prestígio social dos docentes universitários."[99] Assiste-se à aristocratização dos universitários, conforme já acontecera em Itália e França.

O monarca adopta providências, nomeadamente no sentido de "proibir os lentes e escolares de advogarem contra a Universidade", de "evitar a atribuição de cadeiras por influências de poderosos e do próprio rei", de "assegurar o salário dos lentes."[100]

D. Afonso V concedeu numerosas bolsas, incluindo para estudos no estrangeiro, cujas concessões beneficiaram, em especial, os nobres, manifestando um "inequívoco desejo de aumentar o número de diplomados e de aprofundar a formação cultural pelo menos dos membros da corte."[101] No reinado de D. Afonso V assiste-se ao "êxodo da mocidade para o estranjeiro, a pedir às Universidades, que lá floresciam, a cultura literária e científica [...]."[102]

---

[97] *Idem*, p. 314.
[98] Sousa *apud* José Mattoso, *op.cit.*, p. 315.
[99] José Mattoso, *op.cit.*, p. 315.
[100] *Ibidem.*
[101] *Idem*, p. 318.
[102] António de Vasconcelos, *op.cit.*, p. 116.

2. O papel da Universidade nos reinados de D. João II, D. Manuel e D. João III

O reinado de D. João II (1481-1495) caracteriza-se por uma política de contenção e poupança no que respeita aos estudos dos fidalgos, na qualidade de bolseiros, talvez pressionado pelos representantes do povo nas Cortes de Évora, realizadas em 1482. Refira-se que o reinado de D. João II é marcado pelo protectorado da classe média e pelo fortalecimento do poder régio face à nobreza, do qual sobressai como manifestação inequívoca a execução, em Évora, do duque de Bragança.

Em 1495, sucede-lhe D. Manuel I (1495-1521), cujo reinado, de prosperidade e opulência, beneficia das riquezas do comércio ultramarino, em especial do ouro e das especiarias. Salienta-se que este monarca "encontrou o caminho aberto para prosseguir a empresa atlântica" graças à "preciosa herança – poder político centralizado, a rota da Mina ultimada, e entreaberta a porta da Índia",[103] legada pelo antecessor.

D. Manuel I promulga, no início do século XVI, os novos Estatutos da Universidade, mandando construir novos edifícios, assim como renova o ensino. Para além do aumento do vencimento dos lentes, a Universidade dispõe, entre outros, de reitor, conselheiros, conservador, síndico, escrivão e taxadores. É no reinado de D. Manuel que este se torna, por eleição ou nomeação, protector da Universidade, conservando-se, desde então, na pessoa do monarca.

Dado o atraso da nossa Universidade face a outras, o monarca insufla "vida nova neste organismo definhado", ampliando as "funções de Protector", contratando "lentes para virem reger cadeiras" e decretando "por sua autoridade régia uns Estatutos propriamente ditos, nos quais reservou ao Protector o direito exclusivo de fazer de futuro Estatutos e modificar os existentes."[104] Relevante se torna a criação da cadeira de astronomia em 1513, a par do desenvolvimento do ensino das ciências e do grego, não obstante Braga considerar que a intervenção do monarca "representa uma forma de ditadura política que afectava a liberdade de ensino [...]."[105]

Para Mattoso, o rei não deixou de estimular o movimento espontâneo, fruto dos animados contextos internacionais dos universitários

---

[103] Manuel Nunes Dias, *op.cit.*, p. 584.

[104] António de Vasconcelos, *op.cit.*, p. 116.

[105] Braga *apud* José Mattoso, *op.cit.*, p. 318.

168 *Estudos de Homenagem ao Professor Doutor Artur Anselmo*

portugueses, iniciados durante a segunda metade do século XV, malgrado o reino se debater com surtos de pestes e epidemias várias.

Para Vasconcelos, os "vícios antigos, acrescentados com alguns nascidos das novas circunstâncias do meio, corroíam o organismo universitário, e exigiam uma reforma radical, e até a transplantação da universidade para fora do bulício, luxo, distracções e desmoralização da côrte",[106] o que vem a acontecer no reinado de D. João III.

Em 1521, D. João III (1521-1557) sucede a D. Manuel.

No período de 1521 a 1537, data da transferência e fixação definitiva da Universidade em Coimbra, é tempo "aparentemente de crise para a Universidade." O ambiente da época, embora marcado pelas pestes e fomes, é caracterizado por uma certa "perturbação da vida universitária", atentas as "irregularidades no provimento das cadeiras" e a proposta de mudança da Universidade de Lisboa para Coimbra, Évora, Braga ou Porto, à qual se opõem os lentes de Lisboa, "sugerindo que se fundasse uma nova universidade, em vez de transferir a já existente." [107]

O motivo da transferência da Universidade para Coimbra prende-se com a "existência de mau clima sanitário e da vida agitada da capital do império, inadequada à quietude e à estudiosidade", bem como com a "necessidade do monarca de garantir o acesso a alunos dos zonas mais povoadas do país e não apenas de Lisboa", para além de parecer indispensável "afeiçoar os estudos às novas tendências do saber e à mecânica e interesses do centralismo régio [...]. Ao trono convinha dispor de Escola de posses intelectuais e financeiras, onde se formassem espíritos esclarecidos, bons servidores da Igreja, sua coluna gémea e, ao mesmo tempo, de universitários capazes, preparados para assumir as mais variadas funções no aparelho da Coroa, quer na Corte e nas províncias, quer nos domínios ultramarinos [...]." [108]

Para Ramos, D. João III marca, ao transferir definitivamente a Universidade, a ruptura com os tempos medievais, uma vez que sintoniza aquela com "as correntes europeias do pensamento renascentista."[109]

---

[106] António de Vasconcelos, *op.cit.*, p. 117.

[107] José Mattoso, *op.cit.*, p. 319.

[108] Luís A.O.Ramos, *A Universidade de Coimbra, in História da Universidade em Portugal, I vol., Tomo II*, Coimbra, Universidade Coimbra/Fundação Calouste Gulbenkian, 1997, pp. 362 e 363.

[109] *Idem*, p. 361.

Regista-se, neste reinado, o convite, feito em 1533, por D. João III a Erasmo para vir ensinar a Portugal, pelo recrutamento de mestres de que Damião de Góis foi encarregado e pela fundação do Colégio das Artes de Coimbra em 1535. Criaram-se, nesta época e na cidade de Coimbra os Colégios de Todos os Santos, de S. Miguel, de S. João Baptista e de Santo Agostinho, tendo como referência o Mosteiro de Santa Cruz.

Em 1537, D. João III transfere, definitivamente, a Universidade para a cidade de Coimbra, a par da organização do Colégio Real das Artes que inicia a sua actividade em 1548, muito por obra de André Gouveia ao escolher mestres franceses, provenientes de Bordéus. No entanto e não obstante o assentimento e reconhecimento do monarca, o Colégio das Artes vai perdendo prestígio e reputação devido à acusação de heterodoxia dos referidos mestres. O monarca decide, então, entregar o Colégio à Companhia de Jesus, fundadora do Colégio de Jesus, o que acontece no ano de 1550.

Para Mattoso, deve-se a D. João III a acção reformadora da Universidade, na medida em que o monarca está vivamente empenhado em promover os estudos universitários, contando com o "devido apoio por parte de sectores bastante diferenciados", permitindo que a Universidade se impunha na "vida intelectual portuguesa, num processo crescente de estruturação e de aumento de prestígio."[110]

De harmonia com Vasconcelos, o "período de brilhantíssimo esplendor da Universidade renascentista portuguesa" termina com a morte de D. João III, faltando, consequentemente, à Universidade a "protecção e defesa na corte, mais vezes hostil ou indiferente, do que disposta a ampará-la", dado o desaparecimento da "protecção do braço forte do real mecenas."[111]

O empenho activo dos monarcas permite, gradualmente, inverter a centralidade papal na vida universitária, uma vez que no "Reino, e nos demais países do velho Continente, domina a intervenção dos poderes políticos nos *studia*, a par do decisivo assentimento papal, que nos tempos modernos recua face à relevância do poder absoluto dos monarcas. De facto, na Idade Média, o Pontífice figura a personalidade central na criação das estruturas universitárias incrustadas no tecido social dos

---

[110] José Mattoso, *op.cit.*, pp. 319 e 320.
[111] António de Vasconcelos, *op.cit.*, pp. 122 e 125.

diversos países, enquanto, na época seguinte, o soberano passa a ser fonte dos privilégios que as estabelecem e regulam."[112]

A monarquia portuguesa não é alheia a esta evolução, dado que o "papel do rei torna-se, em crescendo, maior, de acordo com uma tendência em desenvolvimento desde a medievalidade."[113]

Portugal encontra-se, neste período, "envolvido num processo mundial de expansão ultramarina",[114] cabendo, em especial, aos seus funcionários, colonos e missionários a implementação de instrumentos de civilização e a difusão da fé no seio das populações indígenas, integrada numa política de tolerância e numa estratégia de captação e preservação em detrimento do extermínio, que veio a originar progressos no conhecimento e na ciência, a par de profundas alterações numa nova cultura, assente na mundividência.

Conclusão

Partindo dos factos históricos subjacentes ao período em apreço, identificamos dois momentos, em épocas diferentes, que evidenciam, na nossa opinião, a expressividade estratégica da Universidade, inscrevendo-se o primeiro com a sua criação, no reinado de D. Dinis, e o segundo com a crise de 1383-85.

O Portugal medievo caracteriza-se pela coesão política, cultural e religiosa em volta do monarca, fruto da pequenez, do isolamento do território e do esforço comum contra os mouros. A reconquista cristã originou, consequentemente, a necessidade de coesão e unidade internas, emergindo um poder régio forte e centralizado.

O Estudo Geral de Lisboa foi obra do poder político, ou seja, do poder régio, tendo sido dos primeiros a ser fundado pelo soberano, no caso concreto D. Dinis, ainda que com o apoio das autoridades eclesiásticas.

A criação do Estudo Geral surge, assim, associada à figura de D. Dinis, com o apoio das autoridades eclesiásticas, cujo papel nos permite destacar as opções estratégicas, internas e externas, através de ins-

---

[112] Peset *apud* Luis A.O.Ramos, *op.cit.*, p. 365.
[113] Luis Ramos, *op.cit.*, p. 365.
[114] *Idem*, p.367.

trumentos de natureza político-diplomática, com vista ao reforço do poder régio e defesa dos interesses do Reino. Releva, também, que fundar, na Idade Média, é sinónimo de dotar e privilegiar.

Podemos, assim, deduzir que a fundação do Estudo Geral, no século XIII, ocorre num quadro caracterizado pela coesão política, cultural e religiosa em torno da figura centralizadora do monarca, pela centralização do poder régio e pela precoce unidade nacional, sendo o resultado da conjugação de modalidades de acção indirecta, internas e externas, de cariz político e diplomático, constituindo, por conseguinte, um instrumento estratégico na consolidação e afirmação de Portugal como reino soberano.

Salienta-se, necessariamente, a dupla dinâmica subjacente à criação da Universidade, corporizada pela congregação de vontades do monarca, tornando-se protector da Universidade, e da Igreja, cedendo esta rendas das suas igrejas e mosteiros, constituindo, assim, um elemento aglutinador determinante a enquadrar na consecução do objectivo nacional de individualização de Portugal.

Não obstante o interesse e o empenho de D. Dinis, somente em meados do século XV se manifestam indícios de estabilidade na Universidade. Para aquele monarca, a fundação da Universidade permitiria ao rei, através das imprescindíveis prebendas canónicas e anuência papal, formar sabedores ou letrados, com o intuito de o ajudarem no fortalecimento da justiça régia, quer na paz, quer na guerra.

O outro momento a destacar prende-se com o papel que os membros da Universidade adoptaram durante a crise de 1383-85, dado que, em contrapartida, D. João I concede vários diplomas à Universidade, confirmando os privilégios, isenções e liberdades, dados pelos monarcas anteriores, bem como garante a sua continuidade em Lisboa.

Deduzimos, pois, que os membros da Universidade tomaram posição no conflito de 1383-1385, que terminou com a ofensiva castelhana, em apoio da causa nacional, ou seja, da defesa da independência portuguesa, a par da protecção concedida pelo Mestre de Avis. Neste sentido, a Universidade constituiu um baluarte em tempo de crise e, consequentemente, um instrumento estratégico na consolidação do poder político interno e no garante da independência nacional face a Castela.

Releva deduzir que a Universidade pós crise 1383-85 constituiu, também em parte, um instrumento estratégico de natureza sociocultural, na medida em que *democratizou* ou possibilitou o acesso a outros estratos sociais, tais como nobres rurais, mesteres, filhos segundos ou mercadores.

172   *Estudos de Homenagem ao Professor Doutor Artur Anselmo*

Não devemos, contudo, descurar, que a Universidade é tida como uma instituição que gera privilegiados ou serve de acesso à obtenção de privilégios aristocráticos, em demanda de afirmação social, dado que as personalidades de maior relevo político ou intelectual, caso de João das Regras, obtinham os respectivos graus em instituições estrangeiras.

Refira-se que a Universidade gozou da protecção e dos privilégios dos sucessivos monarcas, a par da omnipresente protecção pontifícia, resultado da estratégia político – diplomática desenvolvida, embora não se conseguisse internacionalizar, durante o período da sua fundação até à fixação definitiva em Coimbra, no século XVI, permanecendo, assim, como um Estudo modesto e de âmbito regional.

Releva, por último, o paradoxo de Portugal ter criado um espaço de afirmação e garantido liberdade de acção e projecção internacional ímpares nos séculos XV e XVI, graças, em especial, à talassocracia portuguesa, que fez de Portugal uma potência e uma das nações mais ricas da Europa, sem que idêntico *salto* se fizesse notar na vida e na projecção da Universidade.

Bibliografia

BIRMINGHAM, David, *História de Portugal, Uma perspectiva mundial*, Lisboa, Terramar, 1998.

CARVALHO, Joaquim, *Obra completa, II, História da Cultura*, Fundação Calouste Gulbenkian, 1982.

COELHO, Maria H.C., *As finanças, in História da Universidade em Portugal, I Volume, Tomo I*, Universidade de Coimbra, Fundação Calouste Gulbenkian, 1997.

DENIS, Henri, *História do Pensamento Económico*, Livros Horizonte, 6ª Ed., 1990.

DIAS, Manuel Nunes, *O Capitalismo Monárquico Português (1415-1549), Contribuição Para o Estudo das Origens do Capitalismo Moderno*, Coimbra, Faculdade de Letras da Universidade de Coimbra, 1963.

GARCIA, Maria G.F.P.D., *Da Justiça Administrativa em Portugal, sua origem e evolução*, Lisboa, Universidade Católica Editora, 1994.

HUNTINGTON, Samuel P., *O Choque das Civilizações e a Mudança na Ordem Mundial*, 2ª Ed., Lisboa, Gradiva, 2001.

MAQUIAVEL, *O Príncipe*, Queluz, Coisas de Ler Edições, 2003.

MATTOSO, José, *A universidade portuguesa e as universidades europeias* e *A universidade e a sociedade, in História da Universidade em Portugal,*

I Volume, Tomo I, Universidade de Coimbra, Fundação Calouste Gulbenkian, 1997.

MAXWELL, Kenneth *A Construção da Democracia em Portugal*, Lisboa, Editorial Presença, 1999.

RAMOS, Luís A.O., *A Universidade de Coimbra, in História da Universidade em Portugal, I Volume, Tomo II*, Coimbra, Universidade Coimbra, Fundação Calouste Gulbenkian, 1997.

SARAIVA, José Hermano, *A reorganização da monarquia, in História de Portugal, Volume 2*, Publicações Alfa, 1983.

VASCONCELOS, António, *Escritos Vários, Volume I*, Publicações do Arquivo da Universidade de Coimbra, 1987.

VIANA, Vitor D.R., *A Evolução do Conceito Estratégico Nacional, da Fundação ao Estado Novo*, Lisboa, IAEM, 1996.

CIÊNCIAS JURÍDICAS

ARGUIDO

DO PRESUMIDO INOCENTE AO PRESUMIDO CULPADO

Germano Marques da Silva
*Professor da Faculdade de Direito
da Universidade Católica*

1. Recordo a minha primeira participação na elaboração de um projecto legislativo, ainda que de modo acessório e subordinado. Jovem assistente de Direito Penal e de Processo Penal na Faculdade de Direito da Universidade de Lisboa, foi-me permitido pelo meu saudoso Mestre, Doutor Manuel Cavaleiro de Ferreira, participar com ele nos estudos de preparação do anteprojecto de diploma que viria a converter-se no Decreto-Lei n.º 185/72, de 25 de Maio.

Este diploma foi publicado na sequência da revisão da Constituição Política de 1933 pela Lei n.º 3/71, de 16 de Agosto, que disciplinou de forma nova a prisão preventiva e reforçou as garantias individuais no campo do direito e do processo penais, impondo-se depois a sua regulamentação pela lei ordinária, o que o Decreto-Lei n.º 185/72 fez.

E recordo este facto pelo entusiasmo com que participei nos referidos trabalhos. Entusiasmo do jovem jurista que então era, mas entusiasmo também reforçado pela esperança que a chamada "Primavera Marcellista" alimentava nos da minha geração. Com que saudade recordo hoje as muitas reuniões ao fim da tarde em casa do meu Professor em que ele paternalmente me permitia discretear sobre garantias dos arguidos no processo penal e ensaiar projectos de articulado para os futuros arts. 251.º e 252.º do Código de Processo Penal de então, que estabeleciam o conceito, o momento e os pressupostos da constituição de arguido no processo.

Contra a boa técnica legislativa, mas porque se impunha dar então um sinal forte de mudança, a reforma de 1972 consagrou uma definição legal de arguido no que viria a ser o art. 251.º do Código de então. Acrescia a necessidade de pôr alguma ordem na terminologia do Código que ora usava o termo "arguido", e assim era também com o texto da Constituição Política, ora "réu" (especialmente nas disposições relativas ao julgamento), e também "acusado" (para indicar o arguido já pronunciado), "indiciado" e até "culpado".

O termo "arguido" para designar a pessoa sobre quem recaía forte suspeita, já suficientemente indiciada nos autos, de ter praticado o crime, parecia o mais indicado para referir a sua qualidade de sujeito processual e já fora o preferido pelo Decreto-Lei n.º 35 007, de 13 de Outubro de 1945, cujo elaboração tinha sido também da directa responsabilidade de Cavaleiro de Ferreira, e pelo texto da Constituição revista em 1971.

2. O art. 251.º passou a ter a seguinte redacção: «É arguido aquele sobre quem recaia forte suspeita de ter perpetrado uma infracção, cuja existência esteja suficientemente comprovada». Esta definição tornava-se muito relevante porque logo o artigo seguinte, o art. 252.º , dispunha que «não deve ser interrogado como testemunha ou declarante todo aquele a respeito de quem se procure na instrução averiguar dos fundamentos da suspeita de ter cometido uma infracção». A constituição de arguido no processo constituía, por isso, uma garantia de defesa, desde logo a de a pessoa indiciada como possível agente do crime e contra quem era dirigida a investigação não poder ser interrogado como testemunha, qualidade que a obrigava a dizer tudo o que sobre o crime fosse do seu conhecimento.

Nessa mesma linha, da qualidade de arguido constituir essencialmente uma garantia de defesa da pessoa indiciada, o § único do art. 252.º passou a ter a seguinte redacção: «As pessoas sobre quem recaia, durante a instrução preparatória, a suspeita de ter cometido uma infracção poderão requerer que lhes seja feito interrogatório nos termos e com as formalidades do primeiro interrogatório dos arguidos não presos, sempre que se verifique estarem a ser efectuadas diligências para comprovar a imputação do crime aos requerentes».

Aquelas normas sobre o conceito, pressupostos e momento da atribuição da qualidade de arguido só foram revogadas com o novo Código de Processo Penal, aprovado pelo Decreto-Lei n.º 78/87, de 17 de Dezembro, que, porém, em grande parte as acolheu, salvo no que respeita à definição que já antes parecia insuficiente, sobretudo ao ter-se em conta que o que se pretendia com a atribuição do estatuto de arguido era o reconhecimento da qualidade de sujeito processual da pessoa contra quem corria o processo, assegurando-lhe todas as garantias de defesa como a Constituição da República Portuguesa de 1976 impunha.

3. O Código de Processo Penal vigente não continha até há pouco, como referimos já, a definição de arguido, mas das diversas disposições que lhe definiam o estatuto de sujeito processual resultava que a aquisição dessa qualidade tinha essencialmente em vista a atribuição de especiais direitos de defesa ao suspeito que a lei define como «a pessoa relativamente à qual existem indícios de que cometeu ou se prepara para cometer um crime». O estatuto de arguido confere ao seu titular vários direitos de intervenção processual e a sua aquisição constitui por isso também um direito, donde que «a pessoa sobre quem recaia suspeita de ter cometido um crime tem direito a ser constituída, a seu pedido, como arguido sempre que estiverem a ser efectuadas diligências, destinadas a comprovar a suspeita, que pessoalmente a afectem» (art. 59.º , n.º 2, do CPP vigente).

É que com a aquisição do estatuto de arguido o suspeito passa a ter um complexo de direitos processuais importantes para a sua defesa (art. 60.º), desde logo o direito ao silêncio, ou seja, o de não responder a perguntas sobre o objecto da suspeita, a escolher defensor e ser por ele assistido em todos os actos do processo e o de comunicar com o defensor, mesmo em privado. Estes direitos são importantíssimos e comuns em todos os sistemas de inspiração democrática.

É assim a lei; o ser arguido no processo significa que a pessoa está a ser investigada, mas significa sobretudo que a essa pessoa são garantidos determinados direitos processuais para que possa exercer eficazmente o direito de se defender. Entre as garantias do arguido estabelecidas logo na Constituição da República conta-se a da *presunção de inocência,* que tem como conteúdo essencial assegurar-lhe um tratamento processual como se de um inocente se trate, porque pode sê-lo, de modo a que possa defender-se com a máxima amplitude.

É assim a lei, mas o significado comum que é atribuído ao termo é bem diverso. Na linguagem corrente o que releva não são os direitos processuais de defesa que integram o estatuto do arguido. O que verdadeiramente releva é o pressuposto da atribuição desse estatuto: a suspeita de ter cometido o crime em investigação. Daí à ideia de culpado vai um passo muito curto, sobretudo quando se trate de processos mediáticos, quer pela natureza do crime objecto do processo, quer pela qualidade ou

180 *Estudos de Homenagem ao Professor Doutor Artur Anselmo*

visibilidade das pessoas envolvidas. Não obstante a garantia constitucional de que «todo o arguido se presume inocente até ao trânsito em julgado da sentença de condenação» (art. 32.º , n.º 2), se a notícia "vende" não é raro que os meios de comunicação social esqueçam aquela presunção e metamorfoseiem a atribuição da qualidade de arguido em presunção contrária, em presunção de culpa, permitindo-se julgar e condenar na praça pública, sem defesa e sem apelo, quem tem a desdita de não lhes merecer simpatia ou por outras razões tão pouco nobres.

É assim que a constituição de arguido serve frequentemente de pretexto não para afirmar e garantir os valores próprios de um Estado de Direito democrático, mas para que alguns meios de comunicação social, ávidos de escândalos com que alimentam o mau gosto dos seus leitores, ouvintes ou telespectadores, quando não por militância por causas várias de que o direito a informar é mero pretexto, não se coíbem de vasculhar ávida dos arguidos, ridicularizando-os e formulando juízos sobre eles e sobre os factos, mesmo quando apenas os conhecem superficial ou parcialmente, antecipando juízos de opinião que directamente afectam o bom nome dos cidadãos e indirectamente podem ter consequências muito prejudiciais na condução das investigações, na própria situação processual dos arguidos e até nas decisões das autoridades judiciárias, em razão da pressão da opinião pública a que alguns não sabem ou não têm força moral para resistir.

4. Foi sensível a esta prática da comunicação social e aos sentimentos que desperta nos menos informados sobre as coisas do Direito que o legislador decidiu alterar o Código de Processo Penal, restringindo os pressupostos da atribuição da qualidade de arguido, ainda que desse modo restrinja também a atribuição aos cidadãos suspeitos e sujeitos a investigação o exercício dos direitos de defesa que a lei agora alterada lhes garantia com mais amplitude.

Com efeito, na redacção actual dos arts. 57.º e 58.º do Código de Processo Penal, que lhes foi dada pela Lei n.º 48/2007, de 29 de Agosto, veio repor-se, ainda que por outro modo, a definição de arguido que constava já do art. 251.º do Código de 1929 após a reforma de 1972, ao exigir não só a suspeita mas a *suspeita fundada*, que mais não é do que a *forte suspeita de ter perpetrado uma infracção* na expressão daquela lei de 1972.

Fica agora para a doutrina e a jurisprudência a árdua tarefa da definição do estatuto do suspeito sujeito a investigação quando, correndo

Arguido – Do Presumido Inocente ao Presumido Culpado   181

inquérito contra ela, for chamada a prestar declarações perante qualquer autoridade judiciária ou órgão de polícia criminal. Não pode invocar o direito ao silêncio porque é direito inerente ao estatuto de arguido e não existindo ainda *forte suspeita,* mas simples suspeita, não deve ser-lhe atribuído esse estatuto e consequentemente reconhecido o direito ao silêncio! Nem é obrigatória a nomeação de defensor para o assistir no interrogatório. Resta ser o próprio a requerer a sua constituição como arguido (art. 59.º , n.º 2)!

5. Vem a propósito uma polémica recente sobre a possível precipitação da constituição de arguido num processo que tem merecido atenção destacada na comunicação social. Numa entrevista televisiva o Director da Polícia Judiciária disse que poderia ter havido alguma precipitação na atribuição do estatuto de arguido aos pais da vítima. Caiu o "Carmo e a Trindade", chegando-se ao ponto de exigir publicamente a sua demissão, sem sequer se perceber que a atribuição da qualidade de arguido assentava num juízo de mera suspeita e que entretanto a própria lei tinha sido alterada, passando a exigir em lugar da mera suspeita uma suspeita fundamentada em indícios de responsabilidade. O juízo de mera suspeita é sempre muito subjectivo e precisamente para lhe dar mais objectividade é que a lei passou a exigir que a suspeita fosse fundada em elementos do processo. O espanto, o tumulto que as palavras do Director da Polícia Judiciária suscitaram resultam da frustração de uns tantos que por ignorância ou má fé confundiram arguido com culpado, mas não só! Assim se vê como a palavra ora esclarece, ora confunde.

6. Quando, já lá vão muitos anos, tive responsabilidades na elaboração do plano de estudos do Curso Superior de Polícia, da então Escola Superior de Polícia, defendi uma forte componente cultural do Curso e nela a vertente da "Língua e Literatura Portuguesas" cuja coordenação científica e pedagógica foi também desde o 1.º Curso confiada ao Senhor Doutor Artur Anselmo. Não foi pacífica a opção pela introdução da disciplina no *curriculum,* mas as reconhecidas qualidades científicas, pedagógicas e humanas do Professor proposto, o nosso homenageado, ajudaram a vencer as resistências de alguns que no perfil do oficial de polícia valorizavam mais a força e a técnica do que a inteligência e a cultura.

Ninguém discute hoje a grande importância da disciplina na formação dos futuros Oficiais da Polícia de Segurança Pública, e todos os que passaram pelo Instituto, desde os alunos aos dirigentes, estão bem cientes de que o prestígio de que goza a Escola deve muito à categoria científica e pedagógica, à exigência académica, à dedicação e à personalidade do Senhor Doutor Artur Anselmo, o nosso decano.

Foi boa a aposta. Bem haja Senhor Professor. Continuamos a contar consigo para que ensine os nossos estudantes a serem exigentes na apreensão dos textos e muito mais, de tudo que ao longo dos anos tem dado ao Instituto Superior de Ciências Policiais e Segurança Interna.

O OLHAR JUSDEMOCRÁTICO EM MIGUEL TORGA
O DESEJO DE UMA POLÍCIA HUMANISTA

MANUEL MONTEIRO GUEDES VALENTE
Director do Centro de Investigação e Professor do ISCPSI
Professor Auxiliar Convidado da UAL

I
INTRODUÇÃO

1. Homenagear o Professor ARTUR ANSELMO impõe que nos percamos numa viagem ao pensamento democrático e jurídico de um dos maiores escritores contemporâneos e da história da literatura portuguesa: MIGUEL TORGA.

Para um ilustre Professor de Literatura Portuguesa e de Cultura Portuguesa, só uma viagem como sempre nos ensinou o Professor ARTUR ANSELMO no calcorrear das estradas de Portugal para irmos ao encontro da nossa história, da nossa cultura e da nossa literatura –, mas uma viagem suave e leve por uma obra de "ímpeto" e "convulsão" de Trás-os-Montes – esse Reino Maravilhoso – e de "fôlego" e de "extensão do alento" do Alentejo[1], que espraia "gritos" de liberdade humana e de fundamento axiológico de um Estado cimentado no direito, em especial num direito penal (substantivo e adjectivo), aceite como útil[2] pelo povo – base de legitimação de todo poder, mesmo o judicial.

---

[1] Cfr. MIGUEL TORGA, *Portugal*, 6.ª Edição, Coimbra, 1993, p. 119.

[2] Visão becacariana do direito restritivo da liberdade no *quantum* necessário. Cfr. CESARE BECCARIA, *Dos Delitos e das Penas*, (Tradução de J. de Faria Costa), Fundação Calouste Gulbenkian, Lisboa, 1998, pp. 64-67 e 75-77.

184 Estudos de Homenagem ao Professor Doutor Artur Anselmo

Foi este caminho que encontramos para homenagear um homem de cultura e de ciência que sempre procurou transmitir aos seus alunos a mensagem de que o crescimento do ser humano no plano científico só tem valência quando acompanhado da tão desejada, mas tão esquecida consciência histórica.

O tempo ensinou-nos a ver "Aqueles Ensinamentos" que o saber saber, o saber pensar e o saber fazer não se obtém só nos bancos das universidades, mas no contacto com os locais onde nasceram, por onde passaram, viveram e onde faleceram fisicamente aqueles que pela escrita se imortalizaram: como MIGUEL TORGA. Obrigado Professor ARTUR ANSELMO por nos ter dado a conhecer e transmitido esta visão da humanidade.

II
ENQUADRAMENTO DO TEMA

2. A obra de MIGUEL TORGA não se esgota nos pergaminhos da literatura e da cultura portuguesa. Podemos ver, em toda a sua extensão, que TORGA promoveu a ideia de que o exercício do poder judicial e do poder executivo policial, coadjuvante das autoridades judiciárias, no que respeita ao direito penal (substantivo e processual), não devia ser intolerante, infundado, ilegítimo e, muito menos, securitário ou autoritário. Os visados pelos direitos são pessoas dotadas de dignidade humana e sujeitos activos da realização da justiça. Esta concepção do direito em TORGA é patente em vários contos que são a imagem real dos operadores judiciários que, na época, mais directamente coarctavam a liberdade dos cidadãos: polícia e juiz[3]. Não menor, em profundidade, é a critica à reinserção do condenado – personificada no BERNADO do conto *Regeneração*[4].

3. A ideia da liberdade[5] e de respeito pelo direito natural – *v. g.*, os filhos pertencerem às mães e com elas devem ficar desde que lhes dêem

---

[3] Vejam-se os contos "O Juiz" e a "Identificação" em MIGUEL TORGA, *Pedras Lavradas*, 4.ª Edição, Coimbra, 1992, pp. 37-44 e 169-178.

[4] Cfr. MIGUEL TORGA, *Pedras Lavradas*, 4.ª Edição, pp. 123-134.

[5] Pois, a "liberdade é a alma da democracia", sendo a "palavra crítica o seu melhor arauto, a sua melhor defensora". Cfr. RUI RANGEL (coord.), *Ser Juiz Hoje*, Almedina, Coimbra, 2008, p. 20.

amor, educação, protecção, vestuário (...) – pode-se afigurar em Mariana que era a "terra humilde", que defendia os filhos como "uma leoa ferida" e, quando lhe tentavam assacar a paternidade dos filhos, respondia de forma clara, pura e inocente: "saiba a menina que não têm pai (...) São só meus"[6]. TORGA, neste conto, demonstra que a naturalidade e o apego à simplicidade telúrica dá liberdade ao ser humano de ser e de se afirmar perante os outros. Há a transmissão de que a formação da vontade deve ser individual e livre e de que deve ser respeitada mesmo na opção de vida de cada um – nómada (como Mariana e a sua prole) ou sedentária e fixa como os demais cidadãos.

Neste ponto, o respeito da dignidade da pessoa humana – pilar da nossa estrutura Constitucional de Estado[7] – passa pelo respeito pela diferença [pensar, ser e fazer diferente], independentemente da raça, da cor, da religião, da opção religiosa, política, sexual.

MARIANA simboliza o princípio da não discriminação penal[8], que emerge da ideia de que todos devem ter igualdade na dignidade humana independentemente da sua condição económica, social, cultural, religiosa, física e política. Este Conto aponta-nos para princípios jurídicos positivados constitucionalmente ou enformadores do nosso direito contemporâneo, dando-nos a ideia da consciência jurídica fundeada nos princípios da liberdade, da igualdade e da humanidade que devem reger toda a comunidade, mas principalmente os operadores judiciários e, de entre estes, os que têm a árdua tarefa de prevenir e diminuir o crime.

Nesta ordem de ideias, vamos estudar juridicamente contos que são reveladores da actuação ajurídica, antidemocrática e ilegítima da polícia, passando uma breve e célere passagem pela actuação do juiz e pela ressocialização do delinquente.

---

[6] Cfr. MIGUEL TORGA, *Novos Contos da Montanha*, 11.ª Edição, Coimbra, 1982, pp. 109-119.

[7] Cfr. art. 1.º da CRP.

[8] Quanto ao princípio (ou cláusula) de não discriminação, o nosso *Mandado de Detenção Europeu*, Almedina, Coimbra, 2006, pp. 320-329 e ANABELA MIRANDA RODRIGUES, "Mandado de Detenção Europeu", *in RPCC*, Ano 13, n.º 1, p. 46.

186 *Estudos de Homenagem ao Professor Doutor Artur Anselmo*

III
Excesso Positivista da polícia: O desejo de humanização

4. Da obra de Miguel Torga destacamos três contos – *Identificação*[9], *Fronteira* e *Confissão*[10] – que denotam uma polícia antidemocrática e de actuação ilegitima e antijurídica, baseada num teor fortemente autoritário e de colocação do homem suspeito como objecto da investigação, como objecto instrumento da descoberta da verdade. O método ou a técnica desproporcional, ilícito ou cruel justificava-se pelo fim – detenção do suspeito, que partia *ab initio* sob a égide da presunção de culpa[11] ou a detenção do suspeito da prática de um crime mesmo que para esse fim se pusesse termo à vida do suspeito ou se o ferisse gravemente[12]. Ora vejamos.

5. A função de prevenção criminal própria das polícias, que passa primeiramente pela função de prevenção do perigo[13] e prevenção do dano[14], não obstante a ideologia ou filosofia constitucional e jurídico--processual-penal entre 1929 e 1974, não podia ser ofensiva de direitos fundamentais como a vida, a integridade física, a reserva da intimidade da vida privada[15], a reputação e o bom nome dos cidadãos. A postura de

---

[9] Cfr. Miguel Torga, *Pedras...*, 4.ª Edição, pp. 169-168.

[10] Cfr. Miguel Torga, Novos Contos..., 11.ª Edição, pp. 25-26 e 151-158.

[11] O sargento e o cabo Silvino de Freixeda olhavam para Bernardo, suspeito (mas inocente) homicida de Armindo, como o verdadeiro autor do crime de homicídio só porque brigara com Armindo e Júlia Garrido o denunciava como tal por ter ouvido Armindo, trespassado pelas costas, dizer: "– Ah! Bernardo, que me mataste!". Cfr. Miguel Torga, *Novos Contos...*, 11.ª Edição, p. 152.

[12] Não importava o meio ou o método ou a técnica policial para Robalo, soldado da GNR de Fronteira, pois importante era que o crime de contrabando fosse travado e evitado. Cfr. Miguel Torga, *Novos Contos...*, 11.ª Edição, pp. 25-36.

[13] Quanto à prevenção do perigo o nosso *Teoria Geral do Direito Policial* – Tomo I, 2.ª Edição, Almedina, Coimbra, 2007, Capítulo II.

[14] Quanto à prevenção do dano, Marcello Caetano, *Manual de Direito Administrativo*, 7.ª Reimpressão da 10.ª Edição, Almedina, Coimbra, Vol. II, pp. 1150-1153 e *Manual de Ciência Política e Direito Constitucional* – Tomo I, 6.ª Edição, Almedina, Coimbra, 1996, p. 143-148. Há um afastamento da ideia central de que a qualidade na realização da justiça se centra no "rigor na procura da verdade". Cfr. Jose Lobo Antunes, *Ser Hoje Juiz...*, p. 39.

[15] Direitos estes consagrados no art. 8.º e 11.º da Constituição de 1933, cuja tutela processual se aferia dos vários preceitos do CPP de 1929 e nas próprias leis orgânicas e de funcionamento das polícias.

ROBALO, soldado da GNR, "acostumado ao positivismo da sua terra", que, sem entender a vida de *Fronteira*, patrulhava a ribeira, que separa Portugal de Espanha, por onde passava o contrabando, como um cão de guarda. Para ROBALO o dever estava acima de tudo e, em quinze dias de patrulha, "foram dois tiros no peito do Fagundes, um par de coronhadas no Albino, e ao Gaspar teve-o mesmo por um triz"[16].

6. ROBALO exercia a função de vigilância[17] – procurava evitar que as normas jurídico-económicos-fiscais e criminais fossem afectadas por condutas humanas, prevenindo assim danos jurídico-sociais e que essas condutas pusessem em causa a segurança e o desenvolvimento harmonioso da colectividade[18]. Mas, a forma e os métodos usados eram desproporcionais face à gravidade do crime em causa, tendo em conta as necessidades económicas e de bem-estar das aldeias do interior do país, principalmente junto à fronteira terrestre. Os métodos de ROBALO são próprios de uma polícia inata a um Estado polícia, em que há legitimidade política, mas não se afere da sua conduta qualquer hipótese de legitimidade normativa e, muito menos, legitimidade sociológica. Verifica-se um uso da arma de fogo para "travar" o crime de contrabando – meio desadequado, desnecessário e desproporcional *stricto seusu*[19], uma vez que não era usada para intimidar ou dissuadir, mas para atingir os agentes do crime, afectando a integridade física e a vida daqueles[20],

---

[16] Cfr. MIGUEL TORGA, *Novos Contos...*, 11.ª Edição, p. 30. Para ROBALO a força sobrepunha-se ao "direito", contrariamente ao ensinamento de BECCARIA. Cfr. CESAR BECCACARIA, *Dos Delitos...*, p. 65.

[17] Quanto à função de vigilância levada a cabo pelas polícias, o nosso *Teoria Geral...* – Tomo I, p. 67, GOMES CANOTILHO e VITAL MOREIRA, *Constituição da República Portuguesa Anotada*, 3.ª Edição, Coimbra Editora, Coimbra, 1993, p. 956.

[18] Quanto à prevenção de danos que façam perigar interesses gerais da colectividade, MARCELLO CAETANO, *Manual de Direito Administrativo*, 7.ª Reimprenssão da 10.ª Edição, vol. II, pp. 1150-1153 e *Manual de Ciência Política...*, pp. 143-148.

[19] Quanto a estes princípios e subprincípios do princípio da proibição do excesso ou da proporcionalidade *lato senso*, o nosso *Teoria Geral...*, pp. 91-98, GERMANO MARQUES DA SILVA, *Ética Policial e Sociedade Democrática*, Ed. do ISCPSI, Lisboa, 2000, pp. 63-64, VITALINO CANAS, "O princípio da proporcionalidade", in *Dicionário da Administração Pública*, Lisboa, Vol. VI, e "Princípio da Proibição do excesso", in I *Colóquio de Segurança Interna*, Almedina, Coimbra, 2005, pp. 185-211, GOMES CANOTILHO e VITAL MOREIRA, *Constituição da República Portuguesa Anotada*, 4.ª Edição, Coimbra Editora, Coimbra, 2007, Vol I, pp. 392-393.

[20] Cfr. MIGUEL TORGA, *Novos Contos...*, 11.ª Edição, p. 30.

nunca em situação de legitima defesa própria ou de outrem [uma vez que os contrabandistas andavam, em regra, armados]. A lei e o exercício da sua aplicação sobrepunha-se a bens jurídicos superiores como a vida e a integridade física. O positivismo legal encontrava em ROBALO a força humana e policial, *i. e.*, o eco da sua voz: acima de tudo o dever, que era cumprir a lei dos homens. O princípio da legalidade absoluta tinha na mente e no agir de ROBALO a explanação total e para ele funcionava como o vector, o valor, o princípio reitor da sua actuação como polícia.

7. Como escreve TORGA, *Deus dispõe* o que o *Diabo põe*[21]. A autoridade austera e a rigidez legalista de ROBALO desmoronam-se por força da lei da natureza: o nascimento de um filho com ISABEL, contrabandista, por quem se apaixonara, e com quem tivera um caso amoroso e com quem casara depois de um interregno de vários meses. Foi na noite de Consoada, quando todos se aconchegavam "ao calor da lareira familiar, saudosos de paz e harmonia"[22], e ROBALO, firme nas suas ideias de defesa a todo custo da lei e do Estado, "ficava firme no seu posto", debaixo de neve e frio. Eis que atravessa o ribeiro um vulto de mulher, que ROBALO tenta deter não acreditando inicialmente que ISABEL trazia "gente" no ventre [um filho seu]. ROBALO, face aos factos, fora demitido e como "a lavoura de Fronteira não é outra, e a boca aperta, que remédio senão entrar na lei da terra! Contrabandista"[23].

8. MIGUEL TORGA, ao escrever o conto **Fronteira**, tendo por personagem um soldado da GNR, ROBALO, rapaz simples do Minho, cujo primado da lei era seu guia na actuação de polícia, demonstra por um lado que a função de vigilância da polícia não pode ser fundada no absolutismo da lei, pois esta inscreve-se para inserir o cidadão e não para o reprimir ou torturar, e por outro lado que o legalismo dos homens pode e é, muitas vezes, destituído pela lei natural, em que a necessidade de sobrevivência – pois, "a boca aperta" – se sobrepõe à lei, sob pena da família de ROBALO passar fome. Deste conto, deve-se retirar a lição de que a actuação policial deve-se arrogar, dos princípios da **oportunidade**, da **proporcionalidade** e, com grande veemência, da **tolerância** [que é

---

[21] Cfr. MIGUEL TORGA, *Novos Contos...*, 11.ª edição, p. 30.
[22] Cfr. MIGUEL TORGA, *Novos Contos...*, 11.ª Edição, p. 32.
[23] Cfr. MIGUEL TORGA, Novos Contos..., 11.ª Edição, pp. 34-36 (36).

«um género de sabedoria que vence o fanatismo, esse temível amor da verdade»[24]] a par do princípio de **legalidade,** que deve orientar a actuação policial preventiva e reintegradora de bens jurídicos, mas que não deve ser absolutizado. Do conto de **Fronteira**, podemos afirmar que não obstante a educação familiar e a formação do ser humano, as circunstâncias de tempo, de espaço e da vida[25] [económicas, financeiras, empregabilidade, habitacionais, desenvolvimento económico] influenciam o comportamento humano, cujo **engenho** e **arte** aguçam-lhe a perfeição das soluções da vida. Não obstante o positivismo familiar e o legalismo profissional, ROBALO não teve outra saída senão render-se a **Fronteira.**

9. A escrita Torguiana sobre a força desmedida e desproporcionada da Polícia nos seus Contos não se afere só no plano da prevenção criminal na função de vigilância. TORGA traz-nos a certeza de que, em tempos, o Estado polícia vigorava e pactuava com a forma agressiva com que se lidava com os direitos fundamentais do Cidadão no campo de prevenção criminal *stricto sensu*[26]: promoção de medidas pré-processuais ou processuais no sentido de prevenir a consumação de crimes ou, consumados estes, promoção de medidas destinadas a recolher e a preservar as provas pessoais e as provas reais para a prossecução das finalidades do processo penal – realização da justiça, descoberta da verdade, protecção dos direitos fundamentais do cidadão e alcance da paz jurídica[27]. O Cidadão LEONEL, do conto **Identificação**, é a personificação de todos aqueles que

---

[24] Cfr. ALAIN citado por LUÍS NUNES DE ALMEIDA, "Tolerância, Constituição e Direito Penal", *in RPCC*, Ano 13, n.º 2, 2003, p. 163. A tolerância pode e deve orientar a política criminal, desde logo na criterização do que "deve ser objecto de perseguição penal", do que "deve ser objecto desse mesmo tipo de perseguição", e do que "já não o pode ser", sob pena de conflituar com o ideário constitucional. Quanto a este assunto LUÍS NUNES DE ALMEIDA, "Tolerância, Constituição...", *in RPCC*, Ano 13, n.º 2, p. 164.

[25] Quanto à influência do meio físico, social e ambiental no ser humano e nos seus comportamentos, J. DE FIGUEIREDO DIAS e MANUEL DA COSTA ANDRADE, *Criminologia – o Homem Delinquente e a Sociedade Criminógena*, 2.ª Reimpressão, Coimbra Editora, 1997, pp. 243 e ss..

[26] Quanto à função de prevenção criminal *stricto sensu* da polícia, o nosso *Teoria Geral...*– Tomo I, pp. 54-55 e pp. 68-70 e GOMES CANOTILHO e VITAL MOREIRA, *Constituição da República Portuguesa Anotada*, 3.ª Edição, Coimbra Editora, Coimbra, pp. 956-957.

[27] Quanto às finalidade do processo penal, o nosso *Processo Penal* – Tomo I, Almedina, Coimbra, 2004, pp. 20-21 e JORGE DE FIGUEIREDO DIAS, *Direito Processual Penal*, Colecção Clássicos Jurídicos, Coimbra Editora, 2004, pp. 40-50.

190 *Estudos de Homenagem ao Professor Doutor Artur Anselmo*

sem fundamento de facto [suspeita objectiva da prática de um crime, de que existe um mandado de captura, de que existe um processo de entrega[28], um processo de extradição ou de expulsão] e de direito [n.º 6 do art. 250.º do CPP conforme al. *g)* do n.º 3 do art. 27.º da CRP] são conduzidos sob detenção a um posto policial[29]. A sensação de que se é condenado por cada cidadão – juiz de momento – que nos olha inocentes é uma realidade.

A ideia fundamental de que a polícia, antes de conduzir qualquer cidadão/ã à Esquadra, deve informá-lo das razões ou do "motivo desta violência"[30], conforme solicitava LEONEL aos polícias que o interceptaram à saída do comboio em Coimbra, retira-se deste Conto. A resposta do polícia – "Veja lá se quer complicar as coisas!" – denota a agressividade com que os cidadãos inocentes ou culpados eram tratados, pois todos os que se cruzavam com as forças policiais – e por elas eram detidos para identificação ou averiguações – eram olhados ou presumidos como culpados. Se a polícia interceptava e identificava, algo se passava – coisa boa não seria. Pois, afastavam-se do ensinamento de ENRICO ALTAVILLA: a busca da verdade e das provas devia partir do pressuposto de que o cidadão é inocente e de que se deve encontrar e submeter a julgamento o culpado e não *um* culpado[31].

---

[28] Falamos em processo de entrega quanto à execução do mandado de detenção europeu [Quanto a este assunto, o nosso *Mandado de Detenção Europeu*, Almedina, Coimbra, 2006, pp. 165-196] e à execução de um mandado do Tribunal Penal Internacional [Quanto a este assunto PEDRO CAEIRO, "Procedimento de Entrega Previsto no Estatuto de Roma e a sua Incorporação no Direito Português", *in O Tribunal Penal Internacional e a Ordem Jurídica Portuguesa*, Coimbra Editora, 2004, pp. 69-137.

[29] Quanto à detenção para identificação o nosso *Teoria Geral...* – Tomo I, pp. 178--180, e MÓNICA LANDEIRO, «Da Identificação do "LEONEL" de TORGA ao "LEONEL" do Séc. XXI"», *in II Congresso de Processo Penal*, 2006, pp. 209-222.

[30] Conforme impõe e se retira dos n.ºs 1 e 2 do art. 250.º do CPP. Actualmente e face à nossa Constituição e ao art. 250.º do CRP não é admissível que uma simples e infundada suspeita possa gerar a mínima possibilidade de detenção para identificação, porque esta, prevista na al. *g)* do n.º 3 do art. 27.º da CRP e no n.º 6 do art. 250.º da CPP, só é admissível se não for possível identificar o suspeito através de uma das formas não detentivas previstas nos n.ºs 3, 4 e 5 do art. 250.º do CPP. Há assim, uma evolução gradativa da restrição da liberdade mais suave – identificação na via pública – para a mais agressiva – condução a dependência funcional para identificação. Quanto a este assunto, o nosso *Teoria Geral...* – Tomo I, pp. 176-180.

[31] Cfr. ENRICO ALTAVILLA, *Psicologia Judiciária* – II, (tradução de FERNANDO DE MIRANDA), 3.ª Edição, Arménio Amado – Editor, Coimbra, 1982, pp. 491-496 (492 e 494).

O Olhar Jusdemocrático em Miguel Torga

10. Os elementos policiais, que submeteram LEONEL ao julgamento popular – "cada semelhante que se cruza dá a impressão de ser um juiz que nos condena sem apelo"[32] –, não tiveram em conta o princípio da indispensabilidade da condução à Esquadra e da impossibilidade de identificação do suposto "suspeito" no local da intercepção, denotando um abuso de poder marcado pela desproporcionalidade da medida de polícia – identificação.

A identificação e o procedimento da mesma não era à altura qualificada como medida cautelar e de polícia – qualidade alcançada com o CPP/87[33] –, pelo que podemos considerá-la como medida de polícia (administrativa e processual) – pois estamos perante uma acção administrativa preventiva que dava doutrinariamente força às polícias para exercerem prerrogativas de *ius imperii* não previstas legalmente.

11. LEONEL, cidadão de Lisboa, engenheiro de profissão, noivo da menina ISABEL de Rio Torto, cuja mão vinha pedir em casamento, fora colocado "entre ladrões e vadios, a recolha do dia"[34], sendo-lhe contestada a liberdade e ruída a "confiança numa ordem natural". Já não bastava a restrição da liberdade de um cidadão – supostamente parecido com um assassino foragido da cadeia, que "os jornais, diligentes na defesa sagrada da segurança pública, reproduziram o retrato do facínora" – como

---

[32] Cfr. MIGUEL TORGA, *Pedras Lavradas*, 4.ª Edição, p. 170.

[33] A identificação policial passa a estar positivada em lei com a Lei n.º 185/72, de 31 de Maio, que, face à CRP/76, foi revogada pela Lei n.º 25/81, de 21 de Agosto, que fora revogado pelo CPP/87 que prescreve o procedimento da identificação no art. 250.º. Face ao "continuado" abuso no procedimento da identificação por parte da polícia, o legislador teve necessidade de restringir o tempo de permanência dos Cidadãos a identificar na Esquadra e, por este meio, evitar a possibilidade de restrição da liberdade de forma desproporcionada, com a Lei n.º 5/95, de 21 de Fevereiro. Tendo havido dúvidas da conformidade constitucional dos preceitos que estipulavam a identificação (pressupostos e procedimentos), por não estar prevista constitucionalmente a restrição inerente à identificação como impõe o n.º 2 do art. 18.º da CRP, o legislador constitucional consagrou esta restrição na al. *g*) do n.º 3 do art. 27.º da CRP. A reforma Processual Penal de 1998 veio ou procurou resolver as várias interpretações ao redigir um novo art. 250.º do CPP no intuito de revogar tacitamente todos os preceitos referentes à identificação no âmbito criminal. Quanto a este assunto o nosso *Processo Penal* – Tomo I, Almedina, Coimbra, 2004, pp. 275-278, MAIA GONÇALVES, *Código de Processo Penal Anotado – Legislação Complementar*, 16.ª Edição, Almedina, Coimbra, 2007, p. 553, MÓNICA LANDEIRO, "O Leonel de Torga...", *in III Congresso de Processo Penal*, pp. 210-213.

[34] Cfr. MIGUEL TORGA, *Pedras Lavradas*, 4.º Edição, p. 171.

192   *Estudos de Homenagem ao Professor Doutor Artur Anselmo*

a agressão já entrava na **devassa** da **alma**. O autoritarismo de polícia, na busca da verdade e da prova pessoal – o assassino foragido –, revela-se na frase autoritária do polícia: "– veja lá se quer complicar as coisas!"[35].

LEONEL face à actuação da polícia no procedimento de confirmação da sua identificação junto da sua noiva por meio telefónico, vê a sua vida desmoronar-se e a sua inocência manchada por uma actuação desmedida, desproporcionada e desnecessária: a identificação sem fundamento objectivo[36]. Agrava-se com o telefonema para casa da menina ISABEL para confirmar se esperava o seu noivo e se sabia quem era. À altura dos tempos certo seria que os pais de ISABEL jamais entregariam a mão de sua filha a um indivíduo que fora interrogado, conduzido à esquadra sob suspeita de ser um "assassino foragido" e aí permaneceu junto de toda a "recolha da noite" como um criminoso. Há um exercício desmedido do "poder" policial e uma agressão desnecessária a direitos fundamentais pessoais: liberdade, bom nome e reputação social, assim como da própria imagem emergente da concepção psicológica que cada "um" faz do "outro"[37].

A crítica ao *modus operandi* da polícia que se retira deste conto demonstra, mais uma vez, que MIGUEL TORGA tinha consciência da importância dos direitos fundamentais de todos os cidadãos.

12. O anseio de MIGUEL TORGA por uma polícia humanista e democrática no sentido de respeito da dignidade da pessoa humana não se esgota nestes dois contos. Claro está que esta visão crítica de TORGA não se resume à actuação das polícias da época – de baixa formação académica e profissional, principalmente ética no respeito pelo «outro» e pelas fraquezas do «outro». Este anseio estende-se à classe dos juízes que deviam ter a sensibilidade de olhar para o indivíduo que iriam julgar como aquele que já "teria perdido a liberdade essencial que se lhe exigia no momento da prática do crime, pressuposto da formação da culpa, fundamento da própria imputação de responsabilidade" e não se quedar no "raciocínio lógico (…). O homem tem a liberdade de escolher entre

---

[35] Cfr. MIGUEL TORGA, *Pedras Lavradas*, 4.ª Edição, pp. 172, 173 e 174.

[36] Como se retira do conto, LEONEL já não foi pedir a mão de Isabel, regressando a Lisboa. Cfr. MIGUEL TORGA, *Pedras Lavradas*, 4.ª Edição, p. 177.

[37] Quanto à afectação da imagem por meio da concepção psiquica, o nosso *Da Publicação de Matéria de Facto no Âmbito dos Processos Disciplinares*, ISCPSI, Lisboa, 2000, pp. 89-91.

duas condutas: a boa e a má. Resolvendo-se pela pior, terá de sofrer as consequências do seu acto"[38]. Se ao Juiz TORGA exigia este raciocínio humanista e não positivista e retributivista[39], porque no humano está o *Absoluto*[40], não menos criticava a actuação das polícias que viam na tortura e na agressão física o instrumento eficaz para «sacar» a verdade e obter a prova pessoal e real dos crimes. A obtenção da prova a qualquer custo, mesmo com a ofensa à integridade física e deformação da vontade *decidendi* e *agendi* está patente na actuação do soldado Silvino e do Sargento da GNR no conto *Confissão*[41].

O Sargento, que partira do depoimento de JÚLIA GARRIDO que ouvira ARMINDO a falecer dizendo «Ah! Bernardo, que me mataste!», seguiu o trilho do princípio ancestral e decadente da presunção de culpa sobre o cidadão BERNARDO e da ideia de que do látego sairía a verdade "ou confessada ou denunciada"[42]. De nada valeu a BERNARDO entrar calmo e com a veleidade de provar a inocência, pois entrara no posto da Guarda já culpado e condenado sem o ser e nem a força interior de que desejava provar a inocência lhe valera. Denota a sua afirmação de que "Nem que me corte aos bocados! Nego e torno a negar", perante a pergunta do sargento: "– Então? Chega ou queres mais?"[43]. O método da tortura – "O Carrasco abaixou o chicote…" – utilizado durante décadas como "técnica infalível" da obtenção de prova e da descoberta da verdade foi-se diluindo e, hoje, não só é condenável socialmente, como está sujeita a consequências jurídico-processuais penais – as provas obtidas por meio de tortura são proibidas por força do art. 126.º, n.º 2, al. *a*) do CPP como determina o comando constitucional n.º 8 do art. 32.º da CRP – e consequências jurídico-criminais – prática do crime de ofensas à integridade física qualificada, p. e p. pelo art. 146.º do CP – e consequência jurídico--administrativa disciplinar. A dignidade da pessoa humana ganhou

---

[38] Cfr. MIGUEL TORGA, *Pedras Lavradas*, 4.ª Edição, p. 42.

[39] Dos vários contos, em que dos personagens se afigurem juizes, TORGA procurava dar vida ou suscitar três características de judicatura de que nos fala JOSÉ EDUARDO SAPATEIRO "honestidade, humildade e humanidade". Cfr. JOSÉ EDUARDO SAPATEIRO, *Ser Juiz Hoje*, (coord. RUI RANGEL), p. 25.

[40] Cfr. MIGUEL TORGA, *Pedras Lavradas*, 4.ª Edição, p. 71 (conto *Absoluto*).

[41] Cfr. MIGUEL TORGA, *Novos Contos…*, 11.ª Edição, pp. 151-157.

[42] Cfr. MIGUEL TORGA, *Novos Contos…*, 11.ª Edição, p. 152.

[43] Cfr. MIGUEL TORGA, *Novos Contos…*, 11.ª Edição, p. 154.

194   *Estudos de Homenagem ao Professor Doutor Artur Anselmo*

dimensão jurídica natural e positiva[44], cujos comportamentos não conformes ao respeito da dignidade da pessoa humana devem ser desvalorados como produtores de prova real e pessoal em processo-crime e sancionados jurídica e socialmente.

13. O método do Sargento – que não arrancava a verdade como ele sempre pensara – proporcionou um desterro forçado de BERNARDO de 50 anos, tempo suficiente para que o processo prescrevesse e as pessoas lhe dessem a paz jurídica que a comunidade exige. Mas, passados tantos anos, o regresso à aldeia de onde saíra forçado é de dor e de um sentir de olhares críticos e censuráveis sobre um homicida, porque a fuga lhe trouxera a acusação eterna de «criminoso». O tempo, como elemento essencial no direito penal e como elemento de reposição da ordem das coisas e da verdade jurídica dos factos, dá a absolvição a BERNARDO quando o seu amigo de infância, o padre ARTUR, lhe diz: "Reinaldo morreu esta manhã. Ouvi-o ontem em confissão... Eu sempre acreditei na tua inocência, rapaz!"[45].

A polícia não pode partir para uma investigação criminal com uma culpa formada e um suspeito identificado como culpado. O Sargento de *Confissão* é a personificação da arrogância investigatória e da opção por métodos inadmissíveis e inaceitáveis em qualquer mundo civilizado. Os fins nunca devem justificar os meios, sob pena de fazermos sofrer outros BERNARDO's o peso de uma acusação popular e delatar a inocência como verdade advinda do princípio fundamental do processo penal: a liberdade de pensar, de decidir, de escolher, de dizer, de agir (...). A presunção de inocência[46] é um pêndulo crucial na investigação de qualquer crime. É

---

[44] O legislador constituinte, em 1976, elevou o respeito da dignidade da pessoa humana a pilar central do Estado Português a par da vontade do povo, que se cifram como dois pilares do sistema jurídico (constitucional, penal e processual penal) português. Qualquer conduta humana, mesmo que consentida pela vítima, que fira a dignidade da pessoa humana, tem de ser considerada antijurídica e censurável e, no plano da prova processual, inadmíssivel e proibida, podendo ser utilizada contra quem a carreou para o processo – n.º 8 do art. 32.º CRP e art. 126.º do CRP.

[45] Cfr. MIGUEL TORGA, *Novos Contos...*, 11.ª Edição, p. 157.

[46] Quanto ao princípio da presunção da inocência como vector de orientação investigatória em todo o processo penal – desde a notícia do crime até à sentença transitada em julgado –, não se admitindo qualquer presunção de culpabilidade (não obstante a acusação já carregar um sentir ou um pulsar de culpa), o nosso *Processo Penal* – Tomo I, pp. 147-166 e GERMANO MARQUES DA SILVA, *Ética Policial...*, pp. 50-53.

esta a mensagem de Torga, pois uma polícia humanizada não age como o sargento nem como o soldado Silvino.

IV
Conclusão

14. Esta visão ou olhar jusdemocrático e humanista do exercício de atribuições materiais de polícia na obra de Miguel Torga são um real sentimento de profundo desejo de melhorar a prática judiciária e o sentimento da comunidade em geral face ao crime, ao condenado e à prisão. A indiferença com que as pessoas tratavam a prisão – "mundo morto cercado de muros" – ressalta nas palavras de Carlos: "vi cá fora toda a gente a passar alheia à realidade tangível que eu acabava de observar, estremeci. Como era possível existir, ao lado duma monstruosidade assim?"[47]. A desumanização do ser humano reflecte-se na forma como cada um olha o mundo e da forma como o desejamos construir para os nossos vindouros.

Torga deu-nos, a *contrario sensu*, o mote do que deve ser feito e do que deve ser desejado fazer: pugnar por uma polícia (e humanidade) humanizada.

---

[47] Cfr. Miguel Torga, *Pedras Lavradas*, 4.ª Edição, p. 74 (conto *O Absoluto*).

GLOBALIZAÇÃO, CRIME E CIÊNCIA PENAL "EUROPEIA"

ANABELA MIRANDA RODRIGUES
Directora do Centro de Estudos Judiciários
Professora da Faculdade de Direito da Universidade de Coimbra

1. A "globalização" é uma das características que define os modelos sociais postindustriais.

Trata-se de um fenómeno, em princípio, económico, a que corresponde a eliminação de restrições e a ampliação dos mercados[1].

Além de económica, a globalização é política, tecnológica e cultural[2]. Acima de tudo, tem sido influenciada pelo progresso dos sistemas de comunicação, registado a partir do final da década de sessenta.

Há que admitir que a globalização não é um processo simples, é uma rede complexa de processos. E estes operam de forma contraditória ou em oposição aberta[3].

---

[1] Assim, J.-M. SILVA SÁNCHEZ, *La expansion del derecho penal. Aspectos de la politica criminal en las sociedades postindustriales,* Civitas, 1999, p. 63 s. Entre nós, JOSÉ DE FARIA COSTA, "O fenómeno da globalização e o direito penal económico", *Estudos em Homenagem ao Prof. Doutor Rogério Soares,* Boletim da Faculdade de Direito, 61, p. 531 s.

[2] Assim, e no que se segue, ANTHONY GIDDENS, *O mundo na era da globalização,* Editorial Presença, 2000, p. 22 s.

[3] Sobre o sistema de globalização, o seu funcionamento e o modo como os Estados-nação, as comunidades, os indivíduos e o ambiente interagem com esse sistema, cfr. THOMAS L. FRIEDMAN, *Compreender a globalização. O lexus e a oliveira,* Quetzal, 2000, p. 27 s. e 179 s. Sobre a "vulgata planetária" (onde se inclui a "mundialização", produto de um "imperialismo" "simbólico" ligado à "revolução neo-liberal"), referindo-a a "uma"

O cenário da globalização é-nos descrito por Jean de Maillard[4] através da metáfora da "fractalização" da sociedade, utilizando o modelo da "figura geométrica complexa em que cada elemento reproduz a forma do todo e em que, consequentemente, a estrutura de qualquer uma das partes é semelhante à da totalidade da figura (princípio da auto-seme-lhança)". O novo mundo "não é mais um mundo uniforme e centralizado (...), mas um mundo complexo, policêntrico e infinitamente fragmentado, em que o modelo deixou de ser (...) a pirâmide hierarquizada [(ou estrela centralizada (...))] e passou a ser fractal, pluridimensional, (...) auto-similar". Num conjunto fractal, qualquer que ele seja, "o todo não está numa *relação de exterioridade* com as partes (postulado, pelo contrário, da explicação holística das relações do todo com as partes), mas numa *relação de réplica* [reprodução] (o que exprime a noção de auto--semelhança) (...)".[5]

A globalização, com efeito, opera uma "segmentização do espaço mundial em zonas de integração-estabilidade e em zonas de exclusão, (...) em que as zonas de integração se fragmentam, por sua vez, em zonas de integração-estabilidade e em zonas de exclusão (...). Acontece o mesmo com as zonas de exclusão (zonas cinzentas) (...), no seio das quais se encontra a mesma dicotomia de integração-exclusão".

A globalização consistira, assim[6], numa "nova desordem mundial" ou numa "ordem caótica que caracteriza a nova organização planetária", em que "ilhas de ordem emergem de uma espécie de magma desorganizado". Em volta destas ilhas crescem regiões com estatutos diversos. "Umas, de economias geralmente destroçadas e com instituições políticas frágeis ou inexistentes", abaladas por múltiplas perturbações que a anomia social provoca e em que as mergulha a sua instabilidade, são as que "valorizam as matérias primeiras do crime: drogas, armas, seres humanos (prostituição, escravatura, tráficos de pessoas, etc.). As outras, às vezes

---

sociedade "americana", "pós-fordista" e "pós-keinesiana", caracterizada pelo "desmante-lamento deliberado do Estado social e hiper-crescimento correlativo do Estado penal", PIERRE BOURDIEU e LOÏC WACQUANT, "La nouvelle vulgate planétaire", *Manière de voir,* n.º 53, p. 76 s.

[4] Sobre o modelo fractal como modelo de organização da sociedade contemporânea, no que se segue, JEAN de MAILLARD, *L'avenir du crime,* Flammarion, 1997, p. 43 s. *Vide,* também, do autor, *Le marché fait sa loi. De l'usage du crime par la mondialisation,* Fayard, 2001, p. 97 s.

[5] JEAN de MAILLARD, *L'avenir du crime,* cit., p. 58.

[6] *Id. ibidem*, p. 50 e 51.

criadas por simples desmembramento dos países ricos, ou vivendo pelo menos na sua esteira, são, pelo contrário, política, económica e socialmente estáveis, já que têm por função assegurar a valorização dos capitais, fora das regras constrangedoras que os países ricos devem oficialmente respeitar. Estes paraísos financeiros e fiscais, que são um pouco a mão esquerda dos países desenvolvidos, cuja mão direita ignora o que a esquerda faz, servem ao mesmo tempo de válvula de escape à rigidez das regras nacionais e de reguladores das relações entre as economias destes países e a sua criminalidade interna e externa". "As zonas cinzentas são aquelas onde é produzida e reciclada a criminalidade que será 'consumida' nos pólos de estabilidade".

"Ordem e desordem tornaram-se necessárias à sua existência recíproca, da mesma forma que o crime e o não-crime estão imbricados em relações que hoje são indefectíveis". Não se trata de "simbolicamente devolver o crime para fora da sociedade normal (e a única tomada como referência), mas de o tornar parte ao mesmo tempo exterior e intrínseco do seu funcionamento, mesmo, talvez, do seu desenvolvimento. Mais ainda, as relações entre os espaços estáveis e os espaços instáveis passam pela criminalização das suas relações". A nova forma do crime "não é mais um facto, é uma relação, cuja característica é precisamente a de não ser mais identificável imediatamente"[7].

A globalização não consiste, assim, numa homogeneização do mundo em torno de parâmetros comuns, mas na reconstituição de espaços assinalados como "centrais" e "cinzentos" ou "marginais". Trata-se de um "novo tribalismo"[8]. O planeta organiza-se em redes idênticas, tanto para as actividades lícitas, como para as ilícitas.

A fractalização apresenta-se, desta forma, como uma verdadeira chave da compreensão da criminalidade na sociedade globalizada, ordenada a partir do caos, em que a anomia e a divisão do trabalho de Durkheim e o movimento centro / periferia de Braudel ganham um novo sentido. A teoria da "sociedade fractal", adaptando estes conceitos ao contexto da sociedade emergente – também dita de "imperial", segundo Guéhenno[9] – parece ser uma espécie de "teoria da relatividade criminológica". O crime não seria só "normal", como já hoje é adquirido, mas tornar-se-ia "no instrumento auto-organizado da regulação social"[10].

---

[7] *Id. ibidem*, p. 75.

[8] *Id. ibidem*, p. 55.

[9] JEAN-MARIE GUÉHENNO, *La fin de la démocratie*, Flammarion, 1995, *passim*.

A globalização forneceu as técnicas, os homens e os meios.

A nova criminalidade é expressão deste novo modelo de organização social para que tendem as sociedades contemporâneas. A mobilidade das pessoas e dos capitais põe em causa a lógica territorial sobre a qual elas repousam. Este movimento de fundo – um pouco retardado pela confrontação Leste-Oeste – produz agora todos os seus efeitos. As grandes construções institucionais e a concentração do poder dão lugar ao *declínio dos Estados* e a um mundo onde proliferam as *redes*.

Neste contexto, o desaparecimento da "esfera pública" e o surgimento de novos espaços de "socialização" marcam a contemporaneidade. O aspecto "mais paradoxal" da globalização – que unifica o espaço das trocas e das comunicações no todo (ou quase) do planeta –, "traduz-se sociologicamente por uma disseminação indefinida e incontrolável de formas de socialização. Estas caracterizam-se, de aqui em diante, por recessos de identidades e comunitários (…)". "(…) estendem-se e multiplicam-se sem preocupação de fronteiras"[11]. Perante o recuo do Estado, são a contrapartida da globalização[12].

O "espaço público"[13] – o espaço da liberdade, da igualdade e da laicidade garantido pelo Estado – foi o espaço colectivo (social) próprio das sociedades modernas, que inventaram, ao mesmo tempo, o "espaço privado", a "intimidade", que escapava ao olhar dos outros membros da comunidade e onde se deviam confinar as diferenças.

Os que não conseguiam integrar esta norma de funcionamento colectivo eram devolvidos para as margens da sociedade – chamavam-se delinquentes e o crime era o resíduo da marginalidade.

Assim se conseguiu uma pacificação e um equilíbrio precários.

Hoje, sob o efeito da globalização, vêem-se proliferar os espaços colectivos em que não podem permanecer os indivíduos que são diferentes. A globalização não criou ainda um novo espaço social. Até ao presente, apenas tratou de "desconstruir os quadros sociais existentes"[14]. A organização social vai fazer-se, por isso, através da criação de redes

---

[10] Assim, sobre a "teoria da sociedade fractal" de Jean de Maillard, G. KELLENS, *Éléments de criminologie,* Bruylant, 1998, p. 25 s.

[11] Assim, JEAN de MAILLARD, *Le marché fait sa loi,* cit., p. 38 e 39.

[12] Cfr. JEAN de MAILLARD, *op. ult. cit.,* p. 89 s.

[13] Sobre o que se segue, cfr. JEAN de MAILLARD, *L'avenir du crime,* cit., p. 77 s.; id., *Le marché fait sa loi,* cit., p. 98 s.

[14] JEAN de MAILLARD, *Le marché fait sa loi,* cit., p. 93.

Globalização, Crime e Ciência Penal "Europeia"

(ou comunidades) de indivíduos que se identificam entre si, não importando qualquer distinção entre rede (ou comunidade) legal e criminosa. Ambas estão, pelo contrário, estreitamente ligadas. A criminalidade deixa de se situar à margem da sociedade, já que está em todo o lado. Uma multiplicidade de grupos sociais constitui-se e reconstitui-se, criminosos ou não, todos funcionando da mesma maneira.

O que é novo e verdadeiramente preocupante[15] é que, de ponto de vista estrutural, não há diferença entre as redes quanto à sua função socializadora de base. Uma rede criminosa desempenha a mesma função de uma rede não criminosa.

As transformações geopolíticas e as crises que daí resultam, o acentuar dos desequilíbrios Norte-Sul e os movimentos migratórios que provocam, a desmaterialização das trocas comerciais e financeiras, a internacionalização dos meios de comunicação desencadearam movimentos humanos, materiais e financeiros que provocaram o desenvolvimento de redes ilegais transfronteiriças. "Fazendo apelo a circuitos bancários "normais" e abrindo contas em lugares financeiros calmos e discretos, os traficantes internacionais conseguem branquear o seu dinheiro na massa das divisas que circulam nos mercados. Em 2000, as operações de branqueamento [ter-se-iam elevado] a 600 mil milhões de dólares e os movimentos nas praças financeiras [teriam sido avaliados em] 1,5 triliões de dólares"[16].

2. Não há acordo em torno de uma definição de crime organizado.

Jean Ziegler indica que "a biblioteca do palácio das Nações Unidas em Genebra é, de longe, a maior biblioteca de ciências sociais na Europa [e que] o seu computador central, em relação ao conceito de criminalidade organizada internacional, não aponta menos de vinte e sete definições diferentes"[17].

Há apenas certos elementos que as diferentes teorizações apontam como recorrentes. A criminologia destaca hoje "as redes difundidas

---

[15] No que se segue, JEAN de MAILLARD, *op. ult. cit.*, p. 100.

[16] Assim, P. CONESA, "Les relations internationales illicites", *Revue internationale et stratégique,* n.º 43, automne, 2001, p. 22.

[17] Jean Ziegler, *Les seigneurs du crime. Les nouvelles mafias contre la démocracie,* Paris, ed. Seuil, 1998, p. 48.

internacionalmente, trabalhando a grande escala, com uma motivação essencialmente económica, e desenvolvendo relações simbiônticas – isto é, identificando-se com a estrutura meio ambiental com a qual fazem corpo – que lhe asseguram uma certa imunidade"[18].

Os estudos mais recentes, efectivamente, tendem sobretudo a colocar em evidência a *acção de redes* trabalhando em *mercados criminais,* onde grupos e indivíduos mais ou menos interligados oferecem e procuram a realização de acções criminosas[19].

Desta nova criminalidade da globalização evidenciam-se as características da sua *organização* e *internacionalização* e o facto de ser uma criminalidade económica[20].

Com efeito[21], de um ponto de vista *estrutural,* esta é uma criminalidade *organizada* em sentido amplo. Nela participam normalmente conjuntos de pessoas estruturados hierarquicamente, quer seja na forma de empresas, quer na forma estrita de organização criminosa.

A dissociação que isto produz entre execução material directa e responsabilidade determina que o resultado lesivo possa aparecer significativamente separado, tanto no espaço, como no tempo, da acção dos sujeitos mais importantes ligados à prática do crime.

---

[18] J. M. Martin, A. T. Romano, J. F. Haran, "International crime patterns: challenges to traditional criminological theory and research", *Criminal Justice Research Bulletin,* Sam Houston State University, Huntsville, Texas, 4/2 (1988), *apud* G. Kellens, *Éléments de criminologie,* cit., p. 238.

[19] G. Kellens (*Éléments de criminologie,* cit., p. 239), dá-nos notícia de um relatório holandês (R. van den Brink, "La criminalité en tous genres se développe (à nos frontières) aux Pays-Bas", Le Soir, 8 juillet 1988) que identifica cerca de duzentos e cinquenta grupos que causam estragos nos Países Baixos, respondendo a três critérios: são autores de "grande criminalidade", são activos pelos menos num plano regional e são conhecidos pelo nome dos seus principais membros. Apresentariam cinco características principais: organização hierárquica, "leis" e sanções internas, branqueamento de capitais criminosos, intimidação e compra de funcionários públicos e, finalmente, diversidade de crimes cometidos"; e também de um relatório publicado pelo Bundeskriminalamt (E. Rebescher, W. Wahlenkamp, *Organisierte Kriminalität in der Bundesrepublik Deutschland,* Wiesbaden, Bundeskriminalamt, 1988), que fornece informações análogas para a criminalidade organizada na então República Federal Alemã: apresenta diagramas que mostram a complexidade das relações entre organizações de cidades maiores e mais pequenas, no país e no estrangeiro.

[20] Cfr. Pearce / Woodinis (ed.), *Global crime connections. Dynamics and control,* 1993, *passim.*

De um ponto de vista *material,* a criminalidade organizada é uma actividade *económica em sentido amplo* (ou em todo caso lucrativa, embora possa ir para além disso), caracterizada por efeitos danosos avultadíssimos, normalmente económicos, mas também políticos e sociais. Destacam-se a sua capacidade de desestabilização geral dos mercados, bem como a corrupção de funcionários e governantes. Trata-se de crimes qualificados criminologicamente como *"crimes of the powerful"* (crimes dos poderosos), com uma configuração jurídica imprecisa e significativamente diversa da dos tipos de crimes do direito penal clássico (da delinquência passional ou dos *"crimes of the powerless"*).

Entretanto, se tradicionalmente as organizações criminosas desenvolviam a sua actividade a nível de um só Estado, a "expansão" e o "florescimento" deste tipo de criminalidade operou-se por via da sua *internacionalização.* A esta não foi alheia, desde logo, a globalização, designadamente, da economia. Esta nova criminalidade utiliza as lógicas e as potencialidades da globalização para a organização do crime, permitindo que grupos criminosos homogéneos "aproveitem as vantagens que oferece o novo espaço mundial, com a criação de zonas de comércio livre em algumas regiões do mundo, nas quais se produz uma permeabilização económica das fronteiras nacionais e se reduzem os controles"[22]. Neste "mercado gigantesco" para que evoluiu a economia mundial, existe uma procura de bens proibidos que, agora por este motivo, o converte em idóneo para a proliferação de organizações criminosas. Para o satisfazer, surge um mercado de bens e serviços ilegais que coexiste com o mercado global. O crime adquiriu uma enorme capacidade de diversificação, organizando-se estrutural e economicamente para explorar campos tão diferentes quanto o jogo, o proxenetismo e a prostituição, o tráfico de pessoas, de droga, de armas ou de veículos ou o furto de obras de arte, aparecendo invariavelmente o branqueamento de capitais como complemento natural dessas actividades. "O delinquente pode considerar o mundo inteiro como um terreno de operação". A criminalidade organizada internacional é difícil de medir, como qualquer fenómeno que é

---

[21] Segue-se J.-M. Silva Sánchez, *La expansión del derecho penal,* cit., p. 70.

[22] Assim, I. Blanco Cordero e I. S. Garcia de Paz, "Principales instrumentos internacionales (de Naciones Unidas e la Unión Europea) relativos al crimen organizado: la definición de la participación en una organización criminal y los problemas de aplicación de la ley penal en el espacio", *Revista Penal,* Universidad de Castilha – La Mancha, n.º 6, p. 4.

ilegal[23]. Acutilante é a análise de Louise Shelley[24], que a caracteriza como um "novo autoritarismo" que ameaça as democracias, com um enorme potencial disruptivo e de intrusão nas suas instituições.

A globalização, como fenómeno económico, não se limita a facilitar a criminalidade organizada internacional. Também produz criminalidade de massa. Agora [25], são os movimentos migratórios, a conformação das sociedades ocidentais como crescentemente multiculturais e onde crescem bolsas de marginalidade que justificam o seu aparecimento.

A globalização exclui segmentos de sociedades e economias das redes de informação disponíveis para as sociedades e economias dominantes. Desemprego e marginalização – criando o que Castells chama "buracos negros" do capitalismo da informação[26] – fornecem o mercado ideal para o recrutamento de delinquentes; "soldados rasos das empresas de criminalidade global", na expressão de Rotman[27], que lembra o caso dos delinquentes que servem os traficantes globais de droga.

Além disso, por força da imigração de pessoas procedentes de outros âmbitos sócio-culturais, a Europa do bem-estar converte-se numa sociedade pluriétnica e multicultural. Se, por um lado, tende à "integração supranacional" e à "homogeneização" ("macdonaldização"[28]), por outro sofre um processo de atomização e diversificação ou multiculturização no seu interior. E a tensão integração-atomização, homogeneização-diversidade é criminógena[29].

Finalmente, ao passivo da globalização junta-se ainda o *terrorismo*. O terrorismo globalizou-se. O que significa que ele não é só anti-estadual

---

[23] Sobre a criminalidade transnacional organizada, "um fenómeno criminal em plena evolução", cfr. S. GARCIA-JOURDAN, *L'émergence d'un espace européen de liberté, de sécurité et de justice,* Bruylant, 2005, p. 330 s.

[24] Louise Shelley, "Transnational organized crime: the new authoritarism", *The illicit global economy and State power,* 25, p. 32, H. Richard Friman, Peter Andreas (Eds.), 1999, *apud* EDGARDO ROTMAN, *Cornell Journal of Law and Public Policy,* vol. 10, Fall 2000, number 1, p. 9 s.: a criminalidade organizada beneficia do vacuum deixado pelo poder estadual centralizado.

[25] Assim, HESS, "Die Zukunft des Verbrechens", *Kritische Journal,* 1998, p. 145 s.

[26] Manuel Castells, *End of millenium,* 1998, p. 161, *apud* EDGARDO ROTMAN, *op. cit.,* p. 24.

[27] EDGARDO ROTMAN, *op. cit., loc. cit.*

[28] Na expressão irónica de alguns sociólogos (assim, J. M. SILVA SANCHEZ, *A expansão do direito penal,* cit., p. 100, nota 6).

[29] Sobre a globalização e as modificações na estrutura social, cfr. J. M. SILVA SANCHEZ, *A expansão do direito penal,* cit., p. 98 s.

Globalização, Crime e Ciência Penal "Europeia"

ou só estadual. Há um terrorismo da globalização que, não por acaso, tomou conta da cidade-mundo: é autónomo, não-piramidal, nómada e em rede: 11 de Setembro (EUA), 11 de Março 2004 (Espanha), 7 de Julho 2005 (RU) datam a época do terrorismo global[30].

Do sonho da "paz perpétua", reafirmado em S. Francisco (26.06.1945), resta-nos a urgência de enfrentar o diagnóstico de Edgar Morin: "O mundo está numa fase particularmente imprevisível porque as grandes alternativas históricas não foram ainda assumidas. Não sabemos para onde vamos. Não sabemos se temos grandes regressões, se guerras em cadeia não irão desenvolver-se Não sabemos se um processo civilizado levará a uma situação planetária mais ou menos competitiva. O futuro é incerto"[31].

3. É a pergunta sobre "um futuro para o futuro" que se surpreende hoje, quando se procura refundar a justiça penal.

Uma via de evolução da política criminal é a sua "regionalização": ela *desnacionalizou-se* ou *desestadualizou-se*.

O que se tornou evidente foi que os sistemas penais, individualmente considerados, são inoperantes para responder ao desafio da nova criminalidade e que é inevitável libertar a política criminal das suas referências estaduais para lutar contra uma criminalidade que se serve da globalização para se desenvolver.

São variados os espaços judiciários penais europeus, ao nível dos quais foram adoptados instrumentos de *cooperação*: para além, inicialmente, do Conselho da Europa, do Benelux e da União Nórdica, mais tarde o espaço Schengen e a União Europeia.

Mas não foi só à cooperação internacional que a política criminal conferiu um revigorado impulso, na busca de eficácia que lhe permita

---

[30] A propósito do 11 de Setembro, escreveu ADRIANO MOREIRA, "A Nova Ordem Mundial", em curso de publicação, Curso de Verão, Faculdade de Direito da Universidade de Coimbra, 12-07, 2004: "De facto, o terror nem era um fenómeno novo, nem era uma novidade para as relações entre Estados, em que a guerra fria foi um longo exercício de guerra impossível e paz improvável (Aron), porque a ameaça de holocausto orientou no sentido da razoabilidade. O que foi novo traduziu-se no facto de uma entidade organizada em rede, sem povo, nem território, descentralizada por células, agindo com autonomia e descentralização de iniciativas, ter desafiado a superpotência sobrante no seu território, e transformado o martírio dos inocentes em penhor do triunfo procurado, seja ele o que for".

[31] *Apud* ADRIANO MOREIRA, *cit.*

responder à ameaça crescente que hoje constitui a criminalidade. Foi também a necessidade de uma resposta penal crescentemente *harmonizada* que foi ganhando terreno, com vista a assegurar a aplicação uniforme dos instrumentos normativos internacionais. Só que, neste ponto, não é tanto (ou não é só) a "abstracta harmonização" das legislações existentes que está em causa: é sim (ou também) a cooperação científico-jurídica numa "gramática científica e dogmática comum" e o investimento no valor "argumentativo" em princípios directores político-criminais.

Importa reconhecer, com efeito, que o direito penal europeu ganha uma parte muito relevante do corpo que o justifica como direito "material" através da harmonização no terceiro pilar.

É à emergência de um direito penal europeu que se assiste presentemente. A evolução através de Maastricht, Amesterdão e Tampere mostra que existe um "movimento" nesta direcção. E há que assinalar que o Tratado que estabelece uma Constituição para a Europa mantém como objectivo a criação de um espaço de liberdade de segurança e de justiça. Torna-se mesmo o segundo objectivo da União – depois da promoção da paz, dos valores e do bem-estar dos povos da União – e é referido, como o mercado interno, por exemplo, entre os domínios de competências partilhadas entre aquela e os Estados-Membros. Sendo que a mudança mais importante preconizada no domínio penal tem a ver com o facto deste Tratado se propor acabar com o método intergovernamental que caracteriza presentemente o terceiro pilar. Nisto consiste uma das duas "regras de ouro" identificadas pelo Grupo de Trabalho X, ligada à abolição da estrutura em pilares do edifício europeu. Neste contexto, o sector penal ficaria submetido, com algumas nuances, às regras e procedimentos comunitários, do ponto de vista, entre outros, dos instrumentos, do processo decisional e do princípio da adopção das decisões por maioria qualificada. As vias do reconhecimento mútuo – expressamente consagrado no Tratado – e da harmonização, bem como a atenção dispensada aos órgãos europeus (Europol e Eurojust) continuariam a ser os eixos de cristalização da construção penal europeia.

Embora a ratificação do Tratado esteja, neste momento, "em suspenso", isto em nada altera o facto de que os Estados-Membros ultrapassaram a "visão estreita" da soberania nacional[32], que por longo tempo

---

[32] Assim, MARC VERWILGHEN, *L'espace penal*, cit., p. 2.

Globalização, Crime e Ciência Penal "Europeia"

perdurou no domínio penal: com os desenvolvimentos em torno de três eixos já definidos em Tampere – reconhecimento mútuo, harmonização e criação de órgãos europeus de cooperação – é um direito penal que se perfila no horizonte europeu.

A ciência penal europeia, ao desenvolver uma dogmática (penal) e uma política (criminal) europeias próprias, dá-nos o testemunho da especificidade dos problemas convocados a constituir o objecto de estudo no âmbito do direito penal europeu, aí fazendo radicar a sua autonomia[33].

A despeito de não existir um direito europeu penal, em si mesmo vinculante, ou cuja vinculação os Estados tivessem aceite, a "europeização" do direito penal está em curso – é uma realidade que se impõe ou, se se preferir, é um "facto consumado"[34], a impedir que se recuse a *possibilidade* e a *necessidade* de uma dogmática penal e de uma política

---

[33] Como diz Faria Costa (*Direito penal económico*, 2003, Quarteto, p. 19), "é indubitável que a sólida exigência de uma metodologia, objecto e princípios próprios (autónomos) é ainda aquela que mais e melhor cauciona a qualificação de um qualquer "encadear lógico" como disciplina autónoma".

[34] Esta legislação penal europeia resulta, numa parte muito importante, da harmonização que se leva a efeito no âmbito do terceiro pilar, sobretudo, mas não só (também convenções e acções comuns), mediante decisões-quadro. Neste contexto, pode já identificar-se uma "parte especial", sector onde preferencialmente se vem fazendo sentir o esforço harmonizador, que abrange a criminalidade financeira (crimes contra interesses financeiros da Comunidade Europeia, de branqueamento, relativos ao euro e a meios de pagamento que não em numerário), tráfico ilícito de estupefacientes, tráfico de seres humanos e, em especial, exploração sexual de crianças e pornografia infantil, tráfico de órgãos, criminalidade *high-tech*, designadamente, ataques aos sistemas de informações, criminalidade contra o ambiente, corrupção, criminalidade organizada, terrorismo, racismo e xenofobia, entre outros fenómenos criminais; e ainda uma "parte geral" que, paulatinamente, também começa a ser objecto de esforço de harmonização, sobretudo no que diz respeito às consequências jurídicas do crime. De notar que, da parte de autores francófonos, é posta em causa a utilidade da distinção entre direito penal material "geral" e "especial", já que não existem actualmente instrumentos relativos ao direito penal "geral". Referem-se, assim, a um direito (a normas) atinente(s) às sanções penais resultantes quer da harmonização, quer do reconhecimento mútuo. Cfr., neste sentido, ANNE WEYEMBERG, "Le rapprochement de legislations pénales au sein de l'Union européenne: les difficultés et leurs consequences", *L'espace pénale européen: enjeux et perspectives,* Editions de l'Université de Bruxelles, 2002, p.127 s. e SERGE DE BIOLLEY, "Liberté et sécurité dans la constitution de l'espace européen de justice pénale: cristallisation de la tension sous présidence Belge", *L'espace pénal,* cit., p. 169 s.; *id.*, "Panorama du droit penal de l'Union", *Sécurité et justice: enjeu de la politique extérieure de l'Union européenne,* Editions de l'Université de Bruxelles, 2003, p. 108 s.

208 Estudos de Homenagem ao Professor Doutor Artur Anselmo

criminal europeias. Já existe uma ciência penal europeia, que tem procurado teorizar sobre os numerosos problemas suscitados pelo acervo penal europeu, num desmentido claro de que uma dogmática penal e uma política criminal europeias careceriam de objecto. É possível fazer dogmática penal na base da legislação penal europeia existente[35] e, além disso,

---

[35] No contexto europeu, já pode falar-se de uma "doutrina" ou de uma "teoria" do direito penal europeu. Veja-se o manual de direito penal europeu de JEAN PRADEL e GEERT CORSTENS (*Droit pénal européen*, 2ª ed., Dalloz, 2002) ou, a título exemplificativo, os trabalhos, na Alemanha, de KLAUS TIEDEMANN ("EG und EU als Rechtsquellen des Strafrechts", Festschrift für Roxin, p. 1401 s.), de JOACHIM VOGEL ("Wege zu europäische – einheitlichen Regelungen im Allgemeinen Teil des Strafrechts", *JZ*, 1995, p. 331 s. e "Principio da legalidad, territorialidad e competência judicial", e "Presupuestos y exclusión de la responsabilidad subjetiva", *Eurodelitos. El derecho penal economico en la Unión Europea* (KIaus Tiedemann e Adán Nieto Martin (coord.), Cuenca, 2003, respectivamente p. 31 s. e 39 s.), de BERND SCHÜNEMANN ("Sobre la regulación de los delitos de omisión impropria en los eurodelitos", *Eurodelitos*, cit., p. 35 s.), de WILFRIED BOTTKE ("Estrutura de la autoria en la comisión y en la omisión como requisito para la construcción de un sistema de derecho penal de la Comunidad Europea", *Fundamentos de un sistema europeo dei derecho penal. Libro-Homenaje a Claus Roxin* (Silva Sanchez, ed.), Barcelona, 1995, p. 309 s.), ou de GERHARD DANNECKER ("Parte general deI derecho penal europeo" e "Derecho penal alimentario europeu", *Eurodelitos*, cit., respectivamente p. 45 s. e 79 s.); em Espanha, de CARLOS SUÁREZ GONZÁLEZ ("Concurso de delitos: propuesta de regulación com vista a un Código penal europeu", *Eurodelitos*, cit., p. 59 s.), de MANUEL CANCIO MELIÁ ("Consideraciones sobre una regulación común europea de la tentativa", *Eurodelitos*, cit., p. 53 s.) e de LUIS ARROYO ZAPATERO ("El principio de culpabilidad y sus plasmaciones. Reflexiones y propuestas para la construcción de una normativa europea", *Revista penal*, cit., n.º 3, 1999, p. 5 s.; "Propuesta de un eurodelito de trata de seres humanos", *Libro de Homenaje a Marino Barbero Santos*, Cuenca, 2001, vol. II, p. 25 s.; "Tráfico ilegal de mano de obra", *Eurodelitos*, cit., p. 73 s. e "De la territorialidad a la universidad en la persecusion penal", texto não publicado, Colóquio Internacional de Direito Penal "Criminalidade Organizada", Lisboa, Universidade Lusíada, 6 e 7 de Novembro de 2002); ou, em Itália, de LUIGI FOFFANI ("Insolvencias punibles y delitos societarios", *Eurodelitos*, cit., p. 99 s.), ou de A. BERNARDI ("Europeizzazione del diritto penale commerciale", *RTDPE*, 1996, p. 1 s.); finalmente, entre nós, cfr. PEDRO CAEIRO ("A decisão-quadro do Conselho, de 26 de Junho de 2001, e a relação entre a punição do branqueamento e o facto precedente: necessidade e oportunidade de uma reforma legislativa", *Liber discipulorum para Jorge de Figueiredo Dias*, Coimbra Editora, 2003, p. 1067 s). O que se observa é que vêm sendo abordadas várias matérias pela dogmática penal europeia. Acrescentam-se, às já indicadas, as atinentes às consequências jurídicas do crime, aqui incluído o que poderemos chamar "direito sancionatório administrativo europeu", que também tem sido objecto de tratamento pela dogmática penal europeia. Citem-se, mais uma vez a título exemplificativo, entre nós, ANA FILIPA S. CARVALHO (*Fraude e desvio na obtenção de subsídios. A génese difícil do direito penal europeu,*

na perspectiva da definição de uma política criminal, é necessário interrogar-se sobre o seu sentido, conteúdo e limites. O que tudo contribui para encontrar e assegurar uma "identidade penal europeia" que é, além do mais, imperioso consolidar, devendo colocar-se como objectivo da ciência penal europeia, quando a "europeização" do direito penal é marcada pelo fenómeno da "americanização" do direito penal.

Sendo certo que, por nossa parte, não vai aqui implicada uma qualquer ideia de elaboração de uma dogmática penal e uma política criminal europeias "alternativas"[36]. Do que se trata é de abordar as questões dogmáticas e políticas com a autonomia exigível[37], dados os concretos problemas práticos que se suscitam. E sem perder de vista, ainda, que o direito penal europeu nem é direito penal continental, nem é *common law*: é o

---

dissertação de Mestrado na Faculdade de Direito da Universidade de Lisboa, Lisboa (polic.), 1998); na Alemanha, GERHARD DANNECKER (*Evolución del derecho penal y sancionador comunitario europeu*, Marcial Pons, Madrid, Barcelona, 2001; ou "Sanciones y princípios de la Parte General en el derecho de la concurrencia en las Comunidades Europeas", *Hacia un derecho penal económico europeo. Jornadas en honor del Professor Klaus Tiedemann*, Madrid: Boletin Oficial deI Estado, 1995, p. 545 s.); na Itália (G. GRASSO, "Rapport de synthèse sur les systèmes de sanctions administratives des États membres des Communautés européennes", Comisión Europea, The system of administrative and penal sanction in the Member States of the European Communities, voI. III (Summary reports), Luxembourg, 1994, p. 71 s.); em Espanha, ENRIQUE BACIGALUPO ("Rapport de synthèse", Comisión Europea, cit., p. 43 s.); ou, na literatura latino-americana, RAUL CARNEVALI RODRÍGUEZ (*Derecho penal y derecho sancionador de la Unión europea*, Granada, 2001). Abordando especificamente o âmbito do direito sancionatório penal europeu, cfr. ENRIQUE BACIGALUPO, "L'exécution des peines", artigo incluído no recente volume *L'harmonisation des sanctions pénales en Europe*, sob a direcção de Mireille Delmas-Marty, Genevieve Giudicelli-Delage e Elisabeth Lambert--Abdelgawad, *Société de Législation Comparé*, Paris, 2003, p. 417 s.

[36] No sentido que lhe confere FIGUEIREDO DIAS, "O direito penal entre a "sociedade industrial" e a "sociedade do risco"", Boletim da Faculdade de Direito, Studia Iuridica 61. Ad Honorem – 1, *Estudos em Homenagem ao Prof Doutor Rogério Soares*, 2001, p. 601 e 602, quando repudia, para "a tutela dos novos ou grandes riscos típicos da 'sociedade do risco' ", por intermédio do direito penal, "uma mudança radical do paradigma penal, com uma nova política criminal e uma nova dogmática jurídico-penal".

[37] Assim, na senda de FARIA COSTA, *Direito penal económico,* cit., a propósito da nova disciplina de direito penal económico, que chama repetidamente a atenção para que o seu "referencial" ou a sua "matriz" é o "direito penal *tout court"* e precisa que "se alguma autonomia houver na doutrina geral da infracção anti-económica" ela far-se-á "em confronto com a normal doutrina geral da infracção do direito penal comum" (p. 17; cfr., também p. 24: "os novos ramos do direito penal são ainda produtos teóricos directos e imediatos da reflexão consolidada na e pela doutrina geral da infracção criminal").

resultado de uma abertura cada vez maior de cada um dos sistemas ao outro. Assim, está em causa reconhecer que a dogmática penal europeia, conformada por uma Parte Especial de tipos legais de crimes "europeizados" e, a partir daqui, por uma Parte Geral que se deve ocupar da teoria geral da infracção e das suas consequências jurídicas, requer a elaboração de princípios dogmáticos relativamente autónomos, que mais não representarão, em muitos casos, senão o progresso e o aprofundamento e, noutros, a superação de deficiências que as dogmáticas nacionais ainda não lograram[38].

A verdade é que, hoje, é mais do que um "discurso penal europeu"[39] a pedir a atenção dos penalistas. Como afirma Vogel[40], referindo-se às decisões-quadro, "negar-se a analisá-las, alegando que só a norma que as transforma em direito interno é de aplicação imediata, é simplesmente curto de vistas, pois que se trata, de todo o modo, de direito já vigente no plano inter-estadual, da União Europeia (...) e que a curto ou médio prazo deverá ser transposto para o direito interno (...)".

Por seu turno, a questão político-criminal tem tanto mais importância quanto o caminho da construção do espaço penal europeu vem sendo marcado, recentemente, pela aceleração[41], a anunciar, tal como vimos procurando destacar, a emergência de um direito penal europeu. É ainda e tão-só um "movimento", como já referimos, em direcção a um direito penal europeu. Mas os sinais de que este percurso é inevitável são por si só o bastante para ter por efeito animar o discurso político-criminal na Europa – que tem estado aqui algo "adormecido", ou "a reboque" dos Estados Unidos da América[42].

Ao mesmo tempo, a ciência penal (europeia) deve dar importância por igual às questões dogmáticas e político-criminais. Cabe-lhe "mediar" – e "traduzir" – a discussão sobre o direito penal entre as instituições e

---

[38] Exactamente nesta linha, para a dogmática do direito penal do risco, FIGUEIREDO DIAS, *Estudos em Homenagem ao Prof. Doutor Rogério Soares*, cit., p.602 s. Um exemplo pode colher-se no abandono do dogma da responsabilidade penal individual e no acolhimento do princípio da responsabilidade penal das pessoas colectivas como tais.

[39] Referes-e ao "discurso penal europeu" K. KÜHL, "Europäisierung der Strafrechtswissenschaft, *ZStW*, 109 (1997), p. 787.

[40] J. VOGEL, *Revista penal*, cit., n.º 11, 2003, p. 140.

[41] Sobre esta aceleração, sob o impulso dos atentados, em Nova Iorque, de 11 de Setembro de 2001, cfr. ANABELA MIRANDA RODRIGUES, *RPCC*, 13, 2003, cit., p. 27 s. e bibliografia aí citada.

os cidadãos europeus, e não "entrincheirar-se na torre de marfim da dogmática", com "discursos dificilmente compreensíveis para a opinião pública"[43]. Só deste modo a ciência penal pode cumprir a sua responsabilidade de assegurar a democraticidade do direito penal europeu.

A oposição à possibilidade de uma dogmática penal e uma política criminal europeias radica numa perspectiva positivista, fechada e "nacional" do direito penal. Que hoje tem cada vez menos sentido[44], quando o fenómeno da "interlegalidade"[45] nos confronta não só com a «europeização», mas também, nos últimos anos, com a «americanização» do direito penal. A cometer à ciência penal europeia uma tarefa de «aprofundamento» da sua «identidade», que justifica, por si só, a sua existência. Neste sentido, a dogmática penal e a política criminal europeias devem empenhar-se em actuar, «negativamente», como «filtro por onde devem passar os impulsos procedentes da interlegalidade, antes de ser acolhidos pelas instâncias europeias»; e «positivamente», contribuindo para a criação de uma identidade penal europeia, que deve procurar-se no direito penal em vigor e na sua história[46].

---

[42] A denúncia é de J. VOGEL, *Revista penal*, cit., n.º 11, 2003, p. 149. Referindo-se à "internacionalização" do direito penal como uma "americanização" e salientando que esta identificação significa um empobrecimento sob a perspectiva de um Estado de direito, ARTZ, "Wissenschaftsbedarf nach dem 6. StrRG", *ZStW*, 111, 4 (1999), p. 768.

[43] Assim, J. VOGEL, *Revista penal*, cit., n.º 11, 2003, p. 150.

[44] Cfr., sobre as considerações que se seguem, J. VOGEL, *op. ult. cit.*, p. 140 s.

[45] De "interpenetração de normas" que pode conduzir a um "espaço policêntrico", a propósito da pluralidade dos processos de internacionalização do direito, destacando três domínios estreitamente articulados (o internacional, das relação entre os Estados; o transnacional, das redes; e o supranacional, das normas directamente oponíveis aos Estados e aos indivíduos), fala MIREILLE DELMAS-MARTY, "Les processus de mondialisation du droit", *Le droit saisi par la mondialisation* (sous la direction de Charles-Albert MORAND), Bruylant, 2001, p. 66 s. A este propósito, refere o risco de uma "catátrofe normativa" ("no sentido da teoria dos modelos"), isto é, de uma verdadeira "ruptura" marcada por interligações cada vez mais complexas e interactivas resultantes da "pluralidade de actores" e da "dinâmica bipolarizada" (do mercado e dos direitos humanos) na mundialização do direito (p. 63 s.) e discute a *racionalidade* de um "modelo de direito mundial", que oscilaria entre unificação e harmonização, de acordo com uma lógica, respectivamente, de "conformidade" e de "compatibilidade". Esta última revelaria "instabilidade" dos seus níveis – o que é valorado como positivo, na medida em que é expressão de que "a procura de um direito comum se faz de forma pluralista" (p. 71 s.). Cfr., ainda, da autora, *Trois défis pour un droit mondial*, Seuil, 1998, p. 75 s.

[46] Refere-se ao humanismo que passa pela rejeição das penas de prisão perpétua ou de morte como um dos traços que conferem identidade ao direito penal europeu, J. VOGEL,

Tudo está em que essa ciência penal europeia obedeça ao princípio da abertura metodológica, que Kühl[47] reivindicou especificamente para ela. E resista, assim, a transformar-se em uma maneira de ver as coisas que se confunde com "imperialismo cultural". São igualmente válidas todas as posições, quer sejam "ontológicas" ou "normativas", lógicas ou funcionais, comprometidas com a ideia ("moderna") de eficácia ou com os velhos princípios liberais. É Vogel quem o afirma, acrescentando: "É errada e incompreensível a discussão da doutrina alemã quanto a saber qual o método que deve ser utilizado no contexto penal europeu"[48]. A abertura metodológica é condição da integração europeia.

Revista penal, cit., n.º 11, 2003, p. 141. Testemunho da importância dessa identidade penal europeia são os dois acordos de auxílio mútuo penal e de extradição, assinados a 25 de Junho de 2003, entre a União Europeia e os Estados Unidos (JOCE L 181, de 19 de Julho de 2003, p. 25-42), desde logo, pelo que se refere, precisamente, aos valores defendidos, como o provam diversas disposições dos acordos a propósito da possibilidade de recusa da extradição ou de dar seguimento a um pedido de auxílio mútuo penal, se os elementos recolhidos puderem contribuir para a aplicação da pena de morte ou de prisão perpétua ou se a pessoa for susceptível de ser julgada por uma jurisdição de excepção. Na mesma linha, a União Europeia inseriu no acordo sobre auxílio mútuo penal disposições relativas à protecção de dados de carácter pessoal, inspiradas nas que vigoram entre os Estados-Membros (art. 23.º, da Convenção de Maio de 2000). Para além disso, é de referir ainda que a União estendeu aos Estados Unidos alguns mecanismos de auxílio mútuo, concebidos no seu âmbito, tendo em vista melhorar a eficácia da luta contra o crime organizado e o terrorismo, por exemplo, as disposições da Convenção de Maio de 2000, relativas às equipas de investigação conjuntas, ou as do seu Protocolo de 16 de Outubro de 2001, relativas à identificação dos detentores de contas bancárias. Sobre isto, cfr. GUY STESSENS, "The EU-US agreements on extradition and on mutual legal assistance: how to bridge different approaches", *Sécurité et justice,* cit., p. 263 s. e HENRI LABAYLE, "L'espace pénal européen et le monde: instrument ou objectif?", *Sécurité et justice,* cit., p. 15 s.

[47] KÜHL, *ZStW,* 109 (1997), cit., p. 801.

[48] J. VOGEL, *Revista penal,* cit., n.º 11, 2003, p. 142. Esta discussão encobre, por vezes, uma posição que significa a (tentativa de) imposição do sistema jurídico-penal alemão no direito penal europeu. Assumidamente assim, B. SCHÜNEMANN, "Strafrechtsdogmatik als Wissenschaft", *Festschrift für Roxin zum 70. Geburstag am 15. Mai 2001,* 2001, p. 2 s., p. 11 e 12 s., para quem o nível analítico alcançado na Alemanha deve ser também exigido e defendido na Europa, perante sistemas penais que, como o inglês, remontando ao século XVIII, ou o francês, ao século XIX, nos devolveriam a uma ideologia "premoderna". Por sua vez, C. ROXIN ("Die Strafrechtswissenschaft vor den Aufgaben der Zukunft", Eser e outros (Hrsg.), *Die deutsche Strafrechtswissenschaft vor den Jahrtausendewende,* München, 2000, p. 37) reconhece que a teoria da infracção

Globalização, Crime e Ciência Penal "Europeia"

A questão está em que, na construção do edifício penal europeu, não está em causa elaborá-lo à luz de um pensamento sistemático e categorial, mas problemático e a partir de questões práticas[49].

Defender hoje uma dogmática "internacional", "transnacional" ou "independente dos contextos nacionais"[50] ainda significa, por vezes, um

---

constitui "um bem de exportação da doutrina alemã", retomando uma expressão de B. SCHÜNEMANN, "Einführung in das strafrechtliche Systemdenken", *id.* (Hrsg,), *Grundfragen des modernen Strafrechtssystems*, Berlin, 1984, p. 1. Também WOLTER afirma que "a teoria funcional da acção e da imputação de Roxin é capaz de fundar uma nova dogmática internacional do direito penal", "Objektive Zurechnung und modernes Strafrechtssystem", *Internationale Dogmatick der objektiven Zurechnung und der Unterlassungs delikte*, Gimbernat e outros (Hrsg.), Heidelberg, 1995, p. 24). A influência da doutrina alemã sobre a teoria da infracção, como capaz de constituir "o fundamento da gramática ocidental do direito penal", é defendida ainda por autores não alemães. Assim, J.-M. SILVA SANCHEZ, "Retos científicos y retos políticos de la ciencia del derecho penal", *Revista de derecho penal y criminologia*, 2ª Época, núm. 9 (2002), p. 92; insiste, aliás, nesta sua posição, defendendo que "o sistema estruturado da infracção de tradição alemã poderá subsistir também como referência para a cultura jurídica anglo-saxónica" (p. 94). Refere-se, no entanto, em tom crítico, ao diálogo internacional que um certo sector da doutrina alemã fomentou, como "uma discussão sobre os fundamentos dogmáticos da própria doutrina alemã", que se revelou em diversos encontros científicos "internacionais", V. MILITELLO, "Dogmatica penale e politica criminale in prospettiva europea", *RIDPP*, 2, 2001, p. 419, nota 16 (o autor refere-se ao Colóquio realizado em Coimbra, em 1995, sobre os fundamentos de um direito penal europeu; por nossa parte, ocorre-nos a referência às Jornadas anuais de penalistas de língua alemã (Strafrechtslehrertagung) de 1999, em Berlin, cujo tema foi o da "Internationalisierung des Strafrechts"; também FLETCHER, "Die deutsche Strafrechtswissenchaft im Spiegel der Rechtsvergleichung", *Die deutsche Strafrechtswissenschaft*, cit., p. 239 s., que fala de "provincianismo autoconsciente" da doutrina alemã nos "estados gerais" de Berlim de 1999). Salientam, por seu turno, a importância da tradição anglo-saxónica na perspectiva de um direito penal de luta contra a nova criminalidade internacional PERRON, "Hat die deutsche Strafrechtssystematik eine europäische Zukunft?", *Festschrift für Lenckner zum70. Geburtstag*, Münhen, 1988, p. 228 e ARZT, *ZStW*, 111 (1999), cit., p.768-770.

[49] Neste sentido, J. VOGEL, *Revista penal*, cit., nº 11, 2003, p. 143; também KÜHL, *ZStW*, 109 (1997), cit., p. 801 s. e DANNECKER, *JZ*, 1996, cit., p.873.

[50] Cfr. o título do artigo de von HIRSCH, "Gibt es eine national unabhangige Strafrechtswissenschaft?", *Festschrift für Spendel*, 1992, p. 43 s; também PERRON, "Sind die nationalen Grenzen des Strafrechts überwindbar?", *ZStW*, 109 (1997), p. 281 s., que alude ao sonho de von Liszt de uma ciência penal universal (p. 282, nota 6). Da dogmática penal "internacional" fala FLETCHER, "Criminal theory as an international discipline", Eser-Fletcher (Hrsg.), *Rechtsfertigung und Entschuldigung – Justifications and excuse. Rechtsvergleichende Perspektiven – Comparative Perspectives*, vol. I, Freiburg i. Br., 1987, p. 1597 s.

214 *Estudos de Homenagem ao Professor Doutor Artur Anselmo*

retorno ao paradigma ontológico[51]. Que obscurece a diversidade dos vários ordenamentos jurídicos europeus e das correspondentes metodologias, desvalorizando o facto de que todos devem ter igual valor para a elaboração de uma dogmática unificada, *hoc sensu,* única. Quando o direito penal europeu se constrói na base de sistemas e categorias diferentes, cuja validade deve reconhecer-se reciprocamente, é quase impossível um acordo sobre os sistemas e a construção de um sistema (penal europeu).

É, pois, a dimensão e o relevo dos problemas que o direito penal tem de resolver a nível "europeu" que permite assacar à dogmática penal europeia a função de "encontrar predicados dogmáticos compreensíveis para todos"[52]. Objecto mais modesto da dogmática, sem dúvida, do que a construção de um sistema penal europeu. Que não é, no entanto, prioritária, quando – reafirma-se – são questões práticas, que se traduzem em exigências de soluções concretas, a assumir uma função catalisadora da criação de um direito penal europeu[53]. Elaborar uma teoria geral da

---

[51] Assim em ARMIN KAUFMANN, "Das Übernationale und Überpositive in der Strafrechtswissenschaft", *Gedächtnisschrit für Zong Uk Tjong,* Tokio, 1985, p. 100 s. Cfr. ainda von HIRSCH, *op. ult. cit.,* p. 46 s e 55 s., que considera inadmissíveis diferenciações dogmáticas em função de concretos contextos normativos ou influenciados por particularidades culturais dos vários ordenamentos: só assim se garantiria para a ciência penal um lugar ao lado das outras disciplinas científicas, por sua natureza internacionais (p. 45). Também NAUCKE, *Grundlinien einer rechtsstaatlich-praktischen allgemeinem Straftatlehre,* Wiesbaden, 1979, p. 13 e 14 e nota 6, que, entretanto, estabelece a diferença entre uma teoria geral da infracção, desvinculada de um direito nacional, e as suas diversas manifestações nos ordenamentos concretos. Nesta última linha, estabelecendo a diferença na base da diversidade *cultural,* J.-M. SILVA SÁNCHEZ, *Revista de derecho penal y criminologia,* cit., p. 84; *id., A expansão do direito penal,* cit., p. 85.

[52] Assim, J. VOGEL, *Revista penal,* cit., n.º 11, 2003, p. 143. Nesta linha também FIGUEIREDO DIAS, "Justice and reform of the penal system: a brief reflection", *International Annals of Criminology,* 2003, voI. 41-1/2, p. 153 s., conferindo à dogmática penal europeia a responsabilidade de evitar uma qualquer legislação penal europeia "unitária", que nunca poderia ter em conta as "especificidades" e as "autonomias culturais" nacionais e, em vez disso, fomentar uma cada vez maior "aproximação" entre os diversos sistemas de justiça penal (p. 161).

[53] Claramente, neste sentido, PERRON, *Festschrift für Lenckner,* cit., p. 246 ("Die Anforderungen an das europäische Strafrecht semd daher eminent praktischer Natur"); também V. MILITELLO, *RIDPP,* cit., 2, 2001, p. 429 s., com uma referência a PALIERO ("La fabbrica deI golem". Progettualità e metodologia per la "Parte Generale" di un Codice Penare dell'Unione Europea", *RIDPP,* 2000, p. 485: o desenvolvimento de um sistema penal europeu é "função das dinâmicas sociais").

Globalização, Crime e Ciência Penal "Europeia"   215

infracção do direito penal e aí discutir as categorias da ilicitude ou da culpa é, deste ponto de vista, menos importante do que abordar as questões que se levantam a propósito de causas de justificação e de causas de exclusão da culpa; e de que podem, aliás, resultar conclusões acerca daquelas categorias[54].

Do que se trata, com o direito penal europeu, é de uma "aproximação comum aos problemas" – dito de outro modo, trata-se de desenvolver e consolidar uma "gramática dogmática comum". Já se partilha uma "disciplina comum", independentemente do método sistemático ou pragmático utilizado[55].

No fundo, isto significa que, onde as opções político-criminais se formalizam em soluções normativas europeias, é possível falar de uma dogmática penal europeia[56]. Que, neste sentido, já existe[57]. Para além disto, é através da *comparação*[58] dos sistemas penais vigentes que a dogmática pode chegar à unificação e à eventual reforma do quadro positivo existente.

À política criminal europeia caberá, por seu turno, responder à pergunta sobre o "dever ser" do direito penal europeu. É razoável e

---

[54] Referindo-se à desnecessidade da distinção, na dogmática penal europeia, entre ilicitude e culpa, K. TIEDEMANN, *Festschrift für Lenckner,* cit., p. 423 e 424; também J. VOGEL, *Revista penal,* cit., n.º 11, 2003, p. 148.

[55] Cfr. FLETCHER, *Rechtsfertigung und Entschuldigung,* cit., vol. III, 1988, p. 1595 s. (p. 1621). A "dogmática penal europeia" deve ter em conta que os problemas são os mesmos e semelhantes as soluções a propósito do dolo eventual e *recklessness,* de causas de exclusão da culpa e *excuses* ou de tentativa e *attempt.* Exactamente nesta linha, também, LUIS ARROYO ZAPATERO, *Colóquio Internacional de direito penal "criminalidade organizada",* cit., p. 3 e 4, que fala de uma "gramática penal comum europeia".

[56] Assim, por exemplo, para o domínio da protecção dos interesses financeiros da União Europeia, em que um grupo de juristas europeus produziu um texto – o *Corpus Iuris* – que compreende normas substanciais e processuais que definem uma parte geral, tipos legais e órgãos de investigação de um direito penal e processual europeu. Neste contexto, refira-se a elaboração de conceitos gerais de um direito penal europeu, circunscrita ao domínio do direito penal económico, que representa o projecto de uma parte geral de um código penal europeu de Paliero (cfr. *RIDPP,* 2000, cit., p. 467 s.)

[57] Assim, muito claramente, FIGUEIREDO DIAS, *International Annals of Criminology,* cit., p. 160 s. Especificamente, sobre as questões da "dogmática penal europeia" com este sentido, cfr. J. VOGEL, *Revista penal,* cito n.º 11, 2003, p. 146 s., que refere como seu objecto "os tipos penais europeus", isto é, a "parte especial", a partir da qual se pode construir uma "parte geral", e aí eleger os problemas a tratar.

[58] Sobre a importância do direito comparado, V. MILITELLO, *RIDPP,* 2, 2001, cit., p. 431.

216 *Estudos de Homenagem ao Professor Doutor Artur Anselmo*

mesmo "urgente"[59] a interrogação sobre o fundamento e sentido do direito penal europeu. Este tem vindo a criar-se à margem da ciência penal (europeia) e importa que esta o torne objecto das suas preocupações. Já existe um "direito penal" que, como um *puzzle*, se vem construindo: através da criação de órgãos europeus, da concretização do princípio do reconhecimento mútuo, e, sobretudo, dos trabalhos de harmonização. Mas é grande o risco de termos como resultado um "direito penal" que não se escolheu deliberada e pensadamente[60].

Este "direito penal europeu" cria-se na base de um consenso suposto e na ausência de um debate público e democrático em torno dos valores e dos meios adequados para os proteger, bem como sobre as competências e práticas de decisão.

Falta uma "ideia" que dê coerência às diversas iniciativas. Falta um "pensamento" sobre o penal. Falta, em suma, o travejamento de uma política criminal europeia.

As vicissitudes por que vem passando a criação do direito penal europeu obrigam-nos a interrogarmo-nos sobre esta "criação" que "foge à vontade do criador".

Entretanto, a questão não é tanto a de construir "um modelo político-criminal", quanto a de fazer ressaltar o valor "argumentativo" de princípios directores em que se tem vindo a investir a nível europeu[61]: bastamo-nos com a referência a princípios como os da descriminalização, diversão ou desjudiciarização, descentralização e participação. É a sua invocação[62] que vai permitir aferir da "justeza" ou correcção da política criminal europeia e encontrar resposta para as perguntas concretas a que ela tem de responder.

Reclama-se, hoje, a atenção dos penalistas e da ciência penal para o fenómeno da emergência do direito penal europeu. Sobretudo a via da

---

[59] Assim, J. VOGEL, *Revista penal*, cit., n.º 11, 2003, p. 139. Nesta linha, também, FIGUEIREDO DIAS, *Internacional Annals of Criminology*, cit., p. 161.

[60] Nestes termos, MARIA LUISA CESONI, "Droit pénal européen: une harmonisation périlleuse », *L'espace pénal*, cit., p. 154.

[61] Cabe destacar aqui as V Jornadas latinas, que tiveram lugar em Courmayeur, em Setembro de 1992, dedicadas ao tema "uma política criminal para a Europa?", onde a intervenção apresentada por A. M. ALMEIDA COSTA, "Alguns princípios para um direito e processo penais europeus", *RPCC*, 4 (1994), p. 199 s.

[62] Neste sentido, J. VOGEL, *Revista penal*, cit., n.º 11, 2003, p. 142.

Globalização, Crime e Ciência Penal "Europeia" 217

harmonização atrai-nos ao âmago da construção europeia[63], onde a dia-léctica entre unidade e diversidade, entre o uno e o plural a faz sofrer o impacto de forças contraditórias. Centrípetas e centrífugas, no sentido, umas da uniformidade e outras dos particularismos, empobrecem e com-plexificam a construção penal, tornando um verdadeiro desafio o projecto do recente Tratado de criar uma Europa "unida na diversidade". Apelando a Derrida[64], reconhecem-se hoje "dois imperativos contraditórios: vigiar para que a "hegemonia centralizadora não se reconstitua" e evitar a "mul-tiplicação das fronteiras". A nossa responsabilidade consiste em não abandonar qualquer deles e, assim, "inventar gestos, discursos, práticas político-institucionais que inscrevam a aliança entre estes dois impera-tivos, estas duas promessas, estes dois contratos". Um direito "regional" evoca, agora segundo Habermas, um "direito cosmopolita" que, "para além dos sujeitos colectivos de direito internacional", diz respeito aos "sujeitos individuais de direito, para quem funda uma pertença directa à associação de cosmopolitas livres e iguais".[65]

A resposta à globalização e à sua criminalidade concebe-se tenden-cialmente em termos repressivos, procurando evitar paraísos penais ou lacunas punitivas e compensar a menor *certainty* da punição com a sua maior *severity*.

Do lado do direito penal, basta-nos lembrar a problemática que envolve hoje os limites do direito substancial na sua aspiração a *prevenir perigos*. Do lado do processo penal, as mais recentes reformas têm inva-riavelmente em vista o alargamento dos meios invasivos de investigação, designadamente, dos meios ocultos de investigação: desde as escutas telefónicas até à vigilância do correio electrónico, passando pelos agentes encobertos, os exemplos multiplicam-se.

Sem pretensão de esgotar os temas, há algumas questões da "dogmática penal da globalização" que não se poderão iludir por muito mais tempo: na imputação objectiva, há que equacionar formas de impu-tação "paralela", "acumulativa" ou outras – a imputação objectiva[66]

---

[63] Apesar de o estatuto de autonomia que desde Amesterdão se lhe quis atribuir não ter tido a consistência pretendida nem ela ter conhecido o seu ponto culminante no recente Tratado único para a União Europeia.

[64] J. DERRIDA, *L'autre cap*. Paris, Les Editions de Minuit, 1991, p. 45 e 46.

[65] J. HABERMAS, *La paix perpétuelle, le bicentenaire d'une idée kantienne*. Paris, Ed. Cerf, 1996, p. 57, *apud* M. DELAMAS-MARTY, *Trois défis pour un droit mondial*. Seuil, 1998, p. 153 e p. 154.

[66] Assim, SILVA SANCHEZ, *A expansão do direito penal*, cit., p. 90.

218 *Estudos de Homenagem ao Professor Doutor Artur Anselmo*

"tende a perder (...) a sua vinculação com relações de necessidade conforme as leis físico-naturais", dando lugar a "relações de probabilidade", onde "ganham terreno propostas de inversão do ónus da prova"; no domínio da responsabilidade por omissão, a abordagem das figuras da *common law* e francesa, respectivamente, a *vicarious liability* e a *résponsabilité du fait d'autri* permitirão certamente ultrapassar algumas dificuldades que se fazem sentir no âmbito da criminalidade das empresas ou de estruturas organizadas; neste domínio empresarial, também ganha relevo o problema da responsabilidade criminal, sabido como é que, atrás de estruturas organizadas empresariais, se esconde a parte mais relevante da nova criminalidade; aspectos probatórios que hoje ganham transcendência na distinção entre dolo eventual e negligência consciente podem ser enfrentadas pela aproximação à figura da *recklessness;* e o mesmo se pode dizer relativamente às causas de exclusão da ilicitude e da culpa e às *defenses* anglo-saxónicas, que, abordadas em termos processuais, sem discutir a sua relevância ao nível do ilícito e da culpa, abrem a via da consideração de que devem ser alegadas e provadas pela defesa; finalmente, que a distinção entre autoria e outras formas de comparticipação tende a ser cada vez mais difusa, já ao nível de tipificações propostas (por exemplo, no crime de branqueamento de capitais), exige um aprofundamento da questão no domínio dos chamados "crimes de organização".

Se nos voltarmos para o domínio processual penal, estão aí as questões da inversão do ónus da prova, dos "arrependidos", dos agentes encobertos, da protecção das testemunhas ou da indemnização das vítimas, em nome da adequação dos institutos processuais "aos contextos de actuação do comportamento intoleravelmente desviado"[67] – tudo com vista a viabilizar a perseguição penal efectiva das novas formas de criminalidade.

Resta-nos saber – o que não é pouco – até onde pode ir a plasticidade de conceitos como os da imputação, da culpa ou da autoria; e até onde pode o processo penal recuar na protecção dos direitos, liberdades e garantias do arguido para assegurar a eficácia da repressão do crime.

Compete à ciência penal "europeia" a busca de respostas.

É inegável que a ciência penal deve adequar-se ao novo contexto social, de risco, e à nova realidade criminológica. Não o fazer significa

---

[67] Assim, B. SCHÜNEMANN, "Consideraciones críticas sobre a situação espiritual de la ciência jurídico-penal alemana", *Annuario de Derecho Penal y Ciencias Penales,* 49 (1996), p. 202 s.

Globalização, Crime e Ciência Penal "Europeia"

persistir na irracionalidade e na ineficácia. A "superação" do legado inarredável da modernidade – legalidade, culpa, direitos fundamentais – obriga-a a confrontar-se com novos referentes igualmente inarredáveis: igualdade, oportunidade, consenso, celeridade, mediação, reparação. É necessário, por isso, encontrar "novos equilíbrios" para o direito penal: "novas soluções" para a protecção dos direitos fundamentais das pessoas e para a satisfação das exigências de segurança dessas mesmas pessoas[68].

Cabe-lhe, nessa tarefa, preservar a fronteira do indisponível e do imponderável daquela *Rechtskultur,* pela qual, como diria o filósofo pré-socrático, devemos bater-nos como pelas muralhas da nossa cidade.

---

[68] Sobre isto, ANABELA MIRANDA RODRIGUES, "A defesa do arguido: uma garantia constitucional em perigo no "admirável mundo novo", *Revista Portuguesa de Ciência Criminal,* 12 (2002), p. 549 s.; id., "Política criminal – novos desafios, velhos rumos", *Liber discipulorum para Jorge de Figueiredo Dias,* Coimbra Editora, 2003, p. 207 s.

O TERCEIRO PILAR E A POLÍTICA EUROPEIA DE JUSTIÇA E ASSUNTOS INTERNOS

TERESA BRAVO
Juíza de Direito

"Apesar dos elementos agregadores, a União Europeia é ainda, um mosaico de diferentes interesses nacionais, em que a maioria dos países não possui uma visão global e cujos interesses vitais se localizam em âmbitos regionais mais limitados."[1]

Introdução

No presente trabalho, pretende-se efectuar uma análise do Terceiro Pilar (actualmente denominado Espaço de Liberdade, Segurança e Justiça) a partir da sua consagração no texto do Tratado de Maastricht e evolução até ao Tratado de Lisboa.

A escolha do tema prende-se com o facto de se tratar, actualmente, de uma vertente particularmente dinâmica do processo de construção europeia que terá, nos anos vindouros, incidências muito específicas no ordenamento jurídico português. Na verdade, a construção de uma Europa dos cidadãos passará, também, pela criação de mecanismos legislativos-

---

[1] Carvalho, José (2008) "Segurança: Visão Global, a perspectiva das Informações." Comunicação no âmbito do Seminário sobre Segurança no âmbito do Curso de Contra--Terrrorismo, ISCPSI, Lisboa (não publicado).

Estudos de Homenagem ao Professor Doutor Artur Anselmo

-institucionais que garantam a segurança dos povos da Europa, sem descurar a protecção dos seus Direitos, Liberdades e Garantias.

Os desafios emergentes dos fenómenos criminosos de escala (como o tráfico de estupefacientes, de pessoas e o branqueamento de capitais) bem como os atentados terroristas ocorridos em Madrid (2004) e em Londres (2005) trouxeram para a agenda política europeia o grande tema da segurança, tema esse que ultrapassou as tradicionais fronteiras de cada estado membro e assume uma dimensão supra nacional, determinando a criação e o aperfeiçoamento de mecanismos de cooperação judiciária e policial.

Desta forma, a nossa análise incidirá em três aspectos fundamentais, em primeiro lugar, a caracterização do percurso evolutivo do Terceiro Pilar nos textos dos diversos Tratados, focando a nossa atenção no quadro institucional e nas iniciativas legislativas operadas nesta matéria. Em segundo lugar, debruçar-nos-emos sobre o processo decisório, identificando os elementos relacionados com a intergovernamentalidade e os principais obstáculos à consolidação desse Espaço Europeu de Liberdade, Segurança e Justiça.

Finalmente, num terceiro momento, efectuaremos uma breve apreciação crítica do impacto da Política de Justiça da União Europeia no ordenamento jurídico português, sinalizando os mecanismos legislativos e institucionais que foram adoptados e as perspectivas de evolução futura.

1. O conteúdo material do Terceiro Pilar e o percurso histórico-evolutivo nos Tratados

1.1 Do Tratado de Maastricht ao Tratado de Amesterdão

O projecto de integração e construção europeia não obedeceu, do ponto de vista da sua evolução histórico-institucional, a uma trajectória linear nem homogénea, antes tem sido o produto de diversos avanços e recuos, mostrando-se recheado de paradoxos. Avanços e recuos esses que foram e são, o resultado das circunstâncias políticas, económicas e sociais do momento, vivenciadas em cada um dos Estados Membros.

Esta ligação umbilical ou, melhor dizendo, esta dependência do projecto de integração e construção europeia da vontade política dos

O Terceiro Pilar e a Política Europeia de Justiça e Assuntos Internos   223

membros que a compõem, teve e tem consequências muito concretas e objectivas em cada etapa da sua cronologia histórica, determinando desta forma que, uma ou outra área da integração se tornasse mais ou menos preponderante.

Uma vez que o tema do presente trabalho é o Terceiro Pilar e a política de Justiça da União Europeia, iremos situar a nossa análise, preferencialmente, no estudo dos Tratados que entraram em vigor a partir da década de noventa, porquanto, foi a partir de Maastricht (1992) que se começou a desenhar, com maior nitidez, um projecto político consistente para a Europa.

O Tratado de Maastricht (também denominado de Tratado da União Europeia ou TUE) constitui um ponto de viragem nesta dinâmica europeia reafirmando o «impulso federalista» que esteve presente na primeira fase da construção europeia do pós-guerra (Cunha, P, 1996:2). A tónica federalista do tratado resulta, sobretudo, da construção da união monetária ao passo que, em matéria de Justiça e Assuntos Internos, o mesmo assume uma posição cautelosa de inspiração confederal.

Maastricht consagrou, especificamente, a denominação de União Europeia, estabelecendo no art. B, um quadro de objectivos concretos a atingir no plano interno e externo (entre os quais avultava o desenvolvimento de uma cooperação estreita nas áreas da Justiça e Assuntos Internos), que superavam a mera dimensão económica dos tratados anteriores e, talvez uma das conquistas mais significativas, a institucionalização de um conceito de cidadania europeia (art. G, arts. 8 a 8 E).

O Tratado de Maastricht (aprovado de 9 para 10 de Dezembro de 1991 pelo Conselho Europeu de Maastricht e assinado a 7 de Fevereiro de 1992, na cidade holandesa com o mesmo nome) representou uma ruptura com a herança e conteúdo dos Tratados anteriores (CECA, CEE, EURATOM e ACTO ÚNICO) e introduziu um conjunto de novas disposições, estruturando o projecto europeu em três pilares fundamentais: o primeiro pilar corresponderia aos Tratados Comunitários e suas reformas, e os outros dois corresponderiam, respectivamente, às matérias de cooperação intergovernamental: Política Externa e de Segurança Comum e a Justiça e Assuntos Internos.

Podemos afirmar desta forma que, do Tratado de Maastricht, resultou uma estrutura híbrida para a União Europeia: por um lado, um Primeiro Pilar de "carácter reforçado" assente na "integração supranacional" e outros dois, assentes na cooperação intergovernamental, em que o

224   *Estudos de Homenagem ao Professor Doutor Artur Anselmo*

pendor da soberania dos estados estava claramente acentuado quer ao nível do processo decisório quer das instituições envolvidas.

As questões da Justiça e dos Assuntos Internos passam, então, a constituir o Título VI, definindo-se o seu conteúdo material nas previsões dos arts. K 1 a K9.

O conteúdo deste Terceiro Pilar contemplava áreas tão diversas como a política de asilo e a de imigração, o controle de pessoas nas fronteiras, a luta contra a toxicodependência, a luta contra a fraude de dimensão internacional, cooperação em matéria civil, penal e aduaneira e a cooperação policial no combate ao terrorismo, tráfico de droga e outras formas de criminalidade organizada.

É de salientar, no entanto que, no contexto de Maastricht (não obstante a autonomização e consagração expressa de uma área de Justiça e de Assuntos Internos na estrutura do Terceiro Pilar) não foi prevista a atribuição de competências comunitárias na definição da política de Justiça, ao contrário do que se verificou em 17 outros âmbitos distintos, como foram, a título exemplificativo, a Livre Circulação de Pessoas e Bens, a Agricultura, a Livre Circulação de Pessoas, Serviços e Capitais, os Transportes, a Concorrência, Ambiente. Este aspecto revelava, claramente, o desfasamento existente entre o primeiro e o terceiro pilar, relegando-se este último para um papel secundário, portador de menor dinamismo e cuja evolução era frequentemente bloqueada em função das resistências dos Estados Membros.

Além do mais, o modelo decisório previsto para os aspectos relativos à Justiça e Assuntos Internos era o da intergovernamentalidade, sendo que as decisões nesta matéria teriam que ser tomadas por unanimidade.

Isto representava, consequentemente, uma fragilização do Terceiro Pilar que se traduzia em sérias dificuldades na obtenção de unanimidade em torno de questões sensíveis e que acabavam, inexoravelmente, por paralisar qualquer iniciativa neste domínio.

> *"This compromise exemplifies the intense tensions between sovereignty and integration in this field, and the sensitivity of questions of social order and national tradition for the member states."*
> (Lavenex, S., Wallace, W., 2005:461).

Na verdade, as iniciativas neste campo, ficaram a cargo do Conselho da União Europeia (anteriormente denominado por Conselho de Ministros) organismo encarregue de definir a Política Externa e de Segurança Comum e a coordenação em matérias de Justiça e Assuntos Internos, em detrimento do papel da Comissão Europeia e do Parlamento Europeu, o qual ficou relegado a uma actuação de carácter meramente informativo e consultivo (Uçarer, Emek: 2007:308).

O Tribunal de Justiça assume, por seu turno, nestas matérias um papel claramente residual, vendo a sua intervenção circunscrita às convenções que viessem a ser adoptadas, para prosseguimento dos objectivos da cooperação estabelecida.

Incumbe, no entanto, questionar o porquê da criação, no contexto do Tratado de Maastricht, de um Terceiro Pilar com estes conteúdos?

Afigura-se-nos que, a criação do Terceiro Pilar prende-se com duas ordens de razões, uma de carácter endógeno e outra de carácter exógeno.

Relativamente à primeira, entendemos que a mesma está relacionada com necessidade de tornar exequíveis as disposições dos tratados relativas à abolição das fronteiras internas (no tocante à livre circulação de pessoas e mercadorias no contexto do mercado interno) permitindo, por seu turno, operacionalizar o estatuto da cidadania europeia. Na verdade, essa liberdade de circulação, em sentido amplo, não pode aprofundar-se e desenvolver-se se as diferenças entre os ordenamentos jurídicos internos o impediram, dificultando nomeadamente, o acesso aos Tribunais e à Administração.

O Tratado de Roma, apesar de no seu art. 2.º, enunciar como um objectivo da comunidade o estabelecimento de um mercado comum alicerçado na abolição entre os Estados Membros dos obstáculos à livre circulação de pessoas, serviços e capitais, não definiu de forma clara qualquer estatuto jurídico de cidadania. Na verdade, apenas o TUE logrou consagrar, ainda que em normativos algo dispersos, um conteúdo formal e material para a institucionalização de um estatuto de cidadão europeu (ponto C do título II do TUE) e que se encontram vertidos, nomeadamente, nos arts. 8.º a 8.º-E, arts. 138.º-D a 138.º-E, preâmbulo, arts. B e F.

No contexto do Tratado da União Europeia, esta matéria encontra-se umbilicalmente ligada ao conteúdo do Terceiro Pilar na medida em que, por exemplo, o mesmo tratado consagra, no art. 8.º-A, o direito de qualquer cidadão da União circular e permanecer livremente no território dos Estados membros.

Estudos de Homenagem ao Professor Doutor Artur Anselmo

No entanto, é preciso não olvidar que a cidadania da União é um estatuto de sobreposição e não um estatuto de substituição, que não afasta as normas do direito interno dos estados membros, nomeadamente, quanto aos critérios de atribuição da cidadania nacional (Duarte, Maria Luísa: 1996, 180). No entanto, o exercício prático dessa cidadania europeia, não pode concretizar-se em pleno se as questões legais e burocráticas de cada país se tornarem obstáculos de tal forma intransponíveis que acabem por subverter os objectivos iniciais da União.

Trata-se, portanto, de objectivos que se prendem com o aprofundamento dos objectivos gerais da União e dos quais sobressai o carácter instrumental do Terceiro Pilar relativamente aos demais.

As razões de ordem externa relacionam-se sobretudo com os desafios colocados aos Estados Europeus em matéria de segurança, nomeadamente as pressões dos fluxos migratórios ilegais, o incremento da criminalidade transfronteiriça e, mais recentemente, os atentados terroristas, como os ocorridos na estação de Atocha em Madrid a 11 de Março de 2004 e em Julho de 2005, no metro de Londres. Estes desafios obrigaram os Estados a definirem estratégias conjuntas de actuação policial e judicial e a munirem-se dos instrumentos legislativos e institucionais que as permitissem operacionalizar.

Em nosso entendimento, o TUE, representou, simultaneamente, um ponto de chegada e um ponto de partida no processo de sedimentação e consolidação do Terceiro Pilar. Apesar do Tratado de Maastricht ter representado a consagração institucional e normativa dos temas de Justiça e Assuntos Internos em matéria de construção europeia, a verdade é que esta área viria a conhecer importantes desenvolvimentos ulteriores (por circunstâncias de carácter endógeno e exógeno que já examinamos perfunctoriamente) com a revisão operada pelo chamado Tratado de Amesterdão (aprovado em 1997 mas que entrou em vigor apenas em 1999).

As reformas realizadas, nesta matéria, pelo Tratado de Amesterdão foram o resultado de um profundo descontentamento relativamente ao legado intergovernamental do TUE e da constatação prática da sua insuficiência.

Na verdade, a ambiguidade do respectivo quadro normativo, a falta de visibilidade e de fiabilidade destas ferramentas legais (que permitiam o desenvolvimento de políticas de cooperação à margem dos parlamentos e dos cidadãos nacionais) a ausência de mecanismos efectivos que assegurassem a sua ratificação e implementação a nível interno, constituíam fortes obstáculos ao desenvolvimento do Terceiro Pilar. Por outro lado, a classificação de temas como a cooperação policial e judicial em "matérias de interesse comum" não estava claramente densificada e a regra da unanimidade decisória, constituía uma fonte de bloqueio de decisões e iniciativas estratégicas.

O Tratado de Amesterdão introduziu quatro grandes mudanças nesta temática:

- Em primeiro lugar, operou-se uma transferência do Terceiro para o Primeiro Pilar, das matérias atinentes à política de asilo, imigração e fronteiras e cooperação judicial em matéria civil, implicando a "comunitarização" das mesmas;
- Procedeu-se à criação de novos instrumentos legais como a Directiva e a Decisão Quadro, instrumentos estes mais eficientes do que o modelo de Maastricht alicerçado nas "acções conjuntas" e nas "Convenções", estas últimas mantiveram-se como um recurso possível mas sujeitas a ratificação pelos Estados Membros de acordo com uma regra de aprovação por maioria que substituiu a da unanimidade;
- A criação de uma nova área que se tornou um dos objectivos da União Europeia (art. 2.º do TUE na redacção introduzida pelo Tratado de Amesterdão): um Espaço de Liberdade, Segurança e Justiça, cujas actuações futuras são explicadas, em detalhe, no novo texto, por outro lado, as matérias de cooperação judicial e policial deixam de ser apenas assuntos de interesse comum e passam a ser objectivos essenciais da União;
- A incorporação do Acordo de Schengen no adquirido comunitário, através de um protocolo anexo ao Tratado de Amesterdão, passando a fazer parte integrante do património jurídico da União Europeia, nomeadamente, o Sistema de Informações Schengen.

No entanto, apesar dos desenvolvimentos alcançados com estas alterações, a verdade é que o impulso adicional de que o Espaço de Liberdade, Segurança e Justiça carecia, foi introduzido por iniciativa da Presidência Finlandesa que, entre 15 e 16 de Outubro de 1996, organizou, na cidade de Tampere, um encontro do Conselho Europeu.

1.2 *O Impulso de Tampere e o Programa de Haia*

Em Tampere reuniram-se então, os Chefes de Estado e Primeiros Ministros dos diversos países membros, com o objectivo de discutir os

228 *Estudos de Homenagem ao Professor Doutor Artur Anselmo*

ulteriores termos em que se iria desenvolver o Espaço de Liberdade, Segurança e Justiça e o aprofundamento das disposições previstas no Tratado de Amesterdão. Este encontro, ao mais alto nível, envolveu directamente a Comissão e o Secretariado do Conselho que, com a participação directa dos Chefes de Estado e dos Primeiros Ministros, reuniu consensos que, de outra forma e através da mera intervenção da instituições comunitárias, não teriam sido possíveis.

O objectivo do Conselho de Tampere era o de estabelecer balizas temporais claras (definindo um programa de acção de cinco anos) para a implementação das medidas que dele resultassem e efectuar uma monitorização directa dessa aplicação, tendo sido agendado desde logo uma outra reunião, em Dezembro de 2001, para efectuar o respectivo ponto de situação.

As pedras de toque do Conselho de Tampere podem ser sintetizadas em três grandes núcleos fundamentais: facilitar e agilizar o acesso à Justiça por parte dos cidadãos europeus, definir estratégias de prevenção e combate à criminalidade organizada e ao branqueamento de capitais e concertar uma acção externa mais eficaz.

Assim sendo, e a fim de se abrir caminho a um verdadeiro Espaço Europeu de Justiça, facilitando o acesso dos cidadãos aos sistemas de Justiça, de molde a que estes e as empresas não sejam impedidos ou desencorajados de exercerem os seus direitos por razões de incompatibilidade ou complexidade dos sistemas jurídicos e administrativos dos Estados-Membros, impunha-se assegurar o reconhecimento mútuo das decisões judiciais, quer em matéria civil quer em matéria penal. No que diz respeito à matéria civil (que é transferida, como vimos, para o Primeiro Pilar, no contexto do Tratado de Amesterdão) importava uma redução dos trâmites intermediários que são necessários para o reconhecimento e execução de uma decisão ou sentença no Estado requerido. Destarte, como primeiro passo, sugeriu-se que estes procedimentos intermédios fossem abolidos no caso das pequenas acções do foro comercial ou de consumidores e para certas sentenças no domínio do direito da família (p. ex., em matéria de pensões de alimentos e direitos de visita). Essas decisões seriam automaticamente reconhecidas em toda a União sem quaisquer procedimentos intermediários ou motivos de recusa de execução. Tal passo poderia ser acompanhado da fixação de normas mínimas sobre aspectos específicos do processo civil.

Em matéria penal, o Conselho Europeu instou os Estados-Membros a ratificarem rapidamente as Convenções UE, de 1995 e 1996, relativas

O Terceiro Pilar e a Política Europeia de Justiça e Assuntos Internos   229

à extradição, considerando que o procedimento formal de extradição deveria ser abolido entre os Estados-Membros no que diz respeito às pessoas julgadas à revelia cuja sentença já tenha transitado em julgado e substituído por uma simples transferência dessas pessoas, nos termos do artigo 6.º do TUE.

Em segundo lugar, emerge a prevenção e luta contra a criminalidade no seio da União, especialmente o reforço da luta contra as formas graves de criminalidade organizada e transnacional. Para o efeito, o Conselho Europeu apelou à constituição de uma unidade operacional de chefes de polícia europeus para o intercâmbio, em cooperação com a Europol, de experiências, melhores práticas e informações sobre as actuais tendências da criminalidade transfronteiras e para contribuir para o planeamento de acções operacionais. Por outro lado, salientou-se que a Europol desempenha um papel primordial no apoio à prevenção, análise e investigação da criminalidade à escala europeia, prevendo-se que, num futuro próximo, o seu papel seja reforçado com o envio de dados operacionais pelos Estados-Membros e a possibilidade de pedir a estes últimos que iniciem, conduzam ou coordenem investigações, ou criem equipas de investigação conjuntas em certos domínios da criminalidade, sendo embora respeitados os sistemas de controlo judiciário nos Estados-Membros. A fim de reforçar a luta contra as formas graves de crime organizado, o Conselho Europeu aprovou a criação de uma unidade (EUROJUST) composta por procuradores, magistrados ou agentes da polícia nacionais com competências equivalentes, destacados por cada Estado-Membro de acordo com o respectivo sistema jurídico. A Eurojust deverá ter por missão facilitar a coordenação adequada entre as autoridades repressivas nacionais e dar apoio às investigações criminais em processos de crime organizado, designadamente com base nas análises da Europol, bem como cooperar de forma estreita com a Rede Judiciária Europeia, em especial a fim de simplificar a execução das cartas rogatórias. Foi ainda prevista a criação de uma Academia Europeia de Polícia (CEPOL) para a formação de altos funcionários policiais e judiciais, que começaria por ser uma rede dos institutos nacionais de formação já existentes. O acesso a essa academia seria igualmente aberto às autoridades dos Estados candidatos.

Ainda no contexto da luta contra a criminalidade, e sem prejuízo dos domínios mais amplos previstos no Tratado de Amesterdão e no Plano de Acção de Viena, o Conselho Europeu considerou que, no que diz respeito à legislação nacional em matéria penal, os esforços para que fossem aprovadas definições, incriminações e sanções comuns deveriam

230   *Estudos de Homenagem ao Professor Doutor Artur Anselmo*

incidir, em primeiro lugar, num número limitado de sectores de particular importância, tais como a criminalidade financeira (branqueamento de capitais, corrupção, contrafacção do euro), o tráfico de droga, o tráfico de seres humanos, nomeadamente a exploração de mulheres, a exploração sexual de crianças, os crimes de alta tecnologia e os crimes contra o ambiente. Associada a diversas formas de criminalidade está o branqueamento de capitais. Desta forma, o Conselho de Tampere procurou sensibilizar os altos representantes dos estados membros para que aplicassem integralmente – incluindo em todos os territórios que deles dependem – as disposições da directiva sobre branqueamento de capitais, a Convenção de Estrasburgo de 1990 e as recomendações do Grupo de Acção Financeira. Por outro lado, o Conselho Europeu apelou à aproximação do direito penal e dos procedimentos relativos à luta contra o branqueamento de capitais (designadamente detecção, congelamento e confiscação de fundos) e ao alargamento das competências da Europol neste domínio, independentemente do tipo de infracção que esteja na origem do branqueamento dos produtos do crime.

Outro aspecto muito interessante deste Conselho de Tampere, foi o facto do Conselho Europeu ter salientado que todas as competências e todos os instrumentos de que dispõe a União, em particular a nível das relações externas, deveriam ser utilizados de forma integrada e coerente para que seja possível criar um espaço de liberdade, de segurança e de justiça, devendo a Justiça e os Assuntos Internos ser incluídos na definição e implementação das outras políticas e actividades da União. Para o efeito, realçou que deviam ser utilizadas plenamente as novas possibilidades proporcionadas pelo Tratado de Amesterdão a nível da acção externa, em especial, as estratégias comuns, bem como os acordos comunitários e os acordos baseados no artigo 38.º do TUE. Com tal afirmação de princípios o Conselho reforçou a importância estratégica do Terceiro Pilar, promovendo uma intensa ligação entre este e o acervo comunitário seja de cariz legislativo seja de cariz institucional.

O Conselho de Tampere obteve, em síntese, os seguintes resultados:

- A definição do Princípio do Reconhecimento Mútuo das Decisões Judiciais como pilar da cooperação judiciária, em matéria civil e criminal, no espaço da União Europeia e a definição de um programa de implementação de tal princípio (parágrafo 46 das Conclusões de Tampere);
- A abolição dos procedimentos de extradição e a sua substituição por um método de transferência de pessoas que ganhou corpo

O Terceiro Pilar e a Política Europeia de Justiça e Assuntos Internos 231

com o Mandado de Detenção Europeu (parágrafo 33 das Conclusões de Tampere);
* A criação de equipas conjuntas de investigação com a participação de elementos da Europol (ibid. Parágrafo 43)
* O estabelecimento de uma Task Force Operacional de Chefes de Polícia (ibid. Parágrafo 44);
* Fornecer ao Europol os instrumentos, os recursos e as competências necessárias ao desenvolvimento das tarefas de cooperação policial europeia (ibid. Parágrafo 45);
* A criação do Eurojust (ibid. Parágrafo 46);
* O estabelecimento de um Colégio Europeu de Polícia (CEPOL) para o treino de oficiais seniores de polícia, (ibid. Parágrafo 47);
* A definição de critérios de harmonização/aproximação das legislações nacionais (com a definição de elementos do crime e sanções aplicáveis) a crimes como o branqueamento de capitais, corrupção, tráfico de drogas, pessoas entre outros (ibid. Parágrafo 47);
* A adopção de medidas de carácter excepcional para o combate à lavagem de dinheiro (ibid. Parágrafo 47).

O balanço que hoje podemos efectuar quanto aos resultados do Conselho de Tampere é claramente positivo, na medida em que do mesmo resultaram, de forma muito clara, a definição de objectivos e medidas concretas que permitiram a emergência de instrumentos institucionais e normativos específicos.

Nesta sequência, há destacar, a título exemplificativo, no campo dos instrumentos jurídicos, o Princípio do Reconhecimento Mútuo das Decisões Judiciais e a implementação do Mandado de Detenção Europeu. Na verdade, o Princípio do Reconhecimento Mútuo das Decisões Judiciais, permitiu superar a diversidade das legislações internas e o impasse em que, muitas vezes se traduzia o processo de harmonização legislativa, facilitando o acesso dos cidadãos à justiça quando estavam em causa pleitos que envolviam diversas ordens jurídicas e o recurso a Tribunais estrangeiros.

Por outro lado, o Mandado de Detenção Europeu, permitiu acelerar os processos de transferência de condenados ou de detidos de um estado membro para outro, contribuindo para uma maior rapidez e eficácia da justiça penal e para a criação de um clima de confiança recíproca, entre sistemas penais de diferentes estados membros.

No entanto, o esforço da União por promover e incentivar a criação de mecanismos que visem o reforço do Espaço de Liberdade, Segurança

232 *Estudos de Homenagem ao Professor Doutor Artur Anselmo*

e Justiça, não se ficou por aqui. Na verdade, cerca de seis anos depois, foi adoptado pelo Conselho Europeu em 5 de Novembro de 2004, o Programa de Haia, visando a implementação, durante um período de cinco anos (de 2004 a 2009) de um conjunto de medidas (a sugerir pela Comissão e a apresentar ao Conselho através de um relatório anual) nas áreas de Justiça e Assuntos Internos. Tais medidas de carácter eminentemente operacional, surgiram com o intuito de aperfeiçoar a coordenação entre as agências de cooperação, a qual sairia reforçada pela apresentação, a cargo da Comissão, de um Plano de Acção. Esse Plano de Acção tem como actores fundamentais o Europol, o Eurojust, a Task Force Europeia de Chefes de Polícia bem como o Frontex[2] e incide sobre matérias de carácter operacional, visando a implementação e a avaliação de todas as medidas tomadas no seio do Espaço de Liberdade, Segurança e Justiça.

Inspirado pelo Conselho de Tampere, o Plano de Acção pretende, no entanto, completá-lo, desenvolver acções de forma a aprofundar os princípios do reconhecimento mútuo das decisões judiciais e promover a convergência e harmonização legislativa no seio dos países da União.

Trata-se, no entanto, de um programa algo incompleto, na medida em que deixa de fora as iniciativas relacionadas com o combate ao terrorismo ao tráfico de droga.[3]

Porém, sendo uma iniciativa ainda em curso, não é possível efectuar, por ora, qualquer balanço da sua aplicação, quanto a eventuais resultados alcançados.

1.3 *Do Tratado de Nice ao Tratado de Lisboa*

A dinâmica evolutiva da União no contexto do Terceiro Pilar tem sido evidente nos últimos anos e acompanhou as reformas que foram sendo introduzidas com as sucessivas revisões dos Tratados.

Assim sendo, o Tratado de Nice (assinado naquela cidade francesa em 26 de Fevereiro de 2001) constitui a 4ª revisão dos Tratados desde o Acto Único Europeu de 1986. No entanto, o objectivo primordial da

---

[2] European Agency for Operational Cooperation at External Borders.

[3] Reportamo-nos ao Plano de Acção e Combate ao Terrorismo, adoptado pelo Conselho Europeu após o ataque de Atocha em Madrid e do EU Action Plan on Drugs, adoptado em 2005.

O Terceiro Pilar e a Política Europeia de Justiça e Assuntos Internos   233

agenda da conferência intergovernamental que preparou a revisão do tratado de Amesterdão foi o de preparar a União para os sucessivos alargamentos dos anos vindouros, sem que tal se traduzisse num enfraquecimento ou paralisia das suas instituições. Desta forma, podemos afirmar que as principais alterações que resultam do Tratado de Nice se traduzem, sobretudo, em aspectos de cariz político-institucional e que, em matérias relativas ao Terceiro Pilar, as mudanças registadas foram pouco ambiciosas. Neste âmbito, o destaque vai para a inclusão do Eurojust em diversos normativos do Tratado da União Europeia.

Como já vimos, o Eurojust foi criado como agência da União, na sequência de Tampere, por decisão do Conselho de 28 de Fevereiro de 2002, obtendo dessa forma, uma directa consagração no texto do Tratado da União Europeia.[4]

Esta referência ao Eurojust, encontra-se vertida no Título VI, no tocante às Disposições Relativas à Cooperação Policial e Judiciária em Matéria Penal, dedicando-se-lhe uma referência, no 4.º & do art. 29.º do TUE:

> *"Sem prejuízo das competências da Comunidade Europeia, será objectivo da União facultar aos cidadãos um elevado nível de protecção num espaço de liberdade, segurança e justiça, mediante a instituição de acções em comum entre os Estados Membros no domínio da cooperação policial e judiciária em matéria penal e a prevenção e combate do racismo e da xenofobia.*
>
> *Este objectivo será atingido prevenindo e cometendo a criminalidade, organizada ou não, em especial o terrorismo, o tráfico de seres humanos e os crimes contra as crianças, o tráfico ilícito de droga e o tráfico ilícito de armas, a corrupção e a fraude, através de:*
> *– Uma cooperação mais estreita entre as autoridades judiciárias e por autoridades competentes dos Estados Membros, inclusive por intermédio da Unidade Europeia de Cooperação Judiciária (Eurojust), nos termos dos arts. 31.º e 32.º"*

Por outro lado, também em sede de art. 31.º, o Tratado de Nice introduz uma significativa alteração à redacção anterior, no domínio das acções comuns, aditando-lhe um n.º 2 especialmente dedicado à coope-

---

[4] Consultar Decisão 2003/659/JAI do Conselho, que alterou a Decisão 2002/187//JAI, relativa à criação do Eurojust, publicada no JOL 245/44 de 29.09.2003.

ração através da Eurojust por iniciativa do Conselho. Este normativo outorga ao Conselho, a promoção da cooperação entre Estados através do Eurojust nos domínios da investigação e acção penal (favorecendo, sobretudo, o contributo daquela entidade nas investigações de crimes graves transfronteiriços) e estreitando a articulação com a Rede Judiciária Europeia, visando facilitar a execução das cartas rogatórias e dos pedidos de extradição.

Outra das alterações introduzidas pelo Tratado de Nice, reporta-se aos arts. 40.º, 40.º-A e 40.º-B, no tocante às denominadas cooperações reforçadas. Porém, no próximo capítulo, iremos debruçarmo-nos sobre o processo decisório em sede de Terceiro Pilar pelo que relegamos para essa sede, uma análise mais detalhada de tais normativos.

Tem ficado patente ao longo do presente trabalho que as matérias abrangidas pelo Terceiro Pilar tem sofrido forte dinamismo, dinamismo esse, impulsionado, quer por factores endógenos quer exógenos. Na verdade, tratam-se de matérias especialmente sensíveis, pela sua ligação umbilical à temática da soberania e reserva da competência dos estados membros, da qual os mesmos têm tido várias resistências em abdicar.

Na verdade, afigura-se-nos que o Terceiro Pilar tem sido, de certa forma, uma espécie de palco onde se tem digladiado duas visões distintas da Europa: a federalista e a intergovernamental.

Assim sendo, fruto dessa dialéctica permanente entre uma e outra visão da Europa, assistimos à introdução paulatina de reformas e à emergência de discussões político-institucionais no tocante ao futuro do projecto de integração europeia.

Entre 2002 e 2003, as discussões na Conferência Intergovernamental sobre a reforma dos Tratados (e que viria a estar na origem do projecto de Tratado de Constituição Europeia), confirmam que os temas respeitantes à Justiça e Assuntos Internos continuam na ordem do dia na agenda política e constituem fonte de preocupação dos cidadãos europeus. De acordo com sondagens Eurobarómetro, em 2004, o crime encontrava-se m terceiro lugar nas preocupações dos inquiridos, depois do desemprego e da situação económica. A imigração e o terrorismo vinham logo a seguir na lista de tais preocupações (Lavenex, Sandra, Wallace, William:2007; 477).

As origens do Tratado Constitucional são diversas, mas o *input* inicial foi dado pelo Conselho Europeu de Nice em 2000 e pela Declaração de Laeken adoptada em 15 de Dezembro de 2001 que tiveram depois continuidade no estabelecimento de uma Convenção que teve a sua sessão inaugural em Bruxelas em Fevereiro de 2002. Essa convenção, que visava criar uma plataforma alargada de discussão sobre o futuro da União e envolver os cidadãos nessa temática, reuniu representantes dos governos e parlamentos nacionais, da Comissão e ainda treze representantes dos países candidatos.

Dessa Convenção, resultou um texto (a ser apresentado ao Conselho Europeu até Junho de 2003) que pretendia estabelecer uma Constituição para a Europa. Apesar do leque alargado de participantes a Conferência Intergovernamental (2003) que se lhe seguiu ficou marcada pela polémica em torno de diversas disposições do projecto, que viu finalmente, a luz do dia no Conselho Europeu de Bruxelas em Junho de 2004.

No âmbito deste trabalho, não iremos obviamente, efectuar uma análise detalhada do conteúdo do Tratado Constitucional porquanto, não é esse o seu escopo, no entanto, a referência à sua estrutura e aos aspectos gerais do seu conteúdo permitir-nos – à avançar para a etapa subsequente: a aprovação do Tratado de Lisboa, na sequência de recusa de ratificação daquele pela França e pela Holanda.

Importa assim compreender que inovações o mesmo pretendia introduzir, para depois analisarmos o que foi ou não transposto para o Tratado de Lisboa, especialmente, na matéria do Terceiro Pilar e da Política de Justiça da União Europeia.

Desta forma, podem ser identificados sete pontos-chave (Church, Phinnermore 2007: 52):

- Abolição da estrutura de pilares da União Europeia e a outorga de personalidade jurídica à União;
- Clarificação de competências entre a União e os Estados Membros, subdividindo-as em: exclusivas (política aduaneira, da concorrência, monetária e comercial) partilhadas (mercado interno, política social, ambiente, área de liberdade, segurança e justiça) e complementares;
- Alargamento do papel do Parlamento Europeu e um maior envolvimento dos parlamentos nacionais na monitorização das actividades da União;
- Incorporação de uma Carta Europeia de Direitos Fundamentais no texto do Tratado;
- A consagração de um direito dos Estados Membros de se retirarem da União Europeia e a consagração de direito de veto em áreas chave;

236 *Estudos de Homenagem ao Professor Doutor Artur Anselmo*

- O primado do direito da União sobre o direito interno;
- A introdução de um cargo permanente para o Conselho Europeu e a introdução da figura do Ministro dos Negócios Estrangeiros da União.

Em síntese, podemos afirmar que o Tratado Constitucional visava, entre outros objectivos, outorgar à União uma estrutura mais coerente (através da abolição dos pilares) e definir de forma mais clara a repartição de competências entre a União e os Estados Membros. No entanto, e como já vimos, a rejeição da sua ratificação pela França pela Holanda em 2005, pôs termo a este projecto, abrindo caminho àquele que viria a denominar-se de Tratado de Lisboa ou Tratado Reformador.

O projecto de Tratado Reformador resultou da Conferência Intergovernamental, (Julho a Outubro de 2007) que decorreu sob os auspícios da Presidência Portuguesa, e permitiu superar o impasse em que o projecto de integração europeia havia caído após as recusas francesas e holandesas em ratificar o Tratado Constitucional.

No contexto deste trabalho, podemos afirmar que as soluções encontradas para as matérias abrangidas pelo ex-Terceiro Pilar, constituem um compromisso político cauteloso da parte dos Estados Membros. Do novo texto resulta, como iremos analisar mais detalhadamente, a abolição da estrutura de pilares da União e a integração das matérias do Terceiro Pilar, no Título IV do Tratado sobre o funcionamento da União Europeia, agora denominado "Espaço de Liberdade, Segurança e Justiça" que integra as matérias JAI (Justiça e Assuntos Internos) outrora dispersas pelos Tratados:

- Políticas relativas aos controlos nas fronteiras, asilo e imigração;
- Cooperação judiciária em matéria civil e em matéria penal;
- Cooperação policial.

Nesta linha, as soluções adoptadas pelo Tratado de Lisboa enquadram-se nas orientações gerais definidas pelo Conselho Europeu de Bruxelas de 21 e 22 de Junho de 2007, quanto ao Espaço de Liberdade, Segurança e Justiça e que são, em tese geral, as seguintes:

- Aprofundar da cooperação policial e judiciária no combate ao terrorismo;
- Incorporar o Tratado de Prum no quadro jurídico da União, contribuindo para intensificar a cooperação policial transfronteiriça e

O *Terceiro Pilar e a Política Europeia de Justiça e Assuntos Internos*   237

transformar a Convenção Europol numa Decisão do Conselho, em conformidade com as conclusões do Conselho (JAI) de 12/13 de Junho de 2007;[5]

- Salvaguardar as garantias dos cidadãos no contexto do Espaço de Liberdade, Segurança e Justiça (através, nomeadamente, da emissão de uma decisão-quadro do Conselho relativa a protecção de dados pessoais no âmbito da cooperação em matéria policial e judiciária penal);
- Desenvolver a legislação europeia relativa ao intercâmbio de informações sobre as condenações sofridas em processo penal no âmbito nacional, com a criação de uma interligação dos sistemas nacionais de registo criminal, através de uma rede europeia;
- Definir um quadro legislativo relativo ao combate à cibercriminalidade.

No capítulo seguinte (e porque se nos afigura que a análise do processo decisório merece um tratamento diferenciado) iremos efectuar uma caracterização desse processo decisório nas questões referentes ao Espaço de Espaço de Liberdade, Segurança e Justiça, no contexto do Tratado de Lisboa, efectuando o contraponto com a realidade anterior, de forma a retratar criticamente a respectiva evolução.

2. O processo decisório no Terceiro Pilar e os seus actores institucionais

Antes de centralizarmos a nossa atenção nas disposições do Tratado de Lisboa iremos efectuar, primeiramente, um percurso através das disposições dos Tratados de Maastricht, Amesterdão e Nice, nos aspectos respeitantes à caracterização do processo decisório e respectivos interlocutores institucionais, nas matérias anteriormente abrangidas pelo Terceiro Pilar.

Como já tivemos oportunidade de analisar anteriormente, no contexto do Tratado de Maastricht, a política de asilo, o controlo de fronteiras externas, a política de imigração, a cooperação policial e judicial

---

[5] Foi assinado em 27.05.2005 por sete Estados Membros (entre os quais Alemanha, França, Bélgica, Espanha, França etc) e visa criar a base jurídica da cooperação e combate ao terrorismo, criminalidade organizada de cariz transnacional e imigração ilegal.

em matéria civil e criminal, foram incluídas no âmbito do Terceiro Pilar, consideradas matérias «de interesse comum» e submetidas a um mecanismo decisório denominado de intergovernamental.

A iniciativa nestas matérias, ficou a cargo de um órgão de cúpula, o chamado "Directorado Geral do Secretariado do Conselho"que actuava sob as instruções da presidência rotativa. A Comissão detinha poderes muito limitados neste campo e mantinha apenas uma pequena "task force" junto do Secretariado-Geral a fim de acompanhar as iniciativas que iam sendo tomadas neste domínio.

O Parlamento Europeu detinha apenas um papel residual (de carácter consultivo), aspecto este que suscitou acesa controvérsia por parte daqueles que viam nesta situação uma ausência de legitimidade democrática da União.

Por outro lado, foi debatido ao longo dos anos qual deveria ser o papel do Tribunal de Justiça nas matérias cobertas pelo Terceiro Pilar, porquanto tal não resultava expressamente consagrado.

Em síntese, podemos afirmar que, nesta fase do projecto europeu, os trabalhos nesta matéria se desenvolviam, sobretudo, através de órgãos de carácter interestadual. A válvula de escape do sistema (pese embora não se conheça um recuso efectivo a este mecanismo), residia no art. K do Título VI do Tratado que estabeleceu a chamada «passarela». Através deste normativo, podiam-se incluir, por decisão unânime do Conselho, outros aspectos da política em matéria de Justiça e Assuntos Internos, no âmbito de aplicação do art. 100.º C do Tratado CEE (Bustamante, Colsa, 2004:180).

A questão da falta de legitimidade democrática das iniciativas tomadas no âmbito do Terceiro Pilar, levou a uma alteração, nos tratados subsequentes (Amesterdão e Nice), dos processos decisórios nesta sede, se bem que, de forma embrionária e incipiente. A decisão mais marcante foi, como já vimos, a transferência das políticas de asilo, imigração e cooperação judiciária em matéria civil para o Primeiro Pilar. Porém, esta transferência ficou condicionada a um período de transição de cinco anos a partir da entrada em vigor do Tratado de Amesterdão, e durante o qual, as regras de Maastricht permaneceriam aplicáveis.

Ora, o Título VI do Tratado de Amesterdão é inteiramente dedicado às Disposições Relativas à Cooperação Policial e Judicial em Matéria Penal, cabendo especial destaque ao papel desempenhado pelo Conselho, que se assume como o «pivot» e impulsionador das medidas e das acções

O Terceiro Pilar e a Política Europeia de Justiça e Assuntos Internos 239

comuns (seja em matéria de cooperação policial, seja em matéria de cooperação judicial) a tomar nesta temática (na senda aliás da herança de Tampere), cfr. arts. 30.º e 31.º.

O art. 34.º contém «grosso modo» os normativos que regem o processo decisório. Daqui resulta que cabe ao Conselho (na sequência de uma iniciativa da Comissão ou de qualquer Estado membro), deliberando por unanimidade:

– Adoptar posições comuns, decisões quadro, outras decisões com carácter vinculativo e elaborar convenções e recomendar aos Estados membros a sua adopção.

De salientar que, quer as decisões quadro quer as decisões, não tem efeito directo, apenas vinculam os estados quanto aos objectivos a prosseguir deixando-lhes ampla margem de manobra quanto aos meios e quanto às estratégias a adoptar relativamente à sua aplicação. Previamente à adopção de qualquer uma das medidas previstas no art. 34.º, n.º 2 als. b), c) e d), o Conselho tem que consultar o Parlamento Europeu, o qual emitirá um parecer (em prazo a fixar pelo Conselho) embora não inferior a três meses. Afigura-se-nos que esse parecer é obrigatório, embora não vinculativo, dado que o n.º 1 do art. 39.º estipula que: *"Se o Parlamento Europeu não tiver emitido parecer nesse prazo, o Conselho pode deliberar.".*

Este normativo representa, aparentemente, um reforço do papel do Parlamento Europeu e visa mitigar ausência de "legitimidade democrática" das medidas tomadas neste domínio. No entanto, trata-se de um normativo pouco ambicioso e que relega ainda o Parlamento Europeu (PE) a um papel secundário. Na verdade, podemos afirmar que, apesar deste dispositivo, os poderes do PE permaneceram bastante limitados, porquanto não lhe foi outorgada qualquer prerrogativa que lhe permitisse bloquear as decisões do Conselho.

Por outro lado, a concretização ou a execução das medidas referidas no art. 34.º, n.º 2 al. c) no âmbito da União, serão tomadas por maioria qualificada, ponderadas no âmbito das disposições conjugadas do n.º 3 do mencionado normativo em articulação com o n.º 2 do art. 205.º do Tratado CEE. De realçar ainda que, todas as maiorias qualificadas relativas a decisões tomadas pelo Conselho, tem que representar pelo menos 62% da população total da União, condição esta «sine qua non» da sua adoptabilidade (conforme resulta do n.º 3 parte final do mencionado normativo).

As convenções, por seu turno, deverão ser adoptadas, pelo menos, por metade dos Estados Membros, sendo que as medidas de aplicação das mesmas, deverão ser aprovadas no Conselho, por maioria de dois terços dos seus membros.

Estas intrincadas regras de aprovação das medidas legislativas em matéria do Título VI, reflectem bem a preocupação do legislador comunitário em reunir o maior consenso possível dos estados membros em torno destas questões, cuja sensibilidade política é por demais evidente.

O Tribunal de Justiça, no âmbito do art. 35.º assume um papel de controlo da validade das decisões quadro, das decisões e das convenções adoptadas no âmbito do Título VI e ainda sobre a validade das respectivas medidas de aplicação. Este normativo permitiu clarificar de uma vez por todas qual era, efectivamente, o papel do órgão de justiça das comunidades neste domínio, ao contrário de que acontecia anteriormente. É de salientar, no entanto, que o n.º 2 daquele normativo parece fazer depender a jurisdição do Tribunal de Justiça sobre aqueles aspectos, da aceitação dos Estados Membros no momento da assinatura do Tratado de Amesterdão. Trata-se, em suma, de uma competência condicionada «à priori» pela vontade de cada Estado.

Em síntese, podemos afirmar que Amesterdão e Nice mantiveram a matriz intergovernamental do Terceiro Pilar, a Comissão obteve (pela primeira vez) competências partilhas de iniciativa legislativa, o Parlamento Europeu viu consagrado um direito de consulta prévia e foi reconhecida a intervenção (embora muito modesta) do Tribunal de Justiça, nas questões relativas à interpretação da validade das medidas legislativas. Porém, manteve-se o papel do Conselho enquanto força motriz do Terceiro Pilar e a regra da unanimidade.

Relegamos, no entanto, para um outro capítulo, a análise do Tratado de Lisboa e dos processos decisórios nestas temáticas, por entendermos que o facto de se tratar de um instrumento legislativo recente e que se encontra ainda em processo de ratificação, justifica um tratamento diferenciado.

Nos dois capítulos seguintes, a nossa atenção será dedicada às cooperações reforçadas as quais, tendo em conta as suas características e complexidade, justifica uma autonomização.

2.1 *O mecanismo das competências reforçadas*

Como já tínhamos salientado anteriormente, no início deste trabalho, o processo de integração e construção europeia tem sido palco de diversos avanços e recuos, numa tensão dialéctica constante entre o alargamento/ /aprofundamento e a defesa das soberanias e identidades nacionais.

Exemplo desta tensão é o princípio da flexibilidade que encontra expressão nas cooperações reforçadas, institucionalizadas pelo Tratado de Amesterdão, mantidas pelo Tratado de Nice, posteriormente transpostas para o projecto do Tratado Constitucional e vertidas, agora, no texto do Tratado de Lisboa. No texto do novo Tratado, esta matéria encontra-se inserida no Título VII que passa a denominar-se: "Disposições Relativas às Cooperações Reforçadas". Foram, então, substituídas as disposições dos arts. 27.º A a 27.º E, 40.º a 40.º-B e 43.º a 45.º, pelo art. 10.º.

A alusão, nesta sede, às cooperações reforçadas não é, na nossa perspectiva despicienda, dado que se trata de um mecanismo complexo que surge como "válvula de escape" do sistema decisório europeu. Em bom rigor, este mecanismo surge como uma forma de ultrapassar impasses na consecução de um dada política para a totalidade da União. Porém, apresenta uma desvantagem, ou seja, potencia a criação de "cooperações reforçadas paralelas" com intervenção de apenas alguns estados e não de todos, contribuindo para criar diferenças no espaço da União. Diferenças essas que poderão conduzir a uma quebra da harmonia, da compatibilidade legislativa e da homogeneidade do processo de integração, numa aproximação ao conceito de uma Europa *à la carte*.

Porém, de um ponto de vista operativo, esta flexibilidade cria um dinamismo e uma lógica de *input* no processo europeu (mesmo em matérias complexas como as do Terceiro Pilar) que a unanimidade se revela impossível de reunir.

É no Tratado de Amesterdão que surge consagrada, pela primeira vez, esta flexibilidade institucional, permitindo-se a grupos de estados destacarem-se para avançarem, mais rapidamente, nos Primeiro e Terceiros Pilares.

Na verdade, e nas questões que constituem o cerne deste trabalho (reportamo-nos especificamente ao Título VI), o Tratado de Nice, aditou os arts. 40.º A e B e introduziu alterações ao art 40.º estipulando, este no seu n.º 1, que:

"1. As cooperações reforçadas num dos domínios referidos no presente título destinam-se a permitir à União tornar-se mais

rapidamente um espaço de liberdade, segurança e justiça, sem deixar de respeitar as competências da Comunidade Europeia e os objectivos fixados no presente título."

No contexto do Terceiro Pilar, a iniciativa para desencadear uma cooperação reforçada é dos Estados Membros (num mínimo de oito), cabendo depois à Comissão emitir parecer e transmitir o pedido ao Conselho, cfr. art. 40.º-A.

A autorização para instituir uma cooperação reforçada é dada por este órgão, nos moldes previstos nos arts. 43.º a 45.º, que delibera por maioria qualificada e após consulta prévia ao Parlamento Europeu.

Os limites materiais à institucionalização de uma cooperação reforçada prendem-se com a necessidade da sua adequação aos objectivos da União e reforço do processo de integração, podendo apenas incidir sobre matérias de competências não exclusivas da União, como sejam, as que abrangem o espaço de liberdade, segurança e justiça.

Cumpre salientar ainda que, qualquer estado membro pode pedir a sua adesão a uma cooperação reforçada já instituída, desde que observe os requisitos do art. 40.º-B.

Porém, o art. 43.º-A estatui que as cooperações reforçadas apenas devem ser iniciadas como medidas de *ultima ratio,* o que atesta o seu carácter subsidiário enquanto forma de exercício das competências da União (Redinha, C., 2006:363).

No actual quadro jurídico da União (ou seja, à luz do Tratado de Lisboa, que já foi assinado no dia 13/12/07, embora ainda não ratificado), o art. 10.º procura condensar as disposições relativas a este tema, relegando no entanto, para os arts. 280.ºA a 280.º-I do Tratado sobre o Funcionamento da União Europeia, a concretização detalhada respeitante à adopção destas prerrogativas, no tocante aos órgãos com competência decisória e à adopção das maiorias.

Da análise deste normativo podemos concluir que (mesmo no texto do Tratado de Lisboa):
- As cooperações reforçadas serão apenas exercidas em matérias não exclusivas da União;
- Visam a realização dos objectivos da União, o reforço do processo de integração e a preservação dos seus interesses;
- Apenas vinculam os estados participantes e não constituem um acervo da União.

Quanto a este último ponto (que suscita controvérsia) autores como Philippart defendem que três entendimentos são possíveis: trata-se de um campo aberto à interpretação criativa do Tribunal de Justiça que deve descortinar as soluções jurisprudenciais adequadas, as medidas adoptadas podem fazem parte do acervo, revestindo um campo de aplicação territorial limitado ou, então, podem ser consideradas como actos de vocação prospectiva para integrar o acervo da União, através de um posterior acto de importação votado no Conselho ou mediante a adesão do último estado não participante.[6]

Isto significa que este mecanismo continua a ter uma importância residual porquanto, as decisões que resultaram da adopção de tais medidas, não integrarão o património jurídico da União. Tal facto, pode em nossa opinião, subverter a sua finalidade de flexibilizar o processo de construção europeia, sobretudo em matérias como as da cooperação policial e judicial em que a persistência das legislações de cada país e o argumento da "soberania" nacional tem constituído forte obstáculo à adopção de políticas de Justiça mais consistentes.

3. O Tratado de Lisboa e a evolução prospectiva do Espaço de Liberdade, Segurança e Justiça

A ronda negocial que culminou no acordo político alcançado na Conferência Intergovernamental de Lisboa, no dia 19 de Outubro de 2007, sob os auspícios da Presidência Portuguesa da União, traduziu-se na assinatura, em 13 de Dezembro do mesmo ano, do Tratado de Lisboa, também vulgarmente conhecido por Tratado Reformador. Este processo permitiu a superação dos referendos negativos da França e da Holanda ao Tratado Constitucional e assinala também importantes mudanças na estrutura da própria União. O chamado Terceiro Pilar "cooperação policial e judiciária em matéria penal" desaparece e o seu conteúdo é transferido para o Título IV do Tratado sobre o funcionamento da União Europeia, denominado de "Espaço de Liberdade, Segurança e Justiça" que integra as matérias JAI (Justiça e Assuntos Internos) outrora dispersas

---

[6] "Un Nouveau mecanisme de cooperation pour l'Union Européenne Elargie", Études et Recherches, n.º 22, Mars, 2003, citado por Redinha, C. (2006:375).

244 *Estudos de Homenagem ao Professor Doutor Artur Anselmo*

pelos tratados, políticas relativas aos controlos nas fronteiras, asilo e imigração, cooperação judiciária em matéria civil e penal bem como a cooperação policial.

Na verdade, as disposições dos arts. 29.º a 39.º do Título IV são substituídas pelos arts. 61.º a 68.º e 69.º E a 69.º L do TUE.

Por seu turno, fica consagrado no art. 4.º, n.º 1 e 2 al. j) do novo texto:

"1. A União dispõe de competência partilhada com os Estados Membros quando os Tratados lhe atribuem competência em domínios não contemplados nos arts. 3.º e 6.

3. As competências partilhadas entre a União e os Estados Membros, aplicam-se aos principais domínios a seguir enunciados:

j) Espaço Liberdade, Segurança e Justiça;".

O capítulo 1 é dedicado às disposições gerais e o art. 61.º consagra a União como um espaço de liberdade, segurança e justiça, que se constrói no respeito pelos direitos fundamentais e dos diferentes sistemas e tradições jurídicas de cada país membro e cujas iniciativas neste domínio são monitorizadas pelo Conselho Europeu (vide art. 62.º). Por seu turno, o n.º 3 do referido art. 61.º, ergue o Princípio do Reconhecimento Mútuo das Decisões Judiciais em Matéria Penal e a aproximação legislativa como elementos indispensáveis no combate ao crime ao racismo e à xenofobia, e à coordenação entre autoridades policiais e judiciárias nestas matérias.

Na futura cooperação judiciária em matéria penal (arts. 69.º-E a 69.º-I), o Parlamento Europeu e o Conselho deliberam de acordo com o processo legislativo ordinário (a nova designação do actual processo de co-decisão). A unanimidade soberana do Conselho dá lugar à aprovação conjunta do Parlamento Europeu e do Conselho, silenciando-se aqueles que assinalavam a "falta de legitimidade democrática" das decisões tomadas no âmbito do Terceiro Pilar.

Por outro lado, a tipologia de actos elencada no art. 34.º do TUE é substituída pela terminologia do Primeiro Pilar – regulamentos, directivas e Decisões. O Parlamento, a Comissão e o Conselho (através da Declaração ad ao art. 10.º do Protocolo n.º 10) são instados a adoptar actos que revoguem ou alterem os actos do Terceiro Pilar vigentes. Substitui-se também a regra da votação por unanimidade pela da maioria qualificada.

Outra das alterações introduzidas, prende-se com a possibilidade de suspensão do processo legislativo ordinário quando um Estado Membro do Conselho considere que o acto prejudica aspectos do seu sistema

O Terceiro Pilar e a Política Europeia de Justiça e Assuntos Internos 245

penal e solicite a sua submissão ao Conselho Europeu (vide arts. 69.º-E, n.º 3 e 69.º-F, n.º 3). É ainda de assinalar a manutenção das cooperações reforçadas previstas nos n.ᵒˢ 3, 2ª parte dos arts. 69.º-E e 69.º-F.

O Tratado de Lisboa reconhece, por seu turno, que nem todas as matérias incluídas no futuro espaço de Liberdade, Segurança e Justiça (em particular em matéria de cooperação judiciária em matéria penal) são ou serão consensuais e daí que abriu a porta a regimes de "excepção" numa lógica de integração diferenciada.

A título exemplificativo refira-se a aplicação do Protocolo de 1999 relativo à posição do Reino Unido e Irlanda, actualmente restrito ao Primeiro Pilar, mas extensivo a todas as matérias de "Justiça e Assuntos Internos" e a possibilidade do Reino Unido optar, findo o período transitório de cinco anos, entre aceitar a competência da Comissão e do Tribunal de Justiça, sobre todos os acto do "Terceiro Pilar" ou rejeitar essa competência, caso em que todos os actos deixam de lhe ser aplicáveis (n.º 4 do art. 10.º do Protocolo n.º 10, relativo a disposições transitórias).

Neste contexto, é ainda precoce qualquer análise crítica destas disposições. Na verdade, o texto em causa encontra-se em pleno processo de ratificação e constitui, neste momento da história europeia, o compromisso possível em torno destas matérias. É de salientar que, a inclusão destas temáticas num único Título, clarifica e simplifica a sua análise, facilitando o trabalho interpretativo das disposições legais. Porém, o alcance e eficácia das mudanças introduzidas ainda está por efectuar e irá depender, em boa parte, de um uso racional, ponderado e equilibrado por parte dos Estados Membros dos mecanismos colocados ao seu dispor, nomeadamente, do sistema de "freio de emergência", previsto nos arts. 69.º-E, n.º v3 e 69.º-F, n.º 3).

Finalmente, no último capítulo deste trabalho, iremos efectuar um pequeno percurso através da realidade portuguesa, elencando de que forma o nosso ordenamento jurídico se adaptou ou absorveu o acervo do Espaço de Liberdade, Segurança e Justiça.

4. A Política de Justiça da União Europeia e a sua aplicação no caso Português

Desde a sua adesão ao projecto europeu em 1986 que Portugal tem evidenciado grande dinamismo e envolvimento no aprofundamento das

246 *Estudos de Homenagem ao Professor Doutor Artur Anselmo*

temáticas do Terceiro Pilar, em particular, nas que se relacionam com a cooperação judiciária e policial em matéria penal.

Apesar da nossa situação geográfica, propensa ao isolamento e o facto de vivemos numa sociedade civil pacificada (marcada pela ausência de fenómenos terroristas, pelo menos, desde a década de oitenta), a verdade é que o legislador nacional tem sido profícuo na transposição das Directivas, das Decisões Quadro do Conselho e na adesão aos diversos instrumentos jurídicos da União Europeia. Não pretendemos, nesta sede, efectuar uma exegese dos textos legais aplicados em Portugal nem um levantamento exaustivo dessa realidade, mas apenas e tão-somente ilustrar, recorrendo a alguns exemplos práticos, o que acabámos de afirmar.

Como marcos essenciais dessa cooperação pioneira em que Portugal se mostrou envolvido, podemos salientar a Convenção Europeia de Auxílio Judiciário Mútuo em Matéria Penal (assinada por Portugal em 10.05.1979 e que entrou em vigor em 26.12.1994[7]) e os respectivos Protocolos Adicionais, bem como a Convenção Europeia para a Vigilância de Pessoas Condenadas ou Libertadas Condicionalmente (que foi assinada por Portugal em 23.02.1979 e entrou em vigor em 17.02.1995[8]).

Por outro lado, as autoridades policiais e, em certa medida, também as judiciais, têm participado activamente nos trabalhos das agências (como o Europol e o Eurojust) e nos organismos ligados às questões da Justiça e dos Assuntos Internos. Na verdade, Portugal ratificou a Convenção Europol e respectivo protocolo, através da resolução da AR n.º 60/97 e Decreto do PR n.º 64/97 de 19.09, publicado no DR I série – A de 19.09.1997.

Portugal é também um membro integrante da Rede Judiciária Europeia, criada pela Acção Comum de 29.06.1998 e adoptada pelo Conselho, com base no art. K 3 do TUE (98/428/JAI), com o intuito de facilitar a cooperação judiciária penal entre os Estados Membros da União. Para esse efeito, foram implementados os pontos de contacto (intermediários que têm como função facilitar a cooperação entre Estados) que devem ser accionados sempre que se julgue relevante e pertinente ultrapassar dificuldades relativas à emissão e cumprimento de cartas rogatórias. (Davin, João: 2007; 139).

---

[7] Publicada no DR. I Série – A, n.º 161 de 14 de Julho de 1994.
[8] Publicada no DR. I Série – A, n.º 186 de 12 de Agosto de 1994.

Em Portugal existem seis pontos de contacto da Rede Judiciária Europeia, um ponto de contacto na Procuradoria-geral da República (PGR e que é a Autoridade Central), a Directora do DCIAP[9] e os Directores dos DIAP[10] Distritais (Lisboa, Porto, Coimbra e Évora).

Ora, as preocupações europeias em torno da segurança, remontam a um período da nossa história em que o processo de integração europeia ainda se encontrava numa fase muito incipiente e assumia um cariz predominantemente económico.

Foi aliás, com o intuito de facilitar o processo de trocas comerciais entre os países do Benelux, a França e a Alemanha, que estes assinaram, em 1985, a primeira Convenção Schengen. Numa primeira fase, estes acordos visavam a remoção do controlo interno na circulação de pessoas e mercadorias, suportado, posteriormente, num sistema de troca de informações ou SIS (Schengen Information System). Portugal veio a ser parte integrante desse «espaço Schengen» quando, em 19 de Junho de 1990 foi assinada a Convenção de Aplicação do Acordo de Schengen (que entrou em vigor em 1995) a qual foi, posteriormente, transposta para o acervo comunitário em 1999.

A aplicação da referida convenção deu origem à criação de Gabinetes Nacionais – SIRENE (também existente em Portugal) cujo objectivo é a partilha e troca de informações no espaço da União, sobre as matérias contidas na Convenção.

Todavia, se na génese da cooperação e auxílio mútuo entre países europeus estiveram objectivos económicos, viriam a ser razões de segurança a espoletar e a dinamizar aquela cooperação (Davin, J., 2007:121 e Uçarer, E., 2007:305). Na verdade, concomitantemente com a abertura das fronteiras internas e o livre fluxo de pessoas, bens serviços e capitais que essa abertura originou, emergiram também novos fenómenos relacionados com o terrorismo e a criminalidade organizada transfronteiriça, com o subsequente aproveitamento da livre circulação, em favor das operações de grupos criminosos.

No período pós 11 de Setembro de 2001, a Europa reconheceu, de forma unânime, a necessidade de eleger o combate ao terrorismo como uma das prioridades das políticas do Espaço de Liberdade, Segurança e

---

[9] Departamento Central de Investigação e Acção Penal.
[10] Departamentos de Investigação e Acção Penal, titulados por Magistrados do Ministério Público.

248 *Estudos de Homenagem ao Professor Doutor Artur Anselmo*

Justiça. Em 21 de Setembro de 2001, teve lugar um Conselho Europeu exclusivamente dedicado às questões da Justiça e Assuntos Internos e que deu forte impulso à adopção de medidas de contra terrorismo.

Nesta sequência surgiu, por exemplo, a Decisão Quadro do Conselho de 28.02.2002,[11] relativa à criação da Eurojust, com o intuito de reforçar a luta contra formas graves de criminalidade, organismo do qual, aliás, Portugal assume de momento a respectiva presidência, na pessoa do Dr. José Lopes da Mota.

Foi também elaborada a Decisão Quadro do Conselho de 2002/584/ /JHA de 13.06.2002, sobre o Mandado de Detenção Europeu, que Portugal transpôs para a ordem jurídica interna através da Lei n.º 65/2003 de 23.08.[12]

De acordo com o art. 1.º, n.º 1 da Decisão Quadro: *"O mandado de detenção europeu constitui uma decisão judiciária emitida por um estado membro com vista à detenção e entrega por outro estado membro de uma pessoa procurada para efeitos de procedimento criminal ou para cumprimento de uma pena ou medida de segurança privativa da liberdade."*

Em face do que acabámos de afirmar, podemos concluir que a postura portuguesa em face do Espaço de Liberdade, Segurança e Justiça, tem sido de enorme abertura, abertura essa que pode ser perspectivada em duas vertentes: a adesão ao acervo comunitário e a participação institucional nos diversos organismos e agências que tem proliferado em matéria de Justiça e Assuntos Internos.

No entanto, esta postura de cooperação e receptividade não é unânime em todo o espaço da União. Na verdade, sublinhe-se apenas que a Irlanda e o Reino Unido mantém um mecanismo de *opt out* relativamente à abolição do controle de fronteiras e aderem, numa base selectiva, às medidas adoptadas em matéria de cooperação judicial e policial (Lavenex, Sandra, Wallace, William: 2007, 466).

Tal facto leva-nos a crer que, mesmo em questões fulcrais como a da Segurança da União, existem ainda muitas resistências por parte de alguns Estados em ceder "parcelas da sua soberania" em nome de um objectivo comum.

---

[11] Publicada no JOL n.º 63 de 06.03.2002.
[12] Publicada no DR I Série, n.º 194 de 23.08.2003.

Conclusão

O tema desenvolvido ao longo deste trabalho reveste actualidade e potenciaria diversas e quiçá, mais completas abordagens, as quais, tendo em conta os limites de tempo e espaço ora disponíveis não foi possível explorar.

Os temas da segurança, do terrorismo, do combate à criminalidade organizada e transfronteiriça e a imigração clandestina, forçaram os Estados Membros a uma aproximação legislativa e institucional que serviram de *in put* a um reforço do processo de integração nas áreas da Justiça e dos Assuntos Internos.

Assim sendo, o conteúdo material do anteriormente designado por Terceiro Pilar e agora conhecido como Espaço de Segurança, Liberdade e Justiça, apresenta-se-nos como uma realidade multifacetada e complexa, que compreende e envolve temas tão específicos como as questões do asilo, da imigração e da cooperação judicial e policial em matéria penal. Estas especificidades e o facto de, tradicionalmente, serem áreas de intervenção soberana de cada país, tem levantado ao longo dos anos polémicas e celeumas diversas, obrigando à introdução de mecanismos de flexibilização como é o caso das cooperações reforçadas, os conhecidos casos de *opt outs* da Irlanda e Reino Unido ou ainda, o mecanismo de "freio legislativo", introduzido pelo Tratado de Lisboa e ao qual aludimos anteriormente.

Daí que, em nosso entendimento (e essa é uma das conclusões que retiramos deste trabalho) não seja possível falarmos ainda numa Política de Justiça e Assuntos Internos mas em Políticas Europeias de Justiça e Assuntos Internos.

No entanto, importa também reconhecer que muito se evoluiu neste domínio nos últimos anos, evolução essa que foi fruto não só das iniciativas legislativas do Conselho mas do próprio empenho das agências e organismos como o Europol e o Eurojust que foram entretanto criadas. Isto revela que, muito do desenvolvimento verificado no Espaço de Segurança, Liberdade e Justiça tem sido fruto, não só da vontade política dos estados mas, sobretudo, do trabalho dos profissionais do sector da Justiça e Assuntos Internas (polícias, juízes, procuradores) que operam directamente no terreno e têm assento naqueles organismos.

Cumpre, por fim, acrescentar que, apesar de todas as conquistas já alcançadas, (tendo em conta a sensibilidade das questões que constituem o cerne do espaço de Segurança, Liberdade e Justiça) é de esperar que

250   *Estudos de Homenagem ao Professor Doutor Artur Anselmo*

muitas dificuldades surjam ainda no horizonte, quanto à definição de uma estratégia única e concertada por parte dos Estados Membros.

Bibliografia

Bustamante, Rogélio-Pérez, Colsa, Juan: *História da União Europeia*, Coimbra Editora, Coimbra, 2004.

Carvalho, José: *Segurança: Visão Global, a perspectiva das Informações*, Comunicação no âmbito do Seminário sobre Segurança no âmbito do Curso de Contra-Terrrorismo, ISCPSI, Lisboa, 2008 (não publicado).

Church, Clive, Phinnermore, David: The Rise and Fall of the Constitutional Treaty in AAVV «European Union Politics» (CINI, M. Coord.), Oxford University Press, Oxford, 2007.

Cullen, Peter, Buono, Laviero: *Creating an Area of Criminal Justice in the EU: Putting Principles into Practice*, in www.era.int, recuperado em 18 de Dezembro de 2007.

Cunha, Paulo: *A união económica e monetária e as perspectivas da integração europeia"* in AAVV «A União Europeia na Encruzilhada», Almedina, Coimbra, 1996.

Davin, João: *A criminalidade Organizada – A Cooperação Judiciária e Policial na UE*, Almedina, Coimbra, 2007.

Duarte, Maria: *A Liberdade de Circulação de Pessoas e o Estatuto de Cidadania Previsto no Tratado de União Europeia* in AAVV «A União Europeia na Encruzilhada», Almedina, Coimbra, 1996.

Elsen, Charles: *From Maastricht to The Hague: the politics of judicial and police cooperation*, in www.era.int, recuperado em 18 de Dezembro de 2007.

Lavenex, Sandra, Wallace, William: *Justice and Home Affairs: Towards a European Public Order?* in AAVV «Policy Making in the European Union», Oxford University Press, Oxford, 2005.

Redinha, Cláudia: *As cooperações reforçadas na Constituição Europeia* in AAVV «Constitucionalismo Europeu em Crise? Estudos sobre a Constituição Europeia» (Martins, Ana M. coord.) AAFDL, Lisboa, 2006.

Uçarer, Emek: *Justice and Home Affairs* in AAVV «European Union Politics» (CINI, M. Coord.), Oxford University Press, Oxford, 2007.

Vilaça, J., Gorjão-Henriques, Miguel: *Tratado de Nice*, Almedina, Coimbra, 2008.

BREVES CONSIDERAÇÕES SOBRE O ARTIGO 152.º DO CÓDIGO PENAL PORTUGUÊS

LILIANA PATRÍCIA PINTO MARINHO
Comissário da PSP
Mestre em Ciências Forenses pela Universidade do Porto

1. Nota Prévia

O fenómeno da violência doméstica é uma questão de amplitude universal, actualmente considerado um problema de qualidade de vida, de saúde pública e de paz social, o que se traduz no empenhamento dos Estados Membros da União Europeia no sentido da sua prevenção e da sua repressão, que Portugal já assumiu na sua ordem interna[1]. Apesar de constituir um fenómeno antigo e recorrente, apenas nas últimas décadas recolheu a atenção da opinião pública e de uma penalização explícita no campo jurídico.

Assim, a emergência deste conceito é um indicador da mudança de atitudes sociais face a esta realidade, assumindo-se como uma questão social. Questão social não só porque estes comportamentos obedecem a um padrão ancorado de relações de género socialmente construídas e internalizadas, mas também porque esses comportamentos se repercutem em todo o quadro familiar, fomentando um clima de instabilidade emocional e afectiva[2].

---

[1] MANUEL ANTÓNIO FERREIRA ANTUNES, «Violência e vítimas em contexto doméstico», in RUI ABRUNHOSA GONÇALVES; CARLA MACHADO (coords.), *Violência e vítimas de crime*, vol. I – Adultos, 2.ª edição, Quarteto Editora, Coimbra, 2003, pp. 48.

[2] LÍGIA AMÂNCIO; CONCEIÇÃO BRITO LOPES, «A Violência no Casal – a Experiência da CIDM», *Espaço S*, Revista de Educação Social, n.º 0, Fevereiro, 1999, pp. 33.

252 *Estudos de Homenagem ao Professor Doutor Artur Anselmo*

O artigo 152.º do Código Penal (CP), antes da última revisão, dada através da Lei n.º 53/2007 de 04 Setembro, englobava e penalizava num artigo só a violência na família e no trabalho, punindo a violência contra crianças, incapazes, dependentes em relação laboral e cônjuges. Com a presente revisão a violência doméstica foi autonomizada e descrita de modo mais perfeito enquanto ilícito criminal, através da nova redacção dada ao normativo em apreço. As restantes previsões constantes até agora deste preceito foram agrupadas em dois novos artigos: art.º 152.º-A – os maus tratos e 152.º-B – a violação das regras de segurança.

O alcance deste breve trecho não é criticar as alterações, mas somente meditar na temática da violência familiar.

2. O conceito de violência doméstica

O conceito de violência doméstica/familiar suscita inúmeros problemas de definição, surgindo tantas definições quanto os autores que estudam esta problemática[3].

As dificuldades inerentes à definição deste conceito são várias. Desde logo, trata-se de um conceito que nasceu do desenvolvimento, na década de 1970, da investigação sobre as mulheres maltratadas[4]. A pesquisa americana, ao tentar interpretar cientificamente o fenómeno da violência conjugal, classificou-o como uma forma de «violência na família» ou de «violência doméstica», dando origem, assim, a este conceito[5]. Trata-se de um conceito largamente construído que integra e liga entre si inúmeros e distintos tipos de abuso cometidos sobre os membros da família, implicando que se distingam, pelo menos, os tipos mais básicos e frequentes de mau trato cometidos, designadamente o mau trato da criança, da mulher e do idoso[6].

---

[3] CLÁUDIA COSTA CASIMIRO, *Representações sociais da violência conjugal, Dissertação de Mestrado*, ICS, Lisboa, 1998 *apud* ISABEL DIAS, *Violência na família. Uma abordagem sociológica*, Edições Afrontamento, Biblioteca das Ciências Sociais, Porto, 2004, pp. 605.

[4] ISABEL DIAS, *Violência na família. Uma abordagem sociológica*, Edições Afrontamento, Biblioteca das Ciências Sociais, Porto, 2004, pp. 91.

[5] CATHERINE KIRKWOD, *Leaving Abusive Partners. From the Scars of Survival to the Wisdow for change*, Sage Publications, London, 1993, pp. 15, *apud* Isabel Dias, *op. cit*, pp. 91.

[6] MILDRED DALEY PAGELOW, *Family Violence*, Praeger Publishers, New York, 1984, pp. 21.

Breves Considerações Sobre o Artigo 152.º do Código Penal Português   253

Neste sentido, e de forma a facilitar a definição do conceito, faz-se depender a definição de violência doméstica dos contextos onde ela ocorre e das formas de violência que procuramos[7]. Aliado a este facto encontra-se a particularidade das definições que cada autor, que se debruça sobre esta temática, propõe.

Ora vejamos: Andrews[8] define a violência na família como qualquer acto ou ameaça que resulte em injúria física ou psicológica e que é praticado por uma pessoa contra outro indivíduo (incluindo uma pessoa idosa) com o qual tal pessoa tem ou teve parentesco por laços de sangue ou casamento ou outra forma legal de parentesco ou com quem tal pessoa está ou estava legalmente a residir. Nesta definição o termo injúria física e psicológica engloba não só a violência enquanto uso da força física, mas também outros actos, como por exemplo o abuso sexual, o incesto, a negligência, etc.[9].

Pagelow[10] propõe uma definição de violência doméstica que inclui qualquer acto, inclusive de omissão, por parte dos membros da família, e quaisquer condições que resultam de tais acções ou inacções, privando os outros membros da família de direitos e liberdades iguais e/ou interferindo com o seu desenvolvimento normal e a sua liberdade de escolha. Defende a autora que quando os direitos ou as liberdades de alguém, seja uma criança, adulto ou idoso, são violados por outros, numa família, tal deve ser considerado um acto violento.

Segundo a definição assumida pela Comissão de Peritos para Acompanhamento da Execução do Plano Nacional Contra a Violência Doméstica, aprovado pela Resolução do Conselho de Ministros n.º 55/99, esta consiste em qualquer conduta ou omissão que inflija, reiteradamente, sofrimentos físicos, sexuais, psicológicos ou económicos, de modo directo ou indirecto (por meio de ameaças, enganos, coacção ou qualquer outro meio), a qualquer pessoa que habite no mesmo agregado doméstico ou que, não habitando, seja cônjuge ou companheiro ou ex-cônjuge ou ex-companheiro, bem como ascendentes ou descendentes.

Nesta mesma linha, Manuel Ferreira Antunes[11] define violência doméstica como qualquer acto, conduta ou omissão que sirva para infligir,

---

[7] Isabel Dias, *op. cit.*, pp. 92.

[8] Arlene Bowers Andrews, «Developing community systems for the primary prevention of family violence», in *Family and Community Health*, 16, n.º 4, 1994, pp. 2

[9] Isabel Dias, *op. cit*, pp. 92.

[10] Mildred Daley Pagelow, *op. cit*, pp. 21.

[11] Manuel António Ferreira Antunes, *op. cit*, pp. 47.

254 Estudos de Homenagem ao Professor Doutor Artur Anselmo

reiteradamente e com intensidade, sofrimentos físicos, sexuais, mentais ou económicos, de modo directo ou indirecto (por meio de ameaças, enganos, coacção ou qualquer outro meio) a qualquer pessoa que habite no mesmo agregado doméstico privado (pessoas – crianças, jovens, mulheres adultas, homens adultos ou idosos – a viver em alojamento comum) ou que, não habitando no mesmo agregado doméstico privado que o agente da violência, seja cônjuge ou companheiro marital ou ex-cônjuge ou ex-marital[12].

A Resolução do Conselho de Ministros n.º 88/2003, de 07 de Julho, que aprova o II Plano Nacional Contra a Violência Doméstica define este conceito como toda a violência física, sexual ou psicológica, que ocorre em ambiente familiar e que inclui, embora não se limitando a maus tratos, abuso sexual de mulheres e crianças, violação entre cônjuges, crimes passionais, mutilação sexual feminina e outras práticas tradicionais nefastas, incesto, ameaças, privação arbitrária de liberdade e exploração sexual e económica. Apesar de exercida maioritariamente sobre mulheres[13], atinge também, directa e/ou indirectamente, crianças, idosos(as) e outras pessoas mais vulneráveis, como deficientes.

Atendendo às definições encontradas, constata-se que a epígrafe *violência doméstica*, atribuída ao artigo 152.º do CP é limitativa face às definições propostas, limitando-se o conteúdo do artigo (embora não totalmente[14]), ao conceito de violência conjugal. Por violência conjugal entende-se[15] a violência ou maus tratos numa relação de casal, em que abarca a extensão de todas as relações de casais possíveis – independentemente do nível de compromisso contraído publicamente ou de orientação sexual dos seus membros – ou seja, relações de noivado, conveniência, casamento, incluindo ex-companheiros/ex-cônjuges, quer se trate de casais heterossexuais ou homossexuais.[16]

---

[12] Cfr. CELINA MANITA, *A intervenção em Agressores no Contexto da Violência Doméstica em Portugal. Estudo preliminar de caracterização*, Colecção Estudos de género, Comissão para a Igualdade e para os Direitos das Mulheres, Lisboa, 2005, pp. 7.

[13] Maior causa de morte e invalidez em mulheres dos 16 aos 44 anos, ultrapassando o cancro, acidentes de viação e até a guerra, segundo o Conselho da Europa.

[14] Isto porque o n.º 2 do art.º 152.º do CP abrange o menor.

[15] LABRADOR, Franciso Javier; RINCÓN, Paulina Paz; LUIS, Pilar de; FERNANDEZ-VELASCO, Rocío (2004), *Mujeres víctimas de la violencia doméstica. Programa de actuación*, Ediciones Pirámide, Madrid, 2004, pp. 24.

[16] VERON, R. Wiehe (1998), *Understanding Family Violence. Treating and preventing partner, child, sibling and elder abuse*, Sage Publications, Thousands Oaks, 1998, pp. 75.

Assim, atribuir-se o título «violência conjugal» ao conteúdo do art.º 152.º do CP também poderia ter consubstanciado uma opção.

3. A tipificação do crime

É crime o "facto como tal qualificado pela lei" [17], contemplando esta definição "a lesão de interesses especialmente importantes para a convivência social, interesses que constituam condições da existência, conservação e progresso da sociedade"[18].

O artigo 152.º do CP tem como função "prevenir as frequentes e, por vezes, tão "subtis" quão perniciosa – para a saúde física e psíquica e/ou desenvolvimento harmonioso da personalidade ou para o bem estar – formas de violências no âmbito da família, da educação e do trabalho"[19].

A necessidade prática da criminalização dos comportamentos descritos neste art.º 152.º resultou de um duplo factor: por um lado, o facto de muitos destes comportamentos não configurarem em si o crime de ofensas corporais simples (art.º 143.º do CP); por outro lado, a criminalização destas condutas, com a consequente responsabilização penal dos seus agentes, resultou da consciencialização ético-social dos tempos recentes sobre a gravidade individual e social destes comportamentos[20].

A neocriminalização[21] destes comportamentos não se deveu à novidade ou maior frequência deles, nos tempos hodiernos (ainda há bem poucas décadas era prática corrente, tanto no âmbito familiar como no escolar, a aplicação, por pais e professores, de dolorosos e, em alguns casos, cruéis castigos corporais), mas sim a uma saudável consciencialização da inadequação (ao fim educativo) e da gravidade e perniciosidade

---

[17] MANUEL CAVALEIRO FERREIRA, *Direito Penal Português – Parte Geral I*, 2.ª Edição, Editorial Verbo, Lisboa, 1982, pp. 195.

[18] *Idem, ibidem*. Cf. MANUEL CAVALEIRO FERREIRA, *Lições de Direito Penal I. A lei penal e a teoria do crime no Código Penal de 1982*, Editorial Verbo, Lisboa, 1987.

[19] AMÉRICO TAIPA DE CARVALHO, «Art.º 152.º, Maus tratos e infracção de regras de segurança» in AAV, *Comentário Conimbricense do Código Penal, Parte Especial – Tomo I, Artigos 131.º a 201.º*, Coimbra Editora, Coimbra, 1999, pp. 329-339.

[20] *Idem, ibidem*, pp. 329.

[21] No sentido de que a disposição deste artigo é algo de relativamente recente (Américo Taipa de Carvalho, *op. cit*, pp. 329).

256 Estudos de Homenagem ao Professor Doutor Artur Anselmo

desses comportamentos. A família, a escola e a fábrica não mais podiam constituir feudos sagrados, onde o direito penal se tinha de abster de intervir[22].

3.1 *O bem jurídico*

O art.º 152.º está integrado no Título I, dedicado aos «crimes contra as pessoas», e, dentro deste, no capítulo III, epigrafado de «crimes contra a integridade física». A *ratio* do tipo não está na protecção da comunidade familiar, conjugal, educacional ou laboral, mas sim na protecção da pessoa individual e da sua *dignidade humana*. O âmbito punitivo deste tipo de crime inclui os comportamentos que lesam esta dignidade. Se, em tempos passados, se considerou que o bem jurídico protegido era apenas a integridade física, constituindo o crime de maus tratos uma forma agravada do crime de ofensas corporais simples, hoje, uma tal interpretação redutora é de excluir. Este art.º 152.º vai muito além dos maus tratos físicos, compreendendo os maus tratos psíquicos (p. ex. humilhações, provocações, ameaças, curtas privações da liberdade de movimentos, etc.). Portanto, deve dizer-se que o bem jurídico protegido por este tipo de crime é a *saúde* – bem jurídico complexo que abrange a saúde física, psíquica e mental, e bem jurídico este que pode ser afectado por toda a multiplicidade de comportamentos que impeçam ou dificultem o normal e saudável desenvolvimento da personalidade da criança ou do adolescente, agrave as deficiências destes, afectem a dignidade pessoal do cônjuge e prejudiquem o possível bem estar dos idosos ou doentes[23].

O crime de violência doméstica pressupõe um *agente* que se encontre numa determinada relação para com o sujeito passivo daqueles comportamentos. É portanto um *crime específico,* já que se exige uma relação especial ou particular entre o sujeito activo e o sujeito passivo do crime[24]: «Quem (...) infligir ao cônjuge ou ex-cônjuge (...)» (n.º 1, alíneas a) a d) do art.º 152.º do CP).

---

[22] Américo Taipa de Carvalho, *op. cit*, pp. 330.

[23] *Idem, ibidem*, pp. 332.

[24] Catarina Sá Gomes, *O crime de maus tratos físicos e psíquicos infligidos ao cônjuge ou ao convivente em condições análogas às dos cônjuges*, AAFDL, Lisboa, 2004, pp. 13.

4. A Evolução legislativa da tipificação do crime

4.1 *O Código Penal de 1982*

A criminalização dos maus tratos (de menores, de incapazes, de subordinados e do cônjuge) e da sobrecarga (de menores, incapazes e subordinados) foi o resultado da progressiva consciencialização da gravidade destes comportamentos. O Autor do Anteprojecto de 1966, Eduardo Correia, nos trabalhos de revisão do Anteprojecto, advertia: «estes artigos (art.º 166.º e 167.º do Anteprojecto, que, globalmente, correspondiam ao n.º 1 do antigo art.º 152.º) correspondem à necessidade de punir com dignidade penal os *casos mais chocantes* de maus tratos a crianças e de sobrecarga de menores e de subordinados. Todavia, esta protecção não entra em pormenores que se deixam às leis do trabalho ou tutelar de menores[25].

Os maus tratos de um cônjuge sobre o outro ("maus tratos entre cônjuges"), embora não tendo sido previstos pelo Anteprojecto nem pelo Projecto de Proposta de Lei de Revisão do Código Penal (1979), vieram contudo, a ser previstos pelo n.º 3 do artigo 153.º do CP 1982[26], introduzido na fase final dos trabalhos preparatórios[27], excluindo-se as pessoas ligadas por uma mera união de facto[28].

O artigo 153.º de então faz referência a um elemento da personalidade: a *"malvadez e egoísmo"*. Estas expressões revelam os receios de então em intervir penalmente em domínios que, tradicionalmente, pareciam querer prolongar um poder quase absoluto do marido, do pai, do educador, do empregador[29]. Assim, a redacção final do CP de 1982 manteve a referência à "malvadez e egoísmo" e a jurisprudência acabou por manter uma interpretação excessivamente restritiva do âmbito criminalizador do tipo legal de maus tratos ou de sobrecarga, ao ponto de exigir que, para haver crime, era necessário que, para além da prática

---

[25] *Idem ibidem*; M. Maia Gonçalves, *Código Penal Português anotado e comentado e legislação complementar*, 1984, Almedina, Coimbra, 1982.

[26] Américo Taipa de Carvalho, *op. cit*, pp. 330.

[27] M. Maia Gonçalves, *op. cit.*, pp. 253.

[28] Manuel de Oliveira Leal-Henriques; Manuel José Carrilho de Simas Santos, *op. cit.*, pp. 153.

[29] Américo Taipa de Carvalho, *op. cit*, pp. 330.

258 Estudos de Homenagem ao Professor Doutor Artur Anselmo

dolosa dos actos descritos, o agente tivesse actuado com malvadez ou egoísmo[30], exigência à qual a jurisprudência passou a atribuir a designação de "dolo específico"[31].

O artigo delimita um conjunto de situações, comitivas e omissivas («não lhe prestar os cuidados ou assistência à saúde»), caracterizadas pelas relações existentes entre autor e vítima[32]. Além disso, o artigo não sufraga uma acção isolada do agente, mas exige a repetição da conduta, implicando uma ideia de reiteração e continuidade, apesar de tal não ser dito expressamente.[33]

4.2 *O Código Penal de 1995*

A reforma Penal de 1995 (decreto-lei n.º 48/95 de 15 de Março) introduziu algumas importantes alterações. Assim, consciente de que, nestes domínios (familiar, educacional, laboral e conjugal), as humilhações, os vexames, os insultos, etc, constituem, por vezes, formas de violência psíquica mais graves do que muitas ofensas corporais simples, previu, ao lado dos maus tratos físicos, *os maus tratos psíquicos* [art.º 152º, n.º 1, alínea a)].

Consciente, por um lado, de que a necessidade de punir criminalmente também se deve estender aos agentes de maus tratos para com *pessoas idosas ou doentes*, deixou de se restringir a função tuteladora da norma às pessoas (vítimas) que se encontrem, para com o agente, numa relação de subordinação familiar, educacional ou laboral – assim, em vez de "O pai, mãe ou tutor de menor de 16 anos..." do n.º 1 do art.º 153.º da redacção primitiva do CP de 1982, surge agora, "Quem, tendo a seu cuidado... diminuída por razão da idade, doença..." (art.º 152.º, n.º 1).

---

[30] Cf. M. Maia Gonçalves, *op. cit.*, pp. 253; Manuel de Oliveira Leal-Henriques; Manuel José Carrilho de Simas Santos, *O Código Penal de 1982. Referências doutrinárias, indicações legislativas, resenha jurisprudencial*, vol. 2, Rei dos Livros, Lisboa, 1986, pp. 155; Teresa Pizarro Beleza, *Maus tratos conjugais: O art.º 153.º do Código Penal*, Materiais para o estudo da parte especial do Direito Penal, Estudos monográficos: 2, AAFDL, 1989, 2.ª Reimpressão, 1994, Lisboa, pp. 78-83.

[31] Na esteira de Teresa Pizarro Beleza (*op. cit.*, pp. 25) não se trata de dolo específico mas de *elementos subjectivos especiais da ilicitude*.

[32] Catarina Sá Gomes, *op. cit.*, pp. 13.

[33] *Idem, ibidem*; Manuel de Oliveira Leal-Henriques; Manuel José Carrilho de Simas Santos, *op. cit.*, pp. 153.

Breves Considerações Sobre o Artigo 152.º do Código Penal Português 259

Tornava-se, na verdade, urgente abranger os maus tratos físicos ou psíquicos contra idosos ou doentes, praticados, frequentemente, tanto no quadro familiar como, especialmente, nos chamados lares de terceira idade (ou de doentes).

De salientar é a eliminação da referência à "malvadez ou egoísmo", na senda do que já vinha sendo defendido pelo Prof. Figueiredo Dias aquando da discussão do projecto do Código Penal da autoria de Eduardo Correia[34].

O procedimento criminal contra o cônjuge foi alargado para as uniões de facto (aqueles que convivem em condições análogas às dos cônjuges), que passaram a ser incluídos no n.º 2 do art.º 152.º do CP/1995. No entanto, este crime de maus tratos conjugais, que era um crime público, passou a depender de queixa (cfr. Art.º 152.º, n.º 2 do CP de 1995 e art.º 153.º, n.º 3 da redacção primitiva do CP de 1982).

Importa ainda realçar que o crime de maus tratos tipificado no art.º 152.º do CP/1995 só se aplicava se os maus tratos não constituíssem também o crime de ofensas corporais qualificadas, previsto no art.º 144.º do CP, tal como indica o art.º 152.º, n.º 1, *in fine*, aplicando-se o princípio *non bis in idem*[35].

Finalmente, quanto às penas, estas foram substancialmente agravadas, passando a pena de prisão abstractamente aplicável de três para cinco anos (n.º 1 do art.º 152.º do CP/1995).

4.3 *A Reforma Penal de 1998*

A revisão penal de 1998, levada a cabo através da Lei n.º 65/98 de 02 de Setembro, introduziu algumas alterações ao art.º 152.º do CP: o crime de maus tratos conjugais surge com natureza híbrida[36], ou seja, apesar do crime ter continuado a ser crime semi-público, esta revisão tornou o procedimento criminal contra o cônjuge ou análogo independente de queixa «se o interesse da vítima o impuser». Este poder de iniciativa processual dada ao Ministério Público resulta da consciencialização ético-social de que os maus tratos conjugais físicos e psíquicos

---

[34] CATARINA GOMES SÁ, *op. cit.*, pp. 20; Ministério da Justiça, *Código Penal. Actas e Projecto da Comissão de Revisão*, Rei dos Livros, Lisboa, 1993, pp. 230.

[35] *Idem, ibidem.*

[36] CATARINA SÁ GOMES, *op. cit.*, pp. 52.

260   *Estudos de Homenagem ao Professor Doutor Artur Anselmo*

continuavam impunes, atento o domínio do sujeito activo sobre o sujeito. Isto por forma a combater a inércia ou medo da vítima que não apresenta queixa com receio que o procedimento criminal conduza a uma ruptura conjugal não desejada pela vítima[37].

4.4 *A redacção dada pela Lei n.º 7/2000 de 27 de Maio*

A Lei n.º 7/2000 de 27 de Maio veio restabelecer a natureza pública. Catarina Sá Gomes[38] explica que o legislador, confrontado por um lado com a necessidade de "protecção da família", assegurando a sua estabilidade e, por outro lado, com a necessidade de protecção do cônjuge, ou equiparado, vítima de maus tratos, fez prevalecer os interesses destes últimos. Por outro lado pretendeu subtrair a vítima às pressões e chantagens (tão frequentes) para ela conceder o perdão, o que se traduz em nova violência[39].

Acontecia que a maioria das violências praticadas no seio da relação conjugal ou concubinária, ainda que reiteradas, eram insusceptíveis de punição, em virtude da vítima não encontrar coragem para desencadear o procedimento criminal ou acabar por desistir do mesmo[40]. A natureza pública do crime ultrapassa estes problemas, conduzindo a que o procedimento criminal seja uma realidade, mesmo na ausência de manifestações de vontade do ofendido nesse sentido e, mais importante do que isso, mesmo que esta seja contrária ao procedimento criminal. Como afirma Teresa Beleza[41] a irrelevância penal do perdão em crimes públicos baseia-se, justamente, na ideia de que não é apenas o ofendido que está em causa, como vítima, nesses casos. Independentemente do que a vítima pense ou queira, a prossecução de uma acção penal escapa ao seu controlo, sendo «coisa pública» que ao Estado compete decidir.

No entanto, o legislador, consciente das consequências gravosas que a punição de um dos cônjuges ou equiparado pode acarretar, pois a vítima pode entretanto ter conseguido a regeneração do seu cônjuge e

---

[37] *Idem, ibidem*, pp. 23.
[38] *Idem, ibidem*, pp. 51.
[39] Maia Costa, «O crime do artigo 153.º, n.º 3 do Código Penal de 1982», in *Tribuna da Justiça*, Agosto/Setembro de 1985 *apud* Catarina Sá Gomes, *op. cit.*, pp. 17.
[40] *Idem, ibidem*, pp. 53.
[41] Teresa Pizarro Beleza, *op. cit.*, pp. 64.

Breves Considerações Sobre o Artigo 152.º do Código Penal Português 261

via-se impotente para travar o processo, tentou atenuar o regime substantivo estabelecido, permitindo que a livre requerimento da vítima, atendendo à sua situação e desde que ao arguido não haja sido aplicada medida similar por infracção da mesma natureza, o processo seja suspenso[42] mediante a aplicação a este último de injunções ou regras de conduta[43]. Neste sentido, é atribuída alguma relevância à vontade da vítima de maus tratos, embora, sempre condicionada à concordância do Ministério Público, do juiz, do arguido e do assistente[44].

Importa ainda debater que a alteração da natureza do crime para público, por vezes, revela-se de difícil conciliação prática com o direito ao silêncio por parte da vítima, designadamente quando esta não deseja o prosseguimento criminal contra o agressor[45]. Nestes casos e se a investigação não se munir de elementos de prova, como por exemplo recolhendo diversas queixas apresentadas anteriormente que desaguaram em processos arquivados por desistência de queixa (antes da alteração de 1998), dados clínicos eventualmente existentes referentes a várias assistências hospitalares, depoimentos de testemunhas (familiares, vizinhos, amigos, companheiros de trabalho da vítima, etc.), as instâncias judiciárias encontrarão, com elevadíssimo grau de probabilidade, um "muro de silêncio", pois a própria vítima goza da prerrogativa legal de recusar-se a prestar depoimento, de acordo com o artigo 143.º do CPP[46].

Como explica Duarte[47], em alguns casos verifica-se que logo na fase do inquérito, na instrução ou mesmo no julgamento, face à declaração da vítima de que não mais deseja procedimento criminal, os autos são objecto de um despacho "composto", em que na primeira parte se verifica

---

[42] Estabelece o artigo 281.º, n.º 6 do CPP que em processos por crime de maus tratos entre cônjuges, entre quem conviva em condições análogas pode ainda decidir-se pela suspensão provisória do processo a livre requerimento da vítima, tendo em especial consideração a sua situação e desde que ao arguido não haja sido aplicada medida similar por infracção da mesma natureza. Esta suspensão, segundo o artigo 282.º do CPP, n.º 4, pode ir até ao limite máximo da respectiva moldura penal do crime, que no caso do artigo 152.º é de cinco anos.

[43] Catarina Sá Gomes, *op. cit.*, pp. 53 e 54; Fernando Silva, *Direito Penal Especial. Os crimes contra as pessoas*, Quid Júris, Lisboa, 2005, pp. 287.

[44] Catarina Sá Gomes, *Idem,* pp. 53.

[45] Jorge Duarte, «Família, Violência e Crime», in *Polícia e Justiça*, III Série, Coimbra Editora, Coimbra, 2004, pp. 50.

[46] *Idem, ibidem,* pp. 50 e 51.

[47] *Idem, ibidem,* pp. 51.

262   *Estudos de Homenagem ao Professor Doutor Artur Anselmo*

a não existência dos elementos típicos do crime de maus tratos (nomeadamente por não se ter feito prova da reiteração das agressões) motivo pelo qual a conduta aí em apreço será "apenas" subsumível ao crime de ofensa à integridade física simples, crime esse que tem natureza semipública, assumindo, desta forma, pleno relevo processual a citada desistência de queixa. Naturalmente que, nos casos em que se esteja efectivamente perante um crime de maus tratos, apenas se poderá obviar à situação descrita carreando para os autos todos os elementos probatórios que informem a "construção" indicada, assim sendo do maior relevo não só os elementos já anteriormente referidos, como também a própria apensação de vários inquéritos, todos eles eventualmente autuados por crime de ofensa à integridade física, injúrias ou ameaças, mas que, unidos num só processo, dão uma outra configuração jurídico-penal à realidade em apreço, isto é, apontam inequivocamente para que a realidade a que os autos se reportam é, de facto, um crime de maus tratos.

No entanto, pese embora o paradoxo constatado entre a natureza pública do crime e o direito ao silêncio que a vítima do crime tem, tal não pode servir para, de alguma forma, colocar em causa aquele direito da vítima. Na verdade, a publicitação do crime outra coisa não significa que o Estado entende que as condutas em questão são de tal modo graves que se justifica a sua intervenção, mesmo contra a vontade da vítima, ao passo que a faculdade que esta poderá ter, no sentido de se recusar a depor, vem a significar, não a relevância da sua vontade no sentido do procedimento avançar ou não, mas apenas que lhe é dado o direito de escolher, de resolver o seu próprio conflito interior. Vale por dizer que ao Estado incumbe investigar e lançar mão de todos os meios de obtenção de prova ao seu alcance, no sentido de punir o maltratante, mesmo contra a vontade da vítima, e por outro lado, que se conceda a esta o direito de resolver o seu conflito pessoal, contribuindo ou não para a punição, através da escolha entre falar ou remeter-se ao silêncio[48].

O carácter reiterado[49] e não ocasional das condutas era outro requisito deste tipo de crime. O tipo de crime em análise pressupõe uma reiteração das respectivas condutas, de modo que um tempo longo entre dois ou mais dos referidos actos afastará o elemento da reiteração[50].

---

[48] *Idem, ibidem*, pp. 51 e 52.
[49] Cf. Acórdão da Relação do Porto de 03 de Novembro de 1999.
[50] AMÉRICO TAIPA DE CARVALHO, *op. cit.*, pp. 332.

Breves Considerações Sobre o Artigo 152.º do Código Penal Português 263

No entanto, não se trata de uma exigência para que o crime esteja integrado. Como refere Maia Gonçalves[51], para a verificação do crime de maus tratos a cônjuge é geralmente necessário que a conduta agressiva se revista de carácter de habitualidade, mas um só comportamento bastará, desde que se revista de gravidade tal que seja suficiente para justificar a dissolução do vínculo conjugal, por comprometer a possibilidade da vida em comum. Aliás, essa foi a interpretação do Supremo Tribunal de Justiça no Acórdão de 14 de Novembro de 1997, no qual julgou o comportamento do marido que agrediu a mulher com bofetadas e pancadas e a obrigou a ficar fora de casa durante três horas, à chuva e frio, deixando sozinho em casa o filho de cinco anos, considerando que as condutas praticadas, embora uma única vez, traduzem insensibilidade e crueldade suficiente para justificar o enquadramento em sede de crime de maus tratos. O Supremo justificou afirmando: o arguido, para além de magoar fisicamente a vítima, vexou-a, afectando-lhe a dignidade, provocando-lhe alarme pelos perigos relativos ao filho e considerando que o acto praticado pelo autor traduzia uma vingança desnecessária, entendeu ainda que, praticada uma só vez, se tratava de uma conduta que cabia na previsão do artigo 152.º do Código Penal[52].

5. A autonomização do crime: a redacção da Lei n.º 53/2007 de 04 Setembro

A violência doméstica foi autonomizada e descrita de modo mais perfeito enquanto ilícito criminal, através da nova redacção dada ao artigo 152.º. e as restantes previsões constantes até agora deste preceito foram agrupadas em dois novos artigos (152.º-A e 152.º B). Deste modo, os maus tratos, a violência doméstica e a infracção de regras de segurança passam a ser tipificados preceitos distintos, em homenagem às variações de bem jurídico protegido[53].

---

[51] MANUEL LOPES MAIA GONÇALVES, *Código Penal Português. Anotado e Comentado – Legislação Complementar*, 15.ª edição, Almedina, Coimbra, 2002, pp. 532.

[52] FERNANDO SILVA, *op. cit.*, pp. 285 e 286; MARIA MANUELA F. B. VALADÃO E SILVEIRA, «Sobre o crime de maus-tratos conjugais», in Associação Portuguesa de Mulheres Juristas, *Do Crime de maus tratos*, Cadernos Hipátia, n.º 1, Lisboa, 2001, pp. 26 e 27.

[53] Projecto de Lei n.º 236/X – htpp.www3.parlamento.pt/PLC/TextoAprovado.aspx?ID_Ini=21218.

264   *Estudos de Homenagem ao Professor Doutor Artur Anselmo*

A revisão procura fortalecer a defesa dos bens jurídicos, sem nunca esquecer que o direito penal constitui a ultima *ratio* da política criminal do Estado. Há um reforço da tutela de pessoas particularmente indefesas, como as crianças, os menores e as vítimas de violência doméstica, maus tratos, etc..

Na descrição típica da violência doméstica e dos maus tratos, re-corre-se, em alternativa, às ideias de reiteração e intensidade, para escla-recer que não é imprescindível uma continuação criminosa. Com a nova redacção a exigência da reiteração é suprida, não havendo essa exigência.

Ao atentarmos no n.º 1, alíneas a), b), c) e d) da letra do artigo constata-se que o respectivo ramo de aplicação não abrangerá somente os cônjuges, mas também os que vivem em condições análogas às dos cônjuges, vulgarmente designados cônjuges de facto[54], não sendo feita referência ao tempo que essa vida em comum dure, pelo que bastará que as pessoas partilhem as suas vidas, sendo indiferente o tempo de duração da relação, não se exigindo a aplicação taxativa do regime que define os efeitos jurídicos[55] da união de facto[56]. No crime de violência doméstica, é ampliado o âmbito subjectivo do crime passando a incluir as situações de violência doméstica que envolvam ex-cônjuges e pessoas de outro ou do mesmo sexo que mantenham ou tenham mantido uma relação análoga à dos cônjuges, isto é, a casos em que vítima e agressor já não mante-nham qualquer relação (nem sequer coabitam na mesma residência), àqueles que têm filho(s) em comum, ou seja, casos em que o ex-marido/ /companheiro continua a perseguir a vítima mesmo depois da relação entre ambos ter cessado[57]. As uniões de facto homossexuais estão agora explicitamente englobadas.

Introduz-se uma agravação do limite mínimo da pena, no caso de o facto ser praticado contra menores ou na presença de menores ou no domicílio da vítima, ainda que comum ao agente.

A exposição dos filhos, durante a infância e adolescência, às situa-ções de violência entre o pai e a mãe, tal como tem demonstrado alguns estudos[58], torna os indivíduos mais vulneráveis a estas situações e

---

[54] MANUEL LOPES MAIA GONÇALVES, *op.cit.*, pp. 531.

[55] Lei n.º 7/2001 de 11 de Maio.

[56] FERNANDO SILVA, *op. cit.*, pp. 285.

[57] *Idem, ibidem.*

[58] ISABEL DIAS, *op. cit.*, pp. 350; Direcção Geral Da Saúde, *Estratégias de combate à violência doméstica. Manual de recursos*, Ministério da Saúde, Lisboa, 2003, pp. 16;

propensos ao desempenho do papel, tanto de agressores como de vítimas.

O envolvimento da criança, como mera espectadora, das situações de violência conjugal extrema e/ou repetida constitui uma forma de abuso emocional que é exercido sobre aquela, consubstanciando uma forma de mau trato à criança[59]. Neste caso a vítima não é só o adulto, mas também a criança, que sofre com o testemunho de conflitos ou violência entre os pais ou familiares próximos, dada a proximidade da experiência e a importância que aquele contexto tem para o seu desenvolvimento, já que se trata de pessoas com as quais a criança tende a identificar-se e a querer como figuras de suporte[60].

A criança que vê, ouve ou convive proximamente com situações de violência doméstica pode desenvolver sintomas fisiológicos, comportamentais, emocionais e cognitivos, designadamente problemas a nível escolar e comportamental, problemas de saúde como ansiedade, depressão, sintomatologia de stress pós-traumático[61].

Jeni Canha, (2003a), «A criança vítima de violência», in Rui Abrunhosa Gonçalves; Carla Machado (coords.), *Violência e vítimas de crime*, vol. I – Adultos, 2.ª edição, Quarteto Editora, Coimbra, 2003, pp. 17; J. Richard Gelles, *Family Violence*, Sage Publications, Newbury Park, 1987, pp. 113; Christiane Olivier, *Violência pessoal e familiar, suas origens*, Prefácio, Lisboa, 1999, pp. 139; Ana Isabel Sani, *As crianças e a violência*, 1.ª edição, Quarteto, Coimbra, 2002, pp. 43 e 43; Lenore E. A. Walker, *The battered women syndrome*, Springer Publishing Company, Inc., New York, 2000, pp. 74; Veron R. Wiehe, *Understanding Family Violence. Treating and preventing partner, child, sibling and elder abuse*, Sage Publications, Thousands Oaks, 1998, pp. 94.

[59] Wiehe, *op. cit.*, pp. 94; D. Gosset et al, *Mailtrance à enfants*, Masson, Paris, 1997, pp. 66; Lenore Walker, *op. cit.*, pp. 77; Jeni Canha, *op. cit.*, pp. 32; Jeni Canha, *Criança maltratada. O papel de uma pessoa de referência na sua recuperação. Estudo prospectivo de 5 anos*, 2.ª edição, Quarteto, Coimbra, 2003, pp. 22; Ana Isabel Sani, «Crianças expostas à violência interparental», in Rui Abrunhosa Gonçalves; Carla Machado (coords.), *Violência e vítimas de crimes*, vol. 2 – Crianças, Quarteto, Coimbra, 2003, pp. 97; Direcção Geral da Saúde, *op. cit.*, pp. 16 e 75; Manuel Ferreira Antunes, *op. cit.*, pp. 61; Teresa Magalhães, *Maus tratos em crianças e jovens. Guia prático para profissionais*, 3.ª edição, Quarteto, Coimbra, 2004, pp. 35; Helena Isabel Dias Bolieiro, «A violência na família – e o Direito da Família e de Menores», in *Polícia e Justiça*, III Série, Coimbra Editora – Coimbra, 2004, pp. 21.

[60] Ana Isabel Sani, *As crianças e a violência, op. cit.*, pp. 41 e 42.

[61] Lenore Walker, *op. cit.*, pp. 74; Ana Ganho Ávilo Costa, «Violência Conjugal», 2003, [edição online], [citado em 10 de Março de 2006], disponível na World Wibe Web: http://www.violencia.online.pt/scripts/cv.dlll?sec=colaboracoes&pass=AnaGanho1, pp. 3; Ana Isabel Sani, «Crianças expostas à violência interparental», *op. cit.*, pp. 100 e 102.

266   *Estudos de Homenagem ao Professor Doutor Artur Anselmo*

Deste modo, é de enaltecer esta alteração, pois as crianças expostas ao abuso não podiam continuar a ser vítimas ignoradas, o trauma ou dano psicológico que experienciam não pode ser desvalorizado e minimizado.

À proibição de contacto com a vítima[62], cujos limites são agravados e pode incluir o afastamento da residência ou do local de trabalho com fiscalização por meios de controlo à distância, acrescentam-se as penas acessórias de proibição de uso e porte de armas, obrigação de frequência de programas contra a violência doméstica e inibição do exercício do poder paternal, da tutela ou da curatela[63].

6. Considerações finais

Juristas[64] defendiam que deveria existir no Código Penal uma norma autonomizada e não, como se verificava, uma norma em que se punia não só a violência doméstica mas abrangia outras situações. A redacção Lei n.º 53/2007 de 04 Setembro veio, então, dissecar em três artigos, 152.º, 152.º-A e 152.º-B, o que apenas era contemplado num.

A teleologia destes preceitos, contudo, mantém-se: prevenir as frequentes formas de violência para a saúde física ou psíquica e/ou para o desenvolvimento harmonioso da personalidade ou para o bem estar, por

---

[62] A medida de afastamento do agressor da residência já se encontrava prevista no artigo 16.º, n.º 1 da Lei n.º 61/91 de 13 de Agosto, onde se encontra estabelecido que sempre que não seja imposta a medida de prisão preventiva, deverá ser aplicada ao arguido a medida de coacção de afastamento da residência que pode ser cumulada com a obrigação de prestar caução, no caso de aquele ser pessoa com quem a vítima resida em economia comum, quando houver perigo da actividade criminosa (Duarte, 2004:44).

[63] Proposta de lei n.º 98/X – htpp.www3.parlamento.pt/PLC/Iniciativa.aspx?ID_Ini=33296)

[64] Cfr. Manuel António Ferreira Antunes, «Plano Nacional Contra a Violência Doméstica», in *Procuradoria-Geral da República, Violência Doméstica, Seminário realizado em Lisboa no dia 06 de Junho de 2000*, CIDM, Lisboa, 2000, pp. 96; Associação Portuguesa de Mulheres Juristas, *Do Crime de maus tratos*, Cadernos Hipátia, n.º 1, 2001; Lisboa, pp. 10; Maria Manuela F. B. Valadão Silveira, *op.cit*, pp. 22; Eduardo Maia Costa, «Maus-tratos entre cônjuges: punir a pedido da vítima ou independentemente da sua vontade?», in Associação Portuguesa de Mulheres Juristas, *Do Crime de maus tratos*, Cadernos Hipátia, n.º 1, Lisboa, 2001, pp. 41; Leonor Furtado, «Violência doméstica e Justiça – contributo para uma reflexão», in Comissão Consultiva Regional para os Direitos das Mulheres, *Prevenir a violência doméstica trabalhando em rede*, Secretaria Regional dos Assuntos Sociais, Ponta Delgada., 2002, pp. 72.

Breves Considerações Sobre o Artigo 152.º do Código Penal Português 267

forma a punir penalmente os casos chocantes de maus tratos a cônjuges e equiparados e também a crianças, incapazes e trabalhadores.

Agora este crime abarca situações como as de uma agressão pontual, ou seja, não habitual e consubstancia um aumento da moldura penal em relação às restantes situações de ofensa à integridade física, isto porque a conduta de maus tratos cometida entre cônjuges ou equiparados conhece uma valoração especial, contribuindo para essa valoração o facto de a qualidade de cônjuges lhes atribuir deveres especiais de protecção, colaboração e respeito mútuos, deveres que são claramente violados com uma conduta desta natureza. A relação existente e o vínculo jurídico que une os cônjuges torna este facto mais desvalioso, que se traduz num maior grau de ilicitude, mas também num juízo agravado de culpa, que corresponde ao facto do cônjuge ultrapassar as contra motivações éticas impostas por força da relação de intimidade e proximidade que os une, as quais, ao praticar o crime, contraria[65].

Bibliografia

1. AMÂNCIO, Lígia; LOPES, Conceição Brito, «A Violência no Casal – a Experiência da CIDM», *Espaço S*, Revista de Educação Social, n.º 0, Fevereiro, 1999, pp. 33-36.
2. ANDREWS, Arlene Bowers, «Developing community systems for the primary prevention of family violence», in *Family and Community Health*, 16, n.º 4, 1994, pp. 1-9.
3. ANTUNES, Manuel António Ferreira, «Plano Nacional Contra a Violência Doméstica», in *Procuradoria-Geral da República, Violência Doméstica, Seminário realizado em Lisboa no dia 06 de Junho de 2000*, CIDM, Lisboa, 2000, pp. 93-104.
4. ANTUNES, Manuel António Ferreira, «Violência e vítimas em contexto doméstico», in Rui Abrunhosa Gonçalves; Carla Machado (coords.), *Violência e vítimas de crime*, vol. I – Adultos, 2.ª edição, Quarteto Editora, Coimbra, 2003, pp. 45-77.
5. ANTUNES, Manuel António Ferreira e col., *Relatório Penélope sobre a violência doméstica no Sul da Europa*, s. l., Associação Portuguesa de Apoio à Vítima, 2003.
6. ASSOCIAÇÃO PORTUGUESA DE MULHERES JURISTAS, *Do Crime de maus tratos*, Cadernos Hipátia, n.º 1, Lisboa, 2001.

---

[65] Eduardo Maia Costa, *op. cit.*, pp. 41.

268 *Estudos de Homenagem ao Professor Doutor Artur Anselmo*

7. BELEZA, Teresa Pizarro, *Maus tratos conjugais: o art. 153º, 3 do Código Penal, Materiais para o estudo da parte especial do Direito Penal*, Estudos monográficos: 2, AAFDL, 1989.
8. BOLIEIRO, Helena Isabel Dias, «A violência na família – e o Direito da Família e de Menores», in *Polícia e Justiça*, III Série, Coimbra Editora, Coimbra, 2004, pp. 17-29.
9. CANHA, Jeni, *Criança maltratada. O papel de uma pessoa de referência na sua recuperação. Estudo prospectivo de 5 anos*, 2.ª edição, Quarteto, Coimbra, 2003.
10. CANHA, Jeni, «A criança vítima de violência», in Rui Abrunhosa Gonçalves; Carla Machado (coords.), *Violência e vítimas de crime*, vol. I – Adultos, 2.ª edição, Quarteto Editora, Coimbra, 2003ª, pp. 13-36.
11. CARVALHO, AMÉRICO TAIPA DE, «Art.º 152.º, Maus tratos e infracção de regras de segurança» in AAVV, *Comentário Conimbricense do Código Penal, Parte Especial – Tomo I, Artigos 131.º a 201.º*, Coimbra Editora, Coimbra, 1999, pp. 329-339.
12. CASIMIRO, Cláudia Costa, *Representações sociais da violência conjugal, Dissertação de Mestrado*, ICS, Lisboa, 1998 apud Isabel Dias, *Violência na família. Uma abordagem sociológica*, Edições Afrontamento, Biblioteca das Ciências Sociais, Porto, 2004.
13. COSTA, Ana Ganho Ávilo, «Violência Conjugal», 2003 [edição online], [citado em 10 de Março de 2006], disponível na World Wibe Web: h t t p : / / w w w . v i o l e n c i a . o n l i n e . p t / s c r i p t s / cv.dlll?sec=colaboracoes&pass=AnaGanho1.
14. COSTA, Maia, «O crime do artigo 153.º, n.º 3 do Código Penal de 1982», in *Tribuna da Justiça*, Agosto/Setembro de 1985 apud Catarina Sá Gomes, *O crime de maus tratos físicos e psíquicos infligidos ao cônjuge ou ao convivente em condições análogas às dos cônjuges*, Associação Académica da Faculdade de Direito de Lisboa, Lisboa, 2004.
15. COSTA, Eduardo Maia, «Maus-tratos entre cônjuges: punir a pedido da vítima ou independentemente da sua vontade?», in Associação Portuguesa de Mulheres Juristas, *Do Crime de maus tratos*, Cadernos Hipátia, n.º 1, Lisboa, 2001, pp. 33-45.
16. DIAS, Augusto Silva, *Crimes contra a vida e a integridade física*, AAFDL, Lisboa, 2005.
17. DIAS, Isabel, *Violência na família. Uma abordagem sociológica*, Edições Afrontamento, Biblioteca das Ciências Sociais, Porto, 2004.
18. DIRECÇÃO GERAL DA SAÚDE, *Estratégias de combate à violência doméstica. Manual de recursos*, Ministério da Saúde, Lisboa, 2003.
19. DUARTE, Jorge, «Família, Violência e Crime», in *Polícia e Justiça*, III Série, Coimbra Editora, Coimbra, 2004, pp. 31-55.

Breves Considerações Sobre o Artigo 152.º do Código Penal Português 269

20. FERREIRA, MANUEL CAVALEIRO, *Direito Penal Português – Parte Geral I*, 2.ª Edição, Editorial Verbo, Lisboa, 1982.

21. FERREIRA, MANUEL CAVALEIRO, *Lições de Direito Penal I. A lei penal e a teoria do crime no Código Penal de 1982*, Editorial Verbo, Lisboa, 1987.

22. FURTADO, Leonor, «Violência doméstica e Justiça – contributo para uma reflexão», in Comissão Consultiva Regional para os Direitos das Mulheres, *Prevenir a violência doméstica trabalhando em rede*, Secretaria Regional dos Assuntos Sociais, Ponta Delgada, 2002, pp. 63-77.

23. GELLES, Richard J., *Family violence*, Sage Publications Newbury Park, 1987.

24. GOMES, CATARINA SÁ, *O crime de maus tratos físicos e psíquicos infligidos ao cônjuge ou ao convivente em condições análogas às dos cônjuges*, AAFDL, Lisboa, 2004.

25. GONÇALVES, M. Maia, *Código Penal Português, Anotado e Comentado e Legislação complementar, 1984*, 2.ª Edição, Almedina, Coimbra, 1984.

26. GONÇALVES, Manuel Lopes Maia, *Código Penal Português. Anotado e Comentado – Legislação Complementar*, 15.ª edição, Almedina, Coimbra, 2002.

27. GONÇALVES. Manuel Lopes Maia, *Código Penal Português, Anotado e Comentado e Legislação complementar*, 18.ª Edição, Almedina, Coimbra, 2007.

28. GOSSET, D.; HEDOUIN, V.; REVUELTA, E; DSURMONT, M. (1997), *Mailtrance à enfants*, Masson, Paris, 1997.

29. KIRKWOD, Catherine, *Leaving Abusive Partners. From the Scars of Survival to the Wisdow for change*, Sage Publications, London, 1993, *apud* Isabel Dias, *Violência na família. Uma abordagem sociológica*, Edições Afrontamento, Biblioteca das Ciências Sociais, Porto, 2004.

30. LABRADOR, Franciso Javier; RINCÓN, Paulina Paz; LUIS, Pilar de; FERNANDEZ-VELASCO, Rocío, *Mujeres víctimas de la violencia doméstica. Programa de actuación*, Ediciones Pirámide, Madrid, 2004.

31. MAGALHÃES, Teresa, *Maus tratos em crianças e jovens. Guia prático para profissionais*, 3.ª edição, Quarteto, Coimbra, 2004.

32. MANITA, Celina, *A intervenção em Agressores no Contexto da Violência Doméstica em Portugal. Estudo preliminar de caracterização*, Colecção Estudos de género, Comissão para a Igualdade e para os Direitos das Mulheres, Lisboa, 2005.

33. MARTINS, Daniel; QUINTAL, Mário, «Violência doméstica: uma perspectiva jurídica», in *Polícia Portuguesa*, n.º 132 (Nov/Dez), II série, 2001, pp. 17-21.

34. MINISTÉRIO DA JUSTIÇA, *Código Penal. Actas e projecto da Comissão de Revisão*, Rei dos Livros, Lisboa, 1993.

35. OLIVIER, Christiane, *Violência pessoal e familiar, suas origens*, Prefácio, Lisboa, 1999.

36. PAGELOW, Mildred Daley, *Family Violence*, Praeger Publishers, New York, 1984.

270   *Estudos de Homenagem ao Professor Doutor Artur Anselmo*

37. Sani, Ana Isabel, *As crianças e a violência*, 1.ª edição, Quarteto, Coimbra, 2002.
38. Sani, Ana Isabel, «Crianças expostas à violência interparental», in Rui Abrunhosa Gonçalves; Carla Machado (coords.), *Violência e vítimas de crimes*, vol. 2 – Crianças, Quarteto, Coimbra, 2003, pp. 95-131.
39. Santos, Manuel Simas e Leal-Henriques, Manuel, *Noções elementares de Direito Penal*, Vislis Editores, Lisboa, 1999.
40. Silva, Fernando, *Direito Penal Especial. Os crimes contra as pessoas*, Quid Júris, Lisboa, 2005.
41. Silva, Germano Marques da, *Curso de Processo Penal*, volume I, 3.ª edição, Editorial Verbo, Lisboa, 1996.
42. Silveira, Maria Manuela F. B. Valadão e, «Sobre o crime de maus-tratos conjugais», in Associação Portuguesa de Mulheres Juristas, *Do Crime de maus tratos*, Cadernos Hipátia, n.º 1, Lisboa, 2001, pp. 15-31.
43. Walker, Lenore E. A., *The battered women syndrome*, Springer Publishing Company, Inc., New York, 2000.
44. Wiehe, Veron R., *Understanding Family Violence. Treating and preventing partner, child, sibling and elder abuse*, Sage Publications, Thousands Oaks, 1998.

Legislação e Jurisprudência

1. Acórdão da Relação de Lisboa – Secção Criminal de 04 de Julho (1984), «Crime de Ofensas corporais a cônjuge», in *Colectânea de Jurisprudência*, Ano IX, Tomo IV, Palácio da Justiça, Coimbra, pp. 132-133.
2. Acórdão do Supremo Tribunal de Justiça de 14 de Novembro (1997), «Crimes de maus tratos a cônjuges – Ofensas corporais», in *Colectânea de Jurisprudência – Acórdãos do Supremo Tribunal de Justiça*, Ano V, Tomo III, Palácio da Justiça, Coimbra, pp. 235-237.
3. Acórdão da Relação do Porto de 03 de Novembro (1999), «Crime de maus tratos a cônjuge», n *Colectânea de Jurisprudência*, Ano XXI, Tomo V, Palácio da Justiça, Coimbra, pp. 223-226.
4. Acórdão da Relação do Porto de 23 de Novembro (1999), «Crime de maus tratos a cônjuge», in *Colectânea de Jurisprudência*, Ano XXI, Tomo V, Palácio da Justiça, Coimbra, pp. 283-285.
5. Lei n.º 61/91 de 13 de Agosto (Diário da República – I Série – A – n.º 185 – 13/08/1991).
6. Resolução de Conselho de Ministros n.º 6/99 de 15 de Janeiro (Diário da República I Série – B, n.º 32 de 08 de Fevereiro).
7. Resolução da Assembleia da República n.º 31/99 (Diário da República – I Série – A – n.º 87 – 14/04/1999).

Breves Considerações Sobre o Artigo 152.º do Código Penal Português   271

8. Resolução do Conselho de Ministros n.º 55/99 (Diário da República I Série B – N.º 137 – 15/06/1999).
9. Lei n.º 107/99 de 03 de Agosto.
10. Decreto-lei n.º 323/2000 de 19 de Dezembro.
11. Resolução de Conselho de Ministros n.º 10/2001 de 11 de Janeiro (Diário da República, I Série – B de 30 de Janeiro).
12. Lei n.º 7/2001 de 11 de Maio.
13. Resolução do Conselho de Ministros n.º 88/2003, de 07 de Julho.
14. Lei n.º 48/2007 de 29 de Agosto.
15. Lei n.º 53/2007 de 04 de Setembro.
16. Projecto de lei n.º 236/X, [edição online], [citado em 19 de Janeiro de 2008], disponível na World Wibe Web: – htpp.www3.parlamento.pt/PLC/TextoAprovado.aspx?ID_Ini=21218.

A CRISE DO SISTEMA PRISIONAL PORTUGUÊS SERÁ O REGIME DA PERMANÊNCIA NA HABITAÇÃO A SOLUÇÃO?

VERÓNICA MENDES
Mestranda em Direito na Universidade Católica

Quis Deus que este texto apresentado na unidade curricular *As Consequências jurídicas do crime*, regida pelo Professsor Doutor Germano Marques da Silva, na Faculdade Direito da Universidade Católica Portuguesa, seja um pequeno contributo para homenagear um Mestre que foi, em tempos, Professor da Universidade Católica. Não o conheci como Professor, mas o seu trabalho académico e científico são uma marca indiscutível quer na Universidade Católica Portuguesa quer no Instituto Superior de Ciências Policiais e Segurança Interna. Os seus alunos e os que não tiveram o privilégio de lidar com o Professor Doutor Artur Anselmo, assim como toda a comunidade académica e a sociedade em geral, ganharam com o seu labor na defesa da literatura e cultura portuguesas.

1. Introdução

Suscita-se hoje, com maior acuidade que nunca, a ineficácia do sistema de execução de penas consagrado legislativamente, não apenas em Portugal, mas por todo o mundo. É universalmente reconhecido que, para um sistema que se quer de reintegração, não poderá ser a pena de prisão a solução, pelo menos não nos moldes em que actualmente é prefigurada. As prisões não só não reabilitam como, com frequência, geram, perversamente, a cronicidade da delinquência, agravada pela destruição do meio familiar, geralmente já fragilizado.

274 *Estudos de Homenagem ao Professor Doutor Artur Anselmo*

Na saga por melhores soluções legislativas, o Código de Processo Penal (doravante, CPP), aprovado pelo DL 78/87 de 17 de Fevereiro, criou, no art. 201.º, a figura da obrigação de permanência na habitação, com a possibilidade, introduzida na Reforma de 98, do seu controlo por vigilância electrónica. Este regime foi actualmente ampliado à execução de penas, nos termos da Lei 59/2007, de 4 de Setembro de 2007, que alterou, uma vez mais, o Código Penal (CP). É sobre este instituto que este trabalho se pretende debruçar, pela sua importância no combate ao flagelo que diariamente se vive nas nossas prisões. Pretende-se oferecer um contributo para a definição do seu regime, atento o seu carácter recentíssimo e que, por isso mesmo, e não por desmerecimento, decerto, não foi ainda objecto de estudo nem pela doutrina nem pela jurisprudência (salvo num número reduzido de casos). Não devemos esquecer, contudo, a regulamentação estabelecida para a obrigação de permanência na habitação enquanto medida de coacção (Lei 122/99, de 20 de Agosto), até pela remissão operada pelo art. 9.º da Lei 59/2007 justamente para esta lei, estendendo, assim, esse regime da medida de coacção à agora forma de execução da pena efectiva. Que adaptações poderão ou terão que ser feitas a essa regulamentação? Será que existem necessidades específicas do regime da permanência na habitação, enquanto pena, que não estão acauteladas na remissão para a Lei 122/99, exigindo, assim, um tratamento autónomo por parte do legislador? Logrará esta medida alcançar os objectivos a que se propõe?

Esta reflexão pretende, sobretudo, suscitar questões, descortinando os problemas que advirão da prática judiciária e que poderão obstar a uma eficaz e corrente aplicação deste instituto, tentando oferecer, por outro lado, algumas linhas de resposta.

2. A necessidade de penas substitutivas da prisão

Em 1999, António Carlos Duarte-Fonseca escrevia que "a luta contra a tendência para o endurecimento das reacções penais, nomeadamente o aumento da duração da reclusão, bem como contra a crescente sobrelotação prisional e o consequente agravamento das condições da execução da prisão exige, como solução alternativa, a procura de outros

A Crise do Sistema Prisional Português... 275

espaços onde possam ser executadas as medidas e penas privativas da liberdade, entre os quais o próprio domicílio do recluso."[1]

Se tais afirmações eram pertinentes na altura, muito mais o são hoje. A sociedade tem-se complexificado de forma intensa, e o correspondente, embora algo paradoxal, efeito isolador e o agravamento das condições de vida, tem resultado num aumento da criminalidade[2], surgindo a sobrelotação[3] das prisões como uma questão crítica, em Portugal, mas de igual modo noutros países. Os problemas colocam-se com maior premência na vertente económica mas também, e sobretudo, na humana. A sobrelotação

---

[1] António Carlos Duarte-Fonseca, *Obrigação de Permanência na Habitação e Monitorização Telemática Posicional*, Separata da Revista do Ministério Público, n. 80, Lisboa, 1999, pág. 94.

[2] Dados da Direcção-Geral dos Serviços Prisionais (DGSP) à agência Lusa de Maio de 2006, demonstram que este fenómeno que não se traduz necessariamente no crescimento da população prisional, pois o número de reclusos tem vindo a diminuir desde 2004, após três anos de subidas consecutivas, de 2001 a 2003. Estes números explicar-se-ão pelo sucesso de medidas que se substituem à prisão. Disponível em www.rtp.pt.

[3] *Idem:* "Sete em cada dez prisões portuguesas (70%) estão acima da lotação máxima e três delas albergam o dobro da população para a qual estão preparadas (...) a situação actual representa ainda assim uma melhoria em relação a anos anteriores. Dos 55 estabelecimentos prisionais existentes, 39 tinham uma taxa de ocupação acima dos 100 por cento e as três que apresentavam uma taxa superior a 200 por cento eram as de Portimão (235,7 por cento), Angra do Heroísmo (206,5 por cento) e Guimarães (202,1 por cento). Na média de todos os estabelecimentos, a taxa de ocupação era a 1 de Maio de 105,1 por cento. Para esta média contribuem taxas de ocupação baixas como por exemplo a prisão do Hospital Psiquiátrico de São João de Deus – a mais baixa do país com 9,7 por cento – que apesar de ter uma capacidade para 195 reclusos, apenas detém 19 indivíduos. No sentido oposto, com maior lotação está o estabelecimento prisional de Lisboa (887 reclusos, 111,6 por cento de ocupação), seguida da de Paços de Ferreira (848, 108,4 por cento). Sem ultrapassar a lotação máxima, o estabelecimento prisional da Covilhã é o único com uma taxa de 100 por cento, a capacidade é para 105 reclusos e é esse número de indivíduos que está detido. (...) No final de Novembro de 2003, a média de ocupação das prisões portuguesas era de 121 por cento. A sobrelotação das prisões leva à propagação das doenças infecto-contagiosas, disse a directora da Amnistia Internacional em Portugal, Cláudia Pedra, realçando que 30 por cento dos reclusos têm algum tido destas doenças, principalmente hepatite e o vírus HIV. A sobrelotação também se reflecte na falta de higiene. A directora lembrou que 17 por cento dos estabelecimentos prisionais ainda têm "balde higiénico", um problema que o Governo anunciou querer acabar até 2007. Por fim, a Amnistia realça que a sobrelotação leva também a um aumento da violência entre os reclusos. De acordo com Cláudia Pedra, Portugal tem melhores prisões que países como o Brasil, ou de África, mas está entre os piores da Europa, em termos de sobrelotação".

276 Estudos de Homenagem ao Professor Doutor Artur Anselmo

agrava as condições da reclusão, afectando os direitos e garantias do recluso e gerando sentimentos de revolta e frustração, impedindo de forma significativa a ressocialização do agente. Outros factores concorrem ainda para este agravamento, como o aumento crescente do número de presos toxicodependentes[4] e de reclusos com doenças infecto-contagiosas que estão com esta dependência relacionadas, e que encontram nesta falta de condições um veículo óptimo para a sua propagação, como HIV, a hepatite ou a tuberculose.

É necessário, por isso, uma avaliação da eficácia das sanções penais, analisando resultados, e, principalmente, aferindo se cumprem a sua função protectora da sociedade, função essa que envolverá, necessariamente, a reintegração social do delinquente.

Não se pode atribuir às penas, sem mais, uma finalidade exclusivamente retributiva, descurando direitos e condições de vida da população prisional, mantendo-os nessas circunstâncias como castigo expiador do mal praticado. Tal modelo, atentas as taxas de reincidência[5] e outros indicadores semelhantes, está claramente esgotado e em crise. A prisão, coarctadora das liberdades mais essenciais do ser humano, não é ressocializadora, bem pelo contrário – na maioria dos casos, e tendo em conta o tipo de criminalidade da nossa sociedade, ela torna-se num meio catalizador dessa criminogenia, seja pelo contacto com outros criminosos, seja pelo sentimento de revolta e de abandono pela sociedade, que poderá levar ao desinteresse pela vida social tal como ela se encontra estabelecida. José Pedro Aguiar-Branco escrevia que "A verdadeira ressocialização começa por (…) evitar que ocorra o corte com as referências que elevam a auto-estima, o brio e a dignidade do ser humano e que se situam indiscutivelmente na família e no trabalho. Um homem sem família e sem trabalho está no grau máximo de exclusão e esta é o primeiro

---

[4] Situação reconhecida pelo Governo, dado o fornecimento entre os presos de seringas, uma vez não ser possível controlar a entrada de droga nos estabelecimentos prisionais, ao que consta… Solução que, se poderá ter algum benefício em termos de saúde pública, é bastante duvidosa, ao que me parece, do ponto de vista da recuperação e reinserção do preso.

[5] Cf. Relatório do Provedor da Justiça *"As Nossas Prisões"*, de 2003, onde se constatou uma taxa média de reincidentes de 48% na população prisional masculina em 1998, números agravados em 2001 para 51%, tanto mais relevante por consubstanciar um "sinal de alerta, na medida em que a reincidência é a face mais visível da (não) efectividade da reinserção social" – pág. 60.

passo para a prática de actos ilícitos que conduzem necessariamente à nossa insegurança colectiva e à inevitável perda de liberdade individual do excluído."[6] Daí a necessidade da conjugação de esforços, tanto dos legisladores como dos aplicadores judiciais, no encontro de medidas alternativas que sejam penosas o suficiente para sensibilizarem o condenado a aperceber-se de todo o mal que fez – não o excluindo de forma quase definitiva da sociedade – mas, doutro modo, que contribuam para o seu aperfeiçoamento ético-social. Neste contexto, ressalta a importância das penas substitutivas da pena de prisão, penas que são aplicáveis em substituição da pena principal e que podem substituí-la quer pela cominação legal (porque prevista na norma incriminadora) quer pela aplicação judicial (substituindo a pena de prisão aplicada em medida não superior a certo período de tempo). Medidas como o trabalho a favor de comunidade, ou como tem demonstrado a prática, a obrigação de visita a centros de reabilitação fisica e a doentes que sofreram acidentes de viação, para aqueles que incorrem na prática de crimes relacionados com veículos (condução sem carta, com excesso de álcool, entre outros), terão um impacto muito maior no indivíduo do que um período de tempo na prisão (que poderá comprometer a sua vida profissional, escolar e até familiar, pelo estigma) e, sem dúvida, terão um impacto muito maior do que uma pena suspensa ou uma multa.

Assim, e tendo em conta, por um lado, estes custos para o condenado, para a sua família, e sobretudo para a Estado[7], não é de descurar,

---

[6] José Pedro Aguiar-Branco na Intervenção na Sessão Pública de Alargamento da Vigilância Electrónica ao Norte do País, in *Vigilância Electrónica 2002-2004*, Edição do IRS, Lisboa, 2005, pág. 106.

[7] 45,5 euros por dia, por cada um dos cerca de 13 000 presos – dados referentes a 2005, disponíveis em www.dgpj.mj.pt – contas que se saldam na soma elevadíssima de quase 216 milhões de euros por ano. É de salientar, contudo, que uma visão puramente economicista fracassará, pois "é ilusório pensar que reduzir custos na socialização e investir na segurança é mais "barato". O custo da "redução de custos" vai ser muito alto" defendia Anabela Miranda Rodrigues, embora a propósito de outra questão, in *Da "afirmação de direitos" à "protecção de direitos" dos reclusos"*, Revista Direito e Justiça, Volume Especial de 2004, p. 187. Nesta mesma publicação, Carlos Pinto de Abreu escrevia que "não devem colocar-se apenas questões de rentabilidade, economia e segurança. De eficácia ou eficiência. Pode – e deve – ir-se mais além (...)", a pág. 291. Na busca do equilíbrio entre justiça e segurança, a humanização dos serviços prisionais e a optimização de recursos escassos, não deverão ter uns que ceder perante os outros, pois a factura, mais cedo ou mais tarde, pagar-se-á cara.

278 *Estudos de Homenagem ao Professor Doutor Artur Anselmo*

por outro, a pressão sobre a sociedade, sobre os tribunais e sobre os sucessivos governos, não só de organizações humanitárias, mas também de instrumentos internacionais a que Portugal se vinculou, no sentido da aplicação de medidas substitutivas que surgem, cada vez com maior força, como uma alternativa capaz de satisfazer as finalidades do art. 40.º do CP. Estas adequar-se-ão especialmente a certos tipos de crime e de população prisional, pela sua necessidade menos intensa de intervenção dos serviços de reinserção social.

O art. 70.º do CP traduz bem a preferência pelas alternativas à pena de prisão, consagrando um critério orientador para a escolha da pena, nele se "condensando toda a filosofia subjacente ao sistema punitivo do Código."[8] Filosofia esta que foi agora potenciada pela introdução de outras alternativas, inserindo-se o regime da permanência na habitação (doravante, PH) como um "meio-termo" entre a prisão e as sanções não privativas da liberdade, *stricto sensu*, permitindo-se, assim, reservar a prisão como pena para os casos mais graves ou em que o estilo de vida do criminoso não permita outra opção, mas afirmando-se claramente que a aplicação de penas privativas de liberdade só poderá ser feita quando as sanções não detentivas não cumpram, adequadamente, as finalidades do art. 40.º do CP. É que, "ao contrário do que acontece com as penas de prisão, atribui-se elevada potencialidade ressocializadora a essas medidas [não detentivas], que são variadas, pelo que haverá que escolher a mais adequada a cada caso que ao julgador se depare".[9]

2.1. *O combate às penas curtas de prisão*

Este entendimento é, sobretudo, acutilante no confronto entre as penas curtas de prisão e outras penas não detentivas, pois aquelas desaconselham a reintegração social e por isso deverão, sempre que possível, ser evitadas. "A privação da liberdade constitui a *ultima ratio* da política criminal", decorrendo daí, não só a "reconformação da pena de prisão no sentido de se minimizar o seu efeito negativo" como, com mais interesse

---

[8] Maia Gonçalves, in *Código Penal Português Anotado*, *apud* Germano Marques da Silva, *Direito Penal Português*, vol III, p. 124.

[9] *Idem*.

para este tema, a "limitação da aplicação concreta da prisão, preconizando a sua substituição, sempre que possível, por penas não institucionais".[10]

Já Bérenger, em 1884, autor do instituto do *sursis* ou da suspensão condicional da pena, tentando reagir contra as penas curtas de prisão, defendia que "a prisão familiariza com a vergonha, enfraquece os sentimentos de honra, altera a energia moral, e expõe a todos os perigos de contactos, ensinamentos perversos (...)", no que foi seguido pelo nosso legislador de então, que igualmente dizia que "a pena de prisão correccional, pelo modo como se cumpre, nem reprime, nem educa, nem intimida, mas perverte, degrada e macula; é um verdadeiro estágio de corrupção moral."[11] Marsangy, em 1864, aventava a sua definição de política criminal, onde era peça chave a redução do âmbito de aplicação da pena de prisão, visando sobretudo o afastamento das penas curtas de prisão, que correspondia à maioria das condenações na Europa de então. Esta proposta foi recebida com entusiasmo na Alemanha, dando origem à posição de von Liszt, "segundo a qual as penas curtas de prisão seriam não apenas inúteis, mas produtoras de danos mais graves do que aqueles que derivariam da plena impunidade dos agentes".[12]

No seguimento deste movimento político-criminal de luta contra a aplicação das penas curtas de prisão, surgiram vários institutos que pretenderam ser uma solução para este tipo de penas, evitando esse fim que parecia ser inevitável. Isso mesmo reconheceu o STJ em acórdão de 10 de Outubro de 2007, onde se escreveu que "A suspensão da execução da pena (...) tem como elemento central a não execução de penas curtas de prisão, na maior medida possível e socialmente suportável pelo lado da prevenção geral, relativamente a casos de pequena e mesmo de média criminalidade."[13]

O art. 44.º do CP, e a consagração do regime da PH, enquadra-se na luta contra as penas curtas de prisão, pois tem-se entendido que estas "nem possibilitam uma actuação eficaz sobre a pessoa do delinquente no

---

[10] Anabela Miranda Rodrigues, p. 31, *Novo Olhar sobre a questão penitenciária*, Coimbra Editora, 2ª edição, Coimbra, 2002.

[11] Acórdão do STJ de 20 de Dezembro de 2007, transcrição de um dos pontos do recurso de um dos arguidos para este tribunal de revista, disponível em www.dgsi.pt.

[12] Sobre este ponto, cf. Figueiredo Dias, *Direito Penal Português – As Consequências Jurídicas do Crime*, Aequitas, Editorial Notícias, Lisboa, 1993, pág. 327, §491.

[13] Disponível em www.dgsi.pt.

280 Estudos de Homenagem ao Professor Doutor Artur Anselmo

sentido da sua socialização, nem exercem uma função de segurança relevante face à comunidade. Pelo contrário, elas transportam consigo o risco sério de dessocializar fortemente o condenado, ao pô-lo em contacto, durante um período curto com o ambiente deletério da prisão, curto, mas, em todo o caso, suficientemente longo para prejudicar seriamente a integração social do condenado, maxime, ao nível familiar e profissional"[14]. A pena de prisão só não deverá ser substituída se a execução da prisão for exigida pela necessidade de prevenir o cometimento de futuros crimes, ou seja, se a execução da prisão se revelar imposta por razões exclusivas de prevenção, razões de prevenção especial, nomeadamente de socialização, estritamente ligadas à prevenção da reincidência, ou quando a execução é imposta por exigências de tutela do ordenamento jurídico.

"O movimento iniciado na Alemanha contra as penas curtas de prisão viria a receber acolhimento na reforma encetada em 1963 e a obter consagração normativa no artigo 44.º do Código Penal – actual artigo 43.º. (...) O legislador não quis, quando previu e estipulou a substituição das penas curtas de prisão por qualquer das penas alternativas previstas no Código, que a censura e a reprovação ético-social que anda acoplada à imposição de uma pena não fosse sentida pelo apenado e que este não interiorizasse o desvalor da conduta antijurídica assumida no sacrifício em que se traduz o cumprimento de uma pena."[15] E, foi desta forma, como refere Figueiredo Dias[16], que o CP vigente deu realização "aos princípios político-criminais da necessidade, da proporcionalidade e da subsidiariedade da pena de prisão, revelando ao mesmo tempo a sua oposição à execução contínua de penas curtas de prisão", resultando daí, a obrigação do aplicador de preferir as sanções não detentivas[17]. A prisão só deverá ser decretada se ela se mostrar indispensável quer para a socialização do delinquente, quer para a "estabilização contrafáctica das

---

[14] Acórdão de 7 de Maio de 2007 do Tribunal Colectivo de Fornos de Algodres, proc. n.º 128/04, objecto de revista pelo STJ em acórdão de 13 de Setembro de 2007, sendo que este último, e onde se procede à reprodução de parte do acórdão recorrido, está disponível em www.dgsi.pt.

[15] Acórdão da Relação de Coimbra, de 5 de Dezembro de 2007, disponível em www.dgsi.pt.

[16] Figueiredo Dias, op.cit, pág. 53, §21.

[17] E a obrigação, também, de fundamentar devidamente, sob pena de nulidade da sentença, nos termos do art. 379.º do CPP, no caso de se optar pela pena de prisão, o porquê de não ser suficiente a pena não detentiva – cf., sobre este tema, Maia Gonçalves, op.cit., 18ª edição, Almedina, em anotação ao art. 43.º.

A Crise do Sistema Prisional Português... 281

expectativas comunitárias"[18], finalidades ligadas, portanto, tanto à prevenção especial como geral, mas não à culpa.

O CP impõe, de igual modo uma obrigação para o legislador: a "de enriquecer, até ao limite possível, a panóplia das alternativas à prisão posta à disposição do julgador"[19]. Neste quadro, é de saudar a introdução da figura ora em estudo, merecedora do aval do art. 70.º do CP.

Justifica-se, ainda, este movimento? Dados recolhidos em 2003 mostram que foram aplicadas penas efectivas de 1 a 6 meses de prisão a 5,2% dos arguidos, e a 14,4% deles foram aplicadas penas de 6 meses a 1 ano, o que, uma vez tudo somado, corresponde a cerca de 20% dos condenados[20]. Parece que este número é ainda, e apesar de tudo, insuficiente. É preciso tornar efectivo, nestes casos, a possibilidade real do recurso a estas medidas alternativas. Para isso, deverá ser atribuída aos Tribunais "uma margem de manobra ampla, que lhes permita escolher a reacção criminal que, nos termos da lei e em face das especificidades da conduta e personalidade de cada agente em concreto, se mostre mais adequada. Esta a filosofia que preside à ponderação a fazer em ordem à escolha da pena. (…) Por isso, tendo em vista prosseguir uma política criminal o mais eficaz possível, vem-se insistindo na necessidade, particularmente premente nestes casos, de substituir a prisão por outras medidas penais que, garantindo a reprovação e a prevenção, não importem privação da liberdade (veja-se o estatuído nos arts. 44.º, 58.º e 74.º do CP). (…) Vem-se entendendo, sem contestação que o pensamento legislativo que vimos referindo se dirige, de sobremaneira, às penas curtas de prisão (…) [constituindo, estas,] assim, campo privilegiado de aplicação do preceituado no art.º 70.º do CP, tendo a filosofia que vimos referindo uma particular preponderância na escolha para efeitos desse artigo quando a pena em causa assim possa ser classificada"[21].

---

[18] Expressão muito cara a este autor, traduzida da doutrina de Jakobs (cf. §55 da *op.cit* de Figueiredo Dias e a respectiva nota de rodapé, n. 75).

[19] *Idem*, pág. 75, §59.

[20] Dados recolhidos do Anexo C – Painel "Serviços Prisionais e Reinserção Social", do Estudo "A Reinserção Social dos Reclusos – Um Contributo para o Debate Sobre a Reforma do Sistema Prisional" do Observatório Permanente de Justiça, 2003, p. 70.

[21] Acórdão da Relação de Lisboa, de 24 de Maio de 2007, disponível em www.dgsi.pt.

282   *Estudos de Homenagem ao Professor Doutor Artur Anselmo*

Da jurisprudência citada, pode deduzir-se a sua sensibilização para a questão.

Fora do CP, o art. 13.º da Lei-Quadro da Política Criminal, a lei 51//2007 de 31 de Agosto, é também ele sintomático da opção pelas penas substitutivas, enquanto forma de combate aos perigos da "contaminação" do condenado e do constrangimento do processo de re-educação surgidos pela aplicação de uma pena curta de prisão. Neste artigo, enumeram-se as sanções "não privativas da liberdade", instando-se o MP a promover a sua aplicação em detrimento da pena de prisão, para os crimes definidos no art. 11.º como de "pequena criminalidade"[22] sobretudo quando os arguidos se encontram nalgumas das circunstâncias que, por sinal, coincidem com aquelas referidas no n. 2 do art. 44.º do CP. O regime da PH foi incluído no art. 13.º da Lei-Quadro da Política Criminal mas, em bom rigor, esta sanção é privativa da liberdade, asserção corroborada pela inserção deste regime no capitulo III do Título II do CPP, intitulado "Da execução da pena de prisão", a par da prisão por dias livres e do regime de semi-detenção, e não no Título III, "Da execução das penas não privativas de liberdade", onde cabe a pena de multa, a pena suspensa, a prestação de trabalho a favor da comunidade e a admoestação.[23]

De qualquer das formas, é notório que a lesão da liberdade no instituto objecto deste trabalho ocorre de forma muito menos intensa do que na prisão, justificando-se, deste modo, a sua promoção por parte do MP, a par de outras como a prisão por dias livres, o regime de semi-detenção, a suspensão da execução da pena de prisão, subordinada a regras de conduta, e a prestação de trabalho a favor da comunidade, independentemente do seu enquadramento enquanto medida privativa ou não privativa da liberdade.

---

[22] E onde se inserem, entre outros, os crimes de ofensa à integridade simples, a participação em rixa, a difamação e a injúria, o furto, dano e burla não qualificados, e a condução sem habilitação legal para tal ou sob influência de álcool ou substâncias psico-trópicas.

[23] Cf também, sobre este ponto, o que se diz *infra* na nota de rodapé n. 74, embora a propósito de outra questão.

3. A Execução da Pena em Permanência na Habitação

3.1. *A Experiência da Obrigação de Permanência na Habitação com Vigilância Electrónica, enquanto Medida de Coacção*

Introduzida no nosso sistema, em 1987[24], inicialmente como medida de coacção (cf. o art. 201.º do CPP), a figura da obrigação de permanência na habitação (doravante, OPH) surgiu, sobretudo, como mais uma arma no combate ao número elevado de presos preventivos, problema indicado como sistémico e que se julgava ter origem, em parte, pela falta de alternativas que pudessem salvaguardar, sensivelmente, os mesmos efeitos[25],[26]. Esta introdução não foi feita com o intuito de "reforçar o arsenal repressivo do nosso sistema, mas, bem pelo contrário, para criar mais uma alternativa à prisão preventiva para, em, obediência à letra e a espírito da Constituição[27], criar mais um espaço de liberdade que permitisse que a aplicação da prisão preventiva fosse efectivamente excep-

---

[24] Sendo que a possibilidade de vigilância electrónica surgiu apenas com a Lei 59/98 (cf n. 2 do art. 201.º, introduzido em 98 por esta lei), tendo o sistema tecnológico a utilizar na vigilância electrónica, todavia, apenas sido regulamentado em 2001, pela Portaria n.º 26/2001.

[25] Na verdade, dos 330 presos preventivos que, em 2004, saíram da prisão pela não manutenção da medida de coacção da prisão preventiva, 223 deles foram-no pela substituição dessa medida pela OPH – v. dados estatísticos da DGSP disponíveis em www.dgpj.mj.pt.

[26] Parece, no entanto, que os verdadeiros motivos da aplicação da prisão preventiva serão outros – ou a sua configuração como sucedâneo prático da inexistência de uma política criminal preventiva ("eu diria mesmo que não se prende para investigar, como noutros tempos, mas que se prende hoje para que o arguido não continue a cometer delitos" nas palavras de Paulo Pinto de Albuquerque, *in O que é a política criminal, porque precisamos dela e como a podemos construir*) ou pela sua maior facilidade de aplicação: "tudo isto depende da adesão que magistrados, advogados e todos os operadores judiciários efectivamente tiverem a este tipo de medidas. Não escondo que alguns magistrados nos dizem: tudo isso é muito bonito, mas eu que tenho uma pilha de processos deste tamanho, dá-me muito mais trabalho aplicar uma dessas medidas do que a prisão efectiva ou a pena de prisão." Intervenção recolhida no já citado Anexo C do Estudo "A Reinserção Social dos Reclusos" a págs. 70. As identidade deste interveniente, bem como dos demais, foram ocultadas.

[27] Sendo seu desiderato a subsidiariedade dessa forma de coacção – cf. art. 28.º n. 2.

284   *Estudos de Homenagem ao Professor Doutor Artur Anselmo*

cional"[28],[29]. A OPH, associada à vigilância electrónica, permite prosseguir os fins processuais próprios das medidas de coacção, sem afastar o arguido da sua vida social.

O bom resultado desta experiência levava já alguns[30] a pensar em estendê-la à execução de penas curtas de prisão e antecipação da liberdade condicional, como nos demonstrava, também a experiência comparada[31], tendo sido esta motivação consubstanciada na Resolução do Conselho de Ministros n.º 144/2004 de 30 de Setembro, que aprovou o Programa de Acção para o Desenvolvimento da Vigilância Electrónica no sistema penal, visando a sua generalização a todo o país, como alternativa à execução de medidas e sanções privativas da liberdade. Foram, assim, dados vários passos em frente, tornando este instituto numa alternativa real, agora também à pena de prisão efectiva e não apenas à prisão preventiva.

Mas em que se traduziu este sucesso? A análise da média ponderada da aplicação da OPH nos anos de 2002 a 2004 mostra-nos que em 108 medidas findas, apenas 10 o foram por revogações por incumprimento, o que corresponde a uma percentagem de 9,2%. E em 2006 esse número cifrou-se em 8,2%, o que se traduz em 91,5% de casos bem sucedidos,

---

[28] Germano Marques da Silva, *Pulseiras Electrónicas – Uma Oportunidade à Liberdade*, in *Vigilância Electrónica 2002-2004*, IRS, 2005, pág 65.

[29] A nova Lei de Política Criminal (Lei 51/2007), vigente nos próximos dois anos, impõe ao MP, no seu art. 15.º, a opção pela promoção de medida de coacção diversa da prisão preventiva e, no art. 17.º, o dever de recorrer obrigatoriamente da aplicação da prisão preveniva e, mais genericmente, de todas as decisões que contrariem a promoção por ele levada a cabo, em conformidade com as orientações de política criminal definidas pelo PGR.

[30] Por exemplo, Maria Clara Albino, à data presidente do agora extinto IRS (substituído pela Direcção Geral da Reinserção Social, através do DL 126/2007, de 27 de Abril), que escrevia, em 2004 que "continuar a manter a vigilância electrónica como uma alternativa credível à prisão preventiva e experimentá-la na execução de penas constitui o próximo desafio do IRS", pág. 10 in *Vigilância Electrónica, 2002-2004*, e Germano Marques da Silva in *Pulseiras electrónicas... op.cit*, a pág. 64, que "o sucesso da experiência agora em curso [da OPH com vigilância electrónica] há de permitir outros desenvolvimentos, especialmente no domínio da execução das penas e (...) na antecipação temporal do regime da liberdade condicional (..). O sistema de vigilância pode mesmo vir a ser instituído como pena, principal ou acessória, de restrição da liberdade, desempenhando uma função de educação e reintegração social que as penas actuais de prisão e multa muito dificilmente podem realizar".

[31] Nomeadamente, a França, a Suécia e a Holanda – cf. *infra* 3.1.2.

números bastante motivadores e reveladores do êxito de tal medida. Mesmo quanto ao número de ocorrências (acontecimentos passíveis de configurar incumprimento), no decurso desses dois anos registaram-se 104 ocorrências, sendo que apenas 51 foram reportadas ao tribunal, pela sua maior gravidade. Na verdade, o número desceu de 61 casos no ano de 2002, para 43 em 2003, o que contraria até um natural aumento deste indicador, justificável em virtude do igual aumento do número de arguidos sujeitos a esta medida. Esta descida explica-se, antes, pelo reajuste nos procedimentos de resposta às ocorrências, auspiciando estes dados, assim, o sucesso da medida também em sede de execução de penas.

3.1.1. A Importância da Vigilância Electrónica

O regime da PH só pode ser eficazmente utilizado com o sistema da vigilância electrónica, enquanto conjunto de meios de controlo e fiscalização à distância. Os números estatísticos disponibilizados pelo Ministério da Justiça do decretamento da OPH sem vigilância electrónica são residuais (desde 1998 ate à entrada do programa da vigilância electrónica em 2002), pelo que, apenas com o início do Programa, a OPH se tornou numa alternativa eficaz à prisão preventiva. Antes disso, esta medida era com frequência julgada como insuficiente para assegurar os objectivos visados pela aplicação de medidas de coacção, não porque houvesse dados que confirmassem o incumprimento, mas porque nem sequer se sabia ou dificilmente se poderia saber se tal obrigação era ou não cumprida. O conhecimento desses dados apenas seria possível com a afectação de meios humanos de vigilância a cada arguido, solução manifestamente impossível. Assim, e, à cautela, aplicava-se a prisão preventiva, subvertendo-se o espírito que deveria presidir ao seu decretamento.

A evolução tecnológica permitiu, todavia, a busca de soluções no seu seio, soluções que se pudessem enquadrar como alternativas credíveis e eficazes e que contrariassem os números de sobrelotação prisional.

Neste quadro, a possibilidade de utilização da vigilância electrónica, com a publicação da Lei 59/98, de 25 de Agosto e a revisão do CPP por ela operada, assumiu-se como um instrumento essencial para, nesta primeira sede, se conformar como alternativa à prisão preventiva, de tal forma que abriu caminho para a alteração dos moldes punitivos em Portugal, consagrando-se, agora, este instituto, mas no âmbito da execução de penas.

286 Estudos de Homenagem ao Professor Doutor Artur Anselmo

3.1.2. A experiência comparada[32]

Atendendo à existência da vigilância electrónica noutros países, fonte essencial de inspiração para o legislador português, é possível identificar as várias funções que esta ocupa nos diversos sistemas jurídicos. A primeira experiência, tal como em Portugal, decorreu associada à medida de coacção. Surgiu, depois, no Reino Unido, como meio auxiliar de execução de uma pena principal, a obrigação de permanência em locais e períodos fixos, embora com duração máxima relativamente limitada[33]. Também se preconizou a sua aplicação como pena de substituição, cumulada com a pena de trabalho a favor da comunidade, em substituição da pena de prisão dentro de certos limites temporais. Nos EUA, substituiu penas curtas de prisão aplicadas a adultos. Na experiência americana[34], contudo, a vigilância electrónica não teve efeitos ao nível da redução de reincidência, pois muitos delinquentes de baixo risco foram sujeitos a este regime, quando se poderia ter lidado com eles de outra forma, pois que ao mínimo sinal de violação da OPH, a maioria deles era enviada para a prisão, até em casos onde o crime que original haviam cometido não seria punido com pena de prisão, o que resultou numa forte contestação da sua aplicação.[35]

Surgiu, ainda, no Canadá, como pena acessória da pena de suspensão de execução da pena de prisão ou pena de multa.

Por fim, foi utilizada como modalidade de execução da pena de prisão ou como modalidade de cumprimento da liberdade condicional, total e independentemente da execução da pena de prisão, até certo limite (como na França e Suécia) ou apenas numa fase, em regra a terminal (motivada por fins de concretização e individualização da pena, como sucede na França e Holanda, e agora também em Portugal – art. 62.º do CP).

---

[32] Segue-se a descrição de António Carlos Duarte da Fonseca, *op.cit*, a págs. 99 e ss.

[33] Duração de seis meses quando os jovens arguidos tivessem mais de 16 anos, e até três meses quando tivessem uma idade inferior a esse patamar.

[34] Dick Whitefield, in *As Experiências Internacionais da Vigilância Electrónica*, intervenção nas Jornadas de Avaliação do 1.º ano do Programa Experimental de Vigilância Electrónica em Lisboa, a 14 de Março de 2003, in *Vigilância Electrónica 2002-2004*, p. 72.

[35] Em Portugal, os operadores judiciais são mais "comedidos" a revogar a medida de OPH e decretar a pena de prisão – cf. os dados apresentados em 3.1.

A *Crise do Sistema Prisional Português...* 287

Da experiência destes países retiraram-se contributos importantes para a formação da legislação portuguesa.

3.2. *O Regime da Permanência na Habitação*

3.2.1. *Os Pressupostos da sua Aplicação*

A regulamentação da PH encontra-se, essencialmente, no CP, no CPP e na Lei 122/99 (através da remissão do art. 9.º da lei 59/2007, já referida).

Esta medida foi inspirada pela política de tolerância zero da OPH enquanto medida de coacção (pois medida de coacção que não coage é inútil), pelo binómio controlo / ajuda na execução de penas e medidas penais (os princípios da *probation)*, pela avaliação prévia e rigorosa dos casos a que se aplicou esta medida, e da monitorização "musculada" das saídas, sempre temperada com o apoio dos serviços de reinserção social[36]. E encontra-se consagrada legislativamente tanto na vertente *back door* como *front door*, como lhe chama a doutrina anglo-saxónica. "Os programas *front door* são utilizados para substituir a prisão preventiva, antes do julgamento, como em Portugal, ou como sentença do tribunal; (…) os sistemas *back door* são um dispositivo de natureza administrativa destinados à saída antecipada da prisão".[37]

A PH no novo CP aplica-se, assim, por um lado, como sistema de *back door*, ou seja, como uma das formas de antecipação da liberdade condicional (art. 62.º do CP) facilitando-a, e sujeitando os condenados a este regime durante os períodos em que não tenham que cumprir obrigações laborais ou equiparadas, permitindo gerir, eficazmente, o risco na difícil transição da vida na prisão para a vida em sociedade ou, por outro ponto de vista, diminuindo os números relativos à população prisional. Mas este regime foi sobretudo introduzido, para o que ora mais interessa, como forma de execução de penas, tentando responder prin-

---

[36] Caracterização de Nuno Caiado, in Seminário Serviço Social e Justiça, que decorreu na Universidade Lusíada, em 28 e 29 de Março de 2007, cujas intervenções estão disponíveis em http://www.lis.ulusiada.pt/eventos/seminarios/servicosocial_justica/docs/1_dia/2_painel/dr_nuno_caiado.pdf.

[37] Dick Whitefield, *Vigilância Electrónica 2002-2004*, p. 71.

288   *Estudos de Homenagem ao Professor Doutor Artur Anselmo*

cipalmente à pequena e média delinquência, que são punidas ou com penas curtas de prisão (que já vimos serem de rejeitar, *in liminis*) ou com pena de multa, e a multa é, por vezes, limitada em termos de eficácia, na realização das finalidades de punição a que se propõe. Configura-se, nestes termos, como uma verdadeira pena substitutiva da pena de prisão, não comprometendo tão gravemente a reintegração do agente e, ainda assim, criando-lhe certos hábitos de disciplina.

Qual o regime desta figura?

Em primeiro lugar, o CP, no art. 44.º, prescreve a possibilidade (dever?) do tribunal de optar, uma vez afastada a possibilidade de utilização de medidas não privativas da liberdade, *stricto senso*, (em homenagem ao princípio do art. 70.º do CP[38], reflectido no art. 43.º n. 1, do mesmo diploma[39]), pela execução da pena em regime de PH, com fiscalização por meios técnicos de controlo à distância (vigilância electrónica) sempre que conclua que esta forma de cumprimento assegura adequada e suficientemente as finalidades da punição, tais como descritas no art. 40.º do CP.

No Parecer de 19 de Setembro de 2007, relativamente ao Processo 7932/07, do Procurador-geral-adjunto Paulo Antunes, junto da Relação de Lisboa[40], tratou-se da sucessão de leis penais no tempo, relativas a esta matéria. Discutiu-se a possibilidade de o arguido, condenado pelo crime de condução de veículo a motor sem habilitação legal para tal (art. 3.º n. 1 do DL 2/98 de 3 de Janeiro) a pena de prisão de dois meses, pelo Tribunal Judicial da Horta, que havia recorrido para esta Relação, propôr a alteração para a pena de prisão por dias livres, atenta a Revisão do CP e do CPP em 2007. Neste parecer, o PGA debruça-se não só sobre este tipo de pena, mas também, em geral, sobre as medidas substitutivas da pena de prisão, matéria a que foi dado novo fôlego com a Reforma.

---

[38] Princípio que Eduardo Correia entendia mesmo dispensável, por resultar já do sistema.

[39] Nomeadamente a pena de multa. Cf. o acórdão do STJ de 20 de Dezembro de 2007, que salienta exactamente essa subsidiariedade em relação à PH: "Não podendo ser substituída por multa, pode ainda a pena de prisão aplicada em medida não superior a 1 ano ser executada em regime de PH, com fiscalização por meios técnicos de controlo à distância", disponível em www.dgsi.pt.

[40] Disponível em www.pgdlisboa.pt.

Entendeu que o Tribunal tem o dever de preferir as medidas substitutivas da pena de prisão[41], e que, em sede de aplicação de lei no tempo, tratando-se de *lex mitior*, "não deve repugnar que a aplicação de tal pena de substituição esteja dependente de opção do interessado, conforme propugna Américo Taipa de Carvalho em Sucessão de Leis Penais, (...) citando doutrina espanhola". Defendeu este Procurador, assim, o reenvio dos autos à primeira instância para a reavaliação de qual seria a pena de substituição mais adequada a aplicar, atendendo à nova Lei e ao novo CP.

A iniciativa de aplicação desta medida parece poder caber tanto ao tribunal, oficiosamente[42], como por promoção do MP ou requerimento do arguido, em sede de primeira instância ou em recurso.

---

[41] O art. 44.º, ao contrário do art. 70.º ambos do CP – (em que se diz que "o tribunal **dá** preferência" às penas não privativas da liberdade, por oposição àquelas que o são), prescreve que "**podem** ser executados em regime de permanência na habitação...", transparecendo, mal, parece, menor assertividade. No entanto, o PGA, interpretando esta norma de acordo com os princípios do sistema, e de forma que parece a mais correcta, escreveu que "segundo esta nova redacção e de acordo com o dito art. 44.º n. 1 do CP, a aplicação da pena de prisão **só** é possível, caso outras venham a resultar inviabilizadas, nomeadamente, o cumprimento da pena de prisão aplicada em regime de permanência na habitação" [negritos meus].

[42] Parece resultar do voto de vencido do Conselheiro Carmona da Mota, junto ao acórdão de 15 de Novembro de 2007 do STJ, opinião diversa, pois que ele, não concordando com a pena aplicada (suspensão da pena) sugeria, por exemplo, que "o condenado poderia candidatar-se, desde já, à chamada liberdade condicional antecipada (art.s 61.º e 62.º do CP). Além de que o tribunal da execução poderia, **se o condenado o viesse a pedir**, indagar se se verificariam, já, os pressupostos da execução do remanescente da pena «em regime de permanência na habitação» (art. 44.2 do CP)." (negrito nosso). No sentido da boa doutrina, vai o acórdão de 8 de Novembro de 2007, do STJ, em que se sugere a aplicação deste regime, ainda que não tenha sido pedido pelo arguido, e que será efectivado se o condenado o consentir: "e porque não excede um ano o remanescente da pena do arguido BB (descontadas a detenção, a prisão preventiva e a OPH por ele sofridas: art. 80.1 do CP), não se vê entrave a que, consentindo o condenado, este o cumpra em regime de PH, com fiscalização por meio técnicos de controlo à distância." Aliás, o art. 3.º n. 1 da Lei 122/99 permite que a medida de coacção OPH seja aplicada oficiosamente, mas este número não foi incluído na remissão. Poder-se-ia, assim, indiciar o afastamento da aplicação oficiosa, mas parece que a exclusão foi feita porque este artigo se refere especificamente à fase de inquérito – solução, obviamente, incompatível com o regime em sede de execução de penas, e não porque se quisesse afastar a hipótese de aplicação oficiosa, porque se ela é possível, no processo preliminar, também o deverá ser quando o juiz diz o direito, e aplica a sanção mais adequada e correcta ao condenado, que não poderá estar dependente do seu requerimento nesse sentido.

290   *Estudos de Homenagem ao Professor Doutor Artur Anselmo*

O juiz deverá começar por solicitar informação prévia aos serviços de reinserção social sobre a situação pessoal, familiar, laboral e social do arguido (art. 3.º n. 5 da Lei n. 122/99, aplicável por força da remissão operada pelo art. 9.º da Lei n. 59/2007), devendo fazer acompanhar o seu pedido por peças processuais que permitam orientar a pesquisa da DGRS sobre a situação do condenado ou, pelo menos, da indicação do tipo de crime e do seu circunstancialismo.

Esta medida só poderá ser aplicada com o consentimento do condenado, sendo que o regime da prestação deste consentimento se encontra definido na Lei 122/99 por força da remissão já mencionada. O consentimento deverá ser prestado pessoalmente perante o juiz, na presença do seu defensor, e reduzido a auto (art. 2.º n. 2 da citada lei).

Este consentimento é a todo o tempo revogável (art. 2.º n. 5) e exigir-se-á, de igual modo, o consentimento também daqueles que com ele co-habitam. O método por remissão, neste ponto, parece-me algo criticável; para os mais desatentos, poderá escapar a referência de um artigo na Lei n. 59/2007 que alterou o CP. Poder-se-ia, de outro modo, e facilmente, ter feito menção no art. 44.º do CP ao consentimento daqueles que co-habitam com o condenado, sendo que este consentimento se revela de especial premência em certo tipo de crimes, susceptíveis de se lhes aplicar esta pena, em que as vítimas são, efectivamente, os cônjuges, filhos, pais, ou outros que co-habitam com o arguido[43], ou mesmo vizinhos.

Esta medida só poderá ser aplicada por um período máximo de um ano, nos três casos em que pode surgir:

– aplicou-se pena de prisão que não é superior a um ano

---

[43] Por exemplo no caso de violação doméstica, a pena mínima é de um ano de prisão (art. 152.º n. 1 do CP), o que poderá permitir a execução da pena em PH, sobretudo tendo em conta que esta pena se pode aplicar ao remanescente da pena, depois de descontado o tempo já cumprido em prisão preventiva, OPH ou detenção – o que permite, facilmente, que penas de prisão superiores a um ano possam, ainda assim, ser cumpridas neste regime inovador. E tal sucederá não só *ex vi* a possibilidade de desconto, mas também pelo alargamento operado pelo art. 44.º n. 2 do CP para o limite de 2 anos. Este tipo de crimes permite, portanto, o cumprimento da pena em regime de PH. E nestes casos, é fundamental investir e assegurar-se que o consentimento dos co-habitantes é livre, esclarecido e informado – será suficiente que o seu consentimento seja prestado "por simples declaração escrita ou seja, posteriormente, enviado ao juiz" segundo a (in)exigência do art. 2.º n. 4 da Lei 122/99? Mas, doutro ponto de vista, será o cumprimento da pena no mesmo local em que a vítima se encontra a pena mais adequada para estes crimes?

– depois de aplicada pena de prisão efectiva, e uma vez descontado, nos termos do art. 80.º n. 1 do CP, o tempo em que o arguido, agora condenado, esteve em prisão preventiva, OPH (aqui enquanto medida de coacção) ou em detenção, constata-se que o remanescente da pena não é superior a um ano

– no caso de adaptação à liberdade condicional, em que esta pode ser antecipada por um período máximo justamente de um ano, desde que o condenado cumpra o regime da PH.

O n. 2 do art. 44.º do CP permite, todavia, que este prazo possa ser alargado até dois anos, "quando se verifiquem, à data da condenação, circunstâncias de natureza pessoal ou familiar do condenado que desaconselham a privação em estabelecimento prisional, nomeadamente:

a) gravidez,
b) idade inferior a 21 anos ou superior a 65,
c) doença ou deficiência graves,
d) existência de menor a seu cargo,
e) existência de familiar exclusivamente a seu cargo".

As primeiras três alíneas configuram circunstâncias relativamente excepcionais, e são facilmente explicáveis.[44]

As duas últimas alíneas correspondem à situação da grande maioria dos portugueses e, correlatamente, da maioria dos presos. O Sindicato dos Magistrados do Ministério Público (SMMP) criticou a inserção destas duas alíneas por dois motivos: por um lado, dado que "grande parte da população portuguesa entre os 25 e os 50 anos tem filhos menores", a introdução desta possibilidade "afasta o carácter excepcional do cumprimento [em PH] e torna-o numa regra", não parecendo estes requisitos muito difíceis de preencher, o que poderá dar azo a situações abusivas. Por outro lado, quem está obrigado a permanecer em casa "não providencia pelo sustento dos seus familiares, acontecendo em regra o contrário".

Ora, parece-me que estas críticas são rebatíveis: quanto ao primeiro argumento, tornar-se a PH numa "regra" não parece suscitar qualquer tipo de ameaça, bem pelo contrário; desde que essa medida seja suficiente e adequada para a protecção dos bens jurídicos e a reintegração do agente na sociedade (art. 40.º do CP), são múltiplas as vantagens da PH, tanto

---

[44] Quanto à situação de doença e dos jovens menores de 21 anos, vide *infra* o ponto 3.2.6.

292 *Estudos de Homenagem ao Professor Doutor Artur Anselmo*

económicas como sobretudo humanas. E é verdade que quem está obrigado a permanecer em casa não pode providenciar pelo seu sustento: mas quem está na prisão também não poderá, salvo casos excepcionalíssimos. E se se admitir, como me parece defensável[45], as saídas para se poder trabalhar, ou se se apostar no tele-trabalho, talvez assim o condenado possa ajudar mais no sustento da casa. A única vantagem para a família, neste tocante, em relação à prisão, é que nesta última, cabe ao Estado suportar os gastos do recluso, enquanto que se estiver a cumprir a medida em análise, cabe à família (mas possivelmente com a sua ajuda), aliás como já suportava antes da condenação.

3.2.2. *Deveres do Condenado*

O condenado está sujeito a diversos deveres, conforme constam do art. 6.º da Lei 122/99: deverá permanecer no local em que é exercida a vigilância electrónica durante o tempo fixado, deverá receber as visitas, telefonemas e cumprir com as orientações dos técnicos da DGRS, deverá contactar o técnico de reinserção social com pelo menos 24h de antecedência quando, por algum motivo, se queira ausentar, comunicando a esse técnico o mais rapidamente possível as ausências por factos previsíveis que não lhe sejam imputáveis, e apresentando a sua justificação. No que respeita ao equipamento, dever-se-á abster de qualquer conduta que possa perturbar o normal funcionamento do equipamento e comunicar de imediato à DGRS se ocorrer qualquer anomalia ou interrupção do fornecimento de luz ou telefone.

Estranhamente, o artigo que prescreve a entrega ao condenado de um documento onde se encontram enumerados estes deveres e as regras a seguir durante a execução desta medida (art. 6.º n. 2), e a regra que impõe ao técnico de reinserção social o dever de comunicar imediatamente ao juiz as ausências excepcionais, quer tenham sido antecedidas de aviso prévio ou só *a posteriori*, todos em sede da OPH enquanto medida de coacção, não foram incluídos na remissão da Lei 59/2007. Não se vislumbra muito bem o porquê, atento o carácter explicativo / informativo da primeira regra, e a tentativa de jurisdicionalização, por parte da segunda, de acompanhamento por um juiz, num mundo em que todos se queixam do excessivo poder administrativo em detrimento do judicial.

---

[45] *Vide infra o* ponto 3.2.3.

A Crise do Sistema Prisional Português... 293

Assim, ainda que a lei tenha injustificadamente, ao que parece, "esquecido" estas normas, não deverá ser outra a solução que não a prescrita em sede de medida de coacção, a adoptar-se agora, por analogia, ou de forma mais desejável, prescrita em futuro diploma, que defina com maior segurança as condições de aplicação desta medida, pois dúvidas e inseguranças apenas servem para inviabilizar a sua aplicação com a frequência desejada.

3.2.3. *O Especial Problema das Saídas*

O art. 44.º do CP, ao contrário do 201.º do CPP, não diferencia se são permitidas saídas do condenado, com a devida autorização. Contudo, ainda que a lei nada refira, parece que se deverá, de igual forma, autorizar essas saídas, já que a *ratio* subjacente é a mesma. Senão, vejamos:

O 201.º do CPP prevê duas modalidades de execução a cumprir pelo arguido, a da permanência total, não se podendo ausentar em momento algum da sua habitação[46], ou a da possibilidade de se ausentar apenas quando autorizado pelo juiz, "o que tanto pode envolver curtos períodos (por exemplo, para participação nas cerimónias fúnebres de familiar próximo), como pode envolver períodos certos e determinados, com alguma regularidade, em todos ou só alguns dias da semana (para continuação da frequência de estabelecimentos de ensino ou da actividade profissional)"[47], num regime de permanência parcial. Se estas considerações se justificam, quanto à OPH – enquanto medida de coacção – em sede do art. 44.º do CP – enquanto pena – por força da necessidade de ressocialização do condenado, que deveria trespassar a aplicação deste regime, mais se deveriam justificar. Aliás, a remissão do art. 9.º da Lei 48/2007 abrange também o art. 3.º n. 2 da Lei 122/99 que refere que "a decisão que fixa a vigilância electrónica especifica os locais e os períodos de tempo em que esta é exercida, levando em conta, nomeadamente, o tempo de PH e as autorizações de ausência estabelecidos na decisão de aplicação da medida de coacção"[48]. Ora, parece que ainda que o art. 44.º

---

[46] E, com a nova redacção de 2007, também de "instituição adequada a prestar-lhe apoio social e de saúde".

[47] António Carlos Duarte Fonseca, *op.cit.*, pág. 87.

[48] Devendo esta decisão ser precedida, naturalmente, de audição do arguido – art. 3.º n. 3 da Lei n. 122/99, e esclarecer quais as finalidades, locais e períodos de tempo em que se permite a ausência.

294   *Estudos de Homenagem ao Professor Doutor Artur Anselmo*

do CP, ao contrário do 201.º do CPP, não refira expressamente esta possibilidade, dever-se-a entender como possível, não só pela letra do art. 3.º n. 2 da Lei 122/99, mas, sobretudo, pelas finalidades que esta permissão visa atingir. A pouca jurisprudência que existe já parece indiciar, todavia, a incompatibilidade entre tal regime e as saidas[49].

Contudo, se mesmo na prisão se permitem as saídas (seja no RAVE, com uma forte intervenção administrativa, por oposição a uma maior "legitimação" neste âmbito, pelo controlo jurisdicional, ou no próprio regime de semidetenção, onde se permite que o condenado prossiga a sua actividade profissional normal, formação profissional ou estudos), parece que, *a fortiori*[50], deverá ser também essa a solução aqui. Claro que tudo dependerá de uma avaliação casuística, da personalidade do condenado, do tipo de crimes em causa, salientando-se o papel, neste tocante, da DGRS, parecendo, não obstante, que não se deverá excluir, liminarmente, a possibilidade de autorização para saídas.

Aliás, o Relatório de Avaliação do Programa Experimental da Vigilância Electrónica[51] registou o elevado sucesso das saídas autorizadas para trabalho ou com outro valor ocupacional, embora no âmbito da medida de coacção, o que se traduziu num efeito positivo no âmbito do cumprimento da medida, registando-se apenas um caso em que tal não sucedeu, e onde se verificou ter esta modalidade de cumprimento desestabilizado o comportamento do arguido. No entanto, esse Relatório frisa que o IRS, nas suas propostas e avaliações, tem chamado a atenção para o facto de "os horários de ausência de habitação demasiado dilatados tende[rem] a diluir o efeito de contenção inerente à lógica da medida, propiciando atitudes de menos rigor e atenção no seu cumprimento"[52].

A indeterminação destes conceitos, como a expressão "horários demasiado dilatados", deixa para a jurisprudência um papel premente,

---

[49] Cf., por exemplo, o Acórdão do STJ de 20 de Dezembro de 2007: "O regime de prisão domiciliária, com controlo à distância de meios electrónicos, também não será o mais indicado para o arguido (...) porque o arguido é solteiro e tem de ter algumas possibilidades de sustento, o que implicaria, pelo menos, que ele tivesse de sair da habitação para angariar os meios necessários a tal objectivo, por aí se perdendo pelo menos grande parte do carácter desse tipo de sanção", disponível em www.dgsi.pt.

[50] Argumento *a fortiori* porque se se permite que um indivíduo saia da prisão, e confia-se que a ela regressará, também se deverá confiar que o condenado regressará à sua própria casa, posto que tem dela menos razões para fugir do que da prisão (...).

[51] A págs 26 de *Vigilância Electrónica, op.cit.*

A *Crise do Sistema Prisional Português...*

sobretudo em sede de execução de penas. Permitir que o recluso saia para estudar ou para trabalhar, se nos ativermos aos horários típicos, poderão corresponder a um número elevado de horas por dia, sendo o recluso obrigado a permanecer na sua habitação apenas no horário em que a generalidade da população se encontra, também, em casa: durante o período da noite. Essa "obrigação" far-se-ia sentir, principalmente, aos fins-de-semanas e feriados.

Caso se venha a regulamentar de forma mais detalhada o art. 44.º do CP, terá que ser tido em consideração que, ao contrário da OPH enquanto medida de coacção, em que o arguido se presume inocente por força do princípio constitucional, nesta sede existe já uma sentença, eventualmente transitada em julgado, onde se confirmou a actuação do agente. Os moldes em que deverão ser definidas as autorizações de saída são influenciados pelo momento processual: se na medida de coacção essas autorizações se traduzem, sobretudo, na tentativa de menor prejuízo para a vida do arguido causado por essa medida processual, ainda não confirmada substantivamente, neste âmbito verifica-se já essa confirmação, pelo que as saídas terão que ser orientadas por motivos de reinserção do agente. Um regime demasiado brando talvez falhe o seu propósito de permitir que o agente se aperceba do mal praticado, ponto de partida para a sua ressocialização. Esta nota, em conjunto com a observação do IRS, não deverá obstar à autorização de saídas; talvez um trabalho em *part--time* responda às dúvidas suscitadas pelo IRS. O importante é que haja a criatividade e flexibilidade dos operadores judiciais aquando da definição de tais condições na sentença, para que reconheçam o efeito extremamente positivo desta possibilidade de flexibilização, tentando, assim, melhor adequar a pena ao indivíduo, e conseguindo, mais cabalmente, a sua reinserção na sociedade.

É preciso não esquecer que o trabalho é considerado, por alguma doutrina, como Germano Marques da Silva[53] e Cavaleiro Ferreira, como um ponto essencial para a inserção de qualquer indivíduo na sociedade,

---

[52] *idem.*

[53] O aparecimento da vigilância electrónica permitiu que a OPH fosse "limitada ao tempo da inactividade profissional ou escolar do arguido a ela sujeito. Subjaz a ideia, em que também eu acredito, que a desocupação é geradora de muitos vícios, um importante factor criminógeno". Germano Marques da Silva in *Pulseiras Electrónicas*, *op.cit*, pág. 65.

296 *Estudos de Homenagem ao Professor Doutor Artur Anselmo*

e a prisão priva-os desse ponto – daí a importância da aprendizagem de um ofício na prisão, se bem que não possa ser essa aprendizagem imposta coactivamente – e daí a importância da tentativa de manutenção do emprego enquanto o condenado esteja em PH. Esta manutenção depende, obviamente, não só das vontades do condenado e do tribunal, mas sobretudo do empregador e da receptividade de colegas. A sombra do despedimento, que sobre ele paira, e o estigma, poderão ser fatais, pelo que talvez a possibilidade de trabalhar a partir de casa seja a mais vantajosa. Estas considerações não valerão, de certeza, para todos os casos, pelo que é essencial a investigação do ambiente em que o indivíduo se insere, para se lograr obter a medida mais adequada. Existe na lei a maleabilidade suficiente para que o sujeito continue a estudar ou a trabalhar, o que, ainda que possa não facilitar a integração, pelo menos não contribui para a sua desintegração.

É curioso verificar, relativamente aos anos de 2002-2003 e quanto à aplicação da OPH, que, em mais de metade das medidas aplicadas, o tribunal concedeu autorizações de saída a título regular (136 em 250 casos), possibilitando a ocupação laboral que potenciou a manutenção de uma vida socialmente integrada. Contudo, a maioria dessas autorizações (81 – cerca de 60%) foi concedida em momento posterior ao da aplicação da medida, o que indicia, talvez, alguma desconfiança dos magistrados quanto à possibilidade de saída, só autorizando as ausências regulares algum tempo depois de permanência neste programa, e depois de uma reflexão cautelosa sobre o seu comportamento. Mas indicia, também, uma progressiva flexibilização desta medida. A maior parte destas alterações decorreu de propostas de alteração por parte do IRS, depois de um estudo aturado no âmbito de fiscalização da execução da OPH e pelo reconhecimento do valor que as saídas regulares assumem para o seu cumprimento com êxito. Apesar de tudo, as percentagens são relativamente equilibradas – 60% para o decretamento posterior da medida, e 40% no momento de aplicação – denotando a consciencialização dos aplicadores judiciais para a importância destas saídas na reintegração do agente.

Ainda na análise dos dados relativos à OPH enquanto medida de coacção, o principal motivo da autorização de saída é o trabalho, correspondendo a cerca de 50% dos casos, surgindo, posteriormente, a escola, com 11%, os tratamentos de saúde (10%) e a formação profissional (7%).

A Crise do Sistema Prisional Português...

É ainda relevante, não pelos seus números, que são residuais[54], mas pela importância do seu reconhecimento, a possibilidade de saída regular para aquisição de bens de consumo. Esta será importante, sobretudo, em indivíduos que vivam sozinhos, ou com apenas menores a seu cargo, ou sem grande suporte familiar. Este deverá ser um motivo a ter em conta na aplicação da PH em sede de execução, por muito restritiva que seja a sua efectivação prática.

Também são possíveis, em OPH, (e parece que enquanto execução de penas também o deverão ser) as saídas excepionais. Em 2002-03, existiram 2047 saídas com esta natureza, sendo o principal motivo os cuidados de saúde (52%) logo seguidos de assuntos judiciais – 27%. A maior parte delas (70%) correspondeu a um máximo de 4 horas, o que não evidencia, antes pelo contrário, situações de abuso. Apenas por 160 vezes os arguidos se ausentaram sem autorização prévia, e em apenas 3 casos se considerou que a justificação não era válida – o que demonstra uma elevadíssima taxa de sucesso e de cumprimento destas obrigações, tendo em conta que a PH não é uma "prisão domiciliária"[55], sendo possível ao sujeito sair – como efectivamente acontece. Nota-se, contudo, que não têm abusado desta relativa "liberdade".

Deverá ser a DGRS a fiscalizar, tal como sucede, em sede de medida de coacção, as saídas, não só os pressupostos invocados – seja a autorização judicial ou administrativa – mas também a sua razoabilidade e oportunidade, e o cumprimento das finalidades e horários. Recorrer--se-á, para tal, e se necessário, a meios móveis de monitorização electrónica, ou acompanhando o cumprimento das obrigações fixadas ao condenado, se isso for exigido pela sentença. Atento o nível de segurança que este tipo de procedimentos oferece, e a sua concretização prática, não se compreende porque não se poderá permitir essas saídas.

É prática da DGRS, de forma a não sobrecarregar administrativamente as secretarias judiciais e os magistrados, ponderar se se justifica a colocação à consideração do tribunal, no início de cada medida, a concessão de autorizações a título genérico para saídas excepcionais para determinadas finalidades. Se forem concedidas, cabe então à DGRS a

---

[54] 2% dos casos nos dados referentes a 2002 – 2004, in *Vigilância Electrónica*, *op.cit.*, pág. 32.

[55] Sobre a natureza da PH, cf. *Infra* 3.2.8

298 Estudos de Homenagem ao Professor Doutor Artur Anselmo

verificação da necessidade dos pedidos de saída invocados pelos arguidos, e o cumprimento dos fundamentos invocados, nomeadamente o local ou a finalidade arguida. Aliás, essa prática vai de encontro à sugestão deixada por Clotilde Chaves Ferreira e Henrique Novo[56], advogando a alteração de competência do JIC para a autorização de saídas para a DGRS, pois, se couber ao JIC, "o processo vem da PJ ao MP, vai ao JIC, de novo ao MP, e só depois volta à investigação. Duas ou três questões destas por mês paralisam totalmente o processo".

3.2.4. *Vigilância do Cumprimento e Apoio da DGRS*

Na vigilância electrónica, o arguido / condenado transporta um dispositivo de identificação pessoal, conhecido como pulseira electrónica, sistema baseado na rádio frequência que permite a sua vigilância num local previamente definido. Os sinais emitidos pela pulseira são captados por uma unidade de monitorização local (UML), que fica instalada na sua habitação, contendo dados informáticos que permitem aferir o cumprimento pelo condenado das obrigações fixadas na sentença.

As violações são transmitidas imediatamente para as Unidades Operativas para a vigilância electrónica, que reagem rapidamente para repor a normalidade, desde contactos telefónicos e/ou as deslocações ao local, e, se necessário, recorrendo à força policial, caso se confirme que o condenado se está a furtar ao cumprimento desta medida, informando-se o tribunal desta ocorrência e as polícias para que o detenham e o apresentem ao juiz. É possível saber se o condenado sai ou entra na habitação, se danifica ou tenta danificar a pulseira, ou se desloca ou tenta deslocar a unidade da monitorização local ou a tenta desligar da energia eléctrica ou do telefone. O próprio sistema tem vários mecanismos de segurança defensiva e reactiva que permitem assegurar as suas fiabilidade e confiança, controlando rigorosamente a verificação do confinamento, seja ele parcial ou permanente. Aliás, este controlo intensivo é geralmente bem interiorizado pelo arguido[57], inibidor de violações, até pela pronta resposta dos serviços da DGRS, seguindo uma política de "tolerância zero". Este controlo funciona de forma permanente, 24 horas por

---

[56] Deixada em *Medidas de Coacção da OPH sob vigilância electrónica: a visão Cascaense*, in *Vigilância Electrónica, op.cit,* pág. 85.

[57] In *Vigilância electrónica – o que é*, em www.dgrs.mj.pt

dia, 365 dias por ano, cobrindo todo o território nacional e, sempre que se constate ou que seja alertada para qualquer ocorrência, a DGRS reage de imediato tentando apurar causas e circunstâncias, bem como o dolo ou negligência do sujeito em tal ocorrência.

A vigilância electrónica, contudo, apenas indica se o recluso se encontra ou não em casa; não é possível (nem desejável, porventura) saber quais os movimentos dessa pesssoa nesse local; mais grave mesmo é a não indicação pelo sistema do local onde o recluso se encontra, em caso de sair de casa. No entanto, nessa hipótese, o sistema avisa de imediato a DGRS (e a polícia) cuja experiência de resposta tem sido positiva. Não obstante, há quem[58] defenda a necessidade da instalação de um novo sistema que permita seguir a pessoa vigiada numa certa área geográfica, ainda que fora da sua casa, "como forma de controlo espacial substitutiva do controlo espacial conseguido através da prisão, em especial quando está em causa a necessidade de vigiar se ela cumpre a proibição que lhe é feita de se aproximar da residência da vítima"[59]. Parece, contudo, que nestes casos, se não houver uma efectiva resposta da DGRS (que dizem assegurar essa pronta resposta, mas há que reconhecer que todo o sistema tem falhas, e a comunicação social é lesta a noticiar os crimes cometidos por aqueles sujeitos a esta obrigação), talvez a sanção mais adequada não seja a OPH, quando se verifique existir um perigo de fuga muito forte. Se a sociedade já "pasma" com o incumprimento desta medida por arguidos (embora arguido seja, na comunicação social, e mesmo para a sociedade em geral, muitas vezes, sinónimo de culpado), mais inexplicável será a fuga por parte de condenados.

Assim, esta pena, associada ao controlo da vigilância electrónica será, sobretudo, aconselhável para crimes com um padrão muito marcado de delinquência, quer pelo tipo de crime, quer pelos locais ou horários onde ocorre. Possibilita, ainda, "uma contenção objectiva e rigorosa que é, em regra, bem aceite e tolerada porque é apreendida como mais vantajosa e respeitadora das necessidades individuais".[60]

---

[58] K. Pease, *apud* António Carlos Duarte Fonseca, *op.cit.*, pág. 97.
[59] António Carlos Duarte Fonseca, *op.cit.*, pág. 97 e 98.
[60] *In Vigilância electrónica – o que é*, in www.dgrs.mj.pt.

300 Estudos de Homenagem ao Professor Doutor Artur Anselmo

O controlo da vigilância electrónica, associado a apoio psicossocial, pode ajudar a impor horários aos arguidos / condenados e a estruturar de forma positiva o seu quotidiano. Nuno Caiado escrevia que "Existem experiências de vigilância electrónica puras e duras, frias, em que a dimensão relacional está ausente ou quase ausente. Felizmente, não é este o nosso caso, na tradição humanista do sistema penal português. O nosso dispositivo, apesar de muito simples, proporciona uma relação humana que se tem revelado funcional para o sucesso das medidas"[61] Isto traduz-se em ajuda psicólogica e numa relação pessoal (pessoalmente ou por telefone) essencial para afastar episódios de ruptura, promovendo a disciplinização do estilo de vida do condenado, imprescindível para prevenir os números da reincidência, e, continua "não tenho sombra de dúvida em afirmar que é a acção humana que tem colocado os incumprimentos graves (e mesmo os não graves) num patamar invejável, quase irrisório".

A DGRS elabora ainda, trimestralmente, para a medida de coacção, um relatório sobre a execução da medida e o desempenho do arguido, bem como a verificação de anomalias graves. Este também poderá ser um procedimento a adoptar pela DGRS agora já em sede de execução de penas. O art. 7.º da Lei 122/99, que impõe o dever de reexame trimestral dos pressupostos de aplicação desta medida ao juiz, não foi incluído na remissão do art. 9.º da Lei 59/2007, por se tratar de situações diversas. Todavia, não parece despiciendo um relatório da DGRS que se debruce sobre a forma como está a decorrer a execução da pena, se o condenado se encontra bem, na medida do possível, pois poderão existir casos de ruptura que exijam uma alteração no tipo de pena ou, pelo menos, na sua flexibilização (por exemplo, autorizações de saídas apenas para "espairecer").

3.2.5. Anomalias e Revogação da PH

A revogação ocorre se o condenado revogar o seu consentimento, [art. 8.º b) da Lei 122/99] ou se "o condenado infringir grosseira ou repetidamente os deveres decorrentes da pena[62], ou cometer crime pelo

---

[61] Nuno Caiado, *Vigilância electrónica 2002-2004, op.cit.,* p. 96.

[62] Pela menção expressa a esta possibilidade de revogação no art. 44.º do CP, tornou-se desnecessária a referência, na remissão, à alinea d) do art. 8.º da Lei 122/99, que visava, justamente, acautelar esta situação.

qual venha a ser condenado e revelar que as finalidades do regime de PH não puderam por meio dele ser alcançadas" (art. 44.º n. 3 do CP). Estes deveres, tal como já foi referido, encontram-se prescritos no art. 6.º da Lei 122/99. O n.º 4 deste artigo estabelece os efeitos desta revogação, determinando o cumprimento do remanescente da pena na prisão, pois desconta-se o tempo já cumprido em PH.

A DGRS tem o dever de, sempre que durante a execução, ocorram circunstâncias susceptíveis de justificar a intervenção do juiz, de elaborar um relatório e de o transmitir ao juiz (art. 5.º n. 4 da Lei n. 122/99).[63]

3.2.6. Casos específicos

Certos tipos de população suscitam dúvidas específicas na aplicação que se lhes queira fazer do regime da PH.

Condenados Doentes:

Em consonância com o que já decorre da Lei n. 36/96, que permite que os condenados em pena de prisão afectados por doença grave e irreversível possam beneficiar da modificação especial da execução da sua pena em regime de PH, quando a tal não se oponham exigências de prevenção ou de ordem e paz social, o art. 44.º do CP veio incluir nas suas alí-neas que esta medida será especialmente aplicável a quem se encontre nesta circunstância. A modificação pode corresponder, ainda, ao internamento em estabelecimento de saúde, sendo que, de qualquer dos modos, este tempo é imputado no cumprimento da pena. O art. 6.º desta Lei permite que se possa optar logo pela aplicação de qualquer das moda-lidades da pena de substituição no momento da condenação, se se encon-trarem já preenchidos os pressupostos de que depende a sua aplicação.

Condenados Jovens:

O regime da PH pode ser especialmente eficiente sobretudo quanto aos jovens, pois uma percentagem não desprezível destes arguidos é condenado em pena de multa, e atendendo aos geralmente parcos recursos dos jovens, acabam por ser os seus pais a pagar, frustrando-se

---

[63] Não prejudicando o dever de comunicar imediatamente ao juiz essas ocorrências – cf. *supra* o que se disse no ponto 3.2.2.

302   *Estudos de Homenagem ao Professor Doutor Artur Anselmo*

assim, muitas vezes, o cumprimento da sua função por parte da pena. A doutrina reconhece a ineficácia não só da pena de prisão, mas também da pena de multa, como nos dá conta Germano Marques da Silva[64]: "o sucesso da experiência agora em curso [da OPH associada à vigilância electrónica] há-de permitir outros desenvolvimentos, especialmente no domínio da execução das penas e (...) na antecipação temporal do regime da liberdade condicional (...). O sistema de vigilância pode mesmo vir a ser instituído como pena, principal ou acessória, de restrição da liberdade, desempenhando uma função de educação e reintegração social que as penas actuais de prisão e multa muito dificilmente podem realizar."

Estas considerações coadunam-se com o novo regime penal especial para jovens entre 16 e 21 anos – uma das suas directrizes é a de que se deve evitar, tanto quanto possível, a aplicação de penas de prisão a jovens adultos, atingindo-se tal objectivo, por um lado, pela redução das penas que lhes são aplicadas, pela previsão de uma atenuação especial da pena em razão da idade, e do próprio tempo de cumprimento das penas, baixando os limites da concessão da liberdade condicional. Por outro lado, e com mais interesse para este tema, este objectivo também poderá ser atingido pela criação de novas penas substitutivas da prisão, e estabelecendo que tanto a prisão como a prisão preventiva são cumpridas em estabelecimentos específicos ou em secções de estabelecimentos prisionais comuns afectados apenas à detenção de jovens, numa tentativa de evitar o efeito criminógeno da prisão e contribuindo-se, assim, para a sua mais capaz reinserção. No entanto, o SMMP teme que esta política, de penas mais brandas, poderá "passar a ideia de algum "facilitismo" para os jovens a quem tais penas se destinam. Ora, a prática também demonstra que são eles, normalmente em grupo, os responsáveis pelo aumento da criminalidade violenta nos meios urbanos, com o consequente sentimento de insegurança e intranquilidade nas populações"[65], podendo comprometer a eficácia de tais medidas.

Os números relativos à OPH entre 2002 e 2004 são animadores. 28% dos arguidos sujeitos a esta medida tinham menos de 21 anos de

---

[64] Germano Marques da Silva, in *Pulseiras Electrónicas...*, *op.cit*, pág. 64.

[65] Parecer do SMMP de Maio de 2007 relativo ao Projecto de Proposta de Lei que aprova o Regime Penal Especial para Jovens entre 16 e 21 anos, disponível em www.smmp.pt

A Crise do Sistema Prisional Português...　　303

idade[66]. Nas entrevistas levadas a cabo pelo IRS aos arguidos sujeitos à OPH mais jovens, reconheceu-se que a experiência da OPH os levou a reconsiderar o seu modo de vida do dia-a-dia, designadamente a retoma dos estudos, formação profissional ou mesmo ocupação laboral, e a sensibilização para tarefas domésticas. Quanto aos familiares ouvidos, apenas um deles fez uma avaliação globalmente negativa, devido à existência de uma maior tensão e conflitualidade pela reacção de um arguido muito jovem a esta obrigação de confinamento em casa.

Nesse Projecto de Lei relativo aos jovens adultos, no art. 12.º n. 2, também se faz depender a aplicação do regime de PH apenas do consentimento do arguido. De igual modo se chama aqui a necessidade de acautelar o consentimento das pessoas que residam onde o jovem irá cumprir a pena, da mesma forma que se faz na Lei n. 122/99 e se faz agora no CP, por força da remissão para esta lei[67].

O SMMP faz ainda uma última sugestão, que me parece certeira – a de que, tal como as prisões tem efeitos criminógenos, também os centros de detenção para jovens o terão. Assim, propõe que se distribuam os jovens por diferentes centros de detenção, separando aqueles que são mais novos, primários e pequenos delinquentes, daqueles mais velhos, reincidentes na grande criminalidade, para que estes não influenciem, negativamente, aqueloutros.

---

[66] Dados constantes de *Vigilância Electrónica 2002-2004, op.cit*, a págs. 24. A faixa etária dos 21 aos 30 anos correspondia a 38% dos arguidos sujeitos à OPH, pelo que 66% dos arguidos integram-se no que a sociedade costuma chamar de "jovens adultos", um número bastante animador.

[67] Conforme o Parecer do Conselho Consultivo da PGR, no Parecer 38/2007, disponível em www.dgsi.pt "Esta medida harmoniza-se com a prevista no artigo 44.º do Código Penal, em particular a alínea b) do n.º 2, onde já se prevê a possibilidade de fazer uso deste regime a jovens com idade inferior a 21 anos. (...) Contrariamente ao que se estabelece na Lei n.º 122/99, (...) aqui não se exige esse consentimento.

Afigura-se ser de ponderar a necessidade desse consentimento, de modo a acautelar o respeito pela vida privada, garantido, nomeadamente, pelo artigo 8.º da Convenção Europeia, e que poderá não estar suficientemente salvaguardado, posto que a Lei n.º 122/99, apenas se reporta à medida prevista no artigo 201.º do Código Processo Penal, ou seja às medidas de carácter processual de natureza preventiva, deixando de fora as situações de execução da pena de prisão." Embora se possa entender que esse regime é ainda aplicável aos jovens, por uma remissão "indirecta", já que no art. 44.º do CP é exigivel consentimento por força do art. 9.º da Lei n. 59/2007, e a alinea b) do n. 1 do art. 44.º do CP faz referência aos jovens menores de 21 anos, a boa técnica legislativa recomenda aqui uma clarificação.

304   *Estudos de Homenagem ao Professor Doutor Artur Anselmo*

Doutro ponto de vista, a experiência comparada mostra-nos que, em certos países, os jovens, a quem foi fixada a obrigação de frequentarem aulas, podem fazê-lo, instalando-se a UML na escola para se confirmar que o jovem se encontra mesmo nesse estabelecimento. Esta possibilidade poderá obviar, de certa forma, às questões suscitadas pela possível falta de controlo durante as saídas. Claro que estas medidas pressupõem a adesão e um esforço extra dos vários aplicadores judiciais, mas a experiência demonstra-nos que é possível, e que é essencial experimentar alternativas, dado o esgotamento do modelo vigente.

Condenados toxicodependentes:

Uma das medidas que tem sido entendida como fundamental para criar alternativas reais à prisão preventiva, é a do internamento compulsivo para cura da toxicodependência[68]. Já por diversas vezes magistrados tentaram a aplicação desta medida, mas nenhuma instituição pode assegurar o que arguido não se ausentará; aliás, a reabilitação das drogas pressupõe disponibilidade e uma especial força de vontade. A revisão de 2007 ao art. 201.º do CPP prevê já, especificamente, que a obrigação de permanência decorra, não na habitação, mas numa instituição de tratamento, aí se instalando a UML e o controlo da pulseira (possibilidade em muito facilitada pelo bom funcionamento dos sistemas de vigilância electrónica). No entanto, ainda que se pugne pela aplicação desta medida a indivíduos com problemas de toxicodependência, e sendo de saudar essa introdução na lei, há que reconhecer que estes casos exigem uma atenção especial que talvez este sistema não possa fazer cabalmente face. A solução de mais fácil aplicação será a de autorizar saídas ajustadas ao plano de tratamento em regime ambulatório, embora pouco compatível com as exigências deste tipo de tratamento. É que a própria DGRS reconhece que o sistema se tem revelado de certa forma desajustado para a monitorização de espaços amplos, e a terapêutica pode exigir movimentos de saída que serão incompatíveis com o confinamento. Daí que a melhor solução, para este organismo, não seja a da vigilância electrónica mas a do acompanhamento pela equipa da DGRS com competência para aquela zona.

---

[68] Sugestão, por exemplo, de Clotilde Chaves Ferreira, JIC em cascais, e de Henrique Novo, procurador-adjunto no MP de Cascais, deixada em *Vigilância Electrónica, op.cit.*, a págs 79 e seguintes.

A *Crise do Sistema Prisional Português...*   305

Contudo, atenta a introdução desta medida na lei, é provável que ela possa ser aplicada com sucesso a alguns indivíduos. E, correndo-se embora o risco de, em caso de demonstração de efectivas falhas no sistema da vigilância electrónica em espaços amplos, a sua viabilidade implicar a transformação da instituição de tratamento, fisicamente, numa "prisão" – o que não seria desejável – há que concluir que, ainda que sejam poucos os casos de sucesso, esses já valerão a pena. Terá que se esperar pela experiência para se averiguar da forma como decorrerá essa aplicação. E tendo ela sucesso, porque não aplicá-la também em sede de execução de penas? É que, pese embora o art. 44.º CP não distinga, como no art. 201.º CPP, a habitação própria, de outros locais onde o arguido resida, e mesmo da instituição que preste apoio social e de saúde, porque não permitir que a pena seja executada em regime de PH noutros locais que não a habitação? E, tendo em conta este caso específico, numa clínica de reabilitação? A Lei 36/96 já permite que a pena seja executada através do internamento em estabelecimento de saúde, desde o início do cumprimento, situação materialmente análoga à que decorreria da aplicação a um toxicodependente de uma pena a cumprir numa dessas tais clínicas, com apoio da vigilância electrónica...

3.2.7. *Jurisprudência*

O art. 44.º do CP, por muito recente, não foi ainda objecto de uma análise aturada na jurisprudência. Existem já, contudo, alguns problemas analisados, no breve tempo que este artigo se encontra em vigor[69]:

Acórdão do STJ, de 20 de Dezembro de 2007

– "O regime de prisão domiciliária, com controlo à distância de meios electrónicos, também não será o mais indicado para o arguido, quer face à sua reiteração criminosa, impondo-se uma pena de carácter mais institucional,

– quer porque o arguido é solteiro e tem de ter algumas possibilidades de sustento, o que implicaria, pelo menos, que ele tivesse de sair da habitação para angariar os meios necessários a tal objectivo, por aí se perdendo pelo menos grande parte do carácter desse tipo de sanção."[70]

---

[69] Todos disponíveis em www.dgsi.pt

[70] Argumento já rebatido, no ponto 3.2.3

Acórdão do STJ de 25 de Outubro de 2007

– Condenou o arguido em execução da pena em regime de PH porque, por um lado, "O arguido já está sujeito à medida coactiva de OPH, com fiscalização por meios técnicos de controlo à distância, pelo que, tendo já dado o seu consentimento para esse efeito, não há razão para que não o mantenha para o cumprimento da pena", mantendo-se "o arguido com a medida coactiva actual, que se transformará em cumprimento de pena logo que transitado este acórdão."

– por outro lado, "O arguido apresenta uma deficiência física grave, pois tem surdo-mudez quase completa. Tal deficiência, para além de ser um factor de inferioridade em qualquer situação normal, maior será numa de conflito que outros resolveriam facilmente pela fala, pelo que desaconselha a privação de liberdade no meio prisional, onde poderia ser alvo de ofensa gratuita."

Assim, o STJ condenou este arguido por um crime de ofensa à integridade física grave, a cumprir pena de prisão de 3 anos e 6 meses, mas uma vez que lhe foi descontado o tempo já cumprido em OPH (um ano e nove meses), em sede de medidas de coacção, determina-se então que o remanescente, outro ano e 9 meses, fosse cumprido no mesmo regime, atendendo à possibilidade estatuída na alínea c) do art. 44.º n. 2 do CP.

– "esta forma de cumprimento realiza de forma adequada e suficiente as finalidades da punição: assegura as de prevenção geral do crime e as de prevenção especial negativa, ou de dissuasão, na medida em que continua a existir uma privação da liberdade, e favorece também a reinserção social, como finalidade de prevenção especial positiva, ao permitir a manutenção no meio familiar e no trabalho."

Acórdão do STJ de 8 de Novembro de 2007

– "Acresce que, no caso, as exigências de defesa do ordenamento jurídico contra-indicariam a suspensão da pena. Com efeito, uma pena não privativa da liberdade – para quem conta já, como o arguido BB, 42 anos de idade e uma pena de prisão alongada por tráfico de drogas ilícitas, não realizaria, de forma adequada e suficiente, as finalidades preventivas da punição, justamente na medida em que a condenação anterior – por crime da mesma natureza – não surtiu os desejáveis efeitos dissuasórios.

A *Crise do Sistema Prisional Português...* 307

– No entanto, e porque não excede um ano o remanescente da pena arguido BB (descontadas a detenção, a prisão preventiva e a OPH por ele sofridas: art. 80.1 do CP), não se vê entrave a que, consentindo o condenado, este o cumpra em regime – que, no caso, se afigura realizar «de forma adequada e suficiente as finalidades da punição» (art. 44.1.b do CP) – de PH, com fiscalização por meio técnicos de controlo à distância."

Pela análise desta e de outra jurisprudência, é possível concluir que os Tribunais têm aplicado esta forma de execução de penas sobretudo para o remanescente da pena, e não desde o início (situação que se explicará, contudo – e na maior parte, espera-se – pela aplicação frequente de medidas de coacção gravosas que permitem o desconto, nos termos do art. 80.° do Código Penal). E o regime da PH surge, sobretudo, como alternativa à suspensão da pena de prisão, que parece ao Tribunal insuficiente devido à reincidência dos arguidos.

Também da análise da jurisprudência é possível aferir a personalidade-tipo do indivíduo sujeito à OPH[71], que também deverão influenciar a aplicação desta medida enquanto pena: são indicadores favoráveis o facto de não conter antecedentes prisionais, a idade, ter ocupação profissional, ter família que de si cuide, a recuperação do produto do crime, a confissão. Mas ter ocupação e família são factores paradoxais: tanto podem ser sinal de motivação para afastar o indivíduo de novos delitos, ou sinal de já nem esses factores o afastam da vida criminosa[72]. Ser cidadão estrangeiro é um factor que eventualmente afastará a aplicação desta medida[73], pois "a falta de controlo permite-lhe dirigir-se ao seu núcleo familiar que permanece em país do qual nunca será extraditado."

A Comissão de Avaliação do Programa Experimental da Vigilância Electrónica analisou, de igual forma, 130 decisões judiciais que se pronunciaram sobre a aplicação da OPH, sendo que 60 delas indeferiram esta medida (e mantendo, na sua esmagadora maioria, a prisão preventiva; os juízes consideraram, apesar disso, a sua aplicação, em tese, falhando apenas no caso concreto a viabilidade de tal alternativa), e as restantes 70

---

[71] Cf. um exemplo a págs 83 de *Vigilância Electrónica, op.cit.*
[72] Clotilde Chaves Ferreira e Henrique Novo, *Vigilância Electrónica, op.cit*, p. 84.
[73] Idem. No período 1995-97, apenas 2% dos arguidos que foram sujeitos à OPH eram estrangeiros, (António Carlos Duarte Fonseca, *op.cit.*, pág. 93).

308   *Estudos de Homenagem ao Professor Doutor Artur Anselmo*

decidiram-se pela sua aplicação. As decisões de indeferimento fundaram-se essencialmente por características processuais (falta de preenchimento dos requisitos e especiais necessidades cautelares do processo: 56%) mas também por referência às condições psicossociais dos arguidos – 66%; esta análise será também relevante para a aplicação da PH em sede de execução.

3.2.8. *Natureza da PH*

A natureza desta medida não é incontrovertida. Se em Itália é encarada como prisão domiciliária, a possibilidade de quebrar o dever de obrigação de permanência, em Portugal, leva alguma doutrina a considerá-la uma obrigação, e não como prisão domiciliária, pois que é possível incumprir estes deveres, premiando-se o arguido que os cumpre, e valorizando-o, pois está em permanente tentação. Aliás, é necessário o consentimento do arguido para este tipo de execução de pena, e a expressão "prisão voluntária" é um oxímoro. No entanto, a lei demonstra alguma "confusão" entre a OPH e a "prisão domiciliária", porquanto aplica-lhe institutos próprios da pena de prisão, como o desconto, o Habeas Corpus. Esta opção da lei pode-se explicar, contudo, por razões de justiça material, e de semelhança com a prisão no aspecto da privação da liberdade, embora num grau muito menor.

A diferente posição quanto à natureza também se revela nas consequências em caso de incumprimento. Se se incumprir os deveres da PH, enquanto forma de antecipação de liberdade condicional (62.º do CP), prescreve-se a execução da pena de prisão ainda não cumprida, não se descontando o tempo cumprido em PH (art. 64.º n. 2). No entanto, se cumprida a PH nos termos do art. 44.º do CP, o incumprimento dos deveres daí decorrentes implica o cumprimento da pena de prisão, mas descontado o tempo cumprido em regime de PH – prescrevendo a lei soluções diferentes para o cumprimento dos mesmos deveres! (embora em contextos diversos, reconheça-se). Isto denota alguma confusão na lei, resultante também da natureza talvez mista desta medida – não é uma verdadeira pena privativa da liberdade, pois que é voluntária, e em nada se compara com a prisão, mas também não se reconduz a uma sanção não privativa da liberdade, porque efectivamente a coarcta.[74]

---

[74] Paulo Pinto de Albuquerque, em *Código de Processo Penal Anotado à luz de Constituição da República e da Convenção Europeia dos Direitos do Homem*,

Maria João Antunes[75], entende que a PH, quando substitui pena de prisão inferior a um ano, ou dois, no caso do 44 n. 2 do CP, é pena substitutiva, privativa da liberdade, à semelhança da prisão por dias livres, ou do regime de semidetenção. Quando corresponde ao remanescente (um ou dois anos) ou à antecipação da liberdade condicional, não é, *propriu sensu*, uma pena de substituição, sendo antes uma regra de execução da pena de prisão.

De qualquer das formas, não deixa de ser curioso que enquanto medida de coacção, a OPH se dirija aos crimes relativamente mais graves (art. 201.º do CPP: punidos com pena superior a 3 anos), e em sede de execução de penas, se dirija a uma pequena / média criminalidade (punida com penas de prisão de um ou dois anos).

4. Vantagens e Desvantagens do regime da PH

A PH, e sobretudo a vigilância electrónica, suscita várias questões de conflito de direitos fundamentais. Se uns a combatem escudando-se na dignidade da pessoa humana, outros a defendem justamente com base nela.

As vantagens e desvantagens desta medida, dado o pouco tempo decorrido desde a entrada em vigor do art. 44.º do CP, deverão aferir-se sobretudo sobre os exemplos da OPH, enquanto medida de coacção.

Universidade Católica Editora, Lisboa, 2007, por seu turno, defende que a violaçao da OPH pode constituir, mesmo, o crime de evasão. Tanto o CP como o CPP retratam-na, para todos os efeitos, como uma medida de privação da liberdade (art.s 80 do CP, 198 n.. 2, 213. 214 n. 2. 215 n. 8 218 n. 3 do CPP). Por outro lado, no art. 389 e 352 do CPP a expressão "pessoa legalmente presa, detida ou internada em estabelecimento destinado à execução das reacções criminais privativas da liberdade" foi substituída pela expressão "pessoa legalmente privada da liberdade" para abranger as pessoas sujeitas a medidas de segurança privativas da liberdade, prisão preventiva e OPH (também neste sentido, Maia Gonçalves, Código de Processo Penal Comentado e Anotado, 2005. 15.º ediçao, p. 993)". O que este autor defende é que nem todas as violações da OPH deverão ser encaradas como uma evasão, só o sendo aquelas em que se constate uma violação material do sentido de privação da liberdade inerente à medida de coacção, isto é, uma fuga efectiva do arguido. Por exemplo, não constituirá crime de evasão um atraso do arguido na chegada a casa quando tem autorizaçao para ir trabalhar. (pág. 548)

[75] Em http://www.cej.mj.pt/cej/ficheirospdf/fpermanente200607/altregsancionamj.pdf

4.1. *Vantagens da PH:*

Esta medida contribui em síntese, para uma maior flexibilidade na determinação da medida mais adequada à situação concreta, para a diminuição do crónico excesso de população prisional e dos custos associados a este encarceramento, devido ao seu aumento, pemitindo, assim, reduzir a pressão do excesso de população e os seus enormes custos.

É, ainda, uma solução de indiscutível maior humanidade, existindo ganhos sociais dos indivíduos, dos seus familiares e da sociedade, sobretudo pela preservação destes laços mas também dos laços laborais, ajudando à manutenção da autonomia do sujeito e da sua família. Existe menor exclusão, porque ainda que se determine em termos muito mitigados a possibilidade de saída, a liberdade do arguido é sensivelmente menos coarctada do que aquela que resultaria da sua reclusão numa prisão. Aí partilharia celas com estranhos, estaria sujeito ao efeito criminógeno da prisão, e a um regime por vezes discricionário de visitas (por variar significativamente de EP para EP), e aqui poderá "ocupar-se quando, onde e como quiser, dentro de casa; e pode manter o contacto com os elementos do seu agregado familiar ou com os amigos[76] que o visitem ou lhe telefonem, sem sujeição a horários impostos por outrem."[77] Ganha o agente, em termos de autonomia e responsabilização[78] individual, útil a uma correcta reinserção social, e, consequentemente, ganha a sociedade. O desenvolvimento tecnológico permite, a par da massificação destes dipositivos, a sua simplicidade, dispensando infra--estruturas pesadas e encargos com mãos de obra, tornando esta solução muito mais económica que a prisão. Esta solução oferece, ainda, elevados níveis de rigor e fiabilidade em termos de controlo.

O Relatório de Avaliação do Período Experimental da Vigilância Electrónica, já mencionado, faz referência aos impactos desta medida nos sujeitos. O impacto positivo surge principalmente pela "promoção de

---

[76] A maior parte dos arguidos afirma que a OPH não alterou a sua esfera social – dificilmente poderiam dizer o mesmo da prisão... – a págs. 37 de *Vigilância Electrónica, op.cit.*

[77] António Carlos Duarte-Fonseca, *op.cit.*, pág. 88.

[78] 24% dos arguidos refere como positivo o facto de esta medida lhe ter permitido iniciar ou retomar actividade laboral ou formativa, e suscitado, mesmo o interesse pelo sistema de vigilância electrónica e das novas tecnologias. *Vigilância Electrónica, op.cit,* pág. 38.

novos hábitos e regras, sobretudo em indivíduos muito jovens, sem hábitos de cumprimento de horários e de permanecer em casa, que se vêem deste modo forçados a repensar e estruturar o seu quotidiano."[79] Mencionam, ainda, "movimentos de aproximação, cooperação e interajuda dos familiares, coabitantes, com uma tónica muito positiva, de fortalecimento dos laços familiares".[80]

Quanto aos custos económicos, os custos deste tipo de medida são compostos por duas componentes, uma fixa (independente do número de casos, e que se prende sobretudo com despesas em relação ao pessoal da DGRS e dos centros de controlo) e outra variável, pois as despesas de instalação de equipamentos e o seu funcionamento, que são as mesmas independentemente do número de indivíduos sujeitos a vigilância electrónica, tornam-se variáveis, porque quanto maior o número de pessoas sujeitas a esta medida, maior a sua rentabilidade. E assim, se no início do Programa, cada arguido custava 51 euros (valores semelhantes ao de um detido em estabelecimento prisional – embora não se possa contabilizar os efeitos humanos e pessoais desta medida), os últimos valores referem já 16,5 euros[81] e com o incremento da aplicação desta medida, agora associada também à execução de penas de condenação, os valores deverão diminuir ainda mais. É por isso notório o custo menos oneroso desta medida, atendendo a que o custo é inversamente proporcional ao número de reclusos nestas condições, exactamente nos termos opostos aos da pena de prisão. E relembrar, ainda, as vantagens sociais, mantendo-se o contacto com a família e evitando-se o efeito criminógeno das prisões e a entrada de arguidos (em sede de medidas de coacção), pessoas ainda não condenadas por decisão transitada em julgado, no sistema

---

[79] Idem, pág. 26.

[80] Nas entrevistas aos arguidos, 48% afirma ter sido positivo o impacto desta medida na esfera familiar, pela proximidade dos familiares e solidariedade. 38% afirma não ter interferido. 14% refere casos de tensão, sobretudo relativos a "arguidos muito jovens (16-18 anos) particularmente reactivos à imposição de ficar fechado em casa" – *Vigilância Electrónica, op.cit* pág. 37.

[81] José Ricardo Nunes, à data vice-presidente do IRS, em 2004, falava, em intervenção na sessão solene do alargamento da vigilância electrónica a mais 6 comarcas no norte do país, do exemplo de Lisboa: os (meros) 125 arguidos em OPHVE representavam uma diminuição de custos de 20 € por dia por arguido, o que representou 900 000€ por ano, não incluindo ainda os ganhos sociais, de difícil contabilização e o "valor sem preço da liberdade para quem se presume inocente antes do julgamento" – in *Vigilância Electrónica, op.cit.*, pág. 112.

312 Estudos de Homenagem ao Professor Doutor Artur Anselmo

prisional. Mesmo em sede de execução de penas, é possível evitar este efeito quanto a crimes de menor gravidade e onde as necessidades de prevenção e de ressocialização se bastem com esta medida – que se consubstanciam em dados não quantificáveis ao nível económico.

Aliar a PH com a vigilância electrónica permite, ainda, controlar rigorosamente o cumprimento das sentenças, e a redução, pelo afastamento do condenado das prisões, da reincidência.

4.2. *Desvantagens da PH*

São vários os inconvenientes apontados à OPH e, concretamente à vigilância electrónica. Há certos critérios que têm que estar preenchidos, como a existência de telefone e de habitação regularizada em termos contratuais e energia eléctrica legalizada[82] (não referindo a lei outros estabelecimentos como no art. 201.º CPP, como já foi explicado; no entanto, a DGRS não coloca qualquer entrave ao cumprimento noutros locais dado que o regime pode ser flexibilizado). O regime de PH pressupõe, ainda, caso não se permitam quaisquer saídas para se poder trabalhar, a possibilidade de subsistência sem trabalhar. Assim, embora a introdução desta medida, "sendo *prima facie* de saudar, porquanto evita o estigma da prisão, e poder permitir uma maior eficácia em sede de prevenção especial, poderá, todavia, acabar por se converter num diferente tratamento que o Estado dá aos condenados em função das suas possibilidades económicas."[83]

Por outra banda, outros são os factores que, embora a lei não os refira expressamente, serão certamente elementos a considerar pelo juiz, como a existência de um ambiente familiar estável, que poderão ser "discriminadores, arriscando um efeito (re)penalizador relativamente aos que estão já atingidos pelas suas próprias circunstâncias de vulnerabilidade social."[84] Por isso, é legítimo considerar que nem todos os condenados cujas penas cumpram os requisitos legais, estejam em condições

---

[82] O que pressupõe, naturalmente, algum tipo de rendimentos económicos por parte do condenado, ainda que a instalação e utilização dos meios de vigilância electrónica não onere o condenado em qualquer tipo de encargo – art. 4.º n. 2 da Lei n. 122/99.

[83] Parecer do Sindicato dos Magistrados do Ministério Público ao novo Código Penal, disponível em www.smmp.pt

[84] António Carlos Duarte Fonseca, *op.cit.*, pág. 105.

materiais (ambiente familiar, sustentação financeira) que lhes permitam o cumprimento da pena em regime de PH. "Será o Estado capaz de garantir a estes condenados as condições de reclusão com um mínimo de liberdade ambulatória – ainda que em espaço fechado – e de dignidade, que permita afirmar a existência de um mínimo de igualdade no cumprimento da pena?"[85]

A própria generalização deste sistema a todo o território implica condições, tanto técnicas como de recursos humanos, que por enquanto, dificilmente estarão preenchidas nas zonas mais recônditas do nosso país, exigindo, por um lado, uma maior articulação da DGRS com as polícias locais a nível de controlo e, por outro, um esforço de uma mais racional afectação de meios, premente sobretudo neste momento em que a Administração está a ser sujeita a uma importante reforma. Estes efeitos fazem-se já sentir na DGRS[86], que irá perder um quinto dos seus efectivos.

A exigência destas condições deixa de fora uma faixa da população[87]. Esta foi uma das críticas mais apontadas à OPH com vigilância electrónica: as dificuldades técnicas que impediam a sua aplicação imediata e generalizada a todas comarcas – não se traduziria essa limitação territorial numa "desigualdade constitucionalmente insuportável"[88]?

---

[85] Parecer do Sindicato dos Magistrados do Ministério Público ao novo Código Penal, já citado.

[86] A diminuição dos técnicos da DGRS, numa perda de 120 técnicos, num universo de 600, dificilmente permitirá um controlo satisfatório e, sobretudo, a extensão a todo o país. Esta situação tem o efeito de bola de neve, pois a prática judiciária revelar-se-á mais severa, frustrando o propósito da aplicação das medidas alternativas. Esta será, na prática, a reacção lógica dos juizes, que conhecem a aplicação da lei. Tal quadro fáctico poderia ser evitado com a afectação de mais meios humanos na DGRS e não com medidas que caminhem no sentido oposto. Já Eduardo Correia dizia que "O sucesso do CP depende do IRS".

[87] Daí que este instituto tenha sido implementado por fases, não só por razões de experiência, mas também porque implica meios que não se encontram disponíveis em todo o país. O programa experimental arrancou em Janeiro de 2002, em algumas comarcas da Área Metropolitana de Lisboa, tendo sido posteriormente estendido a toda a AML e à região do grande Porto – para este ponto, cf pág. 12 e 13, de *Vigilância Electrónica 2002-2004, op.cit,* já a propósito do Relatório de Avaliação do Porgrama Experimental, em cumprimento do disposto no art. 11.º n. 2 da Lei 122/99 de 20 de Agosto.

[88] Germano Marques da Silva, *Pulseiras electrónicas – uma oportunidade à liberdade, op.cit,* pág. 63.

314   *Estudos de Homenagem ao Professor Doutor Artur Anselmo*

Como já foi referido, é possível a aplicação da OPH sem vigilância electrónica, completada por vigilância policial, ate ser tecnicamente possível a utilização dos instrumentos da vigilância electrónica, mas esses números revelaram-se quase residuais. Em boa verdade, sem vigilância electrónica esta medida será aplicada de forma muito reticente, sendo essencial a conjugação com esta tecnologia para a sua eficácia e efectivação.

Por outro lado, é indiscutível a "potenciação de tensões e problemas entre os elementos de um mesmo agregado, na proporção directa da maior duração dos períodos de permanência obrigatória". António Carlos Duarte Fonseca refere, ainda, o perigo da estigmatização pelo impacto da pulseira, "substituindo-se um estigma por outro, e outros perigos lesivos da integridade pessoal, se houver defeitos dos equipamentos: choques durante o banho, irritações cutâneas[89], desconforto causado pela falta de ergonomia ou pelo volume dos dispostivos transportados"[90]. Esta crítica, parece-me, não fará hoje muito sentido – pois que o dispositivo se assemelha a um relógio.[91]

De forma mais premente, surge o perigo da substituição da prisão, enquanto local, por excelência, para a privação da liberdade, pela casa do condenado, tendo um reverso "profundamente inquietante, (...) palco de uma observação constrangedoramente permanente, sujeito à devassa das chamadas telefónicas de atendimento obrigatório, das visitas de verificação e controlo, inopinadas e a quaisquer horas do dia ou da noite, por parte dos agentes encarregados da vigilância. Fica substancialmente alterada a relação entre o espaço público e o privado, que acabam por se confundir[92]". A "habitação passa a ser o espaço de cumprimento da pena, o condicionamento dos muros e das grades da prisão transfere-se para a

---

[89] Idem, refere-se, contudo, o relato de alguns casos onde se registaram dificuldades de movimento e de sensiblidade cutânea pelo uso da pulsiera.

[90] António Carlos Duarte Fonseca, *op.cit,* pág. 105.

[91] Aliás, no Relatório de Avaliação do Período Experimental da Vigilância Electrónica, de 2002 e 2003, foram auscultados os vários intervenientes neste processo, nomeadamente os arguidos. 80% dos entrevistados consideraram "desprezível o impacto dos equipamentos no espaço habitacional e o uso da pulseira é sentido sem incómodo. (...) em regra os arguidos não atribuem à pulseira um valor estigmatizante, sendo realçada a discrição do dispositivo. Cerca de 40% ds arguidos auscultados atribui à presença física da pulseira um valor simbólico na acção de vigilância e controlo", pág. 37.

[92] *Idem* pág. 106.

A Crise do Sistema Prisional Português... 315

porta de casa e o indíviduo passa a ter de controlar-se a si próprio, tendo consciência que, algures, há um *"big brother"* que lhe controla os movimentos".[93]

No entanto, as entrevistas, já referidas, a arguidos após a cessação da OPH, apontam como impacto negativo mais forte as alterações à rotina diária, nomeadamente pelas restrições à saída de casa. Contudo, uma vez que a comparam com a prisão preventiva, reconhecem que desta forma é-lhes permitida uma vida socialmente mais activa, sobretudo se beneficiam de saídas regulares.

O Relatório[94] menciona ainda o impacto negativo que se registou na OPH nos sujeitos, como sejam o excesso de sedentarismo com reflexos na condição física, notável sobretudo em indivíduos que desenvolviam uma intensa actividade física, antes da aplicação da medida. Foram ainda identificados sentimentos de angústia, tristeza e ansiedade, que foram "potenciados por situações de maior isolamento social ou em que o suporte familiar é frágil ou desestruturado. (...) Foram detectadas algumas situações de grande desgaste nas relações familiares, caracterizadas por grande tensão e conflitualidade." As dificuldades que têm sido mais sentidas[95] prendem-se sobretudo com o confinamento excessivo, a ausência de ocupação e tédio, e a solidão. Em casos pontuais, registaram-se dificuldades no cumprimento de horários, conflitos familiares e comportamentos aditivos.

Para obstar a estas desvantagens, a DGRS tem sugerido aos tribunais, cujas pretensões têm sido decididas favoravelmente, no sentido de alteração das condições desta medida. Propõem alterações que confiram alguma estabilidade ao sujeito mas que reflictam, de igual modo, as exigências naturais deste tipo de medidas, nomeadamente, a proposta de "tratamentos médicos ou de suporte psicológico, actividade laboral ou formativa, mudança do contexto residencial ou até autorizações de saída de curta duração sem finalidade específica, com vista a aliviar o desgaste causado pelo confinamento excessivo"[96]. Este papel deverá ser prosseguido pela DGRS e pelas Unidades Operativas de Vigilância Electrónica também em sede de execução de penas, pelo contacto pessoal com

---

[93] Maria Clara Albino, *in Reinserção Social – Perspectivas para o século XXI*, Direito e Justiça, vol Especial 2004, pág. 282 e 283.

[94] *Vigilância Electrónica 2002-2004, op.cit*, pág. 26.

[95] *Idem*, pág. 38.

[96] *Idem*, pág. 27.

o sujeito, na adaptação da medida às características de cada indivíduo em concreto e da prevenção da possibilidade ou iminência de incumprimento.

Afigura-se reconhecer que a maior parte das desvantagens que são apontadas à PH, terão que ser apontadas também à prisão, pelo que face às vantagens da primeira em relação à segunda, é indiscutível o seu valor como alternativa à prisão. Esta alternativa eficaz é patente sobretudo nos casos em que a medida de coacção foi alterada de prisão preventiva para OPH, em que todos os arguidos, que passaram por esta situação, e que foram auscultados, realçam as várias vantagens da PH por confronto com a prisão preventiva:[97] a proximidade da família, a melhor qualidade de vida no tocante a higiene, alimentação, conforto e assistência medica e, nalguns casos, a retoma da ocupação profissional.[98]

5. Conclusão

Uma vez concluído este trabalho, estamos em posição de avaliar criticamente esta medida, sugerindo alternativas, a par das que já foram sendo deixadas no texto, e tentando preconizar como será o futuro deste instituto.

A primeira conclusão a que se chega é que o regime não se encontra definido com segurança, pois a remissão suscita algumas lacunas que exigem tratamento específico pelo legislador, sob pena de a sua aplicação, com a frequência desejada, ficar aquém do esperado, não cumprindo plenamente o seu papel de extrema importância, que reveste ou que poderá revestir, a breve trecho, espera-se.

---

[97] Sendo certo que alguns dos motivos invocados que obstam à aplicação da OPH, enquanto medida de coacção, não funcionarão nesta sede: cf., por exemplo, o acórdão da Relação do Porto de 26 de Setembro de 2007: "A medida de coacção de OPH, sob vigilância electrónica, não é suficiente para prevenir o perigo de perturbação do inquérito, na vertente de perigo para a aquisição, conservação ou veracidade da prova, se há fortes indícios de o arguido haver praticado vários crimes de roubo qualificado e se os sinais dos autos indicam que, uma vez fora do estabelecimento prisional, ele poderia, à distância, sem possibilidade de controlo eficaz, intimar testemunhas que o tenham reconhecido ou possam vir a reconhecer e estabelecer contactos com co-arguidos, em liberdade, no sentido de forjar álibis." Disponível em www.dgsi.pt

[98] *Vigilância Electrónica 2002-2004, op.cit,* pág. 39.

O sucesso desta medida está longe de ser confirmado, uma vez que a sua aplicação é, ainda, e de certa forma, residual. No entanto, os resultados da OPH (ou os seus potenciais resultados) parecem, por ora, satisfatórios, o que augura de forma positiva o alargamento do âmbito desta medida à execução da pena. Não se pode esquecer, de qualquer das formas, que a aplicação da vigilância electrónica, dando segurança a medidas como a PH, permite aumentar o número de sanções penais, individualizando e adequando as penas aos sujeitos, e humanizando, mesmo, o nosso sistema penal.

Não se tendo encontrando ainda forma cabal e satisfatória de substituir a pena de prisão para a grande criminalidade, poderemos, ao menos, tentar ensaiar alternativas adequadas para evitar a sua aplicação à pequena / média criminalidade que não exija tal tratamento "de choque", pois que os inconvenientes de tal aplicação são muito superiores às vantagens que dela poderiam advir. Estes corresponderiam, sobretudo, a uma expressão retributiva, concepção afastada, pelo menos enquanto principal fundamento, pela teoria moderna.

A luta contra a criminalidade deverá assentar, sobretudo, na vertente preventiva, na extirpação social das causas de criminalidade, como a pobreza, a exclusão social e o desemprego. Os chamados crimes de colarinho branco colocam aqui especiais problemas, por imporem à sociedade a necessidade de uma re-educação de valores.

Falhando a vertente preventiva (que falhará, decerto, sendo utópico pensar o contrário – a luta deverá ser feita no sentido de diminuir ao máximo o número de casos em que tal sucede), há que trabalhar continuamente para melhorar a fase repressiva. No entanto, o que se tem constatado é que as sanções penais tradicionais privativas da liberdade falham, na sua esmagadora maioria, os objectivos a que se propõem e, mais grave, tem frequentemente efeitos perversos. Daí a necessidade de, embora "o sistema penal português, não obstante consagrar ainda como penas principais a pena e a multa, ter vindo progressivamente a dar preferência à pena de multa e a cominar outras sanções substitutivas e acessórias daquelas. Importa prosseguir neste esforço, quer na busca de novas espécies de sanções adequadas à realização dos fins que o direito penal prossegue, quer alertando e educando para o valor da liberdade, condição da vida democrática".[99]

---

[99] Germano Marques da Silva, *Direito Penal Português*, vol III, Verbo, Lisboa, 1999, pág. 266.

No entanto, a *praxis* revela alguma resistência à aplicação destas medidas, seja pelas incoerências e falhas legislativas, seja estruturalmente, pela exigência de articulação com políticas criminais preventivas eficazes, e a dotação de meios humanos e técnicos de polícias, tribunais e da DGRS. Quanto a este ponto, a já referida reestruturação da DGRS, que perderá cerca de um quinto dos seus técnicos, e que já eram insuficientes para o cumprimento cabal de todas as atribuições que lhe cabem – pese embora o excelente trabalho que, não obstante, todos lhe reconhecem! – não parece augurar um futuro com sucesso, pois sem meios que assegurem a vigilância e o cumprimento das condições impostas aos condenados, muito dificilmente os juizes optarão por esta medida – basta atentar nos números quase irrisórios da aplicação desta medida antes de lhe ser acoplado o sistema da vigilância electrónica! É, por isso, necessário reforçar o pessoal da DGRS porque, dada a escassez de meios, os princípios de racionalidade económica impõem a escolha de opções – e se tivermos em linha de conta a forte aposta da DGRS na figura da OPH enquanto medida de coacção – e tudo leva a crer que será da mesma forma em sede de execução de penas – não é desejável que o acompanhamento dos técnicos da DGRS no regime da PH seja feito à custa de outros casos, igualmente importantes e merecedores da atenção da DGRS.

O ponto mais essencial coloca-se, contudo, ao nível da mudança de mentalidade dos aplicadores do direito. Para tal, é fundamental o papel dos formadores (tanto nas universidades, como nas Ordem dos Advogados e no CEJ), para a consciencialização dos limites impostos pela Constituição Penal e decorrentes de um Estado de Direito. Saúde-se, neste nível, o esforço do IRS /DGRS, na promoção desta medida, com conferências, assessoria aos tribunais, e a disponibilização de "kits informativos" especificamente dirigidos a cada um dos aplicadores (magistrados, advogados, polícias e funcionários judiciais). Este empenho tem-se traduzido numa muito boa aceitação da vigilância electrónica e da OPH por parte de todos os sectores directa ou indirectamene envolvidos, tanto dos tribunais (sucesso reflectido no crescente número de solicitações de informações prévias e de decisões de deferimento desta medida), bem como de outros operadores judiciais, como os advogados, e mesmo da maioria dos indivíduos sujeitos a esta medida e das suas famílias, pelo inolvidável papel do IRS, que incansavelmente propõe aos tribunais a aplicação desta medida e acompanha estes indivíduos.

A criação de condições que favoreçam a liberdade de quaisquer cidadãos é um sinal de democracia em Portugal, e a existência de penas alternativas à prisão, donde se destaca a PH, é a melhor forma de atender ao princípio da subsidiariedade da prisão, podendo esta ser reduzida ao mínimo estritamente necessário. Obstar-se-á, assim, ao afastamento do indivíduo da sua vida social, familiar e laboral, pontos essenciais para a sua consciencialização e (re)inserção na sociedade.

Reconhecendo-se, embora, o papel fundamental do regime da PH nesta luta, é certo que ele poderá ser sujeito a melhorias. Por um lado, julgo que só trará benefícios a extensão do prazo regra máximo de prisão que permite a substituição pela PH. Entende-se que, correspondendo esta medida a uma inovação, o legislador tenha sido cauteloso e autorizando a susbtituição a penas inferiores a um ano de prisão. E é certo que se contesta, um pouco por todo o lado, a aplicação desta medida em prazos muito longos, pois o "stress emocional é grande e a capacidade de resiliência vai diminuindo à medida que se prolonga no tempo a monitorização electrónica, o que implica um redobrado cuidado dos técnicos de reinserção social na atenção aos sinais do indíviduo e na prestação oportuna de efectivo apoio psicológico para reduzir tensões e evitar o incumprimento".[100] Alguns autores contestam, mesmo, a utilização *front door* deste instituto (enquanto medida de coacção ou forma de execução da pena principal), reconhecendo os seus efeitos a curto prazo mas questionando aqueles a longo prazo[101]. Embora não concordando totalmente com esta posição, parece que as vantagens desta medida face à prisão merecem um esforço de ampliação da sua aplicação ainda que a casos de fronteira, combinando a vigilância electrónica com programas de combate às causas de reincidência, seja a reabilitação de álcool ou de drogas ou através do suporte psicológico e de alteração comportamental. "A vigilância electrónica, e a OPH que ela fiscaliza, tem o efeito de "ganhar tempo", de trazer alguma disciplina e ordem a vidas frequentemente caóticas, por forma a que estes programas centrados no comportamento delinquente adquiram uma hipótese real de funcionarem e tenham impacto nas taxas de reincidência".[102]

---

[100] Maria Clara Albino, *Reinserção Social..., op.cit.*, pág. 283.

[101] Dick Whitefield, in *Vigilância Electrónica, op.cit.*, pág. 72, "se se quiser realmente mudar o comportamento delinquente, um microchip tem poucas hipóteses de conseguir isso por si próprio."

[102] Idem, pág. 73.

320   *Estudos de Homenagem ao Professor Doutor Artur Anselmo*

Mas, em bom rigor, o art. 44.º n. 2 do CP já demonstra alguma abertura no sentido do alargamento desse prazo. Por seu lado, o art. 6.º da Lei 36/96 permite que se possa optar logo pela aplicação de qualquer das modalidades da pena de substituição, incluindo a PH – e não impõe qualquer tipo de restrições quanto à duração da medida. Parece, assim, que o nosso ordenamento jurídico admite uma duração prolongada da PH, superior a um ano, não obstante reconhecer-se que, talvez, não seja recomendável tornar esta a regra. É que, mesmo enquanto medida de coacção, a OPH só será extinta, no cenário mais gravoso, ao final de 3 anos e 10 meses (pela conjugação dos art. 215.º n. 5, 215.º n. 3, aplicáveis à OPH pela remissão do art. 218.º n. 3, todos do CPP). Ora, ainda que não se deseje tornar essa a regra, ela é admitida no nosso ordenamento, pelo que, ainda que a proposta da Comissão de Avaliação tenha ido no sentido de extensão deste regime à execução de penas, assumidamente em moldes experimentais, ao início[103], e assim se compreenda o limite relativamente baixo de um ano, para regra, parece ser de preconizar a sua extensão a penas mais elevadas. Isto, claro está, se os resultados demonstrarem o êxito desta medida, tendo sempre em conta que é uma sanção de enorme desgaste para o atingido, não se podendo, assim, provavelmente, estender este regime a penas superiores a 3 anos, por exemplo, pelo menos enquanto regra.

A vigilância electrónica poderia, também, eventualmente, ser cumulada com a suspensão da pena de prisão[104], sobretudo, para ajudar na fiscalização do cumprimento das condutas impostas no art. 52.º do CP, ou impondo mesmo a PH "acessoriamente", em casos de arguidos, por exemplo, em que seja necessário criar hábitos e rotinas horárias, associada à proibição de não frequentar certos meios ou lugares – que decerto serão mais "perigosos" (para a reinserção do condenado) a determinadas horas, ou de não frequentar certas reuniões ou associações (cf. art. 52.º n. 2 b) e e) do CP, atendendo que a obrigação de permanência não deve ser entendida em termos restritos, no sentido de apenas poder ser cumprida na "habitação".

---

[103] P. 48 de *Vigilância Electrónica, 2002-2004, op.cit*
[104] Como sucede no Canadá, cf. *supra* 3.1.2.
[105] *Vigilância Electrónica, 2002-2004, op.cit*, pág. 77.

Em termos tecnológicos, e no plano da vigilância electrónica, tem surgido maior interesse, actualmente, no sistemas ditos de "segunda geração", especialmente o seguimento dos delinquentes por satélite, cuja utilidade se revelaria, sobretudo, na definição de zonas de exclusão, assegurando que certos indivíduos não possam chegar perto da casa das suas vítimas ou de escolas ou outros locais proibidos, no caso de crimes de natureza sexual nomeadamente. No entanto, como reconhece Whitefield[105] "se um delinquente é tido por tão perigoso que precisamos de seguir os seus movimentos 24h por dia, porque lhe permitimos que esteja na comunidade?" Esta concepção reduz dramaticamente o âmbito de aplicação deste tipo de sistemas, o que, a par dos seus elevados custos, resultam, por exemplo, em Inglaterra, na sua mera consagração legal mas na sua inexistência prática.

A terceira geração deste tipo de vigilância revela-se na possibilidade de instalação de um chip num predador sexual como condição da sua libertação, monitorizando o seu nível de excitação ou a zona por onde ele se encontrasse, estando este instrumento preparado para lhe dar um choque eléctrico que o entorpecesse, se ele se encontrasse numa destas situações. Já existe tecnologia que permita este controlo. E haverá vontade? A par do conflito inegável com os direitos fundamentais dos vigiados, a vigilância electrónica não deverá ser utilizada para controlo e incapacitação, mas para o aumento da reinserção social.[106] A chave está na utilização selectiva e com bom senso, pois "mal usada com delinquentes de baixo risco, o resultado final será encher as prisões com delinquentes que não necessitam de lá estar. Usada irrealisticamente com delinquentes de alto risco, a confiança no sistema diminuirá rapidamente".[107]

Por tudo o que foi dito, parece que a PH com vigilância electrónica não pode ser a resposta para todos os problemas, não dispondo da flexibilidade suficiente para tal. E, na verdade, também não seria desejável um modelo de "pena única" que servisse para todos os condenados, se é justamente na diversidade de personalidades que reside a riqueza do Direito Penal. Deverá ser entendida, sobretudo, como um instrumento,

---

[106] Cf Whitefield, p. 78, *Vigilância Electrónica, 2002-2004, op.cit.*
[107] Idem.

322 Estudos de Homenagem ao Professor Doutor Artur Anselmo

mais um, a desenvolver a par de outras medidas e soluções, como o trabalho a favor da comunidade. A PH só deverá ser aplicada quando seja ela a forma adequada para o combate às razões subjacentes àquela delinquência, concretamente. Os maiores benefícios advém, note-se, não do encurtamento da pena de prisão, mas da sua não utilização de todo. E, tomando consciência desta necessidade, dir-se-ia, mesmo, exigência, do Estado de Direito, e utilizando toda esta gama de opções, poderemos intervir de forma positiva na vida de todos aqueles que entram no sistema penal.

6. Bibliografia

AGUIAR-BRANCO, José Pedro, *Intervenção na Sessão Pública de Alargamento da Vigilância Electrónica ao Norte do País,* in *Vigilância Electrónica, 2002--2004,* Publicação do IRS e do Ministério de Justiça, Lisboa, 2005.

ALBINO, Maria Clara, *Reinserção Social – Perspectivas para o século XXI, in* Direito e Justiça, vol. Especial 2004.

ALBUQUERQUE, Paulo Pinto de, *Código de Processo Penal Anotado à luz de Constituição da República e da Convenção Europeia dos Direitos do Homem,* Universidade Católica Editora, Lisboa, 2007.

DIAS, J. Figueiredo, *Direito Penal Português – As Consequências Jurídicas do Crime,* Aequitas, Editorial Notícias, Lisboa, 1993.

DUARTE-FONSECA, António Carlos, *Obrigação de Permanência na Habitação e Monitorização Telemática Posicional,* Separata da Revista do Ministério Público, n. 80, Lisboa, 1999.

FERREIRA, Clotilde Chaves, e NOVO, Henrique, *Medidas de Coacção da OPH sob vigilância electrónica: a visão Cascaense,* in *Vigilância Electrónica, 2002-2004,* Publicação do IRS e do Ministério de Justiça, Lisboa, 2005.

GONÇALVES, M. Maia, *Código Penal Português – anotado e comentado,* Almedina, 18ª Edição, Coimbra, 2007.

RODRIGUES, Anabela Miranda,
– *Novo Olhar sobre a questão penitenciária,* Coimbra Editora, 2ª edição, Coimbra, 2002.
– *Da "afirmação de direitos" à "protecção de direitos" dos reclusos,* in Revista Direito e Justiça, Volume Especial de 2004.

SILVA, Germano Marque,
– *Direito Penal Português,* vol III, Verbo, Lisboa, 1999.
– *Pulseiras Electrónicas – Uma Oportunidade à Liberdade,* in *Vigilância Electrónica, 2002-2004,* Publicação do IRS e do Ministério de Justiça, Lisboa, 2005.

WHITEFIELD, Dick, *As Experiências Internacionais da Vigilância Electrónica*, in *Vigilância Electrónica, 2002-2004*, Publicação do IRS e do Ministério de Justiça, Lisboa, 2005.

RELATÓRIO DO PROVEDOR DA JUSTIÇA *"As Nossas Prisões"*, de 2003.

Na Internet:
 – Centro de Estudos Judiciários (www.cej.pt)

ANTUNES, Maria João, *As Alterações ao Sistema Sancionatório*, 2007
 – Direcção-Geral de Política de Justiça (www.dgpj.mj.pt)
 – Direcção-Geral de Reinserção Social (www.dgrs.mj.pt)
 – Instituto das Técnicas de Informação na Justiça (www.dgsi.pt)
 – Procuradoria Geral de Lisboa (www.pgdlisboa.pt)
 – Observatório Permanente de Justiça (http://opj.ces.uc.pt)
 – Sindicato dos Magistrados do Ministério Público (www.smmp.pt)
 – Universidade Católica (www.ucp.pt)

ALBUQUERQUE, Paulo Pinto de, *O que é a política criminal, porque precisamos dela e como a podemos construir*
 – Universidade Lusíada (www.ulusiada.pt)

CAIADO, Nuno, *Vigilância Electrónica*, Seminário Serviço Social e Justiça, 28 e 29 de Março de 2007

O INQUÉRITO PROCESSUAL PENAL NOS CRIMES DE COLARINHO BRANCO:
O PROBLEMA DAS DESCONTINUIDADES NA APLICAÇÃO DO PRINCÍPIO DA IGUALDADE[1]

HUGO ALEXANDRE DE MATOS TAVARES[*]
Subcomissário da PSP

§1. Considerações introdutórias. O problema.

I. Um dos implicativos essenciais do processo penal, norteado pelo princípio da descoberta da verdade material, encontra-se na exigência de igualdade entre as partes,[2] como forma unívoca da obtenção da verdade material «processualmente válida».[3] A poliédrica problemática da igualdade

---

[1] Este texto radica, na sua maioria, no relatório apresentado no IX Curso de Pós-Graduação em Direito Penal Económico e Europeu do Instituto de Direito Penal Económico e Europeu da Faculdade de Direito da Universidade de Coimbra.

[*] Mestrando em Direito, vertente de especialização em Ciências Jurídico-Criminais, pela Faculdade de Direito da Universidade de Coimbra.

[2] Sem entrarmos aqui, *brevitatis causa* na discussão prolongada e comum se o processo penal se configura, ou não, como um processo de partes (a aproximação à designada *zivilprozessualisierung des Strafrechts*) e *maxim*e se o Ministério Público é parte no processo, refira-se FIGUEIREDO DIAS, «Sobre os Sujeitos Processuais no novo Código de Processo Penal», *Jornadas de DPP,* Coimbra, Almedina, 1995, p. 31 e GERMANO MARQUES DA SILVA, *Curso de Processo Penal*, I, Verbo, Lisboa, p. 148. Em oposição, FREITAS DO AMARAL, *Justiça em Crise? Crises da Justiça*, Publicações D. Quixote, Lisboa, 2000, p. 150.

[3] FIGUEIREDO DIAS, *Código de Processo Penal*, Ed. Notícias, Aequitas, p. 23. O próprio texto introdutório do diploma processual penal reforça «(...)a ideia mestra segundo a qual o processo penal tem por fim a realização da justiça no caso, por meios

326 Estudos de Homenagem ao Professor Doutor Artur Anselmo

afigurou-se, desde sempre, como um ponto concentracionário das discussões jurídico-políticas do processo penal, que lhe mereceu o imagético predicado de «sismógrafo»,[4] para reflectir as sinergias que perpassam a dimensão política e o mundividente reflexo jurídico-processual.[5]

Summo rigore, esta questão facilmente nos conduziria à problemática da igualdade de armas em processo penal[6] – que, concludentemente, se densifica, não como uma pura igualdade formal, exegética ou matemática, mas antes como uma igualdade material, determinante nos vários domínios do processo;[7] contudo, a temática primacial agora nucleia-se na seguinte reflexão: será que a actual dinâmica processual e a intervenção dos vários actores processuais[8] conduzirão a resultados materiais que sustentem posições de desigualdade em processo penal? *Rectior*, admi-

---

processualmente admissíveis e por forma a assegurar a paz jurídica dos cidadãos», «Relatório do Código de Processo Penal», *Código de Processo Penal*, Ed. Notícias, Aequitas, p. 31. Praxisticamente, «a eficácia do método submete-se à dignidade da pessoa e passa a depender do engenho e da arte do investigador, que depende muito da sua sabedoria», Manuel Valente, *Regime Jurídico da Investigação Criminal*, Almedina, Coimbra, 2004. p. 44.

[4] Figueiredo Dias, «Para uma Nova Justiça Penal», *Ciclo de Conferências no Conselho Distrital do Porto da Ordem dos Advogados*, Almedina, Coimbra p. 194.

[5] Ou, nas palavras de Costa Andrade, *A Vítima e o Problema Criminal*, Coimbra, Separata do BFDUC, XXI, 1980, p. 16, hoje assiste-se à «politização do crime».

[6] A este propósito, «o critério acolhido pelo artigo 89.º do Código de Processo Penal não afecta, na verdade, a organização da defesa por parte do arguido nem a teleologia do texto constitucional, não afectando a norma questionada a estrutura acusatória do processo criminal, nem tão-pouco perturba a reclamada igualdade de armas, considerada esta no contexto global da acusação e da defesa e na dialéctica subjacente. As garantias de defesa aludidas no artigo 32.º, n.º 1, da Constituição hão-de ser referenciadas às garantias necessárias e adequadas para um eficaz exercício do direito de defesa, interpretado à luz do princípio da proporcionalidade. Com efeito, o problema concreto não é tanto – ou não é – o da paridade no esquema dialéctico constitucionalmente exigido entre a acusação e a defesa, mas sim, essencialmente, o do efectivo e concreto exercício do direito de defesa, acompanhado das garantias que lhe assistem por exigência constitucional», Acórdão do TC de 06 de Fevereiro de 1996.

[7] No inquérito (arts. 262.º e ss.), da facultativa instrução (arts. 286 e ss) e audiência de julgamento (arts. 311 e ss.).

[8] Relevante a distinção entre sujeitos processuais e participantes processuais. Germano Marques da Silva, *Curso de Processo Penal*, Lisboa, Verbo, I, p. 301: «o ofendido não é sujeito processual, salvo se se constituir assistente; o lesado, enquanto tal, nunca pode constituir-se assistente, mas apenas parte civil para efeitos de deduzir pedido de indemnização civil».

O Inquérito Processual Penal nos Crimes de Colarinho Branco

tindo que «a não punição dos agentes com específicas características tem o seu apogeu nos momentos iniciais do processo»,[9] será que uma das causas de desigualdades materiais do processo penal residirá na *Verpolizeichung* do inquérito processual penal, traduzida, paradigmaticamente, nos casos de *white collar crime,* que projectam uma atitude diferenciadora por parte das instâncias formais? Poder-se-á, assim, professar um processo penal português na crença da igualdade, ou teremos factores inocultáveis que sustentam a ideia de que «nem todas as desigualdades morreram no século XIX?»[10] E se assim for, a radicalidade da problemática persistirá na arquitectura jurídico-processual, abstractamente considerada, ou na concreta actuação das instâncias formais de perseguição penal, pré-formada sob estereótipos e representações sociais dominantes?

Se é líquido que persiste já um vasto acervo bibliográfico acerca da relação de dependência funcional[11] entre o Ministério Público e os órgãos de polícia criminal,[12] apenas ensaiaremos, nesta sede, alguns momentos paradigmáticos da posição dos actores primaciais processuais no inquérito – *maxime* o Ministério Público e os órgãos de polícia criminal – que serão contributivos para compreendermos a tessitura desta problemática.

---

[9] CLAUDIA SANTOS, *O Crime de Colarinho Branco: da origem do conceito e sua relevância criminológica à questão da desigualdade na administração da justiça penal*, Coimbra, Coimbra Editora, STVDIA IVRIDICA, p. 222.

[10] RUI PEREIRA, «Igualdade em Direito Penal», *CM*, 05 de Março de 2006, p. 12. Emblematicamente, W. HASSEMER: «(...)enquanto o direito penal de outrora se ocupava de problemas do tipo Caio envia Tício à floresta na iminência de uma tempestade, na esperança de que este último seja fulminado por um raio, actualmente tem que se defrontar com problemas do calibre de uma causação de danos decorrente de uma decisão por escassa maioria do conselho de administração de uma S.A., ou de uma organização mal planeada de uma equipa médica para uma intervenção cirúrgica: a complexidade do nosso mundo desenvolve-se principalmente em complexas constelações de imputação»; *História das Ideias Penais, na Alemanha do Pós-Guerra*, Lisboa, AAFDL, 1995, p. 72.

[11] *Cfr.* art. 263.º n.º 2 do CPP: «(...)os órgãos de polícia criminal actuam sob a directa orientação do Ministério Público e na sua dependência funcional». Articuladamente, determina o art. 270.º do mesmo diploma: «O Ministério Público pode conferir a órgãos de polícia criminal o encargo de procederem a quaisquer diligências e investigações relativas ao inquérito».

[12] Exemplificadamente, SOUTO MOURA, «O Inquérito e a Instrução», *Jornadas de DPP*, Almedina, 1995, pp. 104 e ss; FIGUEIREDO DIAS, «Sobre os Sujeitos no novo CPP», pp. 3 e ss.; TOLDA PINTO, *A Tramitação Processual Penal,* Coimbra, Coimbra Editora, 2001, pp. 71 e ss.; GOMES CANOTILHO, *Direito Constitucional e Teoria da Constituição,* Coimbra, Coimbra Editora, 1998, p. 596.

II. O crime de colarinho branco[13] (*white collar crime*) é, acima de tudo, um conceito criminológico, autonomizado através de uma incidência negativa, por, entre outras coisas, emprestar uma representação estereotipada do agente do crime dissemelhante dos parâmetros comuns do delinquente e por ausência de confrontação directa com o lesado.[14] Revelou-se de uma indelével importância metodológica e prática para os crimes contra a economia – «*la delincuencia económica es en realidad un sector de la delincuencia de cuello branco*».[15]

Geralmente motivados pela obtenção do lucro, facilitados pelo maior acesso dos *white collar employees*, os agentes do crime caracterizam-se pela racionalização, identificação com os referentes sociais comuns, discrição, (maior ou menor) complexidade da actuação, pressupondo, comummente, o domínio de conhecimentos técnicos. *Mutatis mutandis*, exigirá, por parte das instâncias formais de perseguição penal, o domínio desses mesmos conhecimentos e um investimento maior nos recursos a empregar, quer tão-somente para sinalizar ou detectar este tipo de infracção, quer para as investigar materialmente.[16] Como a representação social deste agente do crime é distinto da do agente do crime tradicional (*v.g.* furto ou roubo), também a estigmatização e a atitude crítica social que (cercarão); aqueles (serão) desiguais. Servindo-se daquele denominador comum, compreenderá um elenco de ilícitos típicos (e não típicos), nos quais se incluem branqueamento de capitais e outros bens, corrupção, peculato, participação económica em negócio e tráfico de influências, administração danosa em unidade económica do sector público ou cooperativo, fraude na obtenção ou desvio de subsídio ou subvenção, fraude na obtenção de crédito bonificado, infracções económico-financeiras, relativos ao mercado de valores mobiliários,

---

[13] Definido por E. SUTHERLAND, como os «crimes cometidos por pessoas de elevado estatuto económico e social no exercício das suas profissões», *apud* COSTA ANDRADE, *Polis, Enciclopédia Verbo da Sociedade e Estado*, Vol. I, 1983, p. 1383.

[14] Que pode ser uma pessoa colectiva ou até o próprio Estado. Pode até nem existir intenção de lesar especificamente uma pessoa.

[15] AGUSTÍN ALBOR e CARLOS PÉREZ, *Delincuencia y Economia*, Santiago de Compostela, Monografias de la Universidad de Santiago de Compostela, 80, p. 24.

[16] «*A investigação criminal compreende o conjunto de diligências que, nos termos da lei processual penal, visam averiguar a existência de um crime, determinar os seus agentes e a sua responsabilidade descobrir e recolher as provas, no âmbito do processo*», art. 1.º da Lei n.º 21/2000 de 10 de Agosto, com as alterações introduzidas pelo DL n.º 305/2002 de 13 de Dezembro.

O *Inquérito Processual Penal nos Crimes de Colarinho Branco*

insolvência dolosa, crimes tributários, *insider trading*, entre outras, operando num campo prático daquilo que se designa por «justiça dramática», implicativo de dois problemas: «a vontade política para investigar, acusar e julgar, e o preparo técnico para o fazer eficazmente».[17]

Por consequência, face a esta fenomenologia criminal – compreensivelmente, mais silenciosa do que socialmente perceptível na sua real dimensão,[18] – aparenta-se que todos os anátemas gravitam em torno da actuação dos órgãos de polícia criminal, criando uma condição ambivalente daquela instância, como uma suspeita da assunção de um novo paradigma da «corrupção da perseguição penal»:[19] para a maioria da criminalidade, impera o desempenho «orientado para uma cultura específica de eficácia persecutória»,[20] nem que seja à custa de uma propícia hipertrofia dos direitos do arguido;[21] por seu lado, para o crime de colarinho branco, «a complexidade das infracções, os custos da investigação e, sobretudo, a *valoração feita pela própria polícia*[22] quanto à menor gravidade da conduta são desincentivadoras de uma intervenção efectiva».[23]

---

[17] BOAVENTURA SOUSA SANTOS, «A Qualidade da Acusação», *Visão*, 15 de Janeiro de 2004. Emblematicamente, este autor refere ainda a problemática dos estereótipos dos casos de justiça dramática que se referem em geral a crimes muito diferentes (corrupção, crime organizado, pedofilia), daqueles que constituem a rotina do controle social e presidem à formação e ao preparo técnico dos investigadores (crime contra a vida, furto, roubo). Por outro lado, os presumíveis criminosos são indivíduos ou organizações com muito poder social e político que, para além de fugirem ao estereótipo do criminoso, têm poder suficiente para virar o público contra o sistema judicial e para criar divisões profundas no seio deste».

[18] Como nos recorda CLAUDIA SANTOS, o problema de as vítimas não se fazerem ouvir e o cometimento de tais crimes se verificar em esferas de privacidade, normalmente inacessíveis à comum actuação policial, *cfr. O Crime de Colarinho Branco...*, p. 223.

[19] W. HASSEMER, *A Segurança Pública no Estado de Direito*, Lisboa, AAFDL, 1995, p. 95.

[20] MAIA COSTA, «Algumas propostas para repensar o sistema judiciário português», *RMP*, n.º 80, p.55.

[21] *cfr.* MARINHO PINTO, «Conversas Informais ou Diligências Rigorosamente Processuais», O.A., 12 de Março de 2002, consultável em *www.oa.pt.*

[22] itálico nosso.

[23] CLAUDIA SANTOS, *O Crime de Colarinho Branco...*, p. 224. Acrescidamente: «E é neste momento que funcionam os próprios preconceitos dos agentes policiais: numa conjuntura de insuficiência dos recursos face ao número de casos a investigar, há que fazer escolhas; as representações dominantes sobre os crimes mais perniciosos para a comunidade e sobre os agentes mais perigosos levarão, na maioria dos casos, a centrar as atenções nos crimes comuns que têm maior visibilidade», *idem, ibidem.*

330   *Estudos de Homenagem ao Professor Doutor Artur Anselmo*

Concludentemente, se o decidente é o insuperável guardião[24] dos direitos, liberdades e garantias do arguido;[25] se o Ministério Público é a autoridade judiciária que, vinculada ao princípio da legalidade, se assume como garante do respeito pela nucleada legalidade, perigada pela acção investigatória – e que, apesar de vinculado ao princípio da legalidade estrita, não deixa de assumir decisões circunstanciais de oportunidade,[26] – como recairá sobre os órgãos de polícia criminal a suspeita estigmatizante, como se não se regesse também pelo princípio da legalidade, boa fé e lealdade? Sem querermos pugnar por qualquer vertente securitária, por que se sublinha, de forma tão vincada, a necessidade de controlo – inelutável, decerto –, quando sobre os órgãos investigatórios recaem uma sobrecarga de exigências normativas processuais, deontológicas, disciplinares e éticas, mas que aparentam falir aos olhos de quem apenas sublinha os perigos derivados dos ensejos da eficácia e sucesso das investigações?

Parece-nos que a *vexata quaestio* nos projecta, assim, para uma nebulosa fronteira em que a pessoalidade dos actores judiciários, mormente os órgãos de polícia criminal, entretecida pelas representações sociais estereotipadas, atitudes conjecturadoras e pré-conceitos tentadores de conformação da acção prática, se debela face à exigível dimensão a-pessoal e asséptica da legalidade.

---

[24] MOURAZ LOPES, *Garantia Judiciária no Processo Penal*, Coimbra Editora, Coimbra, 2000, p. 23: «só o juiz, munido do seu múnus de independência e imparcialidade poderá, por isso, assumir plenamente o papel de garante último dos direitos, liberdades e garantias do cidadão», *Cfr.* ainda arts. 268.º e 269.º do CPP.

[25] Não logrando, no entanto, deixar de oferecer flancos de crítica no tratamento desigual, como se denota: «Assim, os juízes mais apegados às teses de prevenção geral e especial, bem como ao ideário de ressocialização, acabarão por "ter de punir" os delinquentes dos estratos inferiores em termos desproporcionadamente mais pesados; aplicando-lhes penas mais graves e condenando-os em maior escala à pena de prisão. Os juízes propõem-se acima de tudo obviar à perigosidade dos delinquentes, evitar a sua reincidência e estimular a sua ressocialização», FIGUEIREDO DIAS e COSTA ANDRADE, *Criminologia – O Homem Delinquente e a Sociedade Criminógena*, Coimbra Editora, 1992, p. 551.

[26] *v.g.* a suspensão provisória do processo. *cfr.* arts. 280.º e 281.º do CPP. Não obstante, «quando, como sucede entre nós, a actuação do MP é regida essencialmente, por princípios de legalidade, o que está em causa é saber se com isso se garante a igualdade. E verificar se essa legalidade formal não se traduzirá, afinal, numa oportunidade real», CLAUDIA SANTOS, *O Crime de Colarinho Branco...*, p. 226.

O Inquérito Processual Penal nos Crimes de Colarinho Branco

§2. Uma perfunctória reflexão sobre a configuração normativa do inquérito processual penal português.

I. O inquérito processual penal português apresenta-se como uma síntese das duas tradições processuais,[27] colhendo da residual vertente inquisitória[28] e entroncando-o num estrutural processo penal acusatório mitigado.[29]

O inquérito anuncia-se como uma das fases processuais mais delicadas[30] devido à ingerência justificadamente lesiva, assumida pela actividade investigatória na esfera de garantias dos arguidos, constituída com o desiderato da obtenção da verdade material,[31] funcionalmente comprometido para fundamentar a existência (ou a inexistência) da *accusatio* pelo Ministério Público.[32] Compreendendo uma pletora de regras e normas – que enformam os meios processualmente admissíveis –, constituem-se como a síntese concretizadora entre as exigências da inocultável eficácia operativa e funcional[33] (para descobrir a prática de um facto ilícito típico criminal e quais os seus agentes) e o respeito pelos direitos e as liberdades do arguido, protegido pelo

---

[27] *cfr.* Delmas-Marty, «Conferência Parlamentar sobre a Proposta de Revisão do Código de Processo Penal» na AR», *RPCC*, Coimbra Editora, Ano 9, Abr-Jun, de 1999, p. 231.

[28] Fase escrita e secreta, titulada pelo Ministério Público, sendo, no entanto, temperado com soluções acusatórias que visam a garantia da posição do arguido.

[29] *Cfr.* art. 32.º n.º 5 da CRP. Articuladamente, vigora o princípio *nemo judex sine actore*: princípio radicado no direito processual acusatório, em que o órgão acusatório se difere da entidade decidente.

[30] Precedida, normalmente, de actos processuais, nos quais se inscrevem as designadas medidas cautelares e de polícia: *cfr.* 248.º do CPP e ss.

[31] Os actos de inquérito, integrados numa organização processual, têm de ser «garantes do seu sentido humanamente positivo e da sua prática legitimidade», Fernando Bronze, *Apontamentos Sumários de Introdução ao Direito*, FDUC, Coimbra, 1997, p. 256.

[32] «*O inquérito compreende o conjunto de diligências que visam investigar a existência de um crime, determinar os seus agentes e a responsabilidade deles e descobrir e recolher as provas, em ordem à decisão sobre a acusação*», *cfr.* art. 262.º do CPP.

[33] «(...)propósito de salvaguardar o prestígio dos órgãos processuais nas suas relações com a comunidade, em ordem a um mais cabal adimplemento das obrigações de colaboração na realização da justiça penal», «Relatório do Código de Processo Penal», *CPP*, Aequitas, ... p. 37.

332   *Estudos de Homenagem ao Professor Doutor Artur Anselmo*

princípio *in dubio pro reo*[34] e de presunção de inocência até sentença condenatória transitada em julgado.

A exigência de igualdade material, de matriz constitucional,[35] implica a sua projecção, logicamente, em todas as fases do processo penal; *in casu*, e especificamente, no inquérito.[36] Tal será significante de uma actuação imparcial, isenta e recta para com os arguidos, por parte de todos os actores judiciários: magistrados judiciais, Ministério Público e órgãos de polícia criminal. Contudo, alcançar-se-á factualmente essa tão desejável actuação purista ou, aproveitando as palavras de HASSEMER, conseguiremos «arrancar a máscara da face do sistema»?[37] Será que, em especial, os órgãos de polícia criminal – aqueles que mais proximamente lidam com os arguidos – perspectivam de igual forma todos os (potenciais) agentes do crime ou deveremos assumir, conformadamente, a existência das designadas «vítimas preferenciais da acção policial»[38]? Simplesmente, será o agente do crime *v.g.* de roubo tratado de igual forma pela administração penal que o agente do crime de colarinho branco?

Para tanto, será necessário sindicar duas vertentes: por um lado, a configuração do inquérito processual penal português, acusado demasiadas vezes de ser *policializado,* ao ser permissivo a juízos e a valorações dos órgãos de polícia criminal: «é nossa convicção, afirmemo-lo desde já, ser esta fase em que se verificam mais avultadas possibilidades de tratamentos desigualitários e de favorecimento dos agentes dotados de uma especial competência de acção».[39] Por outro lado, conseguirá algum dos actores marginalizar-se de todas as representações histórica e socialmente construídas, não permitindo, directa ou indirectamente, a sua interferência na actividade objectiva?

---

[34] «A prova para condenação tem de ser plena, enquanto a dúvida ou incerteza impõe a absolvição», CAVALEIRO DE FERREIRA, *Processo Penal,* I, Lisboa, Ed. Danúbio, p. 212.

[35] *Cfr.* art. 13.º n.º 1 da CRP: «*Todos os cidadãos têm a mesma dignidade social e são iguais perante a lei».*

[36] Exemplificadamente, em sede de audiência de julgamento, como em outras das fases do processo, como corolário do *fair trial*, o *cross examination* constitui-se como uma das ideias mestras da materialização dessa exigência de igualdade *inter partes.*

[37] W. HASSEMER, *História das Ideias Penais...,* p. 38.

[38] NEIVA DA CUNHA, «Sobre a Fabricação de um tira: notas de pesquisa suscitadas por uma sociologia dos grupos sociais», *VIII Congresso Luso-Afro-Brasileiro de Ciências Sociais*, 2004, p. 5; disponível em *www.ces.uc.pt*

[39] CLAUDIA SANTOS, *O Crime de Colarinho Branco,* ... p. 221.

O Inquérito Processual Penal nos Crimes de Colarinho Branco   333

II. O implicativo da construção de um *due process of law*, radicado na exigência do tratamento justo e equitativo entre as partes, projecta na lei positiva um conjunto de adaptadas soluções e materializadoras da igualdade material, que resultem numa intencionalidade em que, «se dê tratamento igual a situações de facto essencialmente iguais e tratamento diferente para os factos desiguais».[40] Aliás, é a própria Lei Fundamental a apontar o caminho, através do art. 18.º n.º 2, prevendo que as restrições possam ser efectuadas, desde que limitadas ao necessário, «*para salvaguardar outros direitos ou interesses constitucionalmente protegidos*» (*in fine*). Repare-se, praxisticamente, na excepção à inviolabilidade do domicílio, previsto no art. 34.º n.º 3 da CRP, face a circunstâncias gravosas, cuja relevante ressonância ético-social motiva a existência de situações de ressalva: «*ninguém pode entrar durante a noite no domicílio de qualquer pessoa sem o seu consentimento, salvo em situação de flagrante delito ou mediante autorização judicial em casos de criminalidade especialmente violenta ou altamente organizada, incluindo terrorismo e o tráfico de pessoas, armas e de estupefacientes(...)*».

Por sua vez, a marcha do inquérito não é igual em todas as circunstâncias. É a própria ordenação processual penal a colocar prerrogativas para o inquérito perante uma conjuntura de maior complexidade e que, comummente, está entrecruzada à criminalidade de colarinho branco. O art. 276.º do CPP, paradigmaticamente, prevê que os prazos máximos para o encerramento do inquérito possam ser alterados, ao subsumir-se ao catálogo de crimes previsto,[41] tendo, como denominador comum, o gradativo aumento de complexidade na investigação dos ilícitos.[42] Tal é sustentante, igualmente, da solução da avocação dos

---

[40] Acórdão do TC 293/2006, *DR*, II, n.º 110 de 7 de Junho de 2006, p. 8271.

[41] O prazo máximo é de 8 meses, se se tratar dos crimes, *inter alia*, de falsificação de moeda, títulos de crédito, valores selados, selos e equiparados, burla, insolvência dolosa, administração danosa do sector público e cooperativo, falsificação, corrupção. Peculato, participação criminosa em negócio, branqueamento de capitais, bens ou produtos provenientes de crime, fraude na obtenção ou desvio de subsídio, subvenção ou crédito; para 10 meses, independentemente do crime, se se revelar «de especial complexidade»; e de 12 meses, nos casos em que envolva um número elevado de arguidos ou ofendidos ou se o crime investigado se revelar de carácter altamente organizado

[42] Exemplificadamente, num caso de investigação de branqueamento de capitais, normalmente baseado numa actividade ilícita (como o tráfico de estupefacientes), o esforço de pesquisa de informações para o estabelecimento de conexões entre os vários pontos de contacto nas redes operativas do crime, implica consideravelmente a afectação de muitos meios e, naturalmente, maior duração das investigações.

334   *Estudos de Homenagem ao Professor Doutor Artur Anselmo*

processos, mesmo na fase de inquérito, por parte do Ministério Público[43] ou da decisão de deferir a investigação a órgão de polícia criminal quando *«se preveja que a investigação requeira conhecimentos ou meios técnicos especiais e mobilidade de actuação, em razão do alargamento espácio-temporal da actividade delituosa ou da multiplicidade das vítimas ou dos suspeitos».*[44]

Cuidando, precisamente, de uma criminalidade com uma tessitura específica, não se estranha, assim, uma profícua emanação de legislação penal secundária[45] atenta às exigências próprias e adequadas às particularidades da investigação destes crimes, em ordem à concretização perseguição penal eficaz.[46] *Simpliciter*, esta adequação de soluções reactivas processuais colhe directamente da ideia de que o princípio da igualdade deve exercer, na actividade legiferante, um controlo «tão-só de carácter negativo, consistindo este em saber se a opção do legislador se apresenta intolerável ou inadmissível de uma perspectiva jurídico-constitucional, por não se encontrar para ela qualquer fundamento material».[47] A modelação da lei positiva que trata das reacções processuais na criminalidade complexa, deve ininterruptamente respeitar a igualdade material, como condição de assimilação colectiva, e outrossim assumir uma postura

---

[43] *Cfr.* art. 286.º n.º 4 e art. 109.º do CPP e art. 2.º n.º 7 da Lei 21/2000 (LOIC).

[44] Art. 5.º n.º 2 *in fine*, da Lei 21/2000 (LOIC).

[45] Exemplo disso, a Lei 5/2002 (e respectiva declaração de rectificação) que estabelece medidas reactivas face à criminalidade organizada e económico-financeira (regime especial de recolha de prova, quebra do segredo profissional e perda de bens a favor do Estado nos crimes de tráfico de estupefaciente, tráfico de armas, corrupção passiva e peculato, branqueamento de capitais, associação criminosa, contrabando (organizado), tráfico e viciação de veículos furtados (quando organizado) e lenocínio e contrafacção de moeda e títulos equiparados a moeda (quando organizado). Atente-se à especificidade do art. 6.º n.º 1, quando admite, *sem consentimento do visado*, o registo de voz e imagem, por qualquer meio, quando necessário para a investigação de crimes referidos no n.º 1 (sob condição, no entanto, de autorização prévia juiz). Acrescidamente, a Lei 13/2001, que transpõe para o direito interno a Convenção sobre a Luta contra a Corrupção de Agentes Públicos Estrangeiros nas transacções comerciais internacionais ou o próprio DL 28/84, que regula as infracções antieconómicas e contra a saúde pública.

[46] «A rentabilização da realização da justiça é apenas desejada em nome do significado directo da eficiência para a concretização dos fins do processo penal: realização da justiça, tutela de bens jurídicos, estabilização das normas, paz jurídica dos cidadãos», «Relatório do Código de Processo Penal», *CPP*, ... p. 36.

[47] Parecer da Comissão Constitucional n.º 458 de 25 de Novembro de 1982, *apud* Acórdão TC 291/2006 de 7 de Junho de 2006, p. 8265.

O Inquérito Processual Penal nos Crimes de Colarinho Branco

eficaz e anti-anémica, com soluções que traduzam a certeza jurídica de uma resposta útil e válida perante a violabilidade da norma.

III. Na vigência do Código de Processo Penal, ao implementar uma nova arquitectura processual, não raras foram as vozes que trouxeram a lume a problemática da construção do edifício processual penal, potenciadora do perigo da policialização do inquérito.[48]

Primo, recordando as nossas questões de partida, logo se compreende a necessidade de verificarmos qual é a posição do Ministério Público e dos órgãos de polícia criminal e, mormente, o gravitante problema de sindicarmos se a configuração do inquérito e os resultados praxísticos sustentam legitimamente, ou não, a tão aclamada (e alarmadamente perigosa) sobrepolicialização do inquérito: será a policialização sinónimo de desjudicialização?

Será relevante trazermos a lume a discussão acerca da posição do Ministério Público no inquérito. Inatacável na sua posição teorética de *dominus* do processo, é inafastável que «a experiência veio a revelar um substancial fosso entre a lei e a realidade»:[49] a dinâmica processual implicou a coadjuvação das autoridades policiais na tarefa investigatória.[50] Praxisticamente, enquanto uns perspectivam a perda material da titularidade do inquérito, não raras as vezes se acusa a falta de preparação para a assunção da actividade material principal do inquérito – a investigação criminal[51] – como, aliás, já figurava com uma das críticas principais na

---

[48] *cfr.* «Debate parlamentar de 23 de Dezembro de 1987», DAR, 23 de Dezembro de 1987, p. 5 e ss. Sobre a mesma matéria, ANTÓNIO CLUNY, *O Estatuto do Arguido, a Garantia Judiciária no Inquérito e a nova criminalidade*, «acresce que uma possível sedimentação constitucional e legal da policialização do Inquérito importará, necessariamente, uma desvalorização dos direitos do arguido e a restrição das possibilidades de intervenção do seu defensor. Isto, quer nos situemos no importante plano da obrigatoriedade da concretização pela investigação da presunção de inocência do arguido, quer, fundamentalmente, no plano da restrição dos seus direitos, em função dos interesses que estão associados à aplicação da lei criminal», disponível em *www.oa.pt*.

[49] CUNHA RODRIGUES, PGR, 1997. Ainda, «a estratégia de articulação com as polícias e sujeitos a uma insustentável plasticidade de critérios foi, em alguma medida, responsável pela lentidão e pelos incidentes de percurso que acompanharam a implantação do chamado modelo de dependência funcional dos órgãos de polícia criminal.»

[50] *Cfr.* Despacho 06/2002, Procuradoria Geral da República.

[51] «Como magistratura, o Ministério Público não é – não deve ser – um corpo de polícia.», CUNHA RODRIGUES, PGR, Directiva 1/2002 – art. 270.º do Código de Processo Penal – Delegação de competência.

vigência do Código de Processo Penal.[52] Isto sem prejuízo, como já referimos, das necessidades pontuais de avocação de processos que reclamam uma tessitura jurídico-material mais complexa que traduzem, no fundo, a posição da titularidade e, correspectivamente, o direito de disponibilidade sobre o processo.

Em jeito de contextualização, o inquérito encontra-se regulado no Código de Processo Penal e constitui, *communis opinio*, o ponto mais sensível da perspectiva da defesa dos direitos do arguido.[53] Esta «desconfiança» é gerada, principalmente, pela dominância fáctica dos órgãos de polícia criminal, agudizado pela imagem emprestada de RADBRUCH, que esta trabalha na «cave»,[54] permissiva a métodos enganosos e onde a eficácia prima sobre qualquer outra noção – mesma sobre as mais basilares exigências éticas –, embora pertença ao Ministério Público a assunção de *dominus* do inquérito e o dever de controlo da legalidade.[55]

Arquitectado sob a égide do princípio acusatório, pré-ordenado pela Convenção Europeia dos Direitos do Homem, no seu artigo 8.º, advoga-se a configuração do ordenamento processual predicativo de um verdadeiro «processo equitativo»[56] e a nossa constelação jurídica, *maxime* na Lei Fundamental (art. 32.º) implica a contraditoriedade processual (*cross examination* ou *Wechselverhör*) como corolário da garantia de defesa do arguido.[57] Não se deve ocultar que, tratando-se da fase processual do

---

[52] «Um dos mais poderosos argumentos dos críticos do Código foi, como se lembram, o de que iria conduzir à policialização da investigação», CUNHA RODRIGUES, CSMP, Procuradoria Geral da República, 1997.

[53] Sem, obviamente, mencionarmos os momentos pré-processuais.

[54] RADBRUCH *apud* COSTA ANDRADE, *Sobre as Proibições de Prova em Processo Penal,* Coimbra, Coimbra Editora, 1992, p. 132.

[55] *cfr.* art. 263.º do CPP: «A direcção do inquérito cabe ao Ministério Público, assistido pelos órgãos de polícia criminal».

[56] Acórdão do T.E.D.H. de 20 de Dezembro de 2001 (*P.S. vs. Alemanha*).

[57] «As garantias de defesa, a que se refere o artigo 32.º n.º 1, da Lei Fundamental, inculcam, assim, a necessidade de o arguido conhecer, na sua real dimensão, os factos de que é acusado, para que deles possa convenientemente defender-se. E isto implica, nomeadamente, que não possa ser surpreendido em julgamento com factos que a acusação lhe não tivesse posto «diante dos olhos», Acórdão do S.T.J. de 6 de Dezembro de 2002; ainda sobre a contraditoriedade face à excepcional questão da prova reservada: «nos casos em que a prova não foi divulgada à defesa por razões de interesse público, não cumpre ao Tribunal julgar sobre a necessidade da divulgação ou da não divulgação daqueles elementos, pois tal função caberá, de um modo geral, aos tribunais nacionais; quando a prova em causa nunca foi revelada, como no caso em apreço, haverá que controlar o

O Inquérito Processual Penal nos Crimes de Colarinho Branco   337

inquérito, este arroga características inquisitórias, por razões práticas de conflito de interesses subjectivos processuais.[58][59] Não obstante, tal não representa uma falência dos direitos de defesa do arguido nesta fase: é líquido que, por exemplo, a contraditoriedade não vigora aqui de forma tão plena como na fase de julgamento, mas permite-se a intervenção no *iter* do inquérito, designadamente através da faculdade de oferecer as provas e requerer as diligências que se lhe afigurem necessárias, entre outros direitos.[60]

Factualmente, recai sobre as entidades policiais o dever da *instrukionmaxime*,[61] enquanto desiderato do princípio – *rectior*, do poder-

---

processo de decisão sobre a necessidade de não divulgação dos referidos elementos. Neste caso, o facto de ter havido controlo judicial (pelo juiz do julgamento, que conhecia toda a prova em posse da acusação) da necessidade da divulgação da prova reservada, constituiu uma garantia adicional de que a natureza equitativa do processo seria controlada, designadamente, no decurso do julgamento, pelo que, no caso, o processo de decisão foi equitativo e obedeceu, na medida do possível, aos princípios do contraditório e da igualdade de armas, tendo proporcionado as garantias necessárias à salvaguarda dos direitos do arguido.», (*FITT vs. U.K*), Acórdão de T.E.D.H. de 16 de Fevereiro de 2000.

[58] «No entanto, o direito a conhecer toda a prova relevante não é absoluto, podendo existir interesses conflituantes, como sejam a segurança nacional, ou a necessidade de proteger testemunhas de eventuais represálias, ou, ainda, de salvaguardar – mantendo secretos – determinados métodos de investigação policial, que deverão ser ponderados no confronto com os direitos de defesa», (*FITT vs. UK*), Acórdão de T.E.D.H. de 16 de Fevereiro de 2000.

[59] «A par do fundamental conflito de interesses entre o Estado e o arguido, a que se aplica o princípio do contraditório consagrado no n.º 5 do artigo 32.º da Constituição, pode haver um conflito, pelo menos subjectivo, de interesses processuais, entre o Ministério Público e o assistente. A esse conflito, a lei processual penal dá-lhe expressão ao permitir ao assistente deduzir acusação independente da do Ministério Público e interpor recurso das decisões que o afectem, mesmo que o Ministério Público o não tenha feito. Nesta medida, os assistentes não subordinam a sua intervenção no processo à actividade do Ministério Público. Por outro lado, quando o parecer do Ministério Público na vista do artigo 416.º do Código de Processo Penal é desfavorável ao arguido, este tem o direito de responder, pelo que se verifica uma desigualdade de armas entre o arguido e o assistente. Mas essa desigualdade não é desconforme à Constituição, que reconhece um princípio de favorecimento do arguido», Acórdão do T.C. de 11 de Julho de 1997.

[60] *cfr.* art. 61.º do CPP.

[61] «O princípio da investigação oficiosa, conferido pelo art.º 323.º a) e 340.º n.º 1, do CPP, tem os seus limites previstos na lei e está condicionado pelo princípio da necessidade, dado que só os meios de prova cujo conhecimento se mostre necessário para habilitarem o julgador a uma decisão, devem ser produzidos por determinação do tribunal na fase do julgamento, oficiosamente, ou a requerimento dos sujeitos processuais.», Acórdão do S.T.J. 15 de Outubro de 1997.

338   *Estudos de Homenagem ao Professor Doutor Artur Anselmo*

-dever – de investigação em busca da verdade material.[62] Curiosamente, apesar de o Ministério Público se perfilar como o garante da legalidade, as soluções processuais parecem não conseguir sacudir a imputação suspeita dos órgãos de polícia criminal actuarem como a sua *longa manus*. É que se não podemos considerar, teoreticamente e eticamente, o Ministério Público como parte no processo interessada nalgum resultado ou sentido específico da sentença – pois sobre ele recaem verdadeiras ordens racionais de legalidade – logo se busca a crença de que as entidades investigatórias, também elas sob vigência pouco discreta dos princípios legais e demais ordenações deontológicas, disciplinares e éticas, são excessivamente ciosas da obtenção da condenação – ou pelo menos, da acusação – como se fossem o único símbolo ou significante do sucesso da actividade investigatória. Relembremos, no entanto, que essa construção social reside numa representação de pendor univocamente funcional, como uma actividade policial que almeja os seus objectivos, sem se compadecer ou atente a qualquer limite – assim GERMANO MARQUES DA SILVA relembra, a propósito da investigação criminal e a criminalidade organizada: «nem pactos com o "diabo" nem utilização de meios diabólicos no seu combate».[63] É líquido que, num Estado de Direito, a função policial deve ser tão eficaz quanto a proporção do controlo da sua legalidade, por oferecer demasiadas situações onde facilmente o momentâneo poder fáctico e a tentação de obter mais facilitadamente a verdade podem propiciar, por vezes, uma repentina e reservada debilitação da defesa do arguido, empurrando a dignidade das actuações públicas persecutórias para o seu cadafalso moral.[64]

---

[62] «O tribunal do julgamento tem poderes investigatórios pertinentes à descoberta da verdade material (artigo 340.º do C.P.Penal) mas não pode suprir a descoberta de elementos relevantes que o não foram no momento próprio e pelas autoridades próprias. Nem se pode partir, no sentido da demonstração dos factos, da culpa do arguido, procurando, a todo o custo, encontrar os elementos probatórios que a sustentem. O princípio é de funcionamento inverso (todo o arguido se presume inocente até ao trânsito em julgado da sentença de condenação – artigo 32.º, n.º 2, da Constituição.», Acórdão do S.T.J. de 30 de Junho de 1999.

[63] GERMANO MARQUES DA SILVA, «A Criminalidade Organizada e a Investigação Criminal», texto lido na sessão de encerramento do I Congresso de Processo Penal do ISCPSI, 2005.

[64] VLADIMIR VOLKOFF, *O Interrogatório*, Lisboa, Difusão Editorial, 1990, p. 185: «Então o que parecia impossível torna-se tentador».

O Inquérito Processual Penal nos Crimes de Colarinho Branco 339

Mas se isto é facilmente compreensível, também o será se afirmarmos que, por sua vez, não é a isolada actuação dos órgãos de polícia criminal que sustenta toda a culpabilidade das deficiências da administração da justiça, devendo ser um natural fiel depositário das expectativas resultantes da confiança social e fé pública.

§3. A *Verpolizeichung* e algumas das suas projecções paradigmáticas.

I. «O direito processual penal não é outra coisa senão direito constitucional aplicado; isto vale com mais ênfase no tocante às medidas de força do inquérito policial».[65] Factualmente, se «o novo direito penal derrama-se sobre todos os campos em que a nossa vida se tornou moderna e arriscada»,[66] a tão aclamada sobrepolicialização, a verificar-se, não será alheia a uma emergência de um conjunto fenomenológico intenso, provocado por incidentes processuais considerados sensíveis, porquanto predicados, por um lado, por uma margem acentuada de intervenção policial, que se dota de instrumentos de eficácia investigatória, e, por outro, colidem e interferem com uma protecção da dimensão nucleada tutelada, material e subjectivamente, como direitos fundamentais do arguido.

Ainda antes de invadirmos o campo da tutela do inquérito processual penal – em que o arguido se socorre de uma conjunto de direitos garantísticos que constroem um quadro dotado de certeza e previsibilidade – será relevante trazermos a lume a referência aos nominados momentos «pré-processuais»,[67] inseridos no que W. HASSEMER designou por «pré-investigações».[68] Concretizando, o que a Lei de Organização da

---

[65] W. HASSEMER, *A Segurança Pública no Estado de Direito*, ... p. 102.

[66] W. HASSEMER, *História das Ideias Penais...*, p. 68.

[67] Os momentos «pré-processuais» apresentam-se, sobretudo, devido às necessidades de urgência de manutenção de prova. Não isentos de largas críticas, escudam-se no facto de a lei prever esta actuação a montante e a condição necessária de transposição de toda a matéria para o processo, não claudicando o princípio *quod non in actu non est in mundo*. Sobre esta matéria, *cfr.* com o nosso *O Depoimento dos Órgãos de Polícia Criminal em Processo Penal – A valoração das Conversas Informais com o Arguido*, Lisboa, monografia de Licenciatura no ISCPSI, 2004.

[68] «Todos estes meios são utilizados subrepticiamente nas costas do atingido: até agora as investigações eram, por princípio, abertas para que o atingido pudesse cuidar da sua defesa a tempo. As chamadas «pré-investigações» removem os limites de intervenção delineados pela noção de indício, que tradicionalmente serviu para legitimar os trans-

340 *Estudos de Homenagem ao Professor Doutor Artur Anselmo*

Investigação Criminal[69] faz descobrir[70] – e tal diploma normativo, no entendimento de ANABELA RODRIGUES, é o resultado da referida policialização[71] –, ou o que a Lei 5/2006[72] prevê, sob a epígrafe «reforço da eficácia da prevenção criminal»,[73] ao procurar salvaguardar os interesses superiores da comunidade. A aceitação legal destes momentos pré--processuais não representa, de forma alguma, uma política de actuação de pendor univocamente funcional, marginalizada dos vínculos legais. A necessidade de urgência é considerada para garantir que as diligências sejam realizadas para salvaguardar a obtenção da verdade material, a tutela digna dos direitos da vítima e a utilidade e validade da sentença. Por outro lado, reforce-se esse pressuposto que este não é um espaço *praeter legem* ou tão-pouco representará um projecto aberto à negação da regência do direito, até porque «(...)uma política criminal que, a longo prazo, disponha livremente a garantia da liberdade e da protecção dos direitos fundamentais com o propósito de ceder às exigências de um efectivo combate ao crime, coloca em jogo todas as nossas tradições de Estado de Direito, não importando com que eficácia e quem deva proclamá-las e defendê-las».[74]

---

tornos na vida de pessoas inocentes, aceitáveis, apenas mediante pressupostos e balizas claros», W. HASSEMER, *A Segurança Pública no Estado de Direito*, ... p. 100 e 101.

[69] Aprovada pela Lei n.º 21/2000 de 10 de Agosto, com as alterações introduzidas pelo DL n.º 305/2002 de 13 de Dezembro.

[70] Art.º 2.º n.º 3: «*os órgãos de polícia criminal, logo que tomem conhecimento de qualquer crime, comunicam o facto ao MP no mais curto prazo, sem prejuízo de, no âmbito do despacho de natureza genérica previsto no n.º 4 do art. 270.º do CPP, deverem **iniciar de imediato a investigação** e, em todos os casos, praticar os cautelares necessários e urgentes para assegurar os meios de prova*». (sublinhado nosso)

[71] ANABELA M. RODRIGUES, «A Fase Preparatória do Processo Penal – Tendências na Europa. O Caso Português.», *Estudos em Homenagem ao Prof. Doutor Rogério Soares,* STVDIA IVRIDICA, 61, BFDUC, Coimbra Editora, 2001, p. 955.

[72] Aprova o novo Regime Jurídico das Armas e suas Munições.

[73] N.º 3 do art. 109.º: «As operações especiais de prevenção podem compreender, em função da necessidade, a identificação das pessoas que se encontrem na área geográfica onde têm lugar, bem como a revista das pessoas, de viaturas ou de equipamentos e, quando haja indícios de prática dos crimes previstos no n.º 1, risco de resistência ou de desobediência à autoridade pública ou ainda a necessidade de condução ao posto policial, por não ser possível a identificação suficiente, a realização de buscas no local onde se encontrem». Essa permissão apenas se condiciona a uma comunicação prévia ao Ministério Público pelo Director Nacional da Polícia ou Comandante Geral da Guarda Nacional Republicana.

[74] W. HASSEMER, *A Segurança Pública no Estado de Direito...*, p. 90.

Assim, a nível do inquérito, e na prática dos correspectivos actos processuais, a acção policial dissimuladamente pode transcender a exigente nota de legalidade, revelando a inconcludência do postulado do controlo total sobre a acção policial, inspirando a compreensão da reclamada *verpolizeichung* ou «sobre-representação da polícia».[75] Relembremo-nos, para aludir a expressões concretas, *v.g.* os interrogatórios policiais de testemunhas, antes de serem constituídas arguidos[76] ou nas declarações prestadas face ao órgão de polícia criminal – «é nesses interrogatórios que mais suspeitas há de se não respeitarem os direitos e garantias dos arguidos.»[77] – e a regra do não aproveitamento para leitura posterior na audiência de julgamento.[78 /79] Sustentado pelo pressuposto de que o arguido não deve ser conduzido à «verdade auto-incriminadora»,[80] os artigos 356.º e 357.º do Código de Processo Penal são entretecidos, por um lado, pelo princípio *nemo tenetur se ipsum accusare*[81] e, por outro, vincado pelo princípio do acusatório, em que o juiz, em sede de audiência de julgamento, deve formar a sua livre convicção com base na reprodução das provas naquele momento processual.[82] Impede-se, impli-

---

[75] ANABELA M. RODRIGUES, «A Fase Preparatória do Processo Penal...», p. 995.

[76] *cfr.* art. 59.º do CPP.

[77] MARINHO PINTO, «Conversas Informais ou Diligências...».

[78] «A leitura de carta rogatória em audiência é permitida pelo artigo 358.º n.º 1 alínea a) conjugado com o artigo 318.º do CPP, entendido este em termos hábeis, pois não se vislumbra qualquer razão lógica para excluir aquela modalidade de comunicação de actos processuais da leitura em audiência, em ordem à efectiva sujeição desse meio de prova ao princípio do contraditório, Acórdão. do S.T.J. de 10 de Julho de 1996. Ainda, «nada obsta que sejam lidas em audiência declarações prestadas à polícia, contanto que posteriormente confirmadas, perante o juiz de instrução», Acórdão do S.T.J. de 15 de Julho de 1993.

[79] «Uma eventual contradição entre declarações anteriores e declarações feitas na audiência de julgamento não pode servir para ter como verdadeiras as primeiras e falsas as últimas», Acórdão do S.T.J. de 11 de Janeiro de 1995.

[80] CASTANHEIRA NEVES, *Sumários de Processo Criminal*, Coimbra, 1968, p. 176.

[81] «O arguido goza do direito de não responder a perguntas feitas sobre os factos que lhe foram imputados(...)tem direito a prestar declarações em qualquer momento da audiência, sem que no entanto a tal seja obrigado e sem que o seu silêncio possa desfavorecê-lo.(...) Mas, dispondo-se a prestar declarações, assim como a confissão lhe aproveita, a falta à verdade não deixará de se reflectir negativamente no seu comportamento processual», Acórdão do S.T.J. de 01 de Março de 1995.

[82] «Conferir valor probatório às declarações proferidas, em audiência de julgamento, por um arguido em desfavor de outro, estando este impossibilitado de efectuar,

342 Estudos de Homenagem ao Professor Doutor Artur Anselmo

cativamente, o acesso irregrado e imetódico às declarações que o arguido prestou em momentos processuais anteriores ao julgamento, – o conteúdo dos autos cuja leitura não é permitida – obstando, complementarmente, o acesso indirecto a esse conteúdo, designadamente através da prestação de terceiros.[83] [/84] O julgamento implica as obrigações de examinar e atender, em harmonia com a lei, a todas as provas existentes no processo, sem necessidade da sua leitura pública, apenas exigível para os depoimentos ou declarações de intervenientes reduzidos a auto.[85] Esta problemática imediatamente converge para a dissonância interposta entre as

---

mesmo através do próprio tribunal, um contra interrogatório, seria, sem sombra de dúvida, deixar de todo em esquecimento os princípios de que o processo criminal deve assegurar todas as garantias de defesa e de que a audiência de julgamento e os actos instrutórios que a lei determinar estão subordinados ao princípio do contraditório»; Acórdão do T.C. 524/97 de 14 de Julho de 1997. Por outro lado, «os agentes da polícia criminal só estão impedidos de depor como testemunhas quando tenham ouvido em declarações os arguidos e pretendam referir-se ao conteúdo delas. Se se referirem, haverá violação da proibição legal contida no artigo 356.º n.º 7 do CPP. O que a lei pretende impedir ou evitar é que, tendo-se o arguido recusado, como é seu direito, a prestar declarações, se defraudasse esse direito fazendo ouvir as pessoas que lhe tomaram declarações para elas contarem aquilo que o arguido narrou e se recusara em audiência a narrar de novo pessoalmente.», Acórdão do S.T.J. de 06 de Novembro de 1996.

[83] «O disposto no artigo 356, n.º 7, do Código de Processo Penal apenas veda que os agentes policiais deponham sobre o conteúdo das declarações escritas que, no exercício das suas funções, receberam do arguido e não sobre quaisquer outras de conteúdo diverso que ultrapassem as declarações do arguido ou de que os agentes policiais tenham tomado conhecimento no decurso das averiguações», Acórdão do S.T.J. de 20 de Maio de 1992.; ainda, sobre a mesma matéria: «se em audiência de julgamento vierem a depor como testemunhas órgãos de polícia criminal pronunciando-se sobre factos por si apurados antes da participação e não tendo eles tido qualquer intervenção no decurso do processo, não ocorre ofensa do disposto no n.º 7 do artigo 356.º do Código de Processo Penal», Acórdão do S.T.J. de 15 de Novembro de 2000.

[84] «Para os fins do estatuído no artigo 357, n. 1, alínea b), do C.P.Penal as declarações prestadas pelo arguido perante o Ministério Público e de seguida, confirmadas perante o juiz de instrução e referidas no respectivo auto por remissão para aquelas, têm o valor equivalente a declarações feitas perante o juiz», Acórdão do S.T.J. de 25 de Março de 1999.

[85] Cfr. Acórdão do S.T.J. de 14 de Maio de 1997; no mesmo sentido, «julgamento implica a obrigação de examinar e atender, em harmonia com a lei, a todas as provas existentes no processo, sem necessidade da sua leitura pública, apenas exigível para os depoimentos ou declarações dos intervenientes reduzidos a escrito», Acórdão do S.T.J. de 02 de Julho de 1998.

O *Inquérito Processual Penal nos Crimes de Colarinho Branco* 343

declarações do arguido e as conversas informais[86] – que o paradigma norte-
-americano facilmente solveu com os *Miranda Warnings* – que abre a porta
estratégica para submeter matéria probatória a apreciação do decidente,
quando os referidos artigos 356.º e 357.º do CPP proíbem o acesso a esse
conteúdo.

Ademais, deverão ser chamados neste enredado discurso prático
(onde a condição ética dos órgãos de polícia criminal é ainda mais determinante) as confissões formais aos órgãos de investigação[87] – «o dever de
buscar até que ponto a confissão do seu constituinte é genuína, e não o
resultado de debilidade psíquica ou de coacção de qualquer tipo.»[88] – que,
justificadamente, claudicam face à irremissível exigência de renovação
validante de todas as provas em audiência de julgamento[89] ou as tão
polemistas escutas telefónicas. As escutas telefónicas constituem, entre
os plúrimos meios de obtenção de prova, aqueles que mais implicam uma
discussão normativa e doutrinária e, obviamente, realiza a posição de
influência operada pelos órgãos de polícia criminal.

As escutas telefónicas irão sempre pressupor a abertura de um inquérito, devido à necessidade da existência de garantias de respeito pelos
mais basilares princípios individuais, designadamente da dignidade da
pessoa humana e da reserva da intimidade da vida privada. A resposta
positiva materializou-se no art. 187.º do Código de Processo Penal, estabelecendo um quadro taxativo e limitativo dos crimes que permitem o recurso à intercepção das chamadas telefónicas – os crimes de catálogo –,
como forma de garante de uma actividade votada ao receio quando não

---

[86] «Os agentes da polícia criminal estão proibidos de serem inquiridos como testemunhas sobre o conteúdo de declarações que tenham recebido e cuja leitura não seja
permitida e não de o serem sobre o relato de conversas informais que tenham tido com
os arguidos. Salvo se se provar que o agente investigador escolheu deliberadamente esse
meio de conversas informais para evitar a proibição da leitura das declarações do arguido,
em audiência.», Acórdão de S.T.J. de 25 de Novembro de 1993.

[87] «Quer na hipótese de confissão integral e sem reservas, quer no caso de confissão
parcial ou com reservas, o tribunal mantém intacta a sua liberdade de apreciação e,
consequentemente, pode admitir ou não a confissão. Assim, a confissão do arguido,
mesmo no caso de ser admitida, não impede, necessariamente, a produção de prova em
audiência, mormente no que respeita à prova da defesa, para o efeito da escolha e da
medida da reacção criminal a aplicar, em tal sentido devendo interpretar-se o citado artigo
344.º.», Acórdão do S.T.J. de 04 de Janeiro de 1991.

[88] Germano Marques da Silva, «A Criminalidade Organizada e a Investigação
Criminal – Nem pactos com o diabo nem meios diabólicos no seu combate», Lisboa ...

[89] *cfr.* art. 355.º do CPP.

344   *Estudos de Homenagem ao Professor Doutor Artur Anselmo*

fortemente controlada, sob pena de se avassalar ao *Verpolizeichung* do inquérito processual. Os crimes previstos prendem-se, por um lado, por exigências de gravidade e de ressonância ético-social que estes implicam – designadamente, tráfico de estupefacientes, armas, engenhos explosivos e análogos, contrabando –, a que subjaz uma organização ou uma actuação conjunta e os crimes puníveis com pena de prisão superior, no seu máximo, a três anos. Clarificando, a refinação organizacional dos agentes do crime, enveredando por metodologias que lhes permite a «invisibilidade»[90] ou uma «imunidade privilegiada à devassa das instâncias formais».[91] Por outro lado, a alínea e), não sendo tipos com a mesma projecção ou danosidade social, está consagrada por razões inequívocas de eficácia e pragmatismo, por que se os crimes se cometem através do telefone, só através da escuta deste se poderá verificar o ilícito produzindo a prova. O catálogo dos crimes previstos prima facie, projectam, uma tipologia mais gravosa, segundo a consciência ética e axiológico-jurídica da comunidade.[92]

Um dos maiores problemas prende-se com a nebulosidade do crivo jurídico definido como «grande interesse para a descoberta da verdade ou para a prova», corroborando a necessidade conclusiva de «simplificação e melhoria da legislação».[93] Consequentemente, as escutas telefónicas são concebidas como a *ultima ratio* entre a plêiade de modos de obtenção de prova,[94] devido às consequências na intromissão da vida dos cidadãos – não só dos arguidos, bem como de todos os que gravitam socialmente e

---

[90] Costa Andrade, «Sobre o Regime Processual Penal das Escutas Telefónicas», *RPCC*, n.º 3, 1991, p. 370.

[91] *Idem, Ibidem.*

[92] Terrorismo, criminalidade violenta ou altamente organizada; associações criminosas previstas no artigo 299.º do Código Penal; Contra a paz e a humanidade previstos no título III do livro II do Código Penal; Contra a segurança do Estado previstos no capítulo I do título V do livro II do Código Penal; Produção e tráfico de estupefacientes; Falsificação de moeda ou títulos equiparados a moeda prevista nos artigos 262.º, 264.º, na parte em que remete para o artigo 262.º, e 267.º, na parte em que remete para os artigos 262.º e 264.º, do Código Penal;

[93] «Por outro lado, há que prestar especial atenção aos aspectos que envolvem o discurso, a linguagem e a redacção dos textos legais, bem como a implicação das novas leis no sistema legal no seu todo.», Síntese conclusiva da intervenção final do Secretário da ASJP, 20 de Dezembro de 2003, disponível em www.asjp.pt

[94] No mesmo sentido, consagra-se como «(...)meio de prova necessário sempre que não seja possível alcançar por outra modalidade os resultados probatórios pretendidos», Síntese conclusiva da intervenção final do Secretário da ASJP, 20 de Dezembro de 2003.

O Inquérito Processual Penal nos Crimes de Colarinho Branco 345

que contactam com este, independentemente das razões por que o fazem. Como é um dos meios de obtenção de prova que mais pode colidir ou perigar os implicativos e corolários individuais[95] – que justifica, porquanto, a autorização unívoca do juiz, como entidade reguladora, fiscalizadora e garante do respeito pelos direitos perigados pela intromissão na vida privada –, o art. 188.º do CPP cuidou, em homenagem ao princípio da mínima intervenção, adequação e da concordância prática, de prever um conjunto numeroso de formalidades, pois através dessas formalidades se poderá assegurar a não violação do conteúdo material dos direitos (e assim se explica que a incumprimento destes normativos gerem a nulidade – art. 189.º do Código de Processo Penal).

Ademais, ainda no contexto dos perigos representativos de um «domínio fáctico»[96] da polícia, é inocultável a tentação do recurso instrumental na pesquisa, processamento, produção e utilização de informações[97] ou outros métodos de investigação policial, como acontece no StPO com o *Rasterfahndung*, que se ocupa de uma análise computorizada de dados pessoais[98] face a situações de criminalidade extrema, como o terrorismo. Contudo, é necessário (re)afirmar que é nos contextos mais instáveis que, facilmente, a tarefa prática ocupa o campo da intenção válida do direito, ou seja, torna permissível e aceitável a renúncia dos direitos com os conteúdos mais nucleados, como se o direito penal quisesse assumir declaradamente uma postura puramente preventiva, desvelando uma tentativa de «compensar a ignorância criminológica com

---

[95] «A obtenção de provas relevantes para o processo penal através de escuta telefónica ou similar é susceptível de afectar não só o estatuto processual do arguido ou do suspeito como também o direito individual à comunicação através da expressão verbal de quem nada tem a ver com a motivação da escuta, incluindo situações cobertas pelo segredo legal», Circular 07/92 da Procuradoria Geral da República.

[96] ANABELA M. RODRIGUES, «A Fase Preparatória do Processo Penal ..., p. 995.

[97] Assim, obsta claramente a utilização miscigenada de informações policiais em processo penal. Reflecte-se naturalmente, no art. 3.º do DL 225/85: «É expressamente proibido aos funcionários e agentes do SIS proceder à detenção de qualquer pessoa ou instruir processos penais». Contudo, as actividades de informações visam a comunicação para as entidades de investigação criminal os factos configuráveis como ilícitos criminais, bem como a transmissão das notícias e informações respeitantes à segurança interna e à prevenção e repressão da criminalidade, *cfr.*. art. 5.º do DL 225/85. Sobre esta matéria, *cfr.* W. HASSEMER, *A Segurança Pública no Estado...*, p. 103 e ss.

[98] CANO PAÑOS, *El Rasterfahndung en el Derecho Procesal Penal Alemán y su aplicación práctica en la lucha Antiterrorista*, «Revista Electrónica de Ciencia Penal y Criminología», p. 1.

346 *Estudos de Homenagem ao Professor Doutor Artur Anselmo*

a intensidade da ameaça»[99] ou, nas ilustrativas palavras de Costa Andrade, «não resolvam com a bomba atómica o que se pode resolver com uma carabina. Ou com quatro sopapos bem dados».[100] Dada a exigência da superioridade moral do Estado, este nunca pode confundir «os limites entre criminalidade e combate à criminalidade que constituem um Estado de Direito».[101] As coordenadas de eficácia do processo penal, traduzidas na exigência de uma actuação eficaz da polícia, sob pena de se «apenas difundir simbolicamente a promessa de eficácia»,[102] não se devem precipitar e autonomizar sem respeito pelas preocupações jurídicas materiais na impostação dos princípios decorrentes da dignidade da pessoa humana.

É líquido que esta problemática não se projecta com esta complexidade no paradigma anglo-saxónico, sustentante do *Common Law* da actividade judicativa dos tribunais, em que o modelo de inquérito é formalmente policializado, ou seja, pertence, por norma, a direcção do inquérito à polícia. A configuração processual é radicalmente inversa ao perfilhado pelo nosso processo, traduzindo o ensinamento de Delvecchio, em que o sistema jurídico positivo assimila, como «réplica análoga», o que enforma o sistema moral dominante.[103]

II. Conclusivamente, «o que dizer então da enorme margem de liberdade de que a polícia na realidade beneficia ao longo da sua actuação no processo penal?»[104] Afigura-se-nos que os órgãos de polícia criminal já detêm um poder fáctico sobre o inquérito processual, sem, no entanto, representar talqualmente um exercício arbitrário ou dissonante das exigências legais e ético-deontológicas da obtenção da verdade, do postulado da legalidade e do pressuposto actuante da lealdade: «o atribuir competências às polícias para a investigação criminal não é(...)neces-

---

[99] W. Hassemer, *A Segurança Pública no Estado de Direito*, p. 96. Complementarmente, «quem não vê com precisão o seu alvo e, por isto, decide atirar com chumbo, deve pelo menos controlar a área de impacte», *idem, ibidem.*

[100] Costa Andrade, citado por Clara Vasconcelos, «Costa Andrade contra mais uma reforma das leis penais» disponível em *www.jn.pt*

[101] W. Hassemer, *A Segurança Pública no Estado de Direito*, ... p. 95.

[102] W. Hassemer, *História das Ideias Penais,..*, p. 81.

[103] Delvecchio, *Lições de Filosofia do Direito*, I, Coimbra, Arménio Amado Editor, STVDIVM, 1948, p. 25.

[104] Claudia Santos, *O Crime de Colarinho Branco*, ..., p. 244.

O *Inquérito Processual Penal nos Crimes de Colarinho Branco*   347

sariamente um mal».[105] Será que, nos casos de *white collar crime*, existe uma variação da condição ética da instância policial na perseguição criminal? A sua posição agudizar-se-á, face à maior disponibilidade proporcionada à administração penal pelas características dos tipos de crimes?

É incontornável que, perante a escassez de recursos, se acabe por delinear prioridades no quadro de uma finalística política criminal. No entanto, essa tarefa racionalizadora dos recursos e a sua aplicabilidade nas áreas de actuação criminal que demonstram uma maior ressonância social – «os crimes que forem objecto de prioridade nas acções de prevenção»[106] –, não pertence aos órgãos de polícia criminal, mas, ora na vigência da Lei 17/2006 de 23 de Maio – Lei Quadro da Política Criminal – cabe à Assembleia da República aprovar as prioridades definidas pelo governo, ouvido o Procurador Geral da República, e audição prévia do Conselho Superior da Magistratura, Conselho Superior do Ministério Público, Conselho Coordenador dos órgãos de polícia criminal, Gabinete Coordenador de Segurança e Ordem dos Advogados.[107] O Ministério Público e os órgãos de polícia criminal arrogam endemicamente os objectivos traçados e adoptam as prioridades e orientações nas acções de prevenção e actividades de investigação criminal, designadamente, através na distribuição de meios humanos e materiais.[108]

---

[105] GERMANO MARQUES DA SILVA, *Do Processo Preliminar*, Lisboa, Minerva, 1990, p. 397.

[106] art. 5.º n.º 1 da Lei 17/2006.

[107] Não isenta de críticas *inter alia* da governamentalização da justiça, separação de poderes,pela falta de institutos de apoio, pelo esquecimento dos tribunais em detrimento do protagonismo do MP, etc. *v.g.* Costa Andrade, Teixeira da Cruz, entre outros, Paula Carmo, *in DN Online*, «Procuradores estão contra projecto da lei criminal», consultável em *www.dn.pt*

[108] *cfr.* art. 11.º da Lei 17/2006. Emblemática a advertência de W. HASSEMER, *História das Ideias Penais…*, p. 70: «eis aí a razão pela qual os avanços político-criminais causam inquietações(...): a distinção entre medidas coercivas policiais e processuais penais, fundamental para a tutela jurídica do cidadão, desvanece-se em face do crescente medo da criminalidade e das agressivas exigências de prevenção; cada vez mais pessoas não envolvidas na criminalidade e caem nas redes de investigação; os irrecusáveis limites que a noção de «suspeito» ou indiciado de um acto punível estabelecem para a restrição de direitos no interesse da investigação são constantemente ultrapassados ou simplesmente desaparecem em medidas como as investigações de bastidores ou de combate «preventivo» à criminalidade; os direitos humanos fundamentais – a começar por emanações da dignidade humana e dos direitos da personalidade, como o já consagrado direito ao controlo sobre o uso dos dados pessoais, chegando até ao direito fundamental à

348 *Estudos de Homenagem ao Professor Doutor Artur Anselmo*

§4. Algumas Dificuldades metodológicas e Práticas da administração penal face aos Crimes de Colarinho Branco.

Como já mencionámos, apesar da preocupação recorrente em evitar «que a investigação criminal se degrade em mera actividade policial»,[109] o cenário concreto do inquérito, devido à dimensão praxística, empresta essa posição influente e marcadamente protagonista aos órgãos de polícia criminal. *Ergo*, será devido a este circunstancialismo que devemos onerar singularmente o facto de o *white collar crime* gozar de uma «*notable impunidad*»?[110] Aproveitando as palavras de HASSEMER, se a polícia «não pode ser a única voz no coro da segurança pública»,[111] anversamente, também não será por causa da actuação deliberada policial na investigação criminal; mas antes, constituirá um resultado-síntese do concurso de vários factores. A policialização do inquérito não constitui, por si só, a causa de uma discriminação ou de uma diferenciação no tratamento criminal relativamente ao crime de colarinho branco, o que representa, entre outras fracturas, uma defraudação ao princípio da igualdade.[112]

---

inviolabilidade do domicílio – não são capazes de deter a avalanche da actividade policial «razoável»; com a desculpa do combate ao crime, o Estado investigador invade a privacidade e a alma das pessoas e, no trajecto, perde a presunção da credibilidade. A moda actual não é a jurisdicionalização do processo penal, mas sim a sua aptidão para um efectivo combate à criminalidade. Não custa lembrar que as advertências contra a degradação das garantias processuais são de ontem, no duplo sentido da palavra».

[109] GERMANO MARQUES DA SILVA, *Do Processo Penal Preliminar*, ... p. 398.

[110] AGUSTÍN ALBOR e CARLOS PÉREZ, *Delincuencia y Economia*, ... p. 37.

[111] W. HASSEMER, *A Segurança Pública no Estado de Direito*, ...p. 89. Também «no que se refere à aquisição da notícia da infracção, a polícia desempenha um papel muito menos relevante no que respeita ao crime de colarinho branco do que quanto ao crime comum», CLÁUDIA SANTOS, *O Crime de Colarinho Branco...*, p. 223.

[112] *cfr.* art. 13.º da CRP. A este propósito, «como o tribunal tem reiteradamente afirmado, o princípio da igualdade não proíbe as distinções, mas apenas aquelas que se afigurem destituídas de um fundamento racional. Como se escreveu, por exemplo, no *Acórdão 187/2001*: «como princípio de proibição do arbítrio no estabelecimento da distinção, tolera, pois, o princípio da igualdade a previsão de diferenciações no tratamento jurídico de situações que se afigurem, de um ou mais pontos de vista, idênticas, desde que, por outro lado, apoiadas numa justificação ou num fundamento razoável, de um ponto de vista que possa ser considerado relevante». Em suma, e no essencial, o que o princípio constante do artigo 13.º da Constituição impõe, sobretudo, é uma proibição do arbítrio e da discriminação sem razão atendível.». Acórdão 293/2006 do T.C. de 7 de

Conclusivamente, AGUSTÍN ALBOR e CARLOS PÉREZ elencaram «*una serie de mecanismos selectivos*»[113] que assinalam um tratamento diferenciado relativamente ao crime de colarinho branco. Assim, consideram-se, desde logo, certos constrangimentos relativamente ao processo legiferante – ensaiando aqui já uma aproximação densificante daquilo que já se designou como «nódulos do sistema»,[114] porquanto os legisladores provêm, normalmente, do mesmo meio sócio-económico que os agentes do crime de colarinho branco – significante, portanto, de comunhão do mesmo *status* social e dos mesmos referentes de valores. Por outro lado, não é de ignorar o facto de, por serem indivíduos com relevante poder económico, poderá, por um lado, inspirar um certo sentimento de admiração, bem como, por outro lado, criar uma racional e calculista prudência, quando se trata de atacar os sustentáculos financeiros das cíclicas campanhas eleitorais, contrariando o postulado comummente desejável: «não é a justiça que se politiza, é a política que se criminaliza».[115]

Incontornável aqui a emergência da problemática da tentação da politização judicial, ao nível da nomeação da cúpula do edifício judiciário.[116] Ademais, outrossim evidente a problemática inerente à orgânica dos órgãos de polícia criminal quando se trata da nomeação executiva dos

---

Junho de 2006. Assim, VIEIRA DE ANDRADE, *Os direitos Fundamentais na Constituição Portuguesa de 1976*, Almedina, Coimbra, 2001, p. 272: «o que importa é que não se discrimine para discriminar».

[113] AGUSTÍN ALBOR e CARLOS PÉREZ, *Delincuencia y Economia*, … p. 37.

[114] «(...)entendendo por *nódulos*, um conjunto de problemas crónicos, cuja interacção mecânica e indefinida, impede não só a resolução dos problemas, como a sua própria detecção. Esses nódulos têm origem e natureza mista, composta por falta de métodos de trabalho modernos, falta de política criminal adequada, em suma falta de capacidade de resposta, no sentido mais amplo do termo. Estes nódulos formados dentro e fora do sistema penal, modificam a representação social e política da função punitiva do Estado e originam uma degradação incontrolável das funções principais do Estado. No que ao caso importa, constituem eles próprios impedimento grave do combate à corrupção, nomeadamente daquela que tem natureza política.», MARIA JOSÉ MORGADO, «MP e a direcção do combate à corrupção. O combate possível.», *European Anti-Corruption Agencies: Protecting the community's in a knowledge-based innovative and integrated manner,* ISCTE, 2006.

[115] MAIA COSTA, «Algumas propostas para repensar o sistema judiciário português», *RMP*, n.º 80, p. 55.

[116] A nomeação do Tribunal Constitucional, Conselho Superior da Magistratura, Conselho Superior da Procuradoria, Procurador-Geral da República.

350 *Estudos de Homenagem ao Professor Doutor Artur Anselmo*

seus dirigentes máximos,[117] convocando a interacção condicionadora e redutora de acção: «a dependência orgânica da polícia em relação ao executivo e nos casos em que aquela deveria investigar crimes como os de corrupção em que os agentes são membros do governo».[118]

Logicamente, tal reflectir-se-á na imanência de normas legais criminógenas, pela falta de controlo da sua eficácia ou pela escassa preocupação expressa e especificamente orientada para a criação de uma legislação penal menos permeável:[119] *«alto status socio económicos en desarrollo de su actividad profesional, eran tratados de forma benévola por el legislador».*[120] Cumulativamente, as instâncias de decisão acabam por proferir sentenças que projectam uma consideração pela procedência social,[121] sendo menos rígidos para com as classes de estratos económicos superiores. Por outro lado, a especialidade da matéria (*v.g.* questão ligadas aos valores mobiliários, gestão empresarial, fiscalidade..) requer uma especial preparação e especialização dos decidentes que, não possuindo essa preparação – tão pouco existem tribunais de matéria especializada –, necessitam de assessoria. Por outro lado, a vítima que, na maioria das vezes não é singularizada, e quando é, assume um objectivo primacial de recuperar o dinheiro e de indemnização, não pretendendo, em primeira linha, a punição do agente do crime.

Por outro lado, para a própria consciência pública, a ausência da verificação do delito – a «neutralidade»[122] do delito – e a aparência da sua licitude – inversamente do que acontece com, por exemplo, o crime

---

[117] «Daqui para a frente o novo director da PJ terá de provar até à exaustão que tem um pensamento próprio para a casa, que não leva só uma cartilha do governo», EDUARDO DÂMASO, «Editorial», *DN online*, de 04 de Abril de 2006.

[118] CLAUDIA SANTOS, *O Crime de Colarinho Branco*, ..., p. 226.

[119] caso, por exemplo, de legislação penal secundária dispersa sobre esta criminalidade, como vimos *supra* p.8. Por outro lado, repare-se que, no campo político actual, não escaparam às observações ao acordo político-parlamentar para a reforma da Justiça ("Pacto da Justiça) celebrado entre o Partido Socialista e o Partido Social Democrata, em que se elencaram um conjunto de pontos de concordância na revisão do Código Penal e outras matérias articuladas, mas não consagrando nada relativamente à criminalidade em estudo, documento consultável em *www.mj.gov.pt* ou ainda cfr. JOAO CRAVINHO, «É imprescindível um Pacto AntiCorrupção», *DN*, 24 de Janeiro de 2005.

[120] AGUSTÍN ALBOR e CARLOS PÉREZ, *Delincuencia y Economia...*, p. 37.

[121] conforme os estudos de PINATEL e SCHNEIDER, citados por ALBOR, *Delincuencia y eonomia...*, pp. 41 e ss.

[122] AGUSTÍN ALBOR e CARLOS PÉREZ, *Delincuencia y Economia...*, p. 47.

O *Inquérito Processual Penal nos Crimes de Colarinho Branco*   351

contra a propriedade em que há, na maioria dos casos, um dano visível ou uma indisponibilidade parcial ou total do bem – contribuem para a formação da *Grenzmoral,* onde a ressonância ética e a censura social do crime se atenua relativamente aos crimes tradicionais, revelando uma comunidade mais indulgente para com a violação dessas normas. A essa manifesta complacência, não será estranha a ausência de uma ameaça à vida, à integridade física das pessoas, à sua intimidade ou ao seu património directo, porquanto tais dimensões jurídico-pessoais mobiliza, compreensivelmente, uma maior preocupação individual de lesão (índole estritamente pessoalizada) do que a prática objectivada do agente do crime de colarinho branco.

Ademais, os movimentos de internacionalização da criminalidade económico-financeira exigem, de forma crescente, uma maior flexibilidade e articulação das instâncias formais no seu combate. Assim, reflexo dessa tomada de consciência das exigências de cooperação inter-estaduais, criam-se as estruturas, além do pilar da justiça na Comunidade Europeia, baseadas em convenções inter-estaduais e outras plataformas de colaboração que, apesar de toda a sua intencionalidade, ainda se revelam demasiado rígidas, caracteristizadas ainda por um redutivismo operativo.

No que toca à dimensão actuante da polícia, esta depara-se com esta constelação de factores – e outras –, que não permitem uma actuação eficaz. Num sistema onde as competências gerais de polícia estão fragmentadas e dispersas,[123] existem estruturas desarticuladas; por exemplo, aquelas repartidas entre a Polícia Judiciária ou a Inspecção Tributária da Direcção Geral de Contribuições e Impostos para tratar da criminalidade económico-financeira ou tributária.

Resgatando o que afirmámos, a fase de inquérito no processo penal – controversamente ao que acontece no modelo formalmente policializado –, é palco para a intervenção compartilhada do Juiz de Instrução Criminal,[124] Ministério Público – *dominus* do processo – e os órgãos de

---

[123] Por exemplo, entre outros, Governadores Civis (funções de polícia), Polícia Judiciária, Serviço de Informações e Segurança, Polícia de Segurança Pública, Guarda Nacional Republicana, Polícia Marítima, Polícias Municipais, Inspecção Tributária, Serviço de Estrangeiros e Fronteiras, Autoridade para a Segurança Alimentar e Económica, Inspecção Geral de Jogos, Inspecção Geral das Actividades Culturais, Autoridade Aeronáutica (INAC).

[124] *cfr.* arts. 268.º e 269.º do CPP.

352 Estudos de Homenagem ao Professor Doutor Artur Anselmo

polícia criminal. Esta tríplice competência funciona como um mecanismo de garantia para o próprio arguido, ao verificar que a entidade puramente investigatória se vê limitada pelo controlo das autoridades judiciárias, ao invés de concentrar todo o poder da realização dos actos de inquérito numa só entidade. Há, assim, assumidamente, a preocupação pela asserção, no seio do processo criminal garantístico,[125] de uma cultura judiciária, primaciando sobre uma cultura policial,[126] para evitar que a conformação prática da marcha do processo se entregue a uma entidade onde a discricionariedade não deixa de operar. A polícia, aceite-se, operará sempre como um «filtro de decisivo relevo».[127] apesar de a configuração processual postular um controlo sobre a actividade policial, regrando todas as situações em que se verifique uma lesão ao núcleo mais relevante dos direitos, liberdades e garantias do arguido. Além de não haver qualquer espaço para oportunidade – as «tendências no sentido da relativização da obrigação policial da persecução devem ser combatidas»[128] – a intervenção policial está definida de forma diáfana, para não criar qualquer tipo de obscurantismo de procedimentos e de margem de acção para além do que está positivamente previsto, valendo para toda os paradigmas criminais.[129]

RUPING afirma a existência, na actuação policial, de uma «descriminalização diferenciada»[130] entre os agentes do crime de colarinho branco e os que praticam uma ilicitude mais tradicional, mais visível. Por seu lado, CLAUDIA SANTOS refere «(...)conjunto de situações em que a polícia,

---

[125] cfr. art. 20.º da CRP.

[126] Curiosamente, MAIA COSTA, relativamente à criação do DIAP no Ministério Público: «(...)este tipo de organização pode favorecer o centralismo e a tendência para o controlo burocrático hierárquico. Pior ainda: pode favorecer, nos moldes como estão estruturados, o desenvolvimento de uma cultura «policial» em detrimento de uma cultura judiciária.» (propõe que o magistrado que dirige o inquérito o leve a julgamento), Op.Cit. p.

[127] CLAÚDIA SANTOS, Op. Cit., p. 225.

[128] K. ROXIN apud FERNANDO FERNANDES, O Processo Penal como Instrumento da Política Criminal, Coimbra, Almedina, p. 401.

[129] É líquido que a acção processual mais lesiva é a detenção (da liberdade) do arguido, enquadrado nas medidas cautelares e de polícia. Aí se revela uma preocupação permanente de controlo da actividade policial, designadamente a comunicação da detenção no mais curto prazo à autoridade judiciária, a validação da detenção, as regras relativas à detenção em flagrante delito, as excepções previstas quando se trata for de flagrante delito e a emanação de mandado de detenção; a conversão a escrito de tudo o que é processualmente relevante – quod non est in actu non est in mundo.

[130] RUPING apud FERNANDO FERNANDES, Op. Cit., p. 402.

O Inquérito Processual Penal nos Crimes de Colarinho Branco

apesar de se aperceber da prática de uma infracção, opta por nada fazer, porque crente na existência de outras formas de resolução do conflito jurídico-penal»,[131] ou seja, quando a «persecução penal não vale a pena».[132] NEIVA DA CUNHA, a este propósito, fala em «vítimas preferenciais» da actuação policial.

É inegável que a criminalidade de colarinho branco cunhada com especificidades e pressuposições diferentes, vertidas em diversas valências, relativamente à criminalidade tradicional, implicativo, portanto, de uma resposta diferenciada por parte das instâncias persecutórias. As interpelações práticas da vida policial conduzem a conclusões modeladoras do próprio comportamento face ao pressuposto ilícito. Ao invés do que acontece *v.g* num crime de furto, em que o agente do crime facilmente é detido em flagrante delito, na criminalidade de colarinho branco, só para alguém se tornar suspeito (*Beschuldigter*), contra o qual existem indícios suficientes para a submeter a uma investigação, constitui um caminho bem mais longo. Por outro lado, como é facilmente discernível, é uma criminalidade perante a qual não se consegue empenhar uma actuação pró-activa no mesmo sentido face à ilicitude tradicional. Previnem-se, através de acções de policiamento, práticas de roubos, furtos, danos ou até ofensas à integridade física, mas muito dificilmente se consegue contrapor um conjunto de medidas finalisticamente semelhantes relativamente à criminalidade económica.

§5. Um último passo excursivo: sobre a influência da cultura organizacional da instância policial.

As observações precedentes inevitavelmente acentuam a necessidade de sindicarmos se fará sentido falarmos de acção estereotipada na

---

[131] *Op. Cit.*, p.224. Acrescenta a autora: «Mesmo quando esta é uma possibilidade teoricamente vedada pela lei – como sucede entre nós – dificilmente se poderá negar que, no pleno fáctico, há casos em que a polícia "fecha os olhos"Pensemos, por exemplo, nos delitos de pequena gravidade cometidos por jovens sem antecedentes criminais e com boa inserção familiar».

[132] K.H.GÖSSEL *apud* FERNANDO FERNANDES, *Op. Cit.*, p. 402. Isto acontece quando, apesar de o §163 n.º 2 do StPO determinar o controlo da polícia por parte do Ministério Público, há situações, no campo praxístico, em que a regra da comunicação imediata das diligências não é cumprida – como o que se passa com crianças ou com inimputáveis – baseadas num juízo de oportunidade que funda a decisão da Polícia para não se verificar uma afectação de meios e perda de tempo desnecessários.

354 *Estudos de Homenagem ao Professor Doutor Artur Anselmo*

actuação policial investigatória, ou fará antes sentido falar de visão estereotipada sobre a acção policial repressiva? Acerca-nos, especificamente, a problemática de saber se existe fundamento para as medidas de diferenciação no inquérito: «*What accounts for the difference in treatment?*»[133] Torna-se líquida a aproximação das preocupações expostas com as preocupações já criadas pela nova Criminologia: «porque é que determinadas pessoas são seleccionadas e estigmatizadas como delinquentes e quais são as consequências daquela estigmatização? Em vez do delinquente são as instâncias formais de controle – desde a lei, a polícia, a acusação pública, o tribunal, ao sistema penitenciário – que constituem o tema central da Criminologia nova.»[134]

O quadro social e cultural actual, com a incontornável complexidade – e, por vezes, contraditoriedade – axiológica dos diversos grupos sociais, exige da polícia uma actuação em «situação de equilíbrio instável entra ordem e a segurança e as garantias e liberdades fundamentais».[135] W. HASSEMER, a título da privatização da segurança, já fazia emergir a problemática da desigualdade inter-classista ao nível do tratamento criminal;[136] contudo, não só na dimensão preventiva – em que a protecção criminal, por vezes, privilegia as camadas societárias mais altas – tal problemática desvela-se numa extensão maior, sobretudo no que toca à autoria dos ilícitos:«são os crimes cometidos pelos menos favorecidos os mais visíveis e, logo, os especialmente visados pela intervenção

---

[133] JOHN BAKER, «The Sociological Origins of White Collar Crime, The Heritage Foundation, 2004, disponível em www.heritage.org. Acrescidamente, «*The Justice Department's formal definition of white-collar disregards class or economic status. But the truth is that in white-collar cases, such distinctions do influence decisions about whether or not to prosecute. Government prosecutors are far more likely to indict the «upper-class» businessman who works for Tyco – or the faceless Arthur Andersen partnership – than a middle class grandmother who buys medications in Canada. This reflects the socialist origin of the «white-collar crime» concept. The war against white-collar crime thus unwittingly stems from and embraces a class-based sociological concept of crime*».

[134] COSTA ANDRADE, *Polis*, (...) p. 1410. Esta nova etapa criminológica é marcada por três correntes: *labelling approach* ou interaccionismo, etnometodologia e criminologia crítica radical.

[135] FERREIRA ANTUNES, *Seminário Internacional sobre Direitos Humanos e Eficácia Policial – Sistemas de Controlo da Actividade Policial*, IGAI, 1998, p. 370.

[136] W. HASSEMER, *A Segurança....* p. 113, afirma que a privatização da segurança é um escândalo e um perigo para o estado de direito, provoca uma desigualdade entre os ricos e os pobres no tocante à protecção contra o crime.

O Inquérito Processual Penal nos Crimes de Colarinho Branco   355

policial».[137] Resultado na visão estereotipada do delinquente – que é um reflexo da própria acção de controlo social exercido pelas instâncias de perseguição penal[138] – inicia-se na actuação dos órgãos de polícia criminal, transmitem-se, por concatenação processual, ao Ministério Público onde serão, ainda assim, «as representações policiais que prevalecerão,[139] e, como já vimos, também na fase pós-inquérito não se postergam as diferenciações, consoante os estereótipos.

Precisamente, «a polícia trata por excelência do mal»[140] e a confrontação frequente com a criminalidade – projectada, *v.g.* pelas situações de incerteza agudizada resultantes da exposição fragilizante ao perigo – acaba por construir formas interpessoais de defesa antecipatórias, designadamente na firmação de sentimentos internos de coesão ou solidariedade, como acontece nas normas informalmente instituídas que sustentam os impermeáveis *códigos de silêncio* ou na construção de imagens estereotipadas[141] de delinquentes[142] que resultam numa diferenciação do tratamento policial em momentos de interacção social.

---

[137] CLAUDIA SANTOS, *Op. Cit.,* p. 223.

[138] «(...)a sociedade exerce o controle social através de uma série de mecanismo, como o constrangimento, empregando processos como as sanções e punições; a persuasão, apelando a valores morais, concedendo recompensas, utilizando a propaganda; a educação, aspecto organizado da cultura, factor aliás determinante neste processo, sendo por seu intermédio que são transmitidos estereótipos, preconceitos, mitos e tabus», MARIA JOSÉ STOCK, *Polis, Enciclopédia Verbo da Sociedade e Estado*, Vol. I, 1983, p. 1299.

[139] CLAUDIA SANTOS, *Op. Cit.*, p. 225.

[140] «quer se trate das consequências que acarreta o comportamento não virtuoso dos homens (mal moral), quer dos efeitos destruidores da natureza ou simplesmente das variadas disfunções sociais», GERMANO MARQUES DA SILVA, *Ética Policial e Sociedade Democrática*, ISCPSI, 2001, p. 87.

[141] Estereótipo é a «representação de um objecto (coisas, pessoas, ideias) mais ou menos desligada da sua realidade objectiva e que é partilhada pelos membros de um grupo social, sendo essa representação detentora de alguma estabilidade», *Dicionário de Sociologia*, (coord. de RUI MAIA), Porto Editora, Porto, 2002, p. 140.

[142] Usualmente associadas às classes com menor poder económico, cuja necessidade de cometer crimes contra o património aumenta para a manutenção ou, até, sobrevivência: «(...)serão sobretudo os delinquentes dos estratos inferiores os que, nos estereótipos do juiz, possuem características que os tornam mais perigosos, mais propensos à reincidência e mais carecidos de medidas ressocializadoras: os antecedentes criminais, o estilo de vida que denotam e o ambiente onde vivem; a situação económica, familiar e profissional; a delinquência de subculturas (alcoolismo, drogas e violência), etc. Diferentemente, os delinquentes das classes médias e superiores(...)», FIGUEIREDO DIAS e COSTA ANDRADE, *Criminologia...,* p. 551.

356 Estudos de Homenagem ao Professor Doutor Artur Anselmo

A atitude diferenciada, inferidas da análise pessoal das circunstâncias factuais, constitui uma reacção radicada numa «identificação social virtual»[143] do indivíduo – *alias dictus*, estigmatização, provocada pela ostentação de quaisquer atributos fora dos parâmetros considerados socialmente tolerados, causados, não só pelos designados «desvios de carácter»[144] ou pelos «estigmas tribais»[145] – fenómeno relacionado a um inegável etnocentrismo – concatenadas com aquilo que se designa de «morfopsicologias populares»,[146] gerando inclusivamente os mecanismos sociais de desconfiança, com o propósito protectivo[147]: «os ciganos até podem não ser ladrões e traficantes de droga, mas, pelo sim pelo não, o melhor é acreditar que são».[148]

A referida análise pessoal (e tradução dos símbolos sociais em percepções mútuas positivas ou negativas e a projecção das representações sociais conscientes ou subconscientes no indivíduo com quem interage) não deixa de ser uma síntese da concorrência dos pressupostos axiológicos originários ou endógenos do indivíduo – projectante das características da personalidade e da assunção da axiologia social dominante –, com as coordenadas de valores exógenos, emanadas pela própria organização, e que são assimiladas pelo funcionário, que, por um lado se materializa no conjunto de expectativas que a sociedade projecta nos

---

[143] GOFFMAN *in Dicionário de Sociologia*, (coord. de RUI MAIA), Porto Editora, Porto, 2002, p. 141.

[144] Caso dos toxicodependentes, bastante associados à prática criminosa de furtos e roubos, ou até a população portadora de anomalia psíquica.

[145] Paradigmaticamente, num estudo feito à comunidade local circundante à população cigana, em que «três quartos dos inquiridos disseram que os ciganos têm muita ou bastante tendência para roubar, cometer actos violentos ou traficar droga», MANUEL CARLOS SILVA *et alia*, «Práticas e Representações sociais face aos ciganos. O caso de Oleiros, Vila Verde», *IV Congresso Português de Sociologia*.

[146] V. ALFERES, «O corpo: regularidades discursivas, representações e patologias», *Revista Crítica de Ciências Sociais*, n.º 23, p. 212. Acrescidamente, o mesmo autor imputa ao próprio corpo «como lugar de categorização social, como superfície de inscrição de marcas distintivas.», idem, ibidem, p. 213.

[147] «Por exemplo, que um cigano vá sentado ao seu lado numa viagem de autocarro não é uma situação problemática, "pois é um lugar público e as outras pessoas protegiam-me.", MANUEL CARLOS SILVA *et alia*, «Práticas e Representações sociais..., p. 13.

[148] *Idem, ibidem* p. 11. Ainda o mesmo estudo alcança o curioso resultado: «(...)não obstante as proclamações de tolerância e não racismo, 46,4% dos inquiridos consideram que, por vezes, a discriminação racial é justificada e 39,3% crê que a discriminação racial é necessária para educar alguns grupos». *Idem, ibidem*.

O Inquérito Processual Penal nos Crimes de Colarinho Branco

membros da organização, e, por outro lado, em que não são estranhas as próprias pressões do grupo dos pares, com o propósito de lograr uma certa conformidade de comportamento – susceptível de construir o designado fenómeno do *groupthink*[149] – que é, no fundo, uma marca da produção de uma identidade própria.

A fenómeno do pensamento grupal naquele género de organizações, manifesta-se, *grosso modo,* na ideia auto-criada de invulnerabilidade –, sentindo-se protegido da crítica externa, o grupo age com um sentimento, por vezes excessivamente optimista, levando-o a assumir riscos extremos e desnecessários, como acontece quando se se assumir, de forma unívoca, a ideia da eficácia persecutória, sob pena de quebrar algumas regras nesse caminho. De forma intrinsecamente ligada, surge a aparência da moraliade, em que o grupo, por acreditar que actua em nome do Bem social – na perseguição dos agentes do crime, aqueles que criam a instabilidade na sociedade pela violação das suas normas ordenadoras mais relevantes – acaba por ignorar ou superar algumas questões que poderão constituir obstáculos éticos ou morais; a necessidade de racionalização quando surge a exigência de reconsideração das posições dos membros do grupo; assim, o grupo rapidamente cria pré-juízos, pré-conceitos relativamente aos indivíduos fora do grupo – especialmente com aqueles que, durante a interacção social, apresentam, frequentemente, o mesmo conjunto de símbolos sociais – *v.g.* toxicodependentes, pessoas de status social menos elevado, aparência descuidada – face aos quais se difunde a mentalidade *us versus them* – concatenadamente, existem influências ou pressões internas para a conformidade, ou seja, no comportamento expectável dos membros do grupo, quer entre si, quer para com os próprios estereótipos, acabando por funcionar como instrumento de censura e rejeição relativamente ao membros que não partilhem dos comuns referentes axiológicos e mesmas condutas – o que acontece com os designados *«dirty works»*;[150]

---

[149] *cfr.* Henry Tosi *et al, Managing Organization Behavior*, Black Well Publishers, Malden, Massachusetts, 2000, pp. 328-330.

[150] Incisivas, explícitas – e até alarmantes – as palavras de Neiva da Cunha, relativamente ao processo sociológico da formação e integração de um funcionário policial: «tornar-se profissional(...)não corresponderia simplesmente a aprender as disciplinas constantes do currículo obrigatório e obter êxito no desempenho de determinadas práticas. Para tornar-se profissional seria necessário submeter-se, ao longo do período de formação, a um verdadeiro processo de (re)construção do *Self*, uma espécie de conversão identitária que consistiria em transformar a si mesmo e a incorporar um novo conjunto de ideias,

por outro lado, a criação da ilusão da consensualidade, pretendendo transmitir para o exterior que a unanimidade existe no grupo, criando formas de auto-protecção – como os já referidos códigos do silêncio –, para proteger o grupo de informação que possa vir a revelar-se como adversa ou ameaça[151].

Por conseguinte, no que diz respeito directamente às instituições policiais, não raras as vezes se menciona a existência de uma *sub-cultura policial*. Factualmente, a instituição policial está «orientado para uma cultura específica de eficácia persecutória»,[152] que gostaria de arrogar os «instrumentos de investigação(...)afiados e fortalecidos»[153] mas os princípios ordenadores legais, deontológicos e éticos regram que a descoberta da *Aufklärungspflicht* jamais serão implicadores de um qualquer entendimento que a verdade tenha de ser obtida a qualquer preço: «nunca pela força bruta, pelo artifício, pela actuação processualmente desleal ou pela subversão dos princípios em que assenta a nossa estrutura político-social, o nosso ideal de organização da sociedade, porque a utilização desses meios, ainda que momentaneamente eficazes, degradam quem os sofre, mas não menos quem os usa».[154]

É, naturalmente, altura de concluir. A confrontação antitética entre as valências da criminalidade *dita* tradicional e de colarinho branco traduz mais um problema da projecção do *law in book* para o *law in action*.

Apesar de, teoreticamente, se pugnar pelo princípio da igualdade, factualmente, existem desigualdades no tratamento da administração penal – e, em especial, pelos órgãos de polícia criminal – face ao crime de colarinho branco. Tal não é consequência de uma intencionalidade

---

concepções e valores a respeito do novo papel que deverá ser desempenhado profissionalmente. Mas, sobretudo, tornar-se profissional seria empreender o deslocamento entre o modelo ideal e a realidade prática, feita de trabalhos sujos (*dirty Works*), de disputas e controvérsias entre os vários segmentos do grupo profissional e da própria sociedade». *Sobre a Fabricação de um tira: notas de pesquisa suscitadas por uma sociologia dos grupos sociais*, VIII Congresso Luso-Afro-Brasileiro de Ciências Sociais, 2004, p. 5.

[151] Cfr. L. Silva, Cultura organizacional na PSP, ISCPSI, 2003, p. 15.

[152] Maia Costa, «Algumas Propostas para Repensar o Sistema Judiciário Português», *RMP*, n.º 80, p. 55.

[153] W. Hassemer, *História das Ideias Penais...*, p. 81.

[154] Germano Marques da Silva, *Ética Policial e Sociedade Democrática*, ISCPSI, 2001, p. 99.

O Inquérito Processual Penal nos Crimes de Colarinho Branco 359

própria ou de uma vontade especificamente dirigida para favorecer estes agentes do *white collar crime*, em detrimento dos autores de ilícitos criminais mais visíveis. Existem, antes, a respeito disso, factores propiciatórios à emergência das acções diferenciadas. Essa diferenciação provém, em primeiro lugar, da própria natureza do crime, cuja prática e extensão dos danos não são tão evidentes e manifestos, implicando custos de investigação (em termos de tempo e de meios técnicos). Pelas características «discretas» do crime de colarinho branco, as instâncias formais de controlo constatam plúrimas dificuldades para assumir uma actuação prática pró-activa e dissuasora. Em segundo lugar, o ordenamento legal determina que a definição das prioridades que dirigem a política criminal não pertence à polícia, mas antes ao governo. Por outro lado, face à evidente escassez dos recursos, não deixa de ser admissível que se combata primacialmente – sem que isso represente o divórcio ou o abandono da tarefa persecutória da criminalidade de colarinho branco – a criminalidade que mais danos sociais mobiliza. A subcultura policial não desvaloriza os crimes de colarinho branco, mas são os crimes comuns que implicam maior prejuízo e cuja resolução é mais urgente devido ao sentimento de insegurança. Por seu turno, a própria representação social dos crimes de colarinho branco demonstra uma atitude mais benevolente, como se implicassem uma gravidade menor.

Assim, pelo encontro simbólico de todos estes factores, não se afigura que seja a *verpolizeichung* do inquérito que concentre a responsabilidade do tratamento diferenciado.

O REGIME LEGAL DA IDENTIFICAÇÃO
REFLEXÕES SOBRE O INSTITUTO DA DETENÇÃO PARA EFEITOS DE IDENTIFICAÇÃO

João José Rodrigues Afonso
Subcomissário da PSP

Proémio

Sobre o modo como surge o presente escrito, importa deixar um pequeno testemunho:

Porque finalidades da actividade policial colidem inevitavelmente com direitos das pessoas, é inevitável que sobre essa função recaia um cerrado controlo judicial. Todavia, é fácil ver que este controlo só é lídimo e justo se a matéria sobre a qual incide estiver devidamente regulada por normativos legais de conteúdo suficientemente densificado. Ora, no tocante ao tema *sub judicio*, tal normatividade é deficiente, o que torna difícil executar o que dela deriva, assim dando azo a procedimentos juridicamente inaceitáveis mas que, em boa verdade, roçam simultaneamente a aceitabilidade. Parece confuso? Evidentemente... é disso que vive o nosso mote!

Sem preocupações, avoco aqui um ditado que diz: *escreve-se para narrar e não para provar*; simplesmente para que fique claro que, com este texto, não se pretende provar seja o que for. Mas apela-se à discussão do tema, sem dúvida, porque é preciso reflectir sobre tudo o que se deve decidir de uma vez por todas.[1]

---

[1] *Deliberandum est quicquid statuendum est semel.* Publilius Syrius, *Sententiae*, Séc. I a.C.

Estudos de Homenagem ao Professor Doutor Artur Anselmo

Gracioso é que, decorridos dois dias sobre a finalização da exposição que se segue (mas que ainda tinha em revisão), foi publicado um parecer do Conselho Consultivo da Procuradoria da República, em 11 de Janeiro, sobre a mesma temática[2]. Surgiu a seu tempo, no momento próprio, vindo consolidar posições que assumimos. A repetição é útil e ajuda sempre. Aliás, veja-se que, quem escreve, lê duas vezes...

Devo agora, porque mais importante, dedicar todo o esforço ao Professor Doutor ARTUR ANSELMO, com quem muito aprendi pela sua magnificência.

Sintra, 15 de Janeiro de 2008.

1. Introdução

Tem sido consolidada pela doutrina como de duvidosa constitucionalidade a consagração legal de uma medida de *detenção para efeitos de identificação*, traduzida na condução coactiva (e permanência até seis horas) do identificando ao posto policial mais próximo, nos casos de recusa ou de impossibilidade de identificação por falta ou insuficiência de meios[3]. Seguindo o rasto da doutrina e da jurisprudência dos nossos Tribunais quanto a esta matéria, evidencia-se claramente o problema do regime jurídico da identificação. Como é conjecturável, o tema tratado atinge uma dimensão brumosa, lançando-nos para um emaranhamento de conceitos e dogmas. Procuraremos, portanto, seguir um rumo de reflexão que nos permita compreender, com maior facilidade, a temática proposta.

Para o efeito, começaremos por referenciar os preceitos legais que conduzem à obrigação de identificação, verificadas que sejam determinadas circunstâncias. Evidentemente, o sentido ou espírito dessas regras jurídicas não pode ser alcançado sem antes nos debruçarmos sobre os textos e exposições que motivaram a sua criação. Examinaremos, depois, em que medida o quadro legal actual permite o recurso ao procedimento

---

[2] Parecer n.º 1/2008, publicado no Diário da República, IIª Série – n.º 8.

[3] Na esteira deste entendimento, *vide* MAIA GONÇALVES, *Código de Processo Penal Anotado*, 16ª edição, Coimbra: Almedina, 2007, pp. 553 e ss., e JOÃO CASTRO E SOUSA, *Os meios de coacção no novo Código de Processo Penal*, Jornadas de Direito Processual Penal, Coimbra, 1992, pp. 160 e 161.

O Regime Legal da Identificação

da identificação impositiva – a detenção do identificando, por período temporal limitado –, enquanto acto de polícia, evidenciando as suas insuficiências ou imperfeições.

Por razões de extensão, somos forçados a adiar o estudo de outras questões. Questões tão importantes como a de saber se, porventura, impende sobre os cidadãos um dever de identificação ou se, em respeito à *protecção constitucional do anonimato* – extraído do cruzamento do direito à identidade pessoal com o direito à intimidade da vida privada –, é de arredar tal obrigação. A considerarmos, por mera hipótese, a existência de uma legitimidade constitucional de um dever geral de identificação, encontraríamos os seus reflexos, por exemplo, nos artigos 191.º, n.º 2 e 250.º, n.º 2 do Código de Processo Penal, no segmento em que se impõe uma *obrigação de identificação*. Ademais, tendo em conta os vários Domínios da Segurança Interna, forçoso seria estudarmos (conjuntamente) as fronteiras que delimitariam o âmbito de aplicação desse dever geral de identificação dos cidadãos.

Igualmente interessante é saber se, por referência aos artigos 131.º, n.º 1 do Código de Processo Penal e 360.º do Código Penal, se pode extrair uma *obrigação de identificação* por parte de quem tem o dever de prestar testemunho de um crime praticado, e se, porventura, nos casos de impossibilidade ou de recusa de identificação, é legítimo a autoridade policial conduzir, coactivamente, uma testemunha ao posto policial para aqueles efeitos. É decerto uma questão aliciante, mas também complexa, pelo que nos reportaremos a ela noutra altura.

No meio de tantas indefinições, certo é que, na arena da função pública de segurança e com vista à realização da justiça, a premência de dotar os agentes de autoridade de instrumentos legais que lhes permita proceder é indiscutível. As medidas legislativas devem facultar às autoridades meios de reacção eficazes para a prossecução dos seus fins de interesse público e para que os cidadãos possam viver a liberdade em segurança. É pacificamente aceite que «nenhuma ordem jurídica pode viver e manter-se sem a utilização de certas medidas que obriguem fisicamente as pessoas a apresentarem-se a certos actos ou a submeterem--se a certas formalidades»[4]. Mas, como veremos, o quadro legislativo relativo à matéria aqui tratada não é cintilante, antes sendo nebuloso,

---

[4] JORGE DE FIGUEIREDO DIAS, *A Revisão Constitucional, o Processo penal e os Tribunais*, Livro Horizonte, 1981, pp. 86-7.

364   Estudos de Homenagem ao Professor Doutor Artur Anselmo

confuso e impreciso, conduzindo, não raras vezes, ao enfraquecimento de um dos meios instrumentais mais importantes da função policial: o processo de identificação de cidadãos.

2. Evolução do regime legal de identificação – perspectiva diacrónica

O Código de Processo Penal de 1929 não contemplava qualquer norma que disciplinasse a matéria relativa à detenção para identificação de suspeitos, pese embora o facto de, no que concerne à *prisão em flagrante delito*, no § único do artigo 287.°, na redacção que lhe foi dada pelo Decreto-lei n.° 185/72, de 31 de Maio, concedesse a qualquer autoridade ou agente de autoridade a prerrogativa de, em flagrante delito a que não correspondesse pena de prisão, deter o infractor «(...) quando não for conhecido o seu nome e residência e não possa ser imediatamente determinado (...)».

Com a entrada em vigor da Constituição de 1976 e porque o regime de detenção para identificação ali estipulado se revelava constitucional-mente incompatível e inadmissível, aquele preceito deixou de vigorar[5].

Posteriormente, a Lei n.° 25/81, de 21 de Agosto, que alterou a redacção de vários artigos do Código de Processo Penal de 1929 e de alguns preceitos de legislação complementar, no artigo 3.°, n.° 1, con-cedeu à «(...) autoridade da polícia judiciária poder para ordenar a iden-tificação de qualquer pessoa, sempre que tal se (...) [mostrasse] neces-sário ao desempenho do serviço de investigação criminal, devendo, para o efeito, apresentar prova da sua qualidade», dispondo no n.° 2 que «a recusa de identificação, satisfeito o condicionalismo previsto no número anterior, constitui crime de desobediência». Tratava-se, assim, de uma medida impositiva, compulsória, baseada em fundamentos excessiva-mente vagos e imprecisos que não permitiam um eficaz controlo judicial da sua aplicação.[6]

---

[5] A este respeito, vejam-se as anotações de MAIA GONÇALVES, *Código de Processo Penal Anotado e Comentado, 3ª edição,* Livraria Almedina, Coimbra: 1979, p. 386, onde se lê: «(...) o § único não está em vigor, por ser inconstitucional, e deveria ter sido eliminado (...)».

[6] Suscitando dúvidas sobre a conformidade constitucional desta norma e quanto à divergência doutrinal nesta matéria, *vide* JOÃO CASTRO E SOUSA, *A prisão preventiva e outros meios de coacção*, Boletim do Ministério da Justiça, n.° 337, pp. 45 e ss.; JOSÉ

Com a publicação do Código de Processo Penal de 1987 (CPP), que introduziu a figura das *medidas cautelares e de polícia*, o artigo 250.º regulou «(...) em termos estritos a identificação coactiva, definindo objectivamente os requisitos de suspeita que a tornem justificável, clausulando limites temporais à sua duração lícita e conceitualizando a medida em causa em termos de a afastar do instituto de detenção»[7/8]. Ainda assim, e não obstante se ter dado um passo importante na matéria, a contenda do regime legal de identificação continuaria a levantar questões de duvidosa constitucionalidade, pese embora o facto de, em sede de fiscalização preventiva, o Tribunal Constitucional se não ter pronunciado pela inconstitucionalidade do n.º 3 do artigo 250.º do Decreto-lei registado na Presidência do Conselho de Ministros sob o n.º 754/86[9], declarando

---

ANTÓNIO BARREIROS, *Os novos critérios penais: Liberalismo substantivo, autoridade processual?*, Revista do Ministério Público, ano 4.º, vol. 14, pp. 53 e ss.; MÁRIO RAPOSO, *Breve reflexão sobre uma lei legítima*, Boletim do Ministério da Justiça, n.º 300, pp. 37 e ss.

[7] *Cf.* JOSÉ ANTÓNIO BARREIROS, Manual de Processo Penal, Lisboa: Universidade Lusíada, 1989, pp. 194-5.

[8] Transcrição da versão originária do artigo 250.º CPP aprovado pelo DL n.º 78/87, de 17FEV:

«*Artigo 250.º (Identificação de suspeito e pedido de Informações)*

1 – Os órgãos de polícia criminal podem proceder à identificação de pessoas encontradas em lugares abertos ao público habitualmente frequentados por delinquentes.

2 – Os órgãos de polícia criminal procedem à identificação de suspeitos, facultando-lhes, para o efeito, a possibilidade de comunicação com pessoa da sua confiança e realizando, em caso de necessidade, provas dactiloscópicas, fotográficas ou de análoga natureza e convidando-os a indicar residência onde possam ser encontrados e receber comunicações.

*3 – Havendo motivo para suspeita, os órgãos de polícia criminal podem conduzir as pessoas que forem **incapazes** de se identificar ou se **recusarem** a fazê-lo ao posto policial mais próximo e **compeli-las** a permanecer ali pelo tempo estritamente necessário à identificação, em caso algum superior a seis horas.*

4 – Os actos de identificação levados a cabo nos termos da segunda parte do n.º 2 e nos do n.º 3 são sempre reduzidos a auto.

5 – Os órgãos de polícia criminal podem pedir ao suspeito, bem como a quaisquer pessoas susceptíveis de fornecerem informações úteis, e deles receber, sem prejuízo, quanto ao suspeito, do disposto no artigo 59.º, informações relativas a um crime e, nomeadamente, à descoberta e à conservação de meios de prova que poderiam perder-se antes da intervenção da autoridade judiciária.» Negrito nosso.

[9] Foi este o projecto que deu origem ao Decreto-lei n.º 78/87, de 17 de Fevereiro, que aprovou o *novo* Código de Processo Penal.

que «a retenção no posto policial para identificação (...) não cabe na letra do artigo 27.º da Constituição, mas pode considerar-se meio instrumental necessário e adequado a conseguir a prisão ou detenção das pessoas com pena de prisão ou medidas de segurança privativas de liberdade a cumprir (n.º 2 do artigo 27.º da Constituição) ou sujeitas a privação de liberdade por prisão ou detenção (n.º 3 do mesmo artigo)»[10].

À data do Acórdão em causa, a Lei Fundamental não contemplava nas excepções ao direito à liberdade, compreendidas nos n.ºs 2 e 3 do artigo 27.º, a possibilidade de privação total ou parcial da liberdade de uma pessoa para *meros* efeitos de identificação[11]. Revela-se, por isso, interessante a posição do Tribunal Constitucional na medida em que entendeu que «os actos instrumentais necessários e adequados a conseguir a prisão ou detenção de pessoas com penas de prisão ou medidas de segurança privativas da liberdade a cumprir (art. 27.º, n.º 2) ou sujeitas a privação de liberdade por prisão ou detenção (art. 27.º, n.º 3) fazem parte ainda do quadro das medidas de privação da liberdade».[12] Igualmente interessante é o facto de a Comissão encarregada de proceder à elaboração do Código de Processo Penal (de 1987) ter chegado a encarar a possibilidade de prever numa das alíneas do artigo 254.º, relativo às finalidades da detenção, a figura da *detenção para efeitos de identificação*, face aos casos de recusa ou por impossibilidade material na sua concretização. Contudo, «reconheceu-se que essa alínea seria de constitucionalidade duvidosa, pelo que foi suprimida; também se reconheceu, porém, a premência de dotar os órgãos de polícia criminal de instrumentos legais que lhes dessem os meios adequados para proceder à identificação das pessoas suspeitas, e daí a redacção que acabou por ser dada a este artigo 250.º, onde se procurou conciliar a constitucionalidade dos normativos com a dotação dos órgãos de polícia criminal de meios que lhes possibilitam a identificação de suspeitos antes de os deixar escaparem-se».[13]

---

[10] Acórdão n.º 7/87, do Tribunal Constitucional, de 09-01-1987, publicado no Diário da República, Iª Série, n.º 33, de 09-02-1987, p. 504.

[11] Só com a revisão feita pela Lei Constitucional n.º 1/97, de 20SET, é que se admitiu a *detenção de suspeitos, para efeitos de identificação, nos casos e pelo tempo estritamente necessários.*

[12] *Cf.* Acórdão n.º 479/94, de 7 de Julho, do Tribunal Constitucional, publicado no Diário da República, Iª Série A, de 24-08-94, p. 4917.

[13] MAIA GONÇALVES, *Código de Processo Penal Anotado*, 2007, ed. cit., p. 553.

O *Regime Legal da Identificação* 367

Embora a versão originária do artigo 250.º do Código de Processo Penal de 1987 não se reflectisse directamente nas restrições expressamente elencadas no artigo 27.º, n.ᵒˢ 2 e 3 da *Lex Fundamentalis*, na redacção dada pela Lei Constitucional n.º 1/82 de 30SET[14], o critério da *instrumentalidade* afigura-se-nos merecedor de acolhimento para efeitos de reconhecimento e de conciliação constitucional, desde que não se extravase o círculo da função de polícia judiciária, isto é, desde que se contenha na esfera da actividade criminal, pois é desta parte da função administrativa estadual que trata aquele preceito.

Ora, se já assim era ténue a linha de conformidade constitucional que prendia aquelas normas, o surgimento de uma nova lei[15] que estabelece a *obrigatoriedade de porte de documento de identificação*, bem como o *dever de identificação*[16] (reunidos determinados circunstancialismos), veio estremecer e confundir o regime em vigor.

Com a publicação da Lei n.º 5/95, de 21FEV, a Guarda Nacional Republicana, a Polícia de Segurança Pública, a Polícia Judiciária e o Serviço de Estrangeiros e Fronteiras[17], passaram a poder «exigir a identificação de qualquer pessoa que se encontre ou circule em lugar público, aberto ao público ou sujeito a vigilância policial, sempre que sobre a mesma pessoa existam **fundadas suspeitas de prática de crimes** contra a vida e a integridade das pessoas, a paz a Humanidade, a ordem democrática, os valores e interesses da vida em sociedade e o Estado ou tenha penetrado e permaneça irregularmente no território nacional ou contra a qual penda processo de extradição ou de expulsão», estabelecendo-se no artigo 3.º que «nos casos de impossibilidade de identificação (…) ou nos casos de recusa de identificação, terá lugar um procedimento de identificação que consiste em conduzir o identificando ao posto policial mais

---

[14] É importante, para a compreensão da temática, que nos situemos temporalmente, tendo em linha de conta que – recordemos – a figura da *detenção de suspeitos, para efeitos de identificação, nos casos e pelo tempo estritamente necessários*, só veio integrar o elenco constitucional das excepções ao direito à liberdade com a 4ª Revisão Constitucional. O artigo 27.º, n.º 3 da Constituição apresenta um sistema de enumeração, e não um sistema de cláusula geral.

[15] Lei n.º 5/95, de 21FEV.

[16] Como dissemos já, poder-se-ia discutir e pôr em causa a legitimidade constitucional de um dever geral de identificação, mas deixamos tal temática para outro estudo.

[17] Não são mais do que os agentes das forças ou serviços de segurança a que se refere a Lei n.º 20/87, de 12 de Junho, no artigo 14.º n.º 2, alíneas a), c), d) e e).

368   *Estudos de Homenagem ao Professor Doutor Artur Anselmo*

próximo, onde permanecerá pelo tempo estritamente necessário à identificação e que não poderá, em caso algum, exceder **duas horas**»[18]. Ora, é desde logo questionável a incompatibilidade deste regime legal com o disposto no artigo 250.º do CPP, especialmente no que diz respeito ao limite temporal máximo de permanência no posto policial. Uma vez mais, para o entendimento desta questão, temos de recorrer à fonte dos preceitos, para se poder constatar a evolução do texto originário. Vejamos então.

Apelando à necessidade de regular os procedimentos policiais atinentes à identificação de *qualquer* pessoa, foi apresentada pelo Governo à Assembleia da República a proposta de lei n.º 85/VI.[19] Esta proposta foi discutida e aprovada pela Comissão de Assuntos Constitucionais, Direitos, Liberdades e Garantias, daí resultando o Decreto n.º 161/VI da Assembleia da República (projecto de lei que deu origem à Lei n.º 5/95, de 21FEV), onde se dispunha no artigo 1.º que «os agentes das forças ou serviços de segurança, previstos nas alíneas a), c), d) e e) do n.º 2 do artigo 14.º da Lei n.º 20/87, de 12 de Junho, podem exigir a identificação de qualquer pessoa que se encontre ou circule em lugar público, aberto ao público ou sujeito a vigilância policial, quando existam **razões de segurança interna** que o justifiquem e que são previamente comunicadas ao identificando», prescrevendo no artigo 3.º que «os agentes das forças de segurança podem proceder à identificação dos cidadãos que não tenham sido devidamente identificados nos termos do artigo anterior ou tenham recusado identificar-se, conduzindo-os ao posto policial mais próximo, onde permanecerão apenas pelo tempo estritamente necessário à identificação, que não poderá, em qualquer caso, exceder **seis horas**»[20]. Como se pode notar facilmente, o texto apresentado pela Assembleia da República para promulgação como lei sofreu alterações, precisamente porque, em sede de fiscalização preventiva da constitucionalidade, requerida pelo Presidente da República, o Tribunal Constitucional entendeu que «(…) o procedimento de identificação ditado por meras razões de segurança interna e **fora da existência de quaisquer suspeitas de natureza criminal**, que conduz ou pode conduzir a uma retenção da pessoa identificada em posto policial até seis horas, se traduz numa privação total da liberdade não enquadrável no âmbito das restrições taxativamente

---

[18] Negrito nosso.
[19] *Vide* Diário da Assembleia da República, IIª Série A, n.º 17, de 20 de Janeiro de 1994.
[20] Negrito nosso.

O Regime Legal da Identificação 369

elencadas no artigo 27.º, n.ᵒˢ 2 e 3, da Constituição, sendo por isso in-constitucionais as normas que autorizam aquele processo de identificação coactiva.»[21] As *razões de segurança interna*[22] foram entendidas como excessivamente vagas e indeterminadas, susceptíveis de potenciar uma margem de discricionariedade demasiadamente ampla, podendo dar azo a abusos de poder legitimados por uma norma excessivamente permissiva e, portanto, insustentável no quadro constitucional respeitante às medidas de polícia.

Curiosamente, o Tribunal Constitucional não pareceu dirigir o sentido da sua análise para o limite temporal máximo estabelecido para a permanência em posto policial[23], antes baseando a inconstitucionali-dade dos preceitos apreciados no entendimento de que, não encontra cre-denciação no texto fundamental, o procedimento de identificação impo-sitiva de pessoa sobre a qual inexistam *suspeitas de natureza criminal.* O critério das *suspeitas da prática de crime* parece ter sido determinante na fiscalização da constitucionalidade do decreto parlamentar, mas facto é que, apesar do Tribunal o ter (igualmente) tomado como mote na decla-ração da constitucionalidade do artigo 250.º do CPP[24], se reconhece a ambiguidade deste mesmo normativo que, «(…) por si só, parece prescin-dir da qualidade de suspeito ou presumi-la em todos os que se encon-trarem em lugares habitualmente frequentados por delinquentes.»[25]

Ainda assim, tendo em conta as posições do Tribunal Constitucional nos Acórdãos n.º 7/87, de 9 de Janeiro e n.º 479/94, de 7 de Julho[26],

---

[21] Acórdão n.º 479/94, de 7 de Julho, do Tribunal Constitucional, publicado no Diário da República, Iª Série A, de 24-08-94, p. 4919. Negrito nosso.

[22] O conceito de *segurança interna* vem definido no artigo 1.º, n.º 1, da Lei n.º 20/87, de 12JUN.

[23] O que, quanto a nós, merece toda a atenção, na medida em que é também em função do tempo que se define aquilo que poderá ser uma *restrição* ou *privação* da liberdade pessoal.

[24] Tratamos aqui do Acórdão n.º 7/87, do Tribunal Constitucional, de 09-01-1987, publicado no Diário da República, Iª Série, n.º 33, de 09-02-1987, já aludido.

[25] Nota Justificativa do projecto de *nova* redacção para o artigo 250.º do CPP, da Comissão Revisora do Código de Processo Penal (alusivo às alterações que viriam a ser introduzidas pela Lei n.º 59/98, de 25AGO).

[26] Recorde-se, o primeiro pronunciou-se pela constitucionalidade do n.º 3 do artigo 250.º do Decreto-lei registado na Presidência do Conselho de Ministros sob o n.º 754/86, e o segundo pela inconstitucionalidade dos artigos 1.º, n.º 1 e 3.º n.º 1 do Decreto n.º 161/ /VI da Assembleia da República.

370 *Estudos de Homenagem ao Professor Doutor Artur Anselmo*

devemos concluir que, fora do quadro da actividade de polícia judiciária[27], o processo de identificação que consiste na condução do identificando ao posto policial mais próximo não encontra expressão habilitadora na nossa Constituição. Dito de outro modo, em toda a actividade de polícia administrativa em sentido estrito, está vedada às autoridades policiais a possibilidade de condução de qualquer pessoa ao posto policial para *meros* efeitos de identificação.[28]

Posto isto, resta-nos ainda perceber por que razão, afinal, o legislador alterou o limite máximo de permanência em posto policial de *seis horas,* preconizado no artigo 3.º, n.º1 do Decreto n.º 161/VI da Assembleia da República, para as *duas horas* estabelecidas em idêntica norma da Lei n.º 5/95 de 21FEV, já que, como dissemos, o Tribunal Constitucional não virou sequer a sua atenção para este limite. É que, ao proceder a tal alteração, originou uma incompatibilidade entre esta norma e o n.º 3 do artigo 250.º do CPP. Ou será que as dimensões de aplicação duma e outra norma são distintas e, *hoc modo*, não há qualquer dissonância entre estes diplomas?

Se atendermos ao texto do Decreto n.º 165/VI da Assembleia da República, é certo que o seu âmbito de aplicação é mais vasto do que o delimitado pela redacção originária do artigo 250.º do CPP, embora se reconheça sempre a existência de um plano comum: quando as *razões de segurança interna* decorram de *suspeitas da prática de um crime,* situações que indiscutivelmente (e por serem certamente mais graves) se regeriam pelo disposto no artigo 250.º do CPP.[29] Aliás, estamos certos

---

[27] É importante referir que tratamos aqui duma modalidade de polícia em sentido material. Recordemos que, dentro da polícia administrativa em sentido lato, a doutrina distingue a *polícia administrativa em sentido restrito* da *polícia judiciária.*

[28] Como veremos mais à frente, o conteúdo normativo consignado no artigo 27.º, n.º 3, alínea g), da Constituição, não é extensível ao ilícito de mera ordenação social.

[29] A este respeito, não podemos deixar de concordar com o Professor FERNANDO ALVES CORREIA que, na sua Declaração de voto, defendeu que «o dever de identificação disciplinado na norma do n.º 1 do artigo 1.º do decreto da Assembleia da República submetido ao controlo do Tribunal Constitucional tem um alcance diferente do previsto no artigo 250.º do Código de Processo Penal. O dever de identificação estabelecido neste preceito do Código de Processo Penal tem como destinatários apenas os indivíduos suspeitos da prática de um crime (suspeição subjectiva), ou seja, as pessoas relativamente às quais existam indícios de que cometeram ou se preparam para cometer um crime ou que nele participaram ou se preparam para participar [artigo 1.º, n.º 1, alínea e), do

O *Regime Legal da Identificação*   371

que o conteúdo daquele decreto estava «(...) vocacionado para a aplicação fora do âmbito do processo penal, como decorria do teor do seu artigo 5.º[30]. Para o processo penal regia o artigo 250.º do Código de Processo Penal.»[31]

Mas a comparação deve ser feita entre as regras da Lei n.º 5/95 e do Código de Processo Penal, já que os artigos 1.º, n.º 1, e 3.º, n.º 1 daquele diploma não correspondem ao teor das normas equivalentes constantes no decreto parlamentar que lhe deu origem. Ora, nestes termos, as dimensões de aplicação são tendencialmente sobrepostas, pois em ambos os casos são consideradas pessoas suspeitas da prática de crime, facto que, desde logo, nos conduz a uma dualismo na aplicação de dispositivos legais. E curioso é que os crimes definidos no artigo 1.º da Lei n.º 5/95 (embora seleccionados sem grande critério) e que delimitam o seu âmbito de aplicação são os mais ofensivos à ordem social demo-

---

Código de Processo Penal], ou aqueles que se encontrarem em locais abertos ao público habitualmente frequentados por delinquentes (suspeição objectiva), e visa a prossecução de fins de prevenção e de investigação criminais. O dever de identificação regulado no n.º 1 do artigo 1.º do decreto n.º 161/VI da Assembleia da República incide sobre qualquer pessoa que se encontre ou circule em lugar público, aberto ao público ou sujeito a vigilância policial, em relação à qual se verifiquem circunstâncias objectivas que façam presumir que ela é susceptível de pôr em risco a segurança dos cidadãos, as quais devem ser previamente comunicadas ao identificando. Existe, porém, um espaço que é comum ao dever geral de identificação, "quando existam razões de segurança interna que o justifiquem", previsto na norma do n.º 1 do artigo 1.º do decreto analisado pelo Tribunal Constitucional, e ao dever de identificação estabelecido no artigo 250.º do Código de Processo Penal: é aquele em que o dever de identificação tem como destinatários indivíduos suspeitos da prática de crimes relacionados com a segurança das pessoas, tais como crimes contra a vida e a integridade das pessoas, crimes contra o património e crimes violentos ou altamente organizados, designadamente sabotagem, espionagem ou terrorismo (*cf.* o artigo 1.º, n.º 3, da Lei de Segurança Interna). Deverá, no entanto, entender-se que o dever de identificação, quando dirigido às pessoas suspeitas da prática daqueles crimes, ainda que tenha como base razões de segurança interna, cai sob a alçada do artigo 250.º do Código de Processo Penal, pelo que nesse caso ficará afastada a norma do n.º 1 do artigo 1.º do decreto em apreço.» In Acórdão n.º 479/94, de 7 de Julho, do Tribunal Constitucional, publicado no Diário da República, Iª Série A, de 24-08-94, pp. 4921-22.

[30] Transcrição do artigo 5.º do Decreto n.º 165/VI da Assembleia da República: «O disposto no presente diploma não prejudica a aplicação das providências previstas no âmbito do processo penal».

[31] *Vide* publicação do Parecer n.º 7/2002, do Conselho Consultivo da Procuradoria-Geral da República, em *http://www.dgsi.pt*.

372 Estudos de Homenagem ao Professor Doutor Artur Anselmo

crática e perturbadores da boa vivência em sociedade[32]. Como tal, e sustentando-nos no princípio da proporcionalidade, norteador de toda a actividade da Administração do Estàdo[33], são estes crimes que deveriam legitimar um período de permanência mais alongado no procedimento de identificação com recurso à condução ao posto policial. «Na verdade, parece algo paradoxal que o prazo máximo de permanência no posto policial seja de duas horas nos crimes de maior gravidade (Lei 5/95), e de seis horas para todos os crimes (art. 250.º do CPP)».[34] É assim incompreensível a opção legislativa acolhida, dificultando ao intérprete atingir a presunção de que o legislador consagrou as soluções mais acertadas e soube exprimir o seu pensamento em termos adequados[35], e mais ainda sabendo-se que nunca foi sua intenção revogar (tacitamente) o artigo 250.º do CPP.[36]

De todo o modo, cremos que terá sido o excesso de prudência que levou o criador da norma a reduzir para duas horas aquele limite máximo de permanência. Parece-nos, pois, que se terá deixado influenciar pelos argumentos constantes da declaração de voto do juiz FERNANDO ALVES CORREIA na parte em que, embora de entendimento contrário ao Acórdão, diz que teria igualmente concluído pela inconstitucionalidade das normas apreciadas mas «(...) por violação da segunda parte do n.º 2 do artigo 18.º e da segunda parte do n.º 2 do artigo 272.º da Constituição, no segmento em que estabelecem um limite máximo de seis horas para a retenção do identificando no posto policial.»[37] E, de facto, como vimos já, os processos de identificação que se prenderiam com casos de

---

[32] Crimes contra a vida e a integridade das pessoas, a paz e a humanidade, a ordem democrática, os valores e interesses da vida em sociedade e o Estado ou tenha penetrado ou permaneça irregularmente no território nacional ou contra a qual penda processo de extradição ou de expulsão.

[33] Vide artigo 266.º da Constituição.

[34] Parecer n.º 20/2003 da Inspecção-Geral da Administração Interna, p. 7.

[35] Vide artigo 9.º, n.º 3, do Código Civil.

[36] De facto, dispondo o artigo 5.º da Lei n.º 5/95 sobre a aplicação das providências previstas no âmbito do processo penal, somos forçados a concluir pela não pretensão de revogação do artigo 250.º do CPP. Neste sentido aponta igualmente a Nota Justificativa do projecto de nova redacção para este artigo, da Comissão Revisora do Código de Processo Penal, onde se lê que «o regime da Lei n.º 5/95 não tem a pretensão de revogar o artigo 250.º do Código de Processo Penal (...)».

[37] Acórdão n.º 479/94, de 7 de Julho, do Tribunal Constitucional, publicado no Diário da República, Iª Série A, de 24-08-94, p. 4924.

O Regime Legal da Identificação 373

suspeitas de crime (ou seja, as situações mais graves) haviam de encontrar a sua base legal no artigo 250.º do CPP, permitindo o texto do Decreto n.º 165/VI da Assembleia da República cobrir outras conjunturas (fora da função de polícia judiciária) que ditariam a necessidade de condução do identificando ao posto policial, para iguais efeitos. É por isso compreensível que «(...) o limite máximo de seis horas de retenção do identificando no posto policial é desproporcionado (em sentido estrito), não se descortinando razões para que o legislador tenha adoptado, neste caso, um limite máximo idêntico ao prescrito no artigo 250.º, n.º 3, do Código de Processo Penal.»[38] Teria então bem procedido o legislador ao reduzir aquele limite, mas só na hipótese de se ter mantido a redacção do artigo 3.º, n.º 1, daquele decreto parlamentar. Ora, tendo esta norma sido declarada inconstitucional, e tendo em conta que se inverteu – com a nova redacção dada em idêntico artigo da Lei n.º 5/95 – o paradigma ali estabelecido em relação ao artigo 250.º do CPP, não havia o legislador de ter alterado o limite de tempo, já que as situações mais graves passaram a pertencer – como vimos – àquela lei.

Ainda assim, a ser esta a causa geradora da contraditoriedade dos dois diplomas, continuamos a desconhecer a razão pela qual o poder legislativo não se decidiu já pela resolução desta discussão e divergência doutrinal e jurisprudencial. No ano de 1998 introduziram-se alterações aos preceitos aqui discutidos, mas os prazos de permanência em posto policial mantiveram-se. «De acordo com os documentos insertos no Proc. Gab. n.º 25/97, conclui-se que a Comissão Revisora do Código de Processo Penal aprovou, por unanimidade, em 1997, um projecto de redacção para o artigo 250.º do CPP, com intenção manifesta de pôr "cobro à confusa dualidade de regimes" (...)»[39], com aproveitamento dos seus aspectos mais positivos, expondo na Nota Justificativa do projecto de articulado que «constitui quase um enigma a conjugação do artigo 250.º do Código de Processo Penal com a Lei 5/95, de 21 de Fevereiro.»

No ponto n.º 21 da Exposição de Motivos da proposta de lei n.º 157//VII, texto que esteve na origem da Lei n.º 59/98, de 25AGO[40], pode ler-

---

[38] *Ibidem.* Recordemos que esta afirmação é feita por referência ao Decreto n.º 165//VI da Assembleia da República.

[39] *Cf.* Parecer n.º 20/2003 da Inspecção-Geral da Administração Interna, p. 5.

[40] Esta lei introduziu alterações ao Código de Processo Penal, aprovado pelo Decreto-Lei n.º 78/87, de 17 de Fevereiro, e já alterado pelos Decretos-Leis n.º 387-E/87, de 29 de Dezembro, 212/89, de 30 de Junho, e 317/95, de 28 de Novembro.

374 Estudos de Homenagem ao Professor Doutor Artur Anselmo

se que «no livro VI, no que se refere às medidas cautelares e de polícia, reformula-se o artigo 250.°, que regula os procedimentos de identificação e de pedido de informações, resolvendo-se as dificuldades de conjugação da sua previsão actual com o estipulado na Lei n.° 5/95, de 21 de Fevereiro, e eliminando-se as incertezas e ambiguidades numa matéria que se prende com os direitos fundamentais.»[41][42]

---

[41] *Cf. Código de Processo Penal*, Volume II – Tomo I, pp. 24-25, Edição da Assembleia da República – Divisão de Edições, Lisboa, 1999, in Parecer n.° 20/2003 da Inspecção-Geral da Administração Interna, p. 5.

[42] Transcrição da redacção actual do artigo 250.° do CPP, dada pela Lei n.° 59/98, de 25AGO:

«Artigo 250.° (Identificação de suspeito e pedido de informações)

1 – Os órgãos de polícia criminal podem proceder à identificação de qualquer pessoa encontrada em lugar público, aberto ao público ou sujeito a vigilância policial, sempre que sobre ela recaiam fundadas suspeitas da prática de crimes, da pendência de processo de extradição ou de expulsão, de que tenha penetrado ou permaneça irregularmente no território nacional ou de haver contra si mandado de detenção.

2 – Antes de procederem à identificação, os órgãos de polícia criminal devem provar a sua qualidade, comunicar ao suspeito as circunstâncias que fundamentam a obrigação de identificação e indicar os meios por que este se pode identificar.

3 – O suspeito pode identificar-se mediante a apresentação de um dos seguintes documentos:

a) Bilhete de identidade ou passaporte, no caso de ser cidadão português;

b) Título de residência, bilhete de identidade, passaporte ou documento que substitua o passaporte, no caso de ser cidadão estrangeiro.

4 – Na impossibilidade de apresentação de um dos documentos referidos no número anterior, o suspeito pode identificar-se mediante a apresentação de documento original, ou cópia autenticada, que contenha o seu nome completo, a sua assinatura e a sua fotografia.

5 – Se não for portador de nenhum documento de identificação, o suspeito pode identificar-se por um dos seguintes meios:

a) Comunicação com uma pessoa que apresente os seus documentos de identificação;

b) Deslocação, acompanhado pelos órgãos de polícia criminal, ao lugar onde se encontram os seus documentos de identificação;

c) Reconhecimento da sua identidade por uma pessoa identificada nos termos do n.° 3 ou do n.° 4 que garanta a veracidade dos dados pessoais indicados pelo identificando.

*6 – Na **impossibilidade** de identificação nos termos dos n.ᵒˢ 3, 4 e 5, os órgãos de polícia criminal podem conduzir o suspeito ao posto policial mais próximo e **compeli- -lo** a permanecer ali pelo tempo estritamente indispensável à identificação, em caso algum superior a seis horas, realizando, em caso de necessidade, provas dactiloscópicas, fotográficas ou de natureza análoga e convidando o identificando a indicar residência onde possa ser encontrado e receber comunicações.*

O Regime Legal da Identificação

Apesar do esforço de conciliação a que tanto se aludiu, o dilema permanece. Na verdade, é incompreensível que, após uma referência expressa do propósito de unificação dos dois regimes, a nada se tenha operado para afastar as suas contradições. E nem sequer as alterações ao articulado proposto pela Comissão Revisora traduzem a discrepância quanto à intenção de harmonização dos dois regimes, porque foram insignificantes.[43]

Contudo, atento às incompatibilidades dos normativos em estudo, são sempre de considerar as advocações de uma revogação tácita da Lei 5/95, de 21FEV[44], porque afastar-se-ia desde logo aquele paradoxo e, com isso, a problemática aqui discutida. Aliás, por estranho que seja, o então Secretário de Estado de Justiça, que coordenou os trabalhos finais de revisão e a redacção do texto final da proposta que o Governo apresentou no Parlamento, aponta para uma revogação tácita das normas da Lei n.º 5/95, cujo conteúdo diz ter passado a fazer parte da previsão do artigo 250.º do CPP.[45] Igual posição tomou o Conselho Consultivo da

---

7 – Os actos de identificação levados a cabo nos termos do número anterior são sempre reduzidos a auto e as provas de identificação dele constantes são destruídas na presença do identificando, a seu pedido, se a suspeita não se confirmar.

8 – Os órgãos de polícia criminal podem pedir ao suspeito, bem como a quaisquer pessoas susceptíveis de fornecerem informações úteis, e deles receber sem prejuízo, quanto ao suspeito, do disposto no artigo 59.º, informações relativas a um crime e, nomeadamente, à descoberta e à conservação de meios de prova que poderiam perder-se antes da intervenção da autoridade judiciária.

9 – Será sempre facultada ao identificando a possibilidade de contactar com pessoa da sua confiança.» Negrito nosso.

[43] «Confrontando o texto do actual artigo 250.º do CPP com o texto do projecto de articulado apresentado pela Comissão Revisora detectam-se algumas modificações.» Assim, no n.º 1 aditou-se a expressão "haver contra si mandado de detenção", no n.º 2 aditou-se o termo "este" e no n.º 9 substituiu-se o vocábulo "suspeito" (proposto pela Comissão Revisora) por "identificando". «Porém, tais alterações ao articulado proposto pela Comissão Revisora, não são significativas e não traduzem uma divergência quanto à intenção de unificação do regime de identificação de suspeito.» *Cf.* Parecer n.º 20/2003 da Inspecção-Geral da Administração Interna, p. 6.

[44] Tenha-se em atenção que, em matéria de revogação tácita, entende-se existir *incompatibilidade* entre normativos não só nos casos em que os dispositivos legais estejam em contradição mas, igualmente, quando haja reprodução do texto normativo da lei mais antiga por uma lei mais recente.

[45] José Lopes da Mota, *A Revisão do Código de Processo Penal*, Revista Portuguesa de Ciência Criminal, Ano 8, 1988, p. 191, cit. in Parecer n.º 20/2003 da Inspecção--Geral da Administração Interna, p. 6.

376 Estudos de Homenagem ao Professor Doutor Artur Anselmo

Procuradoria-Geral da República, no Parecer n.º 7/2002.[46] E ao lado de uma ab-rogação tácita parece (agora[47]) colocar-se, também, MAIA GONÇALVES, ao dizer que «a premência das realidades quotidianas (...) continuaram a fazer-se sentir após a entrada em vigor do Código, tornando necessária a elaboração da Lei n.º 5/95, de 21 de Fevereiro, que ficou revogada com os novos dispositivos deste artigo 250.º».[48]

A ideia de uma derrogação tácita será, porventura, ainda aceitável, mas nunca a de uma ab-rogação. E são diversos os argumentos que nos propomos apresentar:

Por um lado porque, na revogação tácita (ou por incompatibilidade) é forçoso aferir se entre as disposições em causa existe a incompatibilidade que institui justamente o fundamento da revogação. Ora, no caso em apreço, é de concluir que «(...) mesmo a admitir-se uma revogação tácita, esta seria sempre parcial, subsistindo a obrigatoriedade do porte de documento de identificação, a partir dos 16 anos de idade (...)[49], porquanto sobre tal matéria nada dispõe o artigo 250.º do CPP.

Por outro lado, a proximidade temporal dos actos de aprovação dos diplomas de alteração ao Código de Processo Penal e à Lei n.º 5/95, de 21FEV, é a indicação incontestável de que foi pretensão do legislador manter esta lei em vigor. Vejamos bem:

A Lei n.º 5/95 foi sujeita a uma alteração operada pela Lei n.º 49/98, de 11AGO[50]. Este diploma foi aprovado em 30 de Junho. A Lei n.º 59/98,

---

[46] «(...) dada uma certa incongruência entre os dois blocos normativos, foi dada uma nova redacção ao artigo 250.º do CPP, através da Lei n.º 59/98, de 25 de Agosto, com o intuito de conjugar os dois modelos em confronto, da qual terá resultado a revogação tácita da Lei n.º 5/95.» *Loc. cit.*

[47] Dizemos *agora* porque, outrora, o entendimento deste Autor pareceu ser o de uma **derrogação** tácita. Em anotação ao artigo 250.º, no *Código de Processo Penal Anotado e Comentado*, 13ª edição, Coimbra: Almedina, 2002, p. 525, pode ler-se que «com o novo texto deste artigo ficaram revogados dispositivos da Lei n.º 5/95, de 21 de Fevereiro».

[48] *Código de Processo Penal Anotado,* 2007, ed. cit., p. 554. No mesmo sentido, *vide* PAULO PINTO DE ALBUQUERQUE, *Comentário do Código de Processo Penal à Luz da Constituição e da Convenção Europeia dos Direitos do Homem*, Lisboa: Universidade Católica Editora, 2007, p. 645: «A Lei n.º 5/95, de 21.2, foi revogada pela revisão do CPP de 1998.»

[49] Parecer n.º 20/2003 da Inspecção-Geral da Administração Interna, p. 8.

[50] Atribuiu à Polícia Marítima, como força policial com competências de fiscalização e policiamento nas áreas de jurisdição do sistema da autoridade marítima, criada

O Regime Legal da Identificação   377

de 25AGO (que, como vimos, alterou o CPP, dando nova redacção ao artigo 250.° do CPP), foi aprovada no dia anterior, em 29 de Junho de 1998. Ora, que outro entendimento seria admissível senão o de considerar que foi intenção clara da Assembleia da República manter em vigor aquele diploma? Além de que, a pretender a ab-rogação da Lei n.° 5/95, de 21FEV, teria o legislador – como refere OLIVEIRA ASCENSÃO a propósito da revogação tácita ou por incompatibilidade –, «(...) revogado expressamente os preceitos que pretendia directamente substituir»[51], aditando-a no elenco dos diplomas revogados pela Lei n.° 59/98, de 25AGO, e isentando-se de lhe fazer alterações que, na hipótese, seriam inúteis. «É pois manifesto que a identidade do órgão legislativo e a proximidade temporal dos actos de aprovação de ambos os processos legislativos em causa apontam, inequivocamente, para a subsistência no nosso ordenamento jurídico de dois regimes legais de identificação»[52], além de que, em matéria de cessação de vigência da lei, a doutrina juridicamente acolhida nos conduz forçosamente ao reconhecimento da vigência daquele diploma.

3. A permissividade do quadro legal actual no recurso à *detenção para efeitos de identificação*

Tendo em conta o que foi dito até esta parte, podemos estar seguros de que, o procedimento coactivo de identificação de suspeito[53], operado pelos órgãos de polícia criminal ao serviço dos Domínios da Prevenção e da Investigação Criminal, reunidos os demais condicionalismos, tem cobertura legal do artigo 250.° do CPP. Consideramos, assim, que o regime da Lei n.° 5/95, de 21FEV, está tacitamente derrogado, na medida em que o disposto nos seus artigos 1.°; 2.°/n.ᵒˢ 2 e 3; 3.°; e 4.° está vertido nos n.ᵒˢ 1 e 2; n.ᵒˢ 3 e 4; n.ᵒˢ 6, 7 e 9; e n.° 5, respectivamente, do artigo 250.° do CPP, na redacção conferida pela Lei n.° 59/98, de 25AGO. É certo que, a sermos rigorosos, alguns segmentos daqueles normativos

---

pelo Decreto-lei n.° 248/95, de 21SET, poder para exigir a identificação de qualquer pessoa, reunidos os condicionalismos legais.

[51] In *O Direito – Introdução e Teoria Geral*, ed. Gulbenkian, Lisboa, 1978, p. 302.

[52] Parecer n.° 20/2003 da Inspecção-Geral da Administração Interna, p. 7.

[53] Por *suspeito* entende-se «*toda a pessoa relativamente à qual exista indício de que cometeu ou se prepara para cometer um crime, ou que nele participou ou se prepara para participar.*» *Cf.* alínea e) do artigo 1.° do CPP.

não têm correspondência neste preceito. Mas a inserção desses segmentos nas respectivas normas (porque aliados ao conteúdo e teleologia destas) conduz à verificação das incompatibilidades que originam a revogação tácita.

Admitimos, ainda, que é sempre discutível (e, por isso, de considerar) o argumento segundo o qual a estatuição do artigo 1.º, n.º 1, da Lei n.º 5/95 se estende apenas a certos tipos de crime (os mais graves), impondo-se assim como norma especial no que à identificação de suspeitos da prática desses crimes diz respeito, deixando os restantes para a previsão do artigo 250.º do CPP. Contudo, a abraçar-se tal entendimento, como se explica então o facto de, no que concerne a identificação coactiva (condução e permanência no posto policial), para os crimes mais graves, o legislador contemplar um lapso de tempo mais reduzido (duas horas) do que para os restantes actos criminosos (seis horas)? Será admissível o ordenamento jurídico subverter, nestes termos, as finalidades das normas, violando a sua adequação valorativa e a unidade do Direito? Julgamos que não, porquanto esta posição doutrinal horripila os princípios gerais da teleologia normativa.[54]

Sem embargo para a posição que acolhemos quanto à derrogação tácita daquele diploma, uma pequena peculiaridade surge: é que, ao contrário do que constava no n.º 3 da redacção originária do artigo 250.º e no n.º 1 do artigo 3.º da Lei n.º 5/95, não vem na previsão do (actual) artigo 250.º do CPP o acompanhamento coercivo do identificando ao posto policial mais próximo em casos de *recusa*. Vejamos bem:

Dispunha o n.º 3 do artigo 250.º, na redacção anterior, que «havendo motivo para suspeita, os órgãos de polícia criminal podem conduzir as pessoas que forem **incapazes** de se identificar ou se **recusarem** a fazê-lo ao posto policial mais próximo (…)»; nos mesmos moldes estipulava o n.º 1 do artigo 3.º da Lei n.º 5/95 que «nos casos de **impossibilidade** de identificação (…) ou nos casos de **recusa** (…), terá lugar um procedimento de identificação que consiste em conduzir o identificando ao posto

---

[54] Na sequência do nosso entendimento (da derrogação tácita), somos forçados a concluir que terá sido inútil a alteração operada na Lei n.º 5/95, de 21FEV, até porque ao abrigo do artigo 2.º do Decreto-lei n.º 248/95, de 21SET, «o pessoal da Polícia Marítima é considerado órgão de polícia criminal para efeitos de aplicação da legislação processual penal (…)», pelo que a sua actuação nos processos de identificação de suspeitos encontra sempre cobertura legal no artigo 250.º do CPP.

O *Regime Legal da Identificação*   379

policial mais próximo (…)». Já o vigente artigo 250.º do CPP, no seu n.º 6, dispõe (tão só) que «na **impossibilidade** de identificação (…), os órgão de polícia criminal podem conduzir o suspeito ao posto policial mais próximo (…)». Ora, atendendo às "raízes históricas" deste preceito, não nos parece que estejamos perante um lapso do legislador, antes crendo que a sua opção (em subtrair aqui os casos de recusa) tem fundamento lógico. O nosso entendimento – que passaremos a desenvolver – baseia--se essencialmente em dois pilares: primeiro, traduzindo-se a ordem de identificação numa medida típica de polícia, quando legitimamente dimanada, do seu não acatamento resulta a prática de um crime de desobediência, desde que se haja feito a cominação legal prévia; segundo, a defender-se o acompanhamento coercivo do suspeito ao posto policial mesmo nos casos de recusa (por perspectivar-se como uma medida menos gravosa e, por isso, mais adequada e proporcional comparativa-mente à reacção criminal por desobediência), resultará a inversão de toda a lógica do regime jurídico global da identificação, pois, como veremos, é constitucionalmente inadmissível, no âmbito do ilícito de mera orde-nação social, o procedimento compulsório que consiste na condução de identificando ao posto policial.

3.1. *A recusa perante a ordem legítima de identificação*

3.1.1. *O crime de desobediência no cenário da recusa perante a exigência de identificação*

Resulta do artigo 272.º, n.º 2 da Constituição que as medidas de polícia devem vassalagem ao princípio da tipicidade legal, devendo as normas que as contemplam densificar suficientemente o seu conteúdo. O caso em apreço remete-nos, por um lado, para o artigo 16.º, n.º 2, al. b) da Lei de Segurança Interna[55] (doravante abreviada por LSI), onde se entalha como medida de polícia a «exigência de identificação de qualquer pessoa que se encontre ou circule em lugar público ou sujeito a vigilância policial»[56], fortalecida por um dever geral de cooperação de todos os

---

[55] Lei n.º 20/87, de 12JUN, rectificada pela Declaração s/n, publicada no Diário da República, Iª Série, n.º 134, de 12JUN e alterada pela Lei n.º 8/91, de 1ABR.

[56] Os n.ºs 1 e 2 do artigo 16.º impõem que os estatutos e diplomas orgânicos das forças e serviços de segurança tipifiquem as medidas de polícia aplicáveis nos termos e

380 *Estudos de Homenagem ao Professor Doutor Artur Anselmo*

cidadãos que, nos termos do artigo 5.º do mesmo diploma, devem acatar «(...) **as ordens e mandados legítimos das autoridades** (...)»[57].

Por outro lado, em obediência à Lei Fundamental, fez-se derivar da lei os circunstancialismos concretos de que depende a legitimidade da ordem de identificação – estabelecidos no artigo 250.º do CPP, para o que agora interessa. Neste sentido, estão reunidas as exigências constitucionais que ditam a legalidade das medidas de polícia. Ensinam GOMES CANOTILHO e VITAL MOREIRA que «(...) os actos de polícia, além de terem um fundamento necessário na lei, devem ser medidas ou procedimentos individualizados e com conteúdo suficientemente definido na lei, independentemente da natureza dessas medidas: quer sejam regulamentos gerais emanados das autoridades de polícia, decisões concretas e particulares (autorizações, proibições, ordens), medidas de coerção (...), ou operações de vigilância, todos os procedimentos de polícia estão sujeitos ao princípio da precedência de lei e da tipicidade legal.»[58]

É, pois, inegável que a exigência de identificação se consubstancia numa medida de polícia, a ser exercida *nos termos e condições previstos na Constituição e na lei.*[59]

Hoc sensu, tendo em consideração que, quem faltar à obediência devida a ordem formal e substancialmente legítima[60], regularmente comunicada e emanada de autoridade competente, após cominação legal prévia, incorre num crime de desobediência[61], «(...) poderá desenhar-se, caso haja recusa de identificação, a autoria [desse mesmo crime] por banda de quem não acata essa determinação, (...) autoria essa de que o agente tem directo e imediato conhecimento»[62], pelo que deve até ser

---

condições previstos na Constituição e na lei, pelo que importa aqui fazer remissão para as disposições constantes no artigo 12.º, n.º 2, da Lei n.º 53/2007, de 31AGO; no artigo 14.º, n.º 2, da Lei n.º 63/2007, de 6NOV; no artigo 3.º, n.º 4 do Decreto-lei n.º 252/2000, de 16OUT, (Leis Orgânicas da Polícia de Segurança Pública, da Guarda Nacional Republicana e do Serviço de Estrangeiros e Fronteiras, respectivamente).

[57] Negrito nosso.

[58] In *Constituição da República Portuguesa, Anotada*, Coimbra Editora, 1993, p. 956.

[59] *Vide* artigo 16.º, n.º 2, da LSI.

[60] Sobre a legalidade formal e substancial de ordem ou mandado de autoridade, *vide* Luís OSÓRIO, *Notas ao Código Penal Português*, Vol. I, pp. 213 e ss., e LEAL HENRIQUES e SIMAS SANTOS, *Código Penal Anotado*, 2.º Volume, Lisboa: Rei dos Livros, 1996, p. 1089.

[61] *Cf.* artigo 348.º do *Código Penal*.

[62] BRAVO SERRA, Acórdão n.º 479/94, de 7 de Julho, do Tribunal Constitucional, *loc. cit.*, p. 4937. No mesmo sentido – no que respeita à ordem de identificação –, *vide* Parecer

O Regime Legal da Identificação 381

detido em flagrante delito. De facto, é inquestionável a cobertura constitucional e legal conferida, a estes casos, pelos artigos 27.º, n.º 3, alínea a), da Lei Fundamental e 255.º e 256.º do Código de Processo Penal, conjugados com o artigo 5.º, n.º 1, da LSI e com o artigo 348.º do Código Penal.[63]

Ciente de que o ordenamento jurídico apresentava já solução, absteve-se então o legislador (no n.º 6 do artigo 250.º do CPP) de atribuir aos **órgão de polícia criminal**[64] a prerrogativa de condução, ao posto policial mais próximo, de cidadão que, após ordem legítima, se haja recusado identificar. Ademais, quiçá tenha pretendido impor a efectivação de uma distinção no tratamento a dar às situações de *recusa* de identificação e de *impossibilidade* material na sua concretização, o que, quanto a nós, faz todo o sentido.

3.1.2. *O discurso da* ultima ratio *no recurso à reacção criminal por desobediência*

Não podemos deixar de chamar à discussão a posição de quem defende que não devem utilizar-se medidas gravosas quando outras de menor penosidade sejam suficientes para a realização dos objectivos pretendidos. Ou seja, importa apurar se «será defensável o entendimento segundo o qual, perante a possibilidade de recurso a outras formas de reacção e a modalidades administrativas de execução material e coerciva

---

n.º 13/96, de 22 de Maio de 1997, do Conselho Consultivo da Procuradoria-Geral da República, publicado no Diário da República n.º 286, de 12-12-1997.

[63] No que a esta matéria diz respeito, não podemos deixar de frisar as disposições constantes no artigo 12.º, n.º 2, da Lei n.º 53/2007, de 31AGO e no artigo 14.º, n.º 2, da Lei n.º 63/2007, de 6NOV, (Leis Orgânicas da Polícia de Segurança Pública e da Guarda Nacional Republicana, respectivamente), onde se lê: «Quem faltar à obediência devida a ordem ou a mandado legítimos, regularmente comunicados e emanados de autoridade de polícia ou agente de autoridade (...), é punido com a pena legalmente prevista para a desobediência qualificada.»

[64] Nunca é demais relembrarmos que o raciocínio teorético até aqui exposto está contido na arena dos Domínios da Prevenção (Criminal) e da Investigação Criminal. Chegará, mais à frente, o momento de nos reportarmos aos procedimentos de identificação que as autoridades policiais deverão tomar no quadro dos ilícitos de mera ordenação social.

382   *Estudos de Homenagem ao Professor Doutor Artur Anselmo*

da ordem desrespeitada, deixou de haver fundamento jurídico para a incriminação dos factos como "desobediência (...)»[65].

É com certeza incontestável que, num Estado de direito democrático, o direito à liberdade se impõe – no quadro dos Direitos, Liberdades e Garantias – como um dos mais consagrados[66], pelo que a restrição deste direito deverá tomar o rosto da *ultima ratio*[67]. A ser assim, somos forçados a considerar que, enquanto medida do tipo sancionatório, a *cominação do crime de desobediência* – nos casos de recusa – surge (igualmente) como uma possibilidade de última razão e, portanto, apenas recorrível depois de esgotados todos os meios legais menos gravosos (medidas compulsórias) que permitam chegar à identificação, para assim se minorar o grau de restrição daquele direito fundamental. Ou seja, obedecendo ao princípio da *escalada de meios* patente no artigo 250.º do CPP, à pessoa que se recuse identificar, a autoridade policial não poderá fazer a cominação da desobediência criminal, mas sim informá-la que irá ser conduzida ao posto policial para aquele efeito, nos termos do n.º 6 daquele preceito, podendo fazer-se a cominação caso se recuse, agora, ser conduzida ao posto policial.

O Conselho Consultivo da Procuradoria-Geral da República tende a concluir que, «enquanto a autoridade puder lançar mão do meio compulsório referido [a condução coactiva ao posto policial mais próximo], ele surge como substituto de uma reacção criminal por desobediência.» Devemos, porém, ter em conta que este juízo foi tomado perante o quadro legal anterior, onde se previa expressamente (como vimos) a situação da recusa de identificação. E remata da seguinte forma: «no entanto, tal não impede (...) que esgotados sem êxito os meios compulsórios referidos [os que agora constam dos n.ᵒˢ 3, 4, 5 e 6 do artigo 250.º do

---

[65] *Cf.* Parecer n.º 52/93, publicado no Diário da República, IIª Série, de 19-05-1994, e Parecer n.º 13/96, de 22 de Maio de 1997, *loc. cit.*, ambos da Procuradoria-Geral da República.

[66] A marcar esta importância surge, desde logo, a localização sistemática deste direito na Constituição (4.º lugar).

[67] Devemos ter presente que aos Direitos, Liberdades e Garantias subjaz a ideia de que todos temos uma categoria de direitos sem o respeito dos quais seria difícil ao indivíduo viver em paz, conservar a vida, preservar a honra e reclamar para si a dignidade moral e humana. São também chamados de direitos essenciais, direitos primários, ou ainda, direitos inatos, originários, inalienáveis, indisponíveis ou naturais. *Cf.* Miguel José Faria, *Direitos Fundamentais e Direitos do Homem*, vol. I, 3ª Edição, Lisboa: ISCPSI, 2001, p. 4.

O *Regime Legal da Identificação*   383

CPP] e reiterada a ordem de identificação, o indivíduo renitente não venha a cometer o crime de desobediência.»[68]

Apesar da validade da argumentação retirada da *ultima ratio* na restrição de direitos fundamentais, facto é que deste entendimento (no que a este segmento concerne) irrompe a inversão da lógica do bloco da legalidade no que respeita ao regime da identificação (amplamente considerado), quando comparado com situações em que os agentes de autoridade actuam na arena do ilícito de mera ordenação social. Para percebermos, somos levados a fazer uma pequena incursão ao regime geral das contra-ordenações, para depois retomarmos o nosso raciocínio.

Tudo o que até aqui expusemos partiu sempre da premissa de que a figura da *detenção para efeitos de identificação* – que, recorde-se, integrou o elenco das excepções ao princípio da liberdade com a quarta Revisão Constitucional[69] –, só é aceitável no âmbito das funções de polícia judiciária, isto é, quando as autoridades operem nos Domínios da Prevenção e da Investigação Criminal. Quer isto dizer que, no restante quadro de actuação (funções de polícia administrativa *stricto sensu)*, as autoridades policiais não dispõem de qualquer prerrogativa que admita o procedimento de condução impositiva do identificando ao posto policial. Tempos vão em que o Regime Geral do Ilícito de Mera Ordenação Social[70] previa tal procedimento quando estava em causa uma simples contra-ordenação. A propósito da impossibilidade imediata em obter a identificação, o n.º 2 do artigo 49.º do Decreto-lei n.º 433/82, de 27OUT, dispunha que «se esta não for imediatamente possível, em caso de flagrante delito podem as autoridades policiais deter o indivíduo pelo tempo necessário à identificação», impondo o n.º 3 que «esta deve processar-se no mais curto espaço de tempo, não podendo nunca exceder 24 horas.»[71]

---

[68] In Parecer n.º 13/96 da Procuradoria-Geral da República, de 22 de Maio de 1997, *loc. cit.*

[69] Lei Constitucional n.º 1/97, de 20SET. *Vide* alínea g) do n.º 3 do artigo 27.º da Lei Fundamental.

[70] Aprovado pelo Decreto-lei n.º 433/82, de 27OUT, alterado e republicado pelo Decreto-lei n.º 244/95, de 14SET, alterado pela Lei n.º 109/2001, de 24DEZ, pelo Decreto-lei n.º 323/2001, de 17DEZ, e alterado pelo Acórdão n.º 27/2006, de 10jan, publicado no Diário da República n.º 45, Iª Série A, de 3MAR.

[71] O artigo 49.º do Decreto-lei n.º 433/82, de 27OUT, limita-se agora a dizer que «as autoridades administrativas competentes e as autoridades policiais podem exigir ao agente de uma contra-ordenação a respectiva identificação.»

384   Estudos de Homenagem ao Professor Doutor Artur Anselmo

Sensível a razões de inconstitucionalidade, o legislador «(...) elimin[ou] a previsão da possibilidade de detenção para identificação do agente de uma contra-ordenação (...)»[72], pelo que é incontestável o entendimento que considera ilegal a condução e retenção em posto policial, para efeitos de identificação, dum suspeito da prática de um ilícito de mera ordenação social.[73] «Não está prevista no nosso ordenamento jurídico a possibilidade de detenção para identificação coactiva de suspeito da prática de mera contra-ordenação.»[74]

Significa então que, traduzindo-se a exigência de identificação numa medida de polícia, perante uma recusa de identificação por parte dum suspeito da prática de uma **contra-ordenação**, os agentes de autoridade não dispõem de qualquer outro meios de reacção para além da faculdade de cominar o crime de desobediência, porquanto, nestes casos, é igualmente violado o bem jurídico imediatamente protegido:

---

[72] Tal citação pode ler-se no Preâmbulo do Decreto-lei n.º 244/95, de 14SET (diploma que introduziu alterações ao Decreto-lei n.º 433/82, de 27OUT), bem como na lei que autorizou o Governo a rever o Regime Geral do Ilícito de Mera Ordenação Social – *vide* Lei n.º 13/95, de 5MAI, artigo 3.º, alínea j).

[73] É certo que esta eliminação se processou antes da admissão, no n.º 3 do artigo 27.º da Constituição, da figura da detenção para efeitos de identificação. Porém, por um lado, o Decreto-lei n.º 433/82, de 27OUT, sofreu duas alterações posteriores, sem nunca o legislador nele configurar (novamente) a previsão consignada na versão originária do diploma, porque o instituto constitucional da alínea g) do artigo 27.º, n.º 3, reporta-se apenas ao ilícito criminal. O sentido do termo '*suspeito*' aí inserido deve buscar-se na lei processual penal, no artigo 1.º, alínea e) do CPP. Por outro lado, vimos já que a exigência de identificação configura uma medida de polícia, pelo que está sempre sujeita ao princípio da tipicidade legal, constitucionalmente prescrito no n.º 2 do artigo 272.º. E tomando as palavras de GOMES CANOTILHO e VITAL MOREIRA, frisámos já que *os actos de polícia, além de terem um fundamento necessário na lei, devem ser medidas ou procedimentos individualizados e com conteúdo suficientemente definido na lei*. Ora, em lado algum do nosso ordenamento está prevista a prerrogativa típica que atribua às autoridades a faculdade de conduzir coactivamente uma pessoa ao posto policial para ser apurada a sua identidade, não se podendo considerar o artigo 41.º do Decreto-lei n.º 433/82, de 27OUT, como norma suficientemente habilitadora ou legitimadora da detenção para identificação no quadro contra-ordenacional e, muito menos, como norma servível para a conformidade constitucional de tal medida compulsória.

[74] Parecer n.º 20/2003 da Inspecção-Geral da Administração Interna, p. 12 (conclusões). No seguimento de tal parecer, o então Inspector-Geral da Administração Interna – RODRIGUES MAXIMIANO – emitiu a Recomendação n.º 1/2004, dirigida às forças e serviços de segurança sob tutela daquela entidade, aí repetindo aquela conclusão.

O Regime Legal da Identificação   385

«(...) o respeito às ordens da autoridade, a natureza do conteúdo das ordens desobedecidas (...)».[75]

Ora, retomando novamente o nosso discurso, se entendermos que, no quadro da função de polícia judiciária, os órgãos de polícia criminal devem lançar mão do **meio compulsório** (condução ao posto policial) antes de, esgotado este, proceder pela via da reacção criminal por desobediência, como se explica então que, no quadro da função de polícia administrativa *stricto sensu* – onde as infracções de mera ordenação social atingem uma ressonância ético-social reduzida relativamente ao ilícito criminal –, o ordenamento jurídico apenas faculta aos agentes de autoridade o **meio sancionatório** (cominação do crime de desobediência)? Será razoável, sensato e judicioso outorgar, aos executores da administração da segurança interna, meios de reacção mais opressivos perante situações de recusa de identificação decorrentes de um ilícito contra-ordenacional, do que perante os casos de recusa decorrentes de acontecimentos ou circunstâncias criminais? Estamos seguros de que não é uma solução acertada.

É pois com base nestes argumentos que repugnamos a posição doutrinal segundo a qual, perante os casos de **recusa** de identificação por parte de suspeitos da prática de crime, os órgão de polícia criminal só podem proceder pela reacção criminal por desobediência depois de esgotado o procedimento compulsório. Deste entendimento resulta – comparativamente ao regime legal de identificação previsto para a actividade de polícia administrativa em sentido estrito – uma inversão lógica do bloco da legalidade, um paradoxo *in re ipsa*.

Quiçá fizesse mais sentido que a ordem jurídica estipulasse de forma diferente: perante casos de *recusa* decorrentes de situações ou infracções de natureza meramente administrativa, exigir que se esgotasse primeiramente o meio compulsório aqui em causa.

3.2. *O desrespeito das ordens de autoridade no âmbito do Código da Estrada*

Como apurámos, pende sobre os cidadãos um dever geral de acatamento das ordens legítimas das autoridades. Vimos ainda que a exigência

---

[75] Parecer n.º 13/96, de 22 de Maio de 1997, do Conselho Consultivo da Procuradoria-Geral da República, *loc. cit.*

386   *Estudos de Homenagem ao Professor Doutor Artur Anselmo*

de identificação surge como uma medida de polícia, exercida nos termos e condições previstos na Constituição e na lei. E concluímos também que comete o crime de desobediência a pessoa que não acatar uma ordem ou mandado legítimos das autoridades. Resta-nos, contudo, proceder a mais um esclarecimento: face à disposição especial constante do artigo 4.º do Código da Estrada[76] (CE), cometerá igualmente o crime de desobediência a pessoa que recuse identificar-se perante ordem legítima da autoridade, no âmbito de uma fiscalização ou numa situação decorrente da violação de regras ou sinais de trânsito?

Dispõe o n.º 1 do artigo 4.º do CE que «o utente deve obedecer às ordens legítimas das autoridades com competência para **regular e fiscalizar o trânsito**, ou dos seus agentes, desde que devidamente identificados como tal.» O desrespeito a tais ordens é sancionado com coima de €120 a €600, ou, no caso de quem desobedecer ao sinal regulamentar de paragem das autoridades referidas no n.º 1 é sancionado com coima de €500 a €2 500, se sanção mais grave não for aplicável por força de outra disposição legal.[77]

A resposta à nossa pergunta está em saber se a exigência de identificação recai no âmbito de aplicação desta norma especial do CE ou se, pelo contrário, mantém a sua relação com artigo 348.º do CPP. Para tal, propomo-nos seguir o raciocínio elaborado pelo Conselho Consultivo da Procuradoria-Geral da República, no Parecer n.º 13/96, de 22 de Maio de 1997.

No âmbito do CE anterior, aprovado pelo Decreto-lei n.º 39672, de 20 de Maio de 1954, «(...) só a desobediência ao sinal de paragem fazia o seu autor incorrer em responsabilidade contravencional, integrando a prática do crime de desobediência o não acatamento das restantes ordens legítimas da autoridade»[78], aqui se incluindo, obviamente, a ordem de

---

[76] Aprovado pelo Decreto-lei n.º 114/94, de 3MAI, revisto e republicado pelos Decretos-leis n.ºs 2/98, de 3JAN, e 265-A/2001, de 28SET, alterado pela Lei n.º 20/2002, de 21AGO e alterado e republicado pelo Decreto-lei n.º 44/2005, de 23FEV.

[77] *Cf.* n.ºs 2 e 3, respectivamente. Negrito nosso.

[78] Parecer n.º 13/96, de 22 de Maio de 1997, do Conselho Consultivo da Procuradoria-Geral da República, *loc. cit.* Neste sentido, *vide* Acórdão da Relação de Coimbra, de 14-03-1990 e de 30-11-1983, in Colectânea de Jurisprudência, respectivamente, Ano XV, Tomo II-1990, p. 78, e Ano VIII, Tomo V-1993, p. 85; Acórdão da Relação de Lisboa, de 28-02-1992 e 17-11-1993, in Colectânea de Jurisprudência, respectivamente, Ano XVII, Tomo I-1992, p. 188, e Ano XVIII, Tomo V-1993, p. 166.

identificação. Com a Lei n.º 63/93, de 21AGO, a Assembleia da República concedeu ao Governo autorização para aprovar um (novo) Código da Estrada. Pode ler-se no artigo 2.º, n.º 2, alínea a) daquela Lei que a autorização contemplará «a punição, como actos ilícitos de mera ordenação social, da violação das **normas disciplinadoras do trânsito** (...)», dispondo o n.º 4 que «o Governo poderá proceder à revisão ou revogação das normas penais incriminadoras relativas à violação das **normas sobre o trânsito,** visando a sua adaptação às normas do Código da estrada, desde que não sejam alterados [nos casos de revisão] os tipos de crime ou agravados os limites das sanções aplicáveis.»[79]

Como tão bem é explicado por aquele Conselho Consultivo, «parece então que o propósito de descriminalização, de que o actual Código da Estrada se fez eco, não vai para além do círculo das "normas disciplinadoras do trânsito".» Assim, tendo em conta que a desobediência a uma ordem de identificação constituía crime face ao anterior Código da Estrada, «(...) o legislador só estaria autorizado a transformar tal comportamento em contra-ordenação, ao abrigo da citada Lei n.º 63/93, se se entendesse que aquela desobediência se traduzia na violação de uma norma disciplinadora do trânsito, o que nos parece de arredar. Por normas disciplinadoras do trânsito entendemos, na verdade, apenas as que nos indicam o modo como o trânsito se deve processar.»[80]

Ora, dispondo o artigo 4.º, n.º 1 do CE sobre as *ordens legítimas das autoridades com competência para **regular e fiscalizar o trânsito**,* o preenchimento dos elementos típicos desta norma está limitado ao conteúdo das ordens emanadas em certo domínio – a própria fiscalização do trânsito. Esta norma de tipo sancionatório funciona como norma especial em relação ao artigo 348.º do CPP, mas só no que ao regulamento e fiscalização do trânsito diz respeito. «Estando em causa a identidade do utente da via, e não o seu comportamento, só de forma mediata, lateral ou indirecta é que se poderia defender que tal questão de identidade se prenderia com a fiscalização do trânsito.»[81]

Concluímos então que, mesmo no âmbito da fiscalização ou regulação do trânsito, tem suporte legal o procedimento do agente de

---

[79] Negrito nosso.

[80] Parecer n.º 13/96, de 22 de Maio de 1997, do Conselho Consultivo da Procuradoria-Geral da República, *loc. cit.*

[81] *Ibidem.* Esta doutrina foi tornada vinculativa para o Ministério Público através da Circular da Procuradoria-Geral da República n.º 5/97, de 20JUN.

388 *Estudos de Homenagem ao Professor Doutor Artur Anselmo*

autoridade que, perante a **recusa de identificação** a uma ordem legítima, comina o crime de desobediência ao identificando. A relação de especialidade existente entre o artigo 4.º do CE e o artigo 348.º do CPP não atinge a matéria da exigência de identificação, circunstância relevante para as situações em que os condutores ou infractores procuram intencionalmente não colaborar ou dificultar a intervenção das autoridades fiscalizadoras.

4. Considerações finais

O trecho aqui deixado está longe de preencher as exigências de um leitor que, insatisfeito com o quadro legal actual, procura entender melhor as opções legislativas. A problemática do regime legal da identificação reside, desde logo, na dogmática jurídica que edifica o *instituto da detenção para efeitos de identificação*. Por um lado, é preciso definir bem os conceitos, pois não é indiferente, por exemplo, falar-se em *detenção* ou *retenção*. O conceito de *detenção* conduz-nos logo à ideia da *privação total* da liberdade. O de *retenção* leva-nos tendencialmente à ideia de *privação parcial*. E mesmo aqui, é preciso esclarecer se a detenção de pessoa para efeitos de identificação – traduzida no acompanhamento coactivo e permanência no posto policial até seis horas – se trata de uma forma de *privação* (total ou parcial) da liberdade, ou antes de uma *mera restrição* ou *limitação* da liberdade. Procuraremos, noutra altura, esclarecer esta necessidade de reconstrução jurídico-dogmática do instituto *sub judicio*.

Por outro lado, importa saber com rigor quando e em que medida deve o direito à liberdade ceder perante o direito à segurança. Tratamos aqui de dois direitos fundamentais colocados em pratos diferentes de uma mesma balança, já que o legislador constitucional os colocou lado a lado no artigo 27.º da *Lex Fundamentalis*. Não terá sido, decerto, obra do acaso. Antes se deve ao facto de serem geradores de um equilíbrio essencial aquilo que se diz de *boa vivência em sociedade* e à garantia do exercício dos demais direitos dos cidadãos.

É inevitável que a função pública de polícia mergulhe invariavelmente na esfera jurídica dos administrados, ofendendo – não poucas vezes – os direitos fundamentais de uns para assegurar o respeito pela legalidade democrática e a realização de direitos constitucionais de outros[82]. A actuação policial incide principalmente no plano destes direitos, cuja protecção o Estado está obrigado a afiançar em primeira linha. Movemo-nos, pois, num campo onde se perfilam os mais altos valores de uma sociedade moderna organizada, em que o mais pequeno desleixo do Estado pode pôr em causa aqueles que são, afinal, os históricos direitos naturais ou primários do Homem.

Por isso mesmo, exige-se do agente de autoridade «a sabedoria de Salomão, a coragem de David, a paciência de Job, a liderança de Moisés, a delicadeza do Bom Samaritano, a estratégia de Alexandre, a fé de Daniel, a diplomacia de Lincoln, a tolerância do Carpinteiro de Nazaré e, por último um conhecimento aturado de todos os ramos das ciências naturais, biológicas e sociais».[83]

Ciente desta sua posição, a polícia não pode afastar-se grosseiramente do conteúdo essencial das disposições jurídico-normativas que regem a sua actuação, mesmo que tal implique uma diminuição das suas pretensões. O recurso a interpretações normativas mais cómodas ou favoráveis mas pouco sólidas deve ser evitado. É já assim suficiente a margem de livre decisão permitida na actuação policial.

Bibliografia

I. Doutrina

Albuquerque, Paulo Pinto de, *Comentário do Código de Processo Penal à Luz da Constituição e da Convenção Europeia dos Direitos do Homem*, Lisboa: Universidade Católica Editora, 2007.

---

[82] Falamos obviamente de uma ofensa legítima. Decorre mesmo da Declaração Universal dos Direitos do Homem que, no exercício dos direitos e no gozo das liberdades fundamentais, *ninguém está sujeito senão às limitações estabelecidas pela lei com vista exclusivamente a promover o reconhecimento e o respeito dos direitos e liberdades dos outros e a fim de satisfazer as justas exigências da moral, da ordem pública e do bem-estar numa sociedade democrática. Cf.* artigo 29.º, n.º 2. Aliás, podemos até afirmar que «(...) sem agressão de posições jurídicas subjectivas dos particulares, e mesmo dos seus direitos fundamentais, não existe administração pública. A agressão é conatural à actividade administrativa (...) e impossível de eliminar (...)». Marcelo Rebelo de Sousa e André Salgado de Matos, *Direito Administrativo Geral: Introdução e Princípios Fundamentais*, Tomo I, Lisboa: Publicações Dom Quixote, 2004, p. 204.

[83] Vollmer, cit. in. Jorge de Figueiredo Dias e Manuel da Costa Andrade, *Criminologia – O Homem Delinquente e a Sociedade Criminógena*, 2ª reimpressão, Coimbra, 1997, pp. 463-4.

390   *Estudos de Homenagem ao Professor Doutor Artur Anselmo*

Ascensão, José Oliveira, *O Direito – Introdução e Teoria Geral*, ed. Gulbenkian, Lisboa, 1978.

Barreiros, José António, *Manual de Processo Penal*, Lisboa: Universidade Lusíada, 1989.

_____, *Os novos critérios penais: Liberalismo substantivo, autoridade processual?*, Revista do Ministério Público, ano 4.º, vol. 14.

Canotilho, Gomes, e Moreira, Vital, *Constituição da República Portuguesa, Anotada*, Coimbra Editora, 1993.

Dias, Jorge de Figueiredo, *A Revisão Constitucional, o Processo penal e os Tribunais*, Livro Horizonte, 1981.

Dias, Jorge de Figueiredo, e Andrade, Manuel da Costa, *Criminologia – O Homem Delinquente e a Sociedade Criminógena*, 2ª reimpressão, Coimbra, 1997.

Faria, Miguel José, *Direitos Fundamentais e Direitos do Homem*, vol. I, 3ª Edição, Lisboa: ISCPSI, 2001.

Gonçalves, Manuel Lopes Maia, *Código de Processo Penal Anotado*, 16ª edição, Coimbra: Almedina, 2007.

_____, *Código de Processo Penal Anotado e Comentado*, 13ª edição, Coimbra: Almedina, 2002.

_____, *Código de Processo Penal Anotado e Comentado, 3ª edição*, Livraria Almedina, Coimbra: 1979.

Henriques, Leal, e Santos, Simas, *Código Penal Anotado*, 2.º Volume, Lisboa: Rei dos Livros, 1996.

Osório, Luís, *Notas ao Código Penal Português*, Vol. I.

Raposo, Mário, *Breve reflexão sobre uma lei legítima*, Boletim do Ministério da Justiça, n.º 300.

Sousa, João Castro e, *A prisão preventiva e outros meios de coacção*, Boletim do Ministério da Justiça, n.º 337.

_____, *Os meios de coacção no novo Código de Processo Penal*, Jornadas de Direito Processual Penal, Coimbra, 1992.

Sousa, Marcelo Rebelo de, e Matos, André Salgado de, *Direito Administrativo Geral: Introdução e Princípios Fundamentais,* Tomo I, Lisboa: Publicações Dom Quixote, 2004.

II. Jurisprudência

Acórdão n.º 7/87, do Tribunal Constitucional, de 09-01-1987, publicado no Diário da República, Iª Série, n.º. 33, de 09-02-1987.

Acórdão n.º 479/94, de 07-07-1994, do Tribunal Constitucional, publicado no Diário da República, Iª Série A, de 24-08-1994.

Acórdão da Relação de Lisboa, de 28-02-1992, in Colectânea de Jurisprudência, Ano XVII, Tomo I-1992.

Acórdão da Relação de Lisboa, 17-11-1993, in Colectânea de Jurisprudência, Ano XVIII, Tomo V-1993.
Acórdão da Relação de Coimbra, de 30-11-1983, in Colectânea de Jurisprudência, Ano VIII, Tomo V-1993.
Acórdão da Relação de Coimbra, de 14-03-1990, in Colectânea de Jurisprudência, Ano XV, Tomo II-1990.
Parecer n.º 52/93, da Procuradoria-Geral da República, publicado no Diário da República, IIª Série, de 19-05-1994.
Parecer n.º 13/96, de 22-05-1997, do Conselho Consultivo da Procuradoria-Geral da República, publicado no Diário da República n.º 286, de 12-12-1997.
Parecer n.º 7/2002, do Conselho Consultivo da Procuradoria-Geral da República, em *http://www.dgsi.pt.*
Parecer n.º 1/2008, de 11-01-2008, do Conselho Consultivo da Procuradoria da República, publicado no Diário da República, IIª Série – n.º 8.

III. Legislação

Constituição da República Portuguesa de 1976
Código Penal (1982)
Código do Processo Penal (1987)
Declaração Universal dos Direitos do Homem (1948)
Lei Constitucional n.º 1/82, de 30SET
Lei Constitucional n.º 1/89, de 08JUL
Lei Constitucional n.º 1/92, de 25NOV
Lei Constitucional n.º 1/97, de 20SET
Lei Constitucional n.º 1/2001, de 12DEZ
Lei Constitucional n.º 1/2004, de 24JUL
Lei Constitucional n.º 1/2005, de 12AGO
Lei n.º 20/87, de 12JUN, rectificada pela Declaração s/n, publicada no Diário da República, Iª Série, n.º 134, de 12JUN e alterada pela Lei n.º 8/91, de 1ABR
Lei n.º 5/95, de 21FEV
Lei n.º 63/93, de 21AGO
Lei n.º 13/95, de 5MAI
Lei n.º 49/98, de 11AGO
Lei n.º 59/98, de 25AGO
Lei n.º 53/2007, de 31AGO (Lei Orgânica da Polícia de Segurança Pública)
Lei n.º 63/2007, de 6NOV (Lei Orgânica da Guarda Nacional Republicana)
Decreto-lei n.º 252/2000, de 16OUT (Lei Orgânica do Serviço de Estrangeiros e Fronteiras)
Decreto-lei n.º 433/82, de 27OUT, alterado e republicado pelo Decreto-lei n.º 244//95, de 14SET, alterado pela Lei n.º 109/2001, de 24DEZ, pelo Decreto-lei n.º 323/2001, de 17DEZ, e alterado pelo Acórdão n.º 27/2006, de 10JAN, publicado no Diário da República n.º 45, Iª Série A, de 3MAR

392 *Estudos de Homenagem ao Professor Doutor Artur Anselmo*

Decreto-Lei n.º 78/87, de 17FEV
Decreto-Lei n.º 387-E/87, de 29DEZ
Decreto-Lei n.º 212/89, de 30JUN
Decreto-lei n.º 114/94, de 3MAI, revisto e republicado pelos Decretos-leis n.ºˢ 2/98, de 3JAN, e 265-A/2001, de 28SET, alterado pela Lei n.º 20/2002, de 21AGO e alterado e republicado pelo Decreto-lei n.º 248/95, de 21SET, Decreto-Lei n.º 317/95, de 28 de NOV, e Decreto-lei n.º 44/2005, de 23FEV

IV. Outras fontes

Circular da Procuradoria-Geral da República n.º 5/97, de 20JUN
Despacho do Ministro da Administração Interna, de 07-07-1997, relativo à Informação/proposta n.º 16/97 da Inspecção-Geral da Administração Interna
Parecer n.º 20/2003 da Inspecção-Geral da Administração Interna
Recomendação n.º 1/2004 da Inspecção-Geral da Administração Interna
Parecer n.º 57/2006 do Gabinete Jurídico do Comando Metropolitano da Polícia de Segurança Pública de Lisboa, de 2-10-2006
Relatório da Provedoria de Justiça, de 17-07-1995 (Proc. Gab. n.º 25/97)

O SEGREDO PROFISSIONAL NA POLÍCIA

TELMA FERNANDES
Subcomissário da PSP

*Há professores que nunca esquecemos: pela sua imensa
sabedoria, pela sua maneira de ser e estar.
Orgulho-me de ter sido felicitada com a partilha
de uma ínfima gota do seu mar de conhecimento...*

1. Introdução

O direito à reserva e ao segredo profissional encontram eco nos principais textos do Direito Internacional. Versam sobre esta matéria, entre outros, o artigo 12.º da Declaração Universal dos Direitos do Homem, o artigo 8.º da Convenção Europeia dos Direitos do Homem, o artigo 14.º do Pacto Internacional dos Direitos Civis e Políticos e o artigo 11.º da Convenção Americana relativa aos Direitos do Homem, a Recomendação 1012 de 1985 da Assembleia Parlamentar do Conselho da Europa e a Resolução sobre o Segredo Profissional, de 13 de Abril de 1984, do Parlamento Europeu.

A questão do segredo profissional em sentido lato está contemplada na nossa Ordem Jurídica de uma forma geral desde o início do século passado. Segundo ROMERO COLOMA, tal matéria "encontra-se estabelecida legalmente em função do interesse social, com a finalidade de que todos os membros da colectividade tenham confiança nos profissionais encarregados de os atender e não hesitem em comunicar-lhes todas as informações, ainda que reservosas, de que necessitem para o cabal desempenho das suas funções"[1].

---

[1] *Apud* RODRIGO SANTIAGO, *Do crime de violação de segredo profissional no Código Penal de 1982,* p. 63.

394 *Estudos de Homenagem ao Professor Doutor Artur Anselmo*

Desta forma, o segredo profissional é corolário de uma sociedade livre e democrática[2], sendo instrumental do direito ao respeito pela vida privada e da protecção do exercício de profissões e cargos. Como tal, esse dever de silêncio é simultaneamente algo individual e social, sendo a sua protecção fortalecida ou enfraquecida em função dos valores mais relevantes em causa e da conjuntura social em que se enquadra, ou seja, é um ponto de síntese de valores conflituantes.

O objectivo do presente trabalho é chamar a atenção para a importância de tal matéria e das consequências que da sua violação podem advir para a pessoa que violou o segredo, para a pessoa que é titular do segredo, para a instituição policial à qual o infractor pertence e para a sociedade no seu conjunto – que pode intervir criminalizando a conduta.

Tendo em conta que as reiteradas violações de segredo profissional vindas a público têm descredibilizado as nossas instituições policiais e contribuído para a desmotivação dos bons elementos que as integram, torna-se premente estudar as respectivas causas, de modo a restabelecer a harmonia profissional e a confiança social. Trata-se, assim, de combater as consequências da violação de segredo não só internas mas também externas à instituição que está em causa.

2. Análise Jurídica

2.1. *Considerações Gerais*

O termo «segredo» aporta, no campo jurídico, uma pluralidade de significados relevantes, desde a violação ou aproveitamento indevido de segredo, até segredo profissional, passando pelo segredo de Estado, pelo segredo de funcionário e pelo segredo de justiça. A apresentação e abordagem das várias acepções far-se-à de forma sistemática, para uma melhor distinção dos regimes e consequências, analisando-se primeiro o ordenamento jurídico criminal e depois o ordenamento disciplinar.

Assim, e de acordo com a "teoria das três esferas"[3], o segredo profissional encaixa-se na segunda esfera, a esfera da confidencialidade, se bem que por vezes toque nas outras esferas:

---

[2] Cfr. os artigos 1.º, 2.º e 3.º da CRP

[3] Cfr. RODRIGO SANTIAGO, *Op. Cit.,* pp. 124-125 e JORGE MIRANDA e RUI MEDEIROS, *Constituição Portuguesa Anotada,* tomo I, p. 290. Esta doutrina inspira-se na doutrina e na jurisprudência alemã.

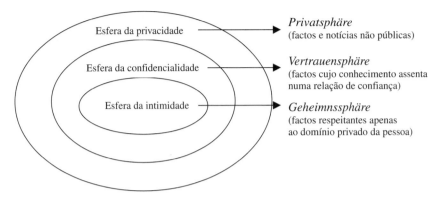

Quadro 1 – Teoria das três esferas

Nas palavras de DELMAS MARTY, "a teoria do segredo constitui uma verdadeira escolha de valores. Uma escolha que vai além, sem dúvida, da oposição entre os fundamentos de interesse geral e os de interesse privado, dado que, na medida em que o segredo garante, em definitivo, a liberdade das pessoas, é também, de forma marcada, o interesse geral que está em causa. Face às exigências da liberdade das pessoas e dos outros interesses em causa, (…) em cada sociedade deve estabelecer-se a hierarquia correspondente à sua concepção de valores. Mais que uma teoria jurídica, o segredo profissional aparece marcadamente como a procura de um equilíbrio jamais atingido. Equilíbrio sempre retomado porque ligado em profundidade a estas grandes correntes que atravessam a sociedade e, conforme as épocas e os lugares, fazem predominar ora o Estado enquanto tal, ora as pessoas que o compõem. Equilíbrio contudo significativo, porquanto exprime como que o reflexo de um certo modelo de sociedade"[4].

Primeiramente, importa definir a palavra-base de todo o trabalho que é protegido na nossa ordem jurídica de várias formas: «segredo». Um segredo jurídico é um facto verídico, ou uma notícia, "garantido pelo direito, para o qual uma matéria apenas deve ser conhecida de uma pessoa ou de um círculo restrito de pessoas"[5]. Noutros termos, um segredo, juridicamente falando, é um facto que se reveste de protecção legal para a sua manutenção como facto sigiloso.

---

[4] Apud RODRIGO SANTIAGO, Op. Cit., pp. 67-68.
[5] Colecção dos Pareceres da Procuradoria-Geral da República, VI, Segredo profissional em geral, p. 4.

396 *Estudos de Homenagem ao Professor Doutor Artur Anselmo*

Tendo em conta o requisito de veracidade dos factos, ficam de fora desta protecção ideias, opiniões ou juízos de valor. Por vezes, o termo «sigilo» é empregue com o mesmo significado que segredo, porém, em rigor, o sigilo traduz o dever de não se revelar o segredo que se sabe ou de que se tem notícia.

Quando acima se referiu que, para haver um segredo, este só pode ser conhecido por um determinado número de pessoas, isto não implica que tenha de ser reduzido, mas apenas que o grupo de pessoas seja "objectivamente controlado ou controlável"[6].

Assim sendo, uma matéria que diga respeito univocamente à instituição policial, e que apenas deva ser do conhecimento dos seus elementos, pode constituir matéria de segredo, pois, embora a instituição policial seja constituída por um vasto número de elementos, estes são passíveis de controlo objectivo.

2.2. *Violação de Segredo*

O primeiro articulado legal que encontramos no CP relativo a «segredo» é o artigo 195.º, com a epígrafe "Violação de Segredo". De acordo com o disposto neste artigo, o crime de violação de segredo "consiste em alguém revelar segredo alheio de que tenha tomado conhecimento em razão do seu estado, ofício, emprego, profissão ou arte, sem consentimento[7]".

Sistematicamente, a norma está inserida na parte do Código referente aos crimes contra as pessoas. Trata-se de um crime contra a reserva da vida privada, ou seja, *the right to be alone*, configurando-se como um crime de dano contra a privacidade. O crime de violação de segredo classifica-se como um crime de dano, por contraposição aos crimes de perigo, pois aquele requer um efectiva lesão do bem jurídico para a sua consumação, enquanto nestes basta a mera possibilidade de lesão[8].

Processualmente, é um crime semipúblico (artigo 198.º do CP) e a tentativa não é punível por a pena correspondente à consumação ser inferior a três anos (artigo 23.º, n.º 1, do CP). Nos termos gerais, é

---

[6] Cf. Costa Andrade, *Comentário Conimbricense do CP (Dirig. Figueiredo Dias)*, II, p. 779.

[7] *In Dicionário de Direito Penal e Processo Penal*, pp. 402-403.

[8] Cfr. Germano Marques da Silva, *Direito Penal Português*, vol. II, p. 30.

necessário que se verifiquem actos executivos e dolo eventual para que o facto seja punível. Os actos executivos (artigo 22.º do CP) são os actos que, no caso concreto, integram o *iter criminis* e distinguem-se dos actos preparatórios (artigo 21.º do CP) que não são geralmente puníveis. Na verdade, estes não constituem ainda um começo de execução, embora possam ser seguidos da execução de um crime e possam levar a uma situação de perigo[9].

Este artigo sofreu uma grande mudança nas alterações legislativas anteriores a 1998, pois precedentemente o crime tinha como epígrafe "Violação do Segredo Profissional" e estava integrado nos crimes contra a ordem e tranquilidade pública, sendo, portanto, um crime público. A razão desta metamorfose deve-se a uma mudança da ressonância ético--social do ilícito, adveniente de uma consciência axiológico-normativa diferente, que se baseia numa teoria individualista e pretere a teoria social[10]. Assim, adoptou-se uma teoria que visa a dignidade da pessoa humana, valor axial e nuclear da CRP e que inspira e fundamenta todo o ordenamento jurídico, prescindindo-se uma teoria que se centrava na fundamentação do poder da administração pública presente na realização da justiça em nome do Estado. Para uma melhor compreensão analisamos o quadro n.º 2.

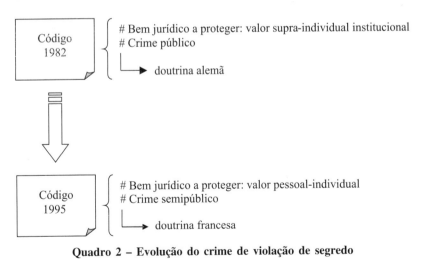

Quadro 2 – Evolução do crime de violação de segredo

---

[9] Cfr. *idem*, p. 232, e Tereza Beleza, *Direito Penal*, vol. II, p. 381.
[10] Cfr. Rodrigo Santiago, *Op. Cit.*, pp. 87-88.

398 *Estudos de Homenagem ao Professor Doutor Artur Anselmo*

Para que se verifique o crime de violação de segredo, o agente há-de ter obtido conhecimento do facto exclusivamente devido à sua profissão e durante o respectivo exercício. Mas que profissões integrarão o universo que o legislador quis alcançar? Segundo COSTA ANDRADE, "trata-se, por via de regra, de profissões (...) cuja prática está sujeita a códigos deontológicos ou estatutos disciplinares que regulam o sigilo profissional"[11]. Na PSP, a matéria relativa ao sigilo profissional vem prevista quer no Código Deontológico do Serviço Policial[12], no seu artigo 11.º, quer no Regulamento Disciplinar da PSP[13], no seu artigo 12.º (diplomas que serão analisados separadamente), podendo-se afirmar, de forma peremptória, que os elementos policiais daquele corpo de polícia são parte integrante do bosquejo de profissões que o legislador previu no artigo 195.º do CP.

Para além do conhecimento do segredo ter de ser obtido necessariamente no exercício da actividade profissional, para que se verifique a prática do crime de violação de segredo é indispensável que haja revelação, ou seja, que se alargue indevidamente o universo de pessoas detentoras do segredo. No entanto, o dever de segredo não implica só o dever de silêncio, mas também o dever de preservar a inviolabilidade do segredo, podendo cometer-se o crime de violação de segredo por omissão imprópria ou impura, caso se tenha o dever de evitar o resultado e não se tomem as medidas indispensáveis para evitar o acesso indevido ao facto reservado[14] (artigo 10.º do CP). Noutros termos, este crime para além de ser um crime comissivo por acção é simultaneamente um crime comissivo por omissão, ou seja, pois há uma identificação penal da omissão à acção desde que se verifique o resultado[15].

É ainda de referir que, apesar de não estar tipificado, é entendido doutrinariamente sem contenda que os estudantes, bem como os estagiários a funções policiais, ficam também, *mutatis mutandis,* sujeitos ao segredo nos mesmos moldes que o profissional no exercício pleno de funções. Deste modo, o estudante ou estagiário que venha a ter acesso a informações de carácter reservado, por causa e durante o seu percurso académico, deve manter segredo sobre elas, podendo ser punido

---

[11] COSTA ANDRADE, *Op. Cit.*, II, p. 785 e ss.
[12] Resolução do Conselho de Ministros n.º 37/2002, de 28 de Fevereiro.
[13] Lei n.º 7/90, de 20 de Fevereiro.
[14] Neste sentido cfr. COSTA ANDRADE, *Op. Cit.*, II, pp. 783 ss.
[15] Cfr. GERMANO MARQUES DA SILVA, *Op, Cit.,* II, p. 46 ss *et* TEREZA BELEZA, *Direito Penal,* vol. II, pp. 501 ss.

criminalmente caso as revele. A razão de ser deste regime prende-se com a necessidade que existe de, durante o processo de aprendizagem, os professores ou orientadores facultarem o acesso de informação sigilosa para compreensão de métodos, procedimentos e formas de actuação, etc., de modo a que haja uma melhor consolidação dos conhecimentos. Consequentemente, essa passagem de informação não pode ficar desprotegida e, como tal, para além de se vincular ao segredo a pessoa que fornece a informação (que *a priori* tem de ser legítima detentora da matéria sigilosa), vincula-se também o novo detentor do segredo, ou seja, o estudante.

No que concerne às empregadas de limpeza, de acordo com o regulamento geral, não estão em regra abrangidas por este dever de segredo[16]. Mas no caso de certas divisões policiais aplicam-se-lhe exactamente os mesmos pressupostos que a qualquer outro elemento policial, isto devido à natureza das matérias tratadas.

Nas instituições policiais em análise, o pessoal de limpeza ou manutenção pode fazer parte dos quadros ou ser pessoal de uma empresa que a instituição policial contrata. No caso de ser pessoal pertencente à polícia é realizado um *securty vetting check* quando ingressam na instituição, ou um processo de credenciação, dependendo da área à qual irão ter acesso. Um *security vetting check* consiste na pesquisa e consulta de bases de dados policiais ou que a polícia tenha acesso para verificar se, numa primeira análise, o elemento não tem qualquer tipo de impedimento para que seja aceite. Quando esse pessoal faz parte de empresas particulares, é a empresa que necessita de ser credenciada estando, de qualquer forma, obrigada a fornecer alguns elementos essenciais de identificação dos funcionários que irão trabalhar para a polícia, a fim de que seja feito um *security vetting check*. Obviamente, num departamento policial em que se tratem matérias classificadas, é de esperar que também o pessoal que procede à limpeza ou manutenção de locais de segurança esteja obrigado ao dever de segredo, pois pode ter acesso a uma matéria reservada e de grande sensibilidade para a instituição. O objectivo, no futuro, aconselha a própria empresa credenciada e contratada a proceder à realização dos *security vetting checks,* até para a responsabilizar, pois, se ela é credenciada, cabe-lhe verificar e controlar os seus elementos. No entanto, no presente ainda é a instituição policial que efectua os *security vetting checks.*

---

[16] Cfr. Costa Andrade, *Op. Cit.*, II, p. 786.

400 *Estudos de Homenagem ao Professor Doutor Artur Anselmo*

Todas as áreas policiais se classificam em termos de segurança em três (3) níveis[17]. O primeiro nível aplica-se a áreas particularmente sensíveis onde são manuseadas matérias classificadas de grau «confidencial» ou superior, é, portanto, o nível máximo de segurança de uma área. O segundo nível é um grau intermédio de segurança e aplica-se a áreas onde se manuseie matéria até ao grau de «confidencial». Por fim, o terceiro nível corresponde às denominadas áreas administrativas, onde se manuseia matéria de carácter «reservado». Embora em todas as situações haja um dever de confidencialidade geral das pessoas que lá trabalham ou têm acesso, e cuja violação leva a incorrer na prática do crime de violação de segredo, para as áreas 1 e 2 é necessário que se proceda a um processo de credenciação, ou seja, não é suficiente o *security vetting check* previamente realizado, para além de os sistemas de controlo serem muito mais restritos. Assim, estabelece-se que apenas um elemento está adstrito a uma área de segurança 1 e 2, havendo um elemento suplente também devidamente credenciado, e impondo-se um controlo rigoroso de entrada e saída das áreas.

No entanto, apesar de todos os limites, a obrigação de segredo não tem carácter absoluto. Há cinco casos que no código anterior cabiam no conceito de justa causa para a quebra de segredo e que continuam a ser comummente aceites como factores de exclusão de ilicitude e da tipicidade:

1. Consentimento da pessoa a quem o segredo diz respeito (*consensienti non fit injuria*);
2. Dever legal de revelação (caso se trate do conhecimento de um crime há o dever de revelação à autoridade judiciária);
3. Dever de ofício ou de colaboração com a justiça (como testemunhar em tribunal algo que faz parte de um inquérito);
4. Motivação científica (quando um professor ou instrutor apresenta casos reais para demonstração);
5. Direito de necessidade (sendo a única forma de provar a inocência do agente).

A pena do artigo 195.º do CP é agravada em um terço se o facto for praticado para obter recompensa, enriquecimento, causar prejuízo, ou se

---

[17] Cfr. Resolução de Ministros n.º 50/88, de 3 de Dezembro.

o facto for praticado através da comunicação social (artigo 197.º do CP). Repare-se que muitas das violações de segredo têm chegado ao conhecimento geral através dos *media*.

Tendo em conta tudo o que foi dito, a detenção de um suspeito num lugar público não é segredo porque está quebrado o requisito do número de pessoas, ou seja, o conhecimento por um número indeterminado de pessoas não é controlado visto que o facto ocorreu num local público.

Facultar uma cópia de um documento reservado a terceiro que não o chegue a ler também não é crime mas mera tentativa, pois não se consumou. Foi só o suporte físico onde se encontra o segredo que foi exposto e não o seu conteúdo, ou seja, o segredo em si. Assim, o facto não é punível, tendo em conta o artigo 23.º, n.º 1, do CP, pois a pena máxima é inferior a três anos e não existe disposição especial que estabeleça a punição da tentativa.

Caso se comente o facto reservado a alguém porque se acreditava que ele já possuía essa informação também não preenche a tipificação do crime. Este é um exemplo de erro sobre as circunstâncias do facto (artigo 16.º, n.º 2, do CP), o que exclui o dolo[18], pois o erro exprime uma distonia entre a representação do autor e a realidade e o sujeito em causa agiu sem dolo. Se, por hipótese, o agente ignora que existe crime de violação de segredo já é um erro sobre a ilicitude do facto, que pode não ser censurável e assim sendo é excluída a culpa, ou determinar uma atenuação especial (artigo 17.º do CP).

Para além destes exemplos, também não há tipicidade se a revelação do factos não permitir identificar as pessoas a quem o segredo diga respeito, isto é, como foi referido no início do ponto 2.1, quando não são postos em causa os bens jurídicos protegidos pelo segredo. O exemplo típico deste último caso ocorre quando a polícia expõe para os órgãos de comunicação social o material apreendido no decurso de uma operação.

Sem embargo do que foi referido para o artigo 195.º do CP, o antigo conceito de segredo profissional mantém-se no artigo 135.º do CPP, sendo descrito, nas palavras de Simas Santos e Leal-Henriques, como um "correlativo indispensável de todas as profissões que assentam numa relação de confiança"[19]. Assim, se o legislador do CP tomou um rumo diferente no que concerne ao crime de violação de segredo, o legislador

---

[18] *Vide* artigo 16.º, n.º 1, do CP.
[19] Simas Santos e Leal-Henriques, *Código de Processo Penal Anotado*, II, p. 735.

do CPP não acompanhou essa evolução, mantendo reminiscências do ordenamento jurídico criminal anterior.

É curioso denotar que o artigo 135.º do CPP foi um dos que sofreu alterações com a Lei n.º 48/2007 de 29 de Agosto, mas em termos práticos a sua nova redacção em nada veio alterar a substância do artigo que veio comutar. Se analisarmos atentamente verificamos que apenas veio reforçar a ideia de *ultima ratio* na violação de segredo, frisando especificamente que apenas pode ser violado "...tendo em conta a imprescindibilidade do depoimento para a descoberta da verdade".

No entanto, a divergência anteriormente referida tem fundamento, pois no CPP trata-se de saber em que casos uma testemunha, por exemplo, se pode escusar a prestar depoimento, tendo em conta exactamente o tipo de profissão exercida. Ora, tendo em conta o interesse na realização da justiça, não admira que o legislador adopte uma visão restritiva, conexionando-a com a dimensão profissional, isto porque são planos e realidades diferentes, e tornar-se-ia inviável deixar um véu particular cobrir a acção processual penal. No plano processual penal está em causa o interesse público da descoberta da verdade para a realização da justiça, enquanto no plano penal está em causa a imutabilidade da esfera da confidencialidade dos indivíduos.

Claro que esta conexão pode parecer difusa, mas digamos que enquanto o CP emana o dever de segredo por parte de certos profissionais, o CPP, mais do que deveres, emana o direito que certos profissionais têm de preservarem o segredo profissional, como seja através da escusa para depor, que é devidamente analisada e verificada por o tribunal, devido ao interesse da realização da justiça e da busca da verdade material. Noutros termos, aquando de um depoimento o profissional, de acordo com o 135.º CPP, pode escusar-se a depor. Caso o tribunal conclua que há ilegitimidade na escusa, ordena a prestação do depoimento. Diferente é a escusa com legitimidade, a qual pode, apesar de tudo, após ser ouvido o órgão representativo do profissional (cujo parecer é vinculativo para a autoridade judiciária), ser quebrada por decisão de um tribunal superior àquele em que estiver a correr o processo, ou seja, o segredo é quebrado por estarem em causa interesses sensivelmente superiores aos do próprio segredo (artigo 34.º do CP), havendo portanto uma exclusão da ilicitude e não do tipo de crime[20]. Ora a conexão com o artigo 195.º do CP reside

---

[20] Cfr. Germano Marques da Silva, *Op. Cit.*, vol. II, p.148 ss, e Henriques Eiras, *Processo Penal Elementar*, p. 73.

O Segredo Profissional na Polícia 403

neste último caso, é que caso haja revelação do segredo profissional sem autorização, está-se perante a prática do *iter criminis* do CP de violação de segredo (artigo 195.º CP), a qual precede de um factor particular importante, a participação da queixa por parte do detentor do segredo.

2.3. *Aproveitamento Indevido de Segredo*

O crime de aproveitamento indevido de segredo, previsto e punido no artigo 196.º do CP, foi introduzido com a Reforma de 1995, tendo por objectivo incriminar o benefício ilegítimo patrimonial que advenha da violação do segredo. Neste caso, não é necessário que se verifique uma revelação, pois a revelação já é punida nos termos dos artigos 195.º e 197.º, alínea a). De qualquer forma, o princípio base que devemos considerar, segundo as palavras de EDUARDO CORREIA, é o de que "a privaticidade e a intimidade é um direito que a Constituição protege e cuja violação tem para todos alta ressonância criminal"[21]. Também neste artigo só podem figurar como autores do ilícito os profissionais obrigados ao sigilo profissional, conforme explicado anteriormente no ponto 2.2, tendo em conta os seus regulamentos disciplinares e/ou códigos deontológicos[22].

Assim sendo, "o crime de aproveitamento indevido de segredo consiste em alguém se aproveitar, sem consentimento, de segredo relativo à actividade (...) profissional ou artística alheia, de que tenha tomado conhecimento em razão da sua (...) profissão, e modo provocar deste modo prejuízo a outra pessoa ou ao Estado"[23] (artigo 196.º do CP).

Se o facto for praticado com o fim de obter recompensa ou enriquecimento, para o agente ou para o Estado, ou para causar prejuízo a outra pessoa ou ao Estado, a responsabilidade é agravada.

Embora parecendo muito semelhantes, os artigos 195.º e 196.º protegem bens jurídicos distintos. Assim, vejamos:

---

[21] *Apud* RODRIGO SANTIAGO, *Do crime de violação de segredo profissional no Código Penal de 1982*, p. 42.

[22] No caso da PSP, como já foi previamente referido, a tipificação é simultânea.

[23] *In Dicionário de Direito Penal e Processo Penal*, p. 44.

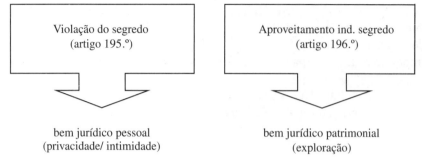

Quadro 3 – Bens jurídicos a proteger pelos artigos 195.º e 196.º CP

Embora o bem jurídico seja de natureza essencialmente patrimonial, o crime de aproveitamento indevido de segredo está inserido sistematicamente na parte relativa aos crimes contra as pessoas, o que poderá gerar alguma contradição, *prima facie*, até porque, na maioria dos ordenamentos jurídicos, este crime encontra-se inserido nos crimes contra o património. Aliás, no Código Penal Português de 1852 era um crime contra a propriedade (antigo artigo 462.º). O motivo que levou a tal sistematização prende-se exactamente com as mesmas razões explicitadas anteriormente em relação ao artigo 195.º, quando referimos a origem da passagem do crime de violação de segredo para semipúblico.

Usando as palavras de Träger, o crime de aproveitamento indevido de segredo reside no abuso do saber do agente, em que este "desvia para o seu património ou para o de terceiro vantagens económicas que pertencem ao titular do segredo. Por isso, caem já fora da área de protecção do preceito as acções de aproveitamento que não atingem os interesses patrimoniais do ofendido"[24]. Ou seja, é uma espécie de abuso de confiança[25] (artigo 205.º do CP) ou, mais especificamente, de peculato[26] (este só para funcionários – artigo 375.º do CP), apesar da falta do elemento objectivo do crime de inversão do título a posse e da necessidade de ser uma coisa móvel, embora a relação de confiança transposta seja nítida para a relação de analogia meramente exemplificativa que é feita.

---

[24] *Apud* Costa Andrade, *Comentário Conimbricense do CP (Dirig. Figueiredo Dias)*, II, p. 805.
[25] Cfr. M. Maia Gonçalves, *Código Penal Português Anotado e Comentado*, pp. 708 ss.
[26] Cfr. *idem*, pp. 1008 ss.

O Segredo Profissional na Polícia 405

Noutros termos, é certo que o objecto da acção é um segredo. No entanto, "a conduta típica consiste na exploração económica do valor contido no segredo, com vista à obtenção de ganhos materiais para o agente ou para outrem. É uma exploração por outro processo que não a divulgação do segredo"[27]. Tomemos como exemplo o agente de autoridade que, tendo acesso a uma base-de-dados pela qual, através da matrícula de uma viatura, chega à morada do proprietário e faz uma pesquisa para se informar de uma morada para proveito próprio. No caso apresentado, não existe revelação de segredo, pois o agente guardou a informação para si mesmo. Usou-a foi para um fim que não é aquele para o qual a base de dados foi criada, tendo em vista um proveito pessoal. Trata-se, portanto, de um caso de abuso de informação privilegiada devido à restrição do acesso à informação.

Configurando o artigo 196.º um crime de dano, o mesmo só se consuma com a produção efectiva de um prejuízo a terceiro ou ao Estado, de carácter patrimonial. Esta consumação verifica-se quando o agente produz todas as acções que resultem nos benefícios a tirar, o que não significa que estes sejam efectivamente alcançados. Retomando o exemplo dado, suponhamos que a pessoa, da qual queremos a morada, circula com uma viatura com a matrícula X, e, consultando a base-de-dados, verificamos que o proprietário da viatura não é a pessoa que queríamos identificar, nem por isso o crime deixa de estar consumado. Com efeito, as acções para que tirássemos proveito próprio do segredo foram todas realizadas, apenas não se conseguindo o resultado efectivamente esperado. O prejuízo não significa que tenha de corresponder reflexamente às vantagens que o autor retira, ou seja, o prejuízo pode ser maior ou menor do que a vantagem retirada pelo agente infractor.

A cominação do artigo 196.º do CP, tal como a do artigo 195.º do mesmo diploma, agrava em um terço a pena se o facto for praticado para obter recompensa, enriquecimento, causar prejuízo, ou se o facto for praticado através da comunicação social (artigo 197.º do CP).

2.4. *Violação de Segredo de Funcionário*

A presente tipificação de crime de violação de segredo de funcionário tem como antecedente, tal como o crime de violação de segredo

---

[27] Costa Andrade, *Op. Cit.*, II, p. 807.

(artigo 195.º do CP), o artigo 290.º do CP de 1982, que incriminava a violação de segredo profissional. A violação de segredo por funcionário é "um crime que consiste em um funcionário revelar segredo de que tenha tomado ou que tenha sido confiado no exercício das suas funções, ou cujo conhecimento lhe tenha sido facilitado pelo cargo que exerce, sem estar devidamente autorizado, com intenção de obter, para si ou para outra pessoa, benefício, ou com a consciência de causar prejuízo ao interesse público ou a terceiros (artigo 383.º do CP)."[28]

Para integrar o tipo subjectivo deste ilícito é necessário que haja dolo, para o tipo objectivo é necessário que o autor do crime seja funcionário, sendo para tal necessário verificar se a função ou cargo desempenhado se enquadra em algum ponto do artigo 386.º do CP, como sejam:

– "os funcionários civis (portanto profissionais da função pública);
– as agentes administrativos (pessoas que a qualquer título exercem actividade em pessoas colectivas de direito público);
– qualquer pessoa chamada a desempenhar ou participar no desempenho de uma actividade compreendida na função pública administrativa ou jurisdicional ou em organismos de utilidade pública;
– os equiparados a funcionário."[29]

Assim sendo, este tipo de crime é um crime específico próprio, pois não pode ser cometido por todas as pessoas, mas apenas por aquelas que, neste caso, reúnam as condições do art.º 386 do CP.

No douto pensamento de FIGUEIREDO DIAS, o bem jurídico que o artigo 383.º do CP visa proteger, em primeira linha, é a legalidade da administração[30], e não a privacidade do particular, pois, para proteger esse bem jurídico existe o crime de violação de segredo. Como tal, e não obstante o que foi dito, a violação de segredo de funcionário pode pôr em causa dois interesses legítimos: o interesse público e o interesse particular da pessoa abrangida pelo segredo. Daí que se proteja "não só o segredo em si mas também a confiança na reserva e discrição em geral da Administração e de todos os organismos públicos. Não se trata, pois,

---

[28] In Dicionário de Direito Penal e Processo Penal, p. 404.
[29] SIMAS SANTOS e LEAL-HENRIQUES, Op. Cit., II, p. 754.
[30] Apud HELENA MONIZ, Comentário Conimbricense do CP (Dirig. Figueiredo Dias), III, p. 784.

de uma simples agravação (em função da qualidade do agente) do tipo legal de crime de violação de segredo profissional"[31]. Digamos que é antes uma *sub specie* do crime.

Com a presente alteração do Código Penal com a Lei n.º 59/2007 de 4 de Setembro, foi introduzido o n.º 2 ao artigo 383.º, agravando a penalização caso o funcionário crie perigo para a vida ou integridade física de alguém, ou ainda caso crie perigo para bens patrimoniais de elevado valor, aumentando a pena máxima abstracta de 3 para 5 anos.

Tendo em conta o que foi dito, ou seja, que o bem jurídico a proteger com a penalização deste facto é a legalidade e a fidelidade da administração no interesse da colectividade, será que havendo consentimento pelo particular não haverá lugar à tipificação do crime de revelação por funcionário? A resposta tende a ser negativa, ou seja, apesar do consentimento do particular verifica-se o crime de violação de segredo por funcionário. Se observarmos atentamente, o crime está incluído nos crimes contra o Estado, logo, como já foi referido, o bem jurídico a proteger é a legalidade da instituição que faz parte integrante do Estado e não a privacidade do particular, isto porque "o bem jurídico protegido por este tipo legal de crime não está na disponibilidade do particular visado no segredo"[32].

Mas será que, *a contrario sensu*, a instituição poderá revelar o segredo, caso o entenda, sem a autorização ou consentimento do particular? Não obstante o que foi dito em relação à protecção do bem jurídico em causa, é nosso entender que não. Assim, o procedimento criminal depende da condição de procedibilidade de participação do serviço ou queixa do ofendido, sendo pois um crime semipúblico. Caso não fosse esse o objectivo, o legislador não consagraria a condição de procedibilidade de queixa do serviço ou do ofendido, estabeleceria o crime com carácter de crime público.

Este crime não se encontra previsto, pelo menos com esta particularidade, em muitas outras ordens jurídicas, guiando-se pela equivalência do regular artigo 195.º do nosso CP, ou constando apenas de legislação extravagante, nomeadamente disciplinar, para a sua regulação. Se, no nosso caso, ele vem previsto não só criminalmente mas também disciplinarmente é porque o legislador lhe reconheceu grande importância, pois pode abalar a instituição lesada e porventura o próprio Estado.

---

[31] HELENA MONIZ, *Op. Cit.*, III, pp. 785 ss.
[32] *Ibidem.*

408 *Estudos de Homenagem ao Professor Doutor Artur Anselmo*

Tal como se verifica no artigo 195.º, também aqui se aplicam, entre outras, as causas de exclusão de ilicitude: autorizações legais, direito de necessidade e prossecução de interesses legítimos. *Mutatis mutandis*, o regime da consumação e tentativa também é idêntico.

2.5. *Violação de Segredo de Estado*

Existe uma crescente propensão para a afirmação dos direitos do Homem como princípio basilar das sociedades modernas, bem como do reforço da dimensão ética do Estado, o que leva a que a justiça tenha um estatuto de primeiro garante da consolidação dos valores fundamentais reconhecidos pela comunidade, em especial destaque para a dignidade da pessoa humana. Mas a afirmação da dignidade da pessoa não significa a incúria dos interesses e valores que o Estado deve assumir e sintetizar em determinados momentos. Daí que se verifique a tipificação de crimes contra a segurança interna do Estado, onde o bem jurídico que se protege é o da ordem democrática constitucional, mas que não se dilui na própria noção de Estado, antes se concretiza no valor que este, para a sua prossecução, visa salvaguardar.

Apesar de vivermos num Estado de direito democraticamente legitimado, norteado pelo princípio da igualdade (artigo 13.º da CRP), e a Lei Fundamental garantir a liberdade de informação (artigos 35.º e 37.º da CRP), nem todas as informações, matérias ou dados podem estar ao alcance da população. Isto não quer dizer que se ponha em causa o princípio da transparência ou o direito de ser informado, consagrado no artigo 37.º da Constituição. Muito pelo contrário: é pressuposto de um Estado de Direito Democrático o princípio da necessidade de informação, segundo o qual certas matérias têm de ficar reservadas, de modo a que não se ponha em causa a "independência nacional"[33], a "soberania popular, o pluralismo de expressão e organização política democráticas, o respeito e a garantia de efectivação dos direitos e liberdades fundamentais e a separação e interdependência de poderes, visando a realização da democracia económica, social e cultural e o aprofundamento da democracia participativa"[34].

---

[33] Artigo 9.º, alínea a), da CRP.
[34] Artigo 2.º, da CRP.

O *Segredo Profissional na Polícia* 409

De forma a equilibrar o Estado de Direito Democrático em que vivemos com a necessidade de reserva de certas matérias, a Lei sobre o Segredo de Estado[35] vem definir a excepcionalidade em matéria de segredo de Estado, consagrando o "princípio da subsidiariedade, necessidade, proporcionalidade, tempestividade, igualdade, justiça e imparcialidade, bem como ao dever de fundamentação"[36].

Pratica o crime de violação de segredo de Estado quem, "pondo em perigo interesses do Estado Português relativos à independência nacional, à unidade e à integridade do Estado ou à sua *segurança interna*[37] e externa, transmitir, tornar acessível a pessoa não autorizada ou tornar público facto ou documento, plano ou objecto, que devem, em nome daqueles interesses, manter-se secretos."[38] E é, também, punido quem destruir, subtrair ou falsificar documento, plano ou objecto dos referidos, pondo em perigo algum dos interesses aí indicados (artigo 316.º do CP). Tem a tipologia de um crime comum, podendo ser cometido por qualquer indivíduo.

Em caso de violação de dever especificamente imposto pelo estatuto da função ou do serviço do agente ou de missão, que lhe tenha sido conferida por autoridade competente, a responsabilidade é agravada. Agora, está em causa um crime específico impuro ou impróprio, pois só pode ser cometido por um determinado grupo de pessoas.

Não definindo o artigo 316.º as matérias que conceptualmente se considerarão secretas como se procederá à sua distinção das que não o são? Tal procedimento é essencial para se saber se o crime se encontra preenchido ou não. Há duas formas de definir o que é matéria secreta:

---

[35] Artigo 1.º, n.º 1, da Lei n.º 6/94, 7 de Abril.
[36] *Ibidem.*
[37] Negrito e itálico nosso.
[38] *In Dicionário de Direito Penal e Processo Penal*, p. 403.

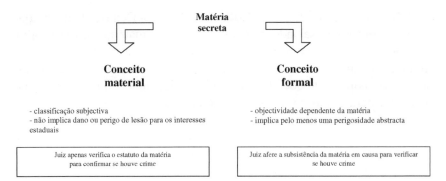

Quadro 4 – Conceptualização material e formal de matéria secreta

No ordenamento jurídico português segue-se um conceito material na definição de matérias secretas. Isto não quer dizer que não se proceda a uma classificação das matérias secretas, implica apenas que a classificação é feita tendo em conta o conteúdo intrínseco da matéria e não apenas a autoridade de que ela emana. Nestes termos, pode haver matérias que, não tendo sido classificadas formalmente como secretas, o são devido ao seu conteúdo.

O crime de violação de segredo de Estado é contra a segurança do Estado. O crime pode ser cometido a título doloso ou negligente. Os actos preparatórios do crime de violação de segredo de Estado, ao contrário do regime geral, são puníveis, pois, apesar de não estar previsto directamente no artigo 344.º do CP, o artigo 317.º prevê-o de forma indirecta. Este crime revela-se também como um crime de perigo concreto, não é necessário um dano efectivo do bem a proteger, bastando a colocação em perigo do mesmo.

Neste crime pode ser aplicada a pena acessória de incapacidade eleitoral activa e passiva, bem como a de exercer a função de jurado. A pena principal pode ser especialmente atenuada se o agente, voluntariamente, fizer diminuir por forma considerável o perigo produzido pela conduta ou o afastar.

2.6. *Violação de Segredo de Justiça*

A justiça portuguesa não é secreta, mas também não podemos afirmar peremptoriamente que todas as fases processuais são públicas.

O Segredo Profissional na Polícia 411

Os sistemas processuais originários eram acusatórios ou inquisitórios. No primeiro caso, prima-se pelos princípios da oficiosidade, da acusação, da publicidade, da oralidade, da contraditoriedade, da verdade formal, da presunção de inocência, e da independência do tribunal face à entidade acusatória. No segundo caso o processo não é iniciado por um órgão estatal próprio, é secreto, escrito, sem contraditório, onde a investigação é levada a cabo pelo juiz, há presunção de culpabilidade e o tribunal funciona na dependência do poder político[39].

Actualmente já não há sistemas puros, mas antes mistos, como é o caso do regime jurídico-penal português[40]. Assim, no nosso caso, é o MP que domina a fase de inquérito (artigo 267.º do CPP), o sistema tem fases processuais secretas e outras públicas, o juiz tem competência para exclusiva para a prática de certos actos (artigo 268.º), há uma igualdade de armas, e a entidade que julga é distinta da entidade que acusa e investiga.

A fase de inquérito e a fase de instrução[41] eram, em regra, secretas, passando o processo a ser público a partir da decisão instrutória ou do momento em que aquela já não possa ser requerida (n.º 1 do artigo 86.º do CPP)[42]. Actualmente a situação alterou-se desde a reforma legislativa processual penal, isto é, presentemente todas as fases processuais são públicas, sendo a excepção a reserva do processo. No que concerne às audiências, estas já anteriormente à reforma eram públicas, devendo ser proferida decisão fundamentada quando o não forem (artigo 206.º da CRP e artigo 87.º do CPP).

Note-se que, não obstante a regra hodiernamente ser a de os actos processuais serem públicos casos há em que pode ser aplicado o segredo de justiça, mas mesmo estes casos comportam excepções. É o que acontece se houver "necessidade de prestação de esclarecimentos públicos (n.º 13 do artigo 86.º do CPP) ou de emissão de certidões (n.º 11 do artigo 86.º do CPP)."[43] – No entanto, não cabe à Polícia decidir se há ou não uma necessidade de prestação de esclarecimento público para resta-

---

[39] HENRIQUES EIRAS, *Processo Penal Elementar,* pp. 90 ss.

[40] Contudo, apesar de ser um sistema misto apenas se encontra consagrado constitucionalmente o princípio acusatório (artigo 32.º, n.º 5, da CRP).

[41] A fase de instrução só tem lugar se requerida pelo arguido ou pelo assistente. Esta pode ser pública caso seja requerida pelo arguido, em caso de crime particular, e declare que não se opõe à sua publicidade.

[42] RODRIGO SANTIAGO, *Op. Cit.,* p. 48.

[43] *In Dicionário de Direito Penal e Processo Penal,* pp. 368-369.

412   *Estudos de Homenagem ao Professor Doutor Artur Anselmo*

belecer a verdade, por exemplo, mas sim ao magistrado. Esta capacidade de decisão não vinha anteriormente plasmada na lei, actualmente o n.º 13 do artigo 86 do CPP não deixa margem para dúvidas ao referir que cabe à autoridade judiciária tal acto.

Quando nos reportamos ao segredo de justiça, convém ter em conta que existem dois tipo de segredo que este conceito abrange, contidos em qualquer processo: o segredo externo e o segredo interno. O segredo de justiça é externo quando as fases do processo se encontram vedadas à generalidade das pessoas, isto é, aquelas que não são sujeitos processuais (são estas, o juiz, o MP, o arguido, o assistente e o defensor[44]). O segredo de justiça é interno quando nem todos os sujeitos processuais, especificamente o arguido, o assistente ou o defensor, podem ter acesso às diligências processuais, sem prejuízo dos direitos que lhe assistem. Claro está que o segredo interno implica o segredo externo, mas o contrário não se verifica obrigatoriamente.

A necessidade de secretismo em algumas fases processuais torna-se premente para que não haja especulações sensacionalistas nos órgãos de comunicação social, essencialmente para que não haja ocultação de provas devido ao conhecimento antecipado do arguido, e até mesmo para benefício do arguido, pois caso contrário violar-se-ia o princípio da presunção de inocência[45], se bem que nos dias que correm tal defesa já é duvidosa tendo em conta a publicidade do actos processuais como regra. Embora algumas fases processuais sejam secretas, podem não o ser no seu todo, fruto da estrutura acusatória mitigada dentro do próprio inquérito. Assim, o conteúdo de uma inquirição de testemunhas pode ser secreto, mas a divulgação da sua ocorrência pode não o ser. Isto porque, na sua base, o segredo de justiça das fases processuais pode abranger o conteúdo, mas não a ocorrência temporal das mesmas[46].

Não obstante, e apesar de ser certo que a violação do segredo de justiça implica em si, muitas das vezes, uma violação da reserva da vida privada ou da honra das pessoas envolvidas, não é por essa razão que se criou tal regime, mas sim por uma questão de funcionalidade da administração da justiça.

---

[44] A ideia do defensor como sujeito processual não é consensual, a favor conta-se GERMANO MARQUES DA SILVA e contra, no seu ensino oral, RUI PEREIRA e DAVID CATANA.

[45] Cfr. Colecção dos Pareceres da Procuradoria-Geral da República, Volume VI, Segredo de justiça, pp. 4.

[46] Cfr. *idem*, pp. 8 e 9.

Daí que, partilhando a ideia de Laborinho Lúcio, era incompreensível no CPP anterior o porquê de o arguido ter a possibilidade de retirar o secretismo da instrução, pois tal facto era "uma deslocação dos equilíbrios do poder que o Código vinha mantendo"[47] e retirava dignidade processual à fase instrutória.

A violação do segredo de justiça é um crime que consiste em "alguém, ilegitimamente, dar conhecimento a outrem, no todo ou em parte, do teor de acto processual penal que se encontre coberto por segredo de justiça, ou a cujo decurso não for permitida a assistência do público em geral (artigo 371.º do CP)"[48], independentemente de ter tomado contacto com o processo. Esta parte revelou-se muito importante para a eficácia da aplicação deste artigo na prática, pois a justificação que os jornalistas sempre alegaram era a de que não tinham sido eles a ter contacto com o processo portanto não tinham sido eles a violar o segredo de justiça, apenas o estavam a divulgar após um anterior interveniente (uma fonte) ter violado (fonte essa que nunca era revelada). Trata-se de um crime contra a realização da justiça e pode ser praticado, nos termos gerais[49], a título de dolo eventual.

Pese embora a sua orientação para os processos-crimes, não é de esquecer o seu alargamento aos processos contra-ordenacionais e disciplinares que vêm previstos no n.º 2, se bem que com pena substancialmente menor.

2.7. *Violação do Sigilo Profissional*

Todas as regras relativas ao segredo profissional partem do princípio de que "um profissional obtém informações que não são do conhecimento do vulgo e que esse profissional está sujeito a um dever geral, normalmente imposto por lei (leis gerais ou normas deontológicas) de não as divulgar. Ora, a obrigação de guardar segredo profissional deve ter em conta dois pólos fulcrais: proibição geral de divulgação voluntária e protecção face à divulgação obrigatória"[50].

---

[47] *Apud* Simas Santos e Leal-Henriques, *Op. Cit.*, I, pp. 459 ss.

[48] *In Dicionário de Direito Penal e Processo Penal*, p. 403.

[49] *Vide* artigo 14.º n.º 3 CP.

[50] Rodrigo Santiago, *Op. Cit*, p. 118.

414 *Estudos de Homenagem ao Professor Doutor Artur Anselmo*

O dever de sigilo é, como todos os deveres, um dever que visa assegurar o regular funcionamento dos serviços, materializando-se especificamente num "dever que vincula a generalidade dos funcionários e agentes do Estado, mas que se faz sentir, com muito mais vigor em certos domínios da Administração Pública"[51], como sejam os domínios da segurança externa, interna e da justiça, dos quais fazem parte integrante, como entidades responsáveis a PSP, a GNR e a PJ.

O dever de sigilo vem enunciado nos três regulamentos disciplinares das Polícias enunciadas:

1. Regulamento Disciplinar da PSP[52] – artigo 12.º;
2. Regulamento de Disciplina da GNR[53] – artigo 16.º;
3. Regulamento Disciplinar da PJ[54] – artigo 5.º.

Para além dos regulamentos disciplinares, outros diplomas legais vêm reforçar a ideia de dever de sigilo. No que concerne às forças de segurança, é o Código Deontológico do Serviço Policial, no seu artigo 11.º. No que respeita à PJ, é o artigo 12.º do Decreto-Lei n.º 275-A/00, de 9 de Novembro. Assim sendo, a violação do dever de sigilo deve acarretar a verificação de um binómio fundamental para a disciplina da instituição, sendo ele o binómio infracção-sanção[55].

Ao contrário das infracções penais, e citando as palavras de Vítor Faveiro, "as infracções disciplinares não carecem de formulação de uma tipologia de factos ilícitos sendo constituída por toda e qualquer violação de deveres inominados"[56].

A noção juridicamente relevante de segredo "coincide com a definição do objecto do referido dever geral de sigilo, abrangendo, (...) quer as hipóteses enquadráveis no âmbito da chamada discrição profissional quer no segredo profissional estrito. O dever de sigilo, como dever geral dos funcionários nos termos delimitados no Estatuto Disciplinar (artigo 3.º n.º 9) (...) abrange quer factos pessoais confiados ou cujo

---

[51] Vinício Ribeiro, *Estatuto Disciplinar dos Funcionários Públicos Comentado*, 2ª ed., p. 114.
[52] Lei n.º 7/90, de 20 de Fevereiro.
[53] Lei n.º 145/99, de 1 de Setembro.
[54] Decreto-Lei n.º 196/94, de 21 de Julho.
[55] Cfr. Leal-Henriques, *Procedimento Disciplinar*, 4ª ed., pp. 27 e 28.
[56] *Apud* Leal-Henriques, *Op. Cit*, 4ª ed., p. 35.

conhecimento foi adquirido na função ou por causa dela, quer também, factos, circunstâncias, elementos ou documentos relativos à vida interna da Administração"[57].

Como diz VASCONCELOS ABREU, "o direito disciplinar existe para proteger a capacidade funcional da Administração Pública"[58], sendo esse, portanto, o seu fundamento. Não obstante, a infracção disciplinar existe e permanece ainda que não se tenham produzido resultados danosos efectivos na instituição, sendo apenas necessária a possibilidade de que tal acontecesse, presumida pela norma.

Os processos penal e disciplinar correm paralelamente, mas com total independência. Noutros termos, aquando de uma violação de segredo do âmbito penal, o elemento policial, para além de incorrer numa sanção criminal, incorre também numa sanção disciplinar, o que não implica que a punição disciplinar esteja dependente da punição criminal. Pelo contrário, o elemento policial pode não ser punido criminalmente e sê-lo disciplinarmente[59]. Mas caso ele seja punido pelos dois sistemas não se verifica uma violação do princípio *non bis in idem* (artigo 29.º, n.º 5, da CRP), pois "cada uma das responsabilidades radica em diferentes violações. Assim, violando-se deveres funcionais, que visam assegurar a harmonia dos serviços, nasce a responsabilidade disciplinar; violando-se regras jurídicas protectoras de interesses vitais da comunidade, temos a responsabilidade criminal."[60]

Mas, como é fácil compreender, quando se verifica uma violação de sigilo profissional, estamos perante uma violação de segredo do âmbito penal, podendo ela ser por violação de segredo (artigo 195.º do CP), por aproveitamento indevido de segredo (artigo 197.º do CP), por violação de segredo por funcionário (artigo 383.º do CP), por violação de segredo de Estado (artigo 316.º do CP), e por violação de segredo de justiça (artigo 371.º do CP). Quem tem, portanto, o dever de comunicação ao Ministério Público para que este promova o respectivo processo[61]? Neste caso, em

---

[57] Colecção dos Pareceres da Procuradoria-Geral da República, VI, Segredo profissional em geral, p. 4.

[58] *Apud* LEAL-HENRIQUES, *Op. Cit,* p. 41.

[59] *Vide* art.º 37 do Regulamento Disciplinar da PSP, e art.º 9 do Regulamento Disciplinar da PJ.

[60] LEAL-HENRIQUES, *Op. Cit,* p. 93.

[61] Ver art.º 40 do Regulamento Disciplinar da PSP, e art.º 10 do Regulamento Disciplinar da PJ.

416 Estudos de Homenagem ao Professor Doutor Artur Anselmo

nosso entender, dependendo de quem são os titulares de queixa, a comunicação pode ser feita por qualquer funcionário ou pelo superior hierárquico, em nome da instituição, pois o dever de denúncia é geral (artigos 242.º e 243.º do CPP).

Quando o crime é público, não se coloca o problema de saber quem tem o dever de participar porque, de acordo com o artigo 242.º, n.º 1, alínea a), do CPP, o dever de denúncia para os órgãos de polícia criminal, para além de ser geral, é obrigatório. O problema reside no caso dos crimes semipúblicos, como seja o crime de violação de segredo (artigo 195.º do CP), o crime de aproveitamento indevido de segredo (artigo 197.º do CP), e o crime de violação de segredo por funcionário (artigo 383.º do CP). Na verdade, embora a PSP, a GNR e a PJ não sejam pessoas colectivas públicas e, portanto, não tenham personalidade jurídica, neste caso podem revelar algumas capacidades das mesmas. Ou seja, embora não tenham personalidade jurídica têm personalidade judiciária, que consiste na susceptibilidade de ser sujeito processual[62]. Como tal, quem não participar ao Ministério Público alguma infracção disciplinar que se enquadre também numa infracção criminal, para além de violar o dever especial de colaboração[63], incorre também ele num crime, o crime de denegação de justiça, previsto e punido no artigo 369.º do CP.

Mediante o procedimento indispensável quem terá o direito de queixa de acordo com o artigo 113.º CP? De acordo com a Lei de Organização e Funcionamento da PSP[64] e a Lei de Organização da PJ[65], cabe ao Director Nacional representar a instituição (artigo 21.º, n.º 2, alínea a), da LOFPSP e artigo 26.º, n.º 2, LOFPJ), mas também aos comandantes metropolitanos, regionais e distritais no caso da PSP (artigo 36.º, n.º 1, alínea a), da LOFPSP), bem como aos directores nacionais-adjuntos das direcções centrais ou aos directores de departamentos centrais da PJ (artigos 27.º, n.º 2, alínea a), e 35.º, alínea a), da LOFPJ). Assim, também sobre eles pode recair a titularidade do direito de queixa, situação em

---

[62] Refira-se que o conceito de parte aqui subsiste como um pressuposto do direito contraditório, denominado geralmente por *igualdade de armas,* e não como "as situações jurídicas emergentes do direito substantivo resultantes da prática de um crime. Cfr. GERMANO MARQUES DA SILVA, *Curso de Processo Penal*, vol. I, pp.148 ss.

[63] Neste sentido, MANUEL MONTEIRO GUEDES VALENTE, *in Segurança Interna – reflexões e legislação,* p.18.

[64] Lei 53/07, de 31 de Agosto.

[65] Decreto-Lei 275-A/2000, de 9 de Novembro.

tudo idêntica ao previsto no CPC para associações e empresas com sucursais (artigos 5.º, 6.º, 7.º, e 22.º do CPC). Contudo, no que concerne à GNR, a sua lei de organização e funcionamento nada refere, o que se pode dever ao seu cariz militar, ou seja, à estrutura castrense que lhe subsiste.

Ao contrário dos mais variados deveres que vinculam as polícias, o dever de sigilo é um dever que permanece independentemente da aposentação, demissão, ou exoneração, isto é, o dever de sigilo não cessa com o termo das funções ou serviços.

A violação de sigilo profissional pode ser feita tendo por base duas definições: ou por violação de sigilo, em sentido estrito, ou por inconfidência[66]. A primeira é sempre mais gravosa porque estão em causa matérias classificadas, tendendo a ser punida com pena de demissão[67]. A segunda, estando em causa informações que, apesar de não serem matéria classificada, são apenas para conhecimento interno da instituição, tende a ser punida com suspensão[68], podendo levar à expulsão.

Segundo MARCELLO CAETANO, "todos os papéis entrados em repartições ou nela existentes só podem ser conhecidos dos funcionários que hajam de ocupar-se dos assuntos neles versados – é a chamada regra da **necessidade de conhecer** –, não sendo permitido o exame por outros funcionários ou pelo público"[69]. Assim se reforça a ideia de que, havendo classificação formal de matérias ou não, permanece a vinculação de sigilo profissional sobre as matérias internas. A classificação de matérias vem definida num diploma legal conhecido como SEGNAC 1[70] e respeita vários escalões de importância das matérias que vão desde o "Não Classificado" ao "Muito Secreto", sendo o acesso às mesmas feito de acordo com uma credenciação prévia. Mediante estas medidas, todos os elementos que tenham acesso a matérias classificadas pela necessidade de

---

[66] Cfr. VINÍCIO RIBEIRO, *Estatuto Disciplinar dos Funcionários Públicos Comentado*, 2ª ed., p.114.

[67] *Vide* artigo 47.º, n.º 2, alínea i) do Regulamento Disciplinar da PSP, e artigo 26.º, n.º 4, alínea a), do Estatuto Disciplinar dos Funcionários e Agentes da Administração Central, Regional e Local.

[68] *Vide* artigo 24.º, n.º 1, alíneas e) e g) do Estatuto Disciplinar dos Funcionários e Agentes da Administração Central, Regional e Local.

[69] *Apud* VINÍCIO RIBEIRO, *Op. Cit.,* p. 115.

[70] Resolução do Conselho de Ministros n.º 50/88 de 3 de Dezembro, sendo aplicada com as devidas alterações na PSP de acordo com a NEP n.º OPSEG/DEPIPOL/01/02 de 6 de Novembro.

418   *Estudos de Homenagem ao Professor Doutor Artur Anselmo*

conhecer, ou que, apesar de não terem acesso ao conteúdo tenham acesso ao espaço ou suporte físico, como é o caso dos estafetas, e pessoal de limpeza, assunto já referenciado anteriormente, têm de estar credenciados. Caso não estejam credenciados e tenham acesso a matérias classificadas, com conhecimento do superior hierárquico, é sobre este que recai a responsabilidade de responder se houver uma quebra de segurança e for instaurado um inquérito ou uma investigação de segurança.

No que concerne ao procedimento disciplinar policial, surge um problema grave que pode ser enquadrado como ilegalidade. Aquando da decisão final de um processo, no caso da PSP, a aplicação de uma sanção é publicitada em Ordem de Serviço, com um resumo do acontecimento, identificação dos arguidos e dos deveres violados, e apenas a identificação dos arguido e dos deveres violados no caso da GNR e da PJ. Tal procedimento acaba por ser uma sanção acessória à sanção que é formal e materialmente aplicada ao arguido, não estando prevista nos regulamentos disciplinares como sanção acessória, mas apenas como requisito de eficácia com a epígrafe de "cumprimento da pena" (artigo 57.º, n.º 1, do RDPSP, artigos 36.º e 48.º do RDGNR e artigo 25.º, n.º 1, do RDPJ).

Este regime afigura-se muito duvidoso à luz dos fins da punição. As teorias dos fins das penas resumem-se a três teorias: a teoria retributiva, a teoria de prevenção geral e a teoria de prevenção especial. Na teoria retributiva a essência da pena reside na retribuição, expiação, reparação ou compensação do mal do crime, e nesta essência se esgota. Tem por base, portanto, a lei de talião, sintetizada no aforismo "olho por olho, dente por dente". A pena é a justa paga do mal que com o crime se realizou, é o justo equivalente do dano do facto e da culpa do agente. Segundo PLATÃO, no *Protágoras*, a pena destina-se a retribuir o mal do crime, embora noutro passo deste diálogo se apresente também a ideia de prevenção geral. Por seu lado, KANT apresenta a punição como um fim em si mesmo, ou seja, um imperativo categórico de justiça. Para HEGEL, o crime é a negação do direito, e a pena a negação da negação, num processo de reafirmação de tipo dialéctico.

De todo o modo, a compensação de que a retribuição se nutre só pode ser em função da culpa do agente, ou seja, não pode haver pena sem culpa, e a medida da pena não pode em caso algum ultrapassar a medida da culpa. Esta afirmação é aceite independentemente da teoria dos fins das penas que se subscreva, e é imposta pelo princípio essencial da dignidade da pessoa humana, consagrado no artigo 2.º da CRP, e, de forma expressa, pelo n.º 2 do artigo 40 do CP.

A grande crítica que se dirige à teoria da retribuição é a de que não é assumidamente uma teoria dos fins das penas, pois visa justamente o contrário, isto é, a consideração da pena como entidade independente de fins. O Estado democrático, pluralista e laico dos nossos dias não pode arvorar-se como entidade sancionadora do pecado e do vício, antes tem de limitar-se a proteger os bens jurídicos. Além disso, esta teoria não se preocupa com a socialização do delinquente e de restauração da paz jurídica da comunidade afectada pelo crime, ou seja, não favorece a actuação preventiva e, assim, não assegura o controlo e o domínio do fenómeno da criminalidade.

Por sua vez, o denominador comum das doutrinas de prevenção geral radica na concepção da pena como instrumento político-criminal destinado a actuar (psiquicamente) sobre a generalidade dos membros da comunidade, afastando-os da prática de crimes através da ameaça penal estatuída pela lei, da realidade da aplicação judicial das penas e da efectividade da sua execução. Dentro destas teorias encontram-se a teoria de prevenção geral negativa e a teoria de prevenção geral positiva. Na primeira, a pena é concebida como forma estatalmente acolhida de intimidação das outras pessoas através do sofrimento que com a lei se inflige ao delinquente e que, no fim, as conduzirá a não cometerem factos criminais. Assim, segundo FEURBACH, a finalidade da pena seria a de criar no espírito dos potenciais criminosos um contramotivo suficientemente forte para os afastar da prática do crime. A alma do potencial criminoso seria assim uma arena onde se digladiavam as motivações conducentes ao crime e as contra-motivações derivadas do conhecimento do mal da pena. Neste duelo importaria que as últimas fossem suficientemente poderosas para vencer as primeiras e, desse modo, contribuir eficazmente para a prevenção. Como se verifica, nesta teoria, não se colocam limites ao poder punitivo do Estado, e o delinquente é convertido em instrumento de promoção do bem-estar social, isto é, ele não é punido por causa de si próprio, mas para fornecer um exemplo aos outros. Tudo isto é incompatível com o princípio da dignidade humana, que é um dos fundamentos da nossa ordem constitucional.

Na versão da prevenção geral positiva, acolhida pelo n.º 1 do artigo 40 do CP, na versão da defesa dos bens jurídicos, a pena é a forma de que o Estado se serve para manter e reforçar a confiança da comunidade na validade, na vigência das suas normas e na tutela de bens jurídicos e do próprio ordenamento jurídico. A pena é o instrumento destinado por excelência a revelar perante a comunidade a inquebrantabilidade da ordem jurídica.

Por fim, a teoria de prevenção especial, modernamente desenvolvida por Von Liszt, tem como denominador comum a ideia de que a pena é um instrumento de actuação sobre a pessoa do delinquente, com o fim de evitar que no futuro ele cometa novos crimes. Há, portanto, uma pretensão de evitar a reincidência onde emana o propósito de lograr a reinserção social do delinquente.

A ideia de publicitação das penas reside num objectivo de prevenção geral. Mas, com o ordenamento jurídico que temos actualmente, deve subsistir a ideia, em primeira linha, de prevenção especial positiva ou reintegração social, e não de mera intimidação.

A ressocialização deve ser tida em conta quando o instrutor propõe a aplicação da pena, e deve efectivar-se através do seu cumprimento. Ou seja, o instrutor deve tentar demonstrar no relatório que há, de facto, violação de deveres prejudiciais ao funcionamento ou ao prestígio da instituição e ser, tanto quanto possível, convincente de modo a demonstrar que se justifica a sanção. Esta deve ser o menos penalizante possível cumprindo a função correctiva.

Ora, atendendo o exposto, a publicitação das penas pode, por um lado, ter um efeito negativo de dupla penalização para o arguido e de frustração do interesse da comunidade, que não achará justa a pena aplicada. No entanto, a publicitação das penas pode ter um lado positivo, assegurando a transparência da Administração. Contudo, é nosso entender que esta publicidade é ilegal.

Seguindo as ideias do Professor Germano Marques da Silva, "a publicidade dada à decisão condenatória constitui uma verdadeira sanção, uma pena acessória e, por isso, só pode ser dada nas hipóteses previstas na lei, em razão do princípio da legalidade das penas"[71]. Essa pena apenas se encontra prevista para estabelecimentos comerciais ou industriais e nunca para pessoas individuais[72]. Assim sendo, é uma violação dos princípios basilares da nossa Ordem Jurídica. A nosso ver, *magis dixit quam voluit*, pelo que não se pode extrapolar da letra da lei.

---

[71] Germano Marques da Silva, *Direito Penal Português*, vol. III, p.93.

[72] Decreto-Lei 28/84, artigo 19.º.

3. Conclusão

O segredo é uma das manifestações da fidelidade interpessoal nas relações humanas e profissionais. No exercício da actividade policial, essa confiança também reveste particular relevo. A quebra dessa confiança poderá acarretar danos morais e patrimoniais irreparáveis aos cidadãos e à própria instituição policial. O dever de segredo terá necessariamente de ser harmonizado com outros deveres sociais. Sem a garantia de confidencialidade não pode haver confiança. O segredo profissional é, assim, reconhecido como direito e dever fundamental. Hoje, é pacífico, no entanto, que o segredo profissional tem, ainda assim, um valor relativo. Em casos excepcionais, podem ser revelados segredos, quando outros valores sociais mais relevantes o justifiquem.

Conforme resulta do disposto no artigo 18.º, n.º 2, da CRP é possível restringir certos direitos fundamentais, para garantir a salvaguarda de outros direitos ou interesses constitucionalmente protegidos. Essas restrições devem limitar-se ao necessário para alcançar os objectivos, apontando-se para a existência de uma proporcionalidade entre os meios legais restritivos e os fins obtidos. Isto é, a limitação dos direitos deverá mostrar-se necessária e ser imposta com fundamento em motivo social relevante, num justo equilíbrio entre o interesse público e a vida privada do cidadão.

O princípio basilar dominante no processo penal, em sede de prova, é o princípio da "verdade material", erigido em homenagem à necessidade de o Estado assegurar a administração da Justiça. Mas a verdade não pode ser obtida a qualquer custo e esse princípio é limitado pelas proibições de prova, previstas nos artigos 32.º, n.º 8, da Constituição e 126.º do Código de Processo Penal, os quais preservam os direitos fundamentais do arguido. O Código de Penal, nos artigos 195.º, 196.º, 197.º e 383.º e o Código de Processo Penal, no artigo 135.º, bem como outros diplomas legais, contêm normas expressas, de carácter geral, relativas à problemática da quebra segredo profissional e que estabelecem os mecanismos a que deve obedecer a requisição da informação em poder de pessoas ou entidades obrigadas ao dever de segredo profissional. Estes regimes procuram conjugar o interesse na descoberta da verdade com a preservação dos interesses salvaguardados pelo segredo profissional, através de ponderações feitas caso a caso.

Em suma, o dever de segredo profissional corresponde a um dever, alicerçado na boa fé, enquanto regra ética de conduta, e corresponde a

422 Estudos de Homenagem ao Professor Doutor Artur Anselmo

uma concretização da tutela da confiança. Contudo, em determinadas situações da vida, a natureza do dever de segredo intensifica-se e converte-se numa verdadeira exigência pública, pela necessidade de as pessoas poderem confiar em determinadas instituições e entidades, afiançando-se assim o interesse público na função social das Instituições Policiais e ainda o interesse colectivo no exercício digno da profissão.

O segredo profissional é reconhecido como um direito e um dever fulcral de qualquer elemento policial, até por constituir também um dos elementos da teia da Justiça. Desta valência depende a dignidade do exercício da profissão e depende ainda a confiança da comunidade nos polícias e, por via destes, nas instituições policiais. Estamos em tempos de exigência. Exigência de ética, profissionalismo e rigor, pois é com esta triologia que se fará o futuro.

Abreviaturas

CP   – Código Penal
CPC   – Código Processual Civil
CPP   – Código de Processo Penal
CRP   – Constituição da República Portuguesa
DDI   – Departamento Disciplinar e de Inspecção
ED   – Estatuto Disciplinar
GDD   – Gabinete de Deontologia e Disciplina
GNR   – Guarda Nacional Republicana
LOFPJ   – Lei de Organização e Funcionamento da Polícia Judiciária
LOFPSP   – Lei de Organização e Funcionamento da Polícia de Segurança Pública
PJ   – Polícia Judiciária
PSP   – Polícia de Segurança Pública
RDGNR   – Regulamento Disciplinar da Guarda Nacional Republicana
RDPJ   – Regulamento Disciplinar da Polícia Judiciária
RDPSP   – Regulamento Disciplinar da Polícia de Segurança Pública
RD   – Regulamento Disciplinar
SJ   – Serviço de Justiça

Bibliografia

BELEZA, Tereza, *Direito Penal*, vol. I, Associação Académica da Faculdade de Direito de Lisboa, Lisboa, 1998, 2ª edição.

BELEZA, Tereza, *Direito Penal*, vol. II, Associação Académica da Faculdade de Direito de Lisboa, Lisboa, 1985, 2ª edição.

Comentário Conimbricense do Código Penal, Dirigido por Jorge de Figueiredo Dias, Tomo II e III, Coimbra Editora, Coimbra, 1999.

CORREIA, Eduardo, *Direito Criminal*, vol. I e II, Almedina, Coimbra, 1993.

DIAS, Jorge de Figueiredo, *Direito Penal Português*, Aequitas e Editorial Notícias, Lisboa, 1993.

Dicionário Jurídico da Administração Pública, Dirigido por José Pedro Fernandes, vol. I, III, IV e V, s/e, Lisboa, 1990.

Estudos Comemorativos do 150.º Aniversário do Tribunal da Boa-Hora, Ministério da Justiça, s/l, 1995.

FERNANDES, Luís Fiães, *et* VALENTE, Manuel Monteiro Guedes, *Segurança Interna*, Almedina, Coimbra, 1995.

HENRIQUES, Eiras, *Processo Penal Elementar,* Editora Quid Iuris, Lisboa, 2005, 6ª edição.

HENRIQUES, Eiras, *et* FORTES, Guilhermina, *Dicionário de Direito Penal e Processo Penal,* Editora Quid Iuris, Lisboa, 2005.

HENRIQUES, M. Leal, *Procedimento Disciplinar,* Editora Rei dos Livros, Lisboa, 2002, 4ª edição.

GONÇALVES, M. Maia, *Código Penal Português Anotado e Comentado*, Almedina, Coimbra, 1996, 9ª edição.

Jornadas de Direito, Processual Penal e Direitos Fundamentais, Coordenação Científica de Maria Fernanda Palma, Almedina, Coimbra, 2004.

LOPES, J. J. Almeida, *Constituição da República Portuguesa Anotada*, Almedina, Coimbra, 2005.

MIRANDA, Jorge, *et*, MEDEIROS, Rui, *Constituição Portuguesa Anotada*, Coimbra Editora, Coimbra, 2005.

RIBEIRO, Vinício, *Estatuto Disciplinar dos Funcionários Públicos*, Coimbra Editora, Coimbra, 2005, 2ª edição.

SANTIAGO, Rodrigo, *Do Crime de Violação de Segredo Profissional no Código Penal de 1982*, Dissertação para o Exame do Curso de Mestrado em Ciências Jurídico-Criminais na Faculdade de Direito da universidade de Coimbra, Livraria Almedina, Coimbra, 1992.

SILVA, Germano Marques da, *Curso de Processo Penal*, II vol., Editorial Verbo, Lisboa, 2002, 3ª edição.

SILVA, Germano Marques da, *Curso de Processo Penal*, I vol., Editorial Verbo, Lisboa, 2000, 4ª edição.

SILVA, Germano Marques da, *Direito Penal Português*, II vol., Editorial Verbo, Lisboa, 1998, 1ª edição.

SILVA, Germano Marques da, *Direito Penal Português*, III vol., Editorial Verbo, Lisboa, 1999.

424 Estudos de Homenagem ao Professor Doutor Artur Anselmo

SIMAS SANTOS, M. et LEAL-HENRIQUES, M., **Código de Processo Penal Anotado**, I vol., Editora Rei dos Livros, Lisboa, 1999, 2ª edição.

Internet:

http://www.pgr.pt/portugues/grupo_soltas/pub/coleccao/vi/1.htm
http://www.pgr.pt/portugues/grupo_soltas/pub/coleccao/vi/9.htm http://www.pgr/portugues/grupo_soltas/pub/coleccao/vi/10.htm
http://www.pgr/portugues/grupo_soltas/pub/coleccao/vi/11.htm
http://www.pgr/portugues/grupo_soltas/pub/coleccao/vi/2.htm http://www.pgr/portugues/grupo_soltas/pub/coleccao/vi/4.htm http://www.pgr/portugues/grupo_soltas/pub/coleccao/vi/5.htm http://www.pgr/portugues/grupo-_soltas/pub/coleccao/vi/6.htm
Portal MJ Discurso de tomada de posse – Rui Pereira.htm
Sindicato dos Magistrados do Ministério Público.htm

Legislação específica:

Decreto-Lei n.º 24/84, de 16 de Janeiro
Decreto-Lei n.º 231/93, de Junho
Decreto-Lei n.º 196/94, de 21 de Julho
Decreto-Lei n.º 275-A/00, de 9 de Novembro
Lei n.º 7/90, de 20 de Fevereiro
Lei n.º 6/94, de 7 de Abril
Lei n.º 145/99, de 1 de Setembro
Lei 53/07, de 31 de Agosto
NEP OPSEG/DEPIPOL/01/02
Resolução do Conselho de Ministros n.º 50/88 de 03DEC
Resolução do Conselho de Ministros n.º 37/89 de 24OUT
Resolução do Conselho de Ministros n.º 16/94 de 22MAR
Resolução do Conselho de Ministros n.º 05/90 de 28FEV

O USO DA FORÇA PELAS POLÍCIAS MUNICIPAIS COMO UM EXEMPLO DE CONFORMIDADE APARENTEMENTE IMPERFEITA

PEDRO SOUSA
Mestre em Direito e Comissário da PSP

SUMÁRIO: 1. Introdução; 2. Breve abordagem do quadro legal das polícias municipais; 3. O uso da força pelas polícias municipais; 4. O caso especial do uso de armas de fogo pelas polícias municipais. 5. A possibilidade de utilização de armas e meios de baixa potencialidade letal; 6. Últimas considerações.

1. Introdução

Tendo presente que com a quarta revisão da lei fundamental do Estado Português, a figura das polícias municipais assumiu dignidade constitucional[1], e que de seguida o legislador ordinário pôde finalmente[2] tomar o impulso legislativo necessário à criação efectiva das mesmas, nomeadamente com uma proposta de lei que veio a ser aprovada e

---

[1] Assim, refere o n.º 3 do artigo 237.º da CRP que: "as polícias municipais cooperam na manutenção da tranquilidade pública e na protecção das comunidades locais".

[2] Considerando que já em 1995 e 1996 tinham sido criados dois instrumentos do Conselho de Ministros do Conselho da Europa que cunharam o mote das polícias municipais: a Recomendação n.º R(95) 12, de 11 de Setembro de 1995 e a Recomendação n.º R(96) 8, de 5 de Setembro de 1996. Neste sentido, VALENTE, Manuel Monteiro Guedes, *Teoria Geral do Direito Policial*, Tomo I, Coimbra: Almedina, 2005, p. 29.

426 *Estudos de Homenagem ao Professor Doutor Artur Anselmo*

publicada com o n.º 140/99, de 28 de Agosto[3], e com a publicação em 17 de Março de 2000, dos Decretos-Lei n.ºs 39/2000 e 40/2000 e finalmente,

---

[3] Normativo legal, que com a publicação da Lei n.º 19/2004, de 20 de Maio, foi integralmente revogado. Do conjunto de competências legalmente atribuídas às polícias municipais resulta ser sua tarefa fundamental fiscalizar, na área de jurisdição do município respectivo, o cumprimento das leis e regulamentos que disciplinem matérias relativas às atribuições das autarquias e à competência dos seus órgãos, fiscalizar o cumprimento das normas de âmbito nacional ou regional cuja competência de aplicação ou de fiscalização caiba ao município, assim como a aplicação efectiva das decisões das autoridades municipais. Cabe-lhes ainda cooperar com as forças de segurança na manutenção da tranquilidade pública e na protecção das comunidades locais. Quanto às competências em matéria de polícia administrativa, a lei refere, por exemplo, a fiscalização do cumprimento dos regulamentos municipais e da aplicação das normas legais, designadamente nos domínios do urbanismo, da construção, da defesa e protecção da natureza e do ambiente, do património cultural e dos recursos cinegéticos, o desempenho de acções de polícia ambiental e de polícia mortuária, e, em geral, a garantia do cumprimento das leis e regulamentos que envolvam competências municipais de fiscalização, assim como a execução coerciva, nos termos da lei, dos actos administrativos das autoridades municipais. Em matéria de trânsito, cabe às polícias municipais a regulação e fiscalização do trânsito rodoviário e pedonal na área de jurisdição municipal, a fiscalização do cumprimento das normas de estacionamento de veículos e de circulação rodoviária, a participação de acidentes de viação que não envolvam procedimento criminal, assim como a adopção das providências organizativas apropriadas aquando da realização de eventos na via pública que impliquem restrições à circulação, em coordenação com as forças de segurança competentes, quando necessário. Cabe às polícias municipais a elaboração dos autos de notícia ou autos de contra-ordenação por infracções às normas regulamentares municipais ou às normas de âmbito nacional ou regional cuja competência de aplicação ou de fiscalização caiba ao município, a elaboração dos autos de notícia, com remessa à autoridade competente, por infracções cuja fiscalização não seja da competência do município, nos casos em que a lei o imponha ou permita, bem como a instrução dos processos de contra-ordenação da respectiva competência. Os órgãos de polícia municipal têm competência para o levantamento de auto ou o desenvolvimento de inquérito por ilícito de mera ordenação social, de transgressão ou criminal por factos estritamente conexos com violação de lei ou recusa da prática de acto legalmente devido no âmbito das relações administrativas. As polícias municipais, por determinação da câmara municipal, promovem, por si ou em colaboração com outras entidades, acções de sensibilização e divulgação de matérias de relevante interesse social no concelho, em especial nos domínios da protecção do ambiente e da utilização dos espaços públicos, e cooperam com outras entidades, nomeadamente as forças de segurança, na prevenção e segurança rodoviária. As polícias municipais procedem ainda à execução de comunicações, notificações e pedidos de averiguações por ordem das autoridades judiciárias e de outras tarefas locais de natureza administrativa, mediante protocolo do Governo com o município. No que respeita às tarefas relativas à manutenção da tranquilidade pública e

O Uso da Força pelas Polícias Municipais ... 427

por se encontrar já a decorrer a 16.ª edição de um Curso de Formação de Polícia Municipal, julgamos ter chegado o momento para uma brevíssima reflexão sobre o uso da força pelas polícias municipais, em especial o uso das armas de fogo.

Para tal desiderato, importa desde já referir que, apesar de as polícias municipais e de as forças de segurança constituírem efectivamente realidades constitucionalmente diferentes[4], aquelas encontram-se, de

---

protecção das comunidades locais, a lei refere a vigilância de espaços públicos ou abertos ao público, designadamente de áreas circundantes de escolas e a vigilância nos transportes urbanos locais, em ambos os casos em coordenação com as forças de segurança. A intervenção em programas destinados à acção das polícias junto das escolas ou de grupos específicos de cidadãos, e a guarda de edifícios e equipamentos públicos municipais, ou outros temporariamente à sua responsabilidade, também se contam entre as suas competências. A cooperação com as forças de segurança na manutenção da tranquilidade pública e na protecção das comunidades locais exerce-se no respeito recíproco pelas esferas de actuação próprias, nomeadamente através da partilha da informação relevante e necessária para a prossecução das respectivas atribuições e na satisfação de pedidos de colaboração que legitimamente forem solicitados, pressupondo a articulação acima mencionada. As atribuições dos municípios previstas na lei que regula as polícias municipais são prosseguidas sem prejuízo do disposto na legislação sobre segurança interna e nas leis orgânicas das forças de segurança. A lei estabelece também que é vedado às polícias municipais o exercício de competências próprias dos órgãos de polícia criminal. Estas polícias integram, em situação de crise ou de calamidade pública, os serviços municipais de protecção civil.

⁴ PINHEIRO, Alexandre S. e FERNANDES, Mário J., *Comentário à IV Revisão Constitucional*, Lisboa: AAFDL, 1999, p. 517. No mesmo sentido, CASTRO, Catarina Sarmento e, *Competências dos Serviços de Polícia Municipal*, Coimbra: CEFA, 2002, p. 81, quando afirma "relembre-se que a Constituição, ao prever que as polícias municipais cooperam com as forças de segurança, revela, desde logo, que não as considera como tal" e ainda a expressão de Laura NORONHA plasmada no Parecer n.º 05/NAT/2000, p. 5, da Inspecção Geral da Administração Interna, que refere "... daqui se infere, a nosso ver, que os agentes das polícias municipais não são agentes de segurança, na acepção tradicional do termo que, tal como já se referiu está reservado aos agentes da GNR e da PSP, essas sim forças de segurança interna com competências mais complexas que lhes advém da sua qualidade de polícia preventiva e repressiva, como órgãos ou autoridades de polícia criminal, nos termos da lei processual penal", consultada em www.igai.pt. No mesmo sentido, percepciona-se igualmente tal acepção diferenciadora quando o legislador nos indica no artigo 9.º, n.º 4, da Lei Quadro que "o armamento das polícias municipais não pode ser de calibre igual ou superior ao detido pelas forças de segurança", bem como no artigo 19.º, n.º 2 "as denominações das categorias que integrarem a carreira dos agentes de polícia municipal não podem, em caso algum, ser iguais ou semelhantes às adoptadas pelas forças de segurança". Aliás, outra forma de consubstanciar tal entendimento pode

428 *Estudos de Homenagem ao Professor Doutor Artur Anselmo*

igual modo, subordinadas à Constituição[5] e à lei, e devem proceder de acordo com "os princípios da igualdade, da proporcionalidade *lato sensu* ou da proibição do excesso na sua tríplice vertente [adequação, exigibilidade ou necessidade e subsidiariedade; e proporcionalidade *stricto sensu*], da justiça, da imparcialidade e da boa fé, da lealdade e o pleno respeito e fomento do princípio da liberdade"[6]. Neste sentido, reitera-se então que os princípios que devem orientar os agentes das polícias municipais quando, nos seus actos, infligem restrições ao exercício de direitos, liberdades e garantias dos cidadãos munícipes – *que não perdem a categoria de sujeitos desses mesmos direitos, só porque a intervenção é administrativa e não penal*[7] –, são os mesmos que devem vincular ininterruptamente as forças de segurança[8]. Todavia, apesar dos referidos esforços legiferantes, entendemos, na esteira do defendido por Manuel Valente, que os agentes das polícias municipais continuam a deter, actualmente, "uma natureza hibridamente esfumada, cujos ramos se alongaram mais do que a raiz e o tronco, criando uma dúvida de actuação diária, que urge solucionar sob pena de a confusão e as 'guerrilhas' se amalgamarem e criarem um 'caos' da tipologia a aceitar e implementar quanto às atribuições e competências de cada POLÍCIA"[9].

---

ser retirada de uma comparação efectuada entre as matérias de competência absoluta da Assembleia da República (entre as quais faz parte o regime organizatório das forças de segurança – art. 164.º, alínea u, da CRP) e as matérias de reserva relativa da AR (entre as quais se encontra o regime e criação das polícias municipais – art. 165.º, n.º 1, alínea aa, da CRP. Todavia, apesar de tal entendimento constitucional, é indesmentível que as polícias municipais terão de ser sempre entendidas como parte integrante das sociedades modernas, onde se vive quotidianamente o drama da necessidade de conciliar o respeito pelo quadro vigente e pelos valores fundamentais nele reflectidos, com a promoção da segurança, enquanto vertente concreta da vivência dos cidadãos.

[5] Artigo 266.º, n.º 2, artigo 3.º, n.º 2 e artigo 18.º, n.º 1, todos da CRP.

[6] VALENTE, Manuel Monteiro Guedes, *ob. cit.*, [2], p. 41.

[7] *Idem*, p. 40.

[8] Neste sentido o artigo 2.º, do Decreto-Lei n.º 40/2000, ao indicar que "os agentes de polícia municipal gozam de todos os direitos e estão sujeitos aos deveres consignados na Constituição e no estatuto geral dos funcionários da administração central, regional e local, sem prejuízo do regime próprio no presente diploma".

[9] VALENTE, Manuel Monteiro Guedes, *ob. cit.*, [2], p. 46.

2. Breve abordagem do quadro legal das polícias municipais

Presentemente, aos agentes municipais, no exercício das suas funções de polícia administrativa e na área de jurisdição do município compete-lhes, entre outras tarefas consagradas na actual Lei Quadro[10], a fiscalização do cumprimento das leis e regulamentos que disciplinem matérias relativas às atribuições das Autarquias e à competência dos seus órgãos. Tais atribuições, na esteira do disposto no n.º 1 do artigo 1.º do diploma *supra* referido, asseguram então que a actuação das polícias municipais envolve, em primeira linha e maioritariamente, o exercício de funções de polícia administrativa, sendo tal constatação ainda mais evidente face à estrutura e redacção do artigo 3.º, n.ºˢ 1 e 2, onde inevitavelmente, se hierarquizam as funções que em um e no outro são enunciadas[11]. Aliás, tal primado das funções administrativas encontra-se desde logo realçado, no referido diploma, quando as polícias municipais são designadas como "serviços municipais *especialmente* vocacionados para o exercício de funções de polícia administrativa"[12]. Todavia, e constituindo um dos corolários de uma política de *territorialização da segurança*[13], o legislador, para além das funções de polícia administrativa que

---

[10] Normativo legal que, como já referimos anteriormente, foi designado por Lei n.º 19/2004, de 20 de Maio.

[11] Assim, a lei acentua esse pendor de polícia administrativa quando, de certo modo priorizando, começa por dizer, no n.º 1 do artigo 3.º, quais as matérias em que as policias municipais fazem incidir o exercício de funções de polícia administrativa. Só depois surge o n.º 2 do artigo 3.º, que vem dar ainda mais consistência a esta interpretação, quando o corpo da norma vem dispor que as polícias municipais "...exercem, **ainda**, funções nos seguintes domínios..." (negrito nosso), redacção que manifestamente secundariza as funções que nele se enunciam, ao mesmo tempo que amplifica o disposto no n.º 1 e, portanto, dá prioridade ao papel das policias municipais como polícia administrativa. Neste sentido, Eurico João Silva, Parecer n.º 9/NAT/2000, p. 8, da Inspecção-Geral da Administração Interna, consultado em www.igai.pt.

[12] Cfr. Artigo 1.º, n.º 1 da Lei n.º 19/2004, de 20 de Maio. Itálico nosso.

[13] Preâmbulo do Decreto-Lei n.º 39/2000, de 17 de Março. No mesmo sentido, o excerto de um discurso efectuado por Sua Excelência o Secretário de Estado Adjunto e da Administração Interna, proferido por ocasião do Encontro Nacional de Polícias Municipais, em Guimarães, em 1 de Julho de 2007, quando referiu "... a garantia da visibilidade das forças de segurança designadamente através da contribuição das polícias municipais é um ponto que não divide os portugueses, o que constitui um factor extremamente favorável para podermos discutir e tomar as decisões necessárias. Sintetizo essas decisões em duas frases: "mais polícias municipais", "maior articulação". De facto, a

430 Estudos de Homenagem ao Professor Doutor Artur Anselmo

se encontram atribuídas às polícias municipais, apensou igualmente outras funções que envolvem a cooperação[14] com as forças de segurança, designadamente na manutenção da tranquilidade pública e na protecção das comunidades locais, na vigilância de espaços públicos ou abertos ao público e nas áreas circundantes das escolas; bem como a regularização e fiscalização do rodoviário e pedonal na respectiva área de jurisdição municipal.

Desta forma, confirma-se então o papel instrumental que as polícias municipais jogam em matéria de segurança e da sua territorialização, sendo igualmente inquestionável que as autarquias locais, através dos seus serviços de polícia municipal passaram a deter um conjunto de competências e adquiriram uma capacidade (revestida de autoridade) para exercer funções que abarcam matérias relacionadas com a segurança. Neste sentido, face a todo este enquadramento legal, onde sobressai o exercício de funções na área de segurança, pode então afirmar-se que os agentes das polícias municipais são detentores de poderes de autoridade[15], não sendo, todavia, para efeitos do Código de Processo Penal, entidades policiais e, por maioria de razão, órgãos de polícia criminal[16].

---

palavra de ordem tem de ser hoje e no futuro "articular", "coordenar", unir esforços", "conjugar meios". Mas como o enlace entre a Administração Central e a Administração Local é também aqui possível e muito vantajoso para as populações, precisamos de mais polícias municipais, sem que isso acarrete acréscimos incomportáveis de despesas...", em www.mai.gov.pt.

[14] Cooperação que se retira, desde logo, da leitura do n.º 3 do artigo 237.º da CRP. E é desta concepção constitucional de que advém o carácter subsidiário da função de polícia municipal. Para Manuel Valente, *ob. cit.*, [2], pp. 34, 35 e 42, esta vertente subsidiária "enlaça-se principalmente no plano da segurança interna *stricto sensu* – prevenção criminal – e em certas actividades de tranquilidade pública, cuja operatividade depende, por um lado, dos preceitos da lei de segurança interna e das leis orgânicas e de funcionamento das forças de segurança e, ainda, da legislação penal substantiva e adjectiva, e, por outro, da coordenação com as demais forças de segurança que deve existir na prossecução das suas funções sob pena de não se racionalizar os meios humanos e materiais em um país carente de recursos financeiros (...) Todavia, a natureza desta cooperação não pode afastar, de maneira nenhuma, o ónus de defesa e garantia dos direitos fundamentais do cidadão, pois está-lhes enraizado na sua função de polícia (municipal)".

[15] Ideia recolhida em SILVA, Eurico João, *ob. cit.*, [11], p. 9.

[16] Assim, consideramos ser de cabal importância referir, neste momento, que os agentes de polícia municipal não são, para efeitos do Código de Processo Penal, órgãos

O Uso da Força pelas Polícias Municipais ...

Tal significa então, muito sinteticamente, que no desempenho das suas funções, estes agentes de polícia municipal estão em permanente contacto com cidadãos que visam servir e com cidadãos infractores das regras vigentes, estando dotados de poderes, alguns dos quais providos de coercibilidade, ou seja, "podem nos exactos termos da lei, aplicar a força necessária, mas só [na estrita medida das necessidades decorrentes do exercício das suas funções, da sua legítima defesa ou terceiros]"[17]. Desta forma, será então relevante expor que a lei, ao permitir que este corpos de polícia possam fazer uso de meios coercivos, criou igualmente as condições para que possa ocorrer, mesmo por mais remota que seja, uma situação de violação de direitos, liberdades e garantias do cidadão muní-cipe, o que levanta o problema da fiscalização da legalidade da actividade da polícia municipal.

Sobre tal problemática e atendendo, por um lado, à actual existência de "um mecanismo operacional de controlo e fiscalização da legalidade num dos domínios seguramente mais delicados da actuação do Estado de direito democrático, isto é, no domínio do exercício de poderes de autoridade e do uso legítimo de meios de coerção, pelas forças e serviços

---

de polícia criminal. Como justificante de tal afirmação, o legislador, através do artigo 3.º, n.º 5 da Lei Quadro, indica-nos que "é vedado às polícias municipais o exercício de competências próprias dos órgãos de polícia criminal", e que por exemplo, sempre que um agente de polícia municipal detenha em flagrante delito um suspeito da prática de crime punido com pena de prisão, deve entregá-lo de imediato à autoridade judiciária ou a entidade policial, conforme a alínea *e)* do art. 4.º do mesmo diploma legal e nos termos do art. 255.º, n.º 1, alínea *b)* do CPP. Ainda sobre este dilema, em 2000 já Catarina Sarmento e Castro, *ob. cit.*, [4], p. 46, nos indicava um argumento marcante (entretanto já desactualizado com a entrada em vigor da nova Lei Quadro das polícias municipais, atendendo que, actualmente, com o n.º 4 do artigo 3.º, os órgãos de polícia municipal que directamente verifiquem o cometimento de qualquer crime podem proceder à identificação e revista dos **suspeitos** no local do cometimento do ilícito [negrito nosso]), quando referia (ao abrigo da Lei n.º 140/99, de 28 de Agosto) que "um argumento importante passa também pela impossibilidade de **identificação de suspeitos** por parte das polícias municipais. A Lei das Polícias Municipais limita-se a autorizar que estas identifiquem "infractores", e não "suspeitos" [artigo 14.º, n.º 2]". Ainda sobre está temática, ver igualmente VALENTE, Manuel Monteiro Guedes, *ob. cit.*, [1042], pp. 37-39.

[17] O que para NORONHA, Laura, *ob. cit.*, [4], p. 2, representa "um apelo implícito à observância do Princípio de Proporcionalidade, na esteira de outros diplomas que se fixam em matérias de segurança". No entanto, e de acordo com o n.º 2 do artigo 16.º da Lei-Quadro, "quando o interesse público determine a indispensabilidade do uso de meios coercivos não autorizados ou não disponíveis para a polícia municipal, os agentes devem solicitar a intervenção das forças de segurança territorialmente competentes".

432 *Estudos de Homenagem ao Professor Doutor Artur Anselmo*

de segurança que podem, em alguns casos, conflituar com os direitos, liberdades e garantias fundamentais dos cidadãos"[18], e por outro, à consagração legal de competências atribuídas ao membro do Governo responsável pela administração interna, que pode, por iniciativa própria ou mediante proposta do membro do Governo responsável pelas autarquias locais, determinar a investigação de factos indiciadores de violação grave de direitos, liberdades e garantias de cidadãos praticados pelo pessoal das polícias municipais no exercício das suas funções policiais[19], concordamos inteiramente com a opinião defendida por Manuel Valente, ao afirmar que a Inspecção-Geral da Administração Interna "pode e deve investigar, pois da Lei Quadro não resulta qualquer restrição ou limitação a que a investigação de tais actos ofensivos de direitos possa ser levada a cabo por aquela inspecção"[20].

3. O uso da força pelas polícias municipais

Todas as sociedades confiam à polícia uma diversidade de poderes para fins de aplicação da lei e manutenção da ordem. Inevitavelmente, o exercício, por um agente policial, de qualquer um dos poderes que lhe estão atribuídos tem um efeito directo e imediato sobre os direitos e liberdades dos seus concidadãos. A par da faculdade de recorrer à força, em certas circunstâncias e dentro de limites precisos, a polícia tem também a grande responsabilidade de assegurar que a sua autoridade é exercida de forma lícita e eficaz. Ora, apesar de já ter sido referido, em um momento anterior, que as polícias municipais e as forças de segurança constituem efectivamente realidades constitucionalmente diferentes, na sequência do que foi anteriormente exposto, entende-se igualmente que

---

[18] De acordo com a nota preambular do Decreto-Lei n.º 154/96, de 31 de Agosto, que alterou o Decreto-Lei n.º 227/95, de 11 de Setembro, que esteve na origem da Inspecção-geral da Administração Interna.

[19] Conforme o artigo 10.º, n.º 2, da Lei-quadro.

[20] Valente, Manuel Monteiro Guedes, *ob. cit.*, [2], p. 43. Ainda de acordo com este ilustre autor, podemos igualmente referir que aos superiores hierárquicos, inclusive o presidente da câmara, cabe o dever de fiscalização e controlo da actividade de função de polícia municipal, devendo os mesmos promover os respectivos processos disciplinares de acordo com o estatuto disciplinar próprio e comunicar às autoridades competentes as matérias factuais que consignem a prática de um crime.

as polícias municipais estão vinculadas "aos mesmos princípios constitucionais que a demais Polícia, consagrada no artigo 272.º da CRP, na defesa e garantia e respeito dos direitos fundamentais dos cidadãos"[21]. Em total sintonia com aquela acepção, porque o uso da força atinge "a dignidade da pessoa concreta, quer se trate da força física, da coacção psicológica, da ameaça, da humilhação, do uso ou exibição da arma, da colocação de algemas ou de outros comportamentos similares por parte de quem detém autoridade"[22], e porque a utilização de meios coercivos susceptíveis de afectar a vida ou integridade dos cidadãos deve constituir a *"ultima ratio"* da actuação de todos os agentes de autoridade, defendemos, como ponto de partida, que a missão dos órgãos de polícia municipal[23], em uma sociedade aberta e em contínua mudança, à semelhança do que ocorre com os elementos das forças de segurança, requer como condição necessária, antes de mais, uma formação profissional inicial exigente e um frequente aperfeiçoamento contínuo ao longo da vida activa. Todavia, e concordando inteiramente com as sábias palavras de Barbosa de Melo, importa igualmente afirmar que "não basta a aquisição de conhecimentos sobre o como fazer – *técnica*; é preciso também desenvolver nos profissionais da segurança o culto e a interiorização dos valores do humanismo e da cidadania – *atitude*[24]. No conjunto desses valores desempenham papel determinante os *direitos do Homem* e a ideia de inviolabilidade da *dignidade humana* em *todas* as pessoas envolvidas pelos actos de polícia (agentes, vítimas dos perigos, ameaças ou violências,

---

[21] VALENTE, Manuel Monteiro Guedes, *ob. cit.*, [2], p. 47.

[22] MAXIMIANO, António Henrique Rodrigues, *Os parâmetros Jurídicos do Uso da Força*, Biblioteca República e Resistência, Lisboa, 1996, p. 6, *apud* CASTRO, Catarina Sarmento e, *ob. Cit.*, [1044], p. 96. No mesmo sentido, a expressão "... *the category of a force continuum, which envisions a range of options available to police officers from verbalization techniques to deadly force...*", extraída do compêndio "National Data Collection on Police Use of Force", p. 21, U.S. Department of Justice, 1996, E. U.A.

[23] Designação atribuída aos agentes de polícia municipal, por força dos n.ºs 3 e 4, artigo 3.º da Lei-quadro.

[24] Tendo sempre presente que "as alterações fundamentais devem ser feitas ao nível da cultura informal da polícia, das suas normas práticas. Não é a lei ou um regulamento administrativo que influenciam a actividade de uma organização legal mas sim a cultura informal das instituições, nomeadamente dos seus membros". Neste sentido, FELTES, Thomas, "Imigração, integração e (in)segurança: o papel da ética policial e do treino policial", *in* Seminário Internacional sobre Culturas, Segurança, racismo, imigração e jovens em grupo, Inspecção-Geral da Administração Interna, Lisboa, 2002, p. 47.

434   *Estudos de Homenagem ao Professor Doutor Artur Anselmo*

infractores à ordem pública, simples espectadores das intervenções policiais, etc.)"[25]. Neste sentido, e tendo presente que a utilização da força por parte das autoridades policiais municipais é reconhecida como inteiramente legítima, em circunstâncias claramente definidas e controladas, será então primordial que os princípios fundamentais da utilização da força[26], por parte daqueles funcionários responsáveis pela aplicação da lei, estejam sempre presentes nas suas missões diárias, em íntima imbricação com o articulado plasmado no artigo 16.º da Lei-quadro.

4. O caso especial do uso de armas de fogo pelas polícias municipais

A questão do uso da força coloca-se com particular acuidade no caso da utilização de armas de fogo que, "pelo seu carácter especialmente agressivo e intimidatório, são instrumento privilegiado dos abusos de autoridade"[27], acrescendo-se ainda, relativamente às polícias municipais, o tempo manifestamente insuficiente de formação em Armamento e Tiro (15 horas[28]), previsto no Anexo I da Portaria n.º 247-A/2000, de 8 de

---

[25] MELO, António Moreira Barbosa de, "Polícia, Segurança Interna e Direitos do Homem: Como assegurar um controlo democrático justo e eficaz?", in: *Conferência Internacional – Direitos Humanos e Comportamento Policial*, Lisboa: Inspecção-Geral da Administração Interna, 2005, p. 8.

[26] De acordo com o Manual de Formação em Direitos Humanos para as Forças Policiais, do Alto Comissariado das Nações Unidas para os Direitos Humanos, tradução do Gabinete de Documentação e Direito Comparado, Procuradoria-Geral da República, Lisboa, 2001, p.117, "*i)* deve tentar recorrer-se em primeiro lugar a meios não violentos, a força deverá ser utilizada apenas quando estritamente necessário; *ii)* a força deverá ser utilizada apenas para fins lícitos de aplicação da lei; *iii)* não serão admitidas quaisquer excepções ou desculpas para a utilização ilícita da força; *iv)* a utilização da força deverá ser sempre proporcional aos objectivos lícitos prosseguidos; *v)* a força deverá ser sempre utilizada com moderação; *vi)* os danos e as lesões deverão ser reduzidos ao mínimo; *vii)* os funcionários responsáveis pela aplicação da lei deverão dispor de uma série de meios que permitam a utilização da força em diferentes graus; *viii)* todos os agentes policiais deverão receber formação sobre o uso dos diferentes meios capazes de permitir a utilização da força em diferentes graus; *ix)* todos os agentes policiais deverão receber formação sobre a utilização de meios não violentos". Sobre os equipamentos dos agentes de polícia municipal, é o artigo 8.º, n.ºs 1 e 2 do Decreto-Lei n.º 40/2000, de 17 de Março, que nos avança que os únicos equipamentos coercivos, passíveis de utilização, são o bastão curto e a arma de fogo.

[27] CASTRO, Catarina Sarmento e, *ob. cit.*, [4], p. 96.

[28] 15 horas de formação que contemplam uma vertente teórica e outra prática.

Maio. Sobre tal temática, importa destacar que algumas das normas básicas aplicáveis ao uso da arma de fogo, especificamente para os serviços de polícia municipal, foram estabelecidas pela Lei n.º 19/2004, de 20 de Maio e pelo Decreto-Lei n.º 40/2000, de 17 de Março, que erigiram igualmente um regime de detenção, uso e porte de armas de fogo mais limitado[29] para estas polícias do que para as forças de segurança. Neste sentido, o legislador entendeu que os serviços de polícia municipal só podem usar armas de defesa (art. 9.º, 1 da Lei-quadro e arts. 9.º e 10.º do Decreto-lei n.º 40/2000, de 17 de Março) e que o seu calibre não pode ser igual ou superior ao detido pelas das forças de segurança (art. 9.º, n.º 4, da Lei-quadro).

Contudo, apesar das diferenças juridicamente impostas[30], o artigo 10.º, n.º 1, do Decreto-lei n.º 40/2000, de 17 de Março, estabelece que "à utilização de armas de defesa por agentes de polícia municipal aplicam-se, *com as necessárias adaptações*, decorrentes das especiais competências exercidas por este serviço municipal, as regras que regulam o recurso de arma de fogo em acção policial"[31]. Pelo que, como já anteriormente

---

[29] Deste modo, em uma análise ao artigo 5.º do Decreto-lei n.º 40/2000, de 17 de Março, retira-se que os agentes de polícia municipal apenas poderão fazer uso dos meios coercivos de que dispõem: "para repelir uma agressão ilícita, actual ou iminente de interesses ou direitos juridicamente protegidos, em defesa própria ou de terceiros" e "para vencer a resistência à execução de um serviço no exercício das suas funções, depois de ter feito aos resistentes intimação formal de obediência e esgotados que tenham sido quaisquer outros meios para o conseguir", o que constitui um leque mais restrito de situações em que se permite o uso da arma de fogo às forças de segurança, de acordo com o art. 3.º, n.º 1, do Decreto-Lei n.º 457/99, de 5 de Novembro. Ainda sobre este assunto, acompanhamos a posição de CASTRO, Catarina Sarmento e, *ob. cit.*, [4], p. 100, nota 74, quando refere que: «Parece, todavia, que a lei poderia estender, no caso das polícias municipais, o uso da arma a outras situações previstas para as forças e serviços de segurança, sem com isso desvirtuar a sua natureza: "para abate de animais que façam perigar pessoas ou bens ou que, gravemente feridos, não possam com êxito ser imediatamente assistidos"; "como meio de alarme ou pedido de socorro numa situação de emergência quando outros meios não possam ser utilizados com a mesma finalidade"».

[30] Que se explicam, naturalmente, pelo diferente estatuto e competências que cabem às polícias municipais, que desempenham sobretudo, como a própria Lei-quadro evidencia, funções de polícia administrativa.

[31] Sublinhado nosso. Este normativo remete-nos, assim, para o Decreto-Lei n.º 457/99, de 5 de Novembro, que aprovou o regime de utilização de armas de fogo e explosivos pelas forças e serviços de segurança. Parece ser assim possível aplicar alguns princípios gerais de actuação, desde que não contrários ao especificamente disposto para as polícias

436   *Estudos de Homenagem ao Professor Doutor Artur Anselmo*

se referiu, o uso das armas de fogo pelos agentes de polícia municipal, considerado incessantemente como uma medida extrema, deve sempre obedecer aos princípios da proporcionalidade ou da proibição do excesso, "sendo necessariamente residual, e precedido de tentativa de persuasão. Isso mesmo sempre resultaria da imposição constitucional (art. 266.º, n.º 2 e art. 272.º, n.º 2) e legal (art. 3.º CPA) de respeito pelo princípio da proporcionalidade"[32].

Porém, face a este horizonte normativo e à luz do princípio da proporcionalidade[33], entendemos que continuam a existir alguns desequilíbrios latentes entre as polícias municipais e as forças de segurança, que não foram supridos, quanto a nós, com a entrada em vigor da Lei n.º 19/2004, de 20 de Maio, porque "a questão da proporcionalidade tem de ser olhada, fundamentalmente, a partir de dois princípios: de um princípio da *perequação dos mínimos* e de um *princípio da perequação dos máximos*"[34]. Sobre esta matéria, é assim indiscutível que o legislador, relativamente ao limite máximo do armamento a deter pelos elementos das polícias municipais (armas de fogo), definiu declaradamente que os mesmos apenas eram autorizados a deter armas de defesa classificadas como pistolas de calibre 6,35 mm[35], cujo cano não exceda os 8 cm [art. 9.º, n.º 2, do DL 40/2000, de 17 de Março], enquanto que sobre o limite mínimo, foi entendido que os agentes de polícia municipal não poderiam deter ou utilizar outros equipamentos coercivos, para além do bastão curto [art. 8.º, n.ºs 1 e 2, do mesmo diploma legal), o que, quanto a nós,

---

municipais, e desde que respeitando a natureza especial das polícias municipais e dos poderes que lhes estão atribuídos. É desde logo o caso, da obediência ao princípio da proporcionalidade ou da proibição do excesso, dos deveres de advertência, de relato e de socorro, de preservação da área dos disparos, etc. Neste sentido, CASTRO, Catarina Sarmento e, *ob. cit.*, [4], p. 98.

[32] *Idem*, p. 102.

[33] E referimo-nos ao princípio da proporcionalidade existente entre as armas a utilizar pelas polícias municipais e as forças de segurança, em que o legislador impôs claramente um juízo global de proporção ou de desproporção, de acordo com o art. 9.º, n.º 4 da Lei-quadro: "O armamento das polícias municipais não pode ser de calibre **igual** ou **superior** ao detido pelas forças de segurança". Negrito nosso.

[34] COSTA, José de Faria, *Direito Penal Especial*, Coimbra: Coimbra Editora, 2004, p. 58.

[35] Calibre que se traduz na utilização de munições com um poder perfurante, em detrimento de poder derrubante, característico das armas actualmente em uso pelas forças de segurança.

é manifestamente insuficiente, face à actualidade e com o que sucede proporcionalmente[36] com as forças de segurança.

5. A possibilidade de utilização de armas e meios de baixa potencialidade letal

Como exemplo do acima exposto e tendo presente que "os funcionários responsáveis pela aplicação da lei deverão: (1) dispor de uma série de meios que permitam a utilização da força em diferentes graus, (2) receber formação sobre o uso de diferentes meios capazes de permitir a utilização da força em diferentes graus, e (3) receber formação sobre a utilização de meios não violentos"[37], a Polícia de Segurança Pública, possui, desde Junho de 2004, de forma sistematizada, uma norma interna dobre os limites ao uso de meios coercivos, procurando ajustar os níveis de força a utilizar ao grau de ameaça aferida, o que constituiu uma iniciativa inovadora no panorama policial português.

Na referida norma interna, de entre os "vários tipos de armas e meios de baixa potencialidade letal, está prevista a utilização pelos elementos com funções policiais, em cenários concretos, de armas ou dispositivos eléctricos, imobilizantes ou atordoantes"[38], bem como de gases neutralizantes (gases CS ou OC), definidos legalmente pela Lei n.º 5/2006, de 23 de Janeiro, normativo que cuidou igualmente das exigências ao nível da sua aquisição, detenção e uso. Pretendeu-se assim,

---

[36] Após uma consulta ao Parecer PGRP00002847, do Conselho Consultivo da PGR (disponível em www.pgr.pt), informa-se que na Polícia de Segurança Pública a escalada nos níveis da força, com recurso a armas e meios de baixa potencialidade letal, corresponde à seguinte ordem crescente: técnicas de "mãos vazias" de restrição ou impacto; algemas metálicas ou outros dispositivos de algemagem; gases neutralizantes (gases CS ou OC); armas ou dispositivos eléctricos imobilizantes ou atordoantes; bastão policial; munições menos letais. Ou seja, por outras palavras, a utilização do bastão policial deverá aparecer em um momento posterior à possibilidade de utilização de gases neutralizantes e de armas ou dispositivos eléctricos imobilizantes ou atordoantes.

[37] Princípios fundamentais sobre a utilização da força plasmados no Manual de Formação em Direitos Humanos para as Forças Policiais, do Alto Comissariado das Nações Unidas para os Direitos Humanos, tradução do Gabinete de Documentação e Direito Comparado, Procuradoria-Geral da República, Lisboa, 2001, p.117.

[38] Lucas, Paulo, "A Taser", *Polícia Portuguesa*, n.º 004, III Série, Lisboa: Direcção Nacional da Polícia de Segurança Pública, 2007, p. 36.

438 *Estudos de Homenagem ao Professor Doutor Artur Anselmo*

«com este tipo de armamento, reduzir as lesões sobre os suspeitos em resultado de intervenções policiais e, por outro lado, oferecer aos agentes policiais uma "ferramenta policial" que aumente os seus níveis de protecção e capacidades de actuação – "salvando vidas todos os dias"»[39]. Pelo que, tais âncoras argumentativas em conjunto com as reduzidas horas de formação em Armamento e Tiro por parte dos elementos das polícias municipais e, acima de tudo, com o calibre actual das suas armas de defesa, acreditamos que será tempo de encetar uma profunda reflexão sobre os meios alternativos à utilização das armas de fogo[40] [41], por parte das polícias municipais, à semelhança do que ocorre com as forças de segurança.

6. Últimas considerações

Após a enunciação das questões principais e das linhas de argumentação sobre esta específica temática das polícias municipais, urge finalmente realçar algumas das cogitações mais significativas que se

---

[39] *Idem, Ibidem.*

[40] Neste sentido, Nogueira, Maria José Leitão, *O Uso de armas de fogo pelos agentes policiais*, Lisboa: IGAI, 2003, p. 22, quando defende que "Portugal pode melhorar a condição de "bom aluno", se desenvolver um leque de meios alternativos tão amplo quanto possível e habilitar as polícias com diversos tipos de armas que permitam uma utilização diferenciada da força e das armas de fogo. Este desenvolvimento passa obviamente pela implementação de armas não letais, como vem recomendado nos Princípios Básicos Sobre a Utilização da Força e de Armas de Fogo pelos funcionários responsáveis pela aplicação da lei" – «*Governments and law enforcement agencies should develop a range of means as broad as possible and equip law enforcement officials with various types of weapons and ammunition that would allow for a differentiated use of force and firearms. These should include the development of non-lethal incapacitating weapons for use in appropriate situations, with a view to increasingly restraining the application of means capable of causing death or injury to persons. For the same purpose, it should also be possible for law enforcement officials to be equipped with self-defensive equipment such as shields, helmets, bullet-proof vests and bullet-proof means of transportation, in order to decrease the need to use weapons of any kind*». Recomendações estas que também estiveram na génese da aprovação da NEP OPSEG/ /DEPOP/01/05, de 01JUN2004, sobre os limites ao uso de meios coercivos na Polícia de Segurança Pública.

[41] Reflexão que poderia culminar em eventuais propostas para alterações do artigo 8.º, do Decreto-Lei n.º 40/2000, de 17 de Março.

tenham insinuado e mostrado mais determinantes desta abordagem. Neste sentido, considera-se então que:

1. Apesar de as polícias municipais e de as forças de segurança constituírem efectivamente realidades constitucionalmente diferentes, aquelas encontram-se, de igual modo, subordinadas à Constituição e à lei;

2. Os princípios que devem orientar os agentes das polícias municipais quando, nos seus actos, infligem restrições ao exercício de direitos, liberdades e garantias dos cidadãos munícipes – *que não perdem a categoria de sujeitos desses mesmos direitos, só porque a intervenção é administrativa e não penal* –, são os mesmos que devem vincular ininterruptamente as forças de segurança;

3. Motivo pelo qual se aplicam as regras que regulam o recurso de arma de fogo em acção policial, à utilização de armas de defesa por agentes de polícia municipal, *com as necessárias adaptações*, decorrentes das especiais competências exercidas por este serviço municipal;

4. Todavia, e à semelhança do que sucede actualmente com as forças de segurança, que têm adquirido vários tipos de armas e meios de baixa potencialidade letal, tendo em vista, por um lado, a redução das lesões sobre os suspeitos em resultado de intervenções policiais e, por outro, oferecer aos agentes policiais uma "ferramenta policial" que aumente os seus níveis de protecção e capacidades de actuação, defendemos, em homenagem ao princípio da *perequação dos mínimos*, que as polícias municipais estejam igualmente equipadas com os referidos meios.

Bibliografia

Castro, Catarina Sarmento e, *Competências dos Serviços de Polícia Municipal*, Coimbra: CEFA, 2002.

Costa, José de Faria, *Direito Penal Especial*, Coimbra: Coimbra Editora, 2004.

Feltes, Thomas, "Imigração, integração e (in)segurança: o papel da ética policial e do treino policial", in: *Seminário Internacional sobre Culturas, Segurança, racismo, imigração e jovens em grupo*, Lisboa: Inspecção-Geral da Administração Interna, 2002.

Lucas, Paulo, "A Taser", *Polícia Portuguesa*, n.º 004, III Série, Lisboa: Direcção Nacional da Polícia de Segurança Pública, 2007.

440 *Estudos de Homenagem ao Professor Doutor Artur Anselmo*

MELO, António Moreira Barbosa de, "Polícia, Segurança Interna e Direitos do Homem: Como assegurar um controlo democrático justo e eficaz?", in: *Conferência Internacional – Direitos Humanos e Comportamento Policial*, Lisboa: Inspecção-Geral da Administração Interna, 2005.

NOGUEIRA, Maria José Leitão, *O Uso de armas de fogo pelos agentes policiais*, Lisboa: Inspecção-Geral da Administração Interna, 2003.

PINHEIRO, Alexandre S. e FERNANDES, Mário J., *Comentário à IV Revisão Constitucional*, Lisboa: AAFDL, 1999.

VALENTE, Manuel Monteiro Guedes, *Teoria Geral do Direito Policial*, Tomo I, Coimbra: Almedina, 2005.

CIÊNCIAS POLICIAIS

A GESTÃO DA PREVENÇÃO CRIMINAL

LUÍS ELIAS
Subintendente da PSP
Mestre em Ciência Política

*Na maior parte das cidades Europeias e
Americanas, a criminalidade atingiu níveis
inaceitáveis, se comparados com as taxas de
incidência criminal de há 30-40 anos atrás. Se
queremos reduzir o crime significativamente,
temos que rever ou reverter políticas que parecem
ter exacerbado a propensão para o cometimento
de crimes em muitos países ocidentais."* [1]

1. Contextualização

No mundo contemporâneo «pós-fim da História», globalizado, massificado e onde se tem verificado uma gradual dissolução dos tradicionais órgãos de controlo e de regulação social (família, religião, vizinhança); na nova sociedade do risco, dos terrorismos e das clivagens, a segurança e prevenção do crime e dos perigos constituem-se como um direito fundamental dos cidadãos.

As diversas dimensões da prevenção da criminalidade, a sua transversalidade e inter-relacionamento, assumem uma importância funda-

---

[1] SHAFTOE, Henry, *Crime Prevention – Facts, Fallacies and the Future* (New York, Palgrave Macmillan, 2004), p. 206.

444 Estudos de Homenagem ao Professor Doutor Artur Anselmo

mental nos Estados de direito democráticos, tendo em vista a garantia de um ambiente seguro, designadamente através dos seguintes vectores:

- adopção de políticas públicas que promovam o emprego, a educação, a saúde, o desenvolvimento económico, a justiça, a segurança pública, o apoio e inserção social, a cultura e o desporto;
- implementação de estratégias integradas de prevenção da toxicodependência e do alcoolismo, bem como da prostituição;
- aperfeiçoamento dos sistemas de combate à criminalidade e adopção de estratégias de prevenção e de policiamento de proximidade, de interacção com as comunidades locais, de parceria entre instituições públicas e privadas e diferentes actores sociais relevantes;
- implementação de metodologias de investigação racional, baseada em métodos científicos, com recurso às novas tecnologias de informação, direccionada para os ilícitos criminais que mais influenciam o sentimento de segurança dos cidadãos;
- redução das oportunidades que propiciam a prática de crimes;
- intervenção sobre os factores sociais que favorecem a criminalidade;
- informação e protecção das vítimas numa perspectiva reparadora;
- criação e desenvolvimento de instrumentos jurídicos e de infra--estruturas adequadas a formas de intervenção mais inter-disciplinares e integradas;
- reforço e desenvolvimento das infra-estruturas e dos meios materiais das forças e serviços de segurança.

A criminalidade surge como um fenómeno social complexo, cuja origem assenta num leque diversificado de causas, sendo percepcionado pelos cidadãos como um grave problema social, não só pelo impacto objectivo que lhes causa na vida quotidiana – quer na sua propriedade, quer na sua segurança física –, como pelo sentimento subjectivo de iminência de perigo ou de risco.

À imagem das demais sociedades europeias, na sociedade portuguesa, constata-se que o crime não é uma realidade social única, perante a manifestação de diversas criminalidades, com características próprias e comportamentos desviantes ou para-delinquentes diferenciados, os quais preconizam a aplicação de medidas preventivas e de intervenção multidisciplinares.

A Gestão da Prevenção Criminal 445

Tal como sustenta Winfried Hassemer, a "política de segurança pública não equivale a política policial, mas abrange também uma política criminal que, por sua vez, compreende não apenas o ponto de vista da eficiência policial, mas também as garantias penais e constitucionais. (...) uma política de segurança pública sem consideração pela juventude, o trabalho, a habitação, os problemas sociais e a educação, converte-se num espectáculo sem esperança e sem fim previsível. Portanto, uma política de segurança só faz sentido no contexto de uma verdadeira política interna bem definida, sincronizada e coordenada".[2]

O conceito de "prevenção da criminalidade" admite várias definições, não sendo de facto uma ideia recente. Em 1764, Beccaria referia que "é melhor prevenir os crimes do que punir os seus infractores. Este deverá ser o fim último de toda a boa legislação...é a arte de guiar o homem para a maior felicidade possível ou para causar o menos infelicidade possível"[3].

Wade sustentava que "a despesa pública é enorme; um vasto número de funcionários está empregado; e o objecto de ambos é apenas o de capturar suspeitos – nem resolver / afastar, nem investigar as causas da delinquência. (...)...há um número muito grande de crimes causados por lacunas de educação, de factores sócio-económicos, como a indigência, e por outras causas inevitáveis. Agora o objecto de um sistema policial liberal será não tanto punir estes crimes, mas procurar as causas da sua perpetração"[4].

Ferri defendia que, "a prevenção, em vez de uma mera ajuda secundária, deveria tornar-se função defensiva primária da sociedade, dado que a repressão tem apenas uma influência diminuta na criminalidade"[5].

De acordo com os autores contemporâneos, Nietzel e Himelein, "existem dois tipos de prevenção no que respeita à delinquência e às acções delituosas: prevenção primária e secundária"[6]. A prevenção primária consiste na adopção de metodologias de intervenção com vista à ocorrência de actos delinquentes e delituosos, incidindo sobre o conjunto

---

[2] HASSEMER, Winfried, *A Segurança Pública no Estado de Direito* (Lisboa: AAFDL, 1995), p. 109 e 110.

[3] BECCARIA, C., *On Crime and Punishment* (New York: Paolucci [1764] 1976).

[4] WADE, J. *The Black Book* (London: John Fairburn, 1820).

[5] FERRI, E. *Criminal Sociology* (New York: 1897).

[6] NIETZEL M. e HIMELEIN J., *Prevention of Crime and Delinquency* in Handbook of Prevention (New York: Plenum Press, 1986), p. 189.

de circunstancialismos e oportunidades que se conciliam para a ocorrência de um evento criminal. A prevenção secundária coloca o seu enfoque no criminoso ou delinquente, efectuando estudos e análises acerca da "carreira" criminal do indivíduo, procurando medidas tendentes a reduzir ou colocar termo a essa actividade ilícita.

Por outro lado, a prevenção situacional constitui uma dimensão da prevenção criminal que tem adquirido uma importância crescente nas sociedades contemporâneas. Consubstancia-se, para Maurice Cusson, "no conjunto de medidas não penais destinadas a evitar a passagem da intenção ao acto, através da modificação de circunstâncias particulares, em que uma série de delitos similares são cometidos ou possam vir a ser"[7]. Trata-se de uma corrente que defende que a criminalidade, a delinquência e as incivilidades estariam subjacentes a factores de natureza circunstancial que, devidamente manipulados, poderiam resultar no controlo de actos criminosos.

Mencionamos ainda, a título indicativo, diversas teorias de prevenção criminal que consideramos relevantes para contextualizar a temática em análise.

A teoria dos estilos de vida defende que, em função das actividades desempenhadas pela vítima, do contexto quotidiano em que se insere e das pessoas com quem se relaciona, que surgirá o factor de risco de vitimação. Cerqueira e Waldir citam Hindelang, defendendo que esta é uma corrente "direccionada para os hábitos e para a rotina das vítimas"[8]. De acordo com esta teoria "os indivíduos com maior potencial de serem vitimados são aqueles que têm um comportamento e um estilo de vida que os expõe aos potenciais criminosos e que oferecem um maior potencial de ganho (materiais ou outros), que estão menos protegidos e que apresentam menor risco para o criminoso e um potencial mais elevado do crime ser concretizado com sucesso. A consequência desta abordagem é que o risco de ser vítima pode ser reduzido através de modificações no "estilo de vida"[9].

---

[7] Cusson, Maurice, L' Analyse Criminologique et la Prévention Situationelle in Revue International de Criminologie et de Police Technique, vol. XLV, n.º 2, 1992, p. 140.

[8] Cerqueira D. e Waldir Lobão, Determinants of Crime Theoretical Frameworks and Empirical Results, Vol. 47, 2004, p. 240.

[9] Fernandes, Luís Fiães, A Prevenção da Criminalidade in II Colóquio de Segurança Interna – Instituto Superior de Ciências Policiais e Segurança Interna (Coimbra: Livraria Almedina, 2006), pp. 82-83.

A Gestão da Prevenção Criminal   447

De acordo com a teoria das actividades rotineiras, apresentada por Cohen e Felson, os crimes podem ocorrer com muito maior probabilidade se estiverem reunidos no espaço e no tempo três pressupostos: um prevaricador motivado, uma vítima ajustada e a ausência de um protector/dissuasor eficaz.

A teoria das escolhas racionais é defendida por Clarke e Cornish. Consubstancia-se no pressuposto de que o delinquente ao praticar o seu acto criminoso estará sobretudo a configurar um benefício da sua prática, isto é, escolhas decorrentes da análise e ponderação entre benefícios e malefícios que a sua conduta pode causar[10]. No processo decisório, ainda que limitado, as circunstâncias situacionais, o tempo disponível para a decisão, a capacidade técnica para executar determinadas acções, a disponibilidade de informação, influenciam a decisão final de cometer, ou não, o crime e, em caso de decisão positiva, a forma como a acção será executada.

A teoria dos padrões de actividade criminal, defendida sobretudo por Paul e Patrícia Bratingham, refere que os riscos de vitimação são explicados pelos percursos que os indivíduos normalmente fazem na sua vida diária e os locais que frequentam. Neste contexto, determinados locais e períodos horários constituem-se potencialmente como zonas/períodos de maior ocorrência de ilícitos criminais. A especificidade das áreas (zonas de transportes públicos, zonas de divertimento nocturno, ruas mal iluminadas, etc.) e de tempo (noite, manhã, tarde) são condicionantes para o cometimento de determinadas tipologias criminais.

A teoria das "janelas quebradas" ou *broken windows* consiste na noção que o crime, delinquência e incivilidades nas comunidades multiplica-se, em razão da quebra dos mecanismos convencionais de controlo social, que proporcionam um espiral de aumento do crime e declínio social, urbanístico, económico, para além de aumentar o sentimento de insegurança dos cidadãos[11].

Fruto da crescente preocupação contemporânea de intervir nas causas dos fenómenos criminógenos ou nas suas consequências, de modo a reduzir a sua incidência, a União Europeia sentiu também necessidade de definir o âmbito da prevenção da criminalidade, respeitando o princípio

---

[10] Idem.

[11] Skogan, Wesley, *Measuring What Matters: Crime, Disorder and Fear*, 1998, p. 11 (www.bsos.umd.edu/ccjs/faculty/gamer/readings/35.pdf.

448   *Estudos de Homenagem ao Professor Doutor Artur Anselmo*

da subsidariedade e as políticas nacionais implementadas nos diferentes Estados-membros. Segundo o n.º 3, do art. 1.º da Decisão do Conselho de 28 de Maio de 2001, que cria a Rede Europeia de Prevenção da Criminalidade e que define a prevenção da criminalidade como:

> *"(...) abrange todas as medidas destinadas a reduzir ou a contribuir para a redução da criminalidade e o sentimento de insegurança dos cidadãos, tanto quantitativa como qualitativamente, quer através de medidas directas de dissuasão de actividades criminosas, quer através de políticas e intervenções destinadas a reduzir as potencialidades do crime e as suas causas. Inclui o contributo dos governos, das autoridades competentes, dos serviços de justiça criminal, de autoridades locais, e das associações especializadas que eles tiverem criado na Europa, de sectores privados e voluntários, bem como de investigadores e o público, com o apoio dos meios de comunicação."*

O Professor Germano Marques da Silva refere que "o que importa à colectividade, (...), não é tanto punir os que transgridem, mas evitar, pelo adequado uso dos meios legais de dissuasão, que transgridam"[12].

Em Portugal, o princípio da actuação preventiva das polícias e dos demais operadores judiciários decorre da própria Constituição da República Portuguesa, quando estipula no n.º 1 do artigo 272.º a função de "defender a legalidade democrática e garantir a segurança interna e os direitos dos cidadãos" e se refere expressamente, no n.º 3 do artigo 272.º à "prevenção dos crimes, incluindo dos crimes contra a segurança, só pode fazer-se com a observância das regras gerais sobre polícia e com respeito pelos direitos, liberdades e garantias do cidadão".

Depreende-se desta forma e de acordo com Gomes Canotilho e Vital Moreira que "cabem aqui, tipicamente, as funções de vigilância e prevenção criminal (em sentido estrito). Através da função de vigilância, procura-se impedir que sejam transgredidas as limitações impostas pelas normas e pelos actos das autoridades para defesa da segurança interna, da legalidade democrática e direitos dos cidadãos"[13]. Referem ainda que

---

[12] SILVA, Germano Marques, *"A Polícia e o Direito Penal"* seminário *"Ordem Pública e os Direitos Fundamentais"*, in Revista Polícia Portuguesa, n.º 82, Julho/Agosto 1993, p. 3.

[13] CANOTILHO, Gomes/Moreira Vital, *"Constituição da República Portuguesa Anotada"*, 3.ª edição revista, Coimbra Editora, Coimbra, 1993, p. 956.

A Gestão da Prevenção Criminal 449

"caso não existam normas que atribuam às autoridades de polícia poderes especiais, a função de vigilância deve desenvolver-se sem perturbação dos direitos dos cidadãos"[14]. De igual modo, a função de prevenção da criminalidade traduzida na adopção de medidas adequadas para as infracções de natureza criminal, "não pode recorrer a procedimentos limitativos da liberdade e da segurança fora dos casos expressamente admitidos pela Constituição ou pela lei"[15].

A actividade de segurança interna "visa essencialmente a prevenção. Este domínio abrange o conjunto de actividades desenvolvidas pelas forças e serviços de segurança com o objectivo de evitar a ocorrência de factos criminosos. As actividades de prevenção da criminalidade das forças e serviços de segurança são desenvolvidos com recurso a medidas de polícia (Art. 16.º da Lei de Segurança Interna), de natureza preventiva, como a vigilância e fiscalização de certas actividades, lugares e estabelecimentos que possam favorecer a prática de crimes, para além da vigilância policial de pessoas por período de tempo determinado"[16].

De entre os actos puramente preventivos assumem particular destaque, para a actuação das forças de segurança, as medidas de polícia, também classificadas de medidas de segurança administrativa, podendo as mesmas ser entendidas como providências que visam evitar que uma dada situação de perigo se venha a transformar num dano efectivo. Ao actuar "sobre uma situação sobre a qual existem elementos suficientes para a poder qualificar como potencialmente lesiva da segurança interna, da legalidade democrática ou dos direitos dos cidadãos", as polícias pretendem "evitar a real concretização de tal situação ou, não sendo isso já possível ou viável, tomar as providências imediatas ao descobrimento dos responsáveis por tal situação"[17]. Estas actuações podem "envolver actuações limitativas da liberdade das pessoas, com o único fim de evitar a concretização de uma situação violadora da segurança interna, da legalidade democrática ou dos direitos dos cidadãos ou pura e simplesmente a prevenção de um crime, tudo finalidades cuja defesa cabe à polícia realizar".

---

[14] Idem.

[15] Idem, ibidem.

[16] FERNANDES, Luís Fiães, VALENTE, Manuel, *Segurança Interna – Reflexões e Legislação* (Coimbra: Edições Almedina, 2005), p. 36.

[17] Acórdão do TC, n.º 479/94, 7 de Junho, proc. 208/94, DR, I série A, 24 de Agosto de1994, DV de Vítor Nunes de Almeida.

450   *Estudos de Homenagem ao Professor Doutor Artur Anselmo*

Segundo o Art. 1.º n.º 1 da Lei n.º 20/87, de 12 de Junho (Lei de Segurança Interna) a segurança interna trata-se da actividade desenvolvida pelo Estado destinada a "garantir a ordem, a segurança e a tranquilidade públicas, proteger pessoas e bens, prevenir a criminalidade e contribuir para assegurar o normal funcionamento das instituições democráticas, o regular exercício dos direitos e liberdades fundamentais dos cidadãos e o respeito pela legalidade democrática"[18].

No preâmbulo do Código Penal Português (Decreto-Lei n.º 48/95 de 15 de Março), entretanto revisto através da Lei n.º 59/2007 de 4 de Setembro, refere-se que "um sistema penal moderno e integrado não se esgota naturalmente na legislação penal. Num primeiro plano há que destacar a importância da prevenção criminal nas suas múltiplas vertentes: a operacionalidade e articulação das forças de segurança e, sobretudo, a eliminação de factores de marginalidade através da promoção da melhoria das condições económicas, sociais e culturais das populações e da criação de mecanismos de integração das minorias.

Paralelamente, o combate à criminalidade não pode deixar de assentar numa investigação rápida e eficaz e numa resposta atempada dos tribunais.

Na verdade, mais do que a moldura penal abstractamente cominada na lei, é a concretização da sanção que traduz a medida da violação dos valores pressupostos na norma, funcionando, assim, como referência para a comunidade.

Finalmente, a execução da pena revelará a capacidade ressocializadora do sistema com vista a prevenir a prática de novos crimes".

A prevenção da criminalidade está igualmente presente em diversas disposições legais aplicáveis, designadamente as leis orgânicas das forças e serviços de segurança. Este princípio traduz-se num dever, "que recai sobre a polícia, de neutralizar todos os perigos idóneos para concretizar violações da legalidade democrática e da segurança pública interna e dos direitos dos cidadãos"[19].

---

[18] Artigo 1.º n.º 1 da LSI (aprovada pela Lei n.º 20/87, de 12 de Junho).

[19] FERREIRA, Manuel Marques, *Princípios Fundamentais Porque se Deve Pautar a Acção Policial num Estado de Direito Democrático,* Lição Inaugural do Ano Lectivo 1996/1997 na Escola Superior de Polícia, in Volume Comemorativo 20 Anos (Lisboa: Edições Almedina, 2005), p. 152.

A *Gestão da Prevenção Criminal*

Assim, na Lei Orgânica da PSP (Lei n.º 53/2007, de 31 de Agosto)[20], no seu artigo 3.º n.º 2 alíneas c), d), m) e n) constituem competências da PSP, "prevenir a criminalidade em geral, em coordenação com as demais forças e serviços de segurança", "prevenir a prática dos demais actos contrários à lei e aos regulamentos", "prevenir e detectar situações de tráfico e consumo de estupefacientes ou outras substâncias proibidas, através da vigilância e do patrulhamento das zonas referenciadas como locais de tráfico ou consumo", "assegurar o cumprimento das disposições legais e regulamentares referentes à protecção do ambiente, bem como prevenir e investigar os respectivos ilícitos".

Segundo o artigo 3.º n.º 3 da Lei Orgânica da PSP constituem ainda atribuições – *exclusivas ou reservadas*[21] – daquela força de segurança: "licenciar, controlar e fiscalizar o fabrico, armazenamento, comercialização, uso e transporte de armas, munições e substâncias explosivas e equiparadas que não pertençam ou se destinem às Forças Armadas e demais forças e serviços de segurança, sem prejuízo das competências de fiscalização legalmente cometidas a outras entidades", "licenciar, controlar e fiscalizar as actividades de segurança privada e respectiva formação, em cooperação com as demais forças e serviços de segurança e com a Inspecção-Geral da Administração Interna", "garantir a segurança pessoal dos membros dos órgãos de soberania e de altas entidades nacionais ou estrangeiras, bem como de outros cidadãos, quando sujeitos a situação de ameaça relevante", e "assegurar o ponto de contacto permanente para intercâmbio internacional de informações relativas aos fenómenos de violência associada ao desporto".

De acordo com o artigo 12.º da actual Lei Orgânica, a PSP no âmbito das suas atribuições, utiliza as medidas de polícia legalmente previstas e nas condições e termos da Constituição e da lei de segurança interna, não podendo impor restrições ou fazer uso dos meios de coerção para além do estritamente necessário. Na anterior Lei de Organização e

---

[20] Cfr. também o Artigo 3.º alíneas a), b), f), g), h), i), j), l) p) da Lei n.º 53/2007, de 31 de Agosto, atribuições igualmente com uma forte dimensão preventiva.

[21] O legislador entendeu não utilizar a designação de atribuições ou competências exclusivas ou reservadas nas Lei de Orgânicas da PSP e da GNR. Esta expressão é, assim, utilizada pelo autor, tendo em consideração que as competências mencionadas são de facto da responsabilidade da PSP, sendo esta a única força de segurança a exercê-las.

452 *Estudos de Homenagem ao Professor Doutor Artur Anselmo*

Funcionamento da PSP (Lei n.º 5/99, de 27 de Janeiro), o artigo 4.º elencava um conjunto de medidas neste âmbito:

a) Vigilância organizada de pessoas, edifícios e estabelecimentos por período de tempo determinado;

b) Exigência de prova de identificação de qualquer pessoa que se encontre ou circule em lugar público ou aberto ao público ou sujeita a vigilância policial, nos termos do Código de Processo Penal;

c) Apreensão temporária de armas, munições e explosivos;

d) Encerramento temporário de paióis, depósitos ou fábricas de armamento ou explosivos e respectivos componentes;

e) Revogação ou suspensão de autorizações aos titulares dos estabelecimentos referidos na alínea anterior;

f) Encerramento temporário de estabelecimentos destinados à venda de armas ou explosivos.

Encontra-se previsto que as medidas previstas nas alíneas d), e) e f) do número anterior são, sob pena de nulidade, imediatamente comunicadas ao tribunal competente e apreciadas pelo juiz, em ordem à sua validação.

Espera-se, entretanto, que com a aprovação da nova Lei de Segurança Interna se encontra previsto um conjunto de medidas de polícia que se aplicam às diferentes forças e serviços de segurança.

Na Lei Orgânica da Polícia Judiciária[22] (PJ), no seu artigo 4.º são competências da PJ em matéria de prevenção criminal, "efectuar a detecção e dissuasão de situações propícias à prática de crimes, nomeadamente:

a) Vigiar e fiscalizar lugares e estabelecimentos em que se proceda à exposição, guarda, fabrico, transformação, restauração e comercialização de antiguidades, arte sacra, livros e mobiliário usados, ferro-velho, sucata, veículos e acessórios, artigos penhorados, de joalharia e de ourivesaria, eléctricos e electrónicos e quaisquer outros que possam ocultar actividades de receptação ou comercialização ilícita de bens;

---

[22] Apresentamos ainda como referência o Decreto-Lei n.º 275-A/2000, de 9 de Novembro, que aprovou a Lei Orgânica da Polícia Judiciária, com as alterações previstas no Decreto-Lei n.º 43/2003 de 13 de Março. À data de publicação deste artigo ainda não tinha sido publicada a nova lei orgânica da Polícia Judiciária.

A *Gestão da Prevenção Criminal* 453

b) Vigiar e fiscalizar estabelecimentos que proporcionem ao público a pernoita, acolhimento ou estada, refeições ou bebidas, parques de campismo e outros acampamentos e outros locais, sempre que exista fundada suspeita de prática de prostituição, proxenetismo, tráfico de pessoas, jogo clandestino, tráfico de armas, tráfico de estupefacientes e fabrico ou passagem de moeda falsa;

c) Vigiar e fiscalizar os estabelecimentos de venda ao público de aparelhos electrónicos e informáticos ou que prestem serviços do mesmo tipo, sempre que, pela sua natureza, permitam, através de utilização ilícita, a prática de crimes de contrafacção de moeda, falsificação de documentos ou crimes informáticos;

d) Vigiar e fiscalizar locais de embarque ou de desembarque de pessoas ou de mercadorias, fronteiras, meios de transporte, locais públicos onde se efectuem operações comerciais, de bolsa ou bancárias, estabelecimentos de venda de valores selados, casas ou recintos de reunião, de espectáculos ou de diversões, casinos e salas de jogo e quaisquer locais que possam favorecer a delinquência;

e) Vigiar e fiscalizar actividades susceptíveis de propiciarem actos de devassa ou violência sobre as pessoas, ou de manipulação da credulidade popular, designadamente anúncios fraudulentos, mediação de informações, cobranças e angariações ou prestações de serviços pessoais;

f) Promover e realizar acções destinadas a fomentar a prevenção geral e a reduzir o número de vítimas da prática de crimes, motivando os cidadãos a adoptarem precauções e a reduzirem os actos e as situações que facilitem ou precipitem a ocorrência de condutas criminosas".

Na nova Lei Orgânica da Guarda Nacional Republicana (GNR) (Lei n.º 63/2007 de 6 de Novembro), no seu artigo 3.º n.º 1 alíneas c), d), m) e p) e n.º 2 alíneas a), d), e g)[23] encontram-se previstas as matérias de prevenção da criminalidade nos seguintes termos: "prevenir a criminalidade em geral, em coordenação com as demais forças e serviços de segurança", "prevenir a prática dos demais actos contrários à lei e aos regulamentos", "prevenir e detectar situações de tráfico e consumo de

---

[23] Cfr. também o artigo n.º 1 alíneas a), b), g), h), i), j), l) da Lei n.º 63/2007 de 6 de Novembro, atribuições igualmente com uma forte dimensão preventiva.

454 *Estudos de Homenagem ao Professor Doutor Artur Anselmo*

estupefacientes ou outras substâncias proibidas, através da vigilância e do patrulhamento das zonas referenciadas como locais de tráfico ou de consumo", "contribuir para a formação e informação em matéria de segurança dos cidadãos", "assegurar o cumprimento das disposições legais e regulamentares referentes à protecção e conservação da natureza e do ambiente, bem como prevenir e investigar os respectivos ilícitos", "prevenir e investigar as infracções tributárias, fiscais e aduaneiras, bem como fiscalizar e controlar a circulação de mercadorias sujeitas à acção tributária, fiscal ou aduaneira", "executar acções de prevenção e de intervenção de primeira linha, em todo o território nacional, em situação de emergência de protecção e socorro, designadamente nas ocorrências de incêndios florestais ou de matérias perigosas, catástrofes e acidentes graves"[24].

Na Lei Orgânica do Serviço de Estrangeiros e Fronteiras (SEF) (Decreto-Lei n.º 252/2000 de 16 de Outubro) não são abundantes as referências específicas ao vector de prevenção da criminalidade. Refere o seu artigo 5.º que entre o SEF e todas as entidades com funções de prevenção e investigação criminal, será mantida mútua cooperação no exercício das respectivas atribuições. No artigo 23.º encontra-se previsto que à Direcção Central de Investigação, Pesquisa e Análise da Informação compete desenvolver as acções destinadas à prevenção, averiguação e investigação criminal de actividades relacionadas com o crime de auxílio à imigração ilegal e outros com este conexos. No artigo 55.º aos postos mistos de fronteira incumbe o desenvolvimento, na zona fronteiriça, da cooperação luso-espanhola no âmbito das competências do SEF, designadamente na luta contra a imigração ilegal e infracções com ela relacionadas, execução das medidas resultantes da aplicação do acordo de readmissão entre Portugal e Espanha, prevenção e repressão da criminalidade transfronteiriça.

A prevenção dos perigos começa assim a ser entendida, fruto das novas teorias de proactividade policial, com um maior alcance de intervenção. Neste sentido, a distinção entre prevenção e precaução dos perigos assume particular interesse no domínio da actuação policial, tornando-se

---

[24] A GNR tem também atribuições exclusivas ou reservadas, designadamente, as anteriormente atribuídas à extinta Brigada Fiscal – embora outros serviços possam reclamar reserva de competências neste âmbito – e a de intervenção de primeira linha, em todo o território nacional, em situação de protecção e socorro.

A *Gestão da Prevenção Criminal* 455

necessária a sua previsão legal, em termos de fins e competência estatutárias[25]. A polícia deve ser compreendida como uma função administrativa típica de prevenção de perigos e de manutenção da ordem e segurança, identificada com o Estado Polícia"[26].

As Polícias parecem estar crescentemente cientes da importância da adopção de estratégias preventivas, num trabalho em rede em articulação com instituições públicas e privadas, organizações de cidadãos, tanto numa perspectiva social, como situacional. De acordo com Marques Ferreira, "ao enquadrar-se a acção policial num Estado democrático, a intervenção da sociedade pode vir a assumir um papel preponderante e decisivo para que a Polícia e Sociedade se não posicionem de «costas voltadas» ou «frente a frente», mas assumam uma posição de «lado a lado», a partir do conhecimento dos objectivos que lhe são comuns, isto porque, segundo a «lei do retorno», a interacção de atitudes, valorações e condutas mutuamente exercidas, pela Sociedade, na Polícia e vice-versa, legitimará que se conclua que a Sociedade tem a Polícia que merece e a Polícia a Sociedade que merece"[27]. Na mesma senda, Cândido da Agra refere que "a Polícia, só conhecendo os processos e estruturas de funcionamento, melhor pode lidar com elas e exercer autoridade, controlar a ordem e prestar serviço também. Na evolução do seu conceito, a Polícia passou de exercício da violência legítima, para a prestação de serviços. É por isso que se fala agora de Policiamento de Proximidade. Mas a Polícia só se pode aproximar se conhecer, não vai aproximar-se do seu inimigo. A sua lógica tradicional, é a caça ao ladrão. Tem que haver outra lógica"[28].

Luís Fernandes defende que "a repressão se traduz numa actuação após a ocorrência das infracções. Não tem em linha de conta o próprio processo social gerador de comportamentos delituosos, atacando com medidas depois do problema instalado, o que determina a deslocação

---

[25] Lucas, Paulo, *As Medidas de Polícia e Actuação Policial* (trabalho final no âmbito do Curso de Direcção e Estratégia Policial (Lisboa: Instituto Superior de Ciências Policiais e Segurança Interna, versão policopiada, 2005).

[26] Sousa, Pedro, *O Direito Penal e a Defesa Nacional* (Coimbra, versão policopiada, 2005), p. 27.

[27] Ferreira, Manuel Marques, *"Princípios constitucionais por que se deve pautar a acção policial num Estado de Direito"*, Lição Solene de Abertura do Ano Lectivo, 1996/9, ESP, Lisboa, 1996, p. 156.

[28] Agra, Cândido in Diário de Notícias, edição de 11 de Fevereiro de 2000.

456 *Estudos de Homenagem ao Professor Doutor Artur Anselmo*

para o eixo Polícia-justiça-prisão uma imensa massa de recursos. A prevenção, atacando os problemas na sua génese ou criando condições para que nem sequer se revelem, permite desde logo, que estes recursos sejam utilizados com maior eficácia, em áreas que concorrem directamente para o bem-estar das populações e, consequentemente para o seu sentimento de segurança, como sejam áreas da educação, rede escolar, requalificação de zonas urbanas degradadas, no apoio sócio-educativo e grupos de risco, no combate ao êxodo para o litoral"[29].

2. A Perspectiva da União Europeia e das Nações Unidas

Nos últimos anos a União Europeia tem abordado frequentemente o tema da prevenção da criminalidade. De facto, desde 1996 que este tema é habitual nas presidências (por exemplo: Estocolmo em 1996, Nordwijk em 1997, Londres em 1998, Tratado de Amesterdão em 1999, as conclusões do Conselho Europeu de Tampere, em 1999, e a conferência da Praia da Falésia em 2000). No entanto, conforme menciona Paulo Gomes, "no âmbito da União Europeia, constata-se que, ao invés do combate à criminalidade, designadamente a organizada e transnacional, a prevenção criminal tem sido claramente uma das áreas que, situando-se no último reduto das questões de soberania dos Estados-membros, mais lentamente tem caminhado no sentido de uma abordagem comunitária, como se a prevenção e repressão, a criminalidade de massa e a grande criminalidade fossem, entre si, elementos estranhos de uma mera realidade e pudessem ser tratados de forma isolada. Esta tendência para segmentar a realidade através de conceitos, partindo daí para estratégias e abordagens estanques, constitui uma das causas do relativo insucesso das políticas criminais, tanto nos Estados-membros como ao nível da União"[30].

O Tratado de Amesterdão consagrou, no seu artigo 29.º, a prevenção da criminalidade em geral como uma das políticas da União Europeia que contribui para um espaço de liberdade, segurança e justiça. Estipula o referido artigo que: "sem prejuízo das competências da Comunidade

---

[29] FERNANDES, Luís, *A Gestão Política dos Medos* in Público, edição de 17 de Maio de 2001.

[30] GOMES, Paulo, *Cooperação Policial Internacional: o Paradigma da União...* in II Colóquio de Segurança Interna – Instituto Superior de Ciências Policiais e Segurança Interna (Coimbra: Livraria Almedina, 2006), pp. 251-252.

A Gestão da Prevenção Criminal 457

Europeia, será objectivo da União facultar aos cidadãos um elevado nível de protecção num espaço de liberdade, segurança e justiça, mediante a instituição de acções em comum entre os Estados-membros no domínio da **cooperação policial e judiciária em matéria penal e a prevenção e combate ao racismo e à xenofobia.** Este objectivo será atingido **prevenindo e combatendo a criminalidade organizada ou não**, em especial **o terrorismo, o tráfico de seres humanos e os crimes contra crianças, o tráfico ilícito de droga e o tráfico ilícito de armas, a corrupção e a fraude,** através de:

– uma cooperação mais estreita entre forças policiais, autoridades aduaneiras e outras autoridades competentes dos Estados-membros, tanto directamente como através do Serviço Europeu de Polícia (Europol), nos termos do disposto nos artigos 30.º e 32.º;

– uma cooperação mais estreita entre as autoridades judiciárias e outras autoridades competentes dos Estados-membros, nos termos do disposto nas alíneas a) a d) do artigo 31.º e no artigo 32.º;

– uma aproximação, quando necessário, das disposições de direito penal dos Estados-membros, nos termos do disposto na alínea e) do artigo 31.º'".

A estratégia da União Europeia será, tendencialmente, orientada por quatro vectores:

• melhorar o conhecimento dos fenómenos criminais, partilhando as práticas e experiências nacionais;

• adequar os programas de prevenção que se pretendem implementar à especificidade das realidades locais (princípio da subsidiariedade) – a prevenção quotidiana do crime é uma tarefa essencialmente da responsabilidade das autoridades nacionais, regionais e locais;

• apoiar a cooperação e a colocação em rede dos agentes da prevenção a todos os níveis;

• reforçar a natureza pluridisciplinar dos projectos.

Com base nas conclusões do Conselho Europeu de Tampere, em 1999, os Estados-Membros reconheceram a necessidade de estabelecer um sistema de prevenção que permitisse o intercâmbio de informações, experiências, estudos e investigações em matéria de prevenção, tendo estabelecido um conjunto de prioridades: a luta contra a criminalidade urbana, a criminalidade juvenil e a criminalidade associada à droga.

458 *Estudos de Homenagem ao Professor Doutor Artur Anselmo*

Neste âmbito, a Comissão Europeia entendeu que a forma mais eficaz para estabelecer uma estratégia coordenada era através da colocação em rede dos protagonistas da prevenção. Assim, por Decisão do Conselho de 28 de Maio de 2001, foi criada a Rede Europeia de Prevenção da Criminalidade. Esta rede tem por objectivos:
* Facilitar a colaboração, os contactos e a troca de informações e de experiências;
* Analisar as acções já existentes em matéria de prevenção da criminalidade;
* Definir os principais domínios de colaboração e organizar em cada ano a entrega do prémio europeu de prevenção da criminalidade;
* Organizar seminários, conferências e encontros;
* Reforçar a cooperação com os países candidatos;
* Apresentar anualmente ao Conselho um relatório sobre as actividades desenvolvidas.

Esta rede cobre todos os tipos de criminalidade, dando no entanto prioridade à delinquência juvenil, criminalidade urbana, bem como à criminalidade associada ao consumo e tráfico de estupefacientes.

Embora destinada a contribuir para o desenvolvimento dos vários aspectos da Prevenção da Criminalidade ao nível da U.E. e para apoiar as actividades de Prevenção da Criminalidade ao nível local e nacional, o seu papel tem sido algo discreto. Alguns Estados-membros têm defendido que a Rede deverá ter um cariz mais operacional e mais eficaz na troca efectiva de boas práticas e de peritos. Esta Rede tem sido essencialmente um fórum de debate, tem efectuado alguns questionários para recolha de boas práticas, mas não se tem consolidado como uma rede verdadeiramente operacional, de troca de metodologias de prevenção. Embora tendo presente o princípio da subsidiariedade e a necessidade de desenvolvimento de estratégias respeitando a especificidade dos problemas locais, legislação e prioridades das políticas nacionais nos diversos Estados-membros, torna-se fundamental incrementar a troca de informação operacional neste âmbito, de estratégias e de boas práticas de prevenção e de policiamento de proximidade/comunitário, pois é inegável o inter-relacionamento entre a criminalidade de massa ou "pequena criminalidade" e o crime organizado. Por exemplo: informação sobre tipologias criminais e *modus operandi* que estão a ter uma grande incidência em determinados EM e informação sobre os métodos policiais para prevenir esse fenómenos. Com efeito, em resultado de inúmeras investigações policiais tem sido comprovado que pequenos delitos, cometidos em grande quantidade (ex. roubos na via pública, furtos de veículos, furtos em residências, burlas, etc.), servem para financiar as actividades de organizações de crime organizado ou terroristas, sendo por isso importante os Estados-membros efectuarem uma recolha sistemática de informação acerca deste tipo de ilícitos, compararem metodologias de prevenção, trocarem informação relevante e experiências neste âmbito.

O Tratado de Nice é particularmente importante (artigo 31.º), no que diz respeito ao Eurojust, unidade de magistrados destacados que tem por missão, no âmbito da cooperação judiciária em matéria penal, contribuir para uma coordenação eficaz das autoridades nacionais responsáveis pelos processos criminais. A Eurojust pretende melhorar a cooperação entre as autoridades competentes dos Estados-membros, designadamente permitindo a assistência legal mútua internacional e a execução de pedidos de extradição. A Eurojust apoia as autoridades competentes dos Estados-membros, com vista a tornar as investigações e acusações mais efectivas, no que diz respeito à criminalidade transfronteiriça. Trata-se da primeira rede permanente de autoridades judiciárias criada ao nível mundial.

Com o fim de apoiar as acções europeias no âmbito da prevenção e combate à criminalidade foram adoptados diversos instrumentos financeiros, destacando-se o programa AGIS, DAPHNE e HIPOCRATES.

A Comissão Europeia tem frequentemente dirigido comunicações ao Conselho e ao Parlamento Europeu sobre a questão da prevenção da criminalidade, sendo que na última (COM (2004) 165 de 12 de Março de 2004), pelo seu interesse e relevância vamos citar o *ponto 3. Conclusões e Acções Recomendadas*, sem qualquer comentário:

3. **Conclusões e acções recomendadas**

A prevenção da criminalidade de massa é um instrumento político relativamente recente, mas potencialmente eficaz, para reduzir a criminalidade. Por conseguinte, deveria constituir uma área política de pleno direito na União Europeia. Por forma a garantir uma prevenção mais efectiva da criminalidade em toda a União, a Comissão considera essencial que estejam preenchidas as seguintes condições, tanto a nível dos Estados-Membros como a nível da União Europeia.

3.1. Condições essenciais nos Estados-Membros

As autoridades locais na primeira linha

A criminalidade de massa ocorre normalmente a nível local. Desta forma, as autoridades locais são as primeiras responsáveis pela resolução deste problema, se possível apoiadas pelas autoridades nacionais.

(...)

As políticas nacionais de prevenção da criminalidade são fundamentais

Embora a maioria dos Estados-Membros tenha desenvolvido políticas de prevenção da criminalidade de massa, existe no entanto um número considerável de Estados-Membros que ainda não o fez. Desta forma, a Comissão propõe que todos os Estados-Membros se comprometam formalmente a instituir políticas efectivas de prevenção da criminalidade de massa.

É importante seguir normas reconhecidas internacionalmente

Para que a realização de políticas de prevenção da criminalidade seja coroada de êxito é necessário que se encontrem preenchidas diversas condições essenciais. Muitas delas figuram na lista das **orientações das Nações Unidas para a prevenção da criminalidade**. Estas condições incluem, nomeadamente, a existência de um compromisso político ao mais alto nível, recursos adequados, incluindo apoio financeiro para estruturas e actividades, orientações provenientes do nível nacional e dirigidas ao nível local, bem como uma parceria eficiente entre o sector público e o sector privado. As estratégias de prevenção de criminalidade deveriam também, sempre que adequado, consagrar a devida atenção às diferentes necessidades dos homens e das mulheres e tomar em consideração as necessidades específicas dos elementos vulneráveis da sociedade. Esta diferenciação é igualmente importante tanto no que se refere aos delinquentes como às vítimas. A Comissão considera que, no interesse de uma prevenção eficaz da criminalidade em toda a

A Gestão da Prevenção Criminal

União, é necessário integrar os princípios de prevenção da criminalidade das Nações Unidas nas políticas nacionais de prevenção dos Estados-Membros."

É de facto consensual que o que incomoda e condiciona o comum dos cidadãos não é tanto o crime organizado, mas antes a pequena criminalidade, ou "criminalidade de massa" conforme é denominada pela Comissão Europeia *(Comunicação da Comissão ao Conselho e ao Parlamento Europeu – Prevenção da Criminalidade da União Europeia, de 16ABR2004)*, porque é aquela que interfere na vida quotidiana dos cidadãos de uma forma reiterada e vitimizante: são os roubos por esticão, os furtos no interior de veículo, os furtos de veículo, os furtos em residências, os furtos em estabelecimentos comerciais, etc. Incluem-se também neste âmbito, as incivilidades e outros ilícitos criminais para os quais se verifica alguma permissividade, mas que interferem no comportamento e nas percepções dos cidadãos: o ruído, os graffities, os danos em mobiliário urbano, em monumentos, em sinais de trânsito, a condução agressiva, o *bullying*.

A criminalidade de massa, que inclui todos os tipos de crimes que são cometidos frequentemente e em que as vítimas são facilmente identificáveis, gera o sentimento subjectivo de insegurança, sendo nesse domínio que se deve centrar, sem menosprezo para as restantes vertentes, a reflexão macro-estratégica dos Estados e a gestão táctica e operacional da prevenção criminal por parte das polícias, de outros operadores judiciários e pela sociedade civil. A prevenção deverá assim apostar na questão do medo da criminalidade, uma vez que os estudos revelam que este medo pode ser tão prejudicial como a própria criminalidade, podendo levar ao afastamento da vida social e à perda da confiança nas polícias e no Estado de direito (Comunicação da Comissão de 16ABR2004).

Rui Pereira, na qualidade de coordenador da Unidade de Missão para a Reforma Penal, no seminário Terrorismo e Interligação das Redes Criminosas, em representação do Ministro da Justiça, no dia 23 de Janeiro de 2006, no Porto, referiu que "a prevenção e a repressão do terrorismo e criminalidade organizada exige a criação de um ambiente cooperativo a vários níveis: é indispensável a cooperação entre os diversos órgãos de polícia criminal (incluindo os que possuem competência genérica, específica e reservada), entre os órgãos de polícia criminal e os serviços de informações e entre os órgãos de investigação criminal e as

462 *Estudos de Homenagem ao Professor Doutor Artur Anselmo*

autoridades judiciárias; é também indispensável a cooperação internacional ao nível da "inteligência", da investigação criminal e da actividade judiciária; é indispensável, enfim, a cooperação entre os dirigentes políticos dos Estados soberanos, em termos bilaterais e multilaterais"[31].

Na sequência dos atentados terroristas em Madrid, em 11 de Março de 2004 e em Londres em 7 de Julho de 2005, a União Europeia recentrou as suas preocupações na prevenção e combate ao terrorismo, na protecção de infra-estruturas críticas e na articulação entre a componente *security* (ordem pública, investigação criminal, troca de informações) e a componente *safety* (protecção civil, emergência médica).

Neste contexto, o Conselho Europeu emitiu uma Declaração sobre a Luta Contra o Terrorismo em 25 Março de 2004, na qual apelou ao reforço da segurança de todas os meios de transporte, inclusive através do reforço do enquadramento jurídico e da melhoria dos mecanismos de prevenção. Convidou a Comissão a apresentar uma proposta de reforço das medidas de segurança nos portos e nos navios.

A União Europeia decidiu assim implementar uma série de acções para reforçar a capacidade dos Estados-membros para atenuar as consequências dos ataques às populações civis, inclusive no domínio da segurança da saúde e da protecção civil, com base nos programas existentes da UE sobre segurança da saúde e NBRQ.

Na Declaração em referência é mencionado que a Comissão, o Conselho e os Estados-membros devem desenvolver, conforme as necessidades, políticas destinadas a reforçar a protecção dos cidadãos, dos serviços essenciais (como o abastecimento de água, energia e comunicações) e dos sistemas de produção (indústrias agro-alimentares e transformadoras), e ainda estabelecer mecanismos (vigilância, alerta rápido, sistemas e procedimentos de alerta e resposta) para fazer face às consequências de ataques terroristas. Outro objectivo preconizado é ainda o de melhorar os mecanismos de cooperação para a partilha de conhecimentos e experiências entre os serviços de polícia e de segurança em matéria de medidas de protecção, investigação e prevenção no domínio da segurança.

Também no Programa da Haia, adoptado no Conselho Europeu de 4 e 5 de Novembro de 2004, encontram-se definidas dez prioridades da

---

[31] http://www.mj.gov.pt/sections/justica-e-tribunais/justica-criminal/unidade-de-missao-para/comunicacoes/terrorismo-e-conexao-com/

União tendo em vista reforçar o espaço de liberdade, de segurança e de justiça nos próximos cinco anos. A prevenção e combate ao terrorismo é elencada como uma das dez prioridades. Neste âmbito, é definida a indispensabilidade de adopção de uma resposta global para lutar eficazmente contra o terrorismo. A abordagem deve ser integrada e coerente. Na Comunicação da Comissão ao Conselho e ao Parlamento Europeu com a apresentação das prioridades (entretanto adoptadas) é destacada, sobretudo, a prevenção do terrorismo e o intercâmbio de informações. A Comissão pretende apoiar os Estados-Membros na sua luta contra o terrorismo, concentrando os seus esforços no recrutamento e financiamento do terrorismo, prevenção, análise de risco, protecção das infra--estruturas críticas e gestão das consequências, sublinhando que é essencial uma cooperação externa eficaz, colaborando com países terceiros para combater efectivamente o terrorismo e as suas causas. As medidas que a Comissão desenvolve tendo em vista realizar os objectivos compreendem: propostas visando o reforço da cooperação entre autoridades dos Estados-Membros responsáveis pela aplicação da lei, designadamente através da melhoria do intercâmbio de informações; um quadro europeu para a protecção dos dados neste domínio; uma comunicação relativa à radicalização e ao recrutamento de terroristas; uma comunicação sobre a protecção das infra-estruturas críticas; uma comunicação sobre a prevenção e a luta contra o financiamento do terrorismo; uma proposta visando evitar a utilização abusiva de organizações caritativas para financiar o terrorismo e o acompanhamento do projecto-piloto a favor das vítimas do terrorismo.

O Programa de Haia confere "particular relevo à temática da prevenção da criminalidade, considerando-a uma componente fundamental do trabalho de criação de um espaço de liberdade, segurança e justiça. Assim, entende que a União necessita de um instrumento eficaz para apoiar os esforços desenvolvidos pelos Estados-Membros nesta área, para o que a Rede deverá ser profissionalizada e reforçada"[32]. É referido no próprio texto do Programa de Haia que, neste contexto o Conselho Europeu acolhe com agrado a iniciativa da Comissão de criar instrumentos europeus de recolha, análise e comparação de informações sobre a cri-

---

[32] GOMES, Paulo, *Cooperação Policial Internacional: o Paradigma da União...*in II Colóquio de Segurança Interna – Instituto Superior de Ciências Policiais e Segurança Interna (Coimbra: Livraria Almedina, 2006), p. 242.

464 *Estudos de Homenagem ao Professor Doutor Artur Anselmo*

minalidade e respectivas vítimas, assim como sobre as tendências que apresentam nos Estados-Membros, recorrendo a estatísticas nacionais e outras fontes de informação como indicadores acordados. O Eurostat deverá ser encarregado da concepção e da recolha destes dados entre os Estados-membros.

A adopção do Programa da Haia coincidiu com a preparação de propostas da Comissão para as Perspectivas Financeiras 2007-2013, o que permitiu assegurar a coerência entre os objectivos do Programa da Haia e os instrumentos financeiros à sua disposição durante o período 2007-2013. Em Abril de 2005, a Comissão apresentou três programas-quadro que examinam o tipo de instrumentos políticos e financeiros que permitem alcançar os objectivos de liberdade, de segurança e de justiça de forma mais eficaz.

A Comissão confere grande importância à aplicação das disposições, bem como aos mecanismos de avaliação da aplicação pelos Estados-Membros. Em razão da flexibilidade política em matéria de justiça, de liberdade e de segurança, a planificação das prioridades políticas pode, por vezes, ser antecipada ou ajustada em função de acontecimentos inesperados, tais como os atentados de Madrid em 11 de Março de 2004 e de Londres em 7 de Julho de 2005, cuja natureza e dimensão são frequentemente internacionais. Por esta razão, o plano de acção deve ser também flexível e adaptável. O Conselho Europeu considera que é importante prever um exame intercalar do Programa da Haia.

Os três programas-quadro estão organizados da seguinte forma:

O Programa designado «Direitos Fundamentais e Justiça» que, por sua vez, engloba quatro propostas de programas específicos:

- «Luta contra a violência (Daphne), prevenção do consumo de drogas e sensibilização»,
- «Direitos Fundamentais e cidadania»,
- «Justiça criminal»,
- «Justiça civil».

O Programa designado «Solidariedade e Gestão dos Fluxos Migratórios» quatro propostas de programas específicos:

- refugiados,
- fronteiras externas,
- integração de cidadãos de Países terceiros;
- regresso.

O Programa designado «Segurança e Salvaguarda das Liberdades» engloba duas propostas de programas específicos, designadamente:
- «Prevenção, Preparação e Gestão das Consequências do Terrorismo»,
- «Prevenção e Combate ao Terrorismo».

Entretanto, com a aprovação do Tratado de Prum e ratificação do mesmo por intermédio já de 11 Estados-membros, preconizam-se diversos mecanismos para o incremento e melhoria da cooperação transfronteiriça e troca de informações, em particular no combate à criminalidade em geral, criminalidade transfronteiriça e imigração ilegal, entre outros: troca de informações de ADN; troca de informações para a identificação de impressões digitais; acesso a bases de dados sobre registo automóvel; troca de informações não-pessoais para a prevenção de ilícitos criminais, manutenção de ordem pública e segurança de grandes eventos; troca de dados pessoais, troca de informações para a prevenção de atentados terroristas; medidas para o combate de imigração ilegal; medidas em caso de perigo iminente; assistência em caso de grandes eventos, desastres e acidentes graves.

No que diz respeito às Nações Unidas são várias as resoluções da Organização que têm abordado a questão da prevenção da criminalidade e a sua relevância na construção de comunidades sólidas. Merecem destaque as Resoluções da Assembleia-Geral 55/59 e a Resolução 56/261, bem como a Resolução do Conselho Económico e Social 1995/9 e a Resolução 2002/13.

De acordo com as Nações Unidas, a Prevenção da Criminalidade compreende uma diversidade de abordagens:
- Promoção do bem-estar dos cidadãos e do comportamento pro-social através de intervenções/medidas de âmbito social, económico, educacional e de saúde, com particular ênfase nas crianças e jovens, focando os factores de risco e de protecção associados à criminalidade e vitimação (Prevenção Social);
- Prevenção dirigida às condições locais que influenciam o cometimento de crimes, a vitimação e a insegurança, prevenindo a ocorrência de crimes através da redução das oportunidades, aumentando os riscos para os criminosos e minimizando os benefícios decorrentes da actividade criminosa, através da manipulação

466   *Estudos de Homenagem ao Professor Doutor Artur Anselmo*

da concepção ambiental e da informação às vítimas Potenciais e reais (Prevenção situacional)
- Prevenção da reincidência, através de Programas de apoio à reintegração de criminosos.

A atrás mencionada Resolução 2002/13 do Conselho Económico e Social definiu a prevenção da criminalidade como compreendendo "as estratégias e medidas que procuram reduzir o risco da ocorrência de crimes e o seus potenciais efeitos nocivos nos indivíduos e na sociedade, incluindo o medo do crime, intervindo para influenciar as suas múltiplas causas".

Ao nível das Nações Unidas, salientam-se essencialmente dois órgãos relevantes no âmbito da prevenção da criminalidade: o Departamento das Nações Unidas para a Droga e para o Crime (*United Nations Office on Drugs and Crime*) e o Instituto Interregional de Investigação das Nações Unidas para o Crime e Justiça (*United Nations Interregional Crime and Justice Research Institute*). O Departamento das Nações Unidas para a Droga e para o Crime trata-se de uma entidade criada em 1997, subdividida em duas comissões: *Commission on Crime Prevention and Criminal Justice (CCPCJ)* e *Commission on Narcotic Drugs (CND)*, tendo a sua sede em Viena e 21 gabinetes em diversos países. Está mandatado para assistir os Estados-membros na luta contra o tráfico de droga, crime e terrorismo.

Os três pilares do programa do UNODC são: pesquisa e análise para melhorar a compreensão dos Estados-membros acerca dos fenómenos da droga e do crime; trabalho normativo para assistir os Estados na ratificação e implementação de tratados internacionais (exemplo: a Convenção das Nações Unidas contra a Criminalidade Organizada Transnacional e a Convenção das Nações Unidas contra a Corrupção); cooperação técnica no terreno (designadamente desenvolvimento e implementação de projectos) para melhorar a capacidade dos Estados.

Destaca-se, a este nível, a elaboração em 2006 do *Compendium* sobre Padrões e Normas de Prevenção da Criminalidade e Justiça Criminal[33], um documento que pretende reforçar o respeito pela lei e pelos direitos do Homem na administração de justiça e com diversas directrizes e declarações internacionais, nomeadamente sobre a prevenção do crime, as vítimas e a violência contra as mulheres.

---

[33] Compendium of United Nations Standards and Norms in Crime Prevention and Criminal Justice. http://www.unodc.org/unodc/compendium.html

O Instituto Interregional de Investigação das Nações Unidas para o Crime e Justiça (*United Nations Interregional Crime and Justice Research Institute*) foi estabelecido em 1967. O UNICRI apoia outras organizações internacionais, governos nacionais e locais, organizações não-governamentais, instituições académicas e de educação e as comunidades, através de:
- análise quantitativa e qualitativa, de forma a:
  - estabelecer uma base fiável de conhecimento e de informação
  - identificar estratégias apropriadas, políticas e instrumentos
  - desenhar modelos práticos e sistemas
- desenho e implementação de formação e actividades de cooperação técnica ao nível interregional e nacional
- troca e disseminação de informação/documentação ao nível global para responder às necessidades da comunidade internacional
- garantia de serviços de aconselhamento.

O Instituto mantém relações de trabalho próximas com outras agências das Nações Unidas, em particular com o Departamento das Nações Unidas para a Droga e para o Crime.

3.2 *Perspectiva Nacional sobre a Prevenção da Criminalidade*

Portugal continua a não ter uma Estratégia Nacional de Prevenção da Criminalidade, nem um órgão coordenador nacional neste âmbito, à semelhança de alguns Estados-membros da União Europeia (i.e. *National Councils for Crime Prevention* na Suécia, na Finlândia, na Irlanda, na Dinamarca).

Este factor tem criado dificuldades acrescidas na coordenação interministerial e entre diferentes instituições que desenvolvem projectos ou programas, tanto na área da prevenção social e prevenção social, como da reinserção social e do apoio a vítimas de crime.

Um dos maiores desafios em Portugal consiste na adopção coordenada de medidas e boas práticas entre entidades públicas e privadas, nacionais e locais, assim como o recrutamento da sociedade civil como efectiva co-produtora da segurança e da prevenção, desfazendo assim o «mito» de alheamento e demissão das comunidades locais e dos cidadãos e a assunção de que a prevenção e combate ao crime deverá ser uma tarefa exclusiva do Estado central, dos operadores judiciários e órgãos de polícia criminal.

Por outro lado, a existência de um órgão de coordenação nacional (na Presidência do Conselho de Ministros, no Ministério da Administração Interna ou Ministério da Justiça) poderia potenciar ainda mais a candidatura a programas de financiamento da União Europeia, no âmbito da prevenção criminal, a criação de conteúdos de formação com recurso às novas tecnologias, desenvolvimento de campanhas públicas de sensibilização e de informação e eventualmente a promoção de estudos e publicações científicas nesta matéria.

No entanto, apesar de não existir uma estratégia nacional neste contexto, encontram-se implementados um conjunto de Programas Nacionais e acções específicas integradas que visam a prevenção da criminalidade e delinquência, da discriminação racial e/ou étnica, através de políticas integradas de desenvolvimento social local:

- III Plano Nacional Contra a Violência Doméstica (Resolução do Conselho de Ministros n.º 83/2007, D.R. n.º 119, Série I de 22JUN);
- Plano Nacional e Plano de Acção contra as Drogas e Abuso de Drogas (Resolução do Conselho de Ministros n.º 115/2006, 18SET06);
- Programa de Prevenção e Eliminação do Trabalho Infantil (Resolução do Conselho de Ministros n.º 37/2004, de 20MAR04);
- Plano para Crianças e Jovens em Risco (resolução do Conselho de Ministros n.º 80/2006, de 20JUN06);
- Plano Nacional para a Inclusão, Cidadania e Género (PNAI) (Resolução do Conselho de Ministros n.º 82/2007, D.R. n.º 119, Série I de 22JUN);
- Iniciativas desenvolvidas pelo Alto-Comissariado para a Imigração e Minorias Étnicas, com as atribuições lhe foram conferidas pelo Decreto-Lei n.º 251/2002, de 22 de Novembro de 2002, que reviu e actualizou a configuração inicial resultante do Decreto-Lei n.º 3 – A/96, de 26 de Janeiro;
- Programa Escolhas, (reformulado pela Resolução do Conselho de Ministros n.º 60/2004, de 30 de Abril de 2004, que actualizou a versão do Programa de Prevenção da Criminalidade e Inserção dos Jovens dos Bairros mais Vulneráveis dos Distritos de Lisboa, Porto e Setúbal, aprovado em Janeiro de 2001, pela Resolução do Conselho de Ministros n.º 4/2001 de 9 de Janeiro). Esta nova etapa, denominada por "Escolhas – 2.ª Geração", visa a protecção de crianças e jovens provindos de contextos sócio económicos

desfavorecidos, numa lógica de solidariedade e justiça social. Embora de perspectiva abrangente, o programa estabeleceu como prioridade actual a inclusão social dos jovens de segunda e terceira gerações de imigrantes. Destaca-se, no âmbito de referido programa, a atribuição do prémio Europeu de Prevenção criminal, da União Europeia, ao projecto de tutoria do Bairro da Quinta da Princesa no Seixal, constituindo-se o primeiro prémio internacional relativo a programas de prevenção criminal a ser atribuído ao nosso país;

• Iniciativa Operações de Qualificação e Reinserção Urbana de Bairros Críticos (aprovada através da resolução de Conselho de Ministros n.º 143/2005 de 02AGO), com a implementação de três projectos-piloto nos bairros da Cova da Moura (Amadora), Lagarteiro (Porto) e Vale da Amoreira (Barreiro);

• Plano Nacional de Emprego, nomeadamente para o triénio 2005--2008, apresentado a 23 de Setembro de 2005;

• Projecto Metrópoles Seguras.

Existem ainda planos especiais ao nível regional, municipal e local para a demolição de bairros ilegais e requalificação de áreas urbanas degradadas, bem como para o realojamento de famílias para áreas habitacionais de cariz social. Alguns programas ou iniciativas são desenvolvidos por instituições públicas (forças de segurança, por exemplo), por organizações não governamentais ou suportados por programas de financiamento da União Europeia.

De referir igualmente que a actuação das Forças de Segurança, no âmbito da prevenção da criminalidade e delinquência deverá ser conjugada com a intervenção de órgãos/comissões legalmente previstas em diversos sectores relevantes, tendo em vista prevenir fenómenos de exclusão social, discriminação racial/étnica, de reinserção social. Referem-se assim designadamente:

– Conselhos Municipais de Segurança (Lei n.º 33/98 de 18 de Julho)

– Conselhos Locais de Acção Social (criados através do Despacho Normativo n.º 8/2002, publicado no Diário da República 36, Série I-B de 12 de Fevereiro de 2002)

– Comissões para a Dissuasão da Toxicodependência (Lei n.º 30//2000 de 29 de Novembro e Decreto-Lei n.º 130-A/2001 de 23 de Abril)

470 *Estudos de Homenagem ao Professor Doutor Artur Anselmo*

– Conselhos Municipais de Educação (DL n.º 7/2003 de 15 de Janeiro)
– Comissões de Protecção de Crianças e Jovens (Lei n.º 147/99 de 1 de Setembro) – Lei de protecção de crianças e jovens em perigo passou a enquadrar a actuação de todas as entidades neste âmbito, tendo por objecto a promoção dos direitos e a protecção das crianças e dos jovens em perigo, por forma a garantir o seu bem-estar e desenvolvimento integral das crianças e jovens.

Por outro lado, ao nível do Ministério da Administração Interna têm sido Programas especiais de Policiamento de proximidade – com base neste vector foram criados vários programas especiais, direccionados para a resolução de problemas e grupos específicos:

• Escola Segura: O programa nasceu em 1992, resultando de uma protocolo celebrado entre o Ministério da Administração Interna e o Ministério da Educação. Visa diminuir a insegurança nas áreas escolares dos estabelecimentos de ensino do pré-escolar, do ensino básico e secundário e promover a realização de acções de formação e de sensibilização com vista à criação de uma cultura de segurança, ao mesmo tempo que tenta aproximar as forças de segurança a uma camada mais jovem da população;

• Apoio 65 – Idosos em Segurança: surge da acção de experiências piloto realizadas com sucesso em 1997, em locais onde o fenómeno de envelhecimento mais se fazia sentir. Este programa visa prevenir a ocorrência de crimes junto de um grupo de risco – os idosos – uma franja da população especialmente vulnerável, procurando-se reduzir de forma objectiva o sentimento de insegurança destes cidadãos, através de acções de sensibilização, de formação (cuidados de auto-protecção e de prevenção), de sinalização e de encaminhamento de vítimas e pessoas mais vulneráveis para as entidades de apoio social competentes;

• Comércio Seguro: este programa tem como grande objectivo conferir maior segurança às actividades comerciais. Para isso o programa engloba não só acções de patrulhamento preventivo junto das áreas de maior incidência criminal, como o aconselhamento e sensibilização junto dos comerciantes em termos de medidas de protecção passiva face a fenómenos de criminalidade.

Salientam-se ainda os Programas "Farmácia Segura", "Abastecimento Seguro", "Táxi Seguro", direccionados essencialmente para a

A *Gestão da Prevenção Criminal* 471

implementação dos mecanismos de vigilância, alicerçados em sistemas tecnológicos, ao nível da protecção situacional.

Segundo o Programa do XVII Governo Constitucional, "a diminuição da criminalidade constitui o objectivo a alcançar mediante uma política que, articuladamente, combata as causas e as consequências do crime. (...) Ao nível do combate às consequências, um policiamento mais visível e eficaz, de integração e proximidade, orientado para a protecção dos cidadãos em geral e, em particular, das pessoas especialmente vulneráveis, como as crianças, os jovens, os idosos e as vítimas de maus-tratos, (...) é decisivo para inverter a curva ascendente da criminalidade e reforçar o sentimento de segurança. O recurso a novos meios tecnológicos e, designadamente, a meios de videovigilância, com respeito pelos direitos fundamentais, à semelhança do que sucede nos restantes Estados da União Europeia, é também um instrumento fundamental para a prevenção de crimes – e, em particular, de crimes cometidos na via pública." Constitui também objectivo do governo "organizar capacidades científicas e técnicas para a minimização e prevenção de riscos públicos, a segurança do País e o reforço das instituições reguladoras e de vigilância".

4. Prevenção de Perigos

Conforme refere Marcello Caetano, no domínio da polícia administrativa as ideias predominantes são a prevenção e o perigo. "Evitar que os perigos se convertam em danos – eis o campo onde se desenvolve o modo de agir administrativamente que se chama Polícia"[34].

A prevenção do perigo deverá ser entendida em sentido global, e não apenas de determinados perigos em especial, sendo este um factor de identificação da natureza de polícia. Esta ideia está também patente em Marcello Caetano, ao ligar a actividade de polícia à prevenção dos perigos sociais gerais[35], causadores de "*danos sociais*"[36]. Apesar de demonstrar uma visão essencialmente jurídica e de aplicação da lei, Marcello Caetano já defendia assim que a Polícia podia também desempenhar um papel de prevenção social, embora mitigado.

---

[34] CAETANO, Marcello, *Princípios Fundamentais do Direito Administrativo"*, Reimpressão da edição Brasileira de 1977, Almedina, Coimbra, 1996, p. 268.

[35] *Idem,* pág. 269.

[36] "*São danos sociais os prejuízos causados à vida em sociedade ou que ponham em causa a convivência de todos os membros dela*", *Idem*, pág. 271.

Na actualidade, o Professor Germano Marques da Silva sustenta que "...à polícia cabe assegurar a ordem e tranquilidade públicas, intervindo no exercício de actividades individuais susceptíveis de fazerem perigar interesses gerais"[37]. "... o que importa à colectividade, [...], não é tanto punir os que transgridem, mas evitar, pelo adequado uso dos meios legais de dissuasão, que transgridam"[38].

A actuação policial numa dinâmica de proactividade[39], ou de precaução de perigos, vem alargar substancialmente o âmbito de situações ou comportamentos que justificam a actuação policial. No domínio da precaução já não será exigível a verificação prévia de uma relação causal suficientemente provável entre a situação ou comportamento e o dano. Não é sustentável exigir a efectivação de um perigo directa e imediatamente ameaçador, bastando que a produção do perigo não esteja excluída. Nem sequer são recentes as teorias policiais que focalizam a actuação policial na precaução de perigos, defendendo modelos proactivos ao invés dos tipicamente reactivos, baseados em exclusivo na resposta ao perigo concreto e iminente. A proactividade ou precaução de perigos, está consagrada na LOFPSP[40] e concorre em paralelo com as outras duas grandes áreas de actuação policial: a *reacção* aos perigos (tipicamente prevenção de perigos iminentes e concretos) e a *repressão* (pós dano ou delito)[41].

Neste domínio, de entre os autores portugueses, merecem particular destaque as posições defendidas pelo Professor António Francisco de Sousa, não apenas na obra *"Para uma Lei de Actuação Policial em Portugal"*[42], mas igualmente em diversos outros textos. A título de exemplo, citamos: "podemos dizer que a adopção de medidas contra "riscos" que ainda não se concretizaram em "perigo" (policial) faz parte das funções das autoridades de polícia administrativa"[43]. "A eficácia da prevenção

---

[37] SILVA, Germano Marques, intervenção no seminário sobre "Actuação Policial e Direitos Humanos", pág. 21, *in* RPP, n.º 125, Setembro/Outubro, 2000.

[38] SILVA, Germano Marques, *Op. cit.*, pág. 3.

[39] Associada aos conceitos de prevenção situacional e de prevenção activa.

[40] Em resultado o artigo 2.º da Lei n.º 5/99, de 27 de Janeiro.

[41] LUCAS, Paulo, *Op. Cit.*

[42] SOUSA, António Francisco, *Para uma Lei de Actuação Policial em Portugal* in Estudos de Homenagem ao Professor Doutor Germano Marques da Silva, Almedina, Coimbra, 2004.

[43] SOUSA, António Francisco, *Op. Cit.*, p. 59.

A Gestão da Prevenção Criminal   473

aumenta com uma actuação cada vez mais a montante do perigo. Só uma actuação especialmente orientada para a pré-prevenção, bem a montante dos problemas [...] apresenta perspectivas de poder alcançar resultados satisfatórios a médio e a longo prazo"[44].

Japp sustenta que a prevenção tem uma relação muito mais próxima do conceito de perigo do que com o de risco. Assim, o risco "representa a possibilidade de uma desvantagem (ou benefício) resultante de uma decisão. Isto implica escolha"; o perigo "significa uma desvantagem resultante de uma imposição de circunstâncias externas. Isto implica que não existe lugar para escolhas". Nesta perspectiva, "a prevenção surge precisamente como um trunfo fundamental de ajuda para transformar perigo em risco e assim produzir oportunidades de escolha"[45].

Tanto no domínio da segurança, ordem e tranquilidade públicas, como da criminalidade e comportamentos ilícitos em geral, as polícias vêm adoptando cada vez mais posturas de proactividade, baseadas em teorias de *prevenção activa* e *prevenção situacional*, procurando focalizar a intervenção policial em áreas que, não estando directa e imediatamente relacionados com o perigo de verificação de dano, constituem a origem remota desse perigo[46].

A prevenção da criminalidade é definida pelas suas consequências, sendo que os programas de prevenção devem focar as causas da criminalidade – quer sociais, quer situacionais – e não apenas às suas consequências.

Para lá da criminalidade em sentido estrito, as medidas preventivas deverão abranger os "comportamentos anti-sociais" ou desviantes que são, de certo modo, "precursores" da criminalidade ou pelo menos induzem um sentimento de impunidade e de anomia junto dos cidadãos. Refira-se, a título de exemplo, a prostituição e consumo de drogas ou de álcool em locais públicos, o ruído excessivo e desnecessário em determinadas áreas, a mendicidade e os "arrumadores de automóveis", o lixo na rua, as habitações degradadas e devolutas e ambientes degradados, etc. Estas situações, para lá de afectarem decisivamente o sentimento de segurança,

---

[44] SOUSA, António Francisco, *Para uma Polícia do Séc. XXI*', p. 374, Separata de Estudos em Comemoração dos cinco anos (1995-2000) da Faculdade de Direito da Universidade do Porto, Coimbra Editora, Coimbra, 2001.

[45] JAPP, K., *Prevention as a Component of Regulation* in Risk Societies In H. Otto & G.Flösser (Eds.), *How to Organize Prevention*, (New York: Walter de Gruyter, 1992).

[46] LUCAS, Paulo, *Op. cit.*

474   *Estudos de Homenagem ao Professor Doutor Artur Anselmo*

podem prejudicar decisivamente a recuperação de áreas desfavorecidas, criando zonas de "não-cidade" sentimentos de anomia, de impunidade e um contexto propício à criminalidade.

5. A Prevenção Situacional e a Prevenção Social

A **Prevenção Situacional** põe o acento tónico na redução das oportunidades para o cometimento de ilícitos criminais. Parte-se do pressuposto que o crime resulta tanto da emergência de uma ocasião, como da motivação do autor. A prevenção situacional assenta na importância da responsabilidade individual e visa intervir no ambiente físico e social, com vista a dissuadir e prevenir o crime.

É à sociedade civil e não mais exclusivamente ao Estado que caberá reflectir sobre os dispositivos de segurança de que pode necessitar. O papel dos poderes públicos é o de ajudar, de controlar a sua coerência com leis e regulamentos, de verificar a sua adequação aos meios de que a sociedade dispõe e de sancionar em caso de risco ou de medidas insuficientes. Terão que ser assim desenvolvidas parcerias entre os poderes públicos (nomeadamente a Polícia) e a sociedade civil, com vista a intervir em determinadas áreas, de forma a reduzir as oportunidades do crime e/ou a dissuadir o cometimento de actos ilícitos.

Em termos doutrinários e de definição do conceito de prevenção situacional a ser utilizado como referencial para uma gestão operacional mais eficaz, nomeadamente em termos de aconselhamento das entidades públicas e privadas, desenvolvimento de campanhas de prevenção criminal e celebração de protocolos, adoptar-se-à a classificação utilizada por Clarke que divide essas técnicas em três grupos:

1.º grupo: **aumentar a dificuldade do crime,** que comporta quatro técnicas de prevenção: <u>proteger os alvos</u> (criar um obstáculo ao delinquente utilizando meios de protecção do alvo. Ex. utilização de pilaretes em passeios junto a montras de estabelecimentos comerciais, de forma a evitar arrombamentos utilização de automóveis furtados); <u>dificultar os acessos</u> (visa-se recusar o acesso a indivíduos indesejáveis); <u>orientar o público</u> (visa desarmar os crimes ou incivilidades: o exemplo típico é a instalação de painéis para *graffities*, para evitar danos em edifícios e monumentos), e <u>restrição do acesso aos instrumentos do crime</u> (entre outros, armas de fogo, substâncias explosivas, sprays de pintura).

2.º grupo: **aumentar os riscos** para o delinquente, compreendendo quatro técnicas de prevenção: controlo de entradas e saídas (pretende-se detectar as pessoas que entram com os instrumentos do crime e as que tentam subtrair artigos das lojas); vigilância formal (exercida por pessoas – polícias, vigilantes – com uma função de prevenção clara, precisa e ostensiva); vigilância natural (que fazemos todos os dias à nossa volta: por exemplo, a segurança de vizinhança).

3.º grupo: **redução dos ganhos,** que integra quatro técnicas: eliminação dos alvos (visa-se suprimir o objecto do crime: por exemplo, a introdução de auto-rádios portáteis ou do cartão de credifone); identificação/marcação dos bens (pretende-se reduzir as possibilidades de uso ou revenda do objecto furtado e, *a posteriori,* permitir a sua identificação); redução das tentações (por exemplo, evitar deixar valores à vista de estranhos); afixação de regras claras (a sua ambiguidade pode levar os cidadãos habitualmente respeitadores das leis a cometerem certos crimes ou incivilidades).

Todas estas técnicas podem e devem, em muitos casos, ser conjugadas entre si, com vista a aumentar a eficácia das medidas de prevenção. É o caso das instituições bancárias, que combinam a protecção dos alvos (retardadores de abertura de cofres), a dificuldade de acesso (antecâmaras), a vigilância formal, a eliminação dos alvos (limitação das somas de dinheiro nos bancos) e a identificação dos bens (maços de notas marcados).

A **Prevenção Social** compreende as medidas que têm por finalidade eliminar ou limitar as causas ou factores da criminalidade. Por exemplo, através de políticas sociais, económicas e culturais ou através de acções em matéria de saúde, educação, habitação, emprego e ocupação de tempos livres. Esta forma de prevenção põe o acento tónico na conexão entre factores sociais (ex. condições sócio-económicas desfavorecidas, toxicodependência, alcoolismo), familiares (ex. desagregação familiar), educacionais (absentismo escolar, analfabetismo, iliteracia) e de emprego (ex. contratos a prazo, relações intra-laborais, oportunidades de promoção, despedimento) e os fenómenos criminais.

As forças e serviços de segurança deverão ter assim presente na sua função de sensibilização e de intervenção junto das autoridades locais que a prevenção social poderá ser exercida numa amplitude de medidas. Por exemplo:

1.º ao nível das **políticas de família**, podem-se referir o desenvolvimento de estratégias para prevenir maus tratos familiares e a existência

476   *Estudos de Homenagem ao Professor Doutor Artur Anselmo*

de crianças em risco e impedir que os jovens se encontrem sem abrigo, assegurar a educação pré-escolar, contribuir para o aperfeiçoamento de métodos de educação, organização de acções de esclarecimento e sensibilização para as questões da toxicodependência e alcoolismo, com a participação da polícia, etc.

2.º ao nível das **políticas de educação**, referem-se estratégias para garantir a assiduidade escolar, a disciplina dos alunos, uma cultura de prevenção e de não adopção de comportamentos de risco, no seio da comunidade escolar, bem como o desenvolvimento da organização e do «espírito de escola».

3.º ao nível das **políticas de juventude**, referem-se estratégias que promovam a existência de associações que se dediquem à organização de actividades culturais, recreativas e formativas para encorajar a auto-estima dos jovens, para fomentar a não adopção de condutas desviantes e o sentimento de pertença à comunidade em que se encontram integrados.

4.º ao nível das **políticas de emprego**, referem-se estratégias de integração no mercado de trabalho de jovens oriundos das classes mais desfavorecidas, de ex-toxicodependentes, ex-reclusos, de ex-prostitutas, de sem abrigo, de deficientes, bem como o desenvolvimento de programas de formação no seio das empresas, de oportunidades de promoção, de reconversão profissional, etc.

A actuação do Estado deve ser devidamente planeada e orientada com base numa política equitativa de prevenção e de combate. Esta estratégia, para ser efectiva, tem de ser feita em vários domínios, num esforço planeado, coordenado e convergente, de carácter estratégico integral – a prevenção e o combate à criminalidade está directamente relacionado, e integrado, com outras estratégias, quer sejam económicas, sociais ou culturais.

6. Gestão Operacional

Reconhece-se que gestão operacional eficaz deve ser concebida, de forma a mobilizar todos os recursos disponíveis. Sendo os recursos escassos, é necessário identificar e hierarquizar os objectivos estratégicos de forma a aplicar os recursos na prevenção e combate às actividades criminosas que mais afectam a comunidade e o seu sentimento de segurança. A afectação dos recursos deve resultar de uma análise cuidada dos custos/benefícios decorrentes dos diversos modos de acção. Nesta análise devem ser tidos em consideração, não só os custos directos e indirectos da criminalidade, mas também as consequências sociais da mesma.

A gestão operacional da prevenção criminal deverá ser enquadrada pelos seguintes princípios:

(a) Princípio da actuação em rede, do envolvimento da comunidade e da sociedade civil, com recurso parcerias sustentadas e sustentáveis – as parcerias são a base fundamental da estratégia nacional, resultando da necessidade de reforçar a ideia de *co-produção de segurança* por parte da sociedade civil e das entidades governamentais (centrais e locais) normalmente não associadas às questões de segurança.

(b) Princípio da complementariedade – a prevenção deve desenvolver-se de forma complementar em relação às acções de combate, valorizando uma abordagem pluridisciplinar.

(c) Princípio da coordenação e da economia de meios – a coordenação é uma das tarefas críticas, tendo um forte contributo no sucesso, ou insucesso. Este princípio resulta, desde logo, do ordenamento jurídico nacional, sendo um princípio que deverá estar presente em todas as actividades desenvolvidas no âmbito da gestão.

(d) Princípio da cooperação internacional – resulta da necessidade de Portugal participar no quadro internacional, no âmbito das organizações internacionais de que faz parte (entre outros, Europol, Interpol, Rede Europeia de Prevenção da Criminalidade, Gabinete SIRENE), contribuindo para a concretização de iniciativas decorrentes dos compromissos internacionais assumidos.

(e) Princípio da multidisciplinariedade e interdependência – reconhece a multidisciplinariedade do estudo do crime, a natureza complexa das suas causas e a consequente multiplicidade de respostas à criminalidade.

(f) Princípio da legalidade e proporcionalidade – a gestão operacional está vinculada à Lei e ao respeito pelos direitos humanos.

As políticas e os diversos instrumentos jurídicos, destinados à prevenção e combate à criminalidade, devem ter como objectivos não só reduzir os custos humanos e sociais resultantes das formas tradicionais de criminalidade, mas também das novas formas e, ao mesmo tempo, contribuir para a garantia da plena participação dos cidadãos no processo.

478 *Estudos de Homenagem ao Professor Doutor Artur Anselmo*

A prevenção e a repressão da criminalidade não devem ser consideradas questões isoladas, requerendo soluções simplistas e fragmentárias, mas sim actividades complexas e vastas, que exigem programas integrais e métodos diversificados, tendo em atenção as características socioeconómicas, políticas e culturais da sociedade portuguesa; o estádio de desenvolvimento dessa mesma sociedade; a maximização efectiva dos recursos humanos e materiais disponíveis a nível local.

A responsabilidade do sistema judicial no âmbito da prevenção e combate não pode ser esquecida. O sistema judicial tem um papel fundamental na medida em que tem por missão aplicar as leis, conduzir as investigações e garantir que a legalidade e os direitos do arguido e da vítima são protegidos.

As decisões judiciais e as construções doutrinárias são de fundamental importância para auxiliar o poder legislativo e executivo a formular políticas consistentes de prevenção e combate. Esta acção, para ser aplicada na sua plenitude, deve considerar a relação existente entre a prevenção e a repressão do crime, o desenvolvimento e a nova ordem económica internacional. Parte-se do pressuposto que qualquer transformação da estrutura económica e social deve ser acompanhada de reformas no sistema judicial, a fim de garantir a capacidade de resposta desse mesmo sistema na protecção dos valores fundamentais, na realização dos objectivos essenciais da sociedade e na satisfação das aspirações da comunidade. Rui Pereira sustenta que "os Estados não podem nem devem esquecer o primado do Direito e a necessidade de respeitar sempre um núcleo intangível de direitos, liberdades e garantias. Se o fizessem, poriam em causa a sua superioridade ética, jurídica e política na luta contra o terrorismo e a criminalidade organizada. Por conseguinte, é sempre na ponderação entre reforço da eficácia e preservação das liberdades que se desenvolve o nosso esforço de prevenção e repressão do crime"[47].

A melhoria da eficácia do combate e da administração da justiça penal constitui um factor de prevenção importante, fundado sobre os procedimentos mais eficazes e mais justos, chamados a desempenhar um efeito dissuasório e a reforçar a protecção dos direitos humanos.

Tendo em consideração que não existem sociedades sem crime, os programas de prevenção e combate à criminalidade adoptados não devem,

---

[47] http://www.mj.gov.pt/sections/justica-e-tribunais/justica-criminal/unidade-de-missao-para/comunicacoes/terrorismo-e-conexao-com/

por impossibilidade prática, visar eliminar o crime, mas antes tentar contê-lo em limites mínimos. Uma acção de sensibilização, relativamente ao fenómeno, deve ser desenvolvida recorrendo aos meios de comunicação social, de forma a gerar uma cultura de prevenção.

A acção estratégica deve ser dirigida à génese dos problemas de criminalidade e insegurança, e as medidas a implementar devem-no ser tão perto quanto possível da fonte geradora desses problemas.

A necessidade de mecanismos que assegurem uma coordenação e articulação eficaz e em tempo, dos vários organismos envolvidos na prevenção e combate à criminalidade, é de fundamental importância. A optimização e racionalização dos recursos, evitando redundâncias desnecessárias e minimizando o desperdício, deve estar presente em toda a acção. Com o fim de atingir os objectivos identificados anteriormente, a gestão operacional deverá ser orientada para várias vertentes: para o desenvolvimento social, para o criminoso, a situação, as vítimas e para o público em geral. Os dados empíricos demonstram que apoiar a prevenção e o combate contra a criminalidade apenas nos sistemas policiais e judiciais tem efeitos limitados, de elevados custos e não é auto-sustentável.

Hoje é reconhecido que o sentimento de segurança está relacionado com factores que se situam para lá das questões da criminalidade estando também relacionado com as condições de vida, com a destruturação dos bairros tradicionais e com a existência de *ghettos*. Assim, a prevenção e o combate devem envolver medidas de foro económico-social, destinadas a prevenir a marginalização, na medida em que muitos factores criminógénos estão ligados às condições de vida, pelo que medidas sociais, visando a educação e o emprego, entre outras, deverão ser aplicadas.

A par das medidas de natureza social, faz-se notar o importante papel desempenhado pela prevenção situacional. A prevenção situacional põe o acento tónico na redução das oportunidades criminógenas, ao agir, de forma perene e sistemática, sobre o ambiente, mobilizando a participação dos particulares, sem criar na vida social uma espécie de obsessão securitária, designadamente na prestação de informação sobre as medidas de segurança passiva a adoptar concretamente pela comunidade escolar ou os comerciantes.

A experiência indica que certos crimes geram grande alarme social, como a exemplo, o furto de carteiras ou a agressão a motoristas nos transportes públicos, cuja resposta dissuasiva passa pela aplicação de medidas de segurança passiva, como a videovigilância, o recurso a meios tecnológicos para proteger os artigos expostos nos estabelecimentos comerciais e o incremento de um patrulhamento proactivo, selectivo e dirigido.

Esta acção deverá ser desenvolvida através de programas de educação e de sensibilização do público, de forma a modificar a atitude da colectividade e obter o respectivo apoio para a prevenção e combate à criminalidade. As comunidades locais devem ser informadas e sensibilizadas para a capacidade da criminalidade penetrar nas suas rotinas diárias e sobre o impacto que a mesma poderá ter sobre a sua qualidade de vida.

A compreensão dos programas de prevenção e combate, por parte da sociedade, é essencial à sua eficácia. Nesse sentido há que encorajar os órgãos de comunicação social, enquanto instrumentos de socialização relevantes, a contribuir para a educação do público em matéria de prevenção do crime, juntamente com os programas de educação cívica.

De facto, a prevenção é também uma forma de afirmação da solidariedade na cidade dos Homens, pelo que importa desenvolver o voluntariado, com recurso às camadas etárias mais disponíveis, os jovens e os reformados. Solidariedade e reconhecimento das necessidades especiais das vítimas também se encontra no centro da acção estratégica, incluindo um conjunto de preocupações que passam pela melhoria do acesso à justiça, do reforço da protecção dos seus direitos, da assistência e indemnização.

Neste âmbito, será fundamental disponibilizar às vítimas a informação necessária ao exercício dos seus direitos, bem como o estabelecimento de protocolos com outras entidades destinadas a fornecer apoio especializado às vitimas e suas famílias.

A implementação de programas de policiamento de proximidade é fundamental para a aproximação das comunidades e resolução dos problemas dos cidadãos. O Policiamento de Proximidade envolve uma abordagem proactiva do serviço público prestado pelas forças de segurança, o que implica uma extensão das funções tradicionalmente desempenhadas pelos elementos policiais. A par destas, e numa perspectiva essencialmente preventiva, os agentes passam igualmente a estar adstritos à resolução e gestão de alguns tipos de conflitos, ao reforço da relação polícia – cidadão e à detecção de situações que possam constituir problemas sociais ou dos quais possam resultar práticas criminais. Este alargamento das funções dos agentes requer por parte dos mesmos um amplo leque de capacidades e competências pessoais e funcionais.

O foco da atenção policial é ampliado da actuação essencialmente reactiva à criminalidade grave, e consequente sobrevalorização do cumprimento da lei, para um foco mais amplo na prevenção da criminalidade, na solução de problemas da comunidade e resolução das causas da criminalidade e incivilidades. Nesse sentido, o Policiamento de Proximidade distingue-se do Policiamento Tradicional dirigido para o incidente, adoptando uma abordagem orientada para os problemas. Isto significa que a criminalidade denunciada, queixas e chamadas telefónicas deixam de ser os únicos indicadores da acção policial, tendo-se igualmente em conta as demais solicitações dos cidadãos, em especial as que versam comportamentos pré-delinquentes. Embora a Polícia continue a reagir a este tipo de solicitações, passa igualmente, e com a ajuda da comunidade, a identificar de forma continuada os problemas que mais afectam o sentimento de segurança dos cidadãos e a tentar resolvê-los, antes que estes assumam ou dêem origem a formas criminais.

Um outro elemento relevante do Policiamento de Proximidade é a utilização de soluções criativas para a prevenção das causas dos problemas. A Polícia não fica restrita ao formalismo da vigilância do cumprimento das leis através do patrulhamento visível, na medida em que são introduzidas estratégias diversificadas de prevenção e combate ao crime com o objectivo de obter resultados mais duradouros (incluindo parcerias formais e informais com a sociedade civil, a campanhas de sensibilização, de prevenção do crime e de segurança rodoviária, contratos locais de segurança e as salas de apoio à vítima). Trata-se assim de devolver a Polícia às suas raízes, procurando, em conjunto com as entidades centrais e locais, públicas e privadas e com os próprios cidadãos, procurar soluções para a resolução de problemas concretos que tenham impacto na ordem e segurança pública.

Para além da manutenção da ordem pública e do combate à ilicitude, os agentes policiais ficam, igualmente, adstritos à resolução e mediação de alguns tipos de conflitualidade, à prestação do apoio e assistência genéricos ao cidadão e à detecção de situações potencialmente criminógenas. Esta filosofia de policiamento contribui para a resolução dos problemas de criminalidade a nível local, reforçando a segurança pública.

Os programas de policiamento de proximidade não devem ser vistos numa perspectiva assistencialista e substituidora das entidades dedicadas à solidariedade e à segurança social. Os agentes não só mantêm, como reforçam os seus poderes de autoridade. Não deverão também estar

482 *Estudos de Homenagem ao Professor Doutor Artur Anselmo*

demasiado centrados em indivíduos (por exemplo, os comandantes policiais locais ou nos agentes de proximidade), devem ser sustentados em parcerias formais ou informais e num trabalho em rede. O policiamento de proximidade deve ser gerido numa lógica de projecto, devem ser definidos objectivos concretos mensuráveis, metas de realização, devendo ainda os projectos ser sujeitos a avaliação. Os resultados da avaliação poderão assim ser utilizados para a correcção de eventuais pontos fracos na implementação do projecto de proximidade.

Diversos autores consideram uma boa prática na implementação de estratégias de policiamento de proximidade a definição de sectores de policiamento e a afectação de um mesmo agente ou de uma equipa policial a cada sector. O facto de se definir a colocação de um Agente policial em cada sector, desempenhando o mesmo funções de prevenção e de proximidade em permanência nessa área, e actuando em estreita articulação com os elementos policiais afectos às valências de ordem pública, investigação criminal e de informações, constitui um dos principais fundamentos deste tipo de programas de proximidade. Esta afectação de recursos em permanência em cada sector consubstancia-se em:

- maior responsabilização;
- melhor conhecimento dos problemas dos cidadãos residentes e contacto com as entidades competentes para a sua resolução;
- melhor conhecimento do tipo de incivilidades e ilícitos criminais que ocorrem em cada sector, dos problemas de trânsito que eventualmente existam e dos sentimentos subjectivos de insegurança ou dos "medos" das populações;
- maior aproximação e interacção com os cidadãos;
- melhoria da imagem pública da Polícia.

7. À Guisa de Conclusão

O terrorismo transnacional agudizou o sentimento de insegurança dos cidadãos, consequência da tomada de consciência de vulnerabilidades das sociedades modernas derivadas da interdependência e interconexão de infraestruturas. De acordo com Luís Fernandes, "tais ameaças são exploradas por actores não estatais que concorrem com o Estado pelo monopólio do uso da força e que, por via do poder *mutagénico* das tecnologias e de combinações complexas de meios e *modi operandi*, geram ameaças diversificadas, de natureza transnacional, assimétricas e totalmente imprevisíveis quanto ao tempo, modo, local e intensidade de materialização"[48].

Rui Pereira defende que "a liberdade e a segurança não constituem valores essencialmente antinómicos. Pelo contrário, a segurança constitui uma condição da liberdade e do exercício de direitos. Nesse sentido, pode dizer-se até que a segurança é a primeira das liberdades, embora não seja a única ou a última. Liberdade sem segurança corresponde à consagração da lei do mais forte, assim como segurança sem liberdade significa a pura escravidão. O exercício do poder punitivo do Estado não retira apenas liberdade – a tantos quantos cometeram crimes e são punidos. Cria também liberdade para todas as vítimas, reais e potenciais, desses crimes, ou seja, para os cidadãos no seu conjunto. E, aliás, só assim se legitima, à luz da ideia de contrato social, o exercício do poder punitivo"[49].

O enfoque na prevenção da criminalidade tem sido todavia prejudicado pela oscilação das prioridades políticas, tanto ao nível nacional, como ao nível internacional. O período pós-11 de Setembro e a consequente «guerra contra o terrorismo» trouxe uma abordagem essencialmente reactiva, musculada e em força, deixando pouco campo de manobra para a implementação e articulação de estratégias preventivas sobretudo em Países (como Portugal), onde existem "inúmeros projectos desconexos e espartilhados por vários Ministérios"[50] e onde não existe uma estratégia nacional de prevenção da criminalidade.

No nosso País, "prova do pouco interesse que esta temática tem merecido é o facto de um projecto de prevenção da delinquência juvenil, desenvolvido na Quinta da Princesa (Seixal), sob a égide do Programa «Escolhas», ter ganho, em finais de 2003, o Prémio Europeu de Prevenção da Criminalidade, atribuído no contexto da Rede, e, cerca de um mês depois, o Programa «Escolhas» ter sido extinto, dando lugar a um

---

[48] FERNANDES, Luís Fiães, *As Novas Ameaças como Instrumento de Mutação do Conceito "Segurança"* in I Colóquio de Segurança Interna (Coimbra: Almedina, 2005) pp. 123-152.

[49] http://www.mj.gov.pt/sections/justica-e-tribunais/justica-criminal/unidade-de-missao-para/comunicacoes/terrorismo-e-conexao-com/

[50] GOMES, Paulo Jorge Valente, *A Cooperação Policial na União Europeia – Um Desafio Estratégico para a PSP* in Estratégia e Gestão Policial em Portugal (Oeiras: Instituto Nacional de Administração, 2005), p. 509.

programa sucedâneo, com natureza e objecto distintos e enquadrado no âmbito da imigração e minorias étnicas"[51].

De acordo com José Ferreira de Oliveira, "Portugal, não adoptou, até ao momento, uma estratégia organizacional de policiamento de proximidade. O que temos tido são um conjunto de programas de prevenção, dirigidos a determinados grupos específicos (crianças, idosos, comerciantes), concebidos e implementados nos gabinetes ministeriais. (...) Ao analisarmos o caso português, especialmente as políticas de segurança, podemos concluir que as reformas são essencialmente de natureza micro, descontínuas e normativas. Como sabemos as políticas são tanto mais eficazes quanto mais elas implicarem os actores e as organizações. (...) as políticas serem eficazes têm que interagir com as organizações, têm que implicar os seus agentes, não apenas na execução mas também na sua concepção e acompanhamento"[52].

José Bastos Leitão defende "um modelo funcional assente no privilégio da «baixa polícia», preocupada com a criminalidade que afecta o cidadão, em que cada agente assuma a propriedade da sua esquina atento a todos os aspectos que atentem contra a qualidade de vida das comunidades – as incivilidades, o sentimento de segurança, os primeiros sinais de degradação física e social. Que a proactividade seja valorizada profissionalmente através dos resultados obtidos (i.e. diminuição do sentimento de insegurança em contextos sociais ou situacionais bem delimitados) e não através de critérios de desempenho (i.e. número de detenções, contra-ordenações ou outros que não têm uma relação directa com os resultados pretendidos). Que o trabalho com os restantes parceiros sociais não seja um fardo, mas uma aposta estratégica preventiva que melhor alcança resultados de longo prazo. A sempre presente dicotomia entre especialização e generalização está apenas dependente das opções estratégicas e não de algum dogma definido à priori. Agentes a trabalhar em afectação geográfica necessitam de um leque de ferramentas vasto, logo aconselhando uma formação generalista habilitando-o com recursos técnicos, jurídicos, comportamentais, sociais para gerir um vasto espectro de situações de emergência ou não que quotidianamente se deparam ao agente"[53].

---

[51] GOMES, Paulo Jorge Valente, Idem, p. 509.

[52] OLIVEIRA, José Ferreira, *As Políticas de Segurança e os Modelos de Policiamento – a Emergência do Policiamento de Proximidade* (Coimbra: Edições Almedina, 2006), p. 310.

[53] LEITÃO, José Carlos Bastos, *Linhas de Desenvolvimento do Modelo de Policiamento da PSP* in Estratégia e Gestão Policial em Portugal (Oeiras: Instituto Nacional de Administração, 2005), pp. 135-138.

As forças policiais apresentam-se como um instrumento por excelência para a operacionalização de estratégias de prevenção. A vertente preventiva da função policial constitui a essência da actividade da polícia, na medida em que permite alcançar resultados mais eficientes, embora sejam difíceis de quantificar.

As sociedades democráticas actuais revalorizam de modo crescente a vertente preventiva da função de polícia, sobretudo no figurino do policiamento de proximidade. Este último mais não é do que um tipo de policiamento preventivo, de raiz proactiva, virado para uma forte interacção com a colectividade local, aproveitando-se todas as sinergias desenvolvidas por um relacionamento próximo e intenso, mesmo ao nível informal, entre a instituição policial e a sociedade local.

A polícia não tem o monopólio da luta contra a delinquência. Só a actuação de diversas entidades, públicas e privadas, em parceria permitirá uma prevenção mais eficaz de fenómenos de criminalidade anónima e de massas que vítima grande número de cidadãos, criando fenómenos de anomia, de medo e de descrença nas instituições.

Ao nível da prevenção situacional ou da insegurança, destinada a limitar as ocasiões de crime, a instância policial participa na gestão do meio urbano, com vista à redução das oportunidades criminógenas e a aumentar o risco de detecção, caso a dissuasão falhe.

Sebastian Roché refere que em França, mas ainda há mais anos em Inglaterra, existem agentes policiais de ligação para assuntos de arquitectura dos espaços urbanos, tendo em vista aconselhar os operadores públicos ou municipais (engenheiros, arquitectos e urbanistas), sensibilizando-os para os aspectos que podem ter um impacto na criminalidade e delinquência e incitando-os a integrar algumas técnicas de prevenção situacional nos seus projectos[54].

Para Pedro Clemente, "o sentimento de insegurança não brota exclusivamente da actividade criminosa, provindo das incivilidades geradas no seio da urbe e da falta de uma visão de prevenção situacional na construção de equipamentos sociais e de imóveis destinados a fins habitacionais. O nível de segurança no seio de uma colectividade depende do meio social envolvente. O primeiro passo assenta na prevenção situacional e a qual passa pela admissão da preocupação securitária na cons-

---

[54] ROCHÈ, Sebastian, Socioogie Politique de l'Insécurité – Violences Urbaines Inégalités et Globalisation (Paris: Presses Universitaires de France, 1998), p. 255.

trução das novas urbanizações"[55]. Decerto, a prevenção situacional ou prevenção da insegurança "põe o acento tónico na redução das oportunidades" criminógenas, mobilizando "a participação dos particulares na realização de uma missão de segurança", sem criar na "vida social uma espécie de obsessão securitária"[56].

Contudo, a polícia nunca abandona a prevenção social, na medida em que esta age sobre as motivações criminais do delinquente, daí a realização de acções de sensibilização das crianças, face ao flagelo da droga e à sinistralidade rodoviária.

Deste modo, a melhoria da qualidade da acção das Forças de Segurança assenta na concretização de programas de policiamento de proximidade orientados para os problemas concretos, sobretudo os grupos sociais mais vulneráveis aos fenómenos de insegurança. O policiamento de proximidade é uma resposta aos sinais do tempo.

Hoje, é pacífico realçar a importância de identificar as causas geradoras da delinquência e encontrar soluções que evitem situações de risco para a comunidade local. Esta atitude de antecipação dos problemas conduz a uma implicação pessoal dos agentes das Forças de Segurança na resolução de conflitos e na procura de alternativas viáveis. Para isso, torna-se necessário a construção de redes de parcerias, com todas as forças vivas locais, a fim dos problemas serem abordados de uma maneira global e interdisciplinar. A realidade social é dinâmica, por conseguinte, o modelo de policiamento tem de adaptar-se às mudanças do meio envolvente, para ser eficaz. A crescente diversidade social e cultural do país reflecte-se nos padrões de actuação policial, daí a emergência dum policiamento centrado nas comunidades locais, assentes em práticas inovadoras, assente em sectores de policiamento e na promoção de sinergias com entidades públicas e privadas e associações locais de cidadãos.

Na gestão operacional da prevenção criminal será, deste modo, crucial o desenvolvimento de parcerias público – privado, a inter-ligação entre as forças de segurança e as autarquias, associações de cidadãos, direcções executivas das escolas, associações de estudantes e de pais,

---

[55] CLEMENTE, Pedro, *A Polícia em Portugal: da Dimensão Política Contemporânea da Seguridade Pública* (Tese de Doutoramento em Ciências Sociais) (Lisboa: Instituto Superior de Ciências Sociais e Políticas, 2000) pp. 61-62.

[56] GOMES, Paulo Jorge Valente, *A Prevenção Situacional na Moderna Criminologia*, revista Polícia Portuguesa, n.º 109, Janeiro/Fevereiro de 1999, ed. CG/PSP, Lisboa, pp. 25-27.

associações de comerciantes, associações de idosos e de cidadãos portadores de deficiência, estabelecimento de protocolos com universidades para efeitos de realização de estudos científicos nas áreas da segurança e prevenção, a realização de reuniões e iniciativas periódicas com os líderes comunitários dos bairros problemáticos e com minorias étnicas. A articulação entre as forças de segurança pública nacionais, as polícias municipais e as empresas privadas de segurança são também extremamente importantes. Estas parcerias deverão priorizar a co-produção de segurança, o recurso a novas tecnologias, a identificação das causas da criminalidade, das incivilidades e comportamentos desviantes, a adopção de estratégias de trabalho comunitário, de forma a melhorar a qualidade dos espaços públicos e a reduzir as zonas menos atractivas e com sinais de abandono ou de destruição.

A prevenção criminal em Portugal passará igualmente pela implementação de um planos/programas integrados de policiamento de proximidade, desenvolvido autonomamente por cada uma das Forças de Segurança (PSP e GNR), dada a diferença de cultura organizacional e as especificidades das respectivas áreas de actuação.

Os principais objectivos dos modelos de policiamento de proximidade reportam-se:

- à melhoria da qualidade do serviço prestado, logo, à elevação do padrão de vida dos cidadãos;
- à orientação da acção policial para a resolução dos problemas da comunidade local;
- a aumentar o grau de integração das Forças de Segurança na comunidade local.

Conforme refere Sebastian Roché, "colocar os agentes policiais onde se encontram os problemas, «metropolizar» a segurança pública, coordenar as forças de segurança e de justiça, articular localmente com acções de prevenção, (...) constituir mecanismos-piloto de avaliação da eficácia dos dispositivos, impregnar os quadros de trabalho baseados em parcerias, desde a sua formação inicial, e, enfim, fundar um novo projecto para o futuro da Polícia, tratam-se de acções dolorosas. Elas não são todavia impossíveis" [57].

---

[57] ROCHÉ, Sebastian, *Police de Proximité – nos Politiques de Sécurité* (Paris: Éditions du Seuil, 2005), p. 294.

488   *Estudos de Homenagem ao Professor Doutor Artur Anselmo*

Paulo Gomes sustenta que "paradoxalmente, ou talvez não, Portugal, sendo um dos países menos ricos da União Europeia, continua a ser um dos que menos recorre a programas como o AGIS para financiar projectos nacionais. Sendo tradicionalmente escassas as candidaturas apresentadas por organismos portugueses, os benefícios que o nosso país tem retirado destes programas de financiamento, neste como em outros domínios, têm sido manifestamente insuficientes, havendo, neste capítulo, um vasto caminho a percorrer. Designadamente, a PSP deve recorrer mais sistematicamente a estas importantes fontes de financiamento, em diversos domínios da sua actividade, que vão da formação ao domínio operacional, devendo, para tal, dotar-se de pessoal especializado na preparação de candidaturas e no acompanhamento e avaliação de projectos comunitários"[58].

Para Hugo Guinote será crucial "encetar as reformas, garantindo deste modo uma real proximidade entre forças de segurança e população, impedir o alastramento de fenómenos estereotipados de insegurança, mas sobretudo permitir que as próprias forças de segurança desenvolvam os seus planeamentos estratégicos distantes das vontades oscilantes do quadrante político"[59].

Neste âmbito, Portugal deverá saber colher as melhores práticas de prevenção criminal junto da Academia Europeia de Polícia, Rede Europeia de Prevenção da Criminalidade, Europol, Eurojust, OLAF, reforçando a cooperação com outros Estados-membros em áreas de preocupação comum e integrando as prioridades comunitárias nas suas orientações estratégicas neste domínio.

Portugal deverá adoptar uma abordagem marcadamente transversal e integrada, quer entre a cooperação policial (ao nível internacional e ao nível interno – no complexo sistema securitário nacional –), aduaneira e judicial, quer entre a prevenção, a segurança, a ordem pública e investigação criminal, quer ainda entre a criminalidade de massa e a criminalidade organizada e transnacional, como forma de responder mais eficazmente a uma realidade que também não é estanque.

Só o futuro permitirá concluir se a aposta na prevenção da criminalidade em Portugal e respectiva articulação com as componentes de

---

[58] GOMES, Paulo Jorge Valente, Op. Cit. p. 510.

[59] GUINOTE, Hugo, *O Sentimento de Insegurança e os Diversos Poderes* (Coimbra: Edições Almedina, 2006), p. 59.

investigação criminal e ordem pública poderá ser sustentada, sustentável, eficaz e eficiente. A já mencionada inexistência de uma Estratégia Nacional de Prevenção da Criminalidade e de um órgão coordenador nacional, à semelhança de alguns Estados-membros da União Europeia, deverá fazer reflectir os nossos decisores políticos. O estabelecimento de mecanismos de coordenação inter-ministeriais, "de forma desenvolver a estratégia nacional e coordenar os diversos projectos e programas de prevenção em curso ou a implementar nos múltiplos domínios da prevenção criminal"[60] deverá igualmente ser equacionado, tendo em vista evitar abordagens essencialmente sectoriais, redutoras e de curto-prazo.

Só o futuro poderá permitir aquilatar da eficácia das políticas públicas de segurança implementadas, tanto no âmbito da reorganização das forças e serviços e segurança, como no que diz respeito à reforma do Código Penal e Código de Processo Penal, como em relação à implementação de medidas legislativas no âmbito da prevenção social e da prevenção situacional, tendo em vista melhorar o sentimento de segurança dos cidadãos, prevenir a criminalidade e adoptar estratégias verdadeiramente transversais e multidisciplinares em Portugal.

Bibliografia

AGRA, Cândido in Diário de Notícias, edição de 11 de Fevereiro de 2000.

CANOTILHO, Gomes/Moreira Vital, *"Constituição da República Portuguesa Anotada"*, 3.ª edição revista, Coimbra Editora, Coimbra, 1993, p. 956.

CAETANO, Marcello, *"Princípios Fundamentais do Direito Administrativo"*, Reimpressão da edição Brasileira de 1977, Almedina, Coimbra, 1996.

CERQUEIRA D. e WALDIR LOBÃO, *Determinants of Crime Theoretical Frameworks and Empirical Results*, Vol. 47, 2004.

CLEMENTE, Pedro, *A Polícia em Portugal: da Dimensão Política Contemporânea da Seguridade Pública* (Tese de Doutoramento em Ciências Sociais) (Lisboa: Instituto Superior de Ciências Sociais e Políticas, 2000) pp. 61-62.

CUSSON, Maurice, L' *Analyse Criminologique et la Prévention Situationelle* in Revue International de Criminologie et de Police Technique, vol. XLV, n.º 2, 1992.

FERNANDES, Luís Fiães, VALENTE, Manuel, *Segurança Interna – Reflexões e Legislação* (Coimbra: Edições Almedina, 2005).

---

[60] GOMES, Paulo Jorge Valente, Op. Cit., p. 509.

490   *Estudos de Homenagem ao Professor Doutor Artur Anselmo*

FERNANDES, Luís Fiães, *As Novas Ameaças como Instrumento de Mutação do Conceito "Segurança"* in I Colóquio de Segurança Interna (Coimbra: Almedina, 2005).

FERNANDES, Luís Fiães, *A Prevenção da Criminalidade* in II Colóquio de Segurança Interna – Instituto Superior de Ciências Policiais e Segurança Interna (Coimbra: Livraria Almedina, 2006).

FERNANDES, Luís, *A Gestão Política dos Medos* in Público, edição de 17 de Maio de 2001.

FERREIRA, Manuel Marques, *Princípios Fundamentais Porque se Deve Pautar a Acção Policial num Estado de Direito Democrático,* Lição Inaugural do Ano Lectivo 1996/1997 na Escola Superior de Polícia, in Volume Comemorativo 20 Anos (Lisboa: Edições Almedina, 2005).

FERRI, E. *Criminal Sociology* (New York: 1897).

GUINOTE, Hugo, *O Sentimento de Insegurança e os Diversos Poderes* (Coimbra: Edições Almedina, 2006).

GOMES, Paulo Jorge Valente, *A Prevenção Situacional na Moderna Criminologia,* revista Polícia Portuguesa, n.º 109, Janeiro/Fevereiro de 1999, ed. CG/PSP, Lisboa, pp. 25-27.

GOMES, Paulo Jorge Valente, *A Cooperação Policial na União Europeia – Um Desafio Estratégico para a PSP* in Estratégia e Gestão Policial em Portugal (Oeiras: Instituto Nacional de Administração, 2005).

GOMES, Paulo, *Cooperação Policial Internacional: o Paradigma da União...*in II Colóquio de Segurança Interna – Instituto Superior de Ciências Policiais e Segurança Interna (Coimbra: Livraria Almedina, 2006).

HASSEMER, Winfried, *A Segurança Pública no Estado de Direito* (Lisboa: AAFDL, 1995).

JAPP, K., *Prevention as a Component of Regulation* in Risk Societies In H. Otto & G.Flösser (Eds.), *How to Organize Prevention,* (New York: Walter de Gruyter, 1992).

LEITÃO, José Carlos Bastos, *Linhas de Desenvolvimento do Modelo de Policiamento da PSP* in Estratégia e Gestão Policial em Portugal (Oeiras: Instituto Nacional de Administração, 2005).

LUCAS, Paulo, As Medidas de Polícia e Actuação Policial (trabalho final no âmbito do Curso de Direcção e Estratégia Policial (versão policopiada, 2005).

NIETZEL M. e HIMELEIN J., *Prevention of Crime and Delinquency* in Handbook of Prevention (New York: Plenum Press, 1986).

OLIVEIRA, José Ferreira, *As Políticas de Segurança e os Modelos de Policiamento – a Emergência do Policiamento de Proximidade* (Coimbra: Edições Almedina, 2006).

ROCHÉ, Sebastian, *Police de Proximité – nos Politiques de Sécurité* (Paris: Éditions du Seuil, 2005).

A Gestão da Prevenção Criminal 491

ROCHÈ, Sebastian, Socioogie Politique de l' Insécurité – Violences Urbaines Inégalités et Globalisation (Paris: Presses Universitaires de France, 1998).

SHAFTOE, Henry, *Crime Prevention – Facts, Fallacies and the Future* (New York, Palgrave Macmillan, 2004).

SILVA, Germano Marques, intervenção no seminário sobre "Actuação Policial e Direitos Humanos", pág.21, *in* RPP, n.º 125, Setembro/Outubro, 2000.

SILVA, Germano Marques, *"A Polícia e o Direito Penal"* seminário *"Ordem Pública e os Direitos Fundamentais"*, in Revista Polícia Portuguesa, n.º 82, Julho/Agosto 1993.

SKOGAN, Wesley, *Measuring What Matters: Crime, Disorder and Fear*, 1998, p. 11 (www.bsos.umd.edu/ccjs/faculty/gamer/readings/35.pdf.

SOUSA, António Francisco, *Para uma Polícia do Séc. XXI'*, p. 374, Separata de Estudos em Comemoração dos cinco anos (1995-2000) da Faculdade de Direito da Universidade do Porto, Coimbra Editora, Coimbra, 2001.

SOUSA, António Francisco, *Para uma Lei de Actuação Policial em Portugal* in Estudos de Homenagem ao Professor Doutor Germano Marques da Silva, Almedina, Coimbra, 2004.

O SISTEMA DE SEGURANÇA INTERNA E A REFORMA DA POLÍCIA AUSTRÍACA[1]

RICARDO JORGE VAN ZELLER ABREU MATOS
Intendente da PSP
Comandante do Comando Distrital
de Polícia de Évora

1. Introdução

O aumento da criminalidade e da insegurança, o conjunto de alterações profundas das sociedades ocidentais e o reposicionamento e redefinição dos papéis do Estado conduzem muitas vezes à reorganização dos sistemas de segurança e à redefinição das políticas públicas para o sector. Alteram-se os sistemas, modificam-se as estruturas, a filosofia e os modelos de policiamento.

Neste trabalho, depois de tecermos algumas considerações sobre as determinantes contextuais que caracterizam as nossas sociedades ocidentais, reforçando os aspectos mais determinantes para a área da segurança interna, faremos uma breve análise das adaptações efectuadas nos modelos de policiamento, que partindo dos Estados Unidos e do Canadá, se têm vindo a generalizar um pouco por toda a Europa.

Na segunda parte do trabalho, que se iniciará no ponto 5, apresentaremos uma breve abordagem ao sistema de segurança interna austríaco, que, em nosso entender, integra bem as novas concepções de segurança,

---

[1] O texto que se publica corresponde ao trabalho apresentado para o módulo de Segurança Interna e Políticas Públicas de Segurança, no âmbito do 2.º Curso de Direcção e Estratégia Policial ministrado, no ISCPSI em 2005-2006.

494   *Estudos de Homenagem ao Professor Doutor Artur Anselmo*

tendo a particularidade de recentemente ter efectuado uma importante alteração que consistiu na unificação das duas forças de segurança – a Polícia Federal e a Gendarmerie.

2. Um novo contexto determinante de novas políticas públicas de segurança

Ao longo dos séculos XIX e XX, o Estado foi assumindo nas sociedades ocidentais um papel central na regulação da vida comunitária, permitindo, não sem alguns sobressaltos, ganhos extraordinários de desenvolvimento humano, de melhoria das condições de vida e do exercício das liberdades. Por outro lado, ora desenvolvendo políticas cada vez mais abrangentes, ora canalizando cada vez mais recursos, ora legislando sobre cada vez mais áreas, foi retirando aos indivíduos, às comunidades e a quaisquer outros actores espaço de intervenção autónomo e capacidade de decisão nas mais diversas áreas, da saúde à economia, da educação à segurança social.

No âmbito da segurança interna e até às últimas décadas do século que há pouco abandonámos, principalmente através da polícia e do exercício exclusivo da acção penal, o Estado detinha a exclusividade de actuação na regulação da violência (Lourenço e Lisboa, 1992, idem 1998), ou seja, os aspectos preventivos e repressivos da criminalidade, a ordem e tranquilidade públicas estavam limitados ao único detentor legítimo do uso da força; o Estado.

De forma mais acentuada nas últimas três a quatro décadas do séc. XX, a subida da criminalidade patrimonial e mais ligeiramente da criminalidade violenta, o crescimento dos sentimentos de insegurança[2], a reorganização da vida societal e sua descontextualização ligada muitas vezes aos fenómenos da acelerada urbanização, a atomização dos espaços e do indivíduo, as novas relações deste com o espaço e o tempo, a crescente procura de segurança e, entre outras, a maior exigência relativa à

---

[2] No inquérito de vitimação realizado pelo Gabinete de Estudos e Planeamento do Ministério da Justiça, em 1992, a ciminalidade aparece como a terceira mais importante preocupação dos portugueses com 6,7%, a seguir ao desemprego com 28% e à droga (naturalmente também com ligações psicológicas ao crime), com 30%. Um inquérito realizado em 2001 pelo observatório de segurança da UCP, a 1512 individuos em Lisboa apurou que 87% daqueles consideravam que a segurança era insuficiente.

O *Sistema de Segurança Interna e a Reforma da Polícia Austríaca*

qualidade dos serviços prestados pela Administração, exigiram ao Estado uma nova resposta (Lourenço et. al. 1998; Giddens, 2000; Robert, 2002).

A visível incapacidade do modelo em vigor para eliminar as bolsas de exclusão e agora, a tão patente incapacidade de gerir a integração de comunidades emigrantes (Philippe Robert, 2002) orientaram a intervenção do Estado no sentido da contratualização das respostas com novos parceiros públicos e privados, de nível regional e local, numa tentativa de minorar as deficiências do modelo em vigente.

Ainda no âmbito da segurança, surgiram novas necessidades, intrínsecas ao próprio Estado, à manutenção dos seus fundamentos e até à sua viabilidade. Estas levaram a um equacionar de novas respostas, também no sentido da partilha, não já com actores internos, mas com actores à escala supra nacional, de carácter regional ou global[3].

A controversa insustentabilidade do modelo de Estado-providência, o agudizar de fenómenos como a corrupção e os tráficos de pessoas e droga, a criminalidade económica, e como já referimos o flagelo do terrorismo internacional (Ziegler, 1999), exigem um novo olhar para os problemas de segurança, em que a exclusividade do Estado não pode mais ser encarada como solução e em que a distinção entre a Segurança Interna e Externa deixam de fazer muito sentido (Giddens, 1996; Bigo, 1996).

Aos factores referidos acresce o surgimento de serviços de segurança privada, que registam nas últimas décadas um crescimento exponencial[4], muito superior ao das forças públicas. Não entrando em disputa com o Estado (ao contrário das milícias populares), as empresas de segurança privada "invadem" os espaços públicos, oferecendo serviços que por limitações ou vocação própria aquele deixou de fornecer (Leitão, 2005).

---

[3] O combate à criminalidade transnacional e ao terrorismo, com a criação de estruturas europeias e internacionais de partilha de informações, acordos facilitação de extradição, criação de tribunais de justiça penal de jurisdição supranacional, gestão das pressões migratórias e das provocadas pela desigualdade Norte-Sul, através de programas de apoio ao desenvolvimento das zonas de proveniência da emigração, reforço do direito internacional são alguns dos exemplos das novas preocupações e soluções introduzidas.

[4] Em Espanha o número de elementos das empresas de segurança privada já ultrapassaram o número dos elementos das forças de segurança nacionais, Guarda Civil e Polícia Nacional.

496 Estudos de Homenagem ao Professor Doutor Artur Anselmo

3. As novas políticas públicas de segurança e a adopção de novos modelos policiais

O contexto que acabamos de descrever tem impelido os Estados a organizar os seus sistemas de segurança, a desenvolver as suas políticas públicas, a estruturar e direccionar a acção das suas polícias de uma forma mais abrangente e participada, em que o produto segurança passa a ser uma co-produção de vários actores, nacionais, locais e supranacionais (Roché, 1998).

A facilidade da troca de informações, conhecimentos e experiências tem permitido a transferência de práticas, tácticas, técnicas policiais[5].

Segundo Crawford (in Oliveira, 2002) outra realidade que muito tem contribuído para as mudanças reside na transposição de conhecimentos e práticas do mundo empresarial para a esfera pública, movimento que toca vários sectores da administração pública, não deixando de fora, naturalmente, a área da segurança.

Por outro lado, o crescente interesse que vêm despertando as temáticas da segurança, da criminologia e da polícia nos meios académicos, questionando a eficácia e eficiência dos modelos adoptados, lançam novas questões e interpelam o Estado e as organizações policiais para a assunção de novos papéis, estratégias e modelos[6].

Segundo Kelling e Moore (in Oliveira, 2002) assistimos assim, ao declínio dos modelos tradicionais de polícia que se caracterizam grosso modo pela marcada postura profissional-burocrática, fortemente influenciados pelas teorias weberianas e tayloristas. Neles a legitimação encontra-se essencialmente na lei, as funções e resultados esperados restringem-se ao controlo e repressão criminal, a estrutura é centralizada e fortemente hierarquizada e as relações com o meio são remotas e marcadas pela distância.

Em sua substituição surgem, por volta da década de 70 do século passado, nos países anglo-saxónicos, no Canadá e nalguns países da

---

[5] Sistemas de segurança, conceitos e estratégias de policiamento desenvolvidas num país ou região são transpostos e experimentados noutras regiões a uma velocidade antes não imaginada (Leitão, 2005).

[6] São disto exemplo, entre muitos outros, importantes trabalhos de Kelling, Sebastian Roché, Philippe Robert, e entre nós Nelson Lourenço, Manuel Lisboa, Cândido Agra e recentes estudos de vários licenciados em ciências policiais.

Europa continental, novas formas de policiamento, em que a integração e o apoio à comunidade são determinantes[7].

Assumindo diferentes designações nomeadamente, policiamento comunitário, de equipa, de vizinhança, de bairro, de relação com a comunidade, ou ainda na versão mais usual nos países da Europa continental, policiamento de proximidade, esta forma de policiamento procura corresponder às exigências do novo contexto social que acima resumidamente procuramos descrever.

Com este novo modelo não estavam em vista exclusivamente os resultados, embora fossem estes naturalmente determinantes. Procurava-se igualmente a modernização dos sistemas e das forças de segurança através do redesenhar de processos, estratégias, atitudes e tácticas[8]. Por outro lado, modernização e desenvolvimento das organizações policiais apontavam no sentido de estas se tornarem mais justas, dignificantes e realizadoras para os seus profissionais. (Kelling e Moore, 1998; Trojanowicz, 1990).

Mais recentemente novas perspectivas têm surgido no sentido do aperfeiçoamento dos modelos adoptados. Os modelos orientados para o Problema e para o Risco determinaram uma ligeira diminuição das preocupações mais generalistas e de carácter social, procurando identificar e combater os incidentes de ordem pública potenciadores de criminalidade. A análise criminal e a avaliação permanente dos resultados da acção policial ganham relevo, assentes cada vez mais no desenvolvimento tecnológico que, permitindo identificar padrões e tipologias criminais, possibilitam a criação de respostas diversificadas e dirigidas, e também, após a sua aplicação, a verificação da sua adequação.

---

[7] Ao alargamento do mandato policial, exigido como forma de legitimação das forças de segurança, procurou responder-se com desenvolvimento de uma perspectiva de serviço público de cariz social e não só de prevenção e repressão criminal. (Kelling e Moore, 1998).

[8] Como objectivos centrais das reformas eram normalmente apontados os seguintes: Maior eficiência, mais eficácia e profissionalismo, descentralização, territorialização, participação da comunidade, criação de confiança pela proximidade e permanente transparência e avaliação dos resultados alcançados, respeito pelos direitos e liberdades dos cidadãos.

4. A evolução dos sistemas de segurança

Como refere Oliveira, os sistemas de segurança e os sistemas policiais, bem como as organizações que os compõem possuem elementos estruturais e aspectos funcionais que lhes dão uma dinâmica própria e que permitem a sua evolução em contextos históricos determinados. Estes sistemas inserem-se num contexto político, social e histórico particular, sendo influenciados por um lado, por uma contingência actual, económica, de modas, de políticas e por outro, por inúmeros traços profundos que caracterizam um país, como por exemplo, a sua população, as instituições, os grandes princípios jurídicos, os valores.

Desta forma confrontamo-nos, nas mesmas regiões geopolíticas, que partilham um conjunto de valores políticos e culturais idênticos, com sistemas díspares de organização policial[9].

Como referimos no início deste ponto, reunidas e consideradas as condicionantes, é possível encetar processos de mudança, profundos ou incrementais[10], de forma progressiva ou radical[11]. Estes processos partem muitas vezes da pressão criada por factores que procurámos descrever nos pontos anteriores, mas podem igualmente ser motivados por factores episódicos incontornáveis. Relembremos o caso de pedofilia, na Bélgica, a falta de coordenação e cooperação logo percepcionada e a reforma do sistema policial. Também após os atentados de 11 de Setembro, nos Estados Unidos, assistimos ao redefinir de prioridades de algumas agências de segurança e à criação de um órgão coordenador.

---

[9] Sistemas monistas e pluralistas, uma ou várias tutelas, sistemas centralizados ou descentralizados, com uma polícia ou com vários corpos policiais. Segundo Tupman e Tupman (in Oliveira, 2002) no espaço Europeu temos o <u>modelo napoleónico,</u> característico dos países do Sul e tendo como traços dominantes a centralização e dualismo, ou seja, em que o poder hierárquico emana do poder central e existem duas forças uma de natureza militar e outra civil; o <u>modelo nacional,</u> característico do norte da Europa, em que há apenas uma polícia de competências alargadas e uma só tutela; e finalmente o <u>modelo descentralizado</u> em que, em cada região há apenas uma polícia com grande autonomia operacional.

[10] A criação da Escola Superior de Polícia pode encarar-se como uma mudança profunda e o surgimento dos programas de proximidade como uma mudança incremental

[11] Em Portugal assistimos ao progressivo ampliar das competências de investigação criminal para a PSP e GNR e a uma repentina integração da Guarda Fiscal na GNR.

5. O sistema policial Austríaco

5.1. *A Áustria*

A Áustria é um país situado no Sul da Europa central, localizada coração do continente, tendo sido desde sempre ponto de confluência e passagem de importantes rotas de comunicação e comércio, sofrendo diversificadas influências culturais.

Trata-se de um Estado Federal, com uma população estimada estatisticamente em 1999, de 8, 09 milhões de habitantes[12]. Destes cerca de 9,1% são estrangeiros. A sua área total cobre 83,858Km2 e integra nove províncias federais ou Landër[13].

O Território austríaco faz fronteira com 8 países[14], a população resulta da fusão de várias etnias, principalmente eslavas, germânicas e magiares. Cerca de 98% da população fala alemão e está entre as três mais produtivas da Europa, tendo níveis de educação e formação muito elevados[15]. A queda dos regimes de Leste e os conflitos nos Balcãs tem sujeito a Áustria a enorme pressão migratória.

Em termos políticos e sociais é normalmente referido que este é um país onde o pragmatismo, a estabilidade e a solidariedade são valores prezados, cultivando-se nas elites políticas elevado espírito de compromisso e conciliação. Estas características têm permitido grande governabilidade e desenvolvimento[16].

---

[12] Registou-se um crescimento de 300.000, desde 1991.

[13] Alta Áustria, Baixa Áustria, Burgenland, Caríntia, Estíria, Salzburg, Tirol, Viena e Vorarlberg.

[14] Alemanha, República Checa, Eslováquia, Hungria, Eslovénia, Itália, Suíça e Liechtenstein.

[15] Em 1774 foi instituida a escolaridade de 6 anos obrigatória e geral

[16] Os princípios basilares previstos constitucionalmente estabelecem a inquestionabilidade da democracia da natureza republicana do Estado, do federalismo e do primado da lei. A representação do Estado cabe ao Presidente da República, os órgãos legislativo são o Parlamento (183 representantes) e o Conselho Federal (64 representantes, eleitos pelos parlamentos locais) e o poder executivo divide-se entre o Governo e os Landër, tendo o primeiro no entanto, e presentemente, um papel preponderante. Finanças, Justiça e Polícia são áreas reservadas ao poder executivo central. Os direitos, liberdades e garantias têm importante consagração constitucional e o sistema jurídico e a organização judiciária são semelhantes aos adoptados em Portugal. Encontra-se igualmente consagrada constitucionalmente a condição de permanente neutralidade do Estado austríaco, o que o

5.2. *Panorama sobre a criminalidade*

A Áustria está considerado como um dos países mais seguros do mundo, tendo também segundo a actual responsável pela pasta do Interior, Dra. Liese Prokop, níveis elevados de satisfação relativamente ao sentimento de segurança. As pessoas sentem-se seguras e confiam nas forças de segurança austríacas.

A liberdade de circulação, a situação geográfica do país, a instabilidade e dificuldades económicas registadas em países limítrofes são favoráveis à transferência de alguma criminalidade, registando-se com preocupação a entrada de cidadãos de leste para a execução de roubos a bancos e furto de viaturas.

O total de participações criminais registadas em 2003 e 2004 rondou as 643. 500, verificando-se um ligeiro aumento de 0,1%. No primeiro semestre de 2005 não se verificaram alterações no padrão de estabilização do número de crimes participados às autoridades policiais.

Neste intervalo temporal os crimes que registam maior significado são os crimes contra a propriedade, cerca de 72% do total da criminalidade. Os crimes contra a vida e a integridade física representam cerca de 13% da criminalidade. A maior subida de 2003 para 2004, mais 190% registou-se na criminalidade financeira. A taxa de resolução de casos, segundo as estatísticas policiais cifrou-se neste período em 38,5% no ano de 2003 e de 38,1%, no ano de 2004[17].

---

não tem impedido de participar activamente na cena internacional. Está instalada em Viena uma das sedes das Nações Unidas e desde a sua adesão à organização tem participado activamente, chegando a ter um seu nacional como secretário-geral (Kurt Waldheim, eleito em 1971 e 76). Desde 1960 já participaram em cerca de 30 missões de manutenção de paz, mais de 40.000 austriacos. Integra o Conselho da Europa, a União Europeia, não participando na política de segurança e defesa comum, e a União da Europa Ocidental, com o estatuto de observador.

[17] Num recente comentário sobre a evolução da criminalidade em 2005, a Ministra do Interior destacou a importância da cooperação policial levada a cabo com os países da recente adesão à União Europeia. Nas suas palavras esta cooperação constitui uma segunda cintura de protecção à volta da Áustria.

5.3. Sistema de Segurança Interna

A responsabilidade da execução da política de segurança interna cabe ao Ministério do Interior, cuja organização se encontra esquematizada no quadro seguinte.

Na secção IV – Serviços de Controlo estão sedeados os "Serviços Internos/ Inspecção"

A Direcção Geral de Segurança Pública, como podemos observar no esquema seguinte, tem o papel mais relevante na estrutura do Ministério, tendo como missão a coordenação de toda a informação de segurança interna e criminal do Estado, bem como a gestão de todos os Serviços de Segurança e a Polícia de natureza generalista.

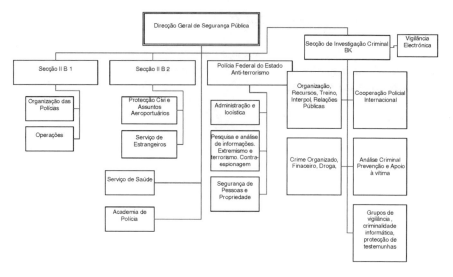

Desta forma encontram-se sob a mesma cúpula, para além da força de segurança com competência genérica para a ordem pública e investigação criminal de proximidade, atribuída à Polícia Federal (Bundespolizei), a Secção de Investigação Criminal[18] (Bundeskriminalamt – BK) que tem competências idênticas às da Polícia Judiciária portuguesa e os serviços que gerem os assuntos relacionados com estrangeiros e as Informações.

Em algumas cidades da Áustria existem polícias municipais, subordinadas ao poder local e com funções exclusivamente administrativas, não sendo uma actividade muito expressiva.

5.4. *A organização da Polícia Federal*

A Polícia Federal está organizada em nove Comandos Regionais de Polícia, distribuídos pelos nove distritos federais ou Landër. A organização destes Comandos compreende para além de um comando e de um "Estado--Maior", com atribuições de apoio, auditoria interna e análise de informações, duas grandes áreas. Uma área de operações e uma de área de recursos. Na primeira integram-se o departamento de investigação criminal, o departamento de segurança pública e o departamento de trânsito. A segunda área integra o departamento de pessoal e o departamento de logística.

---

[18] Tem ao seu serviço 680 elementos, entre os quais cerca de 230 civis.

Num pequeno esquema podemos visualizar a organização descrita.

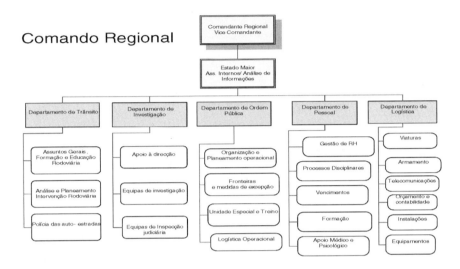

Destes Comandos Regionais dependem 83 Comandos distritais e 27 Comandos Urbanos, que se organizam da seguinte forma:

Junto das populações e em apoio directo às mesmas encontram-se mais de 1.000 inspectorias de polícia, genericamente com a seguinte organização:

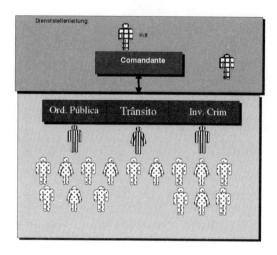

Para além das missões policiais mais comuns, a polícia austríaca integra unidades especiais, nomeadamente a unidade Cobra[19], unidades de fronteiras, unidade de resgate nas montanhas, unidade de segurança nos lagos e rios, unidade de guarda de prisões e unidade de canídeos.

Existe uma lei que estabelece as missões da polícia uniformizada e os seus regulamentos de actuação (GBl566/1991idgF). Em termos de actuação na área penal os procedimentos encontram-se estabelecidos no Código de Processo Penal[20].

Genericamente os elementos policiais distribuem-se por três categorias. Os oficiais que comportam 661 elementos, dos quais 11 são mulheres, os supervisores que integram 1.059 elementos, sendo 327 mulheres e os agentes que são 14.863, incluindo 1.602 elementos femininos[21]. Acrescem a estes elementos cerca de 3.500 funcionários civis o que perfaz um total de cerca de 24.900 elementos. O rácio polícia por habitante está estimado em 1:330.

---

[19] Esta undade tem a sua sede perto de Viena e tem destacamentos nos 9 Lander. Destina-se a intervenções contra a criminalidade violenta, terrorismo, sequestros, segurança pessoal e reposição de ordem pública.

[20] Neste domínio foi introduzida a possíbilidade dos agentes que procedem às detenções por crimes leves não acompanharem os detidos para o primeiro interrogatório judicial, havendo a salvaguarda de uma validação interna da detenção, por pessoal qualificado.

[21] As mulheres só começaram a integrar a polícia federal e a gendarmerie, antecessoras da actual polícia, em 1991.

O Sistema de Segurança Interna e a Reforma da Polícia Austríaca 505

A formação distribui-se por nove centros de formação, mas o total de elementos a eles afectos ronda os 200 funcionários. A formação para os supervisores e os oficiais está a cargo da academia em Traiskirchen, perto de Viena.

A formação dos agentes tem a duração de 2 anos, havendo uma alternância entre formação em sala e formação no terreno. Após 3 anos de prática e depois de um processo de selecção os elementos podem progredir para a categoria de supervisor, com a frequência de um curso de 6 meses. Com mais três anos de experiência e novo processo de selecção, os supervisores podem ascender à categoria de oficiais, frequentando para o efeito mais um curso com a duração de 2 anos, também em regime de alternância.

5.5. *Práticas de Gestão, sistemas de informação e cooperação entre serviços*

Pudemos constatar, em recente visita[22] realizada à Academia de Polícia Austríaca e a vários serviços das duas polícias então existentes, que as metodologias de gestão policial adoptadas correspondem aos padrões referidos como mais modernos, eficientes e eficazes.

Uma forte aposta nas tecnologias, para a identificação das principais tendências da criminalidade, bem como para o controlo de gestão das actividade e dos desempenhos organizacionais e individuais; Grande e imediata acessibilidade a bases de dados de várias origens[23]; Descentralização dos serviços essenciais da acção policial e de apoio ao cidadão, e em sentido inverso, centralização ou externalização das tarefas de apoio ou administrativas[24]; Atenção aos problemas locais, através de uma aposta clara em programas de proximidade e parcerias, participação em organizações de apoio à vítima, desenvolvimento de projectos de aproximação da polícia ao bairro[25], visita a escolas, informação via telemóvel para prevenção de assaltos, encontros comunitários.

---

[22] Março de 2005.

[23] Desde o registo automóvel, aos registos municipais, ao cadastro criminal.

[24] O fardamento é gerido centralmente sendo as encomendas feitas pelos elementos através da internet. O fornecimento de refeições é prestado por empresas externas.

[25] Em Viena cada agente policial realiza para cada bairro todos os contactos policiais necessários para determinada zona da cidade.

506   *Estudos de Homenagem ao Professor Doutor Artur Anselmo*

Foi feita igualmente uma forte aposta nos modelos de gestão próprios do mundo empresarial. São desta realidade exemplos a adopção da gestão por objectivos[26] e do trabalho em equipa. Neste domínio destaca-se a constituição, nas inspectorias, de grupos de trabalho com grande permanência, promovendo sinergias e clarificando o papel do supervisor, que ganhou novo relevo e permitiu ganhos significativos de produtividade e controlo.

Outro factor que, em nosso entender, promove o alcance de bons resultados na polícia austríaca consiste na cooperação entre os vários serviços, nomeadamente entre as polícias de proximidade e o Serviço de Investigação Criminal (Bundeskriminalamt – BK). Esta é facilitada pelo facto de ambas partilharem algumas instalações e de não haver entre elas políticas salariais distintas.

5.6. *O processo de unificação da Gendarmerie com a Polícia Federal*

A nova polícia austríaca, Polícia Federal, Bundespolizei, é o resultado da reorganização iniciada em 2003 e que culminou em 1 de Julho de 2005[27]. Esta medida permitiu a fusão da Gendarmerie Federal[28] e da antiga Polícia Federal[29].

---

[26] Por exemplo a Academia, que tem a responsabilidade de coordenação da formação da polícia e depende directamente do ministério, tem um orçamento próprio para três anos. De acordo com o seu responsável a gestão de um orçamento próprio constitui uma enorme exigência e um desafio, permitindo flexibilidade e desenvolvendo nos responsáveis e colaboradores, grande envolvimento no cumprimento de objectivos.

[27] A decisão sobre a reforma foi decretada pelo Chanceler Federal, Dr. Wolfgang Schüssel e pelo Ministro do Interior, Dr. Ernst Strasser, em 31 de Março de 2003, a apresentação do conceito ocorreu no Outono de 2003. Foram criados mais de 20 grupos de trabalho e na Primavera de 2004 foi apresentado o calendário do projecto. Em Julho de 2005 deu-se a unificação.

[28] Esta polícia datava de 1849, era constituída por 13.240 elementos, tinha a responsabilidade do policiamento de todo território e das fronteiras com excepção das 14 maiores cidades.

[29] Esta polícia remontava a 1869. No momento da sua exinção tinha um total de 11.813 elementos, era constituída por dois corpos, um uniformizado com 9.814 e outro dedicado à investigação criminal exclusivamente constituído por supervisores e oficiais, com 1999 elementos.

Como objectivos do projecto de mudança figuraram o aperfeiçoamento no combate ao crime organizado, a garantia de melhores oportunidades de carreira para todos os elementos, a criação de uma liderança e administração comuns, a extinção de estruturas paralelas, a garantia de melhores compatibilidades internacionais e principalmente o objectivo de centrar as forças e recursos nas tarefas principais.

Como ideias força do projecto foram estabelecidas: a modernização da imagem; a aposta na competência; a melhoria da qualidade de comunicação e da transparência da actuação dos profissionais; a aposta no respeito pelos direitos dos funcionários; o fortalecimento do compromisso dos profissionais de polícia com o espírito humanitário e com a firmeza e determinação em enfrentar os perigos que ameaçam os cidadãos.

Os resultados mais imediatos que se procuraram alcançar com as inovações introduzidas foram: a optimização das hierarquias; a eliminação da duplicação de esforços; a maior eficiência de procedimentos de trabalho; e a maior proximidade das tarefas de polícia judiciária junto das inspectorias de polícia.

Destaca-se a opção de se iniciar desde muito cedo com a unificação da formação (passando muitos cursos a serem frequentados por elementos das duas forças) e o envolvimento de muitos elementos policiais nos grupos de trabalho que conduziram o processo de mudança, factores que contribuiram para limitar a conflitualidade natural de um processo desta natureza.

6. Conclusão

A criminalidade, a insegurança e actualmente o terrorismo vêm assumindo proporções que levam os Estados a dedicar particular atenção às políticas públicas de segurança. Vamos conhecendo alterações significativas na forma de encarar as ameaças e os riscos. O Estado, através dos seus instrumentos tradicionais, a polícia e os tribunais, deixa de ser o único "fornecedor" desse bem que é a segurança.

Novas soluções são adoptadas, a sociedade é chamada a participar, ganhando relevo por um lado, a aproximação às entidades locais e por outro, o reforço dos mecanismos de cooperação internacional, no âmbito da justiça e segurança interna.

As fortes pressões financeiras, que exigem contenção de gastos a todos os Estados, e a consciencialização da possibilidade de transposição

508 *Estudos de Homenagem ao Professor Doutor Artur Anselmo*

de práticas de gestão do mundo empresarial para o sector público, mais eficazes e eficientes, forçam a reforma dos sistemas de segurança.

Neste resumido trabalho procurámos mostrar um conjunto de opções adoptadas na Áustria, um país de dimensão semelhante a Portugal, relativas ao modelo de segurança interna. Respeitando a sua história e integrando as suas variáveis contextuais, a Áustria soube, em nosso entender, responder às ameaças dos nossos dias, de forma planeada, em sintonia com os modelos de polícia mais eficazes e com resultados que, estamos certos, serão rapidamente demonstráveis.

Bibliografia

Bigo, D., (1996), "Polices en résaux – l´éxperience européenne", Paris, Presses de Siences Politiques.

Giddens, A., (2005), "As consequências da modernidade", Oeiras, Celta editora.

Gomes, P. V., (2004), "O modelo de Polícia de Nova Iorque: um caso de sucesso?", Estudos de homenagem ao professor doutor Germano Marques da Silva, ISCPSI, Coimbra, Almedina.

Gonzalez, J. R., (1995), "Seguridad pública: Pasado, presente y futuro", Revista Documentatión, Madrid, Menistério de Justiça y Interior n.º 10.

Kelling, G., Moore, H., (1998), "The envolving strategy of policing. Prespectives on policing", n.º 4, National Institute of Justice, Harvard University.

Leitão, J. B., (2005), "Linhas de desenvolvimento do modelo de policiamento da PSP", Curso de Direcção e Estratégia Policial, ISCPSI/INA.

Lourenço, N., Lisboa, M., (1992), "Representações da violência", Cadernos do CEJ n.º 2/91, Lisboa, Gabinete de Estudos juridico-sociais – MJ-CEJ.

Lourenço, N., Lisboa, M., (1998), "Violência, criminalidade e sentimento de insegurança", Separata da revista textos n.º 2, Lisboa, Cento de Estudos Judiciários, MJ.

Lourenço, N., Lisboa, M., Frias, G., (1998), "Delinquência Urbana e exclusão, social", Sub-judice n.º 13, Lisboa, SEJ.

Oliveira, J. F., (2002), "As políticas de segurança e os modelos de policiamento", Disserteção de Mestrado, Lisboa, ISCTE.

Robert, P., (2002), "O cidadão, o crime e o Estado", Lisboa, Editorial Notícias.

Roché, S., (1998), "Sociologie politique de l´insécurité", Paris, Puf.

Trojanowicz, R. et al., (1990), "Community policicing: how to get started", Cincinati, Anderson Publishers.

Ziegler, J., (1999), "Os senhores do crime", Lisboa, Terramar.

Alguns *sites* consultados

www.bmi.gv.at
www.bundespolizei.gv.at
www.interpol.int

Foi igualmente consultada documentação fornecida em Março de 2005, pela Polícia autríaca.

Facts and Figures, (2000), Vienna, Federal Press Servisse.

A VITIMAÇÃO DO GÉNERO FEMININO E SEUS CONTEXTOS

ROGÉRIO MATEUS SOARES
Pós-Graduado em Ciências Criminais
Docente do ISCPSI. Comissário da PSP

Muito me apraz poder contribuir para esta homenagem a tão ilustre professor, homem de cultura e saber, mas também de valores, do qual irradia uma enorme serenidade intelectual, própria daqueles que mantêm uma boa relação com o saber, com a cultura própria do seu país e, de um modo geral, com a vida.

Para além de professor é, acima de tudo, um mestre, no qual todos nós, então jovens estudantes, fixávamos os olhares e apurávamos a audição sempre que se iniciavam as suas aulas de Língua e Literatura Portuguesa (2º ano) e de História da Cultura Portuguesa (3º ano), do curso de licenciatura em Ciências Policiais, não só porque as suas palavras enriqueciam com o vasto e valioso conhecimento que veiculavam mas, sobretudo, porque o brilhantismo com que se exprimia deliciava todos quantos o ouviam.

Pelos ensinamentos literários ligados à cultura portuguesa, pelos valores que sempre fez questão de transmitir e, também, pela palavra cordial e amiga com que ainda hoje nos brinda nas mais diversas circunstâncias do nosso quotidiano, que provocam em nós sentimentos de enorme consideração, respeito e admiração, queremos aqui deixar, bem patente, o nosso enorme apreço pela pessoa, em toda a sua dimensão humana e académica, do Professor Artur Anselmo.

512   *Estudos de Homenagem ao Professor Doutor Artur Anselmo*

Introdução

A história da humanidade revela que a mulher, ao longo dos tempos, sempre se posicionou num plano secundário relativamente ao homem. Esta situação, em termos genéricos, verifica-se, não só ao nível da limitação dos direitos de cidadania, como ainda no seu posicionamento subalterno face ao género oposto, praticamente em todos os contextos da vida social.

Daqui resulta um dos principais problemas com que a mulher se tem confrontado, os maus tratos, em especial, os de índole física e psíquica, persistindo nos nossos dias, não obstante todos os esforços encetados, particularmente, a partir da segunda metade do século XX, pelos estados e todo o tipo de organizações governamentais e não governamentais de dimensão internacional ou apenas de índole nacional.

É particularmente difícil de avaliar, em termos quantitativos, a população feminina que é vítima de violência no contexto conjugal, pelo que, muitas vezes, os dados existentes são imprecisos, traduzindo apenas a intenção de aproximação aos valores reais, na medida em que as "cifras negras" continuam a ter aqui grande relevância. Não obstante, sabe-se hoje que este é um fenómeno social muito generalizado, transversal a todas as classes sociais, que não respeita fronteiras geográficas, e que prolifera, com maior ou menor intensidade, por todas as regiões do globo terrestre. De acordo com Vicente (1998), "o world watch institute dos EUA informou, em 1989, que a violência contra as mulheres era o crime mais vulgar em qualquer zona do mundo". Na mesma linha, estudos das Nações Unidas, referentes ao ano de 1995, indicam que cerca de 70% dos homicídios praticados contra as mulheres ocorrem nas casas onde residem (Lourenço e Carvalho, 2001). Acresce, ainda, que a violência exercida sobre as mulheres, no espaço familiar, é a maior causa de morte e invalidez entre as mulheres inseridas nas faixas etárias dos 16 aos 44 anos, superando outras causas também muito significativas, tais como o cancro, os acidentes de viação e as guerras[1].

O primeiro estudo, de âmbito nacional, realizado em Portugal sobre a questão da vitimação das mulheres, iniciou-se no ano de 1994, tendo a sua conclusão e apresentação pública ocorrido 3 anos mais tarde, em 1997. Este estudo revelou, entre outros dados importantes, que o

---

[1] Assembleia Parlamentar do Conselho da Europa, Recomendação 1582 (2002)1 (1).

A Vitimação do Género Feminino e Seus Contextos 513

domicílio é o espaço privilegiado da violência e que são os maridos e os companheiros quem a pratica com maior frequência e intensidade (Lourenço, Lisboa e Pais, 1997). Volvida que está mais de uma década, os dados reais vão ao encontro das conclusões daquele estudo. Os números disponíveis[2] referentes a todos os centros urbanos do país, áreas de responsabilidade de intervenção da Polícia de Segurança Pública, demonstram que, das situações de violência de cariz doméstico verificadas/conhecidas no ano de 2006, 70% respeitam a relações conjugais ou equiparadas e 10% reportam-se a situações de agressão entre ex-cônjuges ou ex-companheiros. Do total de situações verificadas de violência doméstica, em 81% dos casos as vítimas são mulheres. Este valor sofre um significativo aumento se tivermos em linha de conta as estatísticas da APAV[3], elevando-se para 88% a percentagem de mulheres vítimas de violências no mesmo período em análise.

Muitos serão, seguramente, os factores subjacentes a este fenómeno, pelo que tentaremos, de forma sistematizada, proceder à sua identificação, caracterização e enquadramento, dando especial ênfase ao fenómeno que se verifica no seio da família ou em situação análoga, especialmente no que concerne à relação conjugal ou análoga.

1. Enquadramento temático

A vitimação feminina, tradicionalmente designada e integrada na violência doméstica, tem-se revelado um fenómeno social de elevada gravidade. Muitas são as mulheres que, ao longo dos tempos, têm sido vítimas de maus-tratos e de uma prática continuada de condutas agressivas, em todos os países do mundo, em todos os grupos étnicos e nos diferentes níveis socioeconómicos.

De acordo com Azevedo (1985), este fenómeno tem acompanhado toda a história da humanidade, caracterizando-o, cronologicamente, em quatro períodos distintos. O primeiro reporta-se à Idade Média. Trata-se de um período muito violento, em que os castigos físicos, a flagelação e

---

[2] Relatório de Segurança Interna, referente ao ano de 2006, disponível na Internet, no site http://www.mai.gov.pt/rasi2_psp.asp, consultado em 28 de Dezembro de 2007.

[3] Relatório sobre Violência Doméstica em Portugal, no ano de 2006, consultado em 28 de Dezembro de 2007, no seguinte endereço electrónico: http://www.apav.pt/pdf/VD_2006.pdf.

a tortura eram legitimados pelos poderes civis e eclesiásticos, não se questionando o direito que os homens tinham de bater em suas mulheres. Chegados ao século XVIII, e de acordo com o mesmo autor, ainda se permitia ao homem bater na mulher como propósito pedagógico, com efeito, os castigos, desde que moderados, ainda eram tolerados. Um século depois verifica-se uma mudança muito significativa da ordem jurídica. As leis, de um modo geral, não só deixaram de reconhecer ao marido o direito de castigar, como passaram a punir tal conduta do homem. Mas é no século XX, mais precisamente a partir da segunda metade deste século (inicio dos anos sessenta), que se dá a grande mudança relativamente à forma como passa a ser tratado e encarado o fenómeno da violência exercida contra o género feminino, no âmbito da relação conjugal. Os movimentos feministas romperam o silêncio que até então cercava a questão e, sob a sua égide, todo o tipo de agressão física sobre as mulheres passa a ser percebido como um problema social, não apenas pelas suas proporções quantitativas, mas também pela gravidade das suas consequências em termos sociais.

São múltiplas as organizações internacionais que se associam a este fenómeno, destacando-se, pela sua dimensão e, consequente, importância, as contribuições da Organização das Nações Unidas (ONU) e União Europeia (EU), em especial, a partir da segunda metade do século XX até aos nossos dias.

O primeiro momento significativo remonta a Julho de 1961, altura em que a ONU realiza um encontro em Bucareste dedicado ao Direito da Família, do qual resulta uma Declaração, cuja redacção final considera indispensável que o princípio da igualdade de direitos entre homens e mulheres seja posto em prática em todo o mundo (Guimarães, 1985). Catorze anos mais tarde, no México, teve lugar a primeira Conferência Internacional dedicada, exclusivamente, à Mulher. Apesar de não se ter abordado, especificamente, a temática dos maus-tratos físicos contra as mulheres, esta questão já foi aflorada, embora num sentido mais amplo. Com efeito, é em 1980, na conferência de Copenhaga, que o tema da vitimação física do género feminino é devida e exaustivamente equacionado, tendo-se concluído tratar-se de um fenómeno particularmente complexo, com consequências extremamente negativas, não só para a mulher vítima, como também para o restante agregado familiar e sociedade em geral.

Esta tendência crescente de preocupação com os direitos da mulher, nomeadamente, com o direito de interacção com o homem numa base de

A Vitimação do Género Feminino e Seus Contextos

igualdade de géneros, e em especial, o da salvaguarda da inviolabilidade da sua integridade física, torna-se cada vez mais imperativa, pelo que, a ONU, no ano de 1985 promove a realização de uma Conferência Internacional sobre a Mulher, a qual vem a ter lugar em Nairobi. Desta conferência emergem duas grandes linhas orientadoras: por um lado, recomenda-se, veementemente, que todos os países promovam o endurecimento das normas legais incriminadoras de condutas violentas por parte do homem sobre a mulher; por outro lado, considera-se de vital importância a implementação de medidas de cariz social tendentes à diminuição do sofrimento das mulheres vitimadas. Este é, efectivamente, um momento crucial, ao qual se seguiram diversas iniciativas de âmbito internacional, nomeadamente, a Conferência de Pequim (1995), com vista à consolidação da corrente defensora dos direitos da mulher e, consequentemente, à implementação e execução de medidas concretas nesse sentido.

A nível europeu, é de realçar o papel que o Conselho da Europa desenvolveu, de um modo especial, a partir dos anos 80. Destaca-se a Recomendação N.º R (85) 4, referente à problemática da violência no seio da família, na qual as Forças de Segurança são exortadas a desempenhar o papel mais importante, ao mesmo tempo que preconiza uma formação especializada e adequada para que as mesmas possam preparar-se devidamente para o efeito. Mais tarde, é aprovada uma nova Recomendação com o N.º R (87) 21, da qual constam um leque de respostas necessárias a dar às vítimas de crime, por parte dos diferentes organismos dos estados, nas suas diferentes vertentes de acção. No que respeita, concretamente, à acção das Forças de Segurança, este documento preconiza um conjunto de referência de extrema relevância, designadamente:

a. A vítima deve beneficiar de uma ajuda imediata, incluindo a protecção contra a vingança do agressor;
b. A vítima deve receber conselhos para prevenir uma nova vitimação;
c. A vítima deve receber informações sobre os seus direitos;
d. A vítima deve ser encaminhada para serviços de assistência ou apoio;
e. Devem ser facultadas ao público informações preventivas da vitimação, observando-se o princípio de não alimentar inutilmente sentimentos de medo e insegurança.

516   *Estudos de Homenagem ao Professor Doutor Artur Anselmo*

O Parlamento Europeu também assumiu, nesta temática, um papel de particular relevância, com várias iniciativas e resoluções, sendo de destacar a aprovação, conjuntamente com o Conselho da Europa, da Decisão N.º 293/2000/CE, referente à adopção de um Programa de Acção Comunitário (programa DAPHNE), do qual constam um conjunto de medidas preventivas visando o combate à violência exercida sobre as crianças, os adolescentes e as mulheres. Recentemente, em 2005, os Chefes de Estado e de Governo do Conselho da Europa, na Cimeira de Varsóvia, assumiram o compromisso de combater a violência exercida contra as mulheres, tendo decidido a criação de uma "task force" para proceder à avaliação da situação em curso nos diferentes países e, consequentemente, proceder à formulação de propostas de intervenção futura. Em Portugal, depois do Plano Nacional Contra a Violência Doméstica para o triénio 2003-2006, seguiu-se um novo plano, neste caso, para o período 2007-2010[4], o qual integra um vasto leque de medidas a levar a efeito com vista a fazer face a tão complexo e problemático fenómeno social.

2. Conceitos

Violência e agressão são conceitos que estão intimamente ligados, de tal modo que, por vezes, torna-se difícil distinguí-los pela forma como são utilizados.

Gelles (1997) considera a violência como um acto intencional perpetrado por alguém para causar um dano físico a outra pessoa. Para Giddens (2000), a violência traduz-se na "ameaça ou uso da força física da parte de um indivíduo ou de um grupo em relação a outrem." No entender de Fialho (1991), existem dois tipos de violência: a manifesta e a latente ou inconsciente, sendo esta última a mais terrífica, uma vez que a outra, visível, pode-se combater.

Já a agressão, segundo Hacker (1981), pode ser definida como a "energia inerente ao homem que originariamente se manifesta pela actividade e, posteriormente, sob as mais diversas formas individuais e colectivas socialmente aprendidas e difundidas, desde a simples afirmação

---

[4] Documento consultado no dia 28 de Dezembro de 2007, em: http://www.mai.gov.pt/data/documentos /%7B0CDA4746-57F8-4591-A007-8B5AF6633631%7D III pncvd.pdf.

pessoal à violência". A agressão pode também ser entendida como uma "tendência ou conjunto de tendências que se actualizam em comportamentos reais ou fantasiados, estes visando prejudicar outrem, destruí-lo, constrangê-lo, humilhá-lo, etc." (Laplanche & Pontalis, 1990).

Segundo Hacker (1981), a violência é a expressão manifesta da agressão e encerra em si o processo da repetição, uma vez que ela determina, consequentemente, a contra-agressão. Segundo este autor, a violência constitui a expressão mais primitiva da agressão, uma vez que só é possível dominar a violência quando há uma tomada de consciência das circunstâncias e condições que a desencadeiam.

Para Diatkine (1984), os termos agressão e violência são ambos relacionais e só fazem sentido, se considerados em função de um sujeito activo e de um objecto atacado. Segundo o mesmo, "agressão é todo o movimento (agido ou representado) que tende a destruir uma figura". Embora haja sempre repercussões para a integridade física do outro, o ataque pode provocar uma destruição total ou apenas parcial. Diatkine entende que a violência nasce da contradição psíquica, constituindo a agressão uma forma particular de violência.

Não obstante o facto de alguns autores fazerem a distinção entre estes dois conceitos (agressão e violência), em bom rigor, apesar da dificuldade de delimitação das suas fronteiras, o que é facto é que o conceito de violência assume uma vertente mais gravosa de conduta, assumindo também um campo de acção muito mais alargado. É nesta linha que os conceitos de violência doméstica e contra a mulher foram surgindo, como podemos a seguir constatar.

Clemente (1987) defende que, embora o conceito de violência no seio da família seja difícil de formular, ele deve, contudo, ser encarado no duplo aspecto, activo e passivo, e na tripla manifestação de brutalidade, física ou corporal, de brutalidade emocional ou crueldade psicológica e de brutalidade sexual ou abuso sexual. Giddens (2000) insere no conceito de violência doméstica a violência contra as mulheres, definindo-a como todo o "comportamento violento de um membro da família contra outro", acrescentando, no entanto, que representa a forma mais grave de violência aquela que é "perpetrada por homens contra mulheres".

Na Resolução N.° 48/104, da Assembleia Geral da O.N.U. (1993), no seu art. 1.°, define-se violência contra as mulheres como "todos os actos dirigidos contra o sexo feminino, que causem ou possam causar nas mulheres um prejuízo ou sofrimentos físicos, sexuais ou psicológicos, compreendendo a ameaça de tais actos, a restrição ou a privação arbitrária da liberdade, seja na vida pública ou privada". A Convenção Inter-Americana para Prevenir, Punir e Erradicar a Violência Contra a Mulher (1994), definiu violência contra a mulher como "qualquer acto ou conduta baseada no género, que cause morte, dano ou sofrimento físico, sexual ou psicológico à mulher, tanto na esfera pública como na esfera privada" (art. 1.º). O art. 2.º da mesma convenção apresenta uma maior latitude, ao referir que a violência contra a mulher abrange a violência física, sexual e psicológica, ocorrida no âmbito da família ou unidade doméstica ou em qualquer relação interpessoal, quer o agressor compartilhe, tenha compartilhado ou não a sua residência, incluindo-se, entre outras formas, os maus tratos e abuso sexual.

Buss, citado por Campbell & Gibbs (1986), classificou as formas de violência segundo três dimensões:

a) agressão física e verbal, sendo a agressão física exercida por intermédio de bofetadas, empurrões, murros, pontapés, agressão com armas e outros objectos, e a agressão sexual; a agressão verbal ou emocional inclui um vasto grupo de condutas verbais, tais como insultos e ameaças e, ainda, expressões do rosto ou corporais de rejeição;

b) agressão activa e passiva, sendo que a agressão activa envolve algum esforço por parte do agressor para ofender outrem, enquanto que a agressão passiva se traduz num esforço intencional de impedir outrem de prestar ajuda a quem dela precisa. Nas relações familiares, este tipo de agressão pode desempenhar um papel importante, quer na iniciação, quer na manutenção de outras formas de agressão;

c) agressão directa e indirecta, sendo que na agressão directa o agressor causa danos em outrem através do seu próprio esforço, ao passo que, na agressão indirecta a ofensa é causada por intermédio do esforço de terceiros. Insultar a esposa é uma forma de agressão directa, enquanto que falar negativamente da esposa com os filhos é uma forma de agressão indirecta.

Entre nós, não existe um conceito concreto de violência contra as mulheres, com efeito, podemos identificá-lo e integrá-lo no conceito de violência doméstica apresentado pela comissão de peritos para o acompanhamento da execução do Plano Nacional Contra a Violência Doméstica, que a definiu como "qualquer conduta ou omissão que inflija, reiteradamente, sofrimentos físicos, sexuais, psicológicos ou económicos, de modo directo ou indirecto (por meio de ameaças, enganos, coacção ou por qualquer outro meio), a qualquer pessoa que habite no mesmo agregado doméstico ou que, não habitando, seja cônjuge ou companheiro ou ex-cônjuge ou ex-companheiro, bem como ascendentes ou descendentes"[5].

Verifica-se, portanto, a existência das mais variadas abordagens conceptuais relativamente à violência contra as mulheres, todavia, elas são, de um modo geral, unânimes na sua essência, ou seja, fazem uma abordagem concorrencial no que se refere à abrangência de condutas inseridas nas diferentes teorizações.

3. Domicílio – espaço privilegiado de condutas violentas

De entre todos os tipos de violência que se verifica nas sociedades de hoje, uma grande parte é praticada no espaço doméstico, contra mulheres casadas, em união de facto, divorciadas ou separadas, por familiar ou outra pessoa do conhecimento da vítima (U.S. Departement of Justice, 1986, citado por Brown, 1991).

A residência, espaço privado e reservado da família, onde é suposto existir um ambiente familiar pacífico e harmonioso é, em muitos casos, um lugar onde reinam as condutas violentas, cujos indicadores resultantes de estudos ou de relatórios oficiais a esse respeito, são bastante elucidativos. Há cerca de duas décadas atrás (em 1985), uma investigação realizada nos E.U.A., revelou que em 16,1% dos casais americanos já se tinham verificado um ou mais episódios de violência física, e que 11% das crianças haviam sido agredidas com objectos (Araújo, 1991).

Já em Espanha, no período de 1984 a 94 (84 é o ano a partir do qual as Polícias fazem tratamento estatístico dos casos de violência conjugal), as queixas apresentadas por mulheres vítimas de maus-tratos, por parte dos cônjuges ou companheiros, oscilam entre as 16 e as 18 mil por ano. Ao longo deste período, verifica-se um ligeiro e progressivo aumento de casos que, todavia, não significam um aumento de situações de violência, mas sim uma maior disponibilidade das mulheres vítimas para denunciar

---

[5] I Relatório Intercalar de Acompanhamento do Plano Nacional Contra a Violência Doméstica, Lisboa, Maio de 2000, in Nelson Lourenço e Maria João Leote de Carvalho, Junho de 2000.

os seus casos. No entanto, estes valores representam apenas cerca de 10% da realidade, uma vez que as circunstâncias de ocultação social que sempre presidiram a este fenómeno, ainda estão bem presentes nas sociedades contemporâneas (Torres e Espada, 1996). Para estes autores, as dificuldades com que as mulheres vítimas de maus-tratos se confrontam no relacionamento com o seu problema são múltiplas, designadamente: o desconhecimento dos seus próprios direitos como cidadãs; a falta de recursos económicos que garantam a própria sobrevivência; os problemas que representam para elas os filhos; as dificuldades em apresentar provas e, por último, a dependência afectiva e económica em relação ao agressor.

Um estudo realizado no nosso país (Lourenço, Lisboa e Pais, 1997), iniciado no ano de 1994, revelou que 52,2% das mulheres portuguesas já foram vítimas de violência ou discriminação. De acordo com o mesmo estudo, no que concerne à violência contra as mulheres, constatou-se ainda o seguinte: em primeiro lugar, que as situações esmagadoramente mais frequentes correspondem a casos em que os autores são do sexo masculino; em segundo lugar, que quando as situações de violência ocorrem no espaço familiar são, sobretudo, os maridos ou companheiros quem as praticam; em terceiro lugar, que o espaço onde a violência física contra as mulheres é mais frequente é o da sua própria residência; por último, que as mulheres, normalmente, não reagem aos actos de que são vítimas e que, quando o fazem, é de uma forma manifestamente passiva. São muito poucos os casos de reacção violenta ou jurídico-legal.

4. Ciclo da violência

Considerado por muitos como um dos flagelos de dimensão ainda desconhecida das sociedades contemporâneas, a violência exercida sobre a mulher no âmbito da relação conjugal ou equiparada tem consequências extremamente negativas para todo o agregado familiar e, quando despoletada, muito dificilmente é alcançado o seu fim. Gera-se, assim, um ciclo vicioso e interminável de violência, ilustrado por vários autores de formas diferentes mas que, na sua essência, não variam substancialmente.

O ciclo da violência começa, em regra, por uma modificação na tensão, a qual é normalmente desencadeada por factores de diversa índole, tais como o álcool, drogas, problemas económicos, desemprego e desentendimentos vários (Ministério del Interior, 1991). Uma grande parte das vítimas consegue identificar, de imediato, os primeiros sinais de violência, os quais podem incluir gritos, culpabilização, pedidos de explicação, entre outros. O agressor usa, quase sempre, desculpas para justificar a sua violência, tais como: a vítima não lavou a loiça correctamente, disse algo errado, olhou desconfiadamente, fez uma refeição que não foi do seu agrado.

À medida que o tempo evolui, a tensão vai aumentando, até ao ponto em que basta um pequeno desentendimento para que o evento violento tenha lugar, injuriando, batendo, esmurrando, pontapeando e, em casos extremos, matando. Algumas vítimas sentem alívio quando o acto violento termina, pois sabem que o culminar do período de tensão desencadeado faz reduzir a agressividade acumulada. De facto, o agressor entra numa fase descendente de tensão, acalma e, não raramente, pede desculpas, prometendo nunca mais repetir tais condutas. Este é o designado período "lua-de-mel" (Brown, 1991). Nesta fase os sentimentos da mulher são muito intensos e confusos, ao mesmo tempo que o molestador aproveita para "oferecer flores". Ao período "lua-de-mel" segue-se um outro de forte esperança, no qual a vítima espera que se trate do último acto de violência. Com efeito, o aumento de tensão no molestador começa de novo e, mais uma vez, eclode o carrossel da violência.

Fonte: Brown (1991)

Assim que se verifica o primeiro acto violento, entra-se num ciclo periódico repetitivo, com intervalos temporais heterogéneos, o qual se pode prolongar ao longo de muitos anos. A resolução "definitiva" do problema passa, quase sempre, pela rotura da relação e com a separação efectiva (Pais, 1996). Esta autora defende ainda que, enquanto a relação marital perdura, a violência mantém-se latente, definindo o seu ciclo da seguinte forma: cena violenta; arrependimento do agressor e perdão da vítima; período pacífico; nova querela.

Para Araújo (1991) e Silva (1995) o ciclo da violência desenvolve-se em três fases distintas:
1. Inicialmente, quando a tensão começa a aumentar, a mulher procura controlar a violência do marido, tentando responder-lhe adequadamente;
2. Segue-se uma cadeia rápida de interacções negativas a que ela já não consegue responder, a qual culmina na explosão de violência;
3. Finalmente, surge um período de calma, de ausência de tensão, durante o qual, por vezes, há comportamentos apaziguadores por parte do agressor.

Neste caso verificamos um padrão que parece estar imbuído de uma grande intensidade na relação, o que talvez explique, pelo menos em parte, o facto frequente das mulheres violentadas se manterem agarradas a uma relação em que são maltratadas (pois são recompensadas na última fase), e o facto de as mesmas não responderem de modo adequado às agressões de que são alvo.

Na mesma linha, Kaczmanec (1990) define o ciclo da violência em três fases, representado-as no seguinte esquema:

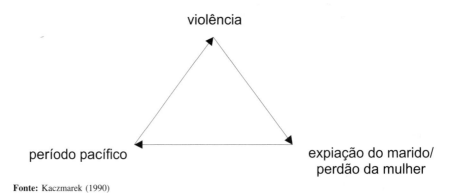

Fonte: Kaczmarek (1990)

A Vitimação do Género Feminino e Seus Contextos

Uma outra visão, bastante mais estratificada, é apresentada por Torres e Espada (1996), segundo a qual, o ciclo da violência no casal desenrola-se da seguinte forma: stress; ansiedade crescente; hostilidades; agressão; tendência para a censura da vítima; reconciliação; alívio temporal; stress.

Numa visão mais alargada, Giles-Sims (1983), citado por Hampton et al (1993), elaborou um modelo relativo à mulher violentada que abrange seis momentos distintos, considerando como o primeiro aquele em que se verifica o estabelecimento da relação marital e, o último, o momento da rotura, a qual pode ser temporária ou definitiva, como a seguir se indica:

1. Estabelecimento do sistema familiar;
2. O primeiro incidente de violência;
3. Estabilização da violência;
4. Momento da escolha;
5. Abandono do sistema familiar;
6. Resolução ou retorno ao sistema familiar.

Com efeito, e de acordo com os diferentes modelos apresentados, podemos concluir que o ciclo da violência característico do casal compreende três períodos/momentos bem demarcados, ou seja, o primeiro compreende um período de progressiva tensão; segue-se a acção violenta que, por sua vez, dá início a um novo período, neste caso, pacífico. A sucessão sistemática deste ciclo de violência numa relação conjugal, por períodos de tempo relativamente longos, por norma, só se resolve com a rotura definitiva da relação.

5. Teorias explicativas da violência

Algumas teorias explicativas do fenómeno da violência no seio da família têm surgido na sequência de alguns estudos levados a efeito. É conveniente salientar que, de um modo geral, todas as teorias existentes vão no sentido da origem multifacetada das causas, embora enfatizem diferentes factores. Iremos dar ênfase a três grupos de teorias: estrutura hierárquica do poder na família, a importância dos papéis ligados ao género e, por fim, a aprendizagem social.

No que concerne ao primeiro grupo de teorias, poder-se-á dizer que, à semelhança dos restantes sistemas de organização social, a família possui uma rede de relações hierarquizadas, onde há papéis dominantes,

524 *Estudos de Homenagem ao Professor Doutor Artur Anselmo*

papéis subordinados, rivalidade e competição. Jackson, citado por Araújo (1991), descreveu três tipos de relações de poder nas interacções humanas (neste contexto, entenda-se por poder "o poder de definir a relação entre os dois interlocutores"): a) *relação simétrica,* definida pelo colmatar das diferenças entre os dois parceiros, os quais tendem a entrar em competição, cada um procurando dominar o outro; b) *relação complementar,* caracterizada por uma ampliação das diferenças entre os dois intervenientes, o que vai resultar numa relação dominador-dominado, competente-incompetente; c) *relação recíproca,* que caracteriza as relações funcionais, em que se verificam interacções simétricas e complementares, dependendo das situações. Há uma situação de partilha de poder, com diferentes áreas de competência.

Qualquer destes tipos de relação pode funcionar enquanto ambos os parceiros se sentirem satisfeitos. Com efeito, frequentemente, os dois primeiros tendem a tornar-se demasiado rígidos, conduzindo a situações, respectivamente, de escalada simétrica ou de complementaridade rígida, gerando a disfunção relacional e, consequentemente, conflitos violentos frequentes.

São inúmeras as possibilidades de desentendimentos numa relação marital ou análoga, exigindo um enorme esforço adaptativo de ambos os parceiros. Este esforço deve ser tanto maior quanto vierem de famílias com sistemas de valores diferentes em áreas tão importantes como a religião, a relação com as respectivas famílias de origem, a atitude em relação ao nascimento e educação dos filhos, a vida social, a gestão do dinheiro, o trabalho, a sexualidade, entre outras (Araújo, 1991).

Apesar de, na Declaração de Bucareste de Julho de 1961, relativa ao direito de família, a ONU ter considerado indispensável que o princípio da igualdade de direitos entre homens e mulheres fosse posto em prática em todos os Estados, o que é facto é que, em 1985, o relatório da Organização Mundial de Saúde (OMS) indica a relação de poder desigual entre géneros, como um dos principais factores geradores de violência no seio da família.

Os valores culturais enraizados, a tradição, as resistências sociais no acatamento e absorção de novas directrizes sociais e também jurídicas, contribuem negativamente para o processo de estabelecimento de relações de paridade e de plena igualdade de direitos.

A importância que é dada aos papéis desempenhados pelos dois géneros é indicada como factor associado à violência por outra corrente. De acordo com Araújo (1991), nas sociedades onde reina a ideologia, predominantemente, patriarcal, os comportamentos agressivos por parte do homem – sinónimo de virilidade – são relativamente bem tolerados, enquanto que o uso de violência por parte da mulher, contraria o estereótipo de feminilidade e de maternidade, ligados a uma atitude de tolerância e de submissão ao homem. Como refere Hampton et al (1993), "as diferentes definições de papéis reflectem, muitas vezes, as diferenças de poder entre os indivíduos".

A autoridade paternal, habituada a ter todos os poderes sem qualquer resistência por parte da mulher, baseada na força e no costume, vê-se agora posta em causa pelo novo conceito de autoridade parental (ligada a ambos os cônjuges), o que provoca, em muitos casos, reacções agressivas por parte do homem, devido à cedência de parte desse "poder" (Deveze, 1990). De um modo geral, é esperado: a) *dos homens,* força, racionalidade, capacidade de controlo e de domínio, assertividade, poder económico; b) *das mulheres,* sensibilidade, emotividade, atitudes de compreensão, tolerância, responsabilidade pelos cuidados a prestar aos filhos e pelas tarefas domésticas. Este autor refere ainda que "as normas culturais e as expectativas quanto aos papéis masculinos e femininos ainda dominantes, explicam a importância actual do fenómeno da violência no casal", sendo o elemento mais significativo desta situação o sentimento de propriedade que o homem tem sobre a mulher e os filhos que o autorizam, em seu entender, a dispor dos seus tempos, a administrar todo o dinheiro, a superintender no respeitante à moral e a punir ou reprimir as condutas que ele entende como incorrectas.

Numa perspectiva sistémica, a violência no casal corresponde a um padrão interactivo que envolve ambos os membros, no qual as condutas agressivas por parte de um dos parceiros têm um objectivo emocional e outro instrumental, traduzindo-se na obtenção da submissão do outro. Deste modo, vai-se desencadear na vítima uma reacção negativa contra o agressor, dando origem a uma escalada de diversas formas de hostilidade entre ambos. A probabilidade de virem a desencadear-se condutas violentas são maiores quando o homem provém de uma família onde os comportamentos agressivos são frequentes, se tem uma baixa auto-estima e/ou tem dificuldades em se afirmar perante a mulher (Araújo, 1991).

Vários estudos realizados sobre homens considerados violentos têm revelado que muitos deles apresentavam uma fraca capacidade de percepção dos sentimentos e necessidades dos outros, bem como dos seus próprios; têm grande dificuldade em partilhar os seus sentimentos e problemas, bem como em aceitar as próprias emoções, quando consideradas como não masculinas, fazendo jus ao ditado popular *"Homem que é homem não chora"*. São ainda pessoas que não reconhecem os sinais de tensão ou zanga crescentes, a não ser quando já se tornaram incontornáveis. Por outro lado, da mulher é esperada uma conduta submissa, submissão essa que não tem apenas a ver com a aceitação de papéis tradicionais, mas também com uma aceitação, sem reservas, do modo como o marido define a relação conjugal, no seu todo.

Segundo Araújo (1991), o não acatamento de tal submissão é sentido como muito ameaçador para o "self" destes homens violentos. Há, da sua parte, uma exigência exagerada de provas de lealdade da mulher, que tem de ser constantemente demonstrada através de provas de aceitação incondicionais. Qualquer aproximação da mulher a familiares ou amigos é, muitas vezes, interpretada pelo marido como forma de rejeição, fazendo-o sentir inseguro. Consequentemente, ele vai exigir cada vez mais provas de lealdade, aumentando o controlo dos comportamentos e atitudes da mulher. Frequentemente, a mulher reage com grande irritação, pelo que tende a adoptar condutas de oposição e/ou provocação, criando-se, deste modo, um ciclo interactivo vicioso, que resulta, predominantemente, em situações de violência.

No âmbito das teorias da aprendizagem social destacamos três grupos. O primeiro, o das *teorias psicanalíticas*, dá especial relevância às experiências relacionais precoces do indivíduo na infância com as figuras parentais e significativas do seu meio. Uma vez existindo perturbações nesse período de desenvolvimento, a criança interioriza aspectos dessas relações precoces perturbadas que a vão acompanhar ao longo do seu processo de crescimento. Os comportamentos agressivos revelam exteriormente o conflito de tensões e perturbações internas, que o autor experimenta, embora não tendo consciência disso.

Na base dos comportamentos violentos da criança e do adolescente, encontram-se perturbações profundas do sistema familiar e problemas ao nível da comunicação. Por conseguinte, estas crianças são portadoras dum mandato familiar transgeracional que, na sua árvore de vida, exprime um segredo familiar, o qual configura as carências e disfunções que se sucedem de uma geração para outra. Sendo assim, as raízes da violência constroem-se no desenrolar das interacções precoces do ser humano (Lebovici 1991). E. Fromm destaca as condições económicas, sociais, políticas e culturais como fontes geradoras de agressividade e destrutibilidade do ambiente familiar (Bokanowski, 1989).

As teorias psicanalíticas entendem, pois, o fenómeno da agressividade como um ciclo interminável. Por exemplo, uma criança maltratada vai chorar, provocando, deste modo, tensão e o sentimento de incompetência no adulto. Este por sua vez, vai diminuir a sua auto-estima (diminuição essa que provoca intenções de violência), o que o torna menos capaz de se controlar, culminando na agressão. Por sua vez, a criança reproduzirá no futuro as condutas violentas de que foi vítima na infância.

Um outro grupo destaca o papel da aprendizagem social como fonte geradora de violência, sendo representativa deste grupo a *teoria da modelação dos comportamentos agressivos* (Bandura, 1973). Este autor entende que os comportamentos agressivos são aprendidos pela criança através da observação, seja dentro da esfera doméstica ou fora (rua, escola, meios de comunicação, etc.).

Na mesma linha aparece um terceiro grupo, cuja teoria assenta na *transmissão dos padrões de cultura familiares*, no seu sentido mais lato, duma geração para outra, onde se inclui a transmissão de segredos, mitos, regras, padrões relacionais, modos de resolver conflitos (incluindo ou não a violência) e modelos de comportamento que caracterizam aquela família específica.

De entre os vários estudiosos deste fenómeno, destacam-se Bowen e Norman Paul, citados por Araújo (1991). Estes autores defendem que a família nuclear isolada não passa de um mito, relacionando-a sempre com o sistema emocional das gerações anteriores. Por vezes, um dado comportamento é abolido por uma geração, como que programada para se opor a ele, para logo ressurgir na geração seguinte, podendo também acontecer ao nível dos comportamentos violentos.

6. Prevenção

A violência no seio privado do lar tem sido objecto de vários estudos, os quais têm mostrado que os factores individuais, só por si, não são suficientes para a explicar e que não basta agir apenas a um nível para resolver o problema, não obstante o facto de certas medidas correctivas, ainda que limitadas, surtam algum efeito nos indivíduos isoladamente considerados.

A prevenção da violência no seio familiar, em especial, no que respeita à violência exercida pelo marido/companheiro no âmbito da relação marital ou análoga, só se torna possível e consequente se envolver

528 *Estudos de Homenagem ao Professor Doutor Artur Anselmo*

e integrar um conjunto de organismos, públicos e privados, com acções de cariz multidisciplinar, tanto na abordagem como na procura das soluções mais adequadas e eficazes.

Segundo Caplan (1986), a prevenção da violência no seio da família, pode subdividir-se em três categorias distintas: *primária, secundária e terciária*, consoante, respectivamente, se procura reduzir o surgimento de novos casos, se procura detectar atempadamente, por forma a permitir a intervenção antes que se instale uma situação de violência, ou se procura limitar o progresso da situação de violência já instalada.

No que concerne à prevenção primária, esta incide sobre as próprias raízes da violência e tem por objecto eliminar os aspectos da vida social ou familiar que provocam a alienação, os seus comportamentos ditados pela posição hierárquica, a insensibilidade em relação ao outro, o ódio e o sentimento de inferioridade. Com este propósito, Taskinen (1987) indica que, neste âmbito, as acções desenvolvidas em diversos países têm sido empreendidas nas quatro direcções seguintes:

a. Promoção da igualdade entre sexos;
b. Encorajamento a tratar bem as crianças e as pessoas de idade;
c. Concessão de uma ajuda económica às famílias;
d. Intervenção ao nível das relações de poder.

A educação, a organização comunitária e a promoção de sistemas de intervenção são, entre outras, ferramentas a utilizar a este nível. O papel da prevenção, nesta perspectiva, deverá ser o de informar, encorajar a mudança de actos maléficos, sempre sem forçar ou obrigar a que mudem.

Neste contexto, terá que ser realçada a promoção da igualdade efectiva entre sexos, medida que produzirá efeitos a mais longo prazo, mas que é fundamental neste processo. Aqui insere-se a igualdade na educação, a igualdade de oportunidades no trabalho e na tomada de decisões na sociedade, a igualdade de oportunidades em matéria de independência económica e de tomada das decisões pessoais.

A prevenção secundária visa um âmbito de intervenção mais objectivo, pois consiste em ajudar as famílias e os indivíduos que se encontrem em situação de risco ou de tensão, com vista a tentar evitar o surgimento de condutas violentas. Esta prevenção implica a implementação de medidas de política social, as quais visam, fundamentalmente, ajudar famílias em risco, por força de um conjunto de dificuldades, de vária índole, que atravessam e com as quais se confrontam diariamente. Normalmente incluem-se aqui o conjunto das famílias que apresentam dificuldades económicas, não só pelos rendimentos parcos que auferem mas, também, pelo elevado número de filhos que normalmente comportam, vivendo habitualmente em condições relativamente precárias. Com efeito, sabe-se hoje que a violência está presente também noutro tipo de famílias, designadamente, nas mais abonadas do ponto de vista financeiro, pelo que a amplitude das medidas relativas à prevenção secundária devem também ir ao seu encontro.

Quanto à prevenção terciária, esta poder-se-á considerar como o conjunto de acções que visam reduzir a predisposição do indivíduo para práticas violentas no seio da família, aproveitando e optimizando todas as suas capacidades remanescentes. Este tipo de prevenção vai ao encontro das situações de violência em curso, visando impedir que se reproduzam condutas violentas nas famílias em período de tensão e, simultaneamente, limitar os efeitos de condutas anteriores. Segundo as teorias da aprendizagem social da violência, esta acção correctiva centrada nos pais previne a violência no seio das futuras famílias de seus filhos.

Os relatórios de um vasto grupo de países envolvidos na luta contra este fenómeno, são unânimes em referir que é indispensável a coordenação e a cooperação entre os vários organismos que se ocupam deste problema social, sejam eles de índole pública ou privada, para que os resultados possam sofrer uma melhoria significativa (Taskinen, 1987).

Entre nós, do plano nacional contra a violência doméstica – 2007--2010, podemos constatar um vasto leque de medidas preventivas integrantes das três formas de prevenção mencionadas, agrupadas da seguinte forma: informar, sensibilizar e educar; proteger as vítimas e prevenir a reiteração da vitimação; capacitar e reinserir as vítimas de violência.

7. Acção policial

No que respeita ao papel da autoridade policial aquando da confrontação com situações de violência entre casais convém, desde logo, referir que, independentemente do contexto, o mesmo envolve sempre duas vertentes: a social e a legal. Por conseguinte, este é um aspecto que jamais poderá ser olvidado pelos elementos da ordem pública, tornando-se imperioso a adopção de uma atitude activa, sempre numa dupla perspectiva: por um lado, salvaguardar o cumprimento da lei, por outro lado, não esquecer, em nenhuma circunstância, a abordagem socialmente necessária.

530   *Estudos de Homenagem ao Professor Doutor Artur Anselmo*

De acordo com Pais (1996), as mulheres violentadas pelos respectivos maridos ou parceiros conjugais têm muita dificuldade em denunciar o agressor, não só por força dos valores sócio-culturais interiorizados relativos à conduta adequada no casamento, como ainda, pela inexistência de dispositivos eficientes que tornem consequente a respectiva denúncia. Por outro lado, a sociedade portuguesa ainda aceita, por razões culturais, que o marido, em certas situações, possa bater na mulher como forma pedagógica, donde resulta que uma parte significativa das mulheres violentadas, apenas recorrem à Polícia depois de terem sido por inúmeros vezes vitimadas (Lourenço, Lisboa e Pais, 1997).

Por norma, as autoridades policiais lidam com este tipo de violência em duas situações distintas: no departamento policial, quando a vítima lá se desloca para denunciar o seu caso e, na própria residência dos intervenientes, quando é solicitada para por cobro a um caso de violência em curso, seja a pedido da vítima ou de terceiro (vizinho, familiar, amigo).

Quanto ao primeiro cenário referido, os agentes policiais deverão ter sempre presente que estas mulheres, em termos psicológicos, encontram-se bastante debilitadas, na medida em que, se por um lado querem acabar com as agressões de que são vítimas por parte do marido/companheiro ou do ex-marido/ex-companheiro, por outro, existe uma ligação emocional forte com o agressor, a qual lhe provoca sentimentos contraditórios simultâneos. Nesta medida, exige-se a existência de equipas especializadas para lidar com tais ocorrências (ONU, 1993), as quais devem integrar, preferencialmente, elementos representativos das diferentes etnias e raças da comunidade local (Kosovsky, 1988).

O atendimento destas mulheres deve ser, pois, o mais personalizado possível, devendo obedecer a um conjunto de regras para que possa ser levado a efeito com sucesso, destacando-se (Ministério del Interior, 1995):

a. Deve-se procurar que a mulher espere pouco tempo e, no caso de não poder ser atendida rapidamente, deverá permanecer num lugar cómodo;

b. Deve existir um gabinete apropriado para o desenrolar da entrevista, sem interrupções de pessoas, do telefone ou de ruídos exteriores;

c. A duração da entrevista deverá limitar-se ao indispensável;

d. Solicitar os dados imprescindíveis;

e. O entrevistador deve ter o maior cuidado com eventuais comentários sobre o caso particular, de modo a não ferir a sensibilidade da vítima;

A Vitimação do Género Feminino e Seus Contextos   531

f. Criar uma atmosfera de confiança e de ajuda, para que a mulher se sinta à vontade para falar;

g. Manter uma atitude serena, ainda que o estado emocional da vítima se altere e responda de modo inapropriado;

h. Manter o controlo da entrevista, impedindo que a mesma saia do assunto em questão;

i. Não se deve adoptar uma postura de superioridade nem ser demasiado dogmático;

j. Não se devem dar conselhos pessoais;

k. Não fazer perguntas delicadas e do foro íntimo;

l. Não dar a sensação de que se tem pressa em terminar a entre-vista;

m. Não fazer interpretações antecipadas, em função das primeiras impressões;

n. Só depois de todos os esclarecimentos prestados se deve redigir a denúncia.

No que concerne ao segundo cenário típico e anteriormente referido, situação de violência na residência dos intervenientes, de acordo com Brochu et al (2003), e bem, sempre que se trate de uma situação concreta de violência, a missão da polícia, do ponto de vista social, consiste em por cobro às condutas violentas em curso e reduzir, ao mínimo, os riscos inerentes a cada situação concreta. Em termos legais, os agentes policiais devem agir em conformidade com o normativo jurídico, competindo-lhe, designadamente, recolher todas as provas (pessoal e material) existentes, tendo sempre em linha de conta que só há uma oportunidade para fazer adequadamente a recolha da prova no cenário do crime e, se for caso disso, proceder à detenção do agressor, apresentando-o, em tempo útil, à autoridade judiciária competente.

Bibliografia

Araújo, H. S. (1991). *Violência na Família*. Revista Portuguesa de Pedo-psiquiatria, N.º 2, p. 43-55.

Bandura, A. (1973). *Aggression: a social learning analysis*. Englewood Cliffs, NJ: Prentice-Hall.

Azevedo, M. A. (1985). *Mulheres Espancadas: A Violência Doméstica*. São Paulo.

532 *Estudos de Homenagem ao Professor Doutor Artur Anselmo*

BROUCHU, S., BRODEUR, N., RONDEAU, G., LINDSAY, J., WHITE, N. E NADEAU, J. (2003). *L'intervention dans les situations de violence conjugale comportant un haut risque de létalité: état de la question au Québec.* Genève: Revue International de criminologie et de police technique et scientifique, n.º 3.

BOKANOWSKI, T. (1989). *Le Concept de Pulsion de mort: bibliographie critique des auteurs prychanalytiques français.* Revue Française Psychanalyse, 53(2), p. 509-531.

BROWN, Sandra (1991). *Counseling Victims of Crime.* Alexandria: American Counseling Association.

CAMPBELL, Anne & GIBBS, John J., (1986). *Violent Transations: The Limit of Personality.* Oxford: Basil Blackwell Ltd.

CAPLAN, G. (1986). *Recent Development in Crises Intervention and the Promotion of Support Services.* By the Vermont Conference on the Primary Prevention of Psychopathology. U.S.A.

CLEMENTE, R. (1987). *A Violência no Seio da Família: Medidas no Domínio Social.* Relatório do Colóquio do Conselho da Europa. Revista Infância e Juventude, N.º 3, p. 33-38.

DEVEZE, Geneviève, (1990). *La Violence Conjugale*, in Hommes & Libertés, N.º 70, Printemps, p. 6-8.

DIATKINE, R. (1984). *Agression et Violence.* Revue Française Psychanalyse, N.º 4, p. 937-946.

FIALHO, O. (1991). *A Violência Vista através do Processo Analítico.* Revista Portuguesa de Pedopsiquiatria, N.º 2, p. 57-67.

GIDDENS, Anthony (1992). *New Rules of Sociological Method.* Califórnia: Stanford University Press.

GIDDENS, Anthony (2000). *Sociologia.* Lisboa: Fundação Calouste Gulbenkian.

GELLES, R. J. (1997). *Intimate Violence in Families.* Thousand Oaks: Sage Publications.

GUIMARÃES, E. (1985). *A Mulher Portuguesa na Legislação Civil.* Revista do Instituto de Ciências Sociais, terceira série, n.ºs 92/93, p. 557-577.

HACKER, F. (1981). *Agressividade: a violência no mundo moderno*, (2ª ed., tradução portuguesa). Amadora: Bertrand.

HAMPTON, R. L., GULLOTTA, Thomas P., ADAMS, G. R., POTTER III, EARL, H. and WEISSBERG, R. P., (1993). *Family violence: Prevention and Treatment.* Newbury Park, Califórnia: Sage Publications.

KACZMAREC, Sylvie (1990). *La Violence au Foyer – Itinéraires des Femmes Battues.* Éditions Imago.

KOSOVSKY, E. (1988). *Police Stations for Women – a New Experience in Domestic Violence.* Dubrovnic: University of Zagreb.

LAPLANCHE, J. & PONTALIS, J.B. (1990). *Vocabulário da Psicanálise* (7ª ed., tradução portuguesa). Lisboa: Editorial Presença.

LOURENÇO, N., LISBOA, M. e PAIS, E. (1997). *Violência Contra as mulheres*. Lisboa: Comissão para a Igualdade e para os Direitos da Mulher.

LOURENÇO, N., e LEOTE DE CARVALHO, M. J. (2001). *Violência Doméstica: Conceito e Âmbito. Tipos e Espaços de Violência.* Lisboa: Themis, ano II, n.º 3.

MINISTÉRIO DEL INTERIOR (1991). *Violencia Contra la Mujer.* Madrid.

O.N.U. (1993). *Déclaration sur l'Élimination de la Violence Contre les Femmes.* Résolution de L'assemblée Générale N.º 48/104, Adoptées par la Troisième Commission. New York.

PAIS, E. (1996). *Rupturas Violentas da Conjugalidade – Os contextos do homicídio conjugal em Portugal.* Dissertação de Mestrado apresentada na Faculdade de Ciências Sociais e Humanas.

SILVA, Luísa F. da, (1995). *Entre Marido e Mulher Alguém Meta a Colher.* Celorico de Basto: À Bolina, Editores Livreiros Lda.

TASKINEN, Sirpa, (1987). *Relatório do Colóquio do Conselho da Europa Sobre "A Violência no Seio da Família: Medidas no Domínio Social".* Revista Infância e Juventude, N.º 2, p.17-28.

TORRES, T., ESPADA, F. J., coordinación de Elena F. L. Ochoa (1996). *Violencia en Casa.* Madrid: Aguilar.

VICENTE, Ana (1998). *Os Poderes das Mulheres, Os Poderes dos Homens*, Lisboa: Círculo de Leitores

GESTÃO DO LOCAL DO CRIME
– A RESPOSTA INICIAL[1]

VERA LOURENÇO DE SOUSA
Mestre em Políticas de Desenvolvimento de Recursos Humanos
Comissário da PSP

SUMÁRIO: Nota prévia; I – Brevíssimas considerações gerais; 1. A Polícia e a Investigação Criminal; 2. A direcção do Inquérito; 3. O relacionamento Autoridades Judiciárias/OPC; 4. Artigo 55 n.º 2 do CPP e Medidas Cautelares e de Polícia; II – A gestão inicial do local do crime; 1. O local do crime; 1.1. Características do local; 1.2. Vestígios e indícios; 2. Acção a desenvolver pelo 1.º elemento que chega ao local do crime; 2.1. Considerações gerais; 2.1.1 A chegada ao local do crime – *os procedimentos de segurança e de socorro*; 2.1.2 A chegada ao local do crime – *os procedimentos técnicos relativos às pessoas e aos vestígios na abordagem ao local*; 2.1.3. A chegada ao local do crime – *os procedimentos relativos ao registo e à transmissão da informação*; 3. Acção a desenvolver pelo 1.º elemento que chega ao local por tipo de crime; 3.1 Furtos; 3.1.1 Furtos em residências/estabelecimentos/escritórios; 3.1.1.1 Por arrombamento e chave falsa; 3.1.2 Furtos em veículos; 3.1.3 Furtos de veículos; 3.2 Incêndios; 3.3 Crimes cometidos com recurso a armas de fogo; 3.4 Agressões com arma branca; 3.5 Atropelamentos com fuga; 3.6 Remoção de cadáver; Notas conclusivas.

---

[1] O presente artigo corresponde, em parte, aos conteúdos sobre "Gestão do local do crime para elementos do serviço de patrulha" da disciplina de Investigação Criminal dos Cursos de Formação de Agentes da Polícia de Segurança Pública, pelo que, por razões óbvias, não serão aqui fornecidos todos os procedimentos específicos transmitidos aos discentes dos cursos. Trata-se, portanto de uma abordagem genérica aos procedimentos iniciais que devem ser considerados e que são o resultado da pesquisa junto de várias fontes abertas.

Nota Prévia

Um dos crimes mais mediáticos de sempre ocorreu entre nós, não há muito tempo, na região do Algarve. Uma criança inglesa terá sido raptada e/ou assassinada num apartamento quando passava férias com os pais e irmãos. Inicialmente suspeitou-se de rapto mas à medida que a investigação avançava outra tese foi surgindo – a de homicídio.

Em ambos os casos, pensa-se, que o local do crime terá sido o apartamento onde a família passava férias. Nunca antes o local de um crime foi tão mediatizado e nunca antes a opinião pública se questionou tanto sobre, qual o cenário que a polícia encontrou quando chegou ao local.

Na verdade, o primeiro contacto que a polícia tem com o local do crime é de extrema importância. A inspecção ao local deve ser cuidadosa e deve partir da premissa de que ali podem ter ocorrido vários factos. Muito embora tudo aponte para que tenha sido cometido determinado crime, nunca devem outras hipóteses ser colocadas de parte, sob pena de se perder algo que é fundamental na investigação criminal – a premissa que direcciona os trabalhos.

Em Portugal, a gestão do local do crime é, regra geral, da responsabilidade da força de segurança com competências territoriais na área – PSP ou GNR, todavia, se o crime for da competência reservada da Policia Judiciária o trabalho será complementado por esta. Nestes últimos casos é comum que o primeiro elemento que chega ao local do crime seja um agente da PSP ou um guarda da GNR, ambos do serviço de patrulha e seguidamente o piquete da PJ. Todos têm responsabilidades na gestão do local, muito embora a níveis diferentes. Os Agentes da PSP e Guardas da GNR desenvolvem as tarefas relacionadas com a segurança, o socorro, a preservação do local do crime, o afastamento de pessoas que não interessem à investigação, a gestão daquelas que interessam e a comunicação dos factos. Os técnicos, por sua vez identificam vestígios, procedem à sua recolha e prosseguem com a investigação.

Quando se fala de investigação criminal, pensa-se normalmente nos investigadores e nas tarefas que desenvolvem e a formação é, regra geral direccionada apenas para estes esquecendo-se que o patrulheiro deve ter conhecimentos específicos sobre as tarefas que tem de desenvolver e que são distintas das dos investigadores.

A actuação do elemento de resposta inicial poderá condicionar o sucesso ou insucesso da investigação. É necessário perceber que a actividade de investigação não é única e exclusivamente um encargo dos elementos com competências específicas de investigação criminal, trata-se antes, de um trabalho cujas responsabilidades estão repartidas por um grande número de pessoas nas quais se incluem os elementos do serviço de patrulha cuja missão é extremamente relevante. A investigação criminal começa na grande maioria dos casos pelas medidas cautelares e de polícia cuja responsabilidade deve ser assumida pelo primeiro elemento que chega ao local. A sua actuação metódica irá facilitar o sucesso do trabalho da inspecção judiciária e da investigação criminal.

Este documento destina-se essencialmente ao primeiro elemento policial que chega ao local do crime. Os procedimentos aqui descritos podem variar de caso para caso. Na sua maioria serão os adoptados em investigações importantes, o que significa que, em investigações de menor complexidade, não terão de ser seguidos necessariamente, mas sim adaptados. A ordem de procedimentos aqui enunciados pode igualmente variar consoante a *natureza* do crime e o *local*.

I. BREVÍSSIMAS CONSIDERAÇÕES LEGAIS

1. A Polícia e a Investigação Criminal

A polícia desempenha simultaneamente uma *actividade policial – administrativa*, ou de administração interna e uma *actividade processual penal* ou de Administração da Justiça[2]. A sua actividade administrativa inclui, entre outras, as actividades de manutenção da ordem, segurança e tranquilidade públicas (tarefas que visam impedir danos sociais). Mas, simultaneamente exige-se às polícias que desempenhem uma actividade processual penal de Administração da Justiça decorrente do Código de Processo Penal[3]. A linha que demarca as duas actividades da polícia

---

[2] Damião da Cunha, José Manuel, *O Ministério Público e os Órgãos de Polícia Criminal no Novo Código de Processo Penal*, Porto, 1993, pp. 222 a 227.

[3] Em termos práticos esta questão da dupla actividade das polícias impõe uma co-dependência. A polícia serve dois "*dominus*": o superior hierárquico e a autoridade judiciária para cumprir tarefas radicalmente distintas. Damião da Cunha, José Manuel, *O Ministério Público e os Órgãos de Polícia Criminal no Novo Código de Processo Penal*, in *Op. Cit.*, p. 115.

538 *Estudos de Homenagem ao Professor Doutor Artur Anselmo*

(a administrativa e a processual penal) está ligada à notícia de um crime. A partir deste momento, estará a polícia a desempenhar funções processuais penais[4]. Este momento temporal está directamente relacionado com os artigos do CPP que dizem respeito às fases preliminares, ao conceito de suspeito e ao inquérito[5]. Significa isto que a actividade processual penal das polícias[6] está directamente relacionada com sua *actividade de investigação criminal.*

A Lei de organização da investigação criminal (LOIC – Lei 21/2000 de 10 de Agosto[7]) define a investigação criminal como a actividade que *"compreende o conjunto de diligências que, nos termos da lei processual penal, visam averiguar a existência de um crime, determinar os seus agentes e a sua responsabilidade descobrir e recolher provas, no âmbito do processo".* A presente definição tem muitas semelhanças com a definição de inquérito prevista no artigo 262.º do CPP que estipula que *"o inquérito compreende o conjunto de diligências que visam investigar a existência de um crime, determinar os seus agentes e a responsabilidade deles e descobrir e recolher as provas, em ordem à decisão sobre a acusação".* Assim, pressupõe-se que a investigação criminal (o artigo 1.º da LOIC fala-nos *"no âmbito do processo"*) tem uma vertente mais ampla do que o inquérito (o artigo 262.º do CPP fala-nos *"em ordem à decisão sobre a acusação"*)[8]. O conceito de investigação estende-se ao longo de todo o processo e o inquérito está limitado apenas ao dever que o MP tem de deduzir ou não acusação. A investigação irá permitir ao juiz, em fase de julgamento, decidir por uma absolvição ou condenação justas e como tal pela aplicação do direito. O investigador tem portanto um papel fundamental na recolha de prova e de todos os elementos que possam ajudar o tribunal na aplicação do direito. Assim, devemos entender a investigação criminal como uma actividade que se desenvolve desde a notícia do crime até à sentença transitada em julgado[9]. A *"notitia criminis"* é a condição *"sine qua non"* para o início da investigação criminal[10].

---

[4] Damião da Cunha, *Op. Cit.*, p. 223.

[5] *Ibidem.*

[6] Esta actividade processual penal legitima aos polícias o "estatuto" de órgãos de polícia criminal (artigo 1.º do CPP).

[7] Alterada pelo DL n.º 305/2002 de 13 de Dezembro.

[8] Valente, Manuel, *Regime Jurídico da Investigação Criminal*, Almedina, Coimbra, 2003, p. 47.

[9] *Idem*, p. 50.

[10] Acórdão do STJ n.º 20188, processo n.º 40177, de 20 de Dezembro de 1989, *Ibidem.*

Gestão do Local do Crime – A Resposta Inicial

É fundamental perceber que durante todo este percurso compete à administração da justiça (Juiz, MP e por inerência aos OPC) recolher prova que sirva para condenar o culpado ou para absolver o inocente e que a investigação criminal serve essa causa.

Mas a investigação criminal materializa-se num conjunto de métodos e técnicas específicas e utiliza um raciocínio típico do método científico. As metodologias a que recorre (observação, comparação, análise, etc) são apoiadas por várias técnicas como sejam as vigilâncias, escutas, inspecções, interrogatórios, etc. É importante ter a noção que tudo isto concorre para os fins da investigação criminal e do inquérito. E que muito embora *"o dominus"* do processo pertença à autoridade judiciária, essa mesma autoridade não é uma polícia nem tem formação específica neste campo, *"necessitando sempre dos conhecimentos técnicos das polícias para efeitos de investigação"*[11]. Devem, portanto, os OPC "cuidar da aplicação dos conhecimentos técnicos de investigação criminal", muito embora, com o dever de lealdade que se exige com a entidade de que dependem funcionalmente.

2. A direcção do Inquérito

A direcção do Inquérito cabe ao MP. Esta titularidade deve ser entendida como o poder de dispor material e juridicamente da investigação no sentido de (1) emitir directivas, ordens e instruções quanto ao modo como deve ser realizada aquela investigação, (2) acompanhar e fiscalizar os vários actos, (3) delegar ou solicitar a realização de diligencias, (4) presidir ou assistir a certos actos ou autorizar a sua realização e (5) avocar, a todo o tempo o inquérito[12].

É importante ter a noção de que a titularidade e direcção do inquérito, não implica a realização material e directa de todos os actos processuais que o integram, nem pressupõe a realização de actos materialmente de investigação, essência da actividade das polícias[13]. Significa isto que,

---

[11] Costa, José de Faria, *"As relações entre o Ministério Público e a Polícia: a experiência portuguesa"*, in BFD, Coimbra, Vol. LXX, 1994, p. 225.

[12] Pinto, António Augusto Tolda, *A Tramitação Processual Penal*, 2ª Edição, Coimbra Editora, Coimbra, 2001, p. 577.

[13] Van Dunem, Francisca, *Organização da Investigação Criminal, modelo de interacção*, III Congresso Nacional da ASFIC/PJ, 2004.

540   *Estudos de Homenagem ao Professor Doutor Artur Anselmo*

a autoridade judiciária, que detém o processo determina ao OPC a investigação dos factos e esta investigação irá ser executada por uma "brigada" que executará uma série de diligências técnicas ou actos de investigação próprios das polícias. Os conhecimentos técnicos necessários para que isso aconteça são próprios das polícias e não das Autoridades Judiciárias. Isso não determina que a AJ perca o seu poder de direcção sobre o processo. A AJ pode orientar, fiscalizar (nomeadamente a legalidade dos actos), determinar a realização dos actos que entenda pertinentes e avocar a todo o tempo o processo se julgar que não está a ser realizado em condições adequadas.

As polícias têm, no entanto, um papel de extrema importância pelos conhecimentos que detêm acerca do método da investigação criminal. Esses conhecimentos permitirão despoletar a própria investigação e os actos a executar, partindo muitas vezes da iniciativa das polícias os actos processuais a executar. Estes actos serão, logicamente, propostos à AJ que os autorizará ou não.

É importante ter a noção de que só um polícia profissionalmente preparado estará em condições de saber por onde deve começar a investigação. Só ele saberá se deve iniciar a investigação por uma vigilância, por uma escuta, por uma busca ou pela audição desta ou daquela pessoa[14].

Mesmo na hipótese de delegação da globalidade dos actos de inquérito, o MP mantém a sua direcção. E esta integrará os poderes de orientação e de obrigações de informação e de lealdade por parte dos OPC.

3. O relacionamento Autoridades Judiciárias/OPC

Os artigos 55.º e 56.º do CPP determinam que os OPC *coadjuvam* as autoridades judiciárias com vista à realização das finalidades do processo, *sob a sua direcção* e na sua *dependência funcional*. (ver também artigo 2.º n.º 4 da Lei 21/2000).

O conceito de coadjuvação significa que os OPC, devem, dentro dos limites das suas atribuições, auxiliar as autoridades judiciárias. Este tipo de coadjuvação tem características precisas, nomeadamente (1) trata-se de uma relação entre órgãos independentes decorrente de um pedido de

---

[14] Vidal, José Marques, *Justiça em Crise?* 2003, Quetzal Editores, 2003, p. 79.

Gestão do Local do Crime – A Resposta Inicial 541

cooperação de um deles, (2) o procedimento a executar não cabe nas competências da entidade coadjuvada, embora esta seja a titular da competência (3) o órgão coadjutor tem de ser competente para praticar o acto requerido. A lei confere aos OPC uma função de auxílio às autoridades judiciárias que são os verdadeiros titulares da competência, no entanto, os OPC executam-na como órgão principal. Não estamos no entanto perante uma competência conjunta ou concorrente dos OPC/AJ. O titular da competência é sempre a Autoridade Judiciária. Para todos os efeitos, o acto praticado é um acto da AJ[15].

O conceito de dependência funcional significa que na tarefa de coadjuvação dos OPC para com as AJ, a cooperação só existe enquanto os OPC exerçam aquelas funções processuais penais e só ao nível destas funções[16] pelo que a dependência funcional é alheia a qualquer forma de vinculação orgânica ou qualquer esquema organizatório sustentado na hierarquia[17]. Os OPC estão pois numa situação de co-dependência. Os OPC no exercício das suas funções processuais penais sofrem a influência das Autoridades Judiciárias e simultaneamente da sua estrutura hierárquica.

A expressão de "sob a sua direcção" característica da relação AJ/ /OPC é substancialmente diferente da expressão "poder de direcção", este último que se traduz na faculdade de dar ordens. Bem diferente é o que existe entre as Autoridades Judiciárias e os OPC – *"sob a sua direcção"* – que se traduz apenas na faculdade de emitir directivas que são orientações genéricas, definindo imperativamente os objectivos a cumprir mas deixando liberdade de decisão no que concerne aos meios a utilizar e às formas a adoptar para concretizar tais objectivos. A ordem implica um acto de mera execução e a directiva implica um espaço de manobra na concretização, nomeadamente quanto à forma e meios de execução[18].

No sistema legal português temos, portanto, um modelo estruturado em torno de uma magistratura que dirige o inquérito, de outra que assegura as "liberdades" e de uma polícia que ao investigar e praticar actos processuais o faz não por poder originário, mas em decorrência da sua condição de órgão auxiliar da autoridade judiciária[19].

---

[15] Damião da Cunha, *Idem*, pp. 109 e 110.
[16] Ibidem.
[17] Pinto, António Augusto Tolda, *Op. Cit.*, p. 589.
[18] Damião da Cunha, *Op. Cit.*, pp. 114 a 119.
[19] Van Dunem, *Ibidem*.

542 Estudos de Homenagem ao Professor Doutor Artur Anselmo

4. Artigo 55 n.º 2 do CPP e Medidas Cautelares e de Polícia

Ao tratarmos a relação AJ/OPC até ao presente momento, esteve sempre subjacente que o MP ou o JI tivessem cometido um encargo aos OPC, no entanto, pode acontecer que os OPC tenham necessidade de agir, em termos processuais penais, mesmo antes da intervenção da AJ. É exactamente esta situação que o CPP vem regular, criando com o artigo 55 n.º 2 uma competência processual penal e com os artigos 248.º ao 253.º do CPP uma "fase" processual penal denominada medidas cautelares e de polícia". No âmbito do artigo 55 n.º 2 estamos a falar de (1) colher notícias dos crimes e impedir quanto possível as suas consequências, (2) descobrir os seus agentes e (3) levar a cabo os actos necessários e urgentes destinados a assegurar os meios de prova e no âmbito dos artigos 248.º a 253.º do CPP (medidas cautelares e de polícia) estamos a falar de (1) comunicação da notícia do crime, (2) providências cautelares quanto aos meios de prova (3) identificação de suspeito e pedido de informações, (4) revistas e buscas (5) apreensão de correspondência.

As medidas cautelares e de polícia são medidas que os OPC têm de tomar para assegurar os meios de prova sempre que tiverem notícia de um crime. São a concretização da competência de coadjuvação e simultaneamente o seu limite (os OPC estão limitados nos seus actos de iniciativa própria, não podendo ir para além do estipulado nos artigos respeitantes às medidas cautelares e de polícia). Trata-se pois de garantir uma competência (tal como refere o artigo 55 n.º 2 do CPP) que lhes possibilite uma primeira intervenção de carácter fundamentalmente de garantia e por isso excepcional, pois como resulta do artigo 249.º do CPP, os OPC actuariam, em princípio, por encargo de autoridade judiciária[20].

Tais medidas atribuem uma certa autonomia aos OPC, no entanto é importante ter presente e depreendemos implicitamente do artigo 55.º do CPP que esta competência para a prática de actos de iniciativa própria é ainda uma consequência da relação de coadjuvação. Estas medidas são cautelares, provisórias, e, por isso, antecipadoras e preparatórias da posterior intervenção judiciária[21]. Na verdade estamos já dentro das competências da Autoridade Judiciária. Relembramos que a relação de coadjuvação implica uma competência de auxilio permanente e contínuo que

---

[20] Damião da Cunha, *Op. Cit.*, p. 137.
[21] *Idem*, p. 138.

implica que os OPC exercitem aquela competência, com ou sem encargo de uma autoridade judiciária[22].

Muito embora as medidas cautelares possam surgir em diversos momentos do processo é aquando da notícia de um crime que elas assumem uma importância vital – nomeadamente quando se está perante um crime de cenário. A polícia serve-se das medidas cautelares para salvaguardar os meios de prova – pessoais ou reais – "capazes e suficientes a induzir ao titular do processo uma decisão fundeada na verdade material[23]".

II. A GESTÃO INICIAL DO LOCAL DO CRIME

1. O local do Crime

1.1 *Características do local*

Grande parte dos ilícitos criminais ocorrem num *momento* e num *local específico*. Falamos de crimes como a agressão, o homicídio, o assalto, o furto, a violação, entre tantos outros. Mas existem outros crimes em que o local onde ocorrem não tem um grande significado para a investigação criminal, nomeadamente os crimes informáticos ou ainda os chamados crimes de colarinho branco como por exemplo a fraude, o desfalque, entre tantos outros[24]. Esta distinção remete-nos desde logo para a ideia de que existem crimes em que o local assume uma importância extrema enquanto que noutros é quase irrelevante, referimo-nos, concretamente a crime de cenário e crimes sem cenário.

Nos *crimes de cenário* a investigação sustenta-se numa boa inspecção judiciária, considerando que neste tipo de crime ficam no local, com maior ou menor evidência, marcas, sinais ou objectos que vão permitir, através de exames e de perícias, constituir prova e orientar a investigação.

---

[22] *Ibidem.*

[23] Valente, Manuel Monteiro, *Teoria Geral do Direito Policial*, Tomo II, Almedina, Coimbra, 2005, p. 173.

[24] Innes, Brian, *Os Cadáveres Acusam*, Lisboa: Editorial Estampa, 2000, p. 9.

544   *Estudos de Homenagem ao Professor Doutor Artur Anselmo*

Nos *crimes sem cenário*, a inspecção judiciária é irrelevante uma vez que não há nada a inspeccionar. Estes são os crimes que ocorrem "em lugar algum" ou cujo lugar não tem grande importância para a descoberta da verdade.

O princípio mais elementar relativamente aos crimes de cenário foi apresentado no início do século XX por um médico francês com o nome de Edmond Locard[25] que defendia que *"todo o criminoso deixa algo no local do crime e leva algo consigo"*[26]. Este famoso princípio remete-nos para duas ideias fundamentais:

A. Quando ocorre um determinado crime de cenário estão criadas todas as condições para que se estabeleçam uma série de relações, nomeadamente, entre:

– *o suspeito e o local* (no local poderemos encontrar impressões digitais, sangue, cabelos, esperma, entre outros pertencentes ao suspeito e este poderá levar consigo algo pertencente ao local, como lama, tinta, pedaços de madeira, pó, etc);

– *o suspeito e a vítima* (o suspeito poderá levar consigo cabelos, sangue, pele, base, pó-de-arroz e o contrário também é passível de acontecer);

– *o suspeito e o objecto* (o suspeito poderá ter marcas do objecto utilizado no crime, como será o caso concreto da pólvora de uma arma de fogo e o objecto poderá ter marcas do suspeito, como será o caso das suas impressões digitais);

– *a vítima e o local* (à primeira vista esta parece ser uma correlação pouco significativa para a investigação, muito embora, isso seja uma falsa ideia. É de extrema importância para determinar de forma exacta o local do crime e ganha uma relevância maior quando a vítima é mudada de lugar. No local poderão existir marcas da vítima como é o caso de sangue, cabelos, unhas entre tantos outros e na vítima poderão existir marcas do local, como é o caso de fibras de um determinada lençol ou de uma manta que se encontravam a cobrir uma cama ou a tinta de uma parede);

---

[25] Professor de medicina forense na Universidade de Lyon que em 1910 se demite para criar um dos primeiros laboratórios de polícia. Idem, p. 10.

[26] Innes, Brian, O*b. Cit.*, p. 10.

– a vítima e o objecto (a vítima poderá ter a marca do objecto, como seja um corte, uma perfuração, entre outros e o objecto poderá ter marcas da vítima como sejam sangue, cabelos, impressões digitais, etc);

– o objecto e o local (no local podem ficar as marcas do objecto utilizado no crime, como é o caso da pólvora de uma arma ou ainda as marcas deixadas por um "pé de cabra" num vidro partido e no objecto poderão ficar marcas do local, é o caso das partículas de vidro num taco de basebol).

B. Os crimes de cenário exigem dos elementos policiais um cuidado extremo na sua abordagem face aos possíveis vestígios deixados no local. A acção policial a desenvolver no local do crime revela-se extremamente importante porque é normalmente o primeiro contacto que se estabelece no pós-crime, permite a obtenção de prova que irá direccionar a investigação (esta obtenção de prova exige o desenvolvimento de uma série de procedimentos policiais adequados), permitindo dar resposta às 6 questões da investigação criminal: quem? o quê? como? onde? porquê? e quando?. O elemento policial deve abordar a inspecção do local de crime como sendo a única oportunidade de preservar e recuperar vestígios[27].

É importante ter a noção de que o local do crime é (1) *complexo*, porque no mesmo podem encontrar-se uma série de vestígios (deixados pelo autor do crime), pseudo – vestígios (causados de forma involuntária, por exemplo pelo dono do estabelecimento assaltado quando entrava no mesmo e se deparou com o crime) e ainda possíveis vestígios falsos (criados pelo autor ou autores do crime), (2) delicado *ou frágil*, face à facilidade em estragar e apagar os vestígios caso não se tenha a sensibilidade de os preservar associado ao facto deste ser um local muito concorrido, nomeadamente pelos familiares da vítima, os polícias, bombeiros, médicos e curiosos e (3) *vive constantemente ameaçado* pelas *condições atmosféricas*, caso seja na rua, pela *natureza frágil de alguns vestígios*, como é o caso das fibras de roupa que facilmente podem desaparecer ou do sangue que pode sofrer alterações e pelos *actos voluntários ou involuntários das pessoas* que os podem eliminar ou estragar[28].

---

[27] Calado, Francisco e Simas, Alexandre, *Manual de Procedimentos na Investigação do Local do Crime*, ISPJCC, 2002, p. 5.

[28] Manual de Investigação Criminal da EPP, Torres Novas.

1.2 Vestígios e indícios

O elemento policial que proceder à inspecção ao local do crime deverá procurar, basicamente, *algo que não deveria estar ali*[29], podendo ser um vidro partido, uma mancha de sangue, um pé de cabra, um taco de basebol, marcas de um pneu de um automóvel, uma chave, pedaços de uma camisola, manchas de tinta numa montra de estabelecimento, invólucros de uma arma, mobília virada ou objectos partidos, entre tantos outros.

O local do crime é portanto, rico em indícios e vestígios.

Os indícios são algo (material ou moral) que nos permite, através das regras da experiência, retirar algumas conclusões sobre um determinado acontecimento criminoso. Embora não possam ser considerados prova, poderão orientar a investigação criminal porque consubstanciam uma pista. Constituem, assim, a base de muitas investigações e como tal não podem ser menosprezados pelo elemento policial. Existem vários tipos de indícios:

Indícios de *causa* (algo que surge antes do crime):

1. A *capacidade intelectual e física para delinquir* como a astúcia, os conhecimentos específicos ou a capacidade física são factores que poderão estar associados ao cometimento de determinados tipos de crime, nomeadamente, em caso de crimes continuados, como as burlas ou os furtos por carteiristas;

2. A *capacidade para delinquir pelas características do agente do crime* também poderá dar pistas ao investigador. Este factor está relacionado com a personalidade, o carácter e os antecedentes criminais de um indivíduo;

3. A *capacidade para delinquir porque existe um "motivo" ou impulso para o crime.* A existência de um motivo particular (o móbil do crime) poderá servir ou não de indício à prática de um determinado tipo de crime[30].

---

[29] Innes, Brian, O*b. Cit.*, p. 11.
[30] Rodrigues, Liz, *Teoria dos Vestígios Biológicos*, ISPJCC, 1999, p. 3.

Indícios de *efeito* (algo que surge após o crime e devido a ele):

1. As próprias *marcas deixadas no local* do crime, poderão servir para indiciar alguém. No caso em que o autor não é primário e como tal, já existem sobre o mesmo informações concretas, nomeadamente no que se refere à forma como comete os crimes. Essas informações, conjugadas com as marcas deixadas no local podem indiciar determinado individuo ou indivíduos.

2. As sequelas morais do autor do crime poderão igualmente servir de indício. Um "principiante" poderá deixar transparecer uma perturbação pela prática do crime e ficará mais afectado psicologicamente do que um criminoso reiterado. São os chamados *indícios morais do delito,* porque se referem à personalidade moral do criminoso[31].

Os indícios de efeito poderão ser definidos como modificações físicas ou psíquicas, resultantes de conduta humana e que nos irão permitir tirar conclusões quanto ao crime[32].

Os vestígios são *os sinais, manchas, traços ou marcas deixados pelo homem, por um animal ou por um objecto e que vão permitir ao investigador através de raciocínios lógicos e recorrendo a métodos científicos tirar conclusões sobre o crime e sobre o seu autor[33]. Trata-se, portanto, de uma alteração material/física relacionada com um acontecimento criminal e que pode ajudar ao seu esclarecimento[34].*

Existem *vestígios – verdadeiros* que são aqueles que são inerentes ao próprio crime, *vestígios – falsos*, produzidos pelo criminoso para enganar as autoridades e *pseudo – vestígios* que são aqueles que são alterados por força natural (ex: chuva, vento), por comportamentos involuntários ou voluntários (ex; gaveta mexida pelo dono da residência assaltada quando tentava verificar o que lhe tinha sido furtado), ou pela má interpretação do investigador.

Os vestígios têm uma grande importância porque: (1) permitem uma análise cuidada da realidade material, (2) informam como decorreu o

---

[31] *Idem, Ibidem.*
[32] *Idem, Ibidem.*
[33] Rodrigues, Liz, O*b Cit.*, p. 4.
[34] Calado, Francisco e Alexandre Simas, O*b. Cit.*, p. 7.

548   *Estudos de Homenagem ao Professor Doutor Artur Anselmo*

facto, (3) esclarecem o móbil do crime, (4) fornecem elementos do autor do crime, (5) permitem uma reconstituição do crime e (6) permitem uma interpretação recorrendo a métodos científicos[35].

Podemos encontrar vestígios no local do crime, nos seus acessos, no ofendido (ferido ou morto), no autor do crime, nos instrumentos utilizados no crime e na vítima.

Existem vestígios *biológicos* e *não biológicos*. Relativamente aos primeiros destacamos o sangue, saliva, suor, urina, esperma, secreção vaginal, pêlos, cabelos e unhas. No que se refere aos vestígios não biológicos destacamos os vidros, armas, rasuras mecânicas, pegadas, munições, venenos e a escrita. O primeiro elemento que chega ao local do crime e depois de fazer uma análise do local, tem de saber concretamente o que podem constituir vestígios, pois só assim saberá reconhecê-los e preservá-los.

2. Acção a desenvolver pelo 1.º elemento que chega ao local do crime

2.1 *Considerações gerais*

2.1.1 *A chegada ao local do crime*
    – os procedimentos de segurança e de socorro

Muito embora o local deva merecer um destaque importante nada prevalece sobre a *segurança* dos nossos agentes policiais e de terceiros que possam, eventualmente encontrar-se no local do crime e o *socorro às vítimas*, daí que o 1.º conjunto de procedimentos a desenvolver pelo 1.º elemento que chega ao local deva ser o seguinte:
    1. Assegurar que não existe nenhuma ameaça sobre si ou sobre outras pessoas, nomeadamente, sobre outros elementos policiais, bombeiros, médicos, ofendidos, familiares, etc. Exige-se que pesquise toda a área envolvente para detectar sinais de perigo. Na aproximação ao local deve desenvolver todos os procedimentos tácticos adequados.

---

[35] Rodrigues, Liz, O*b. Cit.*, p. 4.

Gestão do Local do Crime – A Resposta Inicial 549

Caso exista perigo, deve informar e solicitar reforços e auxílio. Deve, na medida do possível controlar a situação até à chegada dos reforços;
2. Socorrer as vítimas, caso necessário, e solicitar a presença do pessoal de emergência médica ou da ambulância.

2.1.2 *A chegada ao local do crime* – os procedimentos técnicos relativos às pessoas e aos vestígios na abordagem ao local

Na chegada ao local há uma regra básica a cumprir e que consiste em *"fixar o local sem o alterar ou contaminar"*[36]. O elemento policial não deve, portanto, mexer em nada. A regra a aplicar nestes casos é: *"olhos bem abertos, boca fechada e mãos nos bolsos"*[37].

O 2.º conjunto de procedimentos a desenvolver pelo agente deve ser o seguinte:
1. Fazer uma avaliação concreta do local do crime, nomeadamente no que se refere a *restantes pessoas, veículos, acontecimentos, presença de potenciais vestígios* e *circunstâncias ambientais externas*[38];
2. Controlar, identificar, retirar pessoas estranhas do local do crime e limitar o número de pessoas que permanecem no local e o movimento de tais pessoas[39]. Estar vigilante e atento a todas as pessoas que entram e saem do local. Espera-se que o elemento do serviço de patrulha controle todas as pessoas que estão no local do crime. Este controle terá dois objectivos: (1) proibir que essas pessoas alterem ou destruam os possíveis vestígios e (2) assegurar que essas pessoas sirvam os fins da investigação criminal, nomeadamente no que diz respeito à prova. Os suspeitos e as testemunhas devem ser isolados enquanto que os curiosos, a comunicação social e pessoal não autorizado devem ser afastados do local;

---

[36] Technical Working Group on Crime Scene Investigation, *Crime Scene Investigation: a guide for law enforcement*, Washington, 2000, p. 11.

[37] Innes, Brian, O*b. Cit.,* p. 11.

[38] Technical Working Group on Crime Scene Investigation, O*b. Cit.,* p. 11.

[39] *Idem*, p. 14.

550   *Estudos de Homenagem ao Professor Doutor Artur Anselmo*

3. Estabelecer os limites do local do crime, começando no seu ponto central e alargando, de forma a incluir:
   - O local onde o crime aconteceu;
   - Os locais de entrada e de saída e respectivos acessos dos suspeitos e das testemunhas;
   - Os locais onde a vítima ou objectos possam ter sido deixados (para isso é necessário que o Agente esteja atento à existência de vestígios, marcas ou rastos)[40];
4. Levantar barreiras físicas[41], como é o caso de fitas, cordas, cones, veículos disponíveis, pessoal, grades, ou outros mecanismos, (muito embora as fitas sejam as mais utilizadas) ou socorrerem--se de barreiras físicas existentes no local como é o caso de uma porta ou uma parede, limitando-se, neste caso, o agente a fechar a porta, proibindo a entrada;
5. Executar todas as medidas de protecção e preservação dos vestígios. Isto significa que o próprio agente não deve mexer em nada e deve assegurar que os vestígios sejam protegidos de pessoas que intencionalmente ou involuntariamente os possam destruir, das condições atmosféricas (chuva, neve, vento, humidade), de sistemas de rega que possam estar instalados no local, entre tantas outros.
   No local o Agente deve ter em atenção o seguinte:
   - Toda e qualquer modificação produzida deverá ser devidamente anotada no relatório/expediente;
   - Caminhar cuidadosamente na cena do crime para não destruir nenhum vestígio;
   - Não utilizar o telefone nem o WC;
   - Não fumar;
   - Não tocar em nenhum objecto;
   - Proteger os vestígios ameaçados (com baldes, caixas, etc.);
   - Não permitir que outras pessoas mexam nos objectos;
   - Ter atenção aos possíveis vestígios lofoscópicos (impressões digitais/mãos e pés);
   - A confissão do suspeito/arguido é importante, mas não é suficiente para a produção de prova.

---

[40] *Idem*, p. 15.
[41] *Ibidem*.

2.1.3 *A chegada ao local do crime* – os procedimentos relativos ao registo e à transmissão da informação

Todas as actividades executadas e observadas devem ser registadas. O Agente de resposta inicial deve ter em consideração que a informação que vai registar tem duas finalidades, que embora complementares podem originar cuidados distintos. A informação servirá num primeiro momento para comunicar ao Ministério Público a notícia do crime, de acordo com o artigo 248.º do CPP e num segundo momento servirá para elaborar o respectivo expediente. Na elaboração do expediente, ganham relevo, de acordo com o artigo 253.º do CPP, as investigações levadas a cabo, os resultados das mesmas, a descrição dos factos e as provas recolhidas. No entanto, é importante relembrar que aquele crime terá ainda de ser investigado e o expediente analisado. Nessa análise ao expediente irão procurar-se indícios de conexão com outros casos ou indivíduos. Por tais factos, deve ser encetado um esforço para a recolha do máximo de informação possível sobre aquele crime e seus autores, mencionando toda essa informação no expediente e *outras informações laterais mas que possam estar relacionadas.*

O registo da informação insere-se, portanto no 3.º conjunto de procedimentos a desenvolver pelo agente, vejamos:
1. Obter todas as informações necessárias para proceder ao registo da ocorrência. As informações a recolher dizem respeito às 6 questões chave da investigação criminal, devendo ainda proceder à recolha de todas as informações relativas às detenções efectuadas e à prova material, vejamos:

Para além desta informação é importante registar todas as actividades executadas e as observações efectuadas no local do crime – a posição das pessoas e dos objectos no local, aparência do local à chegada do agente, condições do local à chegada do agente, informação pessoal das testemunhas, das vítimas, dos suspeitos e de todas as declarações ou comentários por eles efectuados e acções efectuadas por si ou por outras pessoas[42];
Assim, como é importante registar a existência de vestígios no local do crime e a presença de testemunhas, também pode ser relevante que

---

[42] *Idem*, p. 17.

552 *Estudos de Homenagem ao Professor Doutor Artur Anselmo*

fique registado no expediente a inexistência desses vestígios e dessas testemunhas quando assim acontecer. Por vezes, em audiência de julgamento, as partes confrontam os Agentes sobre a presença de determinados vestígios e se essa informação que nega a presença desses vestígios estiver registada no expediente nem o Agente nem as Partes terão grandes dúvidas quanto a esse facto evitando-se percas de tempo desnecessárias (Exemplo: a inexistência de rastos de travagem, de vidros e de testemunhas num determinado acidente de viação – atropelamento com fuga).

2. Transmitir toda a informação aos técnicos[43]. O primeiro elemento que chega ao local deve verificar se o ilícito criminal é da competência reservada em matéria de investigação criminal da PJ ou, não sendo, se cai na esfera de competência da PSP, socorrendo-se para o efeito do artigo 4.º da Lei de Organização da Investigação Criminal (Lei 21/2000, de 10 de Agosto) e proceder à comunicação à UPT ou ao piquete da PJ.

Após a chegada dos técnicos, o elemento de resposta inicial, deverá transmitir toda a informação sobre as observações e actividades efectuadas e ainda sobre as informações que obteve das várias pessoas que se encontravam no local ou que estiveram envolvidas naquele caso.

3. Acção a desenvolver pelo 1.º elemento que chega ao local por tipo de crime

Para além dos procedimentos gerais (1.º conjunto de procedimentos relativos à *segurança e ao socorro*, 2.º conjunto de procedimentos técnicos relativos *às pessoas e aos vestígios* na abordagem ao local e o 3.º conjunto de procedimentos relativos ao *registo da informação e da comunicação*, o primeiro elemento que chega ao local do crime deve redobrar a sua atenção para um conjunto de procedimentos específicos a adaptar a cada tipo de crime, em concreto.

---

[43] Caso o crime seja da competência reservada da Polícia Judiciária esta comunicação deve fazer-se ao piquete da PJ. Caso contrário, esta comunicação deve fazer-se aos técnicos da PSP ou GNR conforme os casos. No caso concreto da Polícia de Segurança Pública a transmissão faz-se à Unidade de Polícia Técnica onde estão integradas as Equipas de Inspecção Judiciária.

3.1 *Furtos*

Não é fácil estabelecer um conjunto específico de procedimentos de investigação a efectuar nos crimes de furto, face à diversidade de modos de actuação, multiplicidade do objecto utilizado no crime, pluralidade de locais, diversidade e número de autores, cúmplices e receptadores.

Assim, iremos, na medida daquilo que é possível, apresentar as primeiras diligências que o elemento de resposta inicial deverá desenvolver, tendo em consideração o local do crime de furto e o objecto utilizado na prática desse crime.

3.1.1 *Furtos em residências / estabelecimentos / escritórios*

As primeiras diligências a efectuar pelo primeiro elemento que chega ao local do crime nos casos de furtos em residências ou estabelecimentos não diferem dos conjuntos de procedimentos gerais já apresentados, com as devidas adaptações para cada caso concreto, ganhando relevância os seguintes procedimentos:

1.º Verificar a existência de suspeitos e isolar os mesmos;
2.º Verificar possível itinerário dos suspeitos e o *modus operandi*;
3.º Verificar existência de testemunhas e isolar as mesmas;
4.º Verificar locais de entrada e saída:

De uma maneira geral todos os vestígios podem ser encontrados num cenário de um crime de furto em residências / estabelecimentos / escritórios, no entanto, alguns assumem especial relevância como será o caso das impressões digitais, instrumentos utilizados e do sangue.

3.1.1.1 Por arrombamento e chave falsa

Como modalidade do furto em residências e estabelecimentos existe o "arrombamento" que consiste, segundo o artigo 202.º al. d) do Código Penal *no rompimento, fractura ou destruição, no todo, ou em parte, de dispositivo destinado a fechar ou impedir a entrada, exterior ou interiormente, de casa ou de lugar fechado dela dependente.*

Os instrumentos utilizados são, normalmente, os pés-de-cabra (barra de ferro comprida com uma extremidade curva com uma fenda ao meio, formando dois dentes), as serras, os berbequins, as chaves de parafuso,

554   *Estudos de Homenagem ao Professor Doutor Artur Anselmo*

as chaves de fendas, as gazuas (haste de ferro em que uma das extremidades pode ser achatada e recurva e a outra toma a forma de argola ou anel), as cunhas de madeira e as tesouras[44].

Relativamente aos furtos cometidos com chave falsa é importante ter a noção de que o Código Penal no seu artigo 202.º al. f) considera chaves falsas as (1) imitadas, contrafeitas ou alteradas, (2) as verdadeiras quando, fortuita ou subrepticiamente, estiverem fora do poder de quem tiver direito de as usar e (3) as gazuas ou quaisquer instrumentos que possam servir para abrir fechaduras ou outros dispositivos de segurança.

As gazuas, os ganchos, os arames e as radiografias são muitas vezes utilizados neste tipo de crime.

No furto em residência, estabelecimento e escritório com arrombamento ou chave falsa, o primeiro elemento que chega ao local do crime deve executar os três conjuntos de procedimentos gerais já enunciados anteriormente (1.º conjunto de procedimentos relativos à *segurança e ao socorro*, 2.º conjunto de procedimentos técnicos relativos às *pessoas e aos vestígios* na abordagem ao local e 3.º conjunto de procedimentos relativos ao *registo da informação e da comunicação* com as necessárias adaptações a cada caso em concreto. Devendo, no entanto redobrar a sua atenção para o conjunto de procedimentos específicos a adoptar neste tipo de crime:

- Apurar como terá sido feita a introdução dos criminosos e *preservar com muito cuidado o local de entrada.*
- Quando houver a *quebra de vidros* deve ter-se em atenção os vidros partidos que se encontram no interior ou exterior e a sua preservação;
- Averiguar o *percurso seguido* pelo autor/es até ao local de onde foram retirados os objectos ou valores;
- Aferir quais os *instrumentos utilizados*;
- Ter em atenção ao *mobiliário e aos objectos mudados de lugar*;
- Se houve violência devem ter em atenção aos possíveis *vestígios biológicos* deixados no local, nomeadamente o sangue;
- *Registar a ordem ou desordem* em que se encontravam os móveis, o estado em que ficaram as dependências até à chegada ao local donde foram retirados os objectos/valores[45];

---

[44] Domingues, Bento Garcia, *Investigação Criminal – Técnica e táctica nos crimes contra a propriedade*, Lisboa: Livraria Petrony, 1965, p. 154.

[45] *Idem*, p. 164.

– Informar o ofendido de que não deve mexer em nada até à chegada dos técnicos, mesmo que isso não permita saber, com certeza, o que terá sido furtado. A lista de bens furtados só pode ser feita depois da inspecção judiciária, de forma a evitar que o proprietário vá verificar nas dependências o que lhe terá sido furtado e assim possa destruir os vestígios deixados pelo autor/es do crime.

3.1.2 *Furtos em veículos*

É muito frequente a prática de furto no interior de veículos especialmente do auto rádio ou de quaisquer outros objectos deixados no seu interior como telemóveis, computadores portáteis, entre tantos outros objectos de valor. Normalmente, largados pelo seu proprietário, enquanto se dirige, por breves momentos ao café, restaurante, repartição pública ou à escola do seu filho.

As chaves falsas, os ganchos e as pequenas gazuas são muitas vezes os instrumentos utilizados pelos criminosos para a abrir a viatura, arrancar ou partir um vidro[46].

Neste tipo de crime, o primeiro elemento que chega ao local deve, para além de executar os procedimentos gerais já enunciados, com as devidas adaptações, prestar atenção ao seguinte conjunto de procedimentos específicos:

– Avaliar a necessidade de chamar os técnicos para a realização da inspecção judiciária.
– Avaliar o processo de actuação do criminoso para alcançar o interior do veículo e pesquisar possíveis impressões digitais, preservando-as[47]. Todos os locais e objectos devem ser preservados;
– Aquando de um eventual reboque da viatura encetar todos os esforços para *não destruir* as *possíveis impressões digitais;*
– Investigar *quem*, na zona, *terá visto os criminosos*, de forma a estabelecer-se a sua descrição física[48];
– No registo da informação é fundamental fazer uma descrição minuciosa dos objectos furtados e da definição do local.

---

[46] *Idem*, p. 174.
[47] *Idem*, p. 176.
[48] *Ibidem.*

3.1.3 *Furtos de veículos*[49]

Neste tipo de criminalidade podemos incluir:
– *O furto de viaturas para a prática de outro tipo de criminalidade* como é o caso dos assaltos, ou ainda como meio de fuga rápido ou para o transporte do produto do crime. Nestes casos, é usual o posterior abandono da viatura finda a necessidade que motivou o furto ou por falta de combustível. São, normalmente crimes praticados por grupos[50];
– *A verdadeira apropriação da viatura para posterior venda.* Nestes casos é normal que se proceda à alteração da viatura, nomeadamente da cor e da mudança da matrícula e de outro elementos conhecidos[51];
– *O furto determinado pela venda das suas peças.* Nestes casos a viatura é, normalmente, levada para uma oficina ou barracão onde se procede à sua desmontagem com particular interesse naquelas peças de fácil transacção. Nestes casos em concreto ganham relevância os receptadores da modalidade.

Deve ter-se em atenção o seguinte *conjunto de procedimentos específicos*:

1. *Quando a comunicação do furto é feita à polícia:*
   – Fazer um levantamento completo da descrição do veículo;
   – Difusão imediata da informação pelo dispositivo;

2. *Quando a viatura é encontrada abandonada:*
   – Verificar possíveis impressões digitais, preservando-as.
   – Verificar eventuais alterações feitas à viatura;
   – Investigar *quem*, na zona, *terá visto o abandono daquela viatura, data e possível* descrição física dos indivíduos;
   – No registo da informação é importante fazer uma descrição das circunstâncias em que foi encontrada a viatura e do local.

---

[49] Não faremos aqui a distinção jurídica de furto de veículo e furto de uso.
[50] *Idem*, p. 169.
[51] *Idem*, p. 171.

3.2 *Incêndios*

São três as causas possíveis de um incêndio:
- Acidental como é o caso da imprudência de um fumador ou da descuidada utilização do fogo, o aquecimento e o uso de vários aparelhos eléctricos, a realização de trabalhos domésticos com produtos químicos inflamáveis (ex: limpeza de tecidos com benzina, gasolina, álcool), instalações de gás, explosões em casos de fuga de gás, falta de limpeza das chaminés e o curto circuito[52];
- Natural como é o caso de combustões espontâneas entre determinadas substâncias, descargas eléctricas (raio) produzidas durante uma tempestade e a incidência de raios solares concentrados por meio de lente ou espelho sobre substâncias inflamáveis[53];
- Criminosa. O incêndio criminoso está previsto no Código Penal no artigo 272.º sob a epígrafe *"incêndios, explosões e outras condutas especialmente perigosas"*. O incendiário pode utilizar várias técnicas na sua actuação como por exemplo:
  - Criar um foco de incêndio lançando directamente sobre matérias inflamáveis o próprio fogo (lançar uma chama ou qualquer matéria já incandescente sobre algodão, estopa, palha, papel, panos, aparas de cortiça). A ligação pode fazer-se utilizando álcool, gasolina sobre aquilo que os separa (chão, móveis ou por um fio ou torcida de algodão embebidos).
  - Colocar uma vela acesa sobre um produto inflamável. A vela irá arder lentamente até atingir o produto, fornecendo o tempo necessário para que o criminoso se desloque para outro local;
  - Deixar um ferro eléctrico ligado sobre uma tábua de passar a ferro[54].

O primeiro elemento que chega ao local deve, para além de executar os procedimentos gerais já enunciados, com as devidas adaptações, prestar atenção ao seguinte conjunto de procedimentos específicos:
- Criar *corredor de circulação* para pessoal de emergência médica e bombeiros, com cuidados na preservação dos vestígios;

---

[52] *Idem*, p. 318 a 320.
[53] *Idem*, p. 321.
[54] *Idem*, p. 325.

558   *Estudos de Homenagem ao Professor Doutor Artur Anselmo*

– Tentar *identificar fontes de ignição*;
– Tentar *identificar o ponto de origem*;
– Tentar verificar a *existência simultânea de vários focos de incêndio*[55];
– *Averiguar os seguintes vestígios, preservando-os*: recipientes de plástico e de vidro, tubo da botija de gás, cigarros, aparelhos eléctricos, produtos químicos, velas, resíduos carbonizados, caixas de fósforos;
– Identificar e ouvir a pessoa que primeiramente deu pelo fogo e definir as providencias que tomou;
– Tentar apurar junto de testemunhas e através dos vestígios do local qual a causa do incêndio para fazer o *despiste da competência de investigação*;
– Caso existam *suspeitos* tomar as devidas precauções com os vestigios;
– No *registo da informação* é importante, inserir, para além de toda a informação geral e já referida anteriormente:
   – A presença de pessoas no local quando deflagrou o fogo;
   – O que é que foi colocado em perigo (vidas humanas ou bens patrimoniais). Este facto está relacionado com os elementos constitutivos do tipo de crime estipulados no artigo 272.º do Código de Penal;
   – As condições atmosféricas (ventos, direcção e intensidade, chuva, trovoada e descargas eléctricas).

3.3 *Crimes cometidos com recurso a armas de fogo*

O primeiro elemento que chega ao local deve, para além de executar os procedimentos gerais já enunciados, com as devidas adaptações, prestar atenção ao seguinte conjunto de procedimentos específicos:
– Proceder para que os técnicos sejam imediatamente informados;
– Proceder ao *levantamento de barreiras físicas* (isolamento do local) com especial cuidado, atendendo à posição do atirador, projécteis e invólucros existentes e posição da vítima);
– Caso existam *suspeitos*, tomar as devidas precauções quanto aos vestigios;

---

[55] Domingues, Bento Garcia, *op. cit.* [1228], p. 325.

Gestão do Local do Crime – A Resposta Inicial

– *Não permitir que a vítima se desfaça da roupa*;
– *Averiguar a existência* de armas de fogo, munições, projécteis, cápsulas, invólucros, cartuchos deflagrados buchas e vidros perfurados com o disparo[56] [57]
– *Proceder à preservação dos vestígios mencionados anteriormente, sem mexer*, até à chegada dos técnicos;
– *Fixar o local onde se encontram os vestígios*, sem os destruir, para posterior informação.

3.4 *Agressões com arma branca*

O primeiro elemento que chega ao local deve, para além de executar os procedimentos gerais já enunciados, com as devidas adaptações, prestar atenção ao seguinte conjunto de procedimentos específicos:
– Verificar se a *vítima* necessita de *cuidados médicos* (atenção à notificação para exame médico directo ou perícia – médico legal);
– *Averiguar a existência da arma branca*[58] (facas, navalhas, punhal ou qualquer objecto ou instrumento portátil dotado de uma lâmina ou outra superfície perfurante ou com parte corto-contundente, bem como destinado a lançar lâminas, flechas ou virotões), proceder à *preservação* e *apreensão* da mesma (caso necessário solicitar um exame à arma);
– Tentar entender o *móbil do crime*;
– Verificar o *tipo de cortes que a vítima apresenta* (cortes de tentativa – cauda de andorinha),
– Caso existam *suspeitos*, tomar os devidos cuidados quanto aos vestigios.

---

[56] *Vide* Domingues, Bento Garcia, *Investigação Criminal – Técnica e Táctica nos Crimes contra as Pessoas*, Lisboa, 1963, p. 104.

[57] *Vide* Barberá, Francisco e Turégano Juan, *Manual de Técnica Policial*, Valência, 1998, p. 122.

[58] Não nos interessam aqui os preciosismos da definição de arma branca, mas sim o facto de estarmos perante um crime de ofensas à integridade física e a gestão do local. No entanto e para mais desenvolvimentos sobre o conceito, deve ser consultada a Lei n.º 5/2006 de 23 de Fevereiro que aprova o novo regime jurídico das armas e suas munições e o Acórdão n.º 4/2004 – Processo n.º 1085/2003 do Supremo Tribunal de Justiça.

560 *Estudos de Homenagem ao Professor Doutor Artur Anselmo*

3.5 *Atropelamentos com fuga*

O primeiro elemento que chega ao local deve, para além de executar os procedimentos gerais já enunciados, com as devidas adaptações, prestar atenção ao seguinte conjunto de procedimentos específicos:
– Socorrer a vítima (atenção ao despiste da competência de investigação no caso de uma vítima mortal);

A vítima pode apresentar várias lesões dependendo da posição do seu corpo:
(1) Quando a viatura embate na vítima *por detrás,* o ponto de impacto situa-se normalmente nas *pernas junto dos joelhos* e a lesão é provocada pelas protuberâncias do veículo, existindo outras lesões na *região frontal,* porque o corpo poderá ser projectado para a *frente,* muito embora também possa ser projectado para *trás*[59];
(2) Quando a viatura embate na vítima *lateralmente* poderão existir lesões *numa única perna* e lesões na *parte superior,* nomeadamente na *cabeça, ombro* e *braço no lado oposto do embate*[60];

– Não permitir que se destrua o cenário do atropelamento;
– Averiguar a presença de possíveis testemunhas tentando obter informações sobre a matrícula, marca e cor da viatura, número de ocupantes, direcção e fazer um apelo via rádio;
– Tentar elaborar na medida do possível um pré – esquema do cenário e fazer algumas fotografias;
– Avaliar o ponto de impacto (se houver vestígios), a localização do corpo e a localização dos vestígios;
– Averiguar a existência dos seguintes vestígios e preservá-los – vidros de ópticas, peças plásticas, peças de vestuário da vítima, vestígios de tintas, tampões de rodas, monogramas (marca, modelo), espelhos, ou quaisquer materiais que possibilitem identificar o veículo que se pôs em fuga.
– Prestar atenção, caso existam, aos sinais dos rodados, nomeadamente, à largura, distância lateral, número, forma e dimensão das rodas;

---

[59] *Idem,* p. 202.
[60] *Ibidem.*

Gestão do Local do Crime – A Resposta Inicial 561

– Caso o veículo suspeito venha a ser identificado devem ser preservados os possíveis vestígios e accionados os técnicos;
– Fazer o registo de toda a informação. Relembramos que caso não existam vestígios ou testemunhas essa informação deve ser registada.

3.6 *Remoção de cadáver*

O primeiro elemento que chega ao local deve, para além de executar os procedimentos gerais já enunciados, com as devidas adaptações, prestar atenção ao seguinte conjunto de procedimentos específicos:
– Prestar especial atenção à *segurança* do Agente e de outras pessoas que se encontrem no local;
– Verificar a presença de eventuais *testemunhas* que possam *descrever um possível suspeito* com comunicação sobre as suas características;
– Identificar a *vítima*, observar as suas lesões, fixar mentalmente a sua posição;
– *Averiguar a existência de vestígios e preservá-los*;
– Verificar se o *cadáver* foi *removido* de algum local e examinar esse local[61].
– Tentar fazer o *despiste* de situações de *suicídio* (entre outros o enforcamento) *acidente* e *homicídio*.
– Verificar o tipo de cortes (tentativa, cauda de andorinha) e as mãos da vítima;
– Relembramos que em situações de morte violenta ou de causa ignorada e quando o óbito for verificado fora de instituições de saúde[62] deve a autoridade policial inspeccionar e preservar o local, comunicar o facto, no mais curto prazo, à autoridade judiciária competente, relatando-lhe os dados relevantes para averiguação da causa e das circunstancias da morte que tiver apurado e providenciar:
  (1) No *caso de suspeita ou de crime doloso*[63] pela comparência do *perito médico da delegação do Instituto ou do Gabinete*

---

[61] Romão, António, *Investigação e Medicina Legal*, ISPJCC, 1999, pp. 13 e 14.
[62] *Vide* Lei n.º 45/2004 de 19 de Agosto.
[63] Atenção à competência reservada para a investigação da Polícia Judiciária.

562 Estudos de Homenagem ao Professor Doutor Artur Anselmo

Médico-Legal[64] que se encontre em serviço de escala para as perícias médico legais urgentes, o qual procede à verificação do óbito, se nenhum outro médico tiver comparecido previamente (Exemplo: médico do INEM), bem assim como ao exame do local, sem prejuízo das competências legais da autoridade policial à qual competir a investigação;

(2) *Nas restantes situações de morte violenta ou de causa ignorada* e ainda nos casos de suspeita ou de crime doloso que se verifiquem em comarcas não compreendidas nas áreas de actuação das delegações do Instituto ou de Gabinetes Médico Legais em funcionamento pela comparência da *autoridade de saúde da área* onde tiver sido encontrado o corpo se nenhum outro médico tiver comparecido previamente (Exemplo médico do INEM) e se detectada a presença de vestígios que possam fazer suspeitar de crime doloso, comunica imediatamente à Autoridade Judiciária.

Notas conclusivas

O primeiro contacto com o local do crime pode ser decisivo para a investigação criminal, daí que seja fundamental que o primeiro elemento que entra em contacto com o local seja possuidor dos conhecimentos adequados e da sensibilidade necessária.

As escolas de formação policial deverão adequar a formação de investigação criminal. O elemento do serviço de patrulha não pode ter a mesma formação que o elemento da investigação criminal. As funções que exercem são distintas embora complementares.

O elemento do serviço de patrulha tem uma palavra a dizer na gestão do local do crime e as tarefas que deve desenvolver nesse local podem ser determinantes para a investigação criminal, daí que deva existir uma forte colaboração entre "patrulha" e "investigação criminal". Exige-se no período "pós-formação inicial que o elemento da investigação criminal vá corrigindo alguma "eventual falha" do elemento do

---

[64] A área de actuação dos Institutos de Medicina Legal e dos Gabinetes Médico – Legais, por comarcas está estabelecida no mapa n.º 2 anexo ao Decreto-Lei n.º 11/98 de 24 de Janeiro.

serviço de patrulha e direccionando os seus trabalhos. Sabemos que o trabalho policial nem sempre se coaduna com o cenário de uma sala de aulas, pois existem competências que só são possíveis de apreender no terreno, onde tudo é passível de acontecer. Torna-se assim imperioso que os profissionais mais experientes consigam ensinar aos novos polícias as melhores práticas e soluções na gestão do local do crime que também eles foram apreendendo com o decorrer do tempo, mas em simultâneo exige-se a estes últimos que consigam dar continuidade às boas práticas profissionais imitando os comportamentos correctos e as boas soluções na gestão do local afastando-se das más experiências.

Aos funcionários policiais com funções de gestão, enquadramento e comando exige-se que acompanhem e enquadrem os novos Agentes nesta tarefa da gestão do local do crime e que projectem a formação continua necessária.

A todos se exige um esforço para se ultrapassar o que ainda hoje é passível de acontecer: *o abandonar do local sem que tenham sido desenvolvidos os procedimentos correctos na preservação dos vestígios e antes da chegada dos especialistas.*

Bibliografia

BARBERÁ, Francisco Antón e Turégano, Juan vicente de Luis, *Manual de Tecnica Policial*, 2ª Edition, Tiran Lo Blanch, 1998.

CALADO, Francisco e Simas, Alexandre, *Manual de Procedimentos na Investigação do Local do Crime*, ISPJCC, 2002.

COSTA, José de Faria, *"As relações entre o Ministério Público e a Polícia: a experiência portuguesa"*, in BFD, Coimbra, Vol. LXX, 1994.

CUNHA, José Manuel Damião da Cunha, *O Ministério Público e os Órgãos de Polícia Criminal no Novo Código de Processo Penal*, Porto, 1993.

DIAS, Jorge de Figueiredo, *Direito Processual Penal*, Lições coligidas por Maria João Antunes, Secção de Textos da Faculdade de Direito da Universidade de Coimbra, 1988-9.

DOMINGUES, Bento Garcia, *Investigação Criminal: Técnica e Táctica nos Crimes contra as pessoas*, Lisboa, 1963.

DOMINGUES, Bento Garcia, *Investigação Criminal: Técnica e Táctica nos Crimes contra a propriedade*, II Parte, Livraria Petrony, Lisboa, 1965.

GRESHAM, Austin G., Atlas de Patologia Forense, Celbrasil, Lisboa.

564   *Estudos de Homenagem ao Professor Doutor Artur Anselmo*

Innes, Brian, Os *Cadáveres Acusam: o Mundo fascinante da ciência forense e como ela ajudou a resolver mais de 100 crimes*, Editorial Estampa, Lisboa, 2001.

Pinto, António Augusto Tolda, *A Tramitação Processual Penal*, 2ª Edição, Coimbra Editora, Coimbra, 2001.

Rodrigues, Anabela Miranda, *"A Fase Preparatória do Processual Penal – tendências na Europa. O Caso Português"*, in STVDIA IVRIDICA, n.º 61, Coimbra Editora.

Rodrigues, Liz, *Teoria dos Vestígios Biológicos*, ISPJCC, 1999.

Romão, António, *Investigação e Medicina Legal*, INPCC, 1999.

Silva, Germano Marques da, *Curso de Processo Penal*, 2ª Ed., Verbo, Lisboa, 2000, Vol III.

Technical Working Group on Crime Scene Investigation, *Crime Scene Investigation: A guide for Law Enforcement*, Us Department of Justice Office of Justice Programs, 2000.

Valente, Manuel Monteiro Guedes, *Regime Jurídico da Investigação Criminal*, Almedina, Coimbra, 2003.

Valente, Manuel Monteiro Guedes, *Teoria Geral do Direito Policial*, Tomo I, Almedina, Coimbra 2005.

EVOLUÇÃO E PERSPECTIVAS DE FUTURO DA INVESTIGAÇÃO CRIMINAL NA PSP (REFLEXÕES)[1]

NUNO RICARDO PICA DOS SANTOS
Subcomissário da PSP
Comandante da Esquadra de Investigação
Criminal do Comando Distrital de Polícia de Beja

I. Evolução histórica

Nas linhas que se seguem pretendemos, de forma sucinta, traçar o percurso da investigação criminal na Polícia de Segurança Pública (PSP). Não é intento fazê-lo aprofundadamente, mas sim de modo simples e a partir do momento em que a PSP adquiriu reais e efectivas competências de investigação criminal, ou seja, investigação realizada a coberto da necessária autonomia técnica e táctica[2].

Tendo em vista a mais fácil explanação, mencionaremos, em primeiro lugar, qual a fonte legal da Investigação Criminal na PSP, ou seja, situar--nos-emos no plano legislativo, para, num segundo momento, referirmos quais as estruturas internas que responderam à atribuição das novas competências, isto é, entraremos no plano interno e estrutural da PSP.

---

[1] O texto corresponde, em parte, à comunicação apresentada na Universidade Moderna de Beja, no dia 14 de Junho de 2007, no âmbito de uma conferência subordinada ao tema "As Forças de Segurança e a Investigação Criminal".

[2] A Lei n.º 21/2000, de 10 de Agosto (Lei de Organização da Investigação Criminal) define no seu art. 2.º que "a autonomia técnica assenta na utilização de um conjunto de conhecimentos e de métodos adequados de agir, e a autonomia táctica consiste na opção pela melhor via e momento de as cumprir".

566 *Estudos de Homenagem ao Professor Doutor Artur Anselmo*

Neste sentido, o percurso da Investigação Criminal na PSP, legal e expressamente consagrada, foi determinado por dois diplomas legislativos, designadamente, o Decreto-Lei n.º 81/95, de 22 de Abril e a Lei n.º 21/2000, de 10 de Agosto, comummente apelidada de LOIC (Lei da Organização de Investigação Criminal). Estes dois diplomas constituem-se como o berço legitimador das diversas atribuições e competências da PSP no domínio da Investigação Criminal.

Anteriormente ao Dec. Lei n.º 81/95, a PSP já realizava certas diligências no âmbito de inquéritos crime, no entanto não dispunha da autonomia técnica e táctica, caracterizadora da investigação criminal, desenvolvendo apenas actos ordenados por autoridade judiciária, na sua qualidade de órgão de polícia criminal.

Na pesquisa efectuada quanto à história da investigação criminal na PSP, encontram-se referências à existência de brigadas denominadas de costumes, à civil ou de fiscalização que desenvolviam a sua actividade no âmbito da prevenção criminal, que embora actuando de forma descaracterizada não realizavam investigação criminal[3]. Em 1993 é criada em Ordem de Serviço do COMETLIS (OS n.º 38 de 24 de Fevereiro de 1993) a Secção de Inquéritos. Estas secções de inquéritos destinar-se-iam a assegurar as diligências no âmbito de inquéritos que eram delegadas na PSP[4], no entanto não se pode considerar que desenvolvessem investigação criminal, uma vez que pouco mais realizavam "para além da inquirição dos intervenientes"[5]. Seriam, deste modo, meros colaboradores do aparelho judiciário[6].

Chegamos então ao ano de 1995, ponto de partida do caminho que a PSP está a percorrer no domínio da investigação criminal.

---

[3] Bruno Alves, *A Investigação Criminal na PSP: Contributo para um melhor desempenho policial,* Tese de Licenciatura em Ciências Policiais, Instituto Superior de Ciências Policiais e Segurança Interna, 2005, p. 34.

[4] O despacho de 21 de Dezembro de 1987, divulgado a coberto da Circular n.º 8/87 da Procuradoria-Geral da República, entretanto revogada pela Directiva n.º 1/2002, delegava na PSP a competência para a investigação criminal nas Comarcas de Lisboa, Porto e Coimbra dos crimes que não pertencessem à competência da PJ.

[5] Ricardo Ferreira, *A Investigação Criminal na PSP: contributo para a sua estrutura e organização*, Tese de Licenciatura em Ciências Policiais, Instituto Superior de Ciências Policiais e Segurança Interna, 2001, p. 29.

[6] José Neto, *Investigação Criminal – Enquadramento global e situação na Polícia de Segurança Pública*, VI Estágio de Promoção a Comissário, Lisboa, 1999, p. 28.

1.1 *Decreto-Lei n.º 81/95 e as Brigadas Anticrime*

O Decreto-Lei n.º 81/95 prevê a criação de brigadas anticrime no seio da PSP e da GNR e de unidades de coordenação e intervenção conjunta, das quais fazem parte a PSP, GNR, SEF e Direcção-Geral das Alfândegas, sob a coordenação e direcção estratégica e táctica da PJ[7].

A criação das brigadas anticrime (BAC) resultou da consciência do alastramento do fenómeno de tráfico/consumo de estupefacientes e da assumpção da necessidade "de uma permanente adequação das soluções legislativas e operacionais, tendo em vista a respectiva eficácia"[8] na luta contra o tráfico, conjugados com o reconhecimento da preparação e da vocação que a PSP vinha demonstrando nesta área.

Consideram-se ser estes os fundamentos do citado diploma legal, aliás, tal qual vêm expressos no seu preâmbulo:

"Urge, assim, face à disseminação do fenómeno, empenhar no esforço directo de combate à oferta e ao consumo outros órgãos de polícia criminal, a cuja preparação técnica se tem atendido, sem perder de vista a necessidade de, em atenção a razões de eficácia, continuar a atribuir à Polícia Judiciária funções de centralização informativa e de coordenação operacional".

O empenho directo no combate ao tráfico/consumo de droga traduziu-se na criação das citadas BAC, constituindo-se estas como "unidades especiais com competência específica em matéria de prevenção e investigação do tráfico de substâncias estupefacientes ou psicotrópicas", devendo ser criadas em cada Comando Regional, Comando Metropolitano e Comando de Polícia da PSP, na dependência do respectivo Comando, como resulta dos n.ºs 1 e 5 do art. 5.º.

Através da alteração do art. 57.º do Dec. Lei n.º 15/93, operada pelo art. 1.º do Dec.-Lei n.º 81/95, atribui-se à PSP a competência para a investigação dos crimes de tráfico (art. 21.º do Dec.-Lei n.º 15/93), quando ocorram situações de distribuição directa aos consumidores, traficante-consumidor (art. 26.º), incitamento ao uso de estupefacientes ou substâncias psicotrópicas (art. 29.º), de tráfico e consumo em locais públicos ou de reunião (art. 30.º), abandono de seringas (art. 32.º),

---

[7] Arts. 5.º e 6.º do Dec.-Lei n.º 81/95.

[8] Preâmbulo do Dec.-Lei n.º 81/95.

568 *Estudos de Homenagem ao Professor Doutor Artur Anselmo*

desobediência qualificada (art. 33.º) e o cultivo destas substâncias para consumo (art. 40.º conjugado com art. 28.º da Lei n.º 30/2000). O Dec.-Lei n.º 81/95, alterando o art. 57.º do Dec. Lei n.º 15/93, veio distribuir a competência para a investigação dos crimes tipificados neste diploma entre os órgãos de polícia criminal de competência genérica (PJ, PSP e GNR), constituindo-se como a **génese legal** do caminho percorrido pela PSP no domínio da investigação criminal.

1.2 *Lei n.º 21/2000 – Organização da Investigação Criminal*

Actualmente, a lei n.º 21/2000 (LOIC) é o marco legislativo determinante na distribuição das atribuições e competências em matéria de investigação criminal entre os órgãos de polícia criminal de competência genérica – PJ, PSP e GNR.

A LOIC, no n.º 6 do art. 3.º, consagrou expressamente como competência específica da PSP (e GNR) "a prevenção e a investigação dos crimes cuja competência não esteja reservada à Polícia Judiciária e ainda dos crimes cuja investigação lhe seja cometida pela respectiva lei orgânica ou pela autoridade judiciária competente para a direcção do processo".

Deste modo, os crimes não especificados no art. 4.º – elenco dos crimes de competência reservada da PJ – serão da competência investigatória da PSP (ou GNR). Após leitura e breve análise deste preceito, conclui-se que se atribuiu à PSP a investigação da criminalidade cujo sucesso depende de uma estratégia de proximidade[9], concentrando já "uma parte significativa de acções de investigação da pequena e média criminalidade"[10].

Importa realçar a Directiva n.º 1/2002 da Procuradoria-Geral da República, que no seu ponto IV, vem delegar genericamente, nos termos do art. 270.º, n.º 4 do CPP, na Polícia de Segurança Pública (e na GNR) "a competência para a investigação e para a prática dos actos processuais da mesma derivados, relativamente aos crimes que lhes forem

---

[9] MANUEL MONTEIRO GUEDES VALENTE, *Regime Jurídico da Investigação criminal*, Almedina, 2006, pp. 98 e 99.

[10] FLÁVIO DOS SANTOS ALVES E ANTÓNIO COSTA VALENTE, *Polícia de Segurança Pública: Origem, evolução e actual missão*, Gabinete de Estudos e Planeamento – DN/PSP.

Evolução e Perspectivas de Futuro da Investigação Criminal na PSP   569

denunciados, cuja competência não esteja reservada à Polícia Judiciária, e ainda dos crimes cuja investigação lhes esteja cometida pelas respectivas lei orgânicas".

Concluímos, referindo que desde 1995 que a PSP tem vindo a receber competências alargadas na área da investigação criminal, desempenhando actualmente uma importante função neste domínio.

Para absorver de modo eficaz estas novas atribuições, a PSP foi, ao longo dos anos, dotando-se de uma estrutura orgânica capaz de responder funcionalmente às competências daí resultantes. De seguida vamos mencionar, de modo breve, a estruturação efectuada e que culminou no chamado subsistema de investigação criminal da PSP.

1.3 *Estrutura interna*

De forma a percepcionar a evolução da estrutura de investigação criminal da PSP, importa referir três diplomas internos, de extrema importância, nomeadamente a NEP OP-SEG-DEPOP-04-02 de 22 de Março de 2000, a NEP OPSEG/DEPIPOL/02/03 de 17 de Agosto de 2000 e o diploma que instituiu o actual subsistema de investigação criminal na PSP.

O primeiro documento referido veio definir e uniformizar normas e procedimentos de organização, funcionamento e coordenação das Brigadas Anticrime (BAC), Brigadas de Investigação Criminal (BIC) e Secções de Investigação Criminal (SIC) no seio da PSP, estabelecendo:
- A exclusividade das BAC para a investigação dos crimes relacionados com o tráfico de estupefacientes, como já estava prevista no DL. n.º 81/95 de 22 de Abril;
- A responsabilidade das BIC para a instrução dos inquéritos, delegados pelo Ministério Público, relativos aos crimes que mais afectam o sentimento de segurança dos cidadãos;
- A responsabilidade das SIC para a instrução dos inquéritos criminais de menor gravidade que lhes sejam delegados pela autoridade judiciária.

Quanto ao segundo documento mencionado este veio consagrar a constituição de Equipas de Inspecção Judiciária, pretendendo uniformizar e coordenar os procedimentos relativos à inspecção de locais de crime e de pesquisa e recolha de vestígios. Este documento interno surgiu na sequência de protocolo estabelecido entre a Polícia Judiciária e a Polícia de Segurança Pública em que se assume a necessidade de conseguir a máxima cobertura das necessidades no terreno e a gestão de um sistema centralizado e automatizado de tratamento e registo de impressões lofoscópicas. Assim, a PSP deu um passo em frente no sentido de desenvolver efectiva investigação criminal, pois ganhou capacidade de acção na pesquisa e recolha de vestígios nos locais de crime, assumindo uma autonomia na realização de inspecções aos cenários de crime.

Estes dois documentos referidos constituíram-se como estruturantes e pioneiros na tentativa de uniformizar a estrutura de investigação criminal na PSP a nível nacional, tentando anular as discrepâncias que até então existiam nas suas unidades territoriais.

1.4 *Subsistema de Investigação Criminal na PSP*

No ano de 2003 surge um novo diploma, usualmente referido como subsistema de investigação criminal, que vem estabelecer uma nova orgânica da estrutura de investigação criminal e definir claramente o conteúdo funcional de cada unidade e serviço.

A actual estrutura de investigação criminal nas unidades territoriais da PSP comporta a existência de Divisões de Investigação Criminal (DIC) e de Secções de Investigação Criminal (SIC), **assumindo estas toda a responsabilidade da realização da investigação criminal que seja da sua competência**.

Ao nível das DIC e SIC existem as **Esquadras de Investigação Criminal** (EIC), cuja principal missão é o desempenho das funções específicas inerentes à actividade de investigação criminal dentro da sua área de actuação, competindo-lhe nomeadamente proceder à instrução dos inquéritos criminais, bem como, realizar actos processuais solicitados pelas autoridades judiciárias ou outras entidades competentes. No seio da EIC, compete à **Brigada de Investigação Criminal** (BIC) investigar os crimes que sejam da sua competência, procedendo à instrução dos inquéritos criminais que lhe forem confiados, devendo, por norma, observarem a seguinte partição: generalidade dos crimes contra as pessoas, crimes contra a liberdade e autodeterminação sexual, generalidade dos crimes contra o património, crimes económico-financeiros, burlas e falsificações,

Evolução e Perspectivas de Futuro da Investigação Criminal na PSP 571

crimes de perigo comum, crimes de droga, crimes rodoviários e restantes crimes. Pretende-se, deste modo, salvaguardar a especialização dos investigadores e especificidades da investigação dos crimes.

Ao nível das DIC e SIC existe toda uma estrutura de apoio à actividade de investigação criminal, por um lado, com cariz operacional, referimos a Unidade Regional de Informações Criminais (URIC), a Unidade de Polícia Técnica (UPT), a Unidade de Pesquisa de Notícias (UPN), a Brigada de Serviço Permanente (BSP), por outro, com cariz administrativo, referimos a Secção de Apoio Geral e a Secção de Registo. No que concerne à EIC, deverá comportar para além da BIC a Brigada de Prevenção Criminal (BPC), a Unidade Local de Informações Criminais (ULIC) e a Equipa de Apoio.

No que respeita às unidades existentes ao nível de DIC/SIC salientamos a função exercida pela Unidade de Polícia Técnica no âmbito da valência de polícia científica, designadamente ao nível da inspecção aos locais de crime, cabendo-lhe a recolha dos diversos tipos de vestígios existentes. Para além da função essencial exercida por esta unidade, salientam-se as funções de outras unidades como a recolha de notícias e informações, a coordenação de investigações e toda a análise de evolução da criminalidade que é desenvolvida.

De salientar que a coordenação nacional da estrutura de investigação criminal está dependente do Centro Nacional de Investigação Criminal (CNIC), enquadrado do Departamento de Informações Policiais da Direcção Nacional.

E, de uma forma resumida, chegamos assim à actualidade da Investigação Criminal na PSP. De seguida vamos então reflectir quanto a possíveis perspectivas de evolução.

II. Perspectivas de Evolução

Nesta parte do trabalho, focaremos quatro pontos, entre os quais:
- Formação e especialização;
- Maior enquadramento a nível da Direcção Nacional da PSP;
- Mais coordenação entre OPC's/ Maior reconhecimento do serviço desenvolvido pela Investigação Criminal da PSP/ Diminuição da ideia de hierarquização subjacente no contexto da actividade de Investigação Criminal entre PJ, PSP e GNR; e

572 Estudos de Homenagem ao Professor Doutor Artur Anselmo

- Criação/Maturação de uma estrutura que desenvolve, por excelência, funções de polícia judiciária, a par da vertente administrativa, de ordem e segurança pública, caracterizadora da Polícia de Segurança Pública.

2.1 *Formação e Especialização*

Face às competências de investigação criminal atribuídas à Polícia de Segurança Pública ocorreu e está a ocorrer uma aposta forte na formação inicial do pessoal que integra o subsistema de investigação criminal – formação comum –, e em formações de especialização consoante a área específica em que os elementos estejam inseridos, tentando-se garantir uma formação contínua.

Aliás, a Resolução do Conselho de Ministros (RCM) n.º 44/2007[11] (ponto 4.3, I) prevê mesmo o investimento em cursos de especialização na área de investigação criminal.

Esta formação e especialização poderá dar origem a um quadro próprio de pessoal, tornando possível, a médio prazo, a criação de uma carreira autónoma de investigação criminal na PSP.

Prova do interesse despertado por esta área, com a consequente especialização, é a demonstrada na elaboração de trabalhos científicos. Referimo-nos, por exemplo, às dissertações de final de curso na licenciatura em Ciências Policiais, onde se tem verificado o interesse dos Aspirantes a Oficial de Polícia, materializado em diversos trabalhos com valor científico[12].

Salienta-se também o facto de cinco dos 23 Oficiais de Polícia que concluíram o Curso de Formação de Oficiais de Polícia no ano de 2006 desempenharem funções de comando de Esquadras de Investigação

---

[11] Resolução onde são fixadas as linhas orientadoras da reforma da PSP e GNR.

[12] Citamos, por exemplo, os trabalhos de Nuno Pica dos Santos, *A Prova Testemunhal – Abordagem às técnicas da entrevista cognitiva na recolha dos testemunhos*, ISCPSI, 2006, de Carlos Lourenço, *A Polícia no Palco do Crime – O Agente de Resposta Inicial*, ISCPSI, 2005, de Marco Lobato, *A Investigação Criminal face aos menores vítimas de crimes*, ISCPSI, 2005, de Bruno Alves, *Investigação Criminal na PSP: contributo para um melhor desempenho policial*, ISCPSI, 2005, de Daniel Martins, *A Identificação Criminal por perfis genéticos de ADN*, ISCPSI, 2004, de Ricardo Ferreira, *A Investigação Criminal na PSP: contributo para a sua estrutura e organização*, ISCPSI, 2001.

Criminal, o que representa uma percentagem que ronda os 25%. De realçar que todos eles já frequentaram a formação base de investigação criminal, bem como a formação de especialização em *Comando, Liderança e Dinamização de equipas de Investigação Criminal*.

2.2 *Enquadramento na Direcção Nacional da PSP*

A RCM n.º 44/2007, norteando o ajustamento da organização da PSP, assume a crescente relevância da investigação criminal no seio desta força, prevendo a criação do Departamento de Investigação Criminal na Direcção Nacional, com o objectivo de enquadrar a acção da PSP neste domínio.

A proposta de Lei Orgânica da PSP consagra esta linha orientadora prevendo a área de investigação criminal compreendida na unidade orgânica de operações e segurança.

Desta forma, a investigação criminal autonomiza-se a nível dos actuais departamentos, ficando em paridade, por exemplo, com os actuais Departamentos de Operações e de Informações Policiais.[13]

Assim sendo, o Centro Nacional de Investigação Criminal (CNIC), actualmente integrado no Departamento de Informações Policiais, estruturar-se-á em área autónoma (área de investigação criminal).

Este facto é de suma importância, dando mais dignidade e enquadramento a esta área no âmbito interno, mas também no âmbito externo, perante os outros OPC's.

2.3 *Reconhecimento adequado da actividade de Investigação Criminal desenvolvida/ Diminuição da ideia de subalternização entre OPC's*

Na linha do reconhecimento do esforço dos diversos OPC's, a Resolução do Conselho de Ministros n.º 45/2007 estipula a necessidade

---

[13] Note-se que a proposta de lei orgânica não refere departamentos, substituindo-s por áreas enquadradas em unidades orgânicas. Assim sendo, "a unidade orgânica de operações e segurança compreende as áreas de operações, informações policiais, investigação criminal, armas e explosivos, segurança privada, sistemas de informação e comunicações", conforme art. 29.º da Proposta.

574 Estudos de Homenagem ao Professor Doutor Artur Anselmo

de um sistema de informação criminal moderno no domínio da investigação criminal "essencial à prevenção e repressão da criminalidade, que promova a troca de informações criminais de forma transversal, **partilhado por todos os órgãos de polícia criminal**[14], em articulação com organizações internacionais e organismos e serviços estrangeiros homólogos".

Ressalta desta orientação o reconhecimento que é dado à PSP (e GNR) no quadro dos órgãos de polícia criminal de competência genérica, ficando atenuada qualquer ideia de subalternização da PSP e GNR à PJ em matéria de investigação criminal.

De notar também a aprovação da criação de "um conselho superior de investigação criminal, presidido pelo Primeiro-Ministro, do qual façam parte os Ministros da Justiça e da Administração Interna, o Procurador--Geral da República e os responsáveis máximos de todos os órgãos de polícia criminal", conforme al. f), n.º 3 da RCM n.º 45/2007.

A ideia de subalternização a que nos referimos pode advir da Lei Orgânica da PJ, ao referir que esta é um corpo superior de polícia (art. 1.º)[15], mas também decorre da acção quotidiana na medida em que a PSP, como força de segurança próxima do cidadão, está sujeita a uma atitude mais crítica e de vulgarização por parte da população, nem sempre com sentido construtivo.

Torna-se importante que não se menosprezem ou subvalorizem as estruturas de investigação criminal da PSP e GNR face à PJ, pois deverão estar em igual nível de reconhecimento e dignidade. No entanto, há que assumir, sem rodeios, que a PJ é sem margem para dúvida o serviço que desenvolve a investigação da criminalidade mais complexa e organizada, devendo os outros OPC's na presença de crimes da sua competência reservada limitar a sua actuação à detenção em flagrante delito, preservação de meios de prova e prática dos actos necessários, cautelares e urgentes. Após a chegada da PJ deverá haver a máxima colaboração à sua investigação, mas sem precipitar acções de investigação avulsas que já serão da competência da PJ, pois este serviço pode entender que não é o momento de as praticar. Não pode acontecer que por meia página de jornal se interfira na autonomia técnica e táctica da PJ, assim como a PSP

---

[14] Negrito nosso.
[15] Deve ser entendido no sentido de um serviço altamente especializado.

Evolução e Perspectivas de Futuro da Investigação Criminal na PSP   575

não deseja que ocorram interferências na sua autonomia. Não se deve assim precipitar acções de investigação que caibam no âmbito da PJ sob pena de colocar em causa a estratégia de investigação da PJ, podendo impedir a recolha de outros meios de prova.

Acreditamos e julgamos que as estruturas de investigação criminal da PSP e GNR deverão estar em paridade de dignidade com a PJ, no entanto tem que haver consciência das competências de investigação de cada OPC e cada qual não deve procurar e actuar de modo forçado naquilo que não lhe compete legalmente, sob pena do modelo de investigação criminal fixado pela LOIC ser ineficaz. Acresce aqui o facto da PJ ter já um vasto conhecimento acumulado na área de investigação criminal.

Contudo, há situações em que a PJ assume e tem que continuar a assumir funções de coordenação e de "liderança" nítida, por exemplo, nas investigações de tráfico de estupefacientes em que a PJ tem um claro e inquestionável ascendente relativamente a outros OPC's, que está previsto legalmente.

Este ascendente também ocorre no âmbito da cooperação policial internacional, nomeadamente no quadro EUROPOL e INTERPOL.

2.4 *Aumento da componente de polícia judiciária – De polícia administrativa geral com funções de polícia judiciária a polícia administrativa geral com estrutura autónoma de polícia judiciária*

Durante muito tempo falou-se da reestruturação das forças e serviços de segurança, multiplicando-se as notícias na comunicação social acerca da extinção, criação, modificação das mesmas.

A Resolução do Conselho de Ministros n.º 45/2007 veio mostrar e estabelecer o caminho decidido para a anunciada reestruturação, referindo que:

"Há, com efeito, vantagens reconhecidas em manter uma força de segurança de natureza militar, uma força de segurança de natureza civil, uma polícia judiciária centrada na criminalidade complexa, organizada e transnacional e, face à relevância crescente do fenómeno migratório, um serviço especializado de imigração e fronteiras". (RCM n.º 45/2007, p. 1647)

576   *Estudos de Homenagem ao Professor Doutor Artur Anselmo*

Deste modo, a PSP mantém-se como uma força de segurança caracterizada pelas atribuições de polícia administrativa geral ou de segurança pública, "um serviço policial essencialmente destinado a garantir a segurança pública, dispondo para o efeito de uma estrutura organizativa para o uso colectivo da força"[16] e com uma forte vocação preventiva. No entanto, a sua actividade na modalidade de polícia judiciária adquire cada vez mais uma maior importância[17].

Atente-se ao facto da lei n.º 5/99 (Lei de Organização e Funcionamento da PSP) estabelecer as seguintes atribuições de polícia judiciária à PSP, prevenção da criminalidade (al. c), n.º 2 do art. 2.º), nomeadamente a criminalidade organizada e o terrorismo em coordenação com as demais forças e serviços de segurança (al. d)), prosseguir as atribuições que lhe forem cometidas por lei em matéria de processo penal (al. g)) e colher as notícias dos crimes, descobrir os seus agentes, impedir as consequências dos crimes e praticar os demais actos conexos (al. q)). São atribuições que estão fixadas na LOFPSP, mas que na sua maioria decorrem, desde logo, do Código de Processo Penal.

A proposta da nova lei orgânica da PSP prevê como atribuições de polícia judiciária conferidas à PSP prevenir a criminalidade em geral, em coordenação com as demais forças e serviços de segurança (al. c), n.º 2, art. 3.º), desenvolver as acções de investigação criminal que lhe sejam atribuídas por lei e/ou delegadas pelas autoridades judiciárias (al. e)) e prevenir e detectar situações de tráfico e consumo de estupefacientes ou outras substâncias proibidas, através da vigilância, do patrulhamento das zonas referenciadas como locais de tráfico ou consumo (al. l). Surgem já expressas as atribuições no domínio da investigação criminal, que a

---

[16] João Raposo, Lições da cadeira de Direito Policial, ISCPSI, p. 52.

[17] As modalidades de polícia em sentido material, enquadrando-se na polícia administrativa em sentido amplo, podem dividir-se entre polícia administrativa em sentido restrito (polícia administrativa geral ou de segurança pública e polícia administrativa especial) e polícia judiciária. João Raposo, *Lições...*, pp. 11 e 13, refere que "a polícia judiciária é a modalidade de polícia que tem por objecto a prevenção dos crimes e a investigação daqueles que não foi possível evitar, com vista à repressão da criminalidade", adiantando que "cada corpo de polícia desenvolve, exclusiva ou predominantemente, certa modalidade de polícia em sentido material (judiciária, administrativa geral ou administrativa especial)" contudo "não se extraia desse facto a conclusão de que cada corporação policial só desenvolve actividades correspondentes a certa modalidade de polícia, com exclusão de outras".

somar a todas as outras actividades de polícia judiciária que competem à PSP decorrentes do CPP, traduzem-se na consagração de um notório aumento de actividade de polícia judiciária conferido à PSP.

Pensamos que a consagração crescente de funções típicas da modalidade de polícia judiciária vem reclamar a existência de uma estrutura autónoma que desenvolva as actividades de polícia judiciária, mormente a investigação dos crimes, a par da componente tradicional de polícia administrativa geral ou de segurança pública.

Especialização, **profissionalização**, **quadro próprio**, **carreira autónoma**, **estrutura** destinada à vertente de **polícia judiciária**, reconhecimento cabal das especificidades desta actividade com a criação de **mecanismos de compensação** específicos para o seu pessoal – eis alguns possíveis **pilares/desafios** para a Polícia de Segurança Pública. Tudo isto conjugado com a preparação e motivação do **efectivo uniformizado** que actua no "nobre" quadro da polícia administrativa geral ou de segurança pública e prevenção da criminalidade, incutindo a consciência clara que a primeira abordagem ao local de crime é **determinante para o sucesso de toda a investigação subsequente**.

Em prol de uma Polícia integral, coesa e una.

Bibliografia

ALVES, BRUNO M. R., *A Investigação Criminal na PSP: Contributo para um melhor desempenho policial*, Tese de Licenciatura em Ciências Policiais, ISCPSI, 2005.

ALVES, FLÁVIO DOS SANTOS E VALENTE, ANTÓNIO COSTA, *Polícia de Segurança Pública: Origem, evolução e actual missão*, Gabinete de Estudos e Planeamento, Direcção Nacional/PSP.

FERREIRA ANTUNES, M. A., *Investigação Policial: Sumários e Elementos de Apoio*, Edição Policopiada, ISCPSI, Lisboa, 2004.

FERREIRA, RICARDO J. P., *A Investigação Criminal na PSP: contributo para a sua estrutura e organização*, Tese de Licenciatura em Ciências Policiais, ISCPSI, 2001.

LOBATO, MARCO, *Investigação Criminal face aos Menores Vítimas de Crime*, Tese de Licenciatura em Ciências Policiais, ISCPSI, Lisboa, 2005.

MANUAL DA ESCOLA PRÁTICA DA PSP, *Investigação Criminal*, Editado pela Escola Prática de Polícia, Torres Novas, 2003.

578 *Estudos de Homenagem ao Professor Doutor Artur Anselmo*

Martins, Daniel F. Barros, *A Identificação Criminal por Perfis Genéticos de ADN*, Tese de Licenciatura em Ciências Policiais, ISCPSI, Lisboa, 2004.

Neto, J., *Investigação Criminal: Enquadramento global e situação na Polícia de Segurança Pública*, VI Estágio de Promoção a Comissário, Lisboa, ISCPSI, 1999.

Pica dos Santos, Nuno Ricardo, *A Prova Testemunhal: Abordagem às técnicas da entrevista cognitiva na recolha dos testemunhos*, Tese de Licenciatura em Ciências Policiais, ISCPSI, 2006.

Silva, Germano Marques da, *Curso de Processo Penal*, Volume II, 3.ª Edição, Editorial Verbo, Lisboa, 2002.

Valente, Manuel M. Guedes, *Regime Jurídico da Investigação Criminal*, 3ª Edição, Almedina, Coimbra, 2006.

Valente, Manuel M. Guedes, *Teoria Geral do Direito Policial*, Tomo1, Almedina, Coimbra, 2005.

Legislação

Código Penal
Código de Processo Penal
Lei n.º 5/99, de 27 de Janeiro
Lei n.º 21/2000, de 10 de Agosto
Lei n.º 30/2000, de 29 de Novembro
Decreto-Lei n.º 15/93, de 23 de Janeiro
Decreto-Lei n.º 81/95, de 22 de Abril
Decreto-Lei n.º 275-A/2000, de 9 de Novembro
Directiva n.º 1/2002, da PGR
Resolução do Conselho de Ministros n.º 44/2007
Resolução do Conselho de Ministros n.º 45/2007
Proposta de Lei Orgânica da PSP

Documentação Interna (PSP)

NEP OP-SEG-DEPOP-04-02 de 22 de Março de 2000
NEP OPSEG/DEPIPOL/02/03 de 17 de Agosto de 2000
Diploma – Subsistema de Investigação Criminal na PSP

NOVOS HORIZONTES
PARA A SEGURANÇA PRIVADA[1]

NUNO CAETANO LOPES DE BARROS POIARES[2]
Mestre em Sociologia

SUMÁRIO: Nota introdutória. I. Da pertinência do tema. II. Segurança privada: um universo em florescimento. III. Novos horizontes para a segurança privada ou para a PSP? IV. Considerações finais. V. Bibliografia.

Nota introdutória.

O artigo que ora damos a conhecer representa o produto de uma reflexão inacabada, que temos desenvolvido sobretudo nos últimos meses, com a precipitação da reforma das forças de segurança e das novas atribuições da Polícia de Segurança Pública (PSP), *maxime* no domínio do universo florescente que é a segurança privada. Estas linhas representam assim, *grosso modo*, algumas considerações pessoais[3] – que, aliás, estão impregnadas de uma forte dose de actualidade – e que são agora dedicadas ao HOMEM e PROFESSOR que de forma tão oportuna e bem merecida homenageamos.

Importa ainda salientar que o Professor Doutor ARTUR ANSELMO OLIVEIRA SOARES foi meu docente nas disciplinas de Língua Portuguesa II

---

[1] Texto redigido em 2007.

[2] Mestre em Sociologia, licenciado em Ciências Policiais e aluno do 4.º ano do Curso de Direito. Comissário da PSP e 2.º Comandante Distrital de Polícia de Beja.

[3] E que não representam a posição oficial da instituição PSP.

580   *Estudos de Homenagem ao Professor Doutor Artur Anselmo*

e História da Cultura Portuguesa, tendo sido para mim uma honra poder privar de forma tão próxima, com tamanho exemplo de probidade intelectual e humildade científica. Volvidos dez anos, pretendemos desta forma, muito singela, juntar-nos em uníssono a quem pretende homenagear de forma pública, tão ilustre personalidade académica, pela forma como tem dedicado a sua Vida em prol do enriquecimento de um dos principais eixos da condição humana dos quadros superiores da Polícia portuguesa, como é seguramente a componente cultural, em particular o amor à Língua Mãe. Os oficiais de polícia estão devedores e são hoje pessoas mais ricas pelo testemunho transmitido por este pedagogo que agora que nos reúne através da pena.

De entendemos que não existem muitas mais formas tão nobres e singulares para homenagear a Vida de um homem, como é seguramente a publicação de um Livro porque, na verdade, como refere um arcaísmo latino, *verba volant scripta manent*.

I. **Da pertinência do tema.**

A nossa primeira tarefa deve ser a de determinar a ordem de factos que nos propomos estudar sob a designação de segurança privada e o porquê do título. Na verdade, numa das primeiras e principais Obras sistematizadoras do direito da segurança privada[4] surgem dois textos introdutórios. O segundo, da autoria do então secretário de estado da administração interna[5], tem como título *Novos Caminhos para a Segurança Privada*.

De facto, na altura – há quase uma década – era oportuno suscitar uma reflexão com esse tema: tinha sido aprovado o decreto-lei n.º 231/98, de 22 de Julho e as portarias regulamentares, representando, dessa forma, "um ponto de viragem nas relações entre o ministério da administração interna, como tutela a quem cabe o licenciamento e a fiscalização, e as entidades que exercem a actividade de segurança privada"[6], apresentando o novo regime jurídico da segurança privada como instrumento jurídico

---

[4] *Vide* MAI (1998) *Regime Jurídico da Segurança Privada e Legislação Complementar*, Lisboa: SG-MAI.

[5] Na data era o Exm.º Sr. Dr. Luís Manuel Ferreira Parreirão Gonçalves.

[6] *Vide* Gonçalves, Luís Manuel Ferreira Parreirão *in* MAI (1998) *Regime Jurídico da Segurança Privada e Legislação Complementar*, pp. 07, Lisboa: SG-MAI.

com uma relevância extraordinária para a promoção da "segurança privada como actividade subsidiária e complementar da segurança pública e, como tal, de relevância inquestionável para a tranquilidade pública"[7]. Aliás, hodiernamente não se pode falar de segurança interna sem uma menção, ainda que meramente pontual, ao universo da segurança privada[8]. Importa relembrar que, nos termos da Lei de Segurança Interna[9] a segurança interna é a actividade desenvolvida pelo Estado para garantir a ordem, a segurança e a tranquilidade públicas, proteger pessoas e bens, prevenir a criminalidade e contribuir para assegurar o normal funcionamento das instituições democráticas, o regular exercício dos direitos e liberdades fundamentais dos cidadãos e o respeito pela legalidade democrática. Parece-nos, pois, que existem muitos pontos de convergência.

Volvidos quase dez anos desde esse momento-chave – com muitos ensinamentos e avanços entretanto assimilados – surge agora um novo marco: a publicação do decreto-lei n.º 76/2007, de 29 de Março, que prevê a transferência das competências da Secretaria-Geral do MAI no âmbito da segurança privada para a PSP, com efeitos a partir do dia 1 de Abril do ano de 2007[10]. A pertinência do tema parece-nos pois inquestionável. Contudo o nosso espírito foi invadido por um natural cepticismo: os novos horizontes colocam-se diante as empresas de segurança privada, ou perante uma força de segurança que, neste âmbito, sempre foi um mero colaborador da tutela? A Polícia está, de facto, preparada e apetrechada com os instrumentos necessários e munida de um elevado sentido de visão prospectiva para esse efeito? É sobre este núcleo central que pretendemos focar a nossa reflexão.

Mas, para a concretização desse desiderato, importa compreender o que se entende por segurança privada, bastando, para este efeito, socorrermo-nos da letra da lei[11]. Nessa medida, nos termos da letra do

---

[7] Idem in MAI (1998) *Regime Jurídico da Segurança Privada e Legislação Complementar*, pp. 07, Lisboa: SG-MAI.

[8] Conforme se pode constatar nas diversas Obras que sistematizam as Leis de Direito da Segurança em vigor em Portugal, que englobam a legislação referente à segurança privada.

[9] Artigo 1.º, n.º 1 da Lei n.º 20/87, de 12 de Junho, alterada pela Lei n.º 8/91, de 1 de Abril.

[10] *Vide* artigos 14.º e 16.º do Decreto-lei n.º 76/2007, 29 de Março.

[11] É nosso objectivo aprofundar este conceito em outro momento, sem nos olvidarmos da necessária prudência que deve existir aquando do "manuseamento" desta grandeza quando se desenvolve uma prática jus-analítica.

582 Estudos de Homenagem ao Professor Doutor Artur Anselmo

n.º 2, artigo 1.º do decreto-lei n.º 35/2004, de 21 de Fevereiro, a actividade de segurança privada tem uma função subsidiária e complementar[12] da actividade das forças e serviços de segurança públicas do Estado. O n.º 3 do mesmo artigo refere que a actividade de segurança privada deve ser entendida como toda a actividade que representar: alínea a) A prestação de serviços a terceiros por entidades privadas com vista à protecção de pessoas e bens, bem como à prevenção da prática de crimes; alínea b) A organização, por quaisquer entidades e em proveito próprio, de serviços de autoprotecção, com vista à protecção de pessoas e bens, bem como à prevenção da prática de crimes. O artigo 2.º do mesmo diploma vem, logo a seguir, esclarecer quais são os serviços de segurança privada: a) a vigilância de bens imóveis e o controlo de entrada, presença e saída de pessoas, bem como a prevenção da entrada de armas, substâncias e artigos de uso e porte proibidos ou susceptíveis de provocar actos de violência no interior de edifícios ou locais de acesso vedado ou condicionado ao público, designadamente estabelecimentos, certames, espectáculos e convenções; b) a protecção pessoal, sem prejuízo das competências exclusivas atribuídas às forças de segurança; c) A exploração e a gestão de centrais de recepção e monitorização de alarmes; d) O transporte, a guarda, o tratamento e a distribuição de valores.

Estamos pois a falar de um universo complexo, com uma permanente necessidade de adaptação às mutações societais[13] e que exige um conhecimento muito especializado por parte de quem tem a atribuição legal de regular todo este universo, para que, de facto, qualquer fiscalização no *terreno*, seja eficiente e eficaz, numa dimensão em que é cada vez mais ténue a fronteira entre segurança privada e segurança pública, sendo certo que os dois pólos partilham, até determinado ponto, parte das duas esferas de acção, atendendo que a segurança privada está intrinsecamente associada a interesses públicos, sobretudo quando a definição do

---

[12] Sublinhado nosso.

[13] Actualmente, o porte de arma de fogo por parte de elementos da segurança privada, por exemplo, está sujeito ao regime geral e balizado pelo articulado do artigo 14.º do Decreto-lei n.º 35/2004, de 21 de Fevereiro, obrigando a entidade patronal a redigir anualmente uma autorização expressa para o efeito. Com a evolução da sociedade e os novos contornos da criminalidade, cada vez mais violenta, parece-nos que será inevitável, a médio/longo prazo, a possibilidade/exigência de utilização de armas de fogo por parte de profissionais da segurança privada, nos mesmos moldes que as forças de segurança públicas.

Fórum Europeu para a Segurança Urbana, reforça esta convicção ao defender que "a segurança (1996) é um bem público, que deve ser coproduzido pelo conjunto dos actores sociais"[14].

É "precisamente o reconhecimento de que a actividade de segurança privada está indissoluvelmente ligada à prossecução de interesses públicos, designadamente o interesse público da segurança, que justifica os especiais cuidados quanto ao licenciamento e à fiscalização desta actividade"[15]. É essa capacidade de adaptação que se vai exigir, seguramente, e com maior incidência no futuro próximo (que já é presente), à PSP.

II. Segurança privada: um universo em florescimento.

Os motivos que levaram ao aparecimento de um esqueleto interno de segurança privada, cada vez mais enraizado e consolidado na sociedade hodierna já estão há muito diagnosticados.

A título meramente exemplificativo apontamos a visão clarividente de LOPES CLEMENTE quando, em sintonia com o nosso espírito, refere que "o relevo adquirido pela indústria de segurança privada brota de certas dificuldades que as polícias públicas possuem em prosseguir, plena e simultaneamente, todo o vasto leque de atribuições e competências conferidas por lei. (...) o florescimento das empresas de segurança privada resulta, maiormente, das limitações legais, orçamentais e logísticas impostas às polícias públicas, sobretudo as Forças de Segurança, na sua acção contra as novas e mais complexas manifestações ilícitas, *maxime* as criminais, impedindo assim um tratamento mais efectivo e eficaz dessas actividades delinquentes. Além disso, a polícia confronta-se cada vez com um maior número de solicitações, vindas desde os tribunais às escolas"[16].

---

[14] OLIVEIRA, José Ferreira (2006) *As Políticas de Segurança e os Modelos de Policiamento: a Emegência do Policiamento de Proximidade*, pp. 54, Coimbra: Edições Almedina. (Sublinhado nosso).

[15] COELHO, Jorge Paulo Sacadura Almeida *in* MAI (1998) *Regime Jurídico da Segurança Privada e Legislação Complementar*, pp. 06, Lisboa: SG-MAI.

[16] CLEMENTE, Pedro José Lopes (2000) *A Polícia em Portugal: Da Dimensão Política Contemporânea da Seguridade Pública*, (policopiado), pp. 300, tese de doutoramento em Ciências Sociais (Ciência Política), ISCSP, Lisboa: Universidade Técnica de Lisboa.

584   *Estudos de Homenagem ao Professor Doutor Artur Anselmo*

É perante uma clara incapacidade do Estado face a um influente e tentacular *lobby* **da insegurança**[17] que, consequentemente, conduz a um desgaste e desmotivação das forças de segurança, com consequências directas e negativas no cumprimento da sua missão. A força da indústria da segurança privada de um país afere-se (também) através da capacidade de intervenção e imposição das forças públicas de segurança. <u>A fraqueza da segunda faz emergir a primeira</u>.

Neste cenário surgem inúmeras empresas de segurança privada, num meio competitivo e exigente, visando exteriorizar uma imagem de serviço de qualidade junto dos potenciais clientes, assumindo a responsabilidade pela segurança em muitos sectores da vida da sociedade. Mais recentemente, na realidade portuguesa, e por força legal, a segurança privada alargou os seus tentáculos ao interior dos recintos desportivos. Entendemos que, neste âmbito, ainda está por ser feito um verdadeiro balanço quanto à qualidade do serviço que tem sido prestado e se não urge reajustar procedimentos, a formação ministrada, a articulação com as forças policiais, etc.

A par do crescimento do número de empresas desta natureza, existe um forte investimento no capital humano interno, através de uma aposta na qualidade, em regra, dos quadros intermédios e superiores. Os gabinetes de assessoria e consultadoria estão, por norma, bem apetrechados de juristas e contam com o apoio, inclusivamente de militares na reforma e até de ex-oficiais de polícia que abandonaram muito cedo a carreira na perspectiva de encontrarem um futuro mais promissor no sector privado[18].

Encontramos assim uma máquina tendencialmente melhor "oleada" e em busca da excelência na prestação de serviços, adoptando uma política de pesquisa e *retenção de talentos* para a concretização dos seus objectivos. No entanto o legislador mantém – de forma transparente – o fosso entre os dois universos (segurança privada e segurança pública) em

---

[17] A propósito da força do designado "lobby da insegurança" *vide* FENECH, Georges (2001) *Tolerância Zero: Acabar com a Criminalidade e a Violência Urbana*, Mem Martins: Editorial Inquérito. O autor de nacionalidade francesa (que foi magistrado) refere, a certa altura (pp. 178), que nos "luxuosos salões ministeriais, o *lobby* da insegurança continua a deleitar-se com a cultura da desculpa e a culpabilizar os agentes da repressão, a exemplo da redução de poderes do juiz de instrução".

[18] Deixamos para outras "viagens" esta matéria, atendendo que não se trata do momento nem a sede próprias para reflectir sobre os motivos que levam à saída, de forma regular, dos oficiais de polícia, apesar de voltar a focar este assunto mais à frente do presente artigo.

matéria do alcance das suas atribuições, até porque, no actual estado da arte, "apenas as polícias públicas, especialmente as consignadas pela lei como Forças e Serviços de Segurança, estão globalmente aptas para a consagração dos principais objectivos da segurança interna do Estado, mesmo nos casos de calamidade, visto que possuem um elevado poder de dissuasão e de choque, assim como uma enorme capacidade reactiva, capaz de mobilizar rapidamente os meios materiais e humanos necessários"[19], no entanto é indubitável que a tendência aponta para o comungar de esferas até então da reserva das forças de segurança públicas, mormente, bancos, vigilância de aeroportos, entre outros, apesar de o papel da Polícia ser insubstituível, pois "constitui o símbolo mais visível do sistema formal de controlo, o mais presente no quotidiano dos cidadãos e, por via de regra, o *first-line enforcer* da lei criminal"[20]. Menosprezar esta realidade seria um erro com consequências irremediáveis.

Este fosso de atribuições ganha especial dimensão num momento em que a PSP absorve as competências da Secretaria-Geral do MAI. A Polícia vai passar a regular todo o universo da segurança privada. De norte a sul do país e em todas as fases processuais, como uma verdadeira **policialização da segurança privada**.

III. Novos horizontes para a segurança privada ou para a PSP?

É certo que a PSP tem produzido e acumulado algum Conhecimento quando se pensa em relações com as empresas de segurança privada. Sobretudo no âmbito da detecção, fiscalização e encaminhamento superior de irregularidades detectadas no seguimento da actividade policial. Mas não só. Veja-se o exemplo a fiscalização das provas de candidatos de empresas de segurança privada, que vinha a ser feita pelas forças de segurança por imposição legal[21]. Recordamo-nos de ter participado

---

[19] *Vide* CLEMENTE, Pedro José Lopes (2000) *A Polícia em Portugal: Da Dimensão Política Contemporânea da Seguridade Pública*, (policopiado), pp. 302, ISCSP, Lisboa: Universidade Técnica de Lisboa.

[20] *Vide* DIAS, Jorge de Figueiredo e ANDRADE, Manuel da Costa (1997) *Criminologia: O Homem Delinquente e a Sociedade Criminógena*, pp. 443, 2.ª reimpressão, Coimbra: Coimbra Editora.

[21] Até ao *terminus* do período transitório de três anos da Portaria n.º 1325/2001, de 4 de Dezembro.

586   *Estudos de Homenagem ao Professor Doutor Artur Anselmo*

nessa qualidade por diversas vezes, cumprindo o despacho do gabinete do secretário de estado da administração interna[22], verificando as identidades dos candidatos e confrontando-as com as que constavam na lista dos candidatos admitidos. Durante a realização do exame era necessário impedir qualquer contacto verbal entre os candidatos que visasse defraudar a finalidade de avaliação de conhecimentos, pelo que, muitas das vezes, sentíamo-nos como um professor a assistir um exame, distribuindo e recebendo exames que, por sua vez, eram entregues no início à nossa pessoa por um responsável da empresa. Por quantas mãos teriam aquelas provas passado? Tinha necessariamente que confiar no circuito. Mas quando a PSP deixou de ter essa atribuição confessamos que sentimos um certo conforto. A forma como aquele processo era gerido parecia-nos pouco claro e questionável. Seria tudo muito mais coerente se o exame fosse remetido à PSP pela Secretaria-Geral do MAI, limitando, dessa forma, o acesso às provas antes do oficial de polícia que iria fiscalizar a realização do exame, e aumentava seguramente a credibilidade da avaliação.

Mas apesar desse passado recente, é indubitável que a PSP era somente um mero colaborador. E nem sequer era um colaborador isolado. Pois tinha que partilhar essa qualidade com outros serviços e forças de segurança. Aliás, é assim que a própria letra da lei qualifica as forças de segurança, quando refere no artigo 31.º do decreto-lei n.º 35/2004, de 21 de Fevereiro, que a fiscalização da formação e da actividade de segurança privada é assegurada pela Secretaria-Geral do Ministério da Administração Interna, com a <u>colaboração</u> da Polícia de Segurança Pública e da Guarda Nacional Republicana <u>e sem prejuízo</u> das competências das forças e serviços de segurança e da Inspecção-Geral da Administração Interna.

Nos termos da alínea b), n.º 3, do artigo 16.º do Decreto-Lei n.º 203/ /2006[23], de 27 de Outubro, com a epígrafe "Criação, extinção, fusão e reestruturação de serviços e organismos", a Secretaria-Geral vê as suas atribuições no domínio da segurança privada integrada na Polícia de Segurança Pública. Nessa medida, e na senda do espírito do referido diploma, vem o Decreto-Lei n.º 76/2007, de 29 de Março, "concretizar

---

[22] Despacho do Gabinete do Secretário de Estado da Administração Interna, de 26 de Fevereiro de 2002. Era então o Excelentíssimo Sr. Prof. Rui Carlos Pereira, actual Ministro da Administração Interna.

[23] Diploma que aprova a Lei Orgânica do Ministério da Administração Interna.

Novos Horizontes para a Segurança Privada 587

o esforço de racionalização estrutural consagrado no Decreto-Lei n.º 203/ /2006, de 27 de Outubro, que aprovou a lei orgânica do Ministério da Administração Interna, decorrente da missão e competências atribuídas pelo decreto-lei legal que aprova a nova orgânica do Ministério da Administração Interna. (...). Numa óptica de rentabilização e redução dos meios e recursos (...)[24]".

O n.º 1 do artigo 14.º do decreto-lei n.º 76/2007, de 29 de Março, sob a epígrafe "Segurança privada", expressa, a certo momento, que "as atribuições e competências da Secretaria-Geral do MAI no domínio da segurança privada, integradas por esse decreto-lei na Polícia de Segurança Pública, passam a ser exercidas pelo Departamento de Segurança Privada da PSP (...)". O artigo 16.º do mesmo diploma refere que a transferência de atribuições entra em vigor no dia 1 de Abril de 2007.

A PSP deixou pois de ser um colaborador, passando a assegurar a fiscalização da formação e da actividade de toda a segurança privada; e está, assim, consequentemente, em pleno processo de adaptação. A futura Lei Orgânica da PSP prevê desde logo a criação de um novo departamento, com as respectivas divisões, dependente do Director Nacional Adjunto para a Área de Operações e Segurança (DNA/OPSEG), designando-se como Departamento de Segurança Privada (DEPSPRIV)[25]. Até à criação legal deste novo Departamento, a actividade policial nesta área será exercida através do Departamento de Operações que – a curto prazo – pretende difundir uma Norma de Execução Permanente para disciplinar a regulamentação, organização e funcionamento do Departamento de Segurança Privada bem como dos Núcleos de Segurança Privada a criar nos Comandos[26]. O novo departamento já é, neste momento, uma realidade física[27] com elementos da PSP e funcionários destacados do MAI.

---

[24] Preâmbulo do Decreto-Lei n.º 76/2007, de 29 de Março.

[25] A par dos Departamentos já existentes, mormente o Departamento de Operações (DEPOP), Departamento de Informações Policiais (DEPIPOL), Departamento de Comunicações (DEPCOM) e Departamento de Armas e Explosivos (DEPAEX), bem como o recente Departamento de Investigação Criminal (DEPICRIM).

[26] Conforme OP n.º 2648 de 30MAR2007 do DEPOP/DN/PSP.

[27] Correspondência via correios (no actual estado de criação do novo Departamento): Direcção Nacional da PSP, Largo da Penha de França, n.º 1, 1170-298-Lisboa. Atendimento ao público: Departamento de Segurança Privada, Rua de Artilharia 1, n.º 21, 1269-003-Lisboa, das 09h30 às 12h30 e 13h30-16h30. Contactos: fax – 213874770; telefone: 213703900; correio electrónico: depspriv@psp.pt.

588 Estudos de Homenagem ao Professor Doutor Artur Anselmo

Mas o futuro levanta uma enorme expectativa: a PSP vai conseguir corresponder aos anseios da tutela e dos cidadãos, em geral, e das empresas de segurança privada em particular? O DEPSPRIV vai estar bem apetrechado em matéria de recursos humanos? As correspondentes Divisões integrantes desse Departamento vão ser apoiadas por um *corpo* de juristas e oficiais especializados em direito da segurança privada? Aguardemos serenamente, mas com confiança, pelo desenvolvimento dos factos.

Parece-nos, ainda assim, que a transferência de competências vai representar, *ab initio*, uma tarefa ciclópica. Assim, entendemos que existem determinados factores-chave que devem ser ponderados pela Direcção Nacional da PSP, enquanto *ingredientes* para uma fórmula de sucesso para que a designada *policialização da segurança privada* vá ao encontro das expectativas da tutela e dos diversos parceiros envolvidos:

a) A criação de um Departamento de Segurança Privada <u>consistente</u> em termos de <u>estabilidade e liderança</u>, ou seja, um departamento constituído por um director de serviços e chefes de divisão que ofereçam alguma garantia de estabilidade e permanência nos cargos durante, no mínimo, uma comissão de três anos, e com uma forte predisposição para esta área especializada. Isto vai evitar um vazio de poder e uma troca sucessiva de cadeiras com efeitos nocivos para o serviço e imagem policial pois, a acontecer, importa *formatar* constantemente os novos responsáveis[28], com todos os problemas que vão surgir por arrastamento;

b) Criação de Divisões integrantes do DEPSPRIV à luz da realidade da Secretaria-Geral do MAI (ou até com alterações de por-

---

[28] A constante alteração de pessoas em cargos dirigentes, ou seja, lugares estratégicos e basilares para a "vida" organizacional, encerra sérios problemas que ultrapassam em larga medida as questões de mera estabilidade institucional e departamental, mas também a eterna agonia de projectos que nunca são concretizados ou sequer iniciados. Para que de facto as "coisas" aconteçam urge levar até ao fim as propostas e desafios de trabalho que são encetados *ab initio*. No momento em que escrevo estas linhas, por motivos obviamente compreensíveis, os lugares-chave de directores de três departamentos cruciais, mormente, das informações policiais, armas e explosivos e formação encontram-se actualmente vazios por não existir nomeação formal ou porque os titulares dos lugares encontram-se ausentes a desempenhar não menos importantes funções em outros locais, em representação da PSP. Mas os lugares precisam de pessoas. Porque as pessoas são o principal motor de uma Organização. É um lugar-comum. Ignorar esta premissa na criação do DEPSPRIV pode ser fatal.

menor), chefiadas por oficiais de polícia assessorados por, no mínimo, dois oficiais e uma Secretaria com pessoal de apoio em cada divisão;

c) A Secretaria de cada Divisão deverá ter equipas multidisciplinares (elementos com funções policiais, elementos com funções não policiais, juristas, etc.) e em número realista para fazer face às necessidades que serão crescentes, sobretudo no âmbito da análise dos processos de contra-ordenação, das inúmeras reuniões, diligências externas, auditorias aos Núcleos dos Comandos, apoio a acções de fiscalização, controlo efectivo das entidades que se encontram autorizadas a exercer a actividade de segurança privada, elaboração de documentos internos para melhoria de actos processuais, tratamento estatístico, participação em Seminários internacionais para apreensão de boas práticas em outras realidades, elaboração de relatórios para o Conselho de Segurança Privada, etc.;

d) Gabinete com uma equipa de assessores jurídicos com capacidade de resposta às centenas de solicitações que vão surgir tanto dos Comandos[29] (através dos seus NSPRIV) como das empresas da especialidade. Importa ainda recordar que as empresas de segurança privada estão cada vez melhor assessoradas juridicamente e contam com o apoio, inclusivamente, de militares na reforma[30] e até de ex-oficiais de polícia que abandonaram muito cedo a carreira na perspectiva de encontrarem um futuro mais promissor no sector privado[31].

---

[29] *Vide*, a título de exemplo, a OP n.º 9862/2006, de 28 de Novembro (Distinção entre Porteiro e Vigilante – Esclarecimento – Procedimentos), a OP n.º 662/2007, de 25 de Janeiro (Actividade de Segurança Privada – Elaboração de expediente e de processos de contra-ordenação – Determinação), a OP n.º 4533/2006, de 31 de Maio (Actividade de Segurança Privada – Elaboração de expediente) e a OP n.º 10877/2000, de 12 de Setembro (Cartões Profissionais de Vigilantes de Estabelecimentos de Restauração e Bebidas), todas do Departamento de Operações da Direcção Nacional da PSP.

[30] Veja-se, a título meramente exemplificativo, que uma das Obras mais recentes na área da segurança privada é da autoria de um consultor de segurança que é titular do posto de Coronel. A este propósito *vide* FURTADO, José Pimentel (2006) *Segurança Privada – Colectânea de Legislação*, Lisboa: Quid Juris.

[31] Deixamos para outras "viagens" esta matéria, atendendo que não se trata do momento nem a sede próprias para reflectir sobre os motivos que levam à saída, de forma regular, dos oficiais de polícia; bem como sobre a evidente incapacidade organizacional

590   *Estudos de Homenagem ao Professor Doutor Artur Anselmo*

e) Criação de Núcleos de Segurança Privada nos Comandos territoriais em <u>regime de exclusividade</u>, o que nem sempre acontece ou é possível, tendo em consideração experiências anteriores que obrigaram a acumulação de funções[32];

f) Apresentação pública do DEPSPRIV junto da sociedade e dos órgãos de comunicação social, em geral, e das empresas de segurança privada, em particular;

g) Elaboração de um documento regulador interno que vise disciplinar e colocar todo o dispositivo a funcionar no mesmo sentido e seguindo o mesmo enquadramento em matéria de procedimentos processuais, para que se evite o arquivamento de processos devido a irregularidades primárias aquando da elaboração do expediente inicial;

h) Promoção de seminários temáticos e conferências de imprensa para dar a conhecer a actividade desenvolvida;

i) Promoção de reuniões periódicas com outras forças e serviços de segurança para efeitos de coordenação operacional ao nível macro;

j) Promoção de reuniões com os principais responsáveis pelo universo relativo ao domínio da Segurança Privada, nomeadamente representantes das associações de empresas de segurança privada e representantes das associações representativas do pessoal de vigilância;

---

para a *retenção de talentos* através de mecanismos mais competitivos. Recordamos dois episódios sintomáticos como o caso do 1.º classificado do 4.º Curso de Formação de Oficiais de Polícia (licenciado em Ciências Policiais pelo ISCPSI) que se desvinculou da PSP e que, actualmente, desenvolve a sua actividade no domínio da segurança privada. Bem como o caso de um Oficial do 1.º CFOP, com um futuro seguramente promissor que, encontrando-se já na categoria de Subintendente, deixou de exercer funções na PSP transitando para o cargo de Director de Operações do um conhecido Centro Comercial. Este cenário agrava-se, naturalmente, com a "fuga" de Oficiais para outras áreas da Função Pública (Polícia Judiciária por exemplo) e o considerável número de Oficiais em comissão de serviço em outras actividades (para lá da acção de comando) ou em território estrangeiro. Deixemos pois esta temática não menos interessante para outras oportunidades.

[32] Recordamos o que sucede actualmente com as Brigadas de Protecção Ambiental, o Programa Integrado de Policiamento de Proximidade, formadores dos Cursos de Técnicas de Intervenção Policial, entre outros serviços.

Novos Horizontes para a Segurança Privada 591

k) Criação de um curso de formação de duas semanas (no mínimo), sobre segurança privada para todos os elementos que vão integrar os futuros Núcleos de Segurança Privada nos Comandos metropolitanos, regionais e distritais de polícia;

l) Criação de um curso de pós-graduação ou especialização, sob a coordenação científico-pedagógica do Instituto Superior de Ciências Policiais e Segurança Interna em articulação com a Direcção Nacional da PSP, sobre Direito da Segurança Privada[33], dirigido aos Chefes das Áreas de Operações e Segurança e outros elementos com formação superior que venham a constituir os Núcleos dos Comandos e o DEPSPRIV, bem como todos os cidadãos com interesse profissional ou académico sobre este universo;

m) Desenvolver uma imagem de um Departamento pró-activo, com uma forte dose de massa crítica, que antevê medidas necessárias, que propõe alterações à moldura legal em vigor e que é capaz, entre outras valências, de repensar os principais pilares da formação profissional inicial do pessoal de vigilância, exteriorizando-se como uma área de assessoria de excelência à disposição do Director Nacional da PSP junto da tutela. Este aspecto parece-nos basilar. Não nos podemos esquecer que a Guarda Nacional Republicana vem reclamando, há muito, o desejo de assumir cada vez mais competências no âmbito da segurança interna. Se a PSP não apresentar um modelo de sucesso pode correr sérios riscos de ver a sua esfera, mais uma vez, violada sob o olhar passivo de terceiros.

IV. **Considerações finais.**

É consensual que a actividade de segurança privada representa um importante sector económico, enquanto nicho de mercado, e que desenvolve um importante papel na protecção de pessoas e bens, como na

---

[33] Esta pós-graduação podia vir a constituir-se como a componente curricular de um futuro Curso de Mestrado em Ciências Policiais (área de especialização em Direito da Segurança Privada).

592 Estudos de Homenagem ao Professor Doutor Artur Anselmo

prevenção e dissuasão de acções ilícito-criminais[34]. Neste momento importa apresentar algumas ideias que são, para nós, os pontos-chave a reter deste pequeno trabalho de reflexão e congregador de diversos subsídios de autores que muito têm escrito sobre o apaixonante domínio do direito da segurança privada.

O ano de 2007 representa um ponto de viragem na história que tem sido escrita sobre a segurança privada em Portugal. Com a execução do processo de reestruturação das forças de segurança, o Governo transferiu para a PSP todas as competências em matéria da segurança privada que, até então, estavam atribuídas à Secretaria-Geral do MAI. A PSP passa pois de um posicionamento de mero colaborador da SG-MAI para a ponta da lança do sistema de regulação nacional da segurança privada. Assumir este futuro (que, como já referimos, já é presente) representa uma enorme responsabilidade, pelo que importa agilizar procedimentos e criar uma estrutura que vá ao encontro das expectativas de todos os parceiros. Para isso consideramos que devem ser tomadas decisões à luz de alguns aspectos como defendemos atrás.

Em segundo lugar importa referir que a Faculdade de Direito da Universidade Nova de Lisboa (FDUNL), foi pioneira – mais uma vez – na criação de um curso de mestrado no domínio do direito da segurança e na produção de Conhecimento nesta área científica[35], a par de Obras produzidas por investigadores licenciados pelo Instituto Superior de Ciências Policiais e Segurança Interna[36], bem como alguma bibliografia que jamais poderá ser dispensada quando se fala em direito da segurança e que começou a despontar sobretudo nos últimos cinco anos[37]. A visão

---

[34] Sobre este assunto *vide* COELHO, Jorge Paulo Sacadura Almeida *in* MAI (1998) *Regime Jurídico da Segurança Privada e Legislação Complementar*, pp. 05, Lisboa: SG-MAI.

[35] *Vide* GOUVEIA, Jorge Cláudio Bacelar e PEREIRA, Rui Carlos (Coords.) (2007) *Estudos de Direito e Segurança*, Faculdade de Direito da UNL, Coimbra: Almedina. E ainda GOUVEIA, Jorge Cláudio de Bacelar, PEREIRA, Rui Carlos, FERREIRA, Arménio Marques e TEIXEIRA, Virgílio (2007) *Leis de Direito da Segurança*, Coimbra: Coimbra Editora.

[36] *Vide* VALENTE, Manuel Monteiro Guedes e FERNANDES, Luís Fiães (2005) *Segurança Interna – Reflexões e Legislação*, Coimbra: Almedina. Refira-se que esta Obra aborda inclusivamente, como não podia deixar de ser, o regime jurídico da segurança privada.

[37] *Vide* VALENTE, Manuel Monteiro Guedes (Coord.) (2005) *I Colóquio de Segurança Interna*, Coimbra: Almedina. E ainda *Idem* (Coord.) (2006) *II Colóquio de Segurança Interna*, Coimbra: Almedina.

Novos Horizontes para a Segurança Privada

e o discernimento clarividente de alguns autores, relativamente às mutações societais e as novas exigências do Saber para uma melhor compreensão do mundo exógeno, representa indubitavelmente um ponto de viragem pois deu-se início a um processo irreversível de produção de conhecimento num domínio pouco explorado e, consequentemente, consolidando uma nova especialização na área das ciências jurídicas. A *Academia* abriu desta forma as portas para inúmeras possibilidades de investigação onde se inclui a temática em análise, e onde ganha espaço uma especialização emergente como é seguramente o direito da segurança.

É pois esse o desafio que pretendemos encetar no futuro próximo: desenvolver uma investigação à luz do direito comparado e das consequências práticas dos dois principais (até ao momento) diplomas de regulação da segurança privada[38], constituindo uma Obra que represente um marco na reflexão e sistematização do direito da segurança privada e um avanço (sempre inacabado) na produção do Conhecimento de um Direito português com uma visão cada vez mais abrangente e esclarecida, mas também questionadora do estado da arte. É da discussão que muitas das vezes nasce a razão.

Bibliografia

CLEMENTE, Pedro José Lopes (2000) *A Polícia em Portugal: Da Dimensão Política Contemporânea da Seguridade Pública*, tese de doutoramento em Ciências Sociais (Ciência Política), policopiado, I Vol., pp. 300-320, ISCSP, Lisboa: Universidade Técnica de Lisboa.

DIAS, Jorge de Figueiredo e ANDRADE, Manuel da Costa (1997) *Criminologia: O Homem Delinquente e a Sociedade Criminógena*, 2.ª Reimpressão, Coimbra: Coimbra Editora.

FENECH, Georges (2001) *Tolerância Zero: Acabar Com a Criminalidade e a Violência Urbana*, Mem Martins: Editorial Inquérito.

FURTADO, José Pimentel (2006) *Segurança Privada – Colectânea de Legislação*, Lisboa: Quid Juris.

---

[38] Decreto-lei n.º 35/2004, 21 de Fevereiro e Decreto-lei n.º 231/98, 22 de Julho, a par de outra legislação não menos importante neste contexto: Portaria n.º 786/2004, de 9 de Julho, Portaria n.º 734/2004, de 28 de Junho, Portaria n.º 64/2001, de 31 de Janeiro, entre outros diplomas.

594 *Estudos de Homenagem ao Professor Doutor Artur Anselmo*

Gouveia, Jorge Cláudio de Bacelar e Pereira, Rui Carlos (Coords.) (2007) *Estudos de Direito e Segurança*, Faculdade de Direito da Universidade Nova de Lisboa, Coimbra: Almedina.

Gouveia, Jorge Cláudio de Bacelar, Pereira, Rui Carlos, Ferreira, Arménio Marques e Teixeira, Virgílio (2007) *Leis de Direito da Segurança*, Coimbra: Coimbra Editora.

MAI (1998) *Regime Jurídico de Segurança Privada e Legislação Complementar*, Lisboa: SG-MAI.

Oliveira, José Ferreira (2006) *As Políticas de Segurança e os Modelos de Proximidade: A Emergência do Policiamento de Proximidade*, Coimbra: Edições Almedina.

Valente, Manuel Monteiro Guedes (Coord.) (2006) *II Colóquio de Segurança Interna*, Coimbra: Almedina.

Valente, Manuel Monteiro Guedes e Fernandes, Luís Fiães (2005) *Segurança Interna – Reflexões e Legislação*, Coimbra: Almedina.

Valente, Manuel Monteiro Guedes (Coord.) (2005) *I Colóquio de Segurança Interna*, Coimbra: Almedina.

Legislação e Documentação Consultada:

– OP n.º 2648/2007, de 30 de Março, Departamento de Operações da DN/PSP
– Decreto-lei n.º 76/2007, 29 de Março, Diário da República, 1.ª Série, n.º 63
– OP n.º 662/2007, de 25 de Janeiro do Departamento de Operações da DN/PSP
– OP n.º 9862/2006, de 28 de Novembro do Departamento de Operações da DN/PSP
– Decreto-lei n.º 203/2006, 27 de Outubro
– OP n.º 4533/2006, de 31 de Maio do Departamento de Operações da DN/PSP
– Decreto-lei n.º 35/2004, 21 de Fevereiro
– Lei n.º 4/2004, 15 de Janeiro
– Portaria n.º 1325/2001, de 4 de Dezembro
– Decreto-lei n.º 231/98, 22 de Julho
– OP n.º 10877/2000, de 12 de Setembro do Departamento de Operações da DN/PSP.

REFLEXÕES SOBRE O NOVO QUADRO DA SEGURANÇA INTERNA E O PAPEL DA SEGURANÇA PRIVADA

PAULO VALENTE GOMES
Intendente da PSP
Secretário-Geral Adjunto do Gabinete Coordenador de Segurança

> *A segurança, perante os homens, pode ser fortificada, até um certo grau, pelo poder e pela riqueza; aquela, porém, que é conferida pela vida na tranquilidade e no retiro da massa dos homens é certamente mais genuína.*
>
> *Epicuro*

I. Um novo contexto da segurança

O Mundo e, sobretudo a civilização ocidental, vem enfrentando novas ameaças e riscos para a segurança e qualidade de vida dos cidadãos, que expõem vulnerabilidades dos Estados e convocam para o reforço das suas capacidades.

Este novo contexto, que se evidenciou sobretudo desde meados da década de 90, do século passado, e foi exacerbado com os atentados do 11 de Setembro de 2001, veio colocar pressão nos Estados para uma urgente actualização do conceito e do paradigma tradicionais de segurança, conduzindo a um processo de reforma dos seus sistemas nacionais de segurança e defesa.

No domínio mais estrito da segurança interna, a crise do modelo do Estado-Providência, a consequente redução do leque de funções que eram

596   *Estudos de Homenagem ao Professor Doutor Artur Anselmo*

típicas deste modelo, a crescente e mais exigente procura de segurança, da parte dos cidadãos, a crise de legitimidade e de identidade das polícias públicas, entre outros factores, conduziram à perda do monopólio da segurança, por parte do Estado, e à adopção de um novo paradigma, designado de governança da segurança.

Este novo paradigma implica uma co-produção ou uma pluralização da segurança, que compreende já não apenas os actores tradicionais – as polícias públicas – como também as polícias privadas comerciais e bem assim as formas de voluntariado das comunidades locais, todos eles envolvidos em parceria, visando dois objectivos comuns: a redução do crime e a melhoria da qualidade de vida das pessoas.

A passagem de um modelo de monopólio para um trabalho em triangulação coloca desafios importantes, designadamente, no que toca ao estabelecimento de relações de confiança, à necessidade de contratualização, à partilha de informação e de outros recursos, à consensualização de valores, objectivos e metas nem sempre coincidentes – confrontando o interesse público e o privado – e à co-responsabilização por objectivos comuns.

II. Um conceito integrado de segurança

O novo conceito estratégico de segurança, ancorado na ideia de segurança humana, expressa pelo último Secretário-Geral da ONU, Sr. Kofi Annan[1], no início deste III Milénio, ultrapassa definitivamente a rigidez das velhas fronteiras conceptuais, que opunham segurança interna e externa, *safety* e *security*, público e privado, local e nacional, nacional e internacional, prevenção e repressão. A Comissão de Segurança Humana, das Nações Unidas, apresentou, no Relatório Final sobre Segurança Humana, a seguinte definição: "a segurança humana significa proteger o núcleo vital de todas as vidas humanas através de meios que reforcem as liberdades individuais e a realização das pessoas"[2].

O apelo a favor da segurança humana, feito nesse relatório, constitui uma resposta aos novos desafios do mundo actual. As políticas e as

---

[1] *Cfr.* "Nós os povos: o papel das Nações Unidas no século XXI", Relatório do Milénio, do Secretário-Geral da Organização das Nações Unidas, p. 58, 2000.

[2] Human Security Now, Commission on Human Security, 2003, *in* www.humansecurity-chs.org.

instituições devem responder a essas inseguranças de uma maneira mais firme e integrada. Como referimos, o Estado continua a ser o principal actor responsável pela segurança. Mas, num quadro em que os problemas de segurança se tornam cada vez mais complexos e vários actores novos tentam desempenhar um papel neste domínio, impõe-se um paradigma em que a atenção deve deixar de incidir apenas no Estado para passar a incluir a segurança das pessoas, a segurança humana.

Garantir a segurança humana significa proteger as liberdades vitais, proteger as pessoas expostas a ameaças ou a situações críticas, desenvolvendo os seus pontos fortes e procurando realizar as suas aspirações. Significa, também, criar sistemas que proporcionem às pessoas os elementos básicos de sobrevivência, dignidade e meios de subsistência. A segurança humana liga diferentes tipos de liberdades: a liberdade de viver sem necessidades nem medo e a liberdade de agir em prol dos seus interesses pessoais.

Para tal, a segurança humana propõe duas estratégias gerais: a protecção e a autonomização. A protecção defende as pessoas dos perigos. Exige um esforço concertado para elaborar normas, processos e instituições que se ocupem sistematicamente das questões de insegurança. A autonomização permite que as pessoas realizem as suas potencialidades e participem plenamente na tomada de decisões. A protecção e a autonomização reforçam-se mutuamente e, na maioria das situações, ambas são necessárias.

Conforme também se refere nesse relatório, a segurança humana complementa a segurança do Estado, promove o desenvolvimento humano e reforça os direitos humanos. Complementa a segurança do Estado concentrando-se nas pessoas e tomando em consideração as inseguranças que não foram tidas como uma ameaça para a segurança do Estado. Ao contemplar este outro tipo de riscos, faz com que o desenvolvimento humano vá mais além do conceito de "crescimento em equidade". O respeito pelos direitos humanos está no cerne da protecção da segurança humana.

Em suma, a "segurança humana significa a segurança das pessoas – a sua segurança física, o seu bem-estar económico e social, o respeito pela sua dignidade e pelo valor da pessoa humana, bem como a protecção dos seus direitos e liberdades fundamentais"[3]. A segurança humana, no

---

[3] The Responsibility to Protect, International Commission on Intervention and State Sovereignty, 2001.

598 *Estudos de Homenagem ao Professor Doutor Artur Anselmo*

seu sentido lato, abrange muito mais do que a ausência de conflito violento. Ela compreende os direitos humanos, a boa governança, o acesso à educação e aos cuidados de saúde e a garantia de que cada indivíduo tem oportunidades e escolhas com vista a realizar o seu potencial"[4]. A segurança humana significa "estar livre de ameaças aos direitos da pessoa humana, à sua segurança ou mesmo à sua vida"[5].

Neste novo paradigma e conceito de segurança, a vertente da segurança privada vem desempenhando um papel crescentemente importante na maioria dos países, quer em termos quantitativos, quer no que respeita à diversidade de áreas de intervenção.

III. Conceito de segurança privada

Antes de nos determos mais em detalhe sobre a análise dos aspectos críticos e desafios da actividade de segurança privada, será importante começarmos por esboçar uma definição da segurança privada, identificando, deste modo, os aspectos que a distinguem da actividade de segurança pública.

Coloquemos, então, esta pergunta: o que têm em comum todos os organismos que desenvolvem uma actividade de segurança privada?

Em primeiro lugar, todos eles prestam uma segurança "orientada", que beneficia um determinado cliente, local ou rede, ao contrário da segurança pública, cuja missão se estende a todas as pessoas, locais e redes. Ou seja, a segurança privada é uma segurança particular, apenas se dirige à satisfação das necessidades de segurança específicas do cliente, nos termos em que este as definiu; caracteriza-se, acima de tudo, pela relação prestador-cliente e por uma missão delimitada e exclusiva. A segurança pública assume uma responsabilidade mais alargada e difusa, abrangendo toda a colectividade e prosseguindo fins públicos.

Por outro lado, a segurança privada não dispõe, senão a título excepcional, do poder de usar a força: acima de tudo, cabe-lhe prevenir e vigiar. Loubet del Bayle (1992, 20) sustenta que a diferença entre as duas actividades reside no facto de a função policial se afirmar quando

---

[4] Kofi Annan, 2000. (www.un.org./News/Press/docs/2000/20000508.sgsm7382.doc.html).

[5] Human Security Network (www.humansecuritynetwork.org/menu-e.php).

aspectos maiores da regulação social são assegurados por uma instituição que age em nome e no interesse do grupo e tem a possibilidade de «usar, em último recurso, a força física» de forma legítima. Este autor acrescenta (p. 23) que essa função é consubstancial à acção política. A segurança privada não decorre da actividade política, regendo-se essencialmente pelas leis do mercado.

Nestes termos, e seguindo de perto Maurice Cusson (1998, 208), a segurança privada pode ser definida como o conjunto de activos e serviços que visam a protecção das pessoas, bens e informação, prestados por especialistas a organizações públicas ou privadas, ou a indivíduos, com vista a satisfazer, de forma orientada e exclusiva, as suas necessidades particulares de segurança e protecção, de acordo com normativos públicos mas sujeita às regras do mercado.

Ainda na linha da doutrina francófona, e para Martine Fourcaudot (1988, 16), a segurança privada compreende o «conjunto das actividades e medidas visando a protecção de pessoas, bens e informação, fornecida no quadro de um mercado competitivo orientado para o lucro e onde os fornecedores não asseguram, à luz da lei, responsabilidades de funcionário ajuramentado».

IV. Justificação e historial da segurança privada

Quando, na década de 60 do século passado, se afirma uma sociedade de consumo de massas e se assiste, do mesmo passo, ao aumento exponencial da pequena criminalidade patrimonial, os responsáveis pelos sectores comercial, industrial e de serviços tomaram consciência de que as polícias públicas estavam cada vez mais assoberbadas com a resolução dos crimes mais violentos e graves, deixando para segundo plano a prevenção e tratamento das incivilidades e da pequena criminalidade.

Esta banalização da delinquência de massa e a crescente incapacidade de resposta célere e eficaz do tradicional sistema formal de intervenção, conduziria, a termo, à impossibilidade de manter níveis de segurança e confiança do tecido comercial, comprometendo seriamente a actividade lucrativa das empresas.

Neste contexto, em que uma necessidade é insuficientemente satisfeita pelos poderes públicos, a segurança privada surge como um recurso apto a preencher essa lacuna, apresentando-se como uma forma original e inovadora de controlo social semi-formal. Esta actividade, ao contrário

600 *Estudos de Homenagem ao Professor Doutor Artur Anselmo*

das polícias públicas, está sujeita às regras de funcionamento do mercado, pratica preços competitivos e visa responder às expectativas dos seus clientes privados.

Existem, fundamentalmente, três teses explicativas da existência e da expansão da segurança privada.

Uma primeira posição, avançada por Shearing e Stenning (1981), é a de que o desenvolvimento dessa actividade coincide com o da propriedade privada de massa, isto é, os grandes espaços comerciais, industriais ou residenciais, abertos ao público mas sendo propriedade de uma empresa privada. Mas pode-se contrapor que também as organizações públicas entraram na procura de segurança privada.

Uma segunda tese, sustentada por Ocqueteau (1992, p. 119 e ss., e 1995), refere que a segurança privada francesa se desenvolve sob a influência de companhias de seguros, as quais pressionariam os seus clientes para que se protegessem, sob pena de não serem segurados ou virem a sofrer penalizações.

Jan van Dijk (1995) apresenta uma terceira tese, segundo a qual a segurança privada contemporânea preenche a função de segurança outrora assumida, de maneira difusa, por actores muito diversificados, como os porteiros de prédios ou os cobradores de autocarros, que desempenhavam uma função de vigilância e faziam respeitar a ordem e tranquilidade na sua pequena esfera de influência. No momento em que estas profissões entram em crise, por razões economicistas, a especialização e o recurso a tecnologias colocam a segurança privada como alternativa mais eficiente e eficaz. Deste modo, e ainda segundo van Dijk, o mercado não teria invadido o campo de intervenção da polícia pública mas, sim, uma função de segurança que fora deixada em aberto pela própria sociedade civil.

Certo é que a expansão do mercado da segurança resultou da conjugação entre uma necessidade real de segurança sentida pela actividade comercial, por um lado, e uma oferta privada mais interessante do que as outras alternativas, por outro.

O principal problema que estimulou a procura de segurança foi, de facto, um forte volume de pequenos crimes e incivilidades que se abateram sobre os estabelecimentos comerciais e os espaços semi-públicos. Impunha-se, assim, a reposição e preservação da qualidade de vida desses locais, de modo a garantir a sua viabilidade económica.

Como referimos, os sistemas policial e de justiça penal tornaram-se cada vez mais imunes aos apelos do sector comercial e deslocaram as suas prioridades das chamadas bagatelas penais, que tenderiam a asfixiar o sistema, para a luta contra a criminalidade mais violenta e grave, naturalmente mais escassa, mas também de resultados de investigação mais mediatizáveis e compensadores aos olhos da opinião pública.

Em consequência disso, a taxa de participação de pequenos crimes patrimoniais ocorridos em espaços comerciais é particularmente baixa.

Os furtos praticados nesses espaços, normalmente, só são participados à Polícia se apresentarem uma ou várias destas características: 1) o valor do objecto furtado é relativamente elevado; 2) o autor opera com um ou mais cúmplices; 3) o autor actua com uma perícia tal que leva a pensar que é reincidente; 4) ele é um recidivista; 5) ele reage com violência e ameaça os vigilantes; e/ou 6) ele nega os factos e recusa fornecer a sua identificação aos vigilantes.

As organizações, sejam elas privadas ou públicas, preferem pagar para obterem de uma entidade privada uma protecção que é flexível, discreta e adaptada, por oposição a uma oferta pública que conduzirá a uma intervenção formal, morosa e relativamente ineficaz do aparelho judicial.

Por outro lado, os estabelecimentos mais vitimizados pela pequena criminalidade patrimonial, apresentam, por via de regra, quatro características: 1) expõem a qualquer cliente as estantes repletas de produtos tentadores; 2) a vigilância não se faz de forma natural; 3) os estabelecimentos estão abertos ao grande público; 4) os seus proprietários não querem ou não dispõem de meios para pagar uma segurança privada.

V. **Expansão da segurança privada**

A gradual atribuição de novas áreas à segurança privada, ao longo das últimas duas décadas, tem sido consequência da conjugação de três factores: as novas exigências do mercado, a reorientação de prioridades das polícias públicas e, não menos importante, a crescente legitimidade deste sector perante os governos, as polícias públicas e os seus clientes.

A segurança privada ocupa hoje uma parte significativa de toda a oferta de segurança, actuando num ambiente de sã concorrência, mas também de complementaridade e subsidiariedade relativamente às polícias públicas. O fim do monopólio da segurança implica, para as polícias públicas, uma nova cultura de trabalho, assente numa lógica de cooperação, de troca de informações e de saberes, concorrendo para um objectivo comum: melhorar a segurança e protecção de pessoas e bens.

602 *Estudos de Homenagem ao Professor Doutor Artur Anselmo*

De entre o leque de actores que trabalham no largo espectro da prevenção do crime, a segurança privada conta com um número de efectivos considerável. Por exemplo, nos Estados Unidos e Canadá, o pessoal das agências, serviços de segurança e empresas que produzem, vendem e instalam equipamentos de protecção ultrapassa a soma dos quadros da polícia, magistratura penal e serviços prisionais.

Por exemplo, em Portugal, o número de membros de empresas de segurança privada já ultrapassa os 40 mil, quando o total das duas Forças de Segurança (PSP e GNR) ronda os 47 mil elementos.

Este argumento qualitativo, só por si, justificaria a necessidade de se realizar um estudo mais detido e aprofundado sobre a actividade de segurança privada. Esta continua, em vários países ocidentais, a ser uma matéria mal compreendida e, também por isso, mal julgada.

É indesmentível o papel que o pessoal das empresas de segurança privada desempenha, dia e noite, na luta contra as incivilidades e a pequena delinquência – sobretudo a de natureza patrimonial –, que pesam sobremaneira no aumento do sentimento de insegurança das pessoas e afectam significativamente a actividade das empresas. Pela sua presença e visibilidade nas grandes superfícies comerciais, nas gares de transportes colectivos, nos recintos desportivos, nos hospitais, em empresas privadas mas também, e de forma crescente, nas instituições públicas, os vigilantes privados levam a cabo um trabalho discreto, mas eficaz, na dissuasão e na gestão pacífica de problemas e de incidentes.

VI. **Constrangimentos da segurança privada**

A cedência, pelo Estado, de parte de uma das suas mais nobres funções de soberania – a garantia da segurança de pessoas e bens –, a entidades privadas, suscita questões e desafios importantes em termos de garantia do respeito do princípio democrático, dos Direitos do Homem, dos valores éticos, da equidade e da responsabilidade (*accountability*), já que a actividade das polícias privadas também implica com o respeito pelo exercício dos direitos e das liberdades fundamentais dos cidadãos.

Alguns aspectos da actividade de segurança privada continuam, por isso, a ser objecto de controvérsia e de inquietude, quando confrontada com a segurança pública.

Desde logo, é comum questionar-se a legitimidade dessa actividade, por quatro ordens de razões: porque o mercado se imiscui numa função típica de soberania do Estado; porque se impõe uma lógica de lucro numa actividade tradicionalmente justificada pelo bem comum; porque se desenvolvem actividades, como a de investigação privada ou a segurança pessoal, ao serviço de interesses particulares, em detrimento de interesses colectivos; e porque se utilizam meios tecnológicos que podem atentar contra a reserva e intimidade da vida privada.

Todos estes argumentos podem ser contestados, com mais ou menos substância.

Em primeiro lugar, os poderes das empresas de segurança privada são fortemente limitados pelas leis e regulamentos, sendo que os poderes processuais penais dos agentes de segurança privada são, na generalidade dos países, idênticos aos de qualquer outro cidadão; além do mais, a lei civil protege os cidadãos contra qualquer intromissão abusiva na sua vida privada.

Em segundo lugar, as empresas de segurança privada têm contrapesos, como as polícias públicas, os tribunais, os *mass media*, a opinião pública e as outras empresas de segurança privada.

Em terceiro lugar, pode arguir-se que a abertura da segurança ao mercado privado obviou a que o Estado tivesse que se dotar de recursos adicionais para lutar contra a escalada da pequena criminalidade e as incivilidades, que conduziria, no limite, a um verdadeiro Estado policial.

Um outro argumento válido para este debate é o de que, ao protegerem os interesses dos seus clientes, os agentes da segurança privada acabam por contribuir para a prevenção e dissuasão da criminalidade em geral, mesmo sem terem permanente consciência desse facto. Ainda que, em parte, o crime sofra um efeito de deslocação, por força da presença dos vigilantes e dos seus sistemas de vigilância, os benefícios da segurança privada acabam por se difundir, contribuindo, indirectamente, para o interesse público.

Por último, continua na ordem do dia o questionar-se a competência, rigor e integridade dos membros das polícias privadas, por oposição aos agentes das forças e serviços de segurança públicos. As tarefas da segurança privada, são, em geral, saturantes e mal remuneradas, além de que as perspectivas de progressão na carreira são limitadas e o estatuto social de um vigilante é relativamente baixo. Por estas razões, os directores das empresas de segurança privada não podem ser muito exigentes na contratação do seu pessoal de base. Tudo isso provoca uma grande rotatividade do pessoal e dificuldades no seu recrutamento.

604   *Estudos de Homenagem ao Professor Doutor Artur Anselmo*

Por sua vez, a organização que necessita de um serviço de segurança, faz a selecção da empresa de segurança, em muitos casos, de acordo com o critério do mais baixo preço, deixando a qualidade do serviço para segundo plano.

Um vigilante que assegure a guarda de um serviço durante o período nocturno ou ao fim-de-semana, pode ter acesso privilegiado a locais e informação sensíveis. Uma selecção pouco rigorosa pode conduzir ao recrutamento de indivíduos de moralidade duvidosa ou com antecedentes criminais (South, 1988).

Mas, nesta ponderação das vantagens e inconvenientes da segurança privada, outras questões merecem a nossa reflexão.

Em primeiro lugar, o facto de os cidadãos e as empresas poderem pagar mais e melhor segurança, contratando serviços privados de protecção, pode deixar às polícias públicas, no limite, o remanescente da garantia da segurança das populações mais desfavorecidas e com problemas mais graves de criminalidade, que não podem pagar a segurança a que, constitucionalmente, têm direito. É o caso dos bairros problemáticos, onde o papel reservado à polícia não será tradicionalmente o de proteger e garantir a segurança dos residentes e do seu património mas, sobretudo, levar a cabo operações de grande visibilidade para fazer face à criminalidade violenta e grupal.

Em segundo lugar, e enquanto que as polícias privadas apostam na prevenção e na protecção dos bens e das pessoas que pagam os seus serviços, em função dos seus interesses e prioridades, o papel das polícias públicas tenderá a centrar-se, uma vez mais, na parte remanescente, a aplicação da lei (*law enforcement*), alimentando a máquina do sistema de justiça penal e descurando o seu papel essencial de polícia comunitária e preventiva.

VII. A gestão da segurança de eventos desportivos: uma boa prática

Um dos sectores de referência em matéria de boas práticas de parceria entre polícias públicas e privadas, é o da segurança de recintos desportivos, sobretudo os grandes estádios de futebol.

A definição de um conceito de gestão privada da segurança em grandes recintos e torneios de futebol, no qual a estrutura de segurança privada desempenha um papel primordial através da figura dos *stewards*, surgiu de forma estruturada desde o UEFA EURO 96, realizado em Inglaterra.

Nos grandes recintos desportivos, e mormente nos estádios de futebol, questões como a segurança, o bem-estar e comodidade dos espectadores e o controlo das multidões no interior do estádio e num determinado perímetro envolvente, passaram a ser, de acordo com a moderna doutrina, matérias da responsabilidade do organizador ou do promotor do espectáculo. Estas entidades tiveram de se dotar de um director de estádio, de um coordenador de segurança e de toda uma estrutura de segurança privada – supervisores e assistentes de recinto desportivo, vulgo *stewards* –, bem como de procedimentos e dispositivos vários de segurança passiva e de prevenção situacional – sistemas de controlo electrónico de bilhetes, salas de comando e controlo, sistemas de videovigilância, regulamentos de estádio, planos de emergência, entre outros –, de modo a desempenharem cabalmente novas responsabilidades de segurança.

Naturalmente, o Estado, através das forças policiais, continua a ser o responsável pelas áreas tradicionais da segurança e ordem públicas e da investigação criminal.

O desafio que se coloca, neste contexto, é o da adequada e proporcional combinação destas vertentes pública e privada, de modo a que cooperem e não surjam conflitos de competências, sejam eles positivos ou negativos, quer de natureza material, quer de natureza territorial.

Neste plano, as legislações nacionais diferem conforme a sua cultura jurídica e estado de evolução em matéria de cedência de parte do monopólio da segurança a entidades privadas.

No entanto, em todos os países, existe sempre uma zona cinzenta entre o domínio público e privado de competências. Usando sempre como ilustração o caso dos estádios de futebol, é difícil determinar, quer em termos normativos, quer perante uma situação a quente, a fronteira precisa entre o domínio público e privado: a partir de que momento é que o *steward* deixa de intervir na resolução do problema ou incidente em concreto e solicita a intervenção da força pública, no interior do estádio? Já se torna mais fácil definir fronteiras em termos de competência territorial, por via da delimitação de dois a três perímetros de segurança, consoante o caso, sendo que, gradualmente, do interior do estádio para o espaço declaradamente público, se assiste a uma transição do primado de intervenção da segurança privada para a segurança pública.

O grande desafio e oportunidade reside precisamente no saber operar uma combinação eficaz entre polícia pública e privada, numa zona mais ou menos ampla de indefinição normativa, mantendo esse frágil equilíbrio através, sobretudo, de uma interpretação concreta da fronteira entre interesse público e privado.

606 Estudos de Homenagem ao Professor Doutor Artur Anselmo

Também por esta razão se afigura de maior importância a formação e treino conjuntos de elementos da segurança pública e privada, de modo a afinarem e agilizarem tácticas e procedimentos, perante incidentes típicos que ocorram nos estádios de futebol ou em outros cenários em que a sua acção conjunta e articulada se revele crucial para uma resolução eficaz dos incidentes ou problemas.

As boas práticas de gestão global da segurança de grandes estádios e torneios de futebol devem ser replicadas para outras áreas em que é necessária ou desejável a actuação combinada das vertentes de segurança pública e privada.

VIII. Tendências de evolução da segurança privada

O futuro da segurança privada assenta em duas tendências que, nos últimos tempos, têm vindo a consolidar-se: por um lado, a integração crescente das tecnologias e, por outro, o desenvolvimento de uma perícia cada vez mais especializada.

A evolução mais notável registada neste sector é a integração cada vez maior dos diversos equipamentos, graças às tecnologias da comunicação, da electrónica e da informática. Uma central de comando e controlo única que possa integrar sistemas de tele-vigilância, de alarme e de controlo de acessos pode receber sinais de fontes diversificadas, os quais podem ser tratados rapidamente por um computador central, permitindo uma resposta mais rápida e eficaz ao incidente.

O segredo da expansão deste sector residirá, assim, em saber aproveitar as sinergias dos quatro recursos à disposição da segurança privada, a saber: 1) a tecnologia; 2) os funcionários; 3) o pessoal que trabalha no local a proteger; e 4) os locais físicos, cujo ordenamento permite facilitar a vigilância e os controlos.

Trata-se, acima de tudo, de perceber correctamente a natureza da procura de segurança, de conhecer os locais, as pessoas e as operações, para, em seguida, conceber uma estratégia que combine adequadamente recursos humanos e tecnológicos. Tal pressupõe um trabalho de inteligência, traduzido na recolha sistemática de dados sobre os crimes ou incivilidades, os seus autores, as vítimas, as causas desses actos, as situações pré-criminais, os dispositivos de segurança e de controlo em funcionamento nos locais, bem como as vulnerabilidades das pessoas e dos objectos a proteger (Cusson et al., 1994).

IX. Reflexões finais

O desenvolvimento dos sistemas e tecnologias de informação, a crescente importância das informações na actividade policial *(intelligence--led policing)*, o papel que a prevenção situacional comprovadamente desempenha na redução de determinados perigos e riscos sociais, bem como a crescente importância do clima de segurança como factor de investimento e desenvolvimento económico sustentado, abrem novas perspectivas para as polícias públicas e privadas, convocando-as para um trabalho em rede e para uma maior especialização, designadamente, na gestão dos dispositivos tecnológicos, rentabilizando, por um lado, as suas potencialidades para a melhoria da segurança e, por outro, minorando os riscos da sua utilização para fins criminosos.

Neste domínio, como em outras áreas de actividade, uma formação inicial e contínua de qualidade das polícias privadas, constitui um factor crítico para a melhoria do serviço de segurança prestado às populações. Os módulos de formação na área da segurança privada, as respectivas cargas horárias e, sobretudo os conteúdos programáticos dessa formação, revelam-se insuficientes face às novas exigências qualitativas de segurança e à diversidade de problemas que os polícias privados são chamados a resolver.

A lógica do lucro não deve imperar sobre a qualidade do serviço de segurança privada e o funcionamento das leis do mercado acaba, a prazo, por premiar a qualidade.

Neste âmbito, o papel fiscalizador e supervisor do Estado revela-se fundamental, zelando pela manutenção de padrões de formação e desempenho que correspondam às necessidades do mercado.

A actividade fiscalizadora do Estado revela-se também decisiva no combate a actividades ilícitas de exercício da segurança privada, que geram concorrência desleal, insegurança e criminalidade associada a essas práticas ilícitas, contribuindo para descredibilizar a actividade no seu todo.

A recente atribuição, à Polícia de Segurança Pública, de competências de coordenação, licenciamento e fiscalização da actividade de segurança privada deve ser encarada, não como uma ameaça, mas como um desafio e oportunidade para, potenciando os efeitos benéficos da actividade preventiva da segurança privada, reduzir, a jusante, o peso do combate a certas formas de criminalidade, sobretudo a pequena criminalidade

608 *Estudos de Homenagem ao Professor Doutor Artur Anselmo*

patrimonial, concentrando o seu esforço, de forma equilibrada, no policiamento de proximidade e na luta contra formas mais graves de criminalidade.

Por último, importa sublinhar que talvez o maior desafio contemporâneo que se coloca à segurança pública, não é o de saber se a privatização da segurança é a opção correcta, mas o de encontrar a melhor forma de coordenar recursos e energias para garantir a todos o direito à segurança, sobretudo as populações que não têm posses para comprar segurança, mantendo um equilíbrio adequado entre este poder-dever do Estado e as soluções do mercado.

Ao longo das próximas décadas, a melhoria dos sistemas e das políticas de segurança passará, em grande medida, pela busca de soluções mais ecléticas entre políticas públicas e privadas, por um reforço do voluntarismo das comunidades locais e por uma maior cooperação entre instituições públicas e privadas – de que o policiamento de proximidade é um exemplo –, numa abordagem que se pretende cada vez mais diversificada, flexível e local.

Bibliografia

BAYLE, Jean-Louis Loubet del, *La police. Approche socio-politique*, Clefs Politique, Ed. Montchrestien, Paris, 1992.

BAYLEY, David H., *Police for the Future*, Oxford University Press, New York, 1994.

BOUSQUET, Richard, *Insécurité: Nouveaux Enjeux – L'expertise et les propositions policières*, L'Harmattan, Paris, 1999.

BRODEUR, Jean-Paul, *Les visages de la police. Pratiques et perceptions*, Les Presses de l'Université de Montréal, Montréal, 2003.

BULLOCK, Karen & TILLEY, Nick (Eds.), *Crime reduction and Problem-oriented Policing*, Willan Publishing, Devon (UK), 2003.

COLEMAN, Clive & NORRIS, Clive, *Introducing Criminology*, Willan Publishing, Devon (UK), 2000.

CRAWFORD, Adam, *The Local Governance of Crime. Appeals to Community and Partnerships*, Clarendon Studies in Criminology, Clarendon Press, Oxford, 1999.

CUSSON, Maurice, *Criminologie actuelle, Col. Sociologies*, PUF, Paris, 1998.

CUSSON, Maurice, *Prévenir la délinquance. Les méthodes efficaces, Col. Criminalité internationale*, PUF, Paris, 2002.

ERICSON, Richard V. & HAGGERTY, Kevin D., *Policing the Risk Society*, Clarendon Studies in Criminology, Clarendon Press, Oxford, 1997.

FORST, Brian & MANNING Peter K., *The Privatization of Policing. Two views*, Georgetown University Press, Washington, D.C., 1999.

FOURCAUDOT, Martine, *Étude descriptive sur les agencies de sécurité privée ao Québec*, tese de mestrado, Universidade de Montréal, 1988.

HUGUES, Gordon, MCLAUGHLIN, Eugene & MUNCIE, John (Eds.), *Crime Prevention and Community Safety. New Directions*. Sage Publications, London, 2002.

LEISHAM, Frank, LOVEDAYS, Barry & SAVAGE, Stephen, *Core Issues in Policing*, 2nd. Edition, Longman, London, 2000.

MONJARDET, Dominique & OCQUETEAU, Frédéric (Org.), *La police: une réalité plurielle*, Problèmes politiques et sociaux, n.º 905, Octobre 2004, La Documentation Française, Paris.

MORGAN, Rod & NEWBURN, Tim, *The Future of Policing*, Clarendon Press, Oxford, 1997.

NEWBURN, Tim (Ed.), *Policing. Key Readings*, Willan Publishing, Devon (UK), 2005.

OCQUETEAU, Frédéric, *Gardiennage, surveillance et sécurité privée*, CESDIP, paris, 1992.

OCQUETEAU, Frédéric, *État, companies d'assurances et marché de la protection des biens*, Déviance et Société, vol. 19, n.º 2, Paris, 1995.

REINER, Robert, *Policing, Vol. I: Cops, Crime and Control: Analysing the Police Function*, Dartmouth Publishing, Aldershot (UK), 1996.

REISS, Jr., Albert J., *The Police and the Public*, Yale University Press, Hew Haven (USA), 1971.

SHEARING, C. D. & Stenning, P. C., *Modern Private Security, Its Growth and Implications*, in M. Tonry & N. Morris (eds.), *Crime and Justice*, volume 3, Chicago University Press, Chicago, 1981.

SOUTH, Nigel, *Policing for Profit*, Sage, London, 1988.

TAYLOR, Ian, *Crime in Context. A Critical Criminology of Market Societies*, Polity Press, Oxford, 1999.

TONRY, Michael & Morris, Norval (Eds.), *Building a Safer Society. Strategic Approaches to Crime Prevention*, Crime and Justice, A Review of Research, Volume 19, The University of Chicago Press, Chicago, 1995.

TONRY, Michael & MORRIS, Norval (Eds.), *Modern Policing*, Crime and Justice, A Review of Research, Volume 15, The University of Chicago Press, Chicago, 1992.

VAN DIJK, Jan, *Police, private security and employee surveillance, trends and prospects, with special emphasis on the case of the Netherlands*, in C. Fijnaut (reed.), *Changement de société, crime et justice pénale en Europe*, vol. II, Kluwer International, The Hague, 1995.

VVAA, *La Criminología Aplicada II,* Cuadernos de Derecho Judicial, Escuela Judicial, Consejo General del Poder Judicial, Madrid, 1999.

WADDINGTON, P. A. J., *Liberty and Order. Public order policing in a capital city,* UCL Press, London, 1994.

WADDINGTON, P. A. J., *Policing Citizens,* UCL Press, London, 1999.

WRIGHT, Alan, *Policing. An introduction to concepts and practice,* Willan Publishing, Devon (UK), 2002.

TESTEMUNHOS

HOMENAGEM AO PROFESSOR DOUTOR ARTUR ANSELMO

Falar de figuras ilustres que dedicam toda uma vida ao serviço País e dos seus concidadãos, conferindo prestígio e dignidade às instituições que devotadamente servem, não é tarefa fácil, sobretudo quando se não dispõe, por razões várias, do tempo mínimo necessário para o fazer, como seria meu desejo. Contudo, porque se trata de participar numa justíssima e merecida homenagem ao insigne Mestre de Língua e Literatura Portuguesa, que é o Professor Doutor Artur Anselmo Oliveira Soares, não podia deixar de me associar e dar, ainda que modesto, o meu contributo.

Ao fazê-lo, procuro enaltecer e louvar o Humanista, o Homem integro, generoso e sensato, o distinto Académico, que vem marcando culturalmente sucessivas gerações de Oficiais de Polícia, permitindo-lhes saber estar e intervir com segurança e à-vontade, em qualquer meio social.

Na realidade, a sua participação na preparação dos alunos tem sido verdadeiramente notável, já que, não se preocupa apenas em ministrar um ensino de qualidade, mas também, em colaborar na formação do seu carácter.

Dispensando-se do recurso habitual às lições magistrais e centrando o processo educativo nos seus alunos, o Professor Artur Anselmo, não se limita à transmissão do seu vasto saber, vem praticando de preferência, uma pedagogia activa e profícua: por um lado, promovendo um ensino vivo, (são disso exemplo, as magníficas aulas de Língua e Literatura Portuguesa, ministradas aos seus alunos, nas visitas efectuadas às Casas Museu dos nossos maiores escritores); por outro, desenvolvendo-lhes o discernimento, a reflexão pessoal e o espírito crítico, o que lhes permitiu ganhar o gosto pela cultura e o desejo de participação nos mais diversos eventos culturais.

Por se ter realizado no tempo em que fui o primeiro responsável pelo Estabelecimento Policial de Ensino Superior, apraz-me referir a participação dos cadetes alunos da Escola Superior de Polícia (ESP), no colóquio "Vasco da Gama: os Oceanos e o Futuro" promovido pela Escola Naval em Novembro de 1998. De salientar que, neste colóquio – que reuniu alguns concorrentes já com licenciatura e até mestrado, e um elevado número de estudantes universitários – a ESP com o seu pequeno efectivo de alunos, quando comparada com os outros estabelecimentos de Ensino Superior, se apresentou com 5 trabalhos que mereceram todos figurar entre os 40 seleccionados, sendo dois deles distinguidos e premiados com uma Menção Especial atribuída pela Comissão Científica do Colóquio. É interessante referir que, entre estes 5 trabalhos, um deles era de autoria de 3 alunos cooperantes, oriundos de Países Africanos de Língua Oficial Portuguesa, versando o tema "Do Cabo da Boa Esperança a Melinde".

A participação neste evento constituiu sem dúvida, mais um motivo de grande prestígio para a ESP e de justificada satisfação e orgulho para o Professor Artur Anselmo, que os motivou e orientou. Uma vez mais se fez jus à legenda do Brasão da Escola: "Victória Discentium Glória Docentium", isto é, a "Vitória dos Alunos é a Glória dos Professores".

Senhor Professor Doutor Artur Anselmo Oliveira Soares: pela sua participação na educação dos cadetes alunos, pela sua postura nas reuniões do Conselho Cientifico-Pedagógico, onde com elegância e sabedoria, sempre expôs as suas respeitadas opiniões, pelas duas excelentes "Lições Inaugurais"que proferiu a meu convite, nas Sessões Solenes de Abertura dos anos lectivos de 1986/87 (sobre o tema "O Livro ao Serviço do Humanismo") e de 1994/95 (com o título "Para uma Ecologia da Cultura"), pela sua total e permanente disponibilidade, por tudo o que de muito bom fez e vem fazendo, desde 1984 pelo Estabelecimento de Ensino Superior Policial, que depois de Escola Superior de Polícia, passou de um dia para o outro, a chamar-se Instituto Superior de Ciências Policiais e Segurança Interna (aparentemente por capricho ou preconceito ministerial) queira aceitar a expressão sincera da nossa gratidão. E ao dizer nossa, estão naturalmente incluídos os seus queridos alunos, para os quais, o Senhor Professor constituirá sempre uma referência, e um exemplo que procurarão seguir.

Lisboa, 18 de Março de 2008

Superintendente-Chefe
FERNANDO MANUEL AFONSO DE ALMEIDA
Comandante e Director da Escola Superior de Polícia
e do Instituto Superior de Ciências Policiais e Segurança Interna
de Outubro de 1984 a Novembro de 1999

O departamento de Motricidade Humana do Instituto Superior de Ciências Policiais e Segurança Interna do qual fui Docente e Director durante dezanove anos consecutivos, desde o ano inicial em 1984, não podia de forma alguma deixar de se associar a esta Homenagem ao insigne "Mestre" e homem de carácter que é o Doutor ARTUR ANSELMO.

O "Instituto" viveu tempos "agitados", no plano das ideias, já que foi reestruturado a partir do zero absoluto.

Foram pois os Directores de Departamento que ajudaram a "pôr de pé" o Instituto quando ainda era tutelado pela "Comissão Instaladora".

Mas, se a organização de um Departamento de Língua e Literatura Portuguesa, mesmo orientado e estruturado por um homem como o Doutor Artur Anselmo, não constituiu uma revolução, o mesmo não se poderá dizer do Departamento de Motricidade Humana, que foi estruturado em termos tais que é único em Portugal e só se encontra modelo igual em poucos países dos mais avançados da Europa. Pois, isto só foi possível pela visão de pessoas que desde a primeira hora apoiaram tal modelo e o subscreveram.

Na primeira linha lá estava o Doutor ARTUR ANSELMO, espírito culto, inteligente e aberto a toda evolução, devidamente fundamentada e explicada de forma inequívoca.

É, pois, com muito gosto que me associo a esta Homenagem ao Doutor ARTUR ANSELMO, uma referência obrigatória e incontornável deste Instituto, para além de um marco importante na cultura portuguesa.

Bem haja e continue, pois todos nós precisamos do Seu contributo.

MÁRIO BACELAR BEGONHA
Cinesiologista, Sociólogo e Politólogo

ÍNDICE

ARTUR ANSELMO – *Curriculum Vitae* 7

«PEÇO ENCARECIDAMENTE AOS POLÍTICOS QUE OLHEM PARA
A CULTURA» 13

APRESENTAÇÃO

Manuel Monteiro Guedes Valente 17
Paulo Augusto Guimarães Machado da Silva 19

CIÊNCIAS SOCIAIS E HUMANAS

Censores censurados: o caso da tradução portuguesa do *pastor fido* de
guarini
    Maria Teresa Payan Martins 23

O último *desassossego de* Fernando Pessoa
    Miguel Faria 31

Partos monstruosos da sociedade do século XVII
    Maria Natália Ferreira 61

"Ler" a política
    Cristina Montalvão Sarmento 73

Islão: legado de Abraão
    Pedro José Lopes Clemente 87

Marketing da imagem e poder da insignificância
    Artur da Rocha Machado 119

618   *Estudos de Homenagem ao Professor Doutor Artur Anselmo*

A universidade como instrumento estratégico na consolidação e afirmação de Portugal – do período Dinisiano a D. João III
Manuel Domingos Antunes Dias 137

CIÊNCIAS JURÍDICAS

Arguido – Do presumido inocente ao presumido culpado
Germano Marques da Silva 177

O olhar jusdemocrático em Miguel Torga – O desejo de uma polícia humanista
Manuel Monteiro Guedes Valente 183

Globalização, crime e ciência penal "Europeia"
Anabela Miranda Rodrigues 197

O terceiro pilar e a política europeia de justiça e assuntos internos
Teresa Bravo 221

Breves considerações sobre o artigo 152.º do Código Penal Português
Liliana Patrícia Pinto Marinho 251

A crise do sistema prisional português: será o regime da permanência na habitação a solução?
Verónica Mendes 273

O inquérito processual penal nos crimes de colarinho branco: *O problema das descontinuidades na aplicação do princípio da igualdade*
Hugo Alexandre de Matos Tavares 325

O regime legal da identificação: reflexões sobre o instituto da detenção para efeitos de identificação
João José Rodrigues Afonso 361

O segredo profissional na polícia
Telma Fernades 393

O uso da força pelas polícias municipais como um exemplo de conformidade aparentemente imperfeita
Pedro Sousa 425

CIÊNCIAS POLICIAIS

A gestão da prevenção criminal
Luís Elias 443

O sistema de segurança interna e a reforma da polícia austríaca
Ricardo Jorge Van Zeller Abreu Matos 493

A vitimação do género feminino e seus contextos
Rogério Mateus Soares 511

Gestão do local do crime – a resposta inicial
Vera Lourenço de Sousa 535

Evolução e Perspectivas de Futuro da Investigação Criminal na PSP
(Reflexões)
Nuno Ricardo Pica dos Santos 565

Novos horizontes para a segurança privada
Nuno Caetano Lopes de Barros Poiares 579

Reflexões sobre o novo quadro da segurança interna e o papel da segurança
privada
Paulo Valente Gomes 595

TESTEMUNHOS

Fernando Manuel Afonso de Almeida 613
Mário Bacelar Begonha 615